考前充分準備　臨場沉穩作答

公務人員
「高等考試三級」應試類科及科目表

高普考專業輔考小組◎整理

完整考試資訊

http://goo.gl/LaOCq4

★普通科目

1. 國文◎（作文60%、公文20%與測驗20%）
2. 法學知識與英文※（中華民國憲法30%、法學緒論30%、英文40%）

★專業科目

類科	科目		
一般行政	一、行政法◎	二、行政學◎	三、政治學
	四、公共政策	五、民法總則與刑法總則	六、公共管理
一般民政	一、行政法◎	二、行政學◎	三、政治學
	四、公共政策	五、民法總則與刑法總則	六、地方政府與政治
社會行政	一、行政法◎	二、社會福利服務	三、社會學
	四、社會政策與社會立法	五、社會研究法	六、社會工作
人事行政	一、行政法◎	二、行政學◎	三、各國人事制度
	四、現行考銓制度	五、民法總則與刑法總則	
	六、心理學（包括諮商與輔導）		
勞工行政	一、行政法◎	二、經濟學◎	三、勞資關係
	四、就業安全制度	五、勞工行政與勞工立法	六、社會學
戶　政	一、行政法◎		
	二、國籍與戶政法規（包括國籍法、戶籍法、姓名條例及涉外民事法律適用法）		
	三、移民政策與法規（包括入出國及移民法、臺灣地區與大陸地區人民關係條例、香港澳門關係條例、護照條例及外國護照簽證條例）		
	四、民法總則、親屬與繼承編		
	五、人口政策與人口統計	六、地方政府與政治	
公職社會工作師	一、行政法◎	二、社會福利政策與法規	三、社會工作實務
教育行政	一、行政法◎	二、教育行政學	三、教育心理學
	四、教育哲學	五、比較教育	六、教育測驗與統計
財稅行政	一、財政學◎	二、經濟學◎	三、民法◎
	四、會計學◎	五、租稅各論◎	六、稅務法規◎
商業行政	一、民法◎	二、行政法◎	三、貨幣銀行學
	四、經濟學◎	五、證券交易法	六、公司法
經建行政	一、統計學	二、經濟學◎	三、國際經濟學
	四、公共經濟學	五、貨幣銀行學	六、商事法

金融保險	一、會計學◎　　　二、經濟學◎　　　三、金融保險法規 四、貨幣銀行學　　五、保險學　　　　六、財務管理與投資
統　　計	一、統計學　　　二、經濟學◎　　　　三、資料處理 四、統計實務（以實例命題）　五、抽樣方法　六、迴歸分析
會　　計	一、財政學◎　　二、審計學◎　　　　三、中級會計學◎ 四、成本與管理會計◎　　　　　　　　五、政府會計◎ 六、會計審計法規（包括預算法、會計法、決算法與審計法）◎
財務審計	一、審計學（包括政府審計）◎ 二、內部控制之理論與實務 三、審計應用法規（包括預算法、會計法、決算法、審計法及政府採購法） 四、財報分析　　五、政府會計◎　　　六、管理會計
法　　制	一、行政法◎　　二、立法程序與技術　　三、民法◎ 四、刑法　　　　五、民事訴訟法與刑事訴訟法　六、商事法
土木工程	一、結構學　　　二、測量學　　三、鋼筋混凝土學與設計 四、營建管理與工程材料　　　　五、土壤力學（包括基礎工程） 六、工程力學（包括流體力學與材料力學）
水利工程	一、水文學　　　二、流體力學　　　　三、渠道水力學 四、水資源工程學五、營建管理與工程材料 六、土壤力學（包括基礎工程）
文化行政	一、世界文化史　二、本國文學概論　　三、藝術概論 四、文化人類學　五、文化行政與政策分析 六、文化資產概論與法規
電力工程	一、工程數學◎　二、電路學　　　　三、電子學 四、電機機械　　五、電力系統 六、計算機概論
法律廉政	一、行政法◎　　二、行政學◎　　　三、社會學 四、刑法　　　　五、刑事訴訟法 六、公務員法（包括任用、服務、保障、考績、懲戒、行政中立、利益衝突迴避、財產申報與交代）
財經廉政	一、行政法◎　　二、行政學◎　　　三、社會學 四、公務員法（包括任用、服務、保障、考績、懲戒、行政中立、利益衝突迴避、財產申報與交代） 五、心理學　　　六、財政學概論與經濟學概論◎
機械工程	一、熱力學　　　二、機械設計　　　三、流體力學 四、自動控制　　五、機械製造學（包括機械材料） 六、工程力學（包括靜力學、動力學與材料力學）

註：應試科目後加註◎者採申論式與測驗式之混合式試題(占分比重各占50%)，應試
科目後加註※者採測驗式試題，其餘採申論式試題。

各項考試資訊，以考選部正式公告為準。

千華數位文化股份有限公司
新北市中和區中山路三段136巷10弄17號
TEL: 02-22289070　FAX: 02-22289076

公務人員
「普通考試」應試類科及科目表

高普考專業輔考小組◎整理

完整考試資訊

http://goo.gl/7X4ebR

✪普通科目
1.國文◎（作文60%、公文20%與測驗20%）
2.法學知識與英文※（中華民國憲法30%、法學緒論30%、英文40%）

✪專業科目

一般行政	一、行政法概要※ 三、政治學概要◎	二、行政學概要※ 四、公共管理概要◎
一般民政	一、行政法概要※ 三、政治學概要◎	二、行政學概要※ 四、地方自治概要◎
教育行政	一、行政法概要※ 三、心理學概要	二、教育概要 四、教育測驗與統計概要
社會行政	一、行政法概要※ 三、社會研究法概要	二、社會工作概要◎ 四、社會政策與社會立法概要◎
人事行政	一、行政法概要※ 三、現行考銓制度概要	二、行政學概要※ 四、心理學（包括諮商與輔導）概要
戶　　政	一、行政法概要※ 二、國籍與戶政法規概要（包括國籍法、戶籍法、姓名條例及涉外民事法律適用法）◎ 三、民法總則、親屬與繼承編概要 四、移民法規概要（包括入出國及移民法、臺灣地區與大陸地區人民關係條例、香港澳門關係條例、護照條例及外國護照簽證條例) ※	
財稅行政	一、財政學概要◎ 三、會計學概要◎	二、稅務法規概要◎ 四、民法概要◎
商業行政	一、經濟學概要※ 三、商業概論	二、行政法概要※ 四、民法概要◎
經建行政	一、統計學概要 三、國際經濟學概要	二、經濟學概要※ 四、貨幣銀行學概要
金融保險	一、會計學概要◎ 三、貨幣銀行學概要	二、經濟學概要※ 四、保險學概要

統 計	一、統計學概要 三、統計實務概要（以實例命題） 四、資料處理概要	二、經濟學概要※
會 計	一、會計學概要◎ 三、審計學概要◎	二、成本與管理會計概要◎ 四、政府會計概要◎
地 政	一、土地法規概要 三、民法物權編概要	二、土地利用概要 四、土地登記概要
公產管理	一、土地法規概要 三、民法物權編概要	二、土地利用概要 四、公產管理法規概要
土木工程	一、測量學概要 三、土木施工學概要	二、工程力學概要 四、結構學概要與鋼筋混凝土學概要
水利工程	一、水文學概要 三、土壤力學概要	二、流體力學概要 四、水資源工程概要
文化行政	一、本國文學概論 三、藝術概要	二、世界文化史概要 四、文化行政概要
機械工程	一、機械力學概要 三、機械製造學概要	二、機械原理概要 四、機械設計概要
法律廉政	一、行政法概要※ 二、公務員法（包括任用、服務、保障、考績、懲戒、行政中立、利益衝突迴避、財產申報與交代）概要 三、刑法概要 四、刑事訴訟法概要	
財經廉政	一、行政法概要※ 二、公務員法（包括任用、服務、保障、考績、懲戒、行政中立、利益衝突迴避、財產申報與交代）概要 三、心理學概要 四、財政學概要與經濟學概要※	

註：應試科目後加註◎者採申論式與測驗式之混合式試題(占分比重各占50%)，
　　應試科目後加註※者採測驗式試題，其餘採申論式試題。

各項考試資訊，以考選部正式公告為準。

千華數位文化股份有限公司
新北市中和區中山路三段136巷10弄17號
TEL: 02-22289070　FAX: 02-22289076

目次

111 年公共管理趨勢分析與準備要領

探究近十年來的公共管理申論題的命題方向，經整理分析後可歸納出以下重點：

一、治理議題：此部分在行政類科屬熱門的議題，亦即行政學、公共政策也會考，舉凡傳統治理（彼得斯的四種治理模式）、向上治理的全球治理、平行治理的電子化治理（E 治理）、向下治理的跨域治理、網絡治理、公共治理或公私協力關係。

　　相關試題　跨域治理特質（101 地三）、跨域治理的環境驅力因素（103 高三）、政府如何因應全球化的經濟與環保議題（103 身四）、跨域治理中的府際關係（104 普考）、機關採行「治理網絡」公務人員所應配合的改變（105 普考）、跨域協調合作模式（107 高考）、跨域治理概念層次與跨區合作類型（108 普考）、公共治理的三種層次統治（109 高考）、統治與治理及跨域治理概念上的差異（110 普考）。

二、政府公關與行銷議題：民主國家強調政策如何獲得人民支持，亦即取的民意，所以此部份也是行政類科關注焦點。

　　相關試題　政府公關與行銷和公共管理者應具備技能（102 高考）、政策行銷類別（103 普考）、政府公關與行銷觀點下政策要獲議會支持的作為（104 地三）、政府公關與行銷的關鍵目標公眾（106 普考）、政策溝通的外部溝通策略（107 高考）、社會行銷的意涵及任務內容（108 高考）、政府行銷管理的作用與原則並舉實例（109 高考）。公共關係在組織功能及政府推動公共關係應遵循原則（109 地特四等）

三、電子化政府與資訊科技應用議題：電子化政府已成為世界各國爭相發展的管理工具，並且成為近年熱門考題，其所帶來的衝擊或效益等，政府部門尤為關注。

　　相關試題　資訊科技對官僚體制的衝擊（101 地四）、資訊與通訊科技運用帶來效益（103 高三）、政府機關透過電腦網路服務民眾時應考量的因素及效能提升（105 普考）、電腦網路運用下行政機關課責機制（105 高考）、上級機關如何評估所屬機關對電子化政府政策推展成效（105 高考）。

四、傳統與新公共管理理論、管理技能運用：公共管理基礎理論、管理工
具篇舉凡公共管理發展、企業型政府、政府再造、民營化、全面品質
管理、目標管理、策略管理、績效管理、危機管理、知識管理、學習
型組織等。

相關試題 新公共管理的內涵（107 普考）、公共管理的 3P 原則（108
高考）、企業型政府內涵與特質（102 普考）、「民營化」和「促進
民間參與」的比較（108 高考）、民營化意涵及實施成功要件（109
普考）、民營化與公司化差異及造成民營化延宕原因（110 高考）、
全面品質管理實施與限制（101 地三）、全面品質管理的意涵與優缺
點（103 高考）、推動全面品質管理應重視要素（106 高考）、目標
管理的核心意涵與主要特色、推動障礙（105 地三）、危機管理目的
與面臨問題（101 地三）、危機爆發前後運作（102 高考）、危機事
件特質與類型（109 普考）、標竿學習流程（104 地三）、知識管理
的定義及核心意涵（105 地三）、知識管理與實現知識型組織策略
（102 普考）、績效指標的四 E（101 地四）、我國考績制度考核項
目不適當問題與再改善建議（105 地三）、績效管理的內涵與具體作
為（107 高考）、「績效管理」與「公共課責性」間相互關係（109
高考）、組織學習或學習型組織在公務機關執行與異於企業的思維
（105 高考）、策略規劃的特色與層次（105 地三）、策略規劃模式
SWOT 分析內涵與行動計畫（106 高考、105 地三）、策略管理的意
涵及特性 （107 普考）、從策略規劃與管理角度分析縣市政府各局
（處）業務應如何整合（107 地三）、公共管理特徵與發展趨勢（109
地三）。

五、非營利組織議題：非營利組織是公共管理的核心議題，舉凡非營利組
織的理論基礎、特徵、角色、功能、挑戰等非常夯，幾乎每年必考，
應詳加熟讀。但能考的都已經被拿來命題，所以有關新的論述，如公
共管理學者的著作或專論，仍請都加留意。

相關試題 非營利組織的功能與市場失靈（102 地三）、非營利組織
面臨的經營壓力與因應（102 高考）、非營利組織與營利組織在行銷
上的差異（104 普考）、非營利組織的社會事業化及正負面（104 地

三）、社會企業和傳統的非營利組織的差異（108 高考）、志願失靈的意涵與現象（108 普考）。

六、其他跨領域議題：行政類科互有關聯，所以相關理論都會拿來考，閱讀時都必須融會貫通。

相關試題 專業民調與審議式民調比較（102 地三）、工作賦閒原因與改善策略（102 地三）、民意調查的功能與限制（103 身四）、「POSDCORB」的內涵與所應的管理議題（104）、置入性行銷與應注意事項（104 地四）、政策網絡意涵與特徵（104 地四）、公共治理觀點下公民參與落實應考量因素及影響（105 高考）、羅迪斯的政策網絡概念（107 高考）、公共服務動機意涵特徵（110 高考）、機械與有機式組織差異及影響組織結構選擇權變因素（110 普考）。

七、學者期刊、論文

相關試題 電子民主參與的三個層次（106 高考）、「社會企業」的理念、特色與類型（105 地四）、社會創新崛起背景概念及發展與運作模式（109 高考）、參與式預算意涵及核心理念與辦理原則（109 地三）。

由以上詳細的整理分析，可看出有一些重要的議題不斷出現在試題中。但從 109 年開始有幾個命題趨勢改變值得注意，那就是時事結合理論、理論要求搭配實例說明、跨領域的命題比重正逐漸增加中，例如考行政學的機械與有機組織比較，或考公共政策的內容。不過基本上，《公共管理》學科仍是《行政學》的延伸，若能建立良好《行政學》概念與基礎，當能駕輕就熟，功力倍增。

針對上述的趨勢分析，準備方略如下：

一、選擇題部份：大部分都屬考古題，只要將公共管理內容讀熟，並勤作題目練習尤其是考古題，要拿高分並不難。近年則加入林淑馨、丘昌泰教授《公共管理》內容的新議題。

二、申論題部份：除掌握答題技巧與控制時間外，對趨勢的掌握仍極為重要。最後在上考場前，應熟記重要理論外，也須注意時事的應用，及專家學者的評論，例如：臺鐵意外事故、「新冠肺炎（COVID-19）」疫情衝擊與影響等，都可以被用來考實例題。平時尤應自行練習答題，建議最佳答題方式為「三段論法」。

三、閱讀公共管理時應學以致用，盡量思考到實務面如何應用。有關公共管理學者的期刊或論文，也應蒐集以厚植實力。

四、最後仍須強調的是：行政類科中行政學、公共管理、公共政策三科可相互為用、相輔相成。經常是行政學出過考題會在公共管理重複出題，公共管理考題也會出現在行政學考題；不過公共管理的題目比較不會出現在公共政策，但公共政策題目卻會出現在公共管理中，如政策行銷、輿論媒體與政策運作等。概因公共組織在推動行政運作過程所牽涉層面甚廣，故對相關理論閱讀都須融會貫通。

編者謹識

公共管理考取高分秘笈

一、關於「申論題」部分

申論題應答技巧與格式為奪取高分之關鍵，建議最佳答題方式為「四段論法」，即「破題」、「標題」、「申述」、「結語」四者。茲分述如下：

(一) **破題**：敘明題意，解釋名詞：以最簡潔之字數點出題目之重點，並對題目當中的專有名詞稍作解釋，約二至三行即可，篇幅毋須過大。

(二) **標題**：綱舉目張，清晰簡潔：標題部分為答題核心，將您對該題目之瞭解或先前已背誦之標題重點列示。儘量要將標題寫得如同教科書，此部分為閱卷委員評分重點，建議將「主標題」獨立成行，以增加清晰度且應注意標題格式有一定之寫法（參見本書申論題）。注意，「綱舉目張」為本段落之重點與基本要求！

(三) **申述**：切勿繁瑣，多舉例證：此段即為標題之內容申述，內容毋需太多，用自己的話語將標題意涵加以說明即可，建議可運用標題化及列舉相關例證方式書寫。重點在於標題內容之解釋和發揮。

(四) **結語**：綜合補充，評論批判：結語部分與破題類似，用簡短語句將重點綜合敘述一遍，如果有把握或程度佳者亦可自行加上一些評論或其他相關學者論述補充。如再能運用名家、名言、名著的內容論述結尾，則會拿到更為漂亮的成績！

二、關於「解釋名詞」部分

考選部自 95 年將公務人員高普考試由原先的二試改為一試之後，考題形式有了一些改變，高考三級因題型上為混合式命題，某些考題會以解釋名詞形式或其變形（隱含於申論或選擇題中）考相關名詞概念，因應之道為：請務必認得專有名詞的英文，並多加練習考古題庫！

三、「選擇題」的掌握

就目前的趨勢而言，選擇題多屬考古題庫，此部分只要您平時用心勤練考古題，拿滿分是極正常且一定要的。本書已幫大家蒐集了近年最新考題與正確解答，並就需加以思考之題目作詳盡解析，盼各位能妥為應用。

以上已將本書之特色、考試內涵趨勢及作答技巧作了詳盡之說明，亟盼購買本書之各位，能善加使用本書！最後，敬祝各位金榜題名！

編者謹識

第1章

公共管理概說

> **重點提示**　自1980年代以來，公共管理的研究如雨後春筍般蓬勃發展。所謂公共管理，是指政府機關及非營利組織的管理體制。而公共管理的興起卻不是憑空創造，其產生有很大部分是為因為傳統公共行政的合法性危機、時代改變及人民要求變遷。因此，政府的角色也應隨之做轉變。以英國為例，柴契爾政府在1980年代透過政府組織精簡、建立效率團隊及財務管理改革方案，首創責任管理的施政風範；梅傑繼承其管理文化，並頒布「公民憲章計畫」，藉此強化以顧客為導向的公共服務。在紐西蘭，「政府部門法案」及「公共財政法案」，均在落實以市場型式的機制為改革基礎的新管理原則及措施。美國則於1993年3月成立「全國績效評估委員會」（NPR），其主張：消除官樣文章、顧客至上、充分授能以追求實際成果、回歸建立花費較少而運作更好的政府基本目標。這些都是近代公共管理理論的重要內涵，而且這股風潮不僅盛行於已開發國家中，同時也擴散到亞洲、拉丁美洲和非洲等開發中國家。（孫本初，公共管理，頁1-21）因此，縱使政府機關和民間成立的目的不同，但雙方對於降低成本，提升效率，獲得人民（消費者）信賴的目標卻是有志一同。將公共管理理論及實際做法導入政府機關或非營利組織不只是現代行政管理的主流思想，更是提升國家競爭力，提高人民生活品質的重要做法。

重點整理

一、公共管理概說

(一) **公共管理（Public Management）定義：公共管理是融合公共政策與企業管理之管理體制，亦稱之為「公共企業管理」**（Public Business Management）。另外，80年代以來「政府改造」論者則從新右派主義、管理主義等學理來闡述公共行政學新領域，而被稱之為「**新公共管理**」途徑或典範。所謂公共管理，是指政府機關及非營利組織的管理體制。就其管理功能來說，包含領導、計畫、組織、控制，其應用則有管理技術、預算管理、績效考核、資訊管理、成本分析、行為管理等形態。現代公共管理的主要課題包含：

1. 政策管理（Policy Management）。
2. 資源管理（Resource Management）。
3. 方案管理或管理措施（Program Management）。（許南雄，行政學術語）

(二)著名學者對公共管理所下的定義

1. Perry與Kraemer認為，公共管理是一種新的途徑，是傳統公共行政規範取向（Normative Orientation）及一般管理之工具取向的結合體。
2. Overman認為，公共管理是公共行政一般性的學科之間整合的研究。
3. Shafritz認為，公共行政的意涵比公共管理更為寬廣，因為公共行政並未將其自限於「管理」之上，而是將所有足以影響公共機構管理的政治、社會、文化及法律等環境合併考慮在內。
4. Bozeman與Straussman認為，公共管理即是政治權威的管理。
5. Lynn則認為，公共管理即是政策管理。
6. 孫本初教授的見解：
   (1)公共管理繼承科學管理的傳統，作為一種應用性的社會科學，它反映出科際整合的取向。
   (2)公共管理的重點是將公共行政視為一種專業，將公經理人視為專業的執行者；它**不僅重視組織內部運作程序的精進有效，同時也重視組織與外部環境的關係**。

(三)公共管理興起之原因

1. 傳統公共行政合法性的危機。　　　2.政府角色的危機。
3. 理論層面的變動及跟隨。　　　　　4.實務層面的需求及建構。

(四)公共管理理論研究之演進過程：Bozeman指出公共管理的研究途徑可分為二：一為**沿著公共政策流下而來，稱為「P途徑」**（P-approach），一為**順著企業管理躍升而來，稱為「B途徑」**（B-approach）。

1. P途徑下的公共管理特徵：
   (1)對傳統式的公共行政及政策執行研究予以拒絕。
   (2)偏向於前瞻性的、規範性的理論研究。
   (3)著眼於高階層管理者所制定之策略研究。
   (4)透過個案研究來發展所需的知識。
   (5)在政策學派影響下的公共管理研究。

2. B途徑下的公共管理的特徵為：

(1)偏好運用企業管理的原則。

(2)對公、私部門的差異不作嚴格的區分。

(3)強調組織設計、人力資源、預算等方面的過程取向的研究。

(4)以量化的實驗設計作為主要的研究方法。

(五) 公共管理學具有的特徵

1. 以公共管理者為教學研究對象。

2. 既重視公共系絡或政治環境，亦重視管理知能與策略。

3. 以政府方案為關注焦點，重視績效，強調部際關係與府際關係。

4. 採科際整合與個案研究的途徑，強調實務與理論並重。

二、新公共管理

(一)新公共管理之內涵

1. **新公共管理強調政府組織應予精簡，縮減政府職能**，建立「績效基礎」的組織、「資訊基礎」的組織。

2. 政府機關應引進此等「**企業精神**」而使行政管理更具效能化，以回應民意需求。

3. 建立「代表型」政府與「企業型政府」原理。

4. 新公共管理融合公共管理與管理主義（後官僚典範）而應用之於「政府改造」之革新變遷。

5. 專業管理公部門，亦即讓公經理人管理並承擔責任。

6. 特別強調產出控制（Output Controls），亦即重視實際的成果甚於程序。

7. 打破公部門中的本位主義，破除單位與單位之間的藩籬，建構網絡型組織。

8. **引進市場競爭機制**、降低施政成本及提高服務品質。

9. 強調運用私部門的管理風格。

10. 強調資源的有效使用。

11. 新公共管理主張**政府機關應扮演導航者的角色**。

12. 市場得到政府的信任，主要在於市場係以消費者為導向。

13. 市場機制的運用只有在特定條件下才會侵犯了國家機關的角色。

(二) 新公共管理的優點

1. 裁撤多餘的人力、提升生產力、強化成本意識、堅定保護資源觀念。

2. 公共服務的決策制定更能採取理性途徑與策略設計導向。

3. 公共服務組織對於服務使用者更具回應能力。

　　4.將控制傳統公共官員的權力由專業者與工會移轉到管理者與主雇團體。
　　5.使公部門保持更大的彈性，能夠提出各種創新與改進計畫。

(三) 新公共行政與新公共管理性質的比較點

1.變遷面向。	2.相對性、回應性和授能的概念。
3.理性理論。	4.組織結構與設計。
5.管理和領導理論。	6.認識論、方法論和價值問題。

(四) 新公共管理具有那些的發展模式

1.效率驅動的新公共管理模式。	2.縮編與分權化的新公共管理模式。
3.追求卓越的新公共管理模式。	4.公共服務取向的新公共管理模式。

(五) 新公共管理受到的批評

1.管理主義的意識型態。	2.管理主義的經濟理論基礎問題。
3.私人管理為基礎的問題。	4.新泰勒主義。
5.政治化所衍生的責任與倫理問題。	6.執行與士氣問題。
7.消費主義的限制。	

三、其他議題

(一) 新右派公共管理的主要論點

　　1.視人民如顧客，並強調顧客的選擇權。
　　2.創造市場或準市場的競爭機制。
　　3.擴大個人及私部門的自理範圍，使個人更能夠自力更生。
　　4.購買者的角色須從供給者的角色中分離出來。
　　5.契約或半契約（Contractual Or Semi-Contractual）配置的增加。
　　6.由市場來檢測績效目標。
　　7.彈性給薪。

(二) 優秀的公共管理者應具備的知能

米茲柏格認為，管理者所扮演的十種角色，可區分為三大類：

人際角色	⇨	(1)頭臉人物。(2)領導者。(3)連絡人。
資訊角色	⇨	(1)監理者。(2)傳播者。(3)發言人。
決策角色	⇨	(1)企業家。(2)干擾處理者。(3)資源配置者。(4)談判者。

(三)管理學者所提出，管理者所必備的各種技能

1. 管理學者凱茲（Katz）指出管理者所必備的三種技能：
   (1)技術性技能（Technical Skills）。
   (2)人際間技能（Interpersonal Skills）。
   (3)概念化技能（Conceptual Skills）。
2. 葛瑞芬所提出的四種技能：葛瑞芬（Griffin）指出，管理者除應具備凱茲所提出的三種技能外，還要具備**診斷的技能**。
3. 赫爾立傑與史羅康所提出的五種技能：赫爾立傑與史羅康則將管理技能分為五類，除了凱茲所提出的概念化技能、人際間技能，與技術性技能外，又增加了**慎思的技能與溝通的技能**。
4. 魯深思等人歸納彙整出管理者的四項基本活動：
   (1)溝通。　(2)傳統管理。　(3)人力資源管理。　(4)網路連結。
5. 奎恩等人列舉出管理者要扮演好各種角色所需的能力：
   (1)導師。　　　(2)輔助者。　　(3)監督者。　　(4)協調者。
   (5)指導者。　　(6)生產者。　　(7)掮客。　　　(8)革新者。

(四)治理與新公共管理之共通性

1. 控制與課責的新工具。　　　2. 公私二分的模糊化。
3. 市場競爭概念的重用。　　　4. 強調產出的控制。
5. 以導航取代操槳。

(五)治理與新公共管理之差異性

1. 理論基礎上的不同。　　　2. 治理是民主政府的重要要素。
3. 關切焦點的不同。　　　　4. 政府定位上的不同。
5. 對既有文化上的衝擊。　　6. 政治文化的影響性。

(六)黑堡宣言（Blacksberg Perspective）的內涵

黑堡宣言的主張在**強調公共利益，使公共行政的務實層面更與多數民眾相互結合**，行政人員扮演執行公共利益的少數睿智公僕。要點如下：

1. 行政人員為公共利益的受託者。
2. 行政組織係達成公共利益的機構。
3. 行政管理係憲政治理過程的參與者。
4. 政府治理過程應代表多元利益並兼顧公平就業機會，推動導航型或護國（衛）型行政，以實現公共利益。
5. 落實「新公共行政學派」之管理體制。

經典範題

申論題

一、1980年代以來，公共管理（Public Management）已成為各國政府再造的
理論架構和實務指南，試說明公共管理此一學科興起之原因。

答：(一)**傳統公共行政合法性的危機**：公共管理（Public Management）理論
與實務肇始於何時，各家說法分歧互異。概括地說，應該是出現在二
次大戰後、後工業時代來臨之際。當時理論界與實務界均普遍感受
到建構在韋伯式（Weberian）系絡下的公共行政已經出現「合法性危
機」。在偏狹的理性主義之下，明顯地發生知識無法指引行動、理論
缺乏解釋力及無法忠實體現人民需求等現象。

(二)**政府角色的危機**：二次大戰結束，世界各國在邁進後資本主義社會
後，面對變遷快速而複雜的外在環境，儘管政府職權不斷地擴張，卻
始終跟不上人民的需求與期望。英國學者歸納出一項警訊：「現代國
家都將陷於扮演「社會福利的供給者」與成為「經濟穩定成長的主力
舵手」間的矛盾緊張關係中，以致於**同時面臨嚴重的財政危機，以及
公民（消費者）需求持續擴張的雙重困境。**」各國政府為解決此一困
局，無不積極地尋求新的管理哲學和工具，**試圖以顧客至上、服務為
先、品質第一、創新為要、激勵優先、授能與分權，以及彈性的組織
設計等概念，來改造公部門組織及其服務品質**，公共管理實務即是在
此種背景下蓬勃發展的。

(三)**理論層面的變動及跟隨**：公共管理的出現，是跟隨對公共行政舊典範
進行挑戰的「後官僚典範」而來的。公共管理企圖跳脫傳統官僚典範
陷溺於層級節制的嚴密控制、狹隘的效率觀、空泛的行政執行程序和
抽象的公共利益等問題，而**依循後官僚典範強調預見性、策略性、結
果趨向、主管領導、市場取向、消費者導向，及企業性等方向發展。**
此種典範移轉的情形發生在1960年代末期至1970年代初期，公共管理
新典範的形成則在1970年代末期迄今。Borins為此一新的公共管理典範
提出下列的運作架構：

1.管理者須從舊有的集權式官僚組織中掙脫出來，並增加其自主性。

2.組織及其成員的作為結果必須能夠被測量，並與原訂之績效目標相符合。

3.人力和技術資源必須發揮到最大作用，以促使產出極大化、成本極小化。

4.在競爭和顧客導向的雙重驅力下，促進整體效率的提高。

5.確保公共服務的品質。

(四)實務層面的需求及建構：在實務層面，1980年代以來的新公共管理（New Public Management）運動浪潮風行全球，並被冠以不同的稱號，如管理主義、以市場為基礎的公共行政、企業型政府，甚至具有政治理念色彩的名稱，如新右派、新治理。這股新公共管理運動實與各國政府的行政改革有密切的關聯性。

二、何謂「公共管理」？試從各國學者的看法說明之。

說明：　公共管理的主要系絡雖以政府部門為主，但亦將具與私部門的互動關係包含在內。公共管理與公共政策是兩個相互重疊的研究領域，兩者同時也是公共行政的部分領域。

答：學者Whitakef將現階段公共管理研究領域比喻為「變形蟲」（Amoeba），以隱喻其研究重點和範圍尚處於不斷變化中。

(一)Perry與Kraemer的見解：公共管理是一種新的途徑，**是傳統公共行政規範取向**（Normative Orientation）**及一般管理之工具取向的結合體**。前者所關切的重點在於民主與行政間的關係，諸如公正、公平等價值的實現；而後者則是偏重於機關內部的結構安排、人員的激勵及資源的分配等管理面向。

(二)Garson和Overman的見解：提出下列幾點主張：

1.當代的公共管理強力地結合科學管理的傳統。

2.公共管理依附著公共行政學的理性與技術性解釋。

3.在評估標準相當狹隘的組合之中，公共管理反映出行政的古典原則。

4.公共管理是在政治系絡中的行政研究。

5.公共管理研究與政策分析方法和技術的應用緊密地結合。

6.公共管理是一種應用的社會科學，反映著學科之間整合的傳統。

　Overman認為公共管理雖然一直深受科學管理與行政科學所影響，但它並不等於就是科學管理與行政科學，亦不等同於政策分析。**公共管理是公共行政一般性的學科之間整合的研究**。

(三)Shafritz的見解：認為公共行政的意涵比公共管理更為寬廣，因為公共行政並未將其自限於「管理」之上，而是將所有足以影響公共機構管理的政治、社會、文化及法律等環境合併考慮在內。而**公共管理則是強調組織如何去執行公共政策**，公經理人的首要之務即在於運用規劃、組織、控制等方法來提高政府的服務品質；故**公共管理的重心顯然較偏向於管理工具、技術、知識及技能等的運用**，並將有關的理念及政策轉化成具體的行動方案。

(四)Ott、Hyde與Shafritz之見解：認為公共管理是公共行政或公共事務廣大領域中的一部分，包括了公共行政的方案設計與組織重建、政策與管理規劃、經由預算制度進行資源分配、財務管理、人力資源管理，以及方案評估與審核等之應用方法的科學與藝術。

(五)Bozeman之見解：認為公共管理之所以成為新的研究領域與教育的題材，可追溯至1970年代後期及1980年代初期之間，**由企業管理及公共政策兩學派所共同發展出來**。後者對公共管理的演進貢獻較多，而前者則是將公共管理初期的內容予以充實。他發現十幾年來公共管理在研究的取向上具有以下特性：

1. 同時重視策略與過程，但仍注意到外部性取向。
2. 對「硬性面」（政策科學）有更多的強調，並且持續將重點置於「軟性面」（管理藝術）。
3. 研究分析之對象朝向高階的公經理人。
4. **公共管理的「公共」賦與更寬廣的定義，包含非營利組織、私人企業之公共面向和混合型組織。**
5. 重視理論，特別是規範性理論。

   Bozeman與Straussman亦指出：「公共管理即是政治權威的管理。」而Lynn則界定「公共管理即是政策管理」，他認為公經理人在執行公共政策時，經常是在行政責任、組織能量、個人技巧和行政能力等的限制下進行，公經理人必須成為政策管理者。

(六)孫教授的見解：

1. 公共管理繼承科學管理的傳統，作為一種應用性的社會科學，它反映出科際整合的取向；其雖自公共政策與企業管理知識領域中獲取養分，但卻未自限於政策執行的技術性質，以及企業管理追求營利之偏狹目標。
2. 公共管理雖然是公共行政或公共事務廣大領域的一部分，卻具有獨立成為新興研究領域之企圖。**公共管理的重點是將公共行政視為一種專業，**

將公經理人視為專業的執行者；它**不僅重視組織內部運作程序的精進有效**，同時**也重視組織與外部環境的關係**；它是在民主過程、公共責任及政治系絡下運作。因此強調策略與領導之藝術，並擴大公共領域，將非營利組織納入，強化管理能力，來達成降低施政成本、提升工作生活品質以及提高政府之績效與服務品質的目標。（孫本初，公共管理，頁1-21）

三、試大略說明公共管理理論研究之演進過程？

說明： 公共管理學於 1970 年代萌芽於企業管理學院與公共政策學院，伯茲曼（Bozeman）稱之為企業管理途徑的公共管理學（B-approach）與公共政策途徑的公共管理學（P-approach）。

答： Bozeman指出公共管理的研究途徑可分為二：一為沿著公共政策流下而來，稱為「P途徑」（P-approach），一為順著企業管理躍升而來，稱為「B途徑」（B-approach）。

(一)P途徑下的公共管理：在公共政策學派（P途徑）下的公共管理，根據Kettl的看法，有如下幾項特徵：

1. 對傳統式的公共行政及政策執行研究予以拒絕。因為政策學派中的公共管理學者，大多是來自政治學或公共行政學等領域以外的學術背景，故均強調以自我原有的學科專長來研究公共管理。

2. **偏向於前瞻性的、規範性的理論研究**。政策執行的研究焦點主要在克服執行時所遭遇的問題，而公共管理有效地結合政策分析，將重點放在方案結果的促成，並將政治性主管人員視為政府績效的關鍵人物。

3. **著眼於高階層管理者所制定之策略研究**。認為高階層官員的主要作用即在研擬策略，以利屬員朝其所定之目標提供最佳的服務。

4. 透過個案研究來發展所需的知識。即從實務運作及管理者的親身經歷中，萃取出最佳的管理原則。

5. 在政策學派影響下的公共管理研究，乃視公共管理與政策分析為一體。但受企業管理學派影響的公共管理，則與政策分析幾乎沒有交集。

(二)B途徑下的公共管理：一般而言，企業管理學派（B途徑）取向下的公共管理與傳統的公共行政較為接近，且倡導的學者亦多是受過企業管理或一般管理課程的訓練。**B途徑下的公共管理研究，傾向以師法企業的方法來提升公部門的服務品質**，晚近實務界所崛起的「**新公共管**

理主義」（New Public Managerialism）**可為代表。舉凡運用民營化、企業型政府、組織精簡、組織再造工程、全面品質管理、團隊建立、授能、建構績效指標、資訊管理等，皆屬此一途徑下的公共管理。**
Bozeman指出企業管理學派（B途徑）下的公共管理之特徵為：

1. 偏好運用企業管理的原則。
2. 對公、私部門的差異不作嚴格的區分，並以經驗性的理論發展作為公、私組織間差異的解釋基礎。
3. 除了對策略管理及組織間的管理逐漸予以重視外，並強調組織設計、人力資源、預算等方面的過程取向的研究，並非如同政策途徑僅強調政策及政治的研究。
4. 以量化的實驗設計作為主要的研究方法，個案研究僅是教學上的一項補充教材而已。
傳統上以「POSDCORB」一字代表行政管理的七項主要功能：P代表計畫、O代表組織、S代表用人、D代表指揮、CO代表協調、R代表報告、B代表預算，業已轉化為「PAFHRIER」此字：PA代表政策分析、F代表財務管理、HR代表人力資源管理、I代表資訊管理，及ER代表對外關係。唯有藉著此字才能反映出現代公共管理的新內涵與新功能。（孫本初，公共管理，頁1-21）

四、企業管理途徑的公共管理學與公共政策途徑的公共管理學具有何差異？整合公共政策途徑與企業管理途徑後的公共管理學具有何特徵？

答：(一) 企業管理途徑的公共管理學與公共政策途徑的公共管理學的差異：
1. 不同於公共政策途徑的公共管理學者一心一意想撇清與傳統公共行政的關係，企業管理途徑的公共管理學者與認同「公共行政即管理學」的學者，有較密切的關係與相似的理念。
2. 不同於公共政策途徑的公共管理學者認為公私部門管理有別，企業管理途徑的公共管理學者不認為公私部門的管理有什麼太大的差異。
3. 不同於公共政策途徑的公共管理學者幾乎完全仰賴個案研究為獲取知識的方法，企業管理途徑為教學研究的方法。
4. 不同於公共政策途徑的公共管理學者長於務實個案的編纂與羅列，企業管理途徑的公共管理學者比較重視學術的研究與理論的建構，長於從不同的學術領域中汲取有用的方法、技術與理論。

5. 不同於公共政策途徑的公共管理學者以高階管理者（特別是政治性任命人員）為主要教學研究對象，企業管理途徑的公共管理學者以具備文官資格的公共管理者為主要教學研究對象。

(二)整合公共政策途徑與企業管理途徑後的公共管理學特徵：
　　伯茲曼認為整合後的公共管理，具有下列特徵：

1. 以公共管理者為教學對象與研究重心，重視實務經驗，從成功的管理經驗與個案中萃取出管理的妙法良方。

2. 重視公共組織與公共管理的公共特性，特別關切外部政治因素對公共管理的衝擊與影響，以及兩者間的互動與關聯。

3. 不僅是關切管理過程的研究與設計，更重視管理策略的擬訂與執行。換言之，公共管理者不應只是埋首於組織內的經營管理，更要重視組織外部的問題。（余致力，公共管理之詮釋，黃榮護主編，公共管理，頁4-38）

五、公共管理學具有何種特徵？

答：(一) **以公共管理者為教學研究對象**：廣義而言，只要是負責督導人員從事公務之主管官員，都是公共管理者。依此定義再參酌其身份之取得方式，**公共管理者可分為民選的與任命兩大類**。以我國為例，民選的公共管理者包括了總統、民意代表、縣市長等；任命的公共管理者又可區分為政治性任命人員與具備常任文官資格的人員。全體公共管理者素質之高低是決定政府施政績效良窳的關鍵因素。因此，民選的公共管理者往往是政治學者青睞的對象，政治性任命的公共管理者則是政策分析與管理學派服務的對象，至於具備常任文官資格的公共管理者，則是公共行政學界主要的教學對象。

(二) **既重視公共系絡或政治環境，亦重視管理知能與策略**：公共管理學興起緣由之一乃是為彌補過去一些學科「有公共而無管理」或「有管理而無公共」的缺憾。

1. 公共管理學旨在幫助公共管理者探究如何落實貫徹政策的執行與圓滿順利完成機關內部的活動。公共管理者雖然著重內部管理，但也不能忽略外在環境的諸多因素對內部管理的影響。一個對外部公共環境不夠瞭解或欠缺互動的公共管理者，其所採行的內部管理措施，很可能是錯誤或窒礙難行的。

2. 卡爾森與歐爾曼（Garson and Overman）從諸多公共管理研究文獻中，**歸納出公共管理的實質內涵為：政策分析、財務管理、人力資源管理、資訊管理及對外關係**（簡稱PAFHRIER）。凱多（Kettl）亦明白指出，公共管理學最重要的貢獻或發展潛能，乃在於將管理策略與外在的政治環境相結合。史塔寧（Starling）亦認為，就方案管理而言，公共管理者必須發揮的管理功能，包括規劃、決策、評估、組織、領導與溝通，而所須管理的資源大體涵蓋公務人力、公共財務及行政資訊。

(三) **以政府方案為關注焦點，重視績效，強調部際關係與府際關係**：不同於公共行政學傾向於以政府組織為分析單位而重視結構與過程的研究，公共管理學係以政府方案為關注焦點，以政府施政方案為關注焦點衍生出另外兩個重要特徵：1.重視績效。2.強調部際關係與府際關係。

(四) **採科際整合與個案研究的途徑，強調實務與理論並重：**

社會問題複雜難解，政府工作包羅萬象。因此，公共管理是一個科際整合的學科，從政治、經濟、社會、心理等社會科學及一般管理學與傳播學中，借用了許多理論與方法。以個案研究為教學研究的工具是公共管理學的另一特色。（余致力，公共管理之詮釋，黃榮護主編，公共管理，頁4-38）

六、英國公共管理學界有所謂的「新右派」。試問，何謂「新右派」？新右派的興起背景為何？新右派公共管理的主要論點為何？

說明：　這股自1980年代以來，即盛行於各國的管理風潮，已使各國政府的行政管理文化產生「轉移」的現象，從公共行政轉變為公共管理。雖然這股潮流被賦與不同的稱號，如新右派、新治理、管理主義、企業型政府、以市場為基礎的公共行政等，但卻可被統稱為「新公共管理」（New Public Management，NPM）。

答：(一) 英國新右派：英國一直給予世人一種傳統、保守的印象，連帶地也認為其政府運作仍維持韋伯式的傳統行政模式。事實上，英國歷經戰後福利擴張下的財政危機，在新右派（New Right）的主導下，已經完成一場「行政文化的革命」。

1. 早在1960年代末期，英國左派（費邊社會主義）與右派（保守黨）為了克服財政危機和提供更好的公共服務而取得妥協，英國人稱之為「折衷主義的年代」。左、右兩派合作進行改革的具體代表，即是1968年成立的「富爾頓委員會」，該委員會強調負責的管理，主張公共支出應被有

效率地計劃與管理，以確保既定政策目標的達成。但是，當時的改革成效並不理想。

2. 1979年保守黨執政，柴契爾夫人上任後強力鼓吹新右派的政治理念，強調個人權利與選擇的價值，鼓吹建立新自由主義的政體，因而主張「小而美的政府」。她上任後，立即成立「效率團隊」，1982年5月17日「財務管理改革方案」的頒行，更是柴契爾政府管理革命的揭幕。

3. 1990年代後，梅傑政府繼承此一管理文化，諸如**「公民憲章計畫」**、**「續階計畫」**、**「服務品質競賽」**及**「解除管制方案」**等，都是延續新右派的改革路線。

(二)興起背景：1970年代，英國人普遍稱二次戰後的時代為「戰後社會福利的年代」。這個年代隨著政府背負龐大的預算赤字、公共組織規模龐大卻運作失靈，以及人民對公共服務的需求急速擴張下徹底崩潰。因此，行政革新、提振政府績效、加強公共服務品質的呼聲震耳欲聾。1980至1990年代，新右派、管理主義或新公共管理迅速竄起，成為各國政府從事行政革新或政府再造的主要基礎。

(三)新右派公共管理的主要論點包括：

1. **視人民如顧客，並強調顧客的選擇權**。人民可以在市場機制下，選擇公部門或私部門來提供公共服務。

2. **創造市場或準市場的競爭機制**。以眾多的公共服務供給者取代單一獨占的供給者，故而須將私部門納入以提供競爭的機制。

3. **擴大個人及私部門的治理範圍**，使個人更能夠自力更生，志願性的團體（Voluntary Associations）可扮演更積極的角色；增加私部門提供公共服務的機會，政府機關應該專注在那些原先被視為不必要，但卻是人民真正需要的服務上。

4. **購買者的角色須從供給者的角色中分離出來**。在所有的公共服務範圍內，購買者與供給者的角色均須被完全分開，以避免球員兼裁判問題的發生。

5. **契約或半契約**（Contractual Or Semi-Contractual）配置的增加。傳統公部門組織是藉由層級節制及專業主義作為指揮控制的依據，新右派運動則強調購買者與供給者的關係是由契約來加以控制。

6. **由市場來檢測績效目標**。在部門內，管理者對資源的支配運用必須與目標相結合，管理者的責任即在於績效的達成；對外，部門績效的良窳則是決定於顧客的滿意度。

7. **彈性給薪**。由實際市場條件及績效情形彈性地來決定薪給，使薪資待遇成為一項激勵的工具。

新右派的公共管理實務，有新古典經濟學和公共選擇理論的強烈色彩。 本質上，新右派界定「國家」為鼓勵獨占、壓抑企業精神、限制選擇、強調過度生產，和鼓勵浪費及無效率；而界定「市場」為鼓勵競爭、引進企業精神、重視自由、強調擴大選擇和增進效率。因此，**新右派的公共管理在實務上，便經常顯露出對市場和企業管理的偏好。**（孫本初，公共管理，頁1-21）

七、公共管理的發展因各國的不同發展而與時俱進有不同的發展名詞。美國有所謂的「新治理」（New Governance）。試說明它的內涵？

說明：　新治理典範雖然提倡市場導向的企業政府，卻仍然深信政府的價值，也一再強調並非企圖以市場來取代政府的角色，並深信可從制度而來重建政府治理的能力。

答：(一) 美國前總統柯林頓於1993年3月3日成立「全國績效評鑑委員會」（The National Performance Review，NPR），任命前副總統高爾主持該委員會，並要求於六個月內提出一份完整的聯邦政府改革計畫。同年9月7日，這份重建政府的計畫出爐，名為「從官樣文章到實際結果：建立一個運作更好和花費較少的政府」。**此份報告的主要理念和理論基礎是源自Osborne與Gaebler兩人所著的「新政府運動」一書，企圖以企業型政府的理念，重建聯邦政府的職能。**由於整個改革計畫與美國過去的行政管理典範不同，因此被稱為**「新治理」**（New Governance）或**「企業型管理典範」**。

(二) 這份**強調解除過度管制、引進市場機制、顧客至上、充分授能、企業再造工程等**概念的改革方案，處處顯示新公共管理的特徵，為1990年代以來的聯邦政府管理文化帶來巨大的改變，同時也衝擊了包括我國在內的許多國家地區的行政改革。

(三) 1993年NPR再造政府的計畫包括四大部分：

　1. 清除官樣文章。　　　　　　　　　2. 顧客至上。

　3. 充分授能以獲致實際成果。

　4. 回歸基本目標建立花費較少而運作更好的政府。

　　並且在名為「政府的優勢祕訣」的報告中，提出政府四大優勢的祕訣是：

1.聯邦政府成為全民政府的時代已經來臨。

2.政府將持續提供更好的服務。

3.政府與企業將結盟為協力合作關係。

4.政府與社區形成同盟協力關係。

(四)Kettl等學者稱其為新的治理典範，其特質如下：

1.**強調與非營利組織建立聯盟關係**，與以公、私部門合作生產的方式來提供公共服務，以取代過去支離破碎的公共服務體系。

2.**鼓勵民間部門參與公共服務生產**，吸引並授權公民團體直接參與公共方案計畫的設計，且強調決策過程的分權化。

3.**公共行動的重點在於任務而非方案**，在於實際的績效成果而非預算的盲目投入，在於投資而非花費，在於認知顧客的需要更勝於機關本身的觀點。

4.在手段上運用企業管理、授能、建立工作團隊、市場機能、資訊技術等新的管理方法，並且**強調重視品質勝於只重視效率**。（孫本初，公共管理，頁1-21）

八、何謂「新公共管理」（New Public Management，NPM）？新公共管理具有何優點？

說明：　自1980年代以來，公共行政學浮現新理論研究途徑，稱為新公共管理學派，此一學派實為各國「政府改造」之理論基礎。

答：(一)新公共管理之定義：

1.面對傳統以來「官僚化」積弊之挑戰，新公共管理提出推行政府組織管理的結構性、功能性與體制性等層面之鉅大改革。**主要係強調政府組織應予精簡，縮減政府職能，建立「績效基礎」的組織、「資訊基礎」的組織。**

2.**政府管理層面謀求授能化、分權化、民營化、企業化、績效化與品質化**；政府機關應引進此等「企業精神」而使行政管理更具效能化，以回應民意需求。

3.建立「代表型」政府與「企業型政府」原理：**「代表型」政府指政府施政積極回應民意需求，以強化政府之責任與能力；「企業型政府」則指企業創新、競爭、彈性、權變、績效、成果、任務與便民服務**（顧客至上）**精神融鑄於政府組織管理之中。**

4. 新公共管理融合公共管理與管理主義（後官僚典範）而應用之於「政府改造」之革新變遷。

5. 就行政學而言，「新公共管理」（NPM）研究途徑或典範，可說是1990年代最為新穎而普及的管理學派。此一研究與改革途徑對傳統組織管理的衝擊與革新內容為：

(1) 強調破除「官僚化」，且偏重績效成果。

(2) 行政學應凸顯「市場競爭」機制與「民營化」問題的探討。

(3) 確立「顧客導向」之管理形態（如單一窗口服務）。

(4) 建立「催化型」政府－以政策導航為主，執行細務則採授能化、分權化原則。

(5) 政府行政程序與管理法規力求簡化，節省成本而提升效能。

(6) 法規鬆綁而配合以員工授能，以確立「顧客取向」之機制。

(7) 重塑行政文化，使組織管理更具彈性、創新。（許南雄，行政學術語）

【註】Hood特別歸納並指出新公共管理的七項要點：

(1) 專業管理公部門，亦即讓公經理人管理並承擔責任。

(2) 目標必須明確，績效必須能夠被加以測量。

(3) 特別強調產出控制（Output Controls），亦即重視實際的成果（Results）甚於程序（Procedures）。

(4) 打破公部門中的本位主義，破除單位與單位之間的藩籬，建構網絡型組織。

(5) 引進市場競爭機制、降低施政成本及提高服務品質。

(6) 強調運用私部門的管理風格。

(7) 強調資源的有效使用。（孫本初，公共管理，頁1-21）

(二)新公共管理的優點：

1. 許多國家的公共組織確實裁撤不少多餘的人力，生產力在許多領域中也確實提高甚多，且並未減少對於公共服務的數量與品質。而且不少公共官員具有高度的成本意識、堅定的保護資源觀念，以及資源運用的理性計畫；預算方面的改革與分權化亦使得浪費的情形大為降低。

2. 公共服務的決策制定更能採取理性途徑與策略設計導向；而且以契約管理方式清楚的確定每個人的責任與義務，兼顧了服務品質、效率與責任標準。

3. 公共服務組織對於服務使用者更具回應能力，不僅提供公開的管道讓顧客進入政府資訊系統，而且也提供快速與負責的服務提供方式，提高民眾的滿足感。

4.將控制傳統公共官員的權力由專業者與工會移轉到管理者與主僱團體，減低工會對於公共部門決策的影響力。

5.使得公部門保持更大的彈性，能夠提出各種創新與改進計畫，擺脫僵化的官僚文化，逐漸形成類似於私部門的企業型文化。（丘昌泰，公共管理—理論與實務手冊，頁85-131）

九、1980年代以來，英、美等先進工業國家紛紛以公共管理（Public management）作為政府再造（Reinventing Government）的理論架構與實務指南，一般稱這股潮流為「新公共管理」（New Public Management，NPM）運動；試述新公共管理興起的背景，以及「新公共管理」的主要特徵。

說明：　新公共管理的出現，固然對於各國的政府再造產生劇烈的衝擊，但是由於其過份專注管理主義、重視顧客導向，近年來已經受到不少抨擊，紛紛呼籲必須回歸到以公民為主體的統治模式，因而出現新公民統理（NCG）。

答：(一)新公共管理興起的背景：

　　1.**政治上**：後冷戰時期的世界局勢，各國開始認真檢討政府角色問題。從鐵幕中掙脫出來的**蘇聯與東歐國家，面臨著政府如何重新建構公民社會、市場與國家機關之間的關係；開發中與第三世界國家則面臨如何透過政府的功能以提高經濟競爭力；工業化的先進國家則面臨公民信任感的危機。**各國公民紛紛對其政府施加壓力，要求進行行政改革。

　　2.**社會上**：許多國家的社會面臨轉型階段，如共產主義解體後的東歐國家則企圖整合政經與社會系統，至於已開發國家則面臨生活水準的提高，家庭負擔愈來愈重，無法因應社會的壓力；資訊時代的來臨使得企業與政府都必須加速因應環境的能力。

　　3.**經濟上**：號稱是經濟奇蹟的亞洲國家發生有史以來最嚴重的金融風暴，許多民眾與企業界開始質疑政府的功能與角色；工業化國家的企業面臨強大的國際競爭壓力，期望進行改革，以提高行政效率。

　　4.**制度上**：許多政府開始視其為全球經濟與政治體系的一部分，重大的政經與社會改革方案必須進行審慎的協商與尋找夥伴關係；許多國際組織如聯合國、世界銀行、世界貿易組織、國際貨幣基金會等都在世界社區上扮演重要角色。（丘昌泰，後現代社會公共管理理論的變遷：從「新公共管理」到「新公民統理」，中國行政評論第十卷第一期，頁2-27）

(二)新公共管理具有的特徵：Farnham與Horton兩位學者也進一步歸納Massey、Hughes以及Dunleavy與Hood等人的觀點，指出新公共管理具有以下八項特徵：

1. **採取理性途徑（Rational Approach）的方式處理問題**，亦即在設定政策目標和闡明政策議題時，特別強調策略管理（Strategic Management）所扮演的角色及其作用。

2. **重新設計組織結構**，目的在於使政策能與行政分離，並且對於服務的提供，都必須建立起一個賦予責任的行政單位。

3. **改變組織結構**，促使官僚體制的組織更為扁平化，授權給管理人員，以利績效目標之達成。

4. **依據經濟、效率及效能等標準來衡量組織的成就**；發展績效的指標，使組織的成就能夠被加以比較和測量，並據此進一步提供資訊作為未來決策時的參考。

5. **改善現行的政策，使公共組織能夠從被傳統公共服務價值所支配的文化中，轉換成能與「新公共服務模式」**強調市場及企業價值相調和的文化。

6. **運用人力資源管理的技術**，其目的是在淡化集體主義的色彩而採取個人主義的途徑，包括尋求動員員工的支持與承諾，來持續地進行結構與組織的變革。

7. **試圖建立一種具彈性、回應力及學習的公共組織**，並發展一種將大眾視為顧客、消費者及市民的「公共服務的導向」（Public Service Orientation），公共服務不再由專業的供給者來支配，而是以回應人民真正的需求來提供公共服務。

8. 以契約關係（Contractual Relationship）來取代傳統的信託關係（Fiduciary Relationships）。（孫本初，公共管理，頁1-21）

十、新公共管理的核心理念為何？

答：新公共管理的核心理念為「市場機制的引進」。

(一)將市場機制引進公部門當中是新公共管理很重要的主張，其主張主要是受到新古典經濟理論的影響。以英國的情形而論，市場機制運用在公部門的策略包括：市場測試、民營化、強制性競標制度；至於美國的情形而論，由於具有實施自由市場經濟制度的民主資本傳統，其市

場策略主要是集中於經濟誘因策略，如抵用券、使用者付費、補助、優惠減稅、財產權創設等。

(二)**新公共管理主張政府機關應扮演導航者的角色，將公共服務儘量交由市場來處理**，透過市場機制的運作，自然就能夠生產令消費者與生產者雙方都能滿意的產品組合。

(三)市場之所以得到政府的信任，主要在於**市場係以消費者為導向，同時具有下列幾項特性：**

1. **競爭性**：市場的參與者進行公平的價格競爭與品質競爭。
2. **平等性**：市場所有的參與者都是平等的，無分貴賤，自由進出。
3. **開放性**：市場機制與外部環境具有密切的相依關係，形成不斷循環的開放系統。

(四)強調市場機制的運用是否會侵犯了國家機關的角色呢？新公共管理者採取新古典經濟理論的觀點，**認為國家機關只有在下列三種情形下，才會介入市場：**

1. **公共財**：無排他性與無敵對性的財貨與勞務，如國防外交、公園休閒等。為了避免搭便車的心理，造成只願享受利益，不願負擔成本，故政府必須介入，採取使用者付費等措施加以干預。
2. **優點財**：這是指對於社會所有人都有益處的財貨或勞務，如教育或健康服務，政府機關也必須介入，以確保其品質與價格不受私益影響。
3. **資訊失衡**：當生產者與使用者之間的資訊失衡時，則政府應為使用者擔任忠實的掮客，以作為生產者與使用者之間的橋樑。（丘昌泰，公共管理—理論與實務手冊，頁85-131）

十一、新公共行政與新公共管理性質是否相同？如相同，　請說明相同之點；如相異，比較相異之處。

說明：　新公共行政與新公共管理同為對傳統公共行政的反動而展現「新」的變局、觀念與作為。

答：(一)變遷面向：要求變遷是新公共行政與新公共管理的主要課題。

1. 新公共行政對變遷概念較屬過程取向，因此其重視可加以改變的組織型式，發展判斷績效的標準，制度化變遷的過程，以及對組織機制的遞增和遞減同等強調，並把促進變遷作為領導的主要責任。

2. 新公共管理對變遷理念的發展較不重視，除了Osborne & Gaebler的改革十大原則外，並無具體的陳述。新公共管理認為，政府本身是問題製造者，在官僚典範被質疑的認知下，解決之道並不寄望於官僚本身或相同的性質。

(二)相關性、回應性和授能的概念：

1. 新公共行政與新公共管理兩者均相當強調回應性、相關性和授能的價值。新公共行政強調工人和民眾的決策參與、民眾選擇、消除對公共服務的管理壟斷、衡量績效與設定績效，而它們均可在新公共管理中找到各自的相應觀點。再者，兩者均要求大量使用調查、公聽會、顧客（民眾）諮詢、實驗以及諸如意見箱和政策評估等反饋機制。

2. 兩者對回應的假定與哲學有基本的差異。首先，一則強調民眾，另一則著重顧客。

(1) 新公共行政強調提升公民意識，俾養成民眾理智的與主動的參與，並假定民眾對政府行政的參與，不應植基於個人和利己的利益，而帶有「強勢民主」和「當代社群意識運動」的觀點。

(2) 新政府運動使用顧客隱喻的觀點，係借自公共選擇型模、功利主義邏輯、市場精神。在此型模下，對顧客授能旨在促使個人或家庭能在競爭的市場中作自己的選擇，以打破官僚服務的壟斷。

(3) 新公共行政與新公共管理的另一顯著不同，在於新公共行政致力於公職服務和提供有效而公正的公共服務，因此具有傳統公共行政所強調履行公共政策所應擔負個人和集體行政責任、促進行政倫理的特點；至於新公共管理，「服務」則被視為是空洞的，它將為授能顧客與行政人員之選擇所取代。

(三)理性理論：理性向來是公共行政的核心概念。

1. 相同點：新公共管理主張導航與操槳分開，政府治理應著重導航功能，避免陷入枝節運作的泥沼，而新公共行政強調借重專家處理問題，展現任務和成果取向，主張政府不應全面干預，而應重點找人，兩者並無不同。

2. 相異點：

(1) **新公共管理係要以效率與生產力作為導航的目的，新公共行政則以培養主動的和積極的公民意識，發展能夠兼具考慮多數決和保護少數的憲政民主**，和致力於效率與公道的專業化公職服務為其追求的價值。

(2) 新公共管理為了迴避政治——行政的兩分和理性的實質問題，而使用「治理」一詞為其概念的一大特色。

(四)組織結構與設計：

1. 相同點：兩者均強調分權化、扁平化組織、支援專案組織、簽約外包、以及合產制或公私合夥等。

2. 相異點：**新公共行政希望行政更制度化**，更傾向於服務的提供和更多的管理，**新公共管理則傾向於減低制度化及委託服務**。另外，前者較考量層級體系和管理，而後者較重視建構誘因，進行契約監督，和著手管理創發。

(五)管理和領導理論：

1. 相同點：例如在權威運用上，新公共行政強調工作團隊的權威，而新公共管理則主張權威下授，對公共管理者與工作者加以授能。另外，新公共行政認為政府工作應是滿意的經驗，而且管理的重點需從組織內部的管理轉移至考慮民眾、其他政府組織、利益團體、政務官及國會議員互動的界限關係上；新公共管理則認為有效的管理是企業化、企業家型態、創新、與風險承擔。

2. 相異點：**新公共行政致力於有效的專業公職服務和公正的政策執行，而新公共管理則強調系統地驅逐官僚制度**，但其對象是官僚制度，而非官僚人員，並認為有許多的官僚企業家是個「身陷不良體系的好人」，並對企業家型的公經理者給予極高的好評。

(六)認識論、方法論和價值問題：

1. 對新公共行政的學者而言，認識論與方法論的問題是極具重要的關鍵，他們認為傳統公共行政太注重社會科學和量化方法，使得公共行政的知識基礎和理論導向於細節和不重要的問題，遠離社會重要而急迫的問題。

2. 另外，新公共行政的倡導者雖對行政學方法論的議題有些衝突而分歧的意見，但事實上，他們均被訓練為社會科學家，深信規範知識的有效性和描述知識的重要性，並進而採取折衷的方法論。而新公共管理則不在乎方法論的問題，許多的表達均係直接引述他人的經驗，導致其使用的途徑被稱為「最佳實務」的方法，而無法提升經驗科學的理論層次。

3. 在價值方面，新公共行政與新公共管理雙方均強調更具創發、創新和感知的管理，並著重服務對象、公民或顧客的觀點。至於兩者的不同，由於新公共行政重視政治、民主政府、多數決、少數權利等相關問題，所

以關切重點是：「誰在政治或公共行政中何時用何種方法獲取什麼」；相較之下，新公共管理並不關心政治，僅使用治理、全面品質等試圖和基本政治問題相接觸。（林鍾沂，行政學，頁56-702）

十二、新公共行政與新公共管理理論，彼此間之基本價值取向有何不同？此差異對政府再造形成怎樣的衝突困境？此衝突可否調和？試析論之。

答：(一) 差異：就管理和組織而言，新公共行政與新公共管理均在追求變遷的動力，但兩者對回應卻表現出不同的方式。新公共行政強調專業化的公職服務，致力實現效率與社會公正；新公共管理則講究對個別顧客的授能以作成自我的選擇。再者，新公共行政是較制度與政治取向，而新公共管理較不考慮制度和迴避政治問題；至於理性、認識論、方法論的問題，對新公共管理不具重要性，對新公共行政卻相當重要。最後，新公共管理的價值乃在提升個人的選擇、誘因的提供、競爭的使用和將市場作為政府的運作模式；而新公共行政的價值則著重人文的和民主的行政、制度的建立，它涉及較多的政治問題和社會公正議題。（見第十一題）

(二) 對政府再造形成的困境：

1. **降低政治責任**：新公共管理主張將市場機制引進公部門當中，政府施政作為受到市場原則及顧客喜好的影響。久而久之，市場原則凌駕原有的政府施政規則（或規定），對政治責任的釐清有不良的影響。此外，傳統的行政模式強調中立性與超黨派，但公共管理主張加強管理者與民選代表與官員的互動關係。如此，公共管理者一定會進入政治過程，以至於出現更多的官僚政客。

2. **私人管理為基礎的問題**：新公共管理者總是肯定私部門管理優於公部門，故應引進企業管理方法與技術於政府機關內。但是，批評者認為，私部門強調要設定清楚的目標、設計實踐策略、編列計畫預算與建立計畫執行結構，並且建立績效衡量與成就評估的標準；但是，公部門很難設定清楚而明確的目標，更無法針對目標進行穩定的排比，當然更困難的是公部門的績效很多是屬於抽象的，難以測量。

3. **管理理論的適用問題**：新公共管理理論中最受抨擊的是公共選擇途徑，有學者認為，政府再造過程中，官僚機構的實際運作遠比公共選擇學者所描述的更為複雜，自利動機不一定表現在預算或規模的大小，更多時候是表現在機構本身的型塑結果。

4. **打擊公務人員士氣**：相對於傳統公共行政對於官僚體系與專業人員的尊重與肯定，目前則流行解構官僚體系、以契約方式僱用官僚人員、以績效作為考核陞遷的依據、以縮編裁員作為精簡人力的主要依據。而新公共管理的公共選擇途徑與新制度經濟理論等都是對於官僚體系與政府機關的負面抨擊，將之視為阻礙效率、效果與經濟的絆腳石，這些都將嚴重打擊官僚人員的士氣。

5. **出現政治適應問題**：新公共管理期望以市場機制解決官僚模式所無法破解的行政問題，重要的市場工具如民營化，簽約外包等都是經常使用的工具。不過，這些市場機制工具的運用不僅是技術問題，更涉及許多複雜的政治問題。許多反對民營化者認為，市場機制過度運用的結果，將造成行政官員與私部門相互勾結的腐化現象日趨明顯。

(三)調和與否：此困境當然可以調和。畢竟新公共管理主張政府機關應扮演導航者的角色，將公共服務儘量交由市場來處理，透過市場機制的運作，自然就能夠生產令消費者與生產者雙方都能滿意的產品組合。此對於滿足顧客（市民）、提升行政效率、降低市政成本仍具有不錯的功能。因此，在引入新公共管理於政府再造過程中，自當避免發生上述的問題。在新公共管理浪潮的衝擊下，各國紛紛推出實際的政府再造行動，例如，激進改革的西敏型態（如英、紐、澳）、務實穩健的英美型態、獨樹一格的西歐型態、統理途徑的東中歐國家、政治掛帥的開發中國家，以及我國等都已提出類似的政府再造計畫。因此，新公共管理所帶領的政府再造運動，不僅是知識上的反省，更是行動上的實踐。凱多（Kettl）則將此次視為一次全球性的公共管理革命。

十三、試舉例說明重要學者關於新公共管理的主張及說法？

答：(一)傅德（Hood）的主張：認為新公共管理有七項重要主張：

1. **積極有為的專業管理者**：需位居組織上層地位，對於組織控制具有自主控制權的、積極的管理者，以明確其責任。

2. **明確的績效標準與衡量**：必須清楚界定政策目標與實施績效，以作為評鑑其責任之依據。

3. **產出控制**：非常強調政策產出或結果的控制，而非過程取向。

4. **主張分部化**：將公部門內的組織結構依據產品或服務特性劃分為若干管理單位，然後根據每一單位實施統合化的管理，以收管理效果。

5. **強調競爭**：強調以競標或簽約方式進行公共服務的管理，期望以競爭提高公共服務品質與降低成本。

6. **強調私部門管理實務型態**：強調從軍隊式的層級節制與公共服務倫理轉變到顧客導向的、彈性雇用與報酬的私企業管理方式。

7. **主張資源運用上的紀律性與簡潔性**：主張削減直接成本、加強勞工紀律、抗拒工會要求，因而必須對公部門的資源需求進行檢視，期望以更少的資源作更多的事。

(二)科勞倫等人的主張：

1. 從政策轉為管理的重點改變，行政管理者作決定前的每一行動都具有高度的成本意識。

2. 行政系統的設計模式是集體性的，而非金字塔型的。

3. 將核心的政策目的與適應性的作業服務清楚劃分，將之作為決策規劃與執行之基礎。

4. 從過程取向轉變為產出取向的行政。

5. 以個別化產品的彈性提供取代集體的提供。

6. 著重於成本刪減，而非成本支用。

7. 所有權的目的是基於效率管理，而非基於擁有之基礎。

(三)米諾古（Minogue）的主張：

1. **重組公共部門**：透過分權化或流程再造策略，以重組公共部門，其中最經常被各國採用的方法是公共服務的民營化。

2. **重組公共服務**：將公共服務組織轉變為企業型的當代管理者，強調成本的降低、效率的標準、管理的自主性、績效的評估等。

3. **建構更有效率的公共管理**：強調公共服務的基本目標是效率，主張以下列三種方式達成效率管理：第一、建立成本意識的效率審查制度。第二、以績效途徑激勵員工回應顧客的需求。第三、推動顧客照顧與品質管理方案，為民眾提供高品質的服務。

4. **將競爭引進公共服務**：競爭原則為公共管理企業模式的中心原則之一，民營化與簽約外包都是為了加強競爭力。

5. **解除管制**：指管理者必須免於層級節制與預算控制的擺佈，讓管理者有自主空間能夠進行流程的改造，負責管理績效。同時，公共服務必須免

於傳統的命令控制系統，私部門必須能夠在免於管制與控制的環境中自由運作。

(四)貝侖美（Bellomy）的主張：

1. **清楚而大規模的引進類似市場的機制**：類似市場的機制可以表現在下列三方面：第一、以契約來確保管理者提供某種服務績效水準。第二、從使用者採購服務的角度安排預算。第三、將民營化的契約強制性地公開給內部或外部市場競標。

2. **強化管理與服務功能的組織與空間之分權化**：由於資訊化時代的來臨，層級節制體系的縮減、組織的裁員縮編與管理功能的外部化等，使得公共組織成為扁平化的分權化型態。

3. **經常性地與改進服務品質的需求對話**：為了改進品質必須進行流程與組織的再造。若干重要的品質增進技巧如全面品質管理就是其策略之一。

4. **堅持對於個別服務使用者願望的注意**：消費者導向的公共服務，強調必須接近個別的顧客，了解顧客心聲，即時回應顧客的願望與需求。

(五)伊薩克亨利（Isaac-Henry）的主張：管理主義具有下列特徵：

1. **正確管理**：必須採取類似企業的途徑進行公部門的管理，吸收私部門的管理技術與方法，以取代傳統以專家價值為主體的管理。

2. **責任管理**：將官僚組織分解成若干小的管理單位，充分授權決定工作流程與方法，以及時因應消費者的需要。

3. **消費主義與市場**：貫徹消費者主權的概念，將市場機制引進公部門內部，如民營化、簽約外包、抵用券制度、使用者付費等。

4. **績效管理**：要求管理者應針對機關之任務、目標、策略、預算與績效進行清楚明確的設計，對於管理績效必須設計一套績效衡量指標，以作為評鑑是否達到組織任務與政策目標之準據。（丘昌泰，公共管理—理論與實務手冊，頁85-131）

十四、新公共管理具有那些的發展模式？

答：(一)**效率驅動的新公共管理模式**：興起於80年代中期的新公共管理思潮，將官僚體系視為浪費資源、臃腫不堪、效率不彰的機構。該模式以追求效率為最高指南，希望能將公部門建立為類似企業的組織。英國「續階計畫」為其代表。其重要的理念為：

1. 非常注意對於財務的控制，關心金錢價值與效率成果，強調財務功能，希望以少造多。
2. 強調加強一般管理功能，以層級節制進行管理，具有清楚的目標設定與績效追蹤，將權力移轉給資深管理者。
3. 延伸財務上與專業上的審計功能，堅持透明的績效審核方法，主張標準設定與績效標竿。
4. 增加服務提供者對於消費者的回應壓力，重視非公共部門服務提供者之角色，具市場意識與顧客取向。
5. 解除勞工市場的管制，加速工作步調；對於資深管理階層實施高薪資的個別報酬制度，提高資深管理階層的流動率。
6. 減少專家的自我管制權，將權力從專家移轉給管理者，部分專家納入管理過程，專家自我管制形式必須透明化。
7. 對於具備企業精神，沒有官僚態度的管理階層儘量充分授能，但仍必須維持嚴謹的責任要件。
8. 新的法人統理形式、民選官員與工會組織的邊緣化，朝向領導階層委員會模式，將權力移轉給最高策略階層。

(二)**縮編與分權化的新公共管理模式**：同樣地興起於80年代左右，強調公共組織的人力與預算應該精簡，大型的組織應該予以分權化，西歐與美國不少企業界都實施這樣的管理模式。此模式的興起原因主要是反對組織的官僚化與大型化趨向，因此必須進行組織的裁員縮編，以減少公共組織的負擔。其主要的理念：

1. 從市場意識轉變為建立準市場，從市場的計畫轉變為以市場機制作為資源配置的基礎。
2. 從層級節制管理轉變為契約管理，採用寬鬆的契約管理型式，創造更為鬆散的地方公共部門組織。
3. 將小型策略核心與大型操作邊緣予以劃分，將非策略性的功能予以市場測試與簽約外包。
4. 縮短管理層級，組織縮編裁員；公共部門組織的大量減少，朝向扁平式的組織結構發展；高層與低層組織幕僚的減少。
5. 劃分公共經費資助與獨立部門服務提供之間的區別，將採購者組織型式視為新的組織型式。

6. 從控制命令管理型式轉變為新的影響力管理型態，加強組織型式網絡的角色，強調作為新協調型式的組織間之策略聯盟。

7. 從標準化服務提供型式轉變為更彈性與變化性的服務系統。

(三)**追求卓越的新公共管理模式**：此模式要求組織中所有成員都以追求卓越為最高目標，實現卓越的發展目標。此模式與第一個模式所強調的理性途徑正好相反，它強調價值、文化、儀式與符號如何影響員工行為，乃是人群關係學派的應用。該模式可以分為兩個形式：

1. 由下而上形式：重點是組織發展與組織學習，將組織文化視為黏著劑，強調以績效進行徹底的分權化，組織成員無分上下都應以追求卓越為目標，這是80年代末期所強調的學習型組織之主張。

2. 由上而下形式：重點是期望改變組織文化，對於由上至下願景的預測，必須提出一套管理文化變遷的計畫，強調由上而下的領導魅力，為新型態的公部門提供獨具魅力的私部門角色模式，以作為學習模仿對象。

(四)**公共服務取向的新公共管理模式：這是目前最新發展的公共管理模式**，象徵著公私管理的融合，描繪出公共服務任務的願景，俾使公部門充滿活力。其主要理念為：

1. **對於服務品質的關切，採取價值取向，但以實踐卓越公共服務的任務為途徑。**

2. **反映管理過程中使用者的關切與價值**，依賴使用者的呼籲作為回饋的主要來源，強調公民精神。

3. **將權力重心從政務官轉變為民意代表**，對於公共服務的市場角色抱持懷疑態度。

4. 發展一套超過例行性服務提供的社會學習機制。

5. 持續發展一組獨特的公共服務任務與價值，對於集體服務提供所產生的政治問題進行妥善管理，強調參與與責任為管理者合法關切的焦點。

（丘昌泰，公共管理─理論與實務手冊，頁85-131）

十五、曾經蔚為世界風潮的新公共管理運動，固然在理論與實務上有相當傲人的成績，但也引起不少人的質疑。試述新公共管理受到的批評內容為何？

說明：不少學者指出，新公共管理過分強調對於人類行為的理性管理、官僚控制與經濟誘因，以至於忽略了公共利益、民主原理及公民參與的人性詮釋。

答：(一) 學者的批評：

1. 傅德（Hood）教授質疑新公共管理成為一種全球性典範的適當性。他認為至少下列三點是值得懷疑的：

   (1) 第一、新公共管理的理念眾說紛紜，出現一種文化的多元性。

   (2) 第二、過分誇大了新公共管理改革的國際性趨勢，不是一種全球性的典範。

   (3) 第三、新公共管理可能出現副作用，阻礙其成為典範的可能性，如無人負責管理的症候群。

2. 哈佛大學的凱柏力恩（Kaboolian）懷疑新管理主義不過是舊瓶裝新酒的把戲，他提出的是一大堆的問題，而不是明確的答案。

3. 泰利（Terry）指出，新管理主義與企業精英主義容易造成民主統治功能的喪失，必須注意其所造成的三角難題。

4. 藍恩則指出，新公共管理運動出現的大問題分別為：

   (1) **降低政治責任。** (2) **引起合法性危機。**
   (3) **欠缺一致性的策略。** (4) **忽視主流社會價值。**
   (5) **打擊公務人員士氣。** (6) **出現政治適應問題。**

5. 湯李維與胡德（Dunleavy and Hood）以四個象限說明新公共管理所遭遇到的四個重大危機：

   (1) 致命主義者的批判：新公共管理無法改變公共行政的根本困境，天下根本沒有白吃的午餐。

   (2) 個人主義者的批判：新公共管理容易形成完全個人化與商業化的契約權。

   (3) 階層主義者的批判：新公共管理破壞整體行政系統的穩定性，使公部門無法控制。

   (4) 平等主義者的批判：新公共管理可能鼓勵腐化，可能滿足高層主管的個人利益，削弱政治責任性。

(二)綜合而成，新公共管理所受到的各種批評：

1. **管理主義的意識型態**：新公共管理的出現得利於新右派的意識型態，但是既有新右派，必然有新左派，陷入意識型態之爭的管理主義，必然容易成為一時的流行，不久之後將隨著意識型態的沒落而消失。批評者指出公共管理是一種專為提升管理階層職位與擴大管理階層影響力的意識型態，且壓縮工會與集體協商在管理過程中的影響力，故成為一種命令式的與威權式的管理模式，它並未建立在以同意為基礎的管理哲學。

2. **管理主義的經濟理論基礎問題**：新公共管理奠基於新古典經濟理論，但經濟理論應用於公共管理的政治環境系絡中必然產生窒礙難行之處，並非所有的政府問題都可以透過經濟理性主義加以解決。新公共管理理論中最受抨擊的是公共選擇途徑，有學者認為官僚機構的實際運作遠比公共選擇學者所描述的更為複雜，自利動機不一定表現在預算或規模的大小，更多時候是表現在機構本身的型塑結果。

3. **私人管理為基礎的問題**：新公共管理者總是肯定私部門管理優於公部門，故應引進企業管理方法與技術於公部門內。

   (1) 批評者認為，私部門強調要設定清楚的目標、設計實踐策略、編列計畫預算與建立計畫執行結構，並且建立績效衡量與成就評估的標準；但是，公部門很難設定清楚而明確的目標，更無法針對目標進行穩定的排比，當然更困難的是公部門的績效很多是屬於抽象的，難以測量。

   (2) 新公共管理期望以市場機制解決官僚模式所無法破解的行政問題，重要的市場工具如民營化，簽約外包等都是經常使用的工具。不過，這些市場機制工具的運用不僅是技術問題，更涉及許多複雜的政治問題。許多反對民營化者認為，市場機制過度運用的結果，將造成行政官員與私部門相互勾結的腐化現象日趨明顯。

   (3) 另外，學者擔心的是民營化之後對於公共服務提供者的監督與服從問題，在市場競爭壓力下，得標者可能基於成本利益考量，提供無法令民眾滿意的服務品質。

4. **新泰勒主義**：新公共管理者強調對於政府經費的控制，主張以標的與績效系統作為管理責任分權化的依據，對於績效優良者予以獎勵，績效差者則予以處罰；這些都象徵新公共管理是一種新修正的新泰勒主義（Neo-Taylorism）。

   (1) 管理主義的多數的改革方案都是被效率、效果與經濟目標所支配；至於公正、正義、代表或參與等都被視為促進高度生產力的限制。

(2) 新公共管理最大的問題在於「概念充血」與「策略氾濫」，改革者提出許多科學管理上的策略與概念都欠缺明確的定義，如績效評估、經濟誘因或品質管理等。

5. **政治化所衍生的責任與倫理問題：傳統的行政模式強調中立性與超黨派，但公共管理主張加強管理者與民選代表與官員的互動關係**，公共管理者一定會進入政治過程，以至於出現更多的官僚政客。

(1) 政治領導者可能介入行政，基於政治利益或立場支持或反對特定部門，使得公共管理出現泛政治化的趨向。

(2) 就倫理方面來說，新公共管理將大量的公共服務民營化，則不肖的公共服務者很可能利用民營化的漏洞，圖利私部門，以至於出現綁標、搶標、賄賂等腐化行為。

6. **執行與士氣問題**：管理改革是一件浩大的政治工程，必須要加以落實，否則所有的計畫都只是上層領導者的片面構想，毫無績效可言，故貫徹執行有時候遠比改革策略的規劃更為重要。**相對於傳統公共行政對於官僚體系與專業人員的尊重與肯定**，目前則流行解構官僚體系、以契約方式僱用官僚人員、以績效作為考核陞遷的依據、以縮編裁員作為精簡人力的主要依據。而新公共管理的**公共選擇途徑與新制度經濟理論等都是對於官僚體系與政府機關的負面抨擊**，將之視為阻礙效率、效果與經濟的絆腳石，這些都將嚴重打擊官僚人員的士氣。

7. **消費主義的限制**：消費主義是新公共管理中相當核心的概念，奧斯本與蓋柏勒都認為政府應該要儘量顧客導向，以服務廣大公民。

(1) 但是批評者指出，**私部門中的顧客與公部門的顧客是不盡相同的**，因為公部門的顧客還必須進入政治過程，以至於產生政治參與和代表性的公民精神問題，故私部門的消費主義不能引進公部門當中。

(2) 另外，**消費者主權的概念是有其限制的**，包括：

A. 不能讓一般公民在毫無所悉的狀況下作任何的消費選擇。

B. 強調競爭的結果很可能會造成服務品質水準的下降與安全水準的降低。

C. 消費主權的結果是對於服務提供者施加太多的壓力，如此將使服務提供者的心理與行動受到影響。

D. 為了強調產品與服務的一致性，可能會導致一般生產成本的下降。

(3) 另外有學者指出，就政府而言，個人的滿意感並不是政府治理的主要目的。（丘昌泰，公共管理—理論與實務手冊，頁 85-131）

十六、公共管理學興起緣由之一，乃為彌補過去一些學科「有公共而無管理」或「有管理而無公共」的缺憾，寄望成為既重視公共，亦重視管理的一門學科，以提供公共管理者最需要的知能。試問一位優秀的公共管理者應具備那些知能？

答：米茲柏格於1973年發表的鉅作「管理工作的性質」奠定了他在管理學界大師的地位。米茲柏格將其觀察到的資料歸納出管理者所扮演的十種角色，計可區分為三大類：

(一)**人際角色**：著重於人際關係之建立與維繫，包括下列三種角色：

　1.頭臉人物：為了象徵性意義，在法律上或形式上代表組織從事特定活動，如會見賓客、代表簽約、剪綵、致詞等，以確立對內之法定權威及加強對外之網路連結。

　2.領導者：從事聘用、指揮、激勵、教導員工等活動，以期對內建立團隊。

　3.連絡人：從事組織內外個人或團體的接觸與聯繫，以便對內建立團隊，對外連結網路。

(二)**資訊角色**：資訊是重要的權力來源，資訊色扮演得當，將使管理者成為所有資訊的收發中樞，有助於管理權力提升與揮舞。資訊角色包含下列三者：

　1.監理者：負責從組織內外獲取與蒐集資訊。

　2.傳播者：從事傳播遞送資訊給組織內成員的活動，擁有良好暢通的溝通網路，是有效管理的重要基礎。

　3.發言人：代表組織對外傳播遞送資訊，以期塑造組織正面形象。

(三)**決策角色**：可說是管理者最重要的責任，包括以下四個角色：

　1.企業家：從事發掘機會、化解危機、因應環境變遷、促進組織變革等作為，以期為組織創造永續經營。

　2.干擾處理者：負責處理各種有損組織績效或有礙組織發展的干擾，針對突發問題，尋求矯正解決之道。

　3.資源配置者：如何配置組織的人力、財力、物力、時間、資訊等資源，以有效地達成組織目標，是管理者十分重要的工作。

　4.談判者：代表組織與相關人士，如政府官員、供應商、顧客、債務人、工會代表等，進行交涉、溝通、協調、議價、談判等活動，為組織爭取利益。（余致力，公共管理者的角色與知能，頁87-109）

十七、無論在公部門、私部門或第三部門任職的管理者，必須具備一些管理的技能，管理學者凱茲（Katz）便指出管理者必備的技能有三種：技術性技能（Technical Skills）、人際間技能（Interpersonal Skills）與概念化技能（Conceptual Skills），試闡述三種技能的內涵。

說明：　所謂技能，係指一種後天可以培養發展，以處理特定人、事、物的能力。而管理技能有別於作業能力，作業能力係指具有從事某種作業或業務工作之能力，如生產貨品、提供服務、推銷產品、設計廣告、進行市調、研究發展等能力。

答：(一) 技術性技能：**所謂技術性技能，係指管理者必須對其所管轄的業務，有一定程度的了解與處理能力。**雖然，有時管理者無須全部了解其所轄業務，而是可以透過部屬之協助而對所轄業務有所瞭解。然而，一個對其所轄業務一無所知的管理者，恐怕無法與部屬溝通，部屬也無法給他必要的協助，甚至很可能視之為「外行領導內行」。

(二) 人際間技能：**如果說技術性技能是「處事」的能力，人際間技能談的便是「待人」的功夫。**在一個組織裡，一般的管理者可說是上有長官，下有部屬，還有左右一些不相隸屬的同事，如何能與上下左右建立愉悅有效的溝通、協調、互動模式，建立起信任與合作的人際關係，可說是管理者十分重要的一項技能。晚近十分流行的「情緒商數」（EQ），可說是管理者的人際間技能之一項衡量指標。

(三) 概念化技能：**所謂概念化技能，係指具備宏觀視野，能從事形而上、抽象化與策略性思維的能力。**一位優秀的管理者必須要能瞭解國內外政治、經濟、社會、文化、科技的現況與趨勢，並從組織之中超越跳脫出來，將整個組織視為大環境中的一個小單元來衡量評估該組織在大環境中之利基，進而建構願景，提出策略，為組織的永續經營與發展，規劃出美好的藍圖。（余致力，公共管理者的角色與知能，頁87-109）

類似題 簡述公共管理者之「公共企業家」的精神，並簡述公共企業家在公共事務民營化的過程中應扮演的功能。

十八、自從米茲柏格提出管理者所扮演的角色之後，許多學者也陸續提出關於管理者角色與技能的看法。試舉例條列說明之。

答：(一) 葛瑞芬所提出的四種技能：葛瑞芬（Griffin）指出，管理者除應具備凱茲所提出的三種技能外，還要具備**診斷的技能。所謂診斷的技能，是指針對特定情境找尋最適反應的能力，也就是針對問題來探究原因與提出對策的能力。**

1. 葛瑞芬認為每個管理者都須要具備凱茲所提的三種技能加上診斷的技能。如果我們把概念化技能比喻成「見林」的能力，則診斷的技能則較接近「見樹」的功夫，再加上技術性技能強調的是「處事」的能力，人際間技能則是「待人」的功夫。

2. 高階管理者對概念化技能與診斷的技能仰賴較深，基層管理者則較需要技術性技能與人際間技能，至於中層管理者，則是對四種技能有較平均的需求。

(二)赫爾立傑與史羅康所提出的五種技能：赫爾立傑與史羅康則將管理技能分為五類，除了凱茲所提出的概念化技能、人際間技能，與技術性技能外，又**增加了慎思的技能與溝通的技能**。其中慎思的技能與葛瑞芬所提出的診斷的技能在內涵上十分類似，係指管理者面對問題時，要能從多面向去思考評估，以找出最佳解答與對策的能力。至於溝通的技能，係指管理者具有收發資訊的能力，能有效與明確地向他人表達自己的想法、感受，亦能快速與正確地解讀他人的想法；赫爾立傑與史羅康更進一步指出溝通的技能可說是其他四項技能具體表現與充份發揮的基礎。

1. 赫爾立傑與史羅康認為溝通的技能與慎思的技能對所有的管理者而言，都是十分重要的必備技能。不同階層的管理者的技能需求主要差異是在概念化技能與技術性技能，前者的重要程度與層階高低成正比，而後者的重要程度與層級高低成反比。

2. 赫爾立傑、史羅康與葛瑞芬看法最大的歧異在於人際間的技能。赫爾立傑與史羅康認為：人際間的技能對各階層管理者而言都是十分重要的，但比較而言，階層越高的管理者越需要人際間技能。

(三)魯深思等人對管理活動的研究成果：彙整出管理者的四項基本活動：

1. 溝通：即交換例行性資訊及處理公文、備忘錄等活動。

2. 傳統管理：如規劃、決策、控制等活動。

3.人力資源管理：如激勵、獎懲、排解衝突、用人、訓練、發展等活動。

4.網路連結：即從事社交，建立與維繫對外關係等活動。

　　魯深思等人發現一般的管理者花費絕大部分的時間從事傳統管理的活動，其次為溝通的活動。魯深思等人更從個人的角度與組織的觀點來區分出另外兩種管理者：

1.有效的管理者：係指績效卓越、領導有方、對組織有極大貢獻的管理者。

2.成功的管理者：係指晉升最快、個人事業前程發展一帆風順的管理者。

(四)奎恩等人對管理者角色與技能的研究：列舉出扮演好各種角色所需的二十四種能力：

1.導師：一個管理者如能恰如其分扮演好導師的角色時，他將是一位關懷的、設身處地的管理者，表現出對部屬的體恤與關懷；但如果太過強調導師的角色，則會成為放縱的管理者。要扮演好導師的角色須具備下列能力：(1)了解自己與別人的能力。(2)有效溝通的能力。(3)幫助部屬成長發展的能力。

2.輔助者：一個能扮演好輔助者角色的管理者，是一位重視過程、促進互動的管理者，但如果太過強調此一角色，則會變成過度民主、過度強調參與，進而延誤或損害生產力的管理者。要扮演好輔助者的角色須具備下列能力：(1)建立團隊的能力。(2)善用參與式決策的能力。(3)調和衝突的能力。

3.監督者：能恰如其分扮演好監督者角色的管理者，是一個對業務十分嫻熟的技術專家；但這種角色如扮演的過火，則會產生缺乏想像力、墨守成規、吹毛求疵的副作用。要扮演好監督者的角色，必須具備下列三種能力：(1)監督個人成績的能力。(2)管理集體成果的能力。(3)管理組織績效的能力。

4.協調者：管理者如能恰如其分扮演好協調者的角色，將會是一位可靠的、可信賴的管理者；然而當協調者的角色扮演過度時，則會成為一位事事責難、多疑、嘲諷的管理者。要扮演好協調者的角色必須具備：(1)管理專案的能力。(2)設計工作的能力。(3)跨功能管理的能力。

5.指導者：管理者如能恰如其分扮演好指導者的角色，他會是一位果斷的、英明的管理者；但如果過度強調此一角色，則會淪為一位抱殘守缺、固執剛愎的管理者。要扮演好指導者的角色必須具備下列三項能力：(1)提出願景、設定目標、規劃策略的能力。(2)組織與設計的能力。(3)委託、授權的能力。

6. 生產者：當管理者戴上生產者的面具時，他是一位工作取向，發起行動的管理者；然而如果管理者太過沈溺於此一角色扮演，則可能產生太過個人主義。要扮演好生產者的角色，須具備下列能力：(1)懂得如何有效地工作的能力。(2)塑造一個良好工作環境的能力。(3)管理時間與壓力的能力。

7. 掮客：懂得扮演掮客角色的管理者，是一位資源取向、政治上十分機智敏銳的管理者；然而過度熱衷爭取資源的管理者卻可能會變成狂熱的機會主義者。扮演好掮客的角色必須具備下列能力：(1)掌握與維持權力的能力。(2)凝聚共識、爭取承諾的能力。(3)表達構想的能力。

8. 革新者：一位恰如其分扮演好革新者角色的管理者，是一位有創造力、能預見變遷、帶領改革的管理者；但過度熱衷求新求變而忽略守常守分的管理者，將會成為不切實際的管理者。要扮演好革新者角色所需的能力有：(1)瞭解與掌握環境變遷的能力。(2)創造性思維的能力。(3)創造變革的能力。（余致力，公共管理者的角色與知能，頁87-109）

十九、治理與新公共管理具有何種相同性及相異性？

答：(一) 治理與新公共管理之共通性：

1. **控制與課責的新工具**：兩者的普遍共同點在於，對於民選官員角色的重新界定。**在控制方面，強調必須給予行政機關相當程度上的裁量空間；在課責性方面，兩者均企圖以企業精神的領導方式來取代源自於民主憲政體制的政治控制權力。**

2. **公私二分的模糊化**：兩者均意識到在當前的社會環境中，政府已經失去與社會的連結關係，以致孤立於社會環境之中而無法取得社會的信賴。如此二分的結果已是造成公共組織現代化以及追求效率上的一大障礙。

3. **市場競爭概念的重用**：對新公共管理而言，競爭機制的運用是其管理哲學上的核心概念；然而，治理概念則較強調公私資源的結合而非僅侷限於競爭機制的應用。因此，**治理是代表著公共服務傳遞的新方法**，同時也認同於競爭機制的運用。

4. **強調產出的控制**：兩者均著眼於行動上的產出（Output），而對於傳統公共行政中投入控制（Input Control）的觀點則抱以懷疑的態度，這是因為投入控制僅著眼於資源投入的部分，而忽略了組織執行上的遲鈍以及無效率的問題。

5. **以導航取代操槳**：對新公共管理與治理而言，「導航」功能均為其管理哲學的核心概念。**「導航」的概念意謂著政府在面對日益增加且歧異性的公共需求時，卻同時必須進行組織精簡。**

(二)治理與新公共管理之差異性：Peter與Pierre認為治理與新公共管理的相似性存在於行政革新的運作層次，而兩者間的差異性主要是呈現在理論層次上。兩者間的差異性如下：

1. **理論基礎上的不同**：**新公共管理著重於組織內部的改造**，所強調的是在顧客及市場導向下，如何對公共組織的運作加以重新修正以提升政府的功能，故新公共管理是屬於組織理論的運用。相對的，**治理著重於公共組織與外部環境互動關係的建構**，強調的是在資源相互依賴的關係網絡中，政府如何去維護民主的過程、資源整合的過程以及社會發展的方向，因此治理是屬於政治理論的運用。

2. **治理是民主政府的重要要素**：治理代表著，政府為消除外部網絡關係中的依賴控制，而適時減緩對法令權威的使用並做出策略性的反應；新公共管理則是源自於意識型態上的驅動，對公共服務中所具有的政治及文化上的特殊性完全不加以考量。

3. **關切焦點的不同**：**治理十分重視對於行動者間的衝突與行動的過程，強調程序上的正當性；而新公共管理則是重視成果**，重視顧客的滿意程度，其焦點在於發展出組織內部的管理方式以確保顧客的滿意程度。

4. **政府定位上的不同**：**治理的概念認為必須授與政府某種程度上的政治控制能力**，此代表著治理概念是肯定政府地位及角色上的正面意義。相反的，**新公共管理則對於政府抱持著不信任的態度**，它企圖轉變整個公共部門使其如私部門一般，新公共管理認為政府本身既是問題的所在。

5. **對既有文化上的衝擊**：治理並不同於新公共管理般具有特殊概念（市場競爭機制、顧客導向等）及意識型態上的包袱。因此，新公共管理的推動則容易對政治文化造成劇烈的轉變。

6. **政治文化的影響性**：治理就如同其他的治理結構與其政治文化背景有著密切的關連性，所以在不同政治文化中，治理的制度將會呈現出多元的情況。相較之下，新公共管理則較無受到政治文化或制度上的影響。因此，治理可以說是混合公部門與私部門價值觀的政府治理方式，而新公共管理則可被描述為僅是將私部門的價值及目標灌注於公共組織的服務及運作上。

新公共管理與治理之比較

比較面向	新公共管理	治理
政治與社會關係	政府行動力的退縮	權力與資源相互依賴的網絡關係
政府角色	小而美政府角色	網絡/過程管理者角色
權力流向	民間組織重要性增強	決策與權力的分享
服務對象	顧客需求	政府本身及公共利益
追求價值	市場效率	效率、人文主義、民主價值
治理結構	市場制	網絡制
組織型態	扁平化式組織	網絡式組織
政治文化之衝擊	高	低
理論基礎	組織理論之運用	政治理論之運用
	新制度經濟學	資源依賴理論、網絡分析
	公共選擇理論	途徑、組織網絡
運用層次	管理技術的講求	行政與社會之互動關係

（史美強、蔡式軒，網路社會與治理概念之探討，中國行政評論第十卷第一期，頁42-65）

二十、當80年代盛行「公共管理」之時，1983年美國即有「黑堡宣言」為官僚體制辯護，其主要內涵是什麼？與公共管理的基本精神有何不同？

答：(一) 黑堡宣言（Blacksberg Manifesto）的內涵：黑堡宣言屬於「新公共行政學派」論點之一。1982年至1983年美國學者萬斯來（G.Wamsley）、顧塞爾（C.Goodsell）等人在學校黑堡發表「公共行政與治理過程」，**強調行政人員是公共利益受託者，公共行政應達成公共利益，堅持社會公平，擴大參與。此即黑堡宣言之由來**。黑堡宣言之主要內容在揭示：

　　1.行政人員為公共利益的受託者。

　　2.行政組織係達成公共利益的機構。

　　3.行政管理係憲政治理過程的參與者。

4.政府治理過程應代表多元利益並兼顧公平就業機會，推動導航型或護國
　（衛）型行政，以實現公共利益。
5.落實「新公共行政學派」之管理體制。
　黑堡宣言的主調在強調公共利益，使公共行政的務實層面更與多數民眾
　相互結合，行政人員扮演執行公共利益的少數睿智公僕，此為重點所
　在。（許南雄，行政學術語，頁427）
(二)與公共管理基本精神的不同：
1.黑堡宣言基本上仍屬於「新公共行政學派」論點之一。但是學者一般認
　為，公共行政的意涵比公共管理更為寬廣，因為公共行政並未將其自限
　於「管理」之上，而是將所有足以影響公共機構管理的政治、社會、文
　化及法律等環境合併考慮在內。而公共管理則是強調組織如何去執行公
　共政策，公經理人的首要之務即在於運用規劃、組織、控制等方法來提
　高政府的服務品質。
2.公共管理著重「政策與管理」，偏重政治與社會價值判斷的因素；黑堡宣
　言的內容則強調「行政組織與管理」的體制，偏重組織理論與管理功能。
3.公共管理是融合公共政策與企業管理之管理體制，亦稱之為「公共企
　業管理」。就公共管理的功能來說，包含領導、計畫、組織、控制，
　其應用則有管理技術、預算管理、績效考核、資訊管理、成本分析、
　行為管理等形態；黑堡宣言的內涵則強調落實「新公共行政學派」之
　管理體制。

二一、公共管理與企業管理的主要差別，在於政府機關所強調的「公共特質
　　　（或稱公共性）（The Publicness），請申論公共特質的具體意義。

答：「公共性」之主要涵義在說明其「非私有性」。公共行政以探討政府組織
　　與管理為範疇，自與企業組織與管理有不同之處；其次，公共管理並非盡
　　由企業管理所能取代，政府的政策領航與保衛性、福祉性之功能，無可推
　　卸。再者，公共利益與公共責任更是政府公職人員的基本信條，亦非一般
　　民間從業人員可相比擬。行政學學者羅森姆（D.H.Rosenbloom）在其所著
　　「行政學」一書開宗明義即強調「公共性」計有四層要義：
(一)憲政體制：即公共行政須合乎憲政體制，尤其依據公法行事，憲政體
　　制之規範可防止政府行政之濫權腐化。

(二)**公共利益**：公共行政主要職能在實現公共利益，行政人員即公共利益的代表者與服膺者。

(三)**市場機制**：傳統公共行政無須面對市場競爭的壓力，若干施政服務具有獨佔性（如國防、戶政、課稅等），但現代「公共選擇理論」、「民營化」、「市場導向」途徑均強調若干施政服務應合乎市場競爭原理而締造績效。

(四)**主權原理**：主權屬於全體人民，而行政人員即主權的信託者（受託者），施政服務對象極為廣泛，並不限於少數黨派、個人，而是國民全體。

上述數項特性即已說明公共性涵蓋政治、法律與管理途徑。（許南雄，行政學術語，頁18）

選擇題

( )　1. 下列何者認為：「公共管理即是政治權威的管理。」？　(A)Shafritz　(B)Straussman　(C)Lynn　(D)Easton。

( )　2. 新公共行政要摒棄以效率、技術等價值為中心的政治與行政分離論，其基礎思想為：　(A)新左派　(B)新右派　(C)公共福利學派　(D)科學理學派。

( )　3. 傳統上以「POSDCORB」一字代表行政管理的七項主要功能，其中，「D」代表何種意義？　(A)計畫　(B)組織　(C)表用　(D)指揮。

( )　4. 公共組織中愈是高階層人員愈重視那一種技能？　(A)專業技能　(B)人際關係處理技能　(C)運用抽象概念的能力　(D)系統分析能力。

( )　5. 「金魚缸效應」是形容公共管理與企業管理在下列何者的不同：　(A)目的與動機　(B)目標多元性與相容度　(C)公共監督　(D)法令限制。

( )　6. 新公共行政運動的主要內容中，不包括下列何項內容？　(A)社會公平　(B)知識與實踐整合　(C)正視多元主義的缺失　(D)建立完整法規制度。

( )　7. 公共管理學於1970年代萌芽於企業管理學院與公共政策學院，伯茲曼（Bozeman）稱之為：　(A)企業管理途徑的公共管理學　(B)公共政策途徑的公共管理學　(C)以上皆是　(D)以上皆非。

( )　8. 下列那一位學者將現階段公共管理研究領域比喻為「變形蟲」
　　　　（Amoeba），以隱喻其研究重點和範圍尚處於不斷變化中？
　　　　(A)Whitakef　(B)Bozeman　(C)Peters　(D)Kraemer。

( )　9. 就右派在公共管理實務上，經常顯露的偏好是什麼？　(A) 國家對市場
　　　　失靈的干預　(B) 政府應擴大規模　(C) 市場與企業管理　(D) 社群主義
　　　　思維的強調。

( )　10. 何位學者認為，公共管理的主要根源可追溯自 Wilson 於 1887 年所發表
　　　　的「行政研究」一文，其理由是 Wilson 也倡議以「師法企業」的方法
　　　　來改進政府的職能，此也正是今日公共管理所採取的途徑？　(A)Perry
　　　　(B)Kraemer　(C)Kettl　(D)Peters。

( )　11. 公共管理中的「後人群關係學派」（Later Human Relations）主張的內
　　　　容中，不包括下列何者？　(A) 後人群關係學派主張「組織的民主化」
　　　　(B) 後人群關係學派主張調和個人需求與組織需求　(C) 後人群關係學
　　　　派與傳統公共行政完全融合　(D) 後人群關係學派係以內在道德為管理
　　　　的標竿。

( )　12. 英國歷經戰後福利擴張下的財政危機，在何派別的主導下，已經完成一
　　　　場「行政文化的革命」？　(A) 新右派　(B) 新左派　(C) 維新派　(D) 保
　　　　皇派。

( )　13. 主張行政人員是「主權的信託者」，也是「憲政詮釋者」是那一個學說
　　　　的思想？　(A) 新公共管理　(B) 黑堡宣言　(C) 新左派宣言　(D) 聯合
　　　　宣言。

( )　14. 下列關於公共管理及公共行政的敘述，何者錯誤？　(A) 公共行政的意
　　　　涵比公共管理更為寬廣　(B) 公共行政是強調組織如何去執行公共政策
　　　　(C) 公共行政並未將其自限於「管理」之上，而是將所有足以影響公共
　　　　機構管理的政治、社會、文化及法律等環境合併考慮在內　(D) 公共管
　　　　理的重心顯然較偏向於管理工具、技術、知識及技能等的運用。

( )　15. 公共管理這一研究領域是採取什麼樣的途徑？　(A) 師法哲學的途徑
　　　　(B) 師法企業的途徑　(C) 師法法制的途徑　(D) 師法政治的途徑。

( )　16. 美國前總統柯林頓於 1993 年 3 月 3 日成立何項機構，並任命前副總統
　　　　高爾主持該委員會，並要求於六個月內提出一份完整的聯邦政府改革計

畫？　(A) 公民憲章　(B) 續階計畫　(C) 全國績效評鑑委員會　(D) 電子化政府。

( )　17. 新公共管理的思想是以那一派的理論為基礎？　(A) 人群關係學派　(B) 精英理論　(C) 新左派　(D) 新右派。

( )　18. 1993 年美國 NPR 再造政府的計畫並不包括下列那些部分？　(A) 清除官樣文章　(B) 充分授能以獲致實際成果　(C) 建立花費較多而運作更好的政府　(D) 顧客至上。

( )　19. 主張公共社會就是經濟市場，公共或社會的利益就是每個成員依其功利本位觀點計算個人利益的總和，此理論是為：　(A) 多元團體模式　(B) 社群意識模式　(C) 代議政治模式　(D) 公共選擇模式。

( )　20. 管理學者凱茲（Katz）指出管理者必備的技能有三種，其中不包括下列何種？　(A) 技述性技能　(B) 人際間技能　(C) 概念化技能　(D) 理論性技能。

( )　21. 公共管理在人力資源管理的技上，強調那一途徑？　(A) 集體主義　(B) 個人主義　(C) 民族主義　(D) 國家主義。

( )　22. 下列那一項理論被稱為「新右派市場哲學」？　(A) 科層體制　(B) 人群關係　(C) 全面品質管理　(D) 理性決策。

( )　23. 1980 年代以來的新公共管理（New Public Management）運動浪潮風行全球，並被冠以不同的稱號，下列何者為是：　(A) 管理主義　(B) 新治理　(C) 企業型政府　(D) 以上皆是。

( )　24. 一個人做錯事，來自自我責備，宛如「受煎熬的靈魂」，一般是指：　(A) 專業責任　(B) 政治責任　(C) 個人責任　(D) 司法責任。

( )　25. 下列那項學術理論與「黑堡宣言」主張最為接近：　(A) 公共管理　(B) 公共選擇　(C) 新公共行政　(D) 政府再造。

( )　26. 公共管理學界著名的「黑堡宣言」（Blacksberg Manifesto）係由何學者所發表的？　(A) 萬斯來（G.Wamsley）　(B) 顧塞爾（C.Goodsell）　(C) 以上皆是　(D) 以上皆非。

( )　27. 管理資訊系統的主要功用是什麼？　(A) 協助管理人員作決策的能力　(B) 節省決策的時間、成本、精力　(C) 便於推動例外管理　(D) 以上皆是。

( )　28. 下列何者非黑堡宣言所要揭示的內容？　(A) 行政人員為公共利益的擁有者　(B) 行政組織係達成公共利益的機構　(C) 行政管理係憲政治理過程的參與者　(D) 政府治理過程應代表多元利益並兼顧公平就業機會。

( )　29. 美國公共管理助理的機構間研究委員會（The Interagency Atudy Committee on Public Management Assistance）認為公共管理的核心要素為：　(A) 政策管理＋資源管理＋人力資源　(B) 財務管理＋人力管理＋資訊管理　(C) 政策管理＋資源管理＋方案管理　(D) 政策管理＋資訊管理＋人力管理。

( )　30. 下列何者非新公共管理所具有的特徵？　(A) 採取理性途徑的方式處理問題　(B) 以信託關係來取代傳統的結盟關係　(C) 依據經濟、效率及效能等標準來衡量組織的成就　(D) 改變組織結構，促使官僚體制的組織更為扁平化。

( )　31. 我國84年度行政革新方案，以效能、便民和何者作為實施要項？　(A)精簡　(B) 廉潔　(C) 民營化　(D) 責任。

( )　32. 下列何者主張「以集體懷抱的價值、認知、態度以及行為著手改變個人與制度，提升行政能力？　(A) 新公共管理　(B) 黑堡宣言　(C) 系統途徑　(D) 權變理論。

( )　33. 學者葛瑞芬（Griffin）指出，管理者除應具備凱茲所提出的三種技能外，還要具備：　(A) 認知的技能　(B) 預防的技能　(C) 診斷的技能　(D) 交際的技能。

( )　34. 下列何者非 Hood 所特別歸納並指出新公共管理的要點之一：　(A) 專業管理公部門，亦即讓公經理人管理並承擔責任　(B) 目標必須明確，績效必須能夠被加以測量　(C) 打破公部門中的本位主義，破除單位與單位之間的藩籬　(D) 引進官僚競爭機制、降低施政成本。

( )　35. 學者赫爾立傑與史羅康則將管理技能分為五類，除了凱茲所提出的概念化技能、人際間技能，與技術性技能外，又增加了慎思的技能與：　(A) 守護的技能　(B) 溝通的技能　(C) 開拓的技能　(D) 發展的技能。

( )　36. 米茲柏格於 1973 年發表的鉅作「管理工作的性質」中歸納出管理者所扮演的角色，其中下列何者不屬於「資訊角色」？　(A) 頭臉人物　(B) 監理者　(C) 傳播者　(D) 發言人。

解答與解析

1.**(B)**。Bozeman & Straussman 在《公共管理策略》一書中指出：「公共管理即是政治權威的管理」，它與公共行政最大的差別即在於對策略及領導藝術的強調。

2.**(A)**　　　　3.**(D)**　　　　4.**(C)**　　　　5.**(C)**　　　　6.**(D)**

7.**(C)**。B-approach和P-approach。

8.**(A)**。學者Whitakef將現階段公共管理研究領域比喻為「變形蟲」（Amoeba），以隱喻其研究重點和範圍尚處於不斷變化中。

9.**(C)**

10.**(C)**。關於公共管理理論研究的起源，Kettl認為與1970年代的政策執行運動有相當密切的關聯性，此一運動係由公共政策學者Pressman與Wildavsky兩人所帶頭發起的。

11.**(C)**

12.**(A)**。1990年代後，首相梅傑政府繼承新右派的管理文化，推動諸如「公民憲章計畫」、「續階計畫」、「服務品質競賽」及「解除管制方案」等計畫。

13.**(B)**

14.**(B)**。公共管理則是強調組織如何去執行公共政策。

15.**(B)**

16.**(C)**。該項計畫的主要理念和理論基礎是源自Osborne與Gaebler兩人所著的「新政府運動」一書，企圖以企業型政府的理念，重建聯邦政府的職能。又被稱為「新治理」（New Governance）。

17.**(D)**

18.**(C)**。應是：「建立花費較少而運作更好的政府。」

19.**(D)**　　　　20.**(D)**　　　　21.**(B)**　　　　22.**(C)**

23.**(D)**。其他尚包括：市場為基礎的公共行政、新右派等。

24.**(C)**　　　　25.**(C)**

26.**(C)**。西元1970～1980年政黨交替之際，瀰漫一股反官僚、反權威、反政府風尚，稱「斥責官僚」的現象。1983年維吉尼亞理工學院的教授萬斯來（G. Wamsley）、顧塞爾（C. Goodsell）、羅爾（J. Rohr）、懷特（O. White）探討政府職能以腦力激盪方式完成，並發表「公共行政與治理過程」，被稱為「黑堡宣言」。

27.**(D)**

28.**(A)**。行政人員為公共利益的受託者。

29.**(C)**

30.**(B)**。以契約關係（Contractual Relationship）來取代傳統的信託關係（Fiduciary Relationships）。

31.**(B)**　　　　　32.**(B)**

33.**(C)**。所謂診斷的技能，是指針對特定情境找尋最適反應的能力，也就是針對問題來探究原因與提出對策的能力。

34.**(D)**。引進市場競爭機制、降低施政成本及提高服務品質。

35.**(B)**。其中慎思的技能與葛瑞芬所提出的診斷的技能在內涵上十分類似，係指管理者面對問題時，要能從多面向去思考評估，以找出最佳解答與對策的能力。至於溝通的技能，係指管理者具有收發資訊的能力，能有效與明確地向他人表達自己的想法、感受。

36.**(A)**。(A)是屬於「人際角色」的範圍，著重於人際關係之建立與維繫。

重點提示 策略管理係綜合運用政策方案、管理能力與環境變化,而以組織力量達到其目標的管理方法。公部門的策略規劃是1980年代早期所興起的一個現象,比私部門的發展明顯落後,目前所採用的策略管理也落後於私部門有若干年了;而私部門所謂的「策略規劃」與「策略管理」概念,在公部門未必完全適用,主要原因是公部門涉及憲政機制的安排、立法與司法的規定、政府的法令規章、管轄範圍、稀少資源的使用、政治氣氛因素,以及民眾與選民的利益等等問題。以策略觀點而言,公共管理者具備公共企業家的精神,積極而創新,同時並接受頭家的委託,確認公共價值的重要來源,創造公共附加價值。(吳瓊恩、李允傑、陳銘薰,公共管理─公部門的策略管理,頁206-223)

核心資源的種類隨著時代不同而更改。傳統工業時代,高附加價值產品或服務的資源往往來自於機器或財務資源,但隨著知識經濟的來臨,人力資源成為創造更高價值的核心來源;人力資源的策略價值可從資訊科技與專業智慧提供永續優勢效果的影響來瞭解,前者強調智慧的生產過程,後者著重知識的產品。人力資源管理是本章另一重點。

重點整理

一、公部門的策略管理

(一)策略管理定義

策略管理係綜合運用政策方案、管理能力與環境變化,而以組織力量達到其目標的管理方法。**策略管理必先確立管理的目標基礎**,此亦稱策略目標,**其次為系統的規劃,再者為管理能力與環境生態的運用。**策略管理具有政治性、社會性與行政性多層面,故其宏觀層面遠比「行政計畫」更具廣度與深度。政府機關實施策略管理,必先體認其影響因素:

1.政府與企業性質的不同。　　2.策略為管理的核心焦點。
3.組織策略涵義與組織文化變遷。　4.策略技術的組織隸屬與監督體制。

　另外，現代政府面臨的策略性挑戰來自：

1.政府角色的守常與變遷。　　2.提升政績與績效的挑戰。

3.競爭力的挑戰。　　　　　　4.職權活動變化的壓力。

5.公共服務品質的衝擊。　　　6.實現公共利益的挑戰。

　（許南雄，行政學術語）

(二)策略規劃定義：策略規畫係指「一種足以產生基本決策與行動與紀律性努力，以形成與指引一個組織為何，它應作何事與為何如此做。」

(三)策略管理和策略規劃：策略管理與策略規劃不同，主要在於後者強調「作出最適度的策略決定」，而前者則強調「產生策略上的結果」；另外，策略管理係指以策略為導向，以永續為基礎的管理組織之廣泛過程。策略管理大致上從20世紀80年代取代策略規劃，其發展過程從私部門開始：

1. 1950年代的「長期規劃」。

2. 1960年代的「企業策略規劃」。

3. 1970年代的「組織全體的策略規劃」。

4. 1980年代的「策略管理」取代「策略規劃」。

(四)公共管理部門中的策略層次

1.總體策略。　　　　2.部門策略。　　　　3.功能策略。

(五)策略管理的過程

1.第一階段—軍事策略。

2.第二階段—企業策略。

3.第三階段—策略管理的過程：它包括四個步驟：

　(1)分析。　(2)建構。　　(3)執行。　　(4)調適—評估。

(六)策略規劃的程序

1.程序承諾。　　　　2.任務說明。　　　　3.內部與外部分析。

4.策略性議題。　　　5.策略選項。　　　　6.可行性評鑑。

7.策略。　　　　　　8.執行。　　　　　　9.追蹤評估。

(七)建構面策略管理的基礎

1.願景。　　2.使命。　　3.目的。　　4.目標。

(八)歐美國家從中央到地方政府，使用「策略管理」的原因

1.公私部門之間關係的弔詭。

2.中央政府擔任領航的角色功能愈來愈重要。

3.組織的語言與文化。　　　4.組織的位置。

二、開誠布公型管理

(一)背景：開誠布公型管理的出現，可說有兩大牽引力量來建構出來的：

1.管理策略的孤島現象。　　　　　2.為新舊策略的嫡螟相爭現象。

(二)開誠布公型的管理策略的主要特性

1.公開性。　　　　　2.分享性。　　　　　3.兼顧性。

4.整合性。　　　　　5.合夥性。　　　　　6.人本性。　　7.公民性。

(三)開誠布公型的管理策略的實際內容

1.教育策略。　　　　2.養能策略。

3.授權策略。　　　　4.激勵策略。　　　　5.員工的期望。

(四)開誠布公型管理策略的潛在問題

1.管理階層的恐懼。　2.問題認定的偏差。　3.資訊分享的不易。

4.員工期望的複雜。　5.授權行為的形式。　6.員工個性的差異。

7.員工行為的他律。

(五)開誠布公型管理策略潛在問題的解決之道

1.厲行整合型領導。　2.改變組織的文化。　3.推動共同的領導。

三、公私組織

(一)公私組織之差異

1. **組織的差異**：

    (1)組織的目的：

    A. 莫爾（Moe）引用寇思（Coase）的理論，認為廠商的出現係為了降低交易成本，賺取最大化利潤。

    B. 公共官僚存在的原因，如企業可能無意願提供或無法提供充足的公共財，這時由政府提供可能對資源的配置更有效率。

    (2)組織的本質：

    A. 以公共利益劃分。　　　　　B. 以資金來源劃分。

    C. 以所有權及資金來源劃分。

    D. 以經濟力量、政治力量與公共性劃分。

    E. 以其所有權、資金來源與社會控制力劃分。

2. **管理的差異**：

    (1)不同組織目的下的管理動機。　(2)不同資金來源下的管理行為。

    (3)不同所有權下的管理責任。　　(4)不同組織社會控制力量下的管理決策。

3. **外在環境：**
(1)經濟交易對應政治威權。　　(2)競爭對應獨佔。
(3)利害關係人數目。

(二)公私管理者在管理時，內部經常會面對的困難
1. 不對稱的資訊。　　2.相依性。　　3.衝突的利益。

(三)公共組織所可能面臨的挑戰
1. 委託的挑戰（The Challenge of Mandate）。
2. 效率的挑戰（The Challenge of Efficiency）。
3. 競爭的挑戰（The Challenge of Competitiveness）。
4. 管轄範圍的挑戰（The Challenge of Boundaries）。
5. 服務的挑戰（The Challenge of Service）。
6. 公共利益的挑戰（The Challenge of Public Interest）。

四、人力資源管理

(一)人力資源的特質
1. 人力資源具特質性交易。　　2.人力資源運用與發揮可達無限的境界。
3. 人力資源可產生雙贏的結果。　　4.人力資源無法儲存。
5. 人力資源必須不斷地維持或提升，才能保持其價值人力資源並不會消耗或磨損。

(二)現代人力資源管理所具有的特徵
1. 人力資源管理應具備整合傳統人事管理活動和組織全面性改變的特性。
2. 今日人力資源專業應是組織改變的夥伴，組織文化的創造者和組織忠誠的促進者。
3. 傳統人力資源管理活動應從人事專家手中逐漸轉移至資深直線管理者。
4. 強調個別員工，而非群體管理對工會的關係。

(三)人力資源管理的策略性特徵
1. 以績效為基礎的人力資源。　　2.展示人力資源的策略能力。
3. 浮現策略與人力資源發展。

(四)現代人力資源所具備的角色
1. 新制度角色。　　2.附加價值角色。　　3.新規範角色。

(五)優良組織專業智慧的表現層次
1. 認知的知識。　　2.高級的技能。
3. 系統性的。　　4.自我激發的創意。

(六)才能導向的人力資源系統設計

1. 甄選。　　　　　　　2.訓練與發展。　　　　　3.生涯發展新邏輯。
4. 雇用關係穩定與策略。　　　　　　　5.報酬系統。

(七)人力資源系統的改進內容

1. 鬆綁人事法規，賦予管理者更充分的授權和彈性以提升管理效能。
2. 盡量讓人事管理權下放至各人事機關主管而非人事機構手中。
3. 將人力資源管理活動消極的從人事檔案維護與規制的順服，轉為積極強調策略整合的管理功能。
4. 人事人員也從法規執行者的角色定位，逐漸的朝向專業夥伴的定位。
5. 組織扁平化、團隊化與彈性化。
6. 加強管理整合新技術與才能的訓練。
7. 從重視法令規章的管制取向轉為強調服務取向的組織文化等。
8. 轉換人事行政局為才能網路諮詢的角色，以協助組織研訂個別需求的人力資源系統等。

(八)新舊組織的邏輯比較

New 新	Old 舊
動態的、學習能力的	穩定的
資訊豐富的	資訊稀少的
宏觀的	單面的
生產/顧客導向	功能導向
小型和大型的	大型的
技能導向	工作導向
團隊導向	個人導向
水平/網路式的	科層式的
參與導向	命令控制導向
顧客導向	工作為主導向

經典範題

申論題

一、何謂「策略管理」（Strategic Management）？策略管理和功能管理（Functional Management）有何不同？

說明：　晚近各國受「企業型」政府或「企業精神」之影響，而使策略管理更形普及，益受重視。

答：(一)策略管理定義：策略或戰略即是運用和管理所有的資源以達成目標的藝術，而戰術（Tactics）即是使用這些資源中的部分，以獲取這一整體目標中部分目標的達成。**策略管理是管理者有意識的政策選擇、發展能力、詮釋環境，以集中組織的努力，達成既定的目標。**包茲門和史卓司門提出策略管理的四個指導原則來含括策略管理的內容：

1. 關注長期趨勢。
2. 將目的與目標整合成一體的層級體系。
3. 策略管理與規劃不是自我執行。
4. 強調外部觀點，不僅適應環境，而且是預期與影響環境的變遷。
   另外，下列特徵，亦可用來辨別策略的與非策略的管理途徑：
1. 找出未來所要達成的目標（如組織所聲稱的「願景陳述」）。
2. 目標達成的「時間架構」或者「規劃視野」。
3. 有系統地分析組織當前的情境，特別是它的能力。
4. 評估組織的環境，包括現在以及規劃視野內的時間架構。
5. 比較各種備選方案後選擇一個策略，以求未來目標的達成。
6. 環繞這個策略以整合組織的各種努力。

(二)策略管理和功能管理的差異：

1. 策略管理著重達成目標的可測量性，與過去的功能管理不同，後者強調要做何事的內容，以及各功能單位的權責分明，對於所要達成的目標，並無主要的重點。
2. 功能管理偏向於組織內部各功能單位的整合，著重內部管理或短期的、部分的目標達成；策略管理則強調長期的、整體目標的達成，特別著重組織與其外在環境之間的關係，涉及組織的存在原因與未來目標的達

成。（吳瓊恩、李允傑、陳銘薰，公共管理──公部門的策略管理，頁206-223）

二、何謂「策略規劃」？其與策略管理有何關係？公共管理部門應具有何種策略層次？

說明：　「第五項修練」一書的作者彼得聖吉曾指出，願景（Vision）是一個組織成長的動力，當組織內部所有成員都擁有共同願景之時，就能再造組織的無限生機。策略規劃中最關鍵的概念是「策略」，所謂策略係指政府部門所採取的行動綱領，以實現其所設定的目標，解決公共問題，滿足人民需求。

答：(一) 策略規劃定義：策略規畫係指「一種足以產生基本決策與行動與紀律性努力，以形成與指引一個組織為何，它應作何事與為何如此做。」策略規劃是政府再造工程及再創組織生機的重要工具。策略規劃具有以下幾種特性：

1. **策略規劃與方案規劃是不相同的**：後者主要係官僚體系內的產物，不太考慮外在環境的影響，但十分重視組織內部因素，強調以專業技術研擬政策方案。

2. **策略規劃是未來取向的**：針對組織本身的特性與外在環境的變化所設計的未來發展藍圖，目的在於替組織的未來開創生機。

3. **策略規劃是客觀分析的過程**：規劃必須以科學精神，客觀地批判與肯定組織本身所具備的劣勢與優勢，以及外在環境的機會與威脅，提出有效的行動策略。

4. **策略規劃是批判與重建組織任務與目標的過程**：策略規劃係以機關組織的任務與目標為導向的。

5. **策略規劃必須得到組織內部全面性的支持**：不僅須得到重要決策者與意見領袖的衷心支持，同時組織內部所有成員都應該有共識，實施策略規劃。

(二) 策略管理和策略規劃：策略管理與策略規劃不同，主要在於後者強調「作出最適度的策略決定」，而前者則強調「產生策略上的結果」；另外，**策略管理係指以策略為導向，以永續為基礎的管理組織之廣泛過程**，策略管理所關心的問題是：未來組織決定做些什麼（規劃）、如何針對組織所擁有的資源進行該項決定（資源管理），以及如何追

蹤與考核策略的運作狀況（控制與管制）。依此界定，策略管理不僅包括策略規劃，還包括策略資源管理、策略成效追蹤與修正的管理等如何促使策略規劃能夠實現及能夠發生效果的策略規劃體系。策略管理大致上從20世紀80年代取代策略規劃，其發展過程從私部門開始：

1. 1950年代的「長期規劃」：包括多年度的未來計畫，但如未注意外環境的變遷或激烈的競爭情勢，長期規劃將無法運作。

2. 1960年代的「企業策略規劃」：首次出現「使命」與「環境掃瞄或分析」的字眼。

3. 1970年代的「組織全體的策略規劃」：此一時期比較著重於組織的高階層，並分配企業組織中各不同部門的責任。

4. 1980年代的「策略管理」取代「策略規劃」：策略規劃在1970年代碰到了「分析無能」，即計畫提出後產生不了什麼結果，組織也抗拒策略規劃。因此形成了「策略管理」的誕生。（吳瓊恩、李允傑、陳銘薰，公共管理—公部門的策略管理，頁206-223）

(三) 公共管理部門中的策略層次：

1. 總體策略：這是機關首長所提出的總體性、宏觀性的策略。以市政府為例，市長在施政報告中所提示的市政建設策略就是一種總體策略，屬於「上游工程計畫」。

2. 部門策略：如市長底下所有一級主管機關都應有其各自的「部門策略」，這種部門策略係實現總體策略的關鍵步驟，是策略規劃中的「中游工程計畫」。

3. 功能策略：如各級主管機關中的各個功能性單位所研擬的具體策略。（丘昌泰，再造組織生機的動力—市民滿意經營的策略規劃，頁147-167）

三、策略管理的過程為何？策略規劃的程序為何？建構面策略管理的基礎為何？

答：(一) 策略管理的過程：

1. 第一階段—軍事策略：軍事策略即是在地形地物外在環境的限制下，與自己的特殊能力如何配合的問題。

2. 第二階段—企業策略：所謂企業策略，即在競爭激烈的企業環境中，如何取得優勢的條件，使自己的獨特能力與外在環境能達到有利的配合。

3. 第三階段策略管理的過程：所謂「**策略管理過程**」，即在滿足策略的必然性下，向前推展組織的願景和使命，**它包括四個步驟**：

(1) **分析**：策略管理過程從組織內部的優勢和弱勢，以及外環境的機會與威脅開始分析，這種工作通常叫做優弱機威（SWOT）分析。SWOT 分析常由顧問或資深管理團隊以一種互動的、腦力激盪的方式進行，按部就班地朝向組織定位的每一面向，無此分析，組織願景難以達成。

(2) **建構**：SWOT 分析後，就可以開始建構策略了，亦即就環境的外在機會，與組織的內在優勢建構出相遇的配合；有效的策略建構是建立在辨別、理解與利用組織的獨特能力與優勢。

(3) **執行**：組織一旦建構了使命以及達成使命的政策後，就必須採取各種步驟以執行此一決定。執行措施包括組織各項工作，僱用人員執行設定的活動，分配執行這些活動者的責任，並對有效負責執行者給予適當的報酬。

(4) **調適—評估**：組織的環境經常變動，組織的工作績效有時也表現得不如人意。因此，組織必須重新檢驗其既有的工作方法並加以調適，以監督環境的可能變動。

(二)策略規劃的程序：

1. **程序承諾**：最高的決策者必須對策略規劃程序表示由衷的支持，部門主管與重要幹部都必須對之表示肯定態度。

2. **任務說明**：必須明確陳述機關的任務、目標與目的，同時該目標必須系統化、具體化與一致性。

3. **內部與外部分析**：內部分析係指必須客觀分析組織內部的優勢與劣勢，外部分析則是指必須分析組織面對的外在環境中，究竟存在著那些可以運用的機會或存在著亟應避免的威脅。

4. **策略性議題**：根據內部與外部分析結果，設定策略性的議題。

5. **策略選項**：根據前述重要的策略議題，然後從各種角度進行客觀的選擇，選擇一項能夠發揮優勢，利用機會，改善弱勢，逃避威脅的策略選項。

6. **可行性評鑑**：根據策略選項結果，然後從事以顧客為中心，並且分別從技術面、財務面與法制面進行可行性分析。

7. **策略**：選定數項最具優先性及最具可行性的策略。

8. **執行**：將前述策略付諸執行。

9. **追蹤評估**：必須針對策略執行成果進行嚴密的追蹤與評估，以了解策略的效果。（丘昌泰，再造組織生機的動力市民滿意經營的策略規劃，頁 147-167）

(三)建構面策略管理的基礎：

1. 願景：願景可以激發員工的能量與心智以達成理想的實踐，並可凝聚成員團結向上。**組織的願景具有四個特徵：**

   (1) **廣泛的可追求的目標。**

   (2) **是組織真正想要達成的期望。**

   (3) **組織成員的情感訴求及想像力的發揮。**

   (4) **具有崇高的理想主義或浪漫主義的精神。**

2. 使命：組織的使命通常比較具體，表現在「使命說明書」中。使命比願景具體，係指在某一段時期內所要達成的理想或如何達成的方法都有廣泛的指標，把「願景」變成「使命說明書」即設定了組織的界域並提供了方向感。

3. 目的：「使命」仍無法提供有利的目的或目標，以說明並控制組織的行動。目的或目標都是組織在某一特定期間內所想要達成的結果。

4. 目標：目標的層次低於目的，它是為達成目的而建立的次一級工作方向，比目的更為具體或更為實際。（吳瓊恩、李允傑、陳銘薰，公共管理公部門的策略管理，頁206-223）

四、為何現在歐美國家從中央到地方政府，使用「策略管理」的概念愈來愈為普遍，試說明之。

答：(一) 公私部門之間關係的弔詭：公共行政與企業行政有很多相似相異之處，政府要維持公平正義的精神，公務員要依法辦事；然而今日政府的政治領導人與公共行政的關係愈來愈複雜，政府成功的檢驗標準也不在於利潤。企業行政為股東的利益服務，有時甚至於違反了公共利益；另企業生產產品及提供服務，亦面臨市場競爭的壓力，常常是利潤導向的。而且，私營企業在市場競爭、顧客導向、外包、策略管理等方面較具靈活性及反應性，也比較有效率，敢於實驗創新；相對來講，公部門比較保守，較受法規條例的束縛。

(二)中央政府擔任領航的角色功能愈來愈重要：中央政府的角色應擔任領航者而非駕駛，因此中央政府負責策略規劃，地方政府負責傳送服務。但中央政府採用「策略管理」至少具有下列困難：

1. 官僚機關主管在作決定時，必須與其他重要行動者，例如在組織內外的行動者、其他政府部門機構或外面的利益團體，共同分享權力。

2.官僚的功能是政治性的，與理性的環境相反，他們無法就適當的績效方案取得一致的意見。

3.政府的主管比起私部門的對手缺乏完全的自主性與控制力，這就使政府更難以執行與協調任何的行動計畫。

(三)組織的語言與文化：策略管理的運用有其相應的文化環境及特殊語言的使用，因此，在下列三種情況下，比較容易進行策略管理：

1.員工具有研究所訓練者愈多愈易進行策略管理，並採用這一方面的語言和文化發展。

2.政府組織愈對新進有才能者開放，愈可能採用策略管理。

3.行政主管經歷各種組織部門者愈多，愈容易提出新的理念。

4.在成功進行變遷文化的組織，比懷疑並保守的管理途徑的組織，更易於採行策略管理。

(四)組織的位置：組織愈是接近全國的決策核心，愈難以成功地維持策略管理。大致說來，台灣地方政府受制於「公投議題」、「地方派系」的糾葛，反而不易從事策略管理。一般說來，**在美國公部門策略管理途徑易於採行的組織特徵有下列五點：**

1.**愈是遠離政治領導核心的公共組織**，愈有可能採行策略管理。

2.**愈是自足的與自主的組織**，例如其財務、人事決策，與整體前途等具有自足自主性，愈易採取策略管理。

3.**具有最低關鍵數量之所需而能獨立管理**、計畫與作業的較小單位，愈易實行策略管理。

4.**其績效結果愈易於測量者。**

5.**其所得的大部分愈是直接來自於顧客者**，例如使用者付費，愈易於策略管理。

五、試說明公共組織所可能面臨的挑戰為何？

答：(一) **委託的挑戰**（The Challenge of Mandate）：80年代公共管理思潮興起，「私有化」挑戰傳統政府的功能。然而，但在私有化的倡議下，政府的部分功能是否仍要私有化，則應考慮以下幾點：

1.是否有獨占性：有些鐵路、自來水設備等具有獨占性質，如果為了競爭而開放私營，則重複浪費，是無效率的。

2.是否為國防或戰略價值上的關鍵：如為了軍事目的如核子武器的製造技術，則必須保留其「秘訣」。

3. 如果私營化，由市場提供產品或服務，政府是否會失去追求社會或發展的目的。

4. 政府有些管制、仲裁、立法與執行法律的功能，涉及利益的衝突，不宜私營化，否則政府將變成「球員兼裁判」。

5. 政府所提供的公共財如果為全民共享，無一例外，例如國防外交、安全的道路等，基本上完全不適宜成為民營化的標的。

6. 中央政府的行政單位，其工作面向雖然有許多是可以請私人機構提供的，但不宜民營化。

(二) **效率的挑戰**（The Challenge of Efficiency）：公共組織的效率問題常受詬病，通論以為公部門的獨特性和公共生活的複雜性，使得績效測量難以進行。透過產出的可測量性，並設定基準，比較研究績效，公部門的績效多少可以衡量出來，其根本關鍵在於「開放競爭」比「所有權」更為重要。

(三) **競爭的挑戰**（The Challenge of Competitiveness）：現在「競爭」的概念愈來愈成為公共管理人員的思考特徵，因為「競爭是策略的推動者」，有競爭的挑戰才有策略性的思考，也才必須考慮短期及長期利基在那裡？

(四) **管轄範圍的挑戰**（The Challenge of Boundaries）：政府分工設職原有中央與地方之別，各層級政府又分設各單位，管轄其所及範圍內的事務，然而在科技進步的今天，中央單位已涉及許多海外關係事務，各縣市政府彼此之間的關係也越加密切，無論中央或地方，其管轄權範圍已日趨模糊。

(五) **服務的挑戰**（The Challenge of Service）：**傳統的公共行政，政府為民眾提供的服務是「生產者導向」而非「消費者導向」**，政府所做所為係依據政治上的承諾或有效地做些傳統以來所做的，而非作為消費者的民眾的方便為考量。

(六) **公共利益的挑戰**（The Challenge of Public Interest）：公共服務人員加入政府組織，不完全都是只求安定的考量，尚有公共利益或福祉的動機，如何使公務員為公共利益服務，而非為黨派利益或利益團體，或為自己的利益而服務，的確是公共組織策略管理的一大挑戰。（吳瓊恩、李允傑、陳銘薰，公共管理—公部門的策略管理，頁206-223）

六、「開誠布公型管理」的形成背景為何？開誠布公型的管理策略的主要特性為何？

說明：　孤島現象及螳螂相爭現象，可說是一對相生的組織問題，嚴重時將在員工之間引發心不甘情不願的合夥人，無法形構優勢的工作團隊，致力執行組織的任務或使命。

答：(一) 背景：開誠布公型管理的出現，可說有兩大牽引力量來建構出來的：

1. 管理策略的孤島現象：在一個變遷神速、競爭激烈的政經體系裡，任何組織均想維持、鞏固及擴大生存的利基，對員工的適要管理，乃要採取各項管理策略。於是，品管圈、目標管理、過程再造及結構重組等策略，便逐一為管理者所用，但每一項管理策略所企圖關注的，乃是一套特殊的組織情境及績效問題。因此，在技術上，每項策略均是孤立的方案，和己身以外的創制相互孤立，以致無法產生綜合效應，始終無法將各項作為加總及整合起來，致使績效無法充分的發揮。開誠布公型的管理乃在質疑欠缺整合的策略之後，將多元化的人力資源管理策略，加以貫穿與融合，俾能將所有員工創造成一體的合夥性關係。

2. 為新舊策略的螳螂相爭現象：組織實行新策略時，彼此以各種手段爭取有利地位，一般可將其稱之螳螂相爭現象。一旦這個現象存於公共管理，定會陷於擺動式的管理變遷，即管理者每針對一項組織人力問題，採取相對的行動策略要將其加以解決，但在獲得一些進展之後，尚未生根發展時，時代又流行另一項新的策略，管理者又受到新流行的迷惑，進而採取新策略，且將目標轉向，以致造成策略之間的衝突或不能相容現象，最終可能肇致公務部門之改造停滯或窒息。

(二) 開誠布公型的管理策略的主要特性：

1. **公開性：開誠布公型管理策略，首重公開的屬性**，即讓員工知悉組織如何在環境變遷之際，作成因應的對策；向員工公布組織行事的原則、決策的規範，致使員工得以預期組織的行為方向。

2. **分享性**：組織在履行這項管理策略時，本著有福同享、有難同當的精神，盡力分享詳細的組織運作資訊，並教導員工使用資訊之道，提供員工貢獻的機會。

3. **兼顧性**：此管理策略將顧客的滿足、員工的滿意及利害關係人的價值，同時列入核心的考量，不致偏廢於任一方，讓組織之目標只能達到次佳化的地步。

4.**整合性**：孤島式的策略革新，常有顧此失彼的窘境，因此，開誠布公型的策略，將以往試驗之各個單一策略加以要適的融合，改變員工本位的行事觀。

5.**合夥性**：組織之成功無法單憑單獨化的員工，須賴深刻凝聚力的合夥團隊，形成團結合作的體系，一致對外與其他競爭對手競爭。

6.**人本性**：該項策略認為，**員工是組織在面對資源稀少、競爭激烈、環境變遷快速的時代，得以成功的關鍵因素**；人是組織的主體，養成對組織的積極認同，才會使組織績效迸出亮麗的成績單。

7.**公民性**：組織有一套社會化的機制，養成共同的信念，並對共同的過程或目標積極投入。公民化的員工，體認到組織的權限範圍，認知到合理的組織行為。（林水波，開誠布公型管理策略）

七、開誠布公型的管理策略的實際內容為何？

說明：　開誠布公型的管理策略認為，員工是組織成功的關鍵因素，尤其當組織存活於變遷及競爭的時代更是如此。而且，組織的員工是組織唯一無法被其他組織完全複製的資源。開誠布公型的管理策略旨在創造一個開放、合夥導向及高績效的組織，以教育、養能、授權、激勵及員工期望等策略，來凝聚組織的人力資源，建立相互支援的合夥關係。

答：(一) **教育策略**：每一個組織往往設有一個核心的策略目標，或是前進與追求的視野，而策略目標之成就或視野之展現，要由組織向員工提供有關總體方面政經情勢，如：有關組織年度特殊的工作重點、所要提供的服務類別及品質、要與那些機關合作、組織擁有那些優勢及弱勢等。

(二)**養能策略**：過往運作的組織典範，主要環繞於命令與管制的運用，今日之典範則將重心放在全部員工的合夥關係，希求每位成員擁有投入情、參與感及知識力。組織為了形塑上述合夥狀況，在提供各項資訊給員工後，更進一步以各種策略養成員工處事的手段、分析問題的能力及賦予任事的權能。組織設有資訊分享的體系、資訊互換的體系以及員工參與與涉入的體系；而在分享、互換及參涉的過程中，最重視的是充分的自由，不設有任何限制以妨礙資訊的流通。

因為，開放性的溝通已逐步成為員工接受雇用的最重要理由。

(三)**授權策略**：**授權之本意為：以合法或官方的方式賦與權威或權力，使之足以作成對組織深具影響的決定**。此是一項正式的宣布，將權威及責任轉移到合夥的員工身上。在授權原理的實踐上，管理階層的態

度在於堅持協助員工的立場，盡力促成雙贏協定的簽訂；以訓練師自居，協助員工擔任新的任務，承受新的責任；以諮詢者的角色，協助員工的生涯規劃及專業發展；以接納的心情，歡迎員工參與雙贏協定的作成，容許員工自評績效。而最終目的在於形塑信任的組織氣候，員工們願意承擔權責，對組織有向心力，對自己有自信心。

(四)**激勵策略**：包括：凝聚員工的心智與精力於方案的構思及全盤組織情境的掌握，進而致使他們知悉與瞭解該為之事；養成衷心與同仁、服務對象的合作意願，建立互助的互動關係；誠願以可能擁有的資源，處理問題與滿足顧客；設計要適的報償制度，一則滿足員工的社會需求，二則滿足員工的基本物質需求。

(五)**員工的期望**：開誠布公型的管理，要求主事者關切員工的期望，對之進行要適管理。而本型管理所強調或重視的員工期望為四個R：

1. R1指涉員工所期待要扮演的角色及角色行為。在本型的管理環境內，管理者以教育的策略，培塑員工扮演企業家及合夥人的角色。

2. R2指涉每位員工在身為合夥人之身分後，在組織內究竟享有那些權利，讓他們有了安全感，願為所屬的組織效勞；擁有那些自由，可否接近任何的資訊。

3. R3指涉在一個開放、合夥導向及要求高績效的組織環境裡，每位員工所扮演的角色，所要負責的責任。

4. R4指涉員工在組織內所要承擔的風險，以及可享有那些有價值的報償。（林水波，開誠布公型管理策略）

八、開誠布公型管理策略的潛在問題為何？又應如何克服之？

答：(一) 問題：

1. **管理階層的恐懼**：實踐本型管理的主管人員，有的令人尊敬，相當信任部屬的能力，願與他們分享決策權；但是，有的主管並未有同樣的信心水準，深感本型管理一旦付諸實踐，他們定受到某種程度的威脅。

2. **問題認定的偏差**：本型管理認定組織人是組織問題的核心，該項認定只具有部分真實性。因為，組織績效之不彰，可能是整個組織體系的問題。

3. **資訊分享的不易**：組織內之主事者，若抱持不太甘願的態度與組織人分享各類有關決定的資訊，則甚難教育他們的參與能力、宏觀的看法及擺脫本位的思維。

4. **員工期望的複雜**：組織員工有複雜的期望，非四R可以完全涵蓋，如員工希望減輕組織的壓力源。

5. **授權行為的形式**：**開誠布公型管理非常重視管理階層的權力下放，由實際的決策參與，養成員工的自信心、責任感及判斷力。**不過，組織之授權可能停留在參與或出席階段，未能實際影響最終決策的形成。

6. **員工個性的差異**：組織的員工並非人人均願參與組織之經營，如組織硬要強加推行本型管理，員工可能發覺其無法與組織契合，憤而離開它，另謀他就。

7. **員工行為的他律**：自律行為取向的員工，在接受授權時較不易推託。但他律導向者，凡是聽命於指揮，受制於層級節制體系，不想也不願意承擔更多的職權，則授權策略可能沒有生存的利基。

(二)克服之道：

1. **屬行整合型領導**：「**整合型領導**」之特點在於建立一個命運共同體的運**作方式**，強調大家的共同點，確立組織之目標與使命，以真誠及負責的態度，爭取員工信任推動本型管理的決心。

2. **改變組織的文化**：在科層制的體系內，慣用詳細的指引及說明，模塑員工的所作所為；一旦員工習於這些情境，他們會較為消極被動或依賴成性。此種組織文化不利於本型的管理，所以**組織要提供員工新的經驗，以發展新的習慣，協助員工轉換情緒，強化新形塑的行為。**

3. **推動共同的領導**：傳統組織向由權力或職位來思考領導，如今要由團體發展的動態過程來認識領導的本質，關注的焦點並非在領導者本身如何為之，而應將其鎖定在工作及成長在一起的一群伙伴，如何相互學習、相互調適，認清自主性的重要性、責任感的價值，創造力對組織的功能、彈性因應的必要性。（林水波，開誠布公型管理策略）

九、公私組織從成立目的、服務項目等，本就有極大的不同。試從公私組織差異、管理差異及外部環境來比較公私組織之不同？

說明：　公私管理者面臨組織的不同目的、不同資金來源、不同所有權、與不同社會控制力量，將產生不同的管理動機、行為、責任與決策。

答：(一) 組織的差異：

1. 組織的目的：

(1) 關於廠商與公共官僚組織存在的理由，**莫爾（Moe）引用寇思（Coase）的理論，認為廠商的出現係為了降低交易成本。依據新古典經濟學，廠商結合各生產要素目的在於賺取最大化利潤**，欲獲得利潤的最大，除了交易成本外，亦需力圖最小化生產成本，並要求收入的最大。

(2) **至於公共官僚組織存在的原因**，莫爾認為其存在一定是有較其他組織更有效率的地方，**社會上某些財貨與勞務**由私人部門透過市場提供可能更無效率，如企業可能無意願提供或無法提供充足的公共財，這時**由政府提供可能對資源的配置更有效率**。

2. 組織的本質：

(1) 以公共利益劃分：**公共組織為一般大眾謀福利，民間企業組織為其所有者謀利益。**

(2) 以資金來源劃分：達爾與林布隆將組織型態的光譜從市場決定其收入的企業到由政府出資的機關；企業的收入以在市場出售產品與勞務為主，有強烈的誘因降低成本與顧及顧客的需求；政府機構的資金則由編列預算經立法機關通過撥款為主，其降低成本的誘因甚低。

(3) 以所有權及資金來源劃分：萬斯來與查德（Wamsley & Zald）將公私組織的光譜依所有權及資金來源二項因素劃分，而有四種不同的組合，分別是公共所有與公共出資（如一般行政機構）、公共所有與私人出資（如公營企業）、私人所有與公共出資（如國防工業承包商及一些政府出資的民間研發機構）以及私人所有與私人出資（如一般民間企業）。

(4) 以經濟力量、政治力量與公共性劃分：伯茲曼（Bozeman）主張所有組織皆有一些程度的公共性。因為所有組織皆或多或少受到政治力的影響，在某種程度上亦是外在政府控制的對象。

(5) 以其所有權、資金來源與社會控制力劃分：貝利與藍尼（Perry & Rainey）建議除了所有權與資金來源外，再加入社會控制力量，**社會控制力量係指經濟性的市場力量與政治的階層力量。**用這三種特徵不同的組合來劃分，可以有八種不同的組織型態：傳統官僚組織具有公共所有、公共資金來源與多元階層控制之特徵；私人企業組織具有私人所有、私資金來源與市場控制力特徵；其他六種組織分別為政府公司、政府出資企業、管制企業、政府百分之百出資企業、公營企業（含民股）與政府承包商，分別擁有三種特徵的不同組合。

(二)管理的差異：

1. **不同組織目的下的管理動機：廠商的存在以結合生產資源獲取最大利潤為目的**，因此企業管理亦以追求利潤性為目標，現代企業的分紅制度更讓企業經理人的利益與股東利益緊密結合，企業經理人有極大的動機去有效率使用生產資源，降低生產成本，擴大市場營收；**公共組織的存在目的依憲法規定係為了公共福祉，公共利益無法測量。**

2. **不同資金來源下的管理行為：民間企業的資金來源主要為來自市場的銷售收入**，此是透過自願交易行為服務顧客所換取的報酬。私部門經理人在此組織誘因下的管理自是所謂的顧客導向，企業經理人的目標是確定可測量的；**公部門組織的資金來源大部分並非來自其顧客自願交易收入，而是透過預算程序分配。**因此，公部門管理者會利用其時間及資源於所謂的競租行為，即建立各種政治關係以爭取預算的通過。

3. **不同所有權下的管理責任：私人組織的所有權歸所有者所有**，如獨資者、合夥人、股東，明確的所有權下，經理人的管理責任直接向所有人負責；**公共組織的所有權歸公有**，如以委託人與代理人理論來看，民意代表代表人民係委託人，政府機關即為代理人，機關管理者應向民意機構負責。

4. **不同組織社會控制力量下的管理決策：私人組織的社會控制力量主要來自市場**，其管理決策受制於市場力量，管理決策在商業機密及商場競爭下，自可保有其隱密性不需透明；**公部門組織因其控制力量來自多重階層**，如上級機關、民意機構、審計機關、利益團體、選民、輿論等皆有興趣瞭解官僚的決策，政府機關的任何決策在資訊自由法案下，皆需對外公開。

(三)外在環境：

1. 經濟交易對應政治威權：公私部門外在環境差異的一種劃分方式，就是私部門係以經濟交易方式分配財產權，公部門則是基於政治威權分配財產權。以經濟交易為主的外在關係，我們可以預期管理行為會更注重銷售、價格競爭、生產力與效率等；政治威權因係基於法令規章或政治決策行使公權力，組織管理者面對它，必須以談判、協商、合縱、妥協及其他方式追求生存，因此效率可能不是主要考慮因素。

2. 競爭對應獨占：第二種劃分公私組織外在環境差異的方法是，私人企業面對的是競爭的外在環境，必須生產有效率，追求利潤；反之，政府機

關皆是依法成立，通常政府為提供某種勞務或公共財，只會成立一個機構，因此政府機關係處於獨占的地位。

3. 利害關係人數目：第三種劃分公私外在環境差異的方法是利害關係人數目，私人公司經理主要係在單一的階層中工作，公共管理者則在其他政府機關或非政府機構或團體所構成的多階層中工作。

因此，公共管理者對於組織架構、資源與人事皆較私部門經理缺少控制力，公共管理者必須接受其他單位或立法機構對其員工與組織的安排，在指揮活動上當處被動不利的地位。（徐仁輝，公私管理的比較，頁52-77）

◆類似題 宗才怡女士於 2002 年請辭經濟部長，並發表聲明指出自己「像一隻誤闖叢林世界的兔子」；對照於前哥倫比亞大學教授謝爾（Wallace Sayer）的說法：「在一切無關緊要的面向上，企業與政府行政是相似的。」以及哈佛大學教授艾立森（Graham Allison）的主張：「差別的重要性，遠勝於其相似之處。」據此，請申論公部門叢林世界與私部門叢林世界兩個領域管理的異同，以及是異大於同或是同大於異？

十、現實世界中，公私管理者在管理時，內部經常會面對那些困難？

答：(一) **不對稱的資訊**：管理者與部屬間經常存在資訊不對稱問題，因此無法完全依賴階層架構來解決合作問題。**資訊不對稱帶來兩個問題：逆向選擇與道德危機；逆向選擇指的是未能聘僱到合適人才，道德危機則是受雇者一經長期合約保障即開始未忠實履約，而有投機行為發生。** 阿羅（Arrow）稱此兩種行為是隱藏的資訊與隱藏的行動所造成。

(二) **相依性**：組織在財貨與勞務的生產，本質上是相依的，組織單位間的相依性造成管理上依個別貢獻給予獎罰的困難。就部門間相依性而言，公私管理者皆面臨相同問題。

(三) **衝突的利益**：無論公私組織，當其活動按不同的項目分組時，利益衝突即產生，溫柏格也聲稱造成分割的原因，在於私人企業與政府機關是相同的。組織的階層架構原先設計即是為了明訂內部各團體的分工與執掌，解決利益衝突；然而，組織階層架構的決定本質上就是非常政治化。部門間的預算與成本分配，因欠缺客觀績效評量標準，而容易造成彼此間的怨恨發生，亦即當成本的分配無法有理性基準時，內部決策即充滿衝突的特性。（徐仁輝，公私管理的比較，頁52-77）

十一、何謂「知識」？知識具有何種特徵？人力資源具有何種特質？

說明：　受到知識特質影響，使得人力資源運用不同於一般資源。而組織遲早
　　　　會了解人力資源是唯一具有創造力和適應力的經營資源，以維持與更
　　　　新組織的成功。

答：(一) 知識定義：知識是資訊、文化脈絡、經驗以及專家見解。其中，文化
　　　脈絡經常受社會價值、宗教信仰、個性與性別的影響，經驗則是指個
　　　人從以前經歷過程中所獲得的知識，而資訊則是資料經由儲存、分析
　　　與解釋後的結果。

(二)知識有下列特徵：

1.**知識具有伸展性和自我創造性**：工業經濟的原料是有限資源，知識則不
　然，越用越增加。在應用知識進行工作時，活用知識，而且增進對工作
　的了解，知識經濟的資源將源源不斷，不虞匱乏。

2.**知識具有替代性**：它可代替土地、勞力與資本。例如，農夫在一片固定
　的土地上可以應用新的科技技術生產，而無須增加新耕作面積。

3.**知識具有傳送性**：在網路時代，知識可以即時快速的移動及傳播。

4.**知識具有分享性**：傳遞知識並不妨礙原有者的使用。（蕭元哲，公務人
　力資源管理，頁277-313）

(三)人力資源的特質：

1.**人力資源具特質性交易**：物質資源價值是由供給和需求所決定，而人力
　資源不僅如此，它在利益相關者中還產生特殊和象徵資源（如：地位、
　組織永續或信任等）的特質性交易。

2.**人力資源運用與發揮可達無限的境界**：人力資源的定義包含人類產生更
　多的知識和才能的能力。藉著研發過程，新知識和新才能不斷地取代舊
　知識而達到目的。

3.**人力資源可產生雙贏的結果**：純經濟性的物質與財務資源到交換者只會
　產生零和效果（一方獲得，另一方必失去），人力資源是由人賦予形體
　的，知識和才能等資源透過不同機制分配，收到或購買該資源決不會減
　少贈者和賣方該項資源。

4.**人力資源無法儲存**：原物料與財務資源可以儲存，人力資源價值應同步
　產生與消費，否則「閒置」的人力資源將逐漸喪失原有的能力與價值。

5.**人力資源必須不斷地維持或提升**，才能保持其價值人力資源並不會消耗或磨損，但有兩種方法會使人力資源折舊：

(1) 閒置或缺乏實際操作容易使人力資源退化。

(2) 對其他的知識人力資源過時。（蕭元哲，公務人力資源管理，頁277-313）

十二、現代人力資源管理具有何種特徵？策略性人力資源管理具有何策略性的特徵？

答：(一) 現代人力資源管理所具有的特徵：

1. 人力資源管理應具備整合傳統人事管理活動和組織全面性改變的特性。

2. 今日人力資源專業應是組織改變的夥伴，組織文化的創造者和組織忠誠的促進者。

3. 許多傳統人力資源管理活動應從人事專家手中逐漸轉移至資深直線管理者。

4. 強調個別員工，而非群體管理對工會的關係，提升人力資源管理的功能。

(二) 策略性特徵：

1. 以績效為基礎的人力資源：**人力資源的管理應該以交付結果代替作什麼活動為定義**。績效要求可能存在組織中每一個角落，但真正需求在於組織核心流程，而這個流程構造出服務使用者所必須依賴這個組織的獨特能力（例如：提供優良品質、創新的品質與服務）。

2. 展示人力資源的策略能力：**人力資源只有在展現它真正策略能力時，人力資源才會被認為有策略價值**，而它的策略能力來自於策略計畫過程中兩個重要層面：

(1) 提供系統思考和策略計畫概念與方法的訓練教育。

(2) 在策略計畫中，人力資源專業應扮演直接參予的角色。

若策略計畫所有參與者並不具備所有應有技能，將影響策略制定品質，因此人力資源發展專業應主動檢視參予者所具備的主要觀點和技能，以確定策略制定品質。另，策略性人力資源管理另一貢獻是，確定策略計畫制定是根據可運用的受雇專才作為精準評估基礎。

(3) 浮現策略與人力資源發展：策略傳統上被敘述成計劃性深思熟慮的過程，然而策略不僅是一種在期待未來裡強調經營狀況的行動計畫，策略更是一種在不穩定環境某段時間中不留痕跡的動態現象。因此，策略的實現可以從結構計畫與分析中產生，也可以從事件中浮現。管理者應知曉決策者不可能預料每一件環境事件而預先權宜，欲在變化迅速的環境中，讓策略槓桿的潛力充分發展，則需視策略計畫為一浮現的過程方能隨機應變。（蕭元哲，公務人力資源管理，頁 277-313）

十三、現代人力資源具有何種角色？在日益複雜的環境欲增加價值，人力資源應顧及那些角色，以解決傳統行政和新策略角色間的緊張？

說明： 公務人力資源的改造將會涉及公務人事系統、管理團隊、人事幕僚和雇員。因為人力資源功能的提升並不是一件容易的事，它面臨許多障礙。

答：(一) 現代人力資源所具有的角色：

1. 新制度角色：人力資源功能傳統上，僱員和其特徵的資料庫記錄與維持是其主要的工作。資訊系統中應包含有關人力資源在組織中運用滿足與否等條件資料，例如：流動、缺席、訓練需求和績效評估的一覽表。這種資訊系統需要隨時更新資料庫，以取代傳統書面式的測驗與調查；這種人力資源資訊系統將有雙向溝通能力，容許大家討論人力資源的政策與實務。

2. 附加價值角色：因應現代人力資源管理複雜性日增，人力資源專家身為策略夥伴，提供組織有關薪酬、訓練、組織發展、甄選和法律性方面獨一無二的知識。這些附加價值創造，人力資源專家大都利用行為科學而來。

3. 新規範角色：許多研究顯示，**在執行策略中，組織存有許多問題，最常見的問題就是人力資源功能並沒有改革實務去鼓勵策略執行**，這種情況明顯地需要改變。因此人力資源功能需整合它自己不同人力資源活動，例如：甄選、測試、資酬、訓練或績效等不同各自為政的技術專長，不僅將這些相依片段整合起來，也整合人力資源系統設計與組織策略與其他功能，以支持經營方向。

(二) 人力資源應顧及的四種角色：

1. 第一為**策略夥伴角色**，強調人力資源實務與經營策略協調。

2. 第二為**行政專家角色**，有效地設計人力資源流程。

3. 第三為**變革代理人角色**，幫助組織建立變革的能力和認定新行為以協助支持組織優勢。

4. 最後為**高手營造角色**，保持員工高昂士氣，瞭解員工心聲，繼而提供資源幫助其個人成長等。（蕭元哲，公務人力資源管理，頁277-313）

十四、以才能為導向的人力資源系統設計內容為何？試說明之。

答：(一)甄選：甄選的任務是選擇某人為組織中的成員，而非指派某一特定工作；**甄選流程是找尋願意學習各種組織需求技能和能與此新式管理風格共事的人，同時此流程也需要找出擁有或可以發展增進組織核心才能技能和知識的人**。在甄選高績效組織員工時，盡可能讓一些有機會和這些潛在的新組織成員共事的既有成員積極發言和賦予決定權力。

(二)訓練與發展：**訓練和發展注重創造勞動技能層面以達到組織效能**。首要評估技能，因為這是發展重要成因；所以需要正式系統來衡量員工技能，同時提供員工自測技能的方法。另外，不同於傳統管理評估屬下的方法，而是由同事彼此評估自己的技能和優點，所以團隊需時常負責決定和評估成員技能組合。

(三)生涯發展新邏輯：不同於傳統由組織負責生涯和管理，現代需由個人主導技能的取得和生涯發展。現代高績效組織，由於為數不多的垂直生涯移動和對領導統御與學習的不同期待，個人需要在某特定工作範圍停留久些，發展深一層的技能和更多的水平生涯遷移，特別在以流程為主的組織水平式生涯移動是特別重要的。

(四)雇用關係穩定與策略：傳統雇用關係需要員工忠誠度，為了感謝他們所付出的忠誠，組織應以終身雇用作為報酬。但在新式組織中，我們需要穩定的人力，以發展彼此關係和取得獨特的技能；因此需持續地評估員工的技能和績效對核心才能和組織能力的影響。

(五)報酬系統：報酬可以對員工激勵和技能發展產生重大的影響，事實上對組織效能也具有關鍵影響。報酬系統一直為工作單位的基礎，對於遵守規則的個人報以薪酬，這種制度在現代資訊社會裡，因其在許多方面失敗和限制，雖受到日益增加的批評，然不到最後的關頭，報酬系統並不會徹底的改變。（蕭元哲，公務人力資源管理，頁277-313）

十五、試從組織及管理以外的角度來分析公私管理的差異？

答：(一)底線（Bottom Line）：主張公私管理有差異者，認為公共管理者很少
有一清楚的底線，民間企業經理則有利潤、市場績效或企業的存活為
底線。但是，反對底線係構成公私管理差異者，認為底線只不過是目
標設定的一種設計，政府機關也許必須衡量與平衡不同的競爭利益，
但這不表示其不能設定目標，而且私人組織短期可能也有多重目標。

(二)時間水平：主張公私管理差異者認為，公共部門管理人面對政治的需
求與政治時效性，經常是只有相對較短的時間可做政策制訂與改變；
相對來說，私部門經理人顯然有較長的時間去做市場開發、技術創
新、投資與組織重建等。主張公私組織管理者的時間水平不易劃分
者，認為許多的企業經理人亦必須在壓力下做快速反應，這完全視產
業別的不同而定。

(三)人事任免：政府機關的官員，事務官受人事法規的保障，公部門管理
者很難從效率的角度，善用人力資源。反之，私部門經理人對於人事
的任用、調任與免職皆有很大的權限，可對人力資源作較佳的利用。
主張公私部門在人事任免上差異不大者，認為一個公司如果利用解雇
員工作為主要強化權威的手段，則會造成恐懼與不信任的組織氣候，
對士氣產生嚴重傷害。

(四)分權與負責：主張公私管理差異者，認為公部門基於憲法均權與制衡
的設計，公部門組織的權力與責任是分散的，結果是任何一個公共政
策的推動，公共管理者皆需不斷的與其他機關進行溝通協調。相對
的，私人企業則較無須花時間資源去做外部的談判。持不同看法的則
認為大多數的企業經理仍須處理內部的政治衝突，因此仍是在玩談判
的遊戲，而且私部門經理人亦隨時要與勞工聯盟、原料供應商、政客
等談判與溝通。

(五)決策過程：主張公私管理差異者，認為私部門經理人在經過專注的研
究過後做決定性的決策，相對的，公部門管理者則是不斷的在做重新
修正或不做決定。反對如此劃分差異者，則認為經理者的主要任務，
是對於新的問題能快速持續的反應予以解決，並隨時準備迎接新問
題，無論公私部門皆如此。

(六)公開性與封閉性：主張公私管理差異者認為政府管理必須攤在公共的
目光監督下，因此較公開；相對的私部門企業管理皆是內部進行，不

需經過大眾的審視，因此較封閉。反對者認為，對於許多上市公司而言，其管理決策亦經常需暴露於大眾的注意下，如財務報告與公司政策需向股東、投資分析者、政府提出報告；而對於許多中低層次的公部門管理決策，反而是不引起公共興趣的。（徐仁輝，公私管理的比較，頁52-77）

選擇題

( )　1. 何項管理是管理者有意識的政策選擇、發展能力、詮釋環境，以集中組織的努力，達成既定的目標？　(A) 策略管理　(B) 目標管理　(C) 績效管理　(D) 指標管理。

( )　2. 下列何者為正確的策略規劃程序？　(A) 任務說明→策略性議題→程序承諾→內部與外部分析　(B) 程序承諾→任務說明→內部與外部分析→策略性議題　(C) 任務說明→程序承諾→內部與外部分析→策略性議題　(D) 任務說明→內部與外部分析→程序承諾→策略性議題。

( )　3. 指「一種足以產生基本決策與行動與紀律性努力，以形成與指引一個組織為何，它應作何事與為何如此做。」此係下列何項名詞的定義？　(A) 戰略目標　(B) 策略管理　(C) 策略規劃　(D) 公共哲學。

( )　4. 中央政府擔任領航的角色功能愈來愈重要，但中央政府採用「策略管理」至少具有下列何項困難？　(A) 官僚機關主管在作決定時，必須與其他重要行動者，共同分享權力　(B) 官僚的功能是政治性的，與理性的環境相反　(C) 政府的主管比起私部門的對手缺乏完全的自主性與控制力　(D) 以上皆是。

( )　5. 下列何者非開誠布公型的管理策略的主要特性？　(A) 整合性　(B) 公開性　(C) 獨資性　(D) 分享性。

( )　6. 策略管理的運用有其相應的文化環境及特殊語言的使用，在下列何種情況下，比較容易進行策略管理？　(A) 員工具有研究所訓練者愈多愈易進行策略管理　(B) 政府組織愈對新進有才能者開放，愈可能採用策略管理　(C) 行政主管經歷各種組織部門者愈多，愈容易提出新的理念　(D) 以上皆是。

( )　7. 組織為了形塑員工合夥狀況，在提供各項資訊給員工後，更進一步以各種策略養成員工處事的手段、分析問題的能力及賦予任事的權能。

此係符合開誠布公型的何項管理策略？ (A) 教育策略 (B) 授權策略 (C) 養能策略 (D) 激勵策略。

( ) 8. 傳統的公共行政，政府為民眾提供的服務是： (A) 生產者導向 (B) 消費者導向 (C) 顧客導向 (D) 利潤導向。

( ) 9. 組織實行新策略時，彼此以各種手段爭取有利地位一般。此可將其稱之為： (A) 管理策略的孤島現象 (B) 螳螂相爭現象 (C) 金魚缸效應 (D) 黑堡宣言。

( ) 10. 下列關於策略規劃的敘述，何者不正確？ (A) 策略規劃是客觀分析的過程 (B) 策略規劃是未來取向的 (C) 策略規劃是批判與重建組織任務與目標的過程 (D) 策略規劃與方案規劃是相同的。

( ) 11. 策略管理過程的第一階段為： (A) 軍事策略 (B) 企業策略 (C) 經濟策略 (D) 文化策略。

( ) 12. 「策略管理過程」即是在滿足策略的必然性下，向前推展組織的願景和使命，它包括四個步驟，其中不包括下列何項？ (A) 分析 (B) 建構 (C) 整頓 (D) 調適及評估。

( ) 13. 下列何者不是包茲門和史卓司門所提出的策略管理的四個指導原則？ (A) 關注長期趨勢 (B) 將目的與目標整合成一體的層級體系 (C) 策略管理與規劃不是自我執行 (D) 強調內部觀點。

( ) 14. 下列何者非美國公部門策略管理途徑易於採行的組織特徵？ (A) 愈是自足的與自主的組織，愈易採取策略管理 (B) 具有最低關鍵數量之所需而能獨立管理、計畫與作業的較小單位，愈易實行策略管理 (C) 所得的大部分愈是直接來自於顧客者，愈易於策略管理 (D) 愈是接近政治領導核心的公共組織，愈有可能採行策略管理。

( ) 15. 下列何項不是人力資源的特質？ (A) 人力資源具特質性交易 (B) 人力資源可產生贏者全拿的結果 (C) 人力資源運用與發揮可達無限的境界 (D) 人力資源無法儲存。

( ) 16. 關於策略管理和策略規劃的敘述，下列何者錯誤？ (A) 策略管理強調「產生策略上的結果」 (B) 策略規劃強調「作出最適度的策略決定」 (C) 策略規劃係指以策略為導向，以永續為基礎的管理組織之廣泛過程 (D) 策略管理所關心的問題是：規劃、資源管理、控制與管制。

( )　17. 公共組織所可能面臨的挑戰為：　(A) 委託的挑戰　(B) 管轄範圍的挑戰　(C) 公共利益的挑戰　(D) 以上皆是。

( )　18. 何者可以激發員工的能量與心智以達成理想的實踐，並可凝聚成員團結向上？　(A) 願景　(B) 方案　(C) 做法　(D) 程序。

( )　19. 策略管理過程從組織內部的優勢和弱勢，以及外環境的機會與威脅開始分析，這種工作通常叫做：　(A) 優弱機威（SWOT）分析　(B) 腦力激盪　(C) 內外情勢分析　(D) 主客觀分析。

( )　20. 「保持員工高昂士氣，瞭解員工心聲，繼而提供資源幫助其個人成長等。」此為人力資源應顧及的何項角色？　(A) 策略夥伴角色　(B) 行政專家角色　(C) 高手營造角色　(D) 變革代理人角色。

( )　21. 下列何者非現代人力資源管理所具有的特徵？　(A) 人力資源管理應具備整合傳統人事管理活動和組織全面性改變的特性　(B) 許多傳統人力資源管理活動應從資深直線管理者手中逐漸轉移至人事專家　(C) 人力資源專業應是組織改變的夥伴，組織文化的創造者和組織忠誠的促進者　(D) 強調個別員工，而非群體管理對工會的關係。

( )　22. 下列何者非開誠布公型的管理策略？　(A) 鼓動策略　(B) 教育策略　(C) 授權策略　(D) 激勵策略。

( )　23. 一個組織的專業智慧是否運用得宜表現在下列何項層次上？　(A) 認知的知識　(B) 高級的技能　(C) 自我激發的創意　(D) 以上皆是。

( )　24. 下列何者為組織願景所具有的特徵？　(A) 具有崇高的理想主義或浪漫主義的精神　(B) 組織成員的情感訴求及想像力的發揮　(C) 是組織真正想要達成的期望　(D) 以上皆是。

( )　25. 開誠布公型的管理所強調或重視的員工期望為：　(A) 指員工所期待要扮演的角色及角色行為　(B) 指每位員工在身為合夥人之身分後，在組織內究竟享有那些權利　(C) 指涉員工在組織內所要承擔的風險，以及可享有那些有價值的報償　(D) 以上皆是。

( )　26. 下列何位學者將公共組織所面對的立法機構、行政首長、利益團體與法院等，稱之為雙重階層（Double Hierarchy）？　(A) 杜拉克　(B) 畢德斯　(C) 莫爾　(D) 拉菲爾。

( )　27. 關於公私組織之不同，下列敘述何者正確？　(A) 公共組織為一般大
眾謀福利　(B) 政府機構的資金由編列預算經立法機關通過，其降低
成本的誘因甚低　(C) 企業有強烈的誘因降低成本與顧及顧客的需求
(D) 以上皆是。

( )　28. 下列何位學者主張所有組織皆有一些程度的公共性，因為所有組織皆或
多或少受到政治力的影響，在某種程度上亦是外在政府控制的對象？
(A) 伯茲曼　(B) 畢德斯　(C) 貝利　(D) 藍尼。

解答與解析

1.**(A)**　　　2.**(B)**　　　3.**(C)**　　　4.**(D)**

5.**(C)**。應是「合夥性」。其他特性尚包括：兼顧性、人本性、公民性。

6.**(D)**

7.**(C)**。授權之本意為：以合法或官方的方式賦與權威　或權力，使之足以作成對
組織深具影響的決定。

8.**(A)**

9.**(B)**。(A)(B)均為「開誠布公型管理」的形成背景。

10.**(D)**。策略規劃與方案規劃是不同的，方案規劃不太考慮外在環境的影響，但十
分重視組織內部因素，強調以專業技術研擬政策方案。

11.**(A)**。軍事策略即是在地形地物外在環境的限制下，與自己的特殊能力如何配合
的問題。

12.**(C)**

13.**(D)**。強調外部觀點，不僅適應環境，而且是預期與影響環境的變遷。

14.**(D)**。愈是遠離政治領導核心的公共組織，愈有可能採行策略管理。

15.**(B)**。人力資源可產生雙贏的結果。

16.**(C)**。應是「策略管理」。

17.**(D)**　18.**(A)**　19.**(A)**

20.**(C)**。變革代理人角色係指幫助組織建立變革的能力和認定新行為以協助支持組
織優勢。（蕭元哲，公務人力資源管理，頁277-313）

21.**(B)**。許多傳統人力資源管理活動應從人事專家手中逐漸轉移至資深直線管理者。

22.**(A)**　　　23.**(D)**　　　24.**(D)**　　　25.**(D)**　　　26.**(C)**　　　27.(D)

28.**(A)**

第**3**章　組織發展理論

重點提示　現今社會急速變動，變動就是唯一不變的真理。因此，組織與其外在的環境時常保持一種互動的關係。組織自外界環境接受各種輸入（包括資源、物料、能源、資訊等），經過轉換過程之後，產生各種輸出（包括產品與服務等）；由於組織環境的日益複雜與變遷迅速，組織為求生存，或為能控制未來的環境，以圖發展，故紛紛進行組織發展（Organization Development，OD）的活動。此為本章第一個重點。（孫本初，公共管理－組織發展，頁567-582）

　　本章第二個重點為「組織學習與學習型組織」。隨著時代急速變遷，知識經濟的發展又進一步推升組織的向前發展。無論對於組織或是個人而言，具備新的學習知識及學習能力是面對未來挑戰的致勝關鍵。而「學習型組織是一種不斷在學習與轉化的組織，其學習的起始點在成員個人、工作團隊、整體組織，甚至亦發生在與組織互動的社群中；而學習是一種持續性、策略性運用的過程；學習的結果將會導致知識、信念及行為的改變，並可強化組織創新與成長的能力。」近年來在學術界及實務界已掀起一股學習型組織的風潮。（孫本初，公共管理－組織學習與學習型組織，頁455-486）

　　本章最後一個重點是「組織參與理論」。誠如學者Bennis的看法：「今日管理價值觀念已產生根本性的改變，尤其是在對人性需求的認知、權力行使的看法及組織設計的觀念上已有很大的不同。而傳統的科層組織設計顯然並未提供成員自尊及自我實現等這類較高層次需求的滿足，造成組織成員與組織無法在法定權利和義務的關係外，再產生更進一步所謂心靈契約的關係。」因此，參與管理乃是一種團隊角色的扮演、資訊及決策制訂影響力之分享、參與事項及行為的合法性、團體成員能力與心力的投入，以及責任及心力共同分擔的學問。

重點整理

第一節 組織發展

一、組織發展概念

(一)組織發展定義：組織發展乃是一項促進組織解決問題和革新過程的長期性努力，尤其是**透過更有效及更協同一致的管理方式來改變組織文化**，藉由變革推動者的協助，採取應用行為科學的理論與技術。

(二)研究組織發展的原因

1. 組織發展的計畫能夠改進個人的工作績效。
2. 組織發展的應用日益普及。
3. 組織發展能提供各種強化組織人性面的方法。
4. 組織發展已逐漸成為一種重要的管理工具。

(三)組織發展的主要內涵

1. 研究內容方面：Friedlander與Brown兩人認為，組織是由人員、技術及過程與結構三者所組成。其中對組織發展的研究途徑包括：

   (1)人際過程途徑（Human Processual Approaches）。

   (2)技術結構途徑（Technostructural Approaches）。

2. 運作對象方面：

   (1)不同型態組織的運作情形。

   (2)不同國家地區的運作情形：

A. 權力距離。	B. 不確定性的避免。
C. 個人主義與集體主義。	D. 男子氣概與婦女氣質。

(四)組織發展的未來趨勢

1. 在理論方面：

   (1)組織發展的概念愈來愈廣。

   (2)組織發展將趨向建立整合性的權變理論。

   (3)組織發展對於組織的看法將趨向於視組織為複合重疊的系統。

2. 在實務方面：(1)從組織診斷走向組織學習。(2)從諮商取向走向企業取向。

第二節 組織學習與學習型組織

一、學習的概念

(一)學習的定義：學習本身包含了持續的刺激與反應，經由行動的轉化、重組與整合，使得我們可以反覆地驗證生活經驗，並從經驗中不斷地修正自身的行為。學習也是一種保存文化、延續傳統的方式。

(二)有效學習的四階段：階段一：資料的蒐集。階段二：將資料轉化成資訊。階段三：將資訊轉化成知識。階段四：將知識轉化成智慧。

(三)新學習的定義：當今我們所面臨的環境是一個快速變遷的社會，過去被動式的學習已無法因應時代的需求，具備新的學習能力則是迎向未來挑戰最重要的關鍵之一。學者Marquartdt將其稱為新學習（New Learning）。

(四)學習中較常發生的缺失

1. 要求「標準答案」，希望一勞永逸地得到正確的資訊。
2. 將學習視為一種產品、一種目的。
3. 強調組織的階級性及權威結構，在組織內不容許有異議存在。
4. 只注重組織的正式規範。
5. 凡事只求效率，不問其過程、目的為何。
6. 單向學習僅重視知識的傳授，缺乏互動的學習。
7. 太過依賴理論，缺乏實際的操作練習。
8. 只注重直線式、單向式的分析思考。
9. 官僚化的決策模式，無法多元化地集思廣益。
10. 不鼓勵創新。

(五)學習的各項次級系統

學者Marquardt認為學習的各項次級系統乃是由三項重要的元素所構成：

1. 學習的層次（包括個人、團體及組織三個層次）。
2. 學習的類型（包括適應性學習與創新性學習、單圈回饋學習、雙圈回饋學習、三圈回饋學習、學習如何學習、行動學習等）。
3. 學習的技術（包括系統性思考、改善心智模式、不斷地自我超越、建立團隊學習、分享共同的願景與培養對話的能力等）。

二、學習型組織（Learning Organization）

(一)學習型組織的意涵：Senge主張以系統性的思考來型塑創造性的張力，以便能在五項構成技術（**系統性思考、自我的精進、心智模式、建構共享願景及團隊學習**）等五項修練中，去不斷型塑學習型組織。因此，所謂**學習型組織是指「組織中的個人能持續地擴展其創造真正所欲達成結果的能力，並在其中培育出新的且具延展性的思考型態**，且可自由培塑出集體性的志向，並透過持續的方式一同學習到如何去學習。」

(二)學習型組織之主要特徵

1. 是一種集體性、開放性及跨越組織範疇的學習。
2. 對學習的過程及結果是等量齊觀的。
3. 能夠以快速及聰穎的學習來取得有利的競爭優勢。
4. 能快速地、適時地將資料轉化為有用的知識。
5. 能使每位員工均感受到每次的工作經驗皆是提供其學習有用事物的機會。
6. 成員較不會表現出恐懼與防衛的心態，並能從錯誤中獲得獎勵與學習。
7. 具有承擔風險的勇氣，但不會危害到整體組織的安全。
8. 能致力於實驗性與相關性的學習。
9. 對想從事行動學習的個人或團隊予以支持。
10. 鼓勵個人或團體相互分享所得的資訊及結論，以利學習的產生。

(三)學習型組織之構成要素

1. 從宏觀的角度來看。　　　　　　　2.從微觀的管理實作面向來看。

(四)學習型組織的系統模式

1. 內在範圍─個人與團體的學習：學習包含個人及團體的學習，它同時也是建立外在範圍－組織學習的基礎。
2. 外在範圍─組織學習：具有十一項事務需要加以探討及研究：
   (1)適當的組織結構。　　　　　　　(2)合作學習的組織文化。
   (3)授能。　　　　　　　　　　　　(4)對環境的監測。
   (5)知識的創造與轉換。　　　　　　(6)學習的技術。
   (7)品質。　　　　　　　　　　　　(8)策略。
   (9)組織必須擁有相互支持與合作的氣氛。
   (10)團隊工作。　　　　　　　　　　(11)共同的願景。

(五)型塑「學習性組織」的策略

1. 在組織內推展行動學習。
2. 增進組織成員「學習再學習」的能力。
3. 在組織內進行對話的訓練。
4. 規劃組織成員的生涯發展。
5. 建立團隊學習的技巧。
6. 鼓勵組織成員實踐系統性的思考。
7. 改善學習的心智模式。
8. 鼓勵組織成員發展多元化、國際化的視野。

(六)彼德聖吉（Peter Senge）的「第五項修練」內容

1. 系統思考（Systems Thinking）。
2. 自我精進（Personal Mastery）。
3. 心智模式（Mental Model）。
4. 建立共同願景（Building Shared Vision）。
5. 團隊學習（Team Learning）。

(七)學習型組織常用的特定技術

Hodgetts、Luthans and Lee指出學習型組織常用的三種特定技術：

1. 對話。
2. 腳本分析。
3. 流程的再造工程。

(八)組織學習的定義

March與Olsen認為，組織學習乃是組織在外在環境不確定之影響下，組織從過去經驗中學習如何採行新的行動，以因應環境的變遷。組織學習的特徵包括：

1. 組織學習是一種獲得、接近與修正組織記憶的過程。
2. 組織學習來自組織經驗的累積。
3. 組織記憶包括對於許多不同意義的分享。
4. 組織記憶包括三種對於共享瞭解的形式：組織認同、因果圖與組織常規。
5. 組織學習的過程會受到組織設計的影響。

第三節 組織參與理論

一、參與管理概念

(一) 參與管理的意義

在歐洲，它通常是指員工經由正式組織代表參與，進而影響、控制整個組織的決策；而在美國，大多數的意義是指准許員工有機會去制訂或是影響那些有關他們工作事項的議題。

Gaouette認為**參與管理是一種運用於某項工作、工作地區或整個公司的一種團隊管理方式**，且藉由全體員工在工作過程中積極主動地投入決策，使之制訂並達成。

(二) 實施參與管理之條件

Dale與Coope認為在施行參與管理時的一些前置條件：

1. 參與的計畫及過程必須是真實的，而非只是一個不具實質的形式。
2. 所參與的事項必須具有一定的重要性，而非只是一些瑣碎的細節。
3. 討論一些與成員有關聯的事項。
4. 成員本身必須認為「參與」是合法的。

(三) 實施參與管理之限制

1. 主觀限制。　　　　　　　　　　2.客觀限制。

(四) 實施參與管理的各項發展面向

1. 組織設計方面：
   (1)建立團隊。　　　　　　　　(2)減少層級結構。
   (3)更具選擇性的獎勵項目。　　(4)更彈性的法規。
   (5)更多的實際參與機會、更多的溝通管道。
2. 組織成員方面：
   (1)加強部屬與部屬間的合作關係。　(2)改善部屬與主管間的信任關係。
   (3)更開放的主管作風。
3. 組織文化方面：
   (1)更少權威象徵的工作環境。
   (2)更具創新的積極風氣及組織氣候。
   (3)更有計畫的改革與學習。
   (4)參與實施方面：
      A. 權力下授。　　　　　　　B.完整的資訊傳遞。
      C. 由工作執行方式、工作目標設定等項目開始著手。

經典範題

申論題

一、何謂「組織發展」（OD）？其發展背景為何？為何要研究組織發展（重要性）？

答：(一) 組織發展定義：

1. French與Bell對組織發展的定義：組織發展乃是一項促進組織解決問題和革新過程的長期性努力，尤其是透過更有效及更協同一致的管理方式來改變組織文化，藉由變革推動者的協助，採取應用行為科學的理論與技術。

2. 學者Richard Beckhard界定組織發展為：一項有計畫的、涉及整個組織的、由上而下的努力，經由利用行為科學的知識對組織過程做有計畫的干預，以增進組織效能與健全。

3. Cummings與Huse兩人認為，組織發展是：**行為科學知識有系統地應用於計畫性的發展，並強化組織的策略、結構和過程，以增進組織的效能。**

4. 孫本初教授：組織發展概念的基本隱喻是視組織為一個開放的系統；其分析單元有個人、團體和組織；其干預的方法包括組織成員的觀念和價值、組織過程、組織結構及整個系統的改變等；其主要的核心價值在使組織成員學習合作及參與，以互相促進改變；至於實施有計畫的變革目的，在於增進組織的效能及健全。所以組織發展與有計畫性變革及組織變革者概念上是相通的。

(二) 組織發展的興起背景：一為1940年代後半期，美國國家訓練實驗室的萌芽而產生了一連串的實驗室訓練法；二為行為科學家在調查研究與回饋方面早期的貢獻；三為社會科學家從事實作研究的貢獻；最後則是強調生產力和工作生活品質的研究。

(三) 研究組織發展的原因：French、Bell與Zawachi等人認為，在從事組織發展的干預活動時，瞭解組織發展是什麼和如何運作是很重要的，因為：

1. **組織發展的計畫能夠改進個人的工作績效、創造更好的士氣與增加組織的收益性**（Profitability）。

2. 組織發展的應用日益普及。組織發展的研究途徑與方法已廣泛運用於今日所有的組織和產業，包括製造業和服務業、高科技和低科技產業及公、私部門機構等。

3. **人力資源**（Human Resources）**是組織中最重要的資產，而組織發展能提供各種強化組織人性面的方法，使得個人和組織能同蒙其利。**

4. 組織發展已逐漸成為一種重要的管理工具。組織發展的應用在管理上不僅是一種藝術，亦是一種科學；今日經理人員的職責乃在管理變遷，而組織發展就是管理變遷的處方。（孫本初，公共管理—組織發展，頁567-582）

二、組織發展為現今新興的管理知識，其主要內涵為何？試說明之。

答：可從研究內容及運作對象兩方面來說明

(一)研究內容方面：Friedlander與Brown兩人認為，組織是由人員、技術及過程與結構三者所組成。過程與結構乃是反映人員之間或人員與工作之間不同的關係，其所指的乃是權威、溝通、決策、目標設定及衝突解決等組織活動。Friedlander與Brown兩人認為，**組織發展的目標是使組織任務的完成和人類自我實現的極大化；而且兩人的組織發展模式乃是強調組織變革應有整體性的考量**，亦即對人員與組織過程一併考量、對技術與組織結構一起考量，如此才能達成組織的任務與組織成員的自我實現。其中對組織發展的研究途徑包括：

1. **人際過程途徑**（Human Processual Approaches）：該途徑強調人員的參與和組織的過程，透過此途徑，組織成員可獲致他們各自的和組織的目標。其中干預方法包括調查回饋法、團體間關係發展法等。所涉及的知識有心理學、社會心理學及人類學。

2. **技術結構途徑**（Technostructural Approaches）：該途徑所強調的是組織中的技術及結構方面的理論與干預方法。此途徑的干預方法包括工作設計、工作擴大化、工作豐富化等。所涉及的相關知識有工程學、社會學、心理學、經濟學等。

(二)運作對象方面：

1. 不同型態組織的運作情形：根據Golembiewski在美國喬治亞大學講授「組織變遷與管理」課程的講授大綱中，列舉組織發展可應用於企業組織、社區和地方政府、衰退中的組織或裁員管理、國際事務的組織、法律執行單位、醫療服務系統、教育機構、低度開發國家、監獄、國際企業組織及併行組織等。可見組織發展的運作對象可涵蓋各種不同型態的組織。

2. 不同國家地區的運作情形：不同的國家地區存在著不同的文化，而不同的文化對組織發展的運作是否會產生影響？工業心理學家Hofstede曾對美國IBM公司的四十個外國分公司的員工作了調查研究，結果歸納出四個主要因素可用以區別不同國家地區的文化：

(1) 權力距離：**權力距離**（Power Distance）係指一個社會對組織內權力分配不公平事實所能接受的程度。

(2) 不確定性的避免：**不確定性的避免（Uncertainty Avoidance）係指一個社會受到不確定和曖昧不明情境的威脅時，所能提供就業穩定、建立正式法規、不能容忍異端及相信絕對真理和專家意見的程度。**

(3) 個人主義與集體主義：個人主義（Individualism）是指一個社會的結構鬆散，個人只為照顧自己及其近親；集團主義（Collectivism）是指該社會結構非常嚴密，而且個人必須對該社會絕對的忠誠。

(4) 男子氣概與婦女氣質：男子氣概是指一個社會的主要價值是否崇尚專斷、重視金錢與物價的獲取、不體恤他人及不注重生活品質；反之，則為婦女氣質。

【註】1. Jaeger認為上述四個衡量國家文化的指標，可用來預測該文化是否與組織發展的價值相契合，他認為最適合實行組織發展的國家文化如下：權力距離：低等；不確定性的避免：低等；男子氣概：低等；個人主義：中等。

2. Johnson亦根據Hofstede的問卷調查結果，並對Jaeger先前的實證結果作了部分的修正。Johnson的研究結論，將國家的文化分為四大類：(1)與組織發展價值完全相同的國家文化。(2)與組織發展價值近似的國家文化。(3)與組織發展價值不同的國家文化。(4)與組織發展價值相反的國家文化。（孫本初，公共管理—組織發展，頁567-582）

三、公共管理的新趨勢之一為重視運用組織發展（Organization Development）中的干預策略（Intervention）。準此而言，試從理論與實務兩方面論述組織發展的新趨勢為何？

答：(一) 在理論方面：

1. 組織發展的概念愈來愈廣：

(1) 1950 年代至 1960 年代組織發展的主要研究焦點是在組織的社會面，並使用人際過程的干預方法，例如敏感性訓練法、過程諮商法及團隊建立法等，此時組織發展的目的乃是在追求人性的價值。

(2) 1970 年代組織發展的研究焦點在兼顧組織的社會面和技術（結構）面，並使用技術結構的干預法，例如結構設計，此時組織發展的目的不僅強調人性主義，也在追求組織的效能和效率。

(3) 1980 年代迄今，組織發展的研究焦點則大幅地擴散，概念範圍變得愈來愈廣，所使用的干預方法愈來愈多。例如，在組織發展的概念與理論方面，不僅注意到組織結構、組織與環境的關係，同時亦注意到組織文化及策略規劃與執行等。

2. 組織發展將趨向建立整合性的權變理論：由於組織發展理論與干預方法的龐雜，亟需以整合的與權變的觀點加以整合。例如Cummings與Huse兩人在組織發展的診斷模式中，就整合了組織、團體及個人等三個層面的干預活動；Tichy所主張的策略變遷管理模式，便整合了組織中有關技術、政治及文化等層面的組織活動之管理模式；Bullock與Batten兩人所提出的整合性的計畫變革模式亦是整合了階段（Phase）與過程（Process）兩方面。

3. 組織發展對於組織的看法將趨向於視組織為複合重疊的系統：

(1) Brown 與 Covey 兩人認為，**未來的組織發展應把組織視為一個複合重疊的系統，並容許組織具有多重的目標與服務對象**。例如政府機構、公用事業等組織就具有多重的目標與服務對象。

(2) **Cummings 認為單一組織無法解決複雜和多面性的問題時，可與其他組織結盟，這種多重組織的結構稱為轉換式的組織系統**。例如在公部門方面，政府機構常與私人企業共同合作來擬定複雜的都市開發計畫。

(3) 複合重疊式的組織結構雖較鬆散，組織的領導權力分散到各自的組織中，各自組織間的目標容或有些衝突，但仍然共同追求另一個更高層次的目標。因此，Cummings 與 Huse 稱此種組織為功能性的社會系統，乃是一種介於單一組織和社會系統之間的中介組織。

(二)在實務方面：

1. 從組織診斷走向組織學習：

(1) 1960 年代及 1970 年代的組織發展強調組織的診斷，此時期在實務上採用干預方法的目的，乃在使現存的組織結構和過程能夠運作得更好。此即 Argyris 與 Schon 兩人所稱的「**單圈回饋學習**」。（Single - Loop Learning）。

(2) 但在 1980 年代以後，有許多公司為了因應複雜且迅速變遷的環境，組織必須作大幅度的轉換，也要改變組織的策略和價值，以便能管理

組織現存的結構與行為，此就是所謂的「**雙圈回饋學習**」（Double -
Loop Learning）。

(3) 組織診斷僅是針對組織的功能，加以偵測錯誤並予枝節性地矯正而已，
此是屬於單圈回饋學習。然而未來的組織環境將愈趨複雜，變遷更迅
速，所以組織發展必須改採雙圈回饋學習的方法。

2. 從諮商取向走向企業取向：

(1) Beer 與 Walton 兩人指出，組織發展中許多較新的概念與方法皆強
調，組織發展中的干預活動應從傳統中以管理顧問為中心走向由一
般管理人員來負責。這種風潮已漸漸興起，而且一般管理人員愈來
愈覺得管理「變革」的必要性，他們在變革的策略活動中，也扮演
更積極的角色。

(2) 此外，過去組織對其所從事干預活動的成效不易評估，此是缺乏嚴謹
的評估方法所致。但在今天，許多公司不僅要求管理人員必須計算此
項干預活動的成本與效益，同時亦必須瞭解該項活動需要多久才能產
生正面效果。

(3) 從適應環境走向管理環境：組織環境的種類可分為一般環境（如政治、
經濟、社會等）及任務環境（如供應者、服務對象、競爭者等）。但
因此種分類方法太過於廣泛，以致無法解釋環境如何來影響組織。因
此，Pfeffer 與 Salancik 兩人遂提出另一種對環境的分類方法，他們把
環境分為：

A. **系絡的環境：指間接影響組織的外在環境。**

B. **交易的環境：指直接與組織的互動的環境。**

C. **創訂的環境：指組織所察覺到而自行描繪出來的環境。**

系絡的環境和交易的環境均已經間接或直接影響到組織，而創訂的環境
則是組織所預見者，其尚未影響到組織。（孫本初，公共管理—組織發
展，頁567-582）

四、何謂「學習」、「新學習」？學習中較常發生那些缺失？

答：(一) 學習的概念：

1. 學習本身的行為是一項歷程，其中包含了持續的刺激與反應，經由行動
的轉化、重組與整合，使得我們可以反覆地驗證生活經驗，並從經驗中
不斷地修正自身的行為。

2. 學習也是一種保存文化、延續傳統的方式，透過學習可使人類的生存得以綿延不絕。因此**欲能有效地學習，其過程為四個學習階段：階段一：資料的蒐集。階段二：將資料轉化成資訊。階段三：將資訊轉化成知識。階段四：將知識轉化成智慧。**

3. 學者Tobin認為學習是一種自然的反應及行為，沒有任何的時間、地點的限制，只要環境能使人們有意願並渴望去學習時，其皆可以從事學習，因此建立一個適當的學習環境的最好方法，乃是使人們不僅有學習的機會，並且能將其學習應用至其工作與生活中，而且對其學習給予承認與獎勵。

(二)新學習的定義：當今我們所面臨的環境是一個快速變遷的社會，過去被動式的學習已無法因應時代的需求，具備新的學習能力則是迎向未來挑戰最重要的關鍵之一。學者（Marquardt）將其稱為新學習（New Learning），新學習包括了下列特徵：

1. 學習的目標是要達成組織的績效。
2. 學習的重點著重在「學習如何學習」的過程。
3. 靈活運用具有彈性的結構組織，使學習多樣化。
4. 學習時要發揮與運用創造力，培養非直線式、直覺式的思考。
5. 學習可使人們更有意願與能力發揮創造力及分享經驗。
6. 持續不斷、多元化的學習才能更有效率地邁向成功。
7. 鼓勵人們積極參與及投入各項組織活動。
8. 組織應具有開放的特性，對於不同的學習方式都能夠討論及包容。
9. 學習是包括一連串的規劃、執行及回饋的過程。
10. 透過教學相長使老師與學生們能相互學習。
11. 將學習融入工作之中，同時也成為生活上不可分割的一部分。

(三)學習中較常發生的缺失：

1. 要求「標準答案」，希望一勞永逸地得到正確的資訊。
2. 將學習視為一種產品、一種目的。
3. 強調組織的階級性及權威結構，在組織內不容許有異議存在。
4. 只注重組織的正式規範。
5. 凡事只求效率，不問其過程、目的為何。
6. 單向學習僅重視知識的傳授，缺乏互動的學習。
7. 太過依賴理論，缺乏實際的操作練習。

8.只注重直線式、單向式的分析思考。

9.官僚化的決策模式，無法多元化地集思廣義。

10.不鼓勵創新。

五、學者Marquardt認為學習的各項次級系統乃是由三項重要的元素所構成。其中一項是「學習層次」。試問，學習的層次係包括那些內容？

答：(一) **個人學習的層次**（Individual Learning）：組織學習必須先透過個人的學習方式，因為只有個人才擁有思考、溝通及討論的能力。彼得聖吉（Senge）認為，雖然組織學習要透過個人學習來進行，但並不保證實施個人學習一定可以達成組織學習。個人學習意味著經由各種在價值上、知識上、技術上、思想上及態度上的自我學習，而使組織成員在觀察、洞察力等方面能有所改善。

(二)**團體或團隊學習的層次**（Group Or Team Learning）：團隊學習影響整個組織甚深，它能夠在任何時刻將組織成員結合在一起，無論是利用開會討論的方式、研擬短期與長期計畫方案等方式，都可藉由團隊來完成所有有關技術、知識、能力的合作學習。

(三)**組織學習的層次**（Organization Learning）：對於組織學習的定義至今仍是眾說紛紜，最先提出的學者是Simon，**他認為組織為了因應科技、政治等外在環境的影響，而所從事的結構之重組即為組織學習。**（孫本初，公共管理－組織學習與學習型組織，頁413-446）

六、學者Marquardt認為學習次級系統之一的「學習的類型」，其類型可分為那些？試加以說明之。

答：(一) **適應性學習與創新性學習：**

1.適應性學習（Adaptive Learning）乃是指組織成員除了維持現有所需的技能外，還要增強其解決現有問題的能力，它是維持組織現存制度或已有生活方式而設計的學習型態。

2.創新性學習（Generative Learning）則是為了培養組織成員重新研判問題的能力，使成員獲得新價值、新知識及新行為，其中包括適應未來環境變遷的能力，所以創新性學習又可稱為前瞻性學習。

(二)**單圈回饋學習、雙圈回饋學習與三圈回饋學習**：學者Argyris將組織學習分為單圈回饋學習（Single-Loop Learning）及雙圈回饋學習（Double-Loop Learning）。

1. 當組織缺乏反省、無法改變系統價值，並且未能進行偵測及矯正錯誤的活動時，其所發生的情況有兩種：一是發生在學習能夠相互配合，另一種是發生在當學習無法配合時。組織因應的方法只是改變其行動，但未改變其價值來影響結果，這種情況視為單圈回饋學習。

2. 所謂雙圈回饋學習，是指組織若具有檢驗及改變主導變數的能力，且能夠矯正其錯誤，它通常發生的狀況是當學習無法配合時，其運用改變或檢查主導變數的方式，再予以重新行動，以改變其原本的行為及結果。**單圈回饋學習與雙圈回饋學習其中最大的差別乃在於「主導變數」的形成**，其形成的過程是當人員從事行動時，個人努力追求一種偏好狀況的滿足，同時它們也包含可以藉由觀察個人、組織代理人的行動，進而推測或推論個人的行動。

3. **學者Morgan認為單圈回饋學習是指檢查及改正錯誤的能力，與現行的運作規範及能力有關；而雙圈回饋學習則是組織對情況採取再加以檢視的方法，質疑組織目前運作規範的重要性及是否要對於組織的情況加以重新審視。**

4. 學者Swieringa與Wierdsma兩人則認為，組織的集體學習（Collective Learning）是包含單圈、雙圈及三圈回饋學習（Triple-Loop Learning），它可引導組織行為、組織文化呈現不同程度的改變。

三種回饋學習圈之比較

回饋學習圈	學習範圍	學習層次	學習成果	管理功能
單圈學習	規則	義務和許可	改善	第一階層
雙圈學習	洞察力	知識和理解	更新	第二階層
三圈學習	原則	精神和意志	發展	第二階層

(三)**學習再學習**：當組織成員從過去的學習經驗中得到失敗的教訓後，便要尋找正確的學習方式，關於這種學習方式，學者Argyris與Schon將其稱為「學習再學習」（Learning About Learning）。當組織效力於「學習再學習」時，其成員較能夠掌握學習的技巧，並且對於環境的變遷也較能夠因應。

(四)**行動學習**：行動學習是組織學習技巧中最重要的一環，Revans是最早提出這個概念的學者。所謂行動學習（Action Learning）**是指組織運用此種方式解決組織所面臨問題時，是一種有意的、後天的、技巧的學習，主要目的在提供組織加速學習的方式，使成員能更有效率地解決問題**。它所運用的策略是將行動學習納入系統化思考中：學習＝有計畫的教導＋質疑。至於行動學習的本身即具有下列兩項價值：

1. 透過行動學習過程所累積的知識及技巧，才能解決組織的真正問題。
2. 運用新的觀點，致力於改善組織的問題，才能推動組織進行變革。（孫本初，公共管理－組織學習與學習型組織，頁413-446）

七、何謂「學習型組織」？其具有何種特徵？其構成要素為何？

說明：　當代管理大師 Senge 所著「第五項修練」一書，其主張的系統性思考、不斷地自我超越、改善心智模式、分享共同願景、建立團隊學習等五項修練技術，是目前實務界及學術界對於學習型組織所共同努力研究與實踐的目標。

答：(一) 學習型組織的意涵：

1. **Senge主張以系統性的思考來型塑創造性的張力，以便能在五項構成技術（系統性思考、自我的精進、心智模式、建構共享願景及團隊學習）等五項修練中，去不斷型塑學習型組織**。故就其觀點而言，所謂學習型組織是指「組織中的個人能持續地擴展其創造真正所欲達成結果的能力，並在其中培育出新的且具延展性的思考型態，且可自由培塑出集體性的志向，並透過持續的方式一同學習到如何去學習。」

2. Garratt認為學習型組織本身即是一種組織發展與學習的應用，一般組織若要成為學習型的組織時，管理者本身便需發展出如同個人或工作團隊的學習能力。此外，更需培育出足以促使組織進行學習的氣候及過程。

3. **Garvin認為，學習型組織是一個精通於知識的創造、取得並轉換的組織，並藉此以修正其行為或反映新知與洞察力的組織**。就此定義觀之，學習的作用旨在產生新的理念，而知識的創造可能來自於個人內在的洞察力及創造力，亦可能來自於組織外的刺激所形成。

4. Bennett等人認為，學習型組織係指能將學習、調適及變遷等能力轉化為組織文化的組織，而其所屬之價值、政策、實踐、體制及結構等均能有

助於所屬員工去進行學習；而學習的成果將有益於下列事項的改進，如工作流程、產品與服務、個別工作的結構與功能及有效的管理運作等。

5. Galer等學者亦認為，**學習型組織是一個能促使其所屬的個別成員學習並運用其學習成果的組織，並且能經由時間的推展來增進自我的知識，以及對自我與所屬環境作進一步理解的組織。**

6. Thurbin從不同的角度來檢視學習型組織，並規劃出所謂的「十七日的學習方案」。

7. Jashapara則是以「**競爭性的學習型組織**」一詞作為學習型組織的同義詞，並從結合競爭優勢及策略性變遷的觀點來強調學習的重要性。其所謂的競爭性的學習型組織是指「一個能持續調適的企業，其能透過滿足變動性的顧客需求、理解競爭對手的動態及鼓勵系統性思考等方式，來提升個人、團隊及組織學習的組織」。

(二)學習型組織之主要特徵：

1. Calvert等人將學習型組織的特徵歸結如下：

(1) 是一種集體性、開放性及跨越組織範疇的學習。

(2) 對學習的過程及結果是等量齊觀的。

(3) 能夠以快速及聰穎的學習來取得有利的競爭優勢。

(4) 能快速地、適時地將資料轉化為有用的知識。

(5) 能使每位員工均感受到每次的工作經驗皆是提供其學習有用事物的機會。

(6) 成員較不會表現出恐懼與防衛的心態，並能從錯誤中獲得獎勵與學習。

(7) 具有承擔風險的勇氣，但不會危害到整體組織的安全。

(8) 能致力於實驗性與相關性的學習。

(9) 對想從事行動學習的個人或團隊予以支持。

(10) 鼓勵個人或團體相互分享所得的資訊及結論，以利學習的產生。

2. Watkins與Marsick兩人認為學習型組織具有如下特徵：

(1) 領導者能採行風險承擔及實驗性的模式。

(2) 分權式的決策，並能授能（Empowerment）。

(3) 對學習能力進行技術性的記載並審核。

(4) 有系統地分享資訊，並將其運用至實務上。

(5) 對員工的創見予以獎賞，並形成一套制度。

(6) 對長期的成果及對他人工作之影響等，均能作深入的考量。

(7) 經常運用跨功能性的工作團隊。

(8) 從日常工作的經驗中提供員工學習的機會。

(9) 培養出回饋與坦誠（Disclosure）的組織文化。

(三)學習型組織之構成要素：

1. 從宏觀的角度觀之包括：系統性的問題解決、利於創造力運用的開明氣候、以新途徑進行實驗、從過去的歷史及本身的經驗來學習、學習他人的經驗與實務、透過組織進行快速且有效的知識轉化、建構共享的願景、從事心智模式的重構、感同身受的人性關懷及建立團隊的學習等。

2. 從微觀的管理實作面向包括：

(1) 要有利於學習產生的組織文化。

(2) 要有認同的行動，並將學習列為管理上的一項重要目標。

(3) 高層管理者應極力擁護與支持，並將學習型組織列為組織未來的願景（Vision），使員工參與並使員工有所適從。

3. 要有實驗的自由，並對現有的學習假定進行質疑，容忍異議且能對外界理念持開放、接納的態度。

4. 要有開放與信任的組織氣候，使成員能無懼地相互對話與分享理念。

5. 計畫與行動兩者之間須是有組織性地緊密連結在一起。

6. 對學習成功與失敗的個人或團體進行制度化的獎懲。

7. 充分運用個人及團隊的學習設計，使成員能分享學習心得與經驗，以便能協力合作解決問題。

8. 持續的教育及訓練，以提升員工的技能與反應力。

9. 彈性的結構設計，如自我導向、跨功能性的團隊建立等。

10. 對初始的行動進行追蹤（Follow-Up），以利學習經驗的累積與保存。

11. 塑造外敵以刺激更大的合作性學習產生。（孫本初，公共管理—組織學習與學習型組織，頁413-446）

八、組織學習與個人學習有何不同？個人學習無法成功地轉換為組織學習的原因為何？

說明：　Kim 曾說，組織學習雖不是個人學習的總和而已，但是唯有透過組織學習才能整合個人的經驗與行動。其中關鍵的因素即在於如何將個人學習成功地轉換為組織學習，不致於形成錯誤的聯結。

答：(一) 組織學習與個人學習的不同：學者Robey與Sales曾分析組織學習與個人學習的不同之處在於：

1. **學習方式的不同**：個人學習可以直接透過討論、課堂練習、經驗分享、獨立研究、閱讀等方式來進行，但組織卻無法像個人學習一樣直接學習，必須透過人員的參與、組織結構、資訊的累積來達到效果。

2. **個人學習並未意味著經驗的分享**，而組織學習則十分強調共享、認同組織過程的意義，它包含了經由學習中獲得、修正、改善及領導行動意義的分享。

3. **學習不等於在組織中個人學習的總和**，若組織能擁有良好的學習文化，組織學習的效果將會大過於個人學習的總和。

4. **組織學習是經由分享知識、建構心智模式所形成的**，組織經由累積過去的知識與經驗，慢慢形成組織記憶。因此，當人員轉換工作或離職時，組織會面臨到失去具有工作經驗人員的風險，不過這種危機在個人學習中是不會發生的。

5. **個人和組織的性質**不同，無法使用個人的學習技巧來說明組織學習，不過組織學習仍要藉由成員的學習來進行分享。

(二)原因：

1. 個人學習的實務經驗是有助於組織學習的，但組織成員常年受制於組織的規範限制，必須做出符合組織所期待的行為，因而也漸漸失去反省、質疑的能力，同時使組織及組織成員喪失了學習的機會。

2. 人際間「防衛學習」的機制，也是造成組織無法順利整合個人學習經驗的因素，以及組織學習無法順利推動的原因之一。**所謂防衛機制，乃是指個人習慣於保護自己，使自己免除遭受攻擊、失敗、難堪的威脅。**這些防衛機制尚包括：隱匿真相、歸咎於外、競爭性的人際關係等；這些防衛行為阻礙了個人對事務的瞭解，也減少了組織對問題的解決能力。

3. 組織成員因受限於對職掌事務的限制，無法對組織整體活動作更進一步的瞭解，缺乏對組織具有共同的認知圖象，因此也就無法整合各個成員對組織的描述，當然更無法談到組織的合作學習了。（孫本初，公共管理－組織學習與學習型組織，頁413-446）

九、試略加說明學習型組織的系統模式？

答：學習型組織的模式，可採用Marquardt與Reynolds的模式來加以說明：此學習型組織的模式可分為內在範圍與外在範圍：

(一)**內在範圍－個人與團體的學習**：就內在範圍而言，學習包含個人及團體的學習，它同時也是建立外在範圍－組織學習的基礎。在個人學習方面，包含各式各樣的學習方式、人力資源發展系統、獨立研究等，這些都是用來培養個人的洞識能力；在團體學習方面，最常見的是分享過去的經驗及相互學習。

(二)**外在範圍－組織學習**：在此領域中，組織學習具有十一項事務需要加以探討及研究：

1. **適當的組織結構**：一個適當的組織結構能夠使組織成員經常地接觸資訊，方便流通，瞭解各方的反應，並且在組織內、外都能營造合作的氣氛。

2. **合作學習的組織文化**：當組織擁有高度的凝聚力、價值信仰及鼓勵成員具備創新、冒險的精神時，此組織即呈現了合作良好的組織文化。

3. **授能**：**授能包括給予員工能力及權力**，使員工對於顧客、組織成員、上司有表達意見的機會，同時亦能培養出員工負責任的態度。

4. **對環境的監測**：無論是組織內部或外部的環境都屬於對環境監測的重點，而有關內、外環境事項等的監測資料，都是有助於組織未來發展的目標。

5. **知識的創造與轉換**：組織經由學習功能、學習層次、組織文化等方式快速地轉換知識，並將知識彙集與儲存起來。

6. **學習的技術**：學習的技術包含各種資訊、資源的技術，它可以增加資訊的蒐集、分析、散布及知識的發展。

7. **品質**：品質是組織持續不斷進步的保證，其需要持續地學習來達到全方位品質的要求。

8. **策略**：策略是由組織內的領導者及重要的成員刻意製造的學習機會，就廣義而言，策略是組織學習的指導原則及最重要的事務。

9. **組織必須擁有相互支持與合作的氣氛**：成功的組織不會忽略組織與個人的發展、需求、關心及理想，組織成員是組織在策略及運作上最重要的一環。

10. **團隊工作**：組織學習的實踐是由團隊工作及團隊學習所結合而成的，組織成員運用各種方式盡可能地將組織中的資源透過組織網路來加以聯結。

11. **共同的願景**：願景是組織共同一致及支持的未來方向，它包括組織未來的任務、價值與信仰。（孫本初，公共管理－組織學習與學習型組織，頁413-446）

十、何謂「組織學習」（Organizational Learning）？並說明形塑「學習性組織」（Learning Organization）的策略為何？

答：(一) 組織學習的定義：March與Olsen認為，**組織學習乃是組織在外在環境不確定之影響下，組織從過去經驗中學習如何採行新的行動，以因應環境的變遷**。組織學習猶如一場演奏會，在演奏時，不僅是個別的表演，而且必須瞭解如何在群體中合作行動，使經驗、知識、行為、心理模式、規範、價值、資訊能夠相互交融、共同分享。因此組織學習的特徵包括：

1. 組織學習是一種獲得、接近與修正組織記憶的過程。
2. 組織學習來自組織經驗的累積。
3. 組織記憶包括對於許多不同意義的分享。
4. 組織記憶包括三種對於共享瞭解的形式：組織認同、因果圖與組織常規。
5. 組織學習的過程會受到組織設計的影響。

(二) 策略：

1. **在組織內推展行動學習**：在許多實施學習型組織的經驗中顯示，組織欲能實際且有效地提高組織績效時，其最好的方法就是鼓勵組織中的每位成員都能親自參與、付諸行動來學習。在組織中實施的行動學習計畫應包括兩方面，一是對組織內的個人及團體時時作檢視反省的工作，另一方面要在組織中建立一個行動學習團隊。可採取下列作法：

   (1) 開辦組織的研習會，使組織中的領導者及成員都能瞭解如何從工作中來從事行動學習。
   (2) 對於問題的解決模式或方法，應該給予成員更多參與的機會，授權他們能自己提供多樣的解決方案，不要僅是由專家來作處理。
   (3) 行動學習團隊的組成人數，最好是四至八個人所組成。
   (4) 行動學習是經由成員從每一次的討論及決議中形塑出來的，包含了回饋、分析及腦力激盪等方式。
   (5) 組織在完成行動學習計畫之後，要幫助成員對該計畫作具體的評估，例如評估解決問題的能力、溝通能力及實現行動的具體成效等。

2. **增進組織成員「學習再學習」的能力**：許多研究學習型組織的學者指出，個人從事「學習再學習」是發展自我超越與強化及加速學習能力的

關鍵因素。在過去幾年中，全美訓練與發展協會（ASTD）曾研究出一套建立「學習再學習」能力的關鍵技術，其包括下列幾項：

(1) 如何蒐集新的資訊。

(2) 如何避免複雜的思考及不必要的工作。

(3) 如何知道真正的瞭解程度。

(4) 如何將各種學習和組織目標相互結合。

(5) 整合工作、生活與學習的經驗。

3. **在組織內進行對話的訓練**：對話訓練能強化及提高團隊的學習能力，同時對話可以凝聚組織的共識。

(1) 為了促進組織有良性的對話，組織的成員應該具備下列的能力：

A. 組織成員應停止傲慢及無所謂的態度。

B. 仔細觀察及關心其他的組織成員。

C. 組織中應減少質問及責備的溝通方式。

D. 對於每位組織成員都應予以尊重。

E. 對於事務永遠保持追根究柢的精神。

(2) 組織成員應該練習如何來進行對話與溝通，其運用的步驟為：

A. 組織要提供每位成員公平的參與機會。

B. 組織要傳授教導每位成員有關對話的概念，以及分享其他成員有關他們過去良好的溝通經驗。

C. 除了提供組織成員良好的對話經驗外，並且進一步瞭解其重要性為何。

D. 給予成員非正式談話的溝通管道，並且能夠在一起分享。

(3) 規劃組織成員的生涯發展：

A. 每位組織成員運用最適合自己的方式，來發展自我學習的相關課程及自我進修等。

B. 以漸進式的方式來灌輸組織成員實踐自我規劃的概念。

C. 組織提供必要的資源，使每一位成員都能夠達成他們想要學習的目標。

D. 讓組織成員終其一生都能在工作上發揮其所長。

(4) 讓組織成員瞭解學習之後所帶來的成果，以提供足夠的學習誘因。

組織裡的人力資源部門應盡可能地提供成員學習的相關資源，例如學習課程、師資、討論會等；管理者也應該扮演鼓勵成員持續學習的角色，提供更多的支持、機會與完善的規劃。

(5) 建立團隊學習的技巧：團隊和學習型組織的關係就如同家庭對社群的關係，團隊所扮演的角色是聯結個人與組織學習的媒介，團隊若要促使組織能夠學習、成長及發展，就要嘗試建立團隊來達成組織創新性及全面性的學習。強化團隊學習可經由下列方式來達成：

A. 建立團隊的學習能力。

B. 獎勵有助於組織發展的團隊學習。

C. 發展與實行學習的活動。

D. 透過組織結構、規範及執行階段來引導團隊的建立。

E. 建立能夠思考、能夠感覺的團隊，並且給予高度的認同。

F. 鼓勵組織成員實踐系統性的思考：鼓勵組織成員擁有系統性的思考能力，對於組織具有下列價值：

(A) 系統性思考有助於提高組織的效能。

(B) 能瞭解組織內的動態關係，而非僅止於態的事物。

(C) 分析整個組織的運作過程，而非只是組織中的一小部分而已。

(D) 能夠瞭解各種問題在整個系統中所扮演的角色為何。

(E) 能清楚地區別系統性思考與片斷式思考的不同。

(F) 處理問題避免陷入治標不治本的困境。

(G) 改善學習的心智模式：大部分的人對於學習仍停留在消極的階段，他們對於學校教導的模式已成為刻板印象。學者 Cannon 認為組織成員不願意從事更深入的學習，這和過去既有的學習經驗有關，除非能夠改變組織成員的學習模式，否則若欲建立學習型組織只靠管理者的推動仍是事倍功半。當務之急就是盡量改變過去消極、被動的學習經驗，而給予成員積極、主動、有活力的學習。

(H) 鼓勵組織成員發展多元化、國際化的視野：學習型組織應運用多元的觀點及途徑來從事組織的學習工作，並且在其他方面開放更多新的價值、理念與參與機會，促使個人及團隊學習能予以實現。此外，尚可運用其他先進的管理技術，例如全面品質管理（TQM）、組織再造工程（BPR）、授能員工等，使組織能夠持續不斷地學習。（孫本初，公共管理－組織學習與學習型組織，頁 455-486）

十一、請依據彼德聖吉（Peter Senge）所著「第五項修練：學習型組織的藝術與實務一書」之觀念，論述如何修練成一個「學習型組織」（Learning Organization）？

說明：　建立學習型的組織，其目的在使組織更有彈性，更有反應力，更有創造力，使整個組織的運作更具效率和前瞻性。學習是生命的再生，學習的目標不在於為了生存而學習或「適應性學習」，而更要成為「創造性的學習」。

答：(一) **系統思考**（Systems Thinking）：系統思考的基本世界觀是相當直觀及整體把握的，而非理性的局部分析。這種思考方式假定人的行動是彼此相關的，所有事件的時空因果關係不是直線及立即可知的，若未能整體或宏觀的把握，是無法理解局部的意義的。

(二) **自我精進**（Personal Mastery）：自我精進的修練，根源於東西方的精神傳統。自我必須不斷地超越，使神智清明，智慧深達，精力集中，耐性發展，並能客觀地觀察實體，這些都是學習型組織的精神基礎。

(三) **心智模式**（Mental Model）：心智模式深深地潛隱在吾人如何詮釋世界，如何採取行動的假定、通則或圖象中，應檢規內在世界的圖象，將具體表面化，接受嚴謹的質疑和探究。

(四) **建立共同願景**（Building Shared Vision）：組織必須建立未來的共同遠景，此即路線問題或理念問題。以一位領導人的精神魅力為核心，追求崇高的目標而非暫時的因應危機而已，使人人主動奉獻而非被動地去遵循。

(五) **團隊學習**（Team Learning）：團隊的智慧超過個人的智慧，且能發展出卓越的協調能力。團隊透過「對話」而發現個人所難以獲得的共識，且能夠認識到妨礙學習的互動模式在何處。（吳瓊恩，行政學，策略性人力資源管理與發展：規劃的內涵與方向新趨勢，頁571-589）

十二、名詞解釋：
　　　(一)**機關管理**（Office Management）。
　　　(二)**文書管理**（Official Documents Management）。
　　　(三)**管理主義**（Managerialism）。
　　　(四)**去官僚化**（Debureaucratization）。

答：(一) 機關管理：機關管理是機關組織中各種硬軟體設備、環境條件與人員工作相互結合的管理形態，以符合機關組織的目標及滿足個人願望為

主要取向。現代機關管理涵蓋辦公環境、設備、制度、技術、管理與行政服務等措施。現代機關管理已朝向積極化、專業化、制度化與資訊化的目標推進，但亦重視「人為管理中心」的觀念。

(二)文書管理：「文書」指「公文」或「公文檔案」。廣義的文書管理亦包含檔卷管理，狹義的文書管理則指各機關組織的「公文」收發與管理，收發有總收發及各單位收發，公文的管理則包含公文的繕打、列印、整理、送刊、登記、編號、專送及保管等等程序。各機關文書檔案之儲存檢索，是主要的文書管理工作，其效率之良窳影響決策至鉅。

(三)管理主義：「管理主義」或稱「管理者主義」，即「新公共管理」（NPM）研究典範或途徑，以有別於「傳統公共行政」。**「管理主義」或「新公共管理」，在學理上係一整合性的概念，即匯聚政策管理（P途徑）與企業管理（B途徑）**，而對傳統行政學（公共行政）加以充實、轉換之學術理論。公共行政著重組織與管理的技術與程序，公共管理則偏重績效與成果。其次，「管理主義」重視市場導向、顧客導向、與後官僚典範的服務化、民營化、分權化、品質化的管理成效，此為破除官僚化之管理革新，使官僚化體系能更回應或服膺顧客的需求。

(四)去官僚化：去除（破除）官僚化，一向為現代各國政府行政革新之主要策略。實施措施諸如：消除官場繁文縟節之作風、簡化行政手續、鬆綁法令規章、改進資訊管理作業以致改進組織成員消極被動態度等方式。研究行政革新之學者凱登（G. E. Caiden）曾指出，**行政革新的成效端賴外在政經社會文化環境之配合改進，不能僅尋求內部行政效率的提升；所謂內部行政效率的提升，即指經由「去官僚化」的途徑來達成。**現代政府改造論者所提出的去官僚化，其代表的新義為：

1. **由「機關取向」（或官僚取向）朝向「顧客取向」。**
2. **由「官僚化」轉向「企業化」**，即建構「企業型政府」。
3. **由「官僚行政機制」（集權化）改向「市場導向機制」**（分權授能與民營化）。
4. 後官僚主義（Post-Bureaucratism）途徑的確立，即政府改造的新公共管理途徑。（許南雄，行政學術語）

十三、何謂「事務管理」？實施事務管理應秉持那些原則？

答：(一) 事務管理（General Service）定義：事務管理即政府機關「總務部門」的
管理工作，如文書、檔案、繕校、出納、物品以至其他財產管理事項，
但其狹義則指物品及財產管理。事務管理，不論其內容為環境、空間、
設備、物材，其管理方法自以系統化、標準化與專業化為重點。

(二)事務管理的原則：事務管理為期制度化與系統管理起見，宜確立下列
原則：

1. **經濟效率原則**：機關組織的事務管理猶如家庭中的家務管理，機關組織
亦必重視「經濟有效」的原理。經濟與效率，簡言之，即不能充闊、浪
費，但亦不宜吝嗇，總以「物盡其用」為辦事效率的原則。

2. **執簡御繁原則**：事務管理是各項管理要素中至為複雜的職務事項，牽涉
事、物與人的互動關係，從官舍宿舍至辦公大樓的一桌一椅及電腦使
用。故學者稱：機關組織的空間管理、環境維護以至設備管理等程序與
方法均可適用「工作簡化」原則。

3. **集中管理原則**：事務管理的範圍以財產、物料、設備及用品為主，此等
財物例需有庫房儲存，如物品儲藏室、檔案庫、電機房、電腦室等，此
即庫存管理（Stock-Room Management），也就是集中管理（或標準化
管理）原則的應用。（許南雄，行政學術語）

十四、Hodgetts、Luthans and Lee指出學習型組織常用的三種特定技術。試加以說明是那三種？

答：(一) 對話：每一複雜的組織都有各種不同的次文化，各部門、單位、管理
層級等，每一次文化有其自己的特殊利益、經營工作的心智模式及自
己的語言，對話就成了一種幫助個人認識及擱置基本差異的技術，以
促進較高度的合作。

(二)腳本分析：傳統的策略規劃產生一個問題，即無法為管理人員針對事
件發生的實際性預作準備，而常為二年到五年的計畫所破壞，而學習
型組織則能透過腳本分析，讓他們在可能的未來情境中去思考。

(三)流程的再造工程：傳統式的組織對辦事的態度較為關注，而學習型組
織則關注把事情做好。學習型組織以「流程」而非以「功能」來組織
各種作業方式。

十五、傳統型組織與學習型組織兩者有何不同？

說明：　學習是一種行為改變的過程，它是主動的而非被動的，並且是著重學
習的過程而非學習的結果。

答：

傳統型組織與學習型組織的比較

	傳統型組織	學習型組織
基本理論	·穩定的 ·可預測的 ·地方的，區域的 ·僵固的文化 ·只有競爭	·快速的 ·不可預測的 ·國內性的，全球性的 ·彈性文化 ·競爭，合作共同創造
經營方式	·基於過去的經驗 ·程序導向	·基於現在發生什麼 ·市場導向
經營優勢	·標準化及低成本 ·效率	·適應顧客的獨特需求 ·創造力
員工必備條件	·遵循慣例 ·服從命令 ·避免風險 ·遵守程序 ·避免衝突	·因應例外 ·解決問題，改善措施 ·不避風險 ·與他人創作 ·從衝突中學習

(一)從上表的比較可知，學習型組織乃因應多變的複雜環境而生，有其後
現代社會的背景特徵，強調彈性變遷的文化，市場導向和顧客導向，
不避風險要有創造力，不拘泥墨守成規，能與他人相互合作。學習型
組織也必然強調個人要有終身學習的持久力，也要超越被動的適應環
境，而發揮主動創造的精神，以爭取顧客的滿意支持。現在的學習型
組織則強調管理人員是員工的輔助者而不是監控者，它採取「遙遠的
管理哲學」而非「現場的管理哲學」。

(二)**傳統型的組織則由於強調技術理性的結果，因此對於人員心模式的改
造無能為力，行為的改變只限於單圈學習。**又因過於重視上下層級之
間的權威控制關係，人員的行為趨向於被動地因應問題，也易於形成
無力感，妨礙了人員主動去學習的態度。基本上，傳統型的組織的確
不利於人員創造性的學習。（吳瓊恩，行政學，策略性人力資源管理
與發展：規劃的內涵與方向新趨勢，頁571-589）

選擇題

( )　1. 「一項有計畫的、涉及整個組織的、由上而下的努力，經由利用行為科學的知識對組織過程做有計畫的干預，以增進組織效能與健全。」此是何項名詞的定義：　(A) 指標管理　(B) 組織發展　(C) 人力發展　(D) 學習型組織。

( )　2. 1960 年代及 1970 年代的組織發展強調組織的：　(A) 診斷　(B) 治療　(C) 擴張　(D) 精簡。

( )　3. 學習型組織是以何種方式達成創意性之共識與解答？　(A) 直覺式　(B) 分析式　(C) 辯證式　(D) 以上皆非。

( )　4. 指一個社會對組織內權力分配不公平事實所能接受的程度。一般稱為：　(A) 權力分布　(B) 權力距離　(C) 權力張度　(D) 權力效度。

( )　5. 依照阿吉里利（C.Argyris）之意，創造雙圈學習應先克服那種障礙？　(A) 防衛性慣例　(B) 法規森嚴　(C) 中央集權　(D) 短視偏見。

( )　6. 在 1980 年代以後，有許多公司為了因應複雜且迅速變遷的環境，組織必須作大幅度的轉換，也要改變組織的策略和價值，以便能管理組織現存的結構與行為，此就是所謂的：　(A) 單圈回饋學習　(B) 三圈回饋學習　(C) 雙圈回饋學習　(D) 複合圈回饋學習。

( )　7. 組織發展在實務方面的趨勢中，由「組織診斷」走向「組織學習」的重心為：　(A) 單回饋圈學習　(B) 雙回饋圈學習　(C) 重疊回饋圈學習　(D) 複合圈回饋學習。

( )　8. 當代管理大師 Senge 所著「第五項修練」一書所主張的等五項修練技術，是目前實務界及學術界對於學習型組織所共同努力研究與實踐的目標。其中不包括下列何者？　(A) 系統性思考　(B) 建立指標系統　(C) 不斷地自我超越　(D) 改善心智模式。

( )　9. 彼得聖吉（P. Senge）認為，學習型組織（Learning organization）最主要的管理理念中，不包括下列那一項？　(A) 共同願景　(B) 直觀思考　(C) 超越自我　(D) 團隊學習。

（　）10. 下列關於組織發展時期的敘述，何者錯誤？　(A)1950 年代至 1960 年代組織發展的主要研究焦點是在組織的社會面，並使用目標管理干預方法　(B)1970 年代組織發展的研究焦點在兼顧組織的社會面和技術（結構）面　(C)1970 年代組織發展使用技術結構的干預法　(D)1980 年代迄今，組織發展的研究焦點則大幅地擴散。

（　）11. Argyris 與 Schon 兩人所稱的「單圈回饋學習」（Single-Loop Learning）符合組織的何種精神？　(A) 診斷　(B) 精簡　(C) 濃縮　(D) 裁併。

（　）12. 下列有關組織文化與組織氣候的比較層面，何者有誤？　(A) 組織文化在理論意涵上大於組織氣候　(B) 組織文化的研究比較適合定量分析　(C) 組織文化比組織氣候更難駕馭　(D) 組織文化比組織氣候需要更長時間來培育。

（　）13. Brown 與 Covey 兩人認為，未來的組織發展應把組織視為一個：　(A) 單一重疊的系統　(B) 複合重疊的系統　(C) 複合垂直的系統　(D) 複合水平的系統　　並容許組織具有多重的目標與服務對象。

（　）14. 下列何者不是學習型組織的管理運作的特性？　(A) 鼓勵實驗　(B) 提升建設性的異議　(C) 將問題隔離，並提出方案　(D) 承認失敗。

（　）15. Pfeffer 與 Salancik 兩人提出一種對環境的分類方法，下列何者不在他們的分類範圍內？　(A) 系絡的環境　(B) 交易的環境　(C) 折衝的環境　(D) 創訂的環境。

（　）16. 學習型的組織具備何種特性？　(A) 謹遵法規　(B) 強化組織文化的引導　(C) 問題的解決在已有的套裝方案中進行　(D) 成員是老師與學生角色兼備，進行對話。

（　）17. Cumming 認為何種組織無法解決複雜和多面性的問題時，可與其他組織結盟，這種多重組織的結構稱為轉換式的組織系統？　(A) 單一組織　(B) 複合組織　(C) 雙向組織　(D) 多面向組織。

（　）18. 下列何位學者稱「干預」一詞乃是指組織有計畫的變革活動，以使組織能更有效地解決其問題？　(A)Cummings　(B)Huse　(C) 以上皆是　(D) 以上皆非。

( )　19. 下列何者為「行動學習」的正確公式：　(A) 學習 = 有計畫的教導 + 質疑　(B) 學習 = 有計畫的教導 + 認同　(C) 學習 = 無計畫的教導 + 質疑　(D) 學習 = 無計畫的教導 + 討論。

( )　20. 下列何位學者在組織發展的診斷模式中，就整合了組織、團體及個人等三個層面的干預活動？　(A)Cummings　(B)Huse　(C) 以上皆是　(D) 以上皆非。

( )　21. 指組織成員除了維持現有所需的技能外，還要增強其解決現有問題的能力，它是維持組織現存制度或已有生活方式而設計的學習型態。此一般稱為：　(A) 創新性學習　(B) 持續性學習　(C) 適應性學習　(D) 固定式學習。

( )　22. 指一個社會的結構鬆散，個人只為照顧自己及其近親。此種作法符合：　(A) 個人主義　(B) 集體主義　(C) 群體主義　(D) 團合主義。

( )　23. Cummings 與 Huse 稱複合重疊式的組織為：　(A) 效能性的社會系統　(B) 功能性的政治系統　(C) 功能性的社會系統　(D) 結構性的社會系統。

( )　24. 學者 Tobin 認為何種事務是一種自然的反應及行為，沒有任何的時間、地點的限制，只要環境能使人們有意願並渴望去學習時，其皆可以從事學習？　(A) 學習　(B) 創造　(C) 冥想　(D) 臆測。

( )　25. 指一個社會受到不確定和曖昧不明情境的威脅時，所能提供就業穩定、建立正式法規、不能容忍異端及相信絕對真理和專家意見的程度。此稱為：　(A) 不確定性的介入　(B) 授能　(C) 權力距離　(D) 不確定性的避免。

( )　26. 下列關於傳統型組織與學習型組織的比較，何者錯誤？　(A) 傳統型組織是穩定的及可預測的　(B) 學習型組織是彈性文化　(C) 傳統型組織是解決問題、改善措施、不避風險　(D) 學習型組織是適應顧客的獨特需求。

( )　27. 何位學者所主張的策略變遷管理模式，便整合了組織中有關技術、政治及文化等層面的組織活動之管理模式？　(A)Tichy　(B)Bullock　(C)Batten　(D)Beckhard。

( ) 28. 建立何種組織,其目的在使組織更有彈性,更有反應力,更有創造力,使整個組織的運作更具效率和前瞻性? (A) 傳統的組織 (B) 複製型的組織 (C) 學習型的組織 (D) 模仿型的組織。

( ) 29. 何種組織是一個精通於知識的創造、取得並轉換的組織,並藉此以修正其行為或反映新知與洞察力的組織? (A) 思考型組織 (B) 創意型組織 (C) 學習型組織 (D) 斯巴達式組織。

( ) 30. 下列四個特徵中,那一個是學習型組織的特徵? (A) 程序導向 (B) 標準化 (C) 承擔風險 (D) 沿襲慣例。

( ) 31. 當組織缺乏反省、無法改變系統價值,並且未能進行偵測及矯正錯誤的活動時,此時組織因應的方法只是改變其行動,但未改變其價值來影響結果,這種情況視為: (A) 單圈回饋學習 (B) 雙圈回饋學習 (C) 三圈回饋學習 (D) 多重圈回饋學習。

( ) 32. 下列何者不是 Watkins 與 Marsick 兩人所認為的學習型組織的特徵? (A) 領導者能採行風險承擔及實驗性的模式 (B) 集權式的決策 (C) 對學習能力進行技術性的記載並審核 (D) 從日常工作的經驗中提供員工學習的機會。

( ) 33. 下列何者非現代政府改造論者所提出的去官僚化所代表的新義? (A) 由「官僚化」轉向「企業化」 (B) 由「官僚行政機制」改向「市場導向機制」 (C) 後官僚主義途徑的確立,即政府改造的新公共管理途徑 (D) 由「機關取向」朝向「政策取向」。

( ) 34. 參與式的管理制度需要下列何項文化特徵來予以配合? (A) 平等主義 (B) 互信合作 (C) 企業家的冒險犯難精神 (D) 以上皆是。

( ) 35. Hodgetts、Luthans and Lee 指出學習型組織常用的三種特定技術,其中不包括下列何者? (A) 流程的再造工程 (B) 對話 (C) 團隊合作 (D) 腳本分析。

( ) 36. 下列何者不是學者 Marquardt 所認為的學習層次的內容? (A) 政府學習的層次 (B) 個人學習的層次 (C) 團體或團隊學習的層次 (D) 組織學習的層次。

( )　37. 現今所面臨的環境是一個快速變遷的社會，過去被動式的學習已無法因應時代的需求，具備新的學習能力則是迎向未來挑戰最重要的關鍵之一。學者 Marquardt 將其稱為：　(A) 新學習　(B) 重覆學習　(C) 複習學習　(D) 適應學習。

( )　38. 當組織成員從過去的學習經驗中得到失敗的教訓後，便要尋找正確的學習方式，關於這種學習方式，學者 Argyris 與 Schon 將其稱為：　(A) 重覆學習　(B) 學習再學習　(C) 創新學習　(D) 行動學習。

( )　39. 下列何者非學習型組織之主要特徵？　(A) 具有承擔風險的勇氣，但不會危害到整體組織的安全　(B) 是一種個別性、封閉性及跨越組織範疇的學習　(C) 對學習的過程及結果是等量齊觀的　(D) 對想從事行動學習的個人或團隊予以支持。

( )　40. 「指員工經由正式組織代表參與，進而影響、控制整個組織的決策。」此係指：　(A) 參與管理　(B) 目標管理　(C) 指標管理　(D) 績效管理。

( )　41. 提出「第五項修練」的是那一位學者？　(A) 彼德聖吉　(B) 杜拉克　(C) 拉斯威爾　(D) 華倫。

( )　42. 「學習型組織具有三個特點：(1) 接受新觀念的開放性。(2) 具有鼓勵並提供學習與創新機會之文化。(3) 具有組織整體目的與目標。」此是那一位學者對學習型組織所下的定義？　(A)Richard M. Hodgetts　(B)Fred Luthans　(C)Daniel R. Tobin　(D)Ashok Jashapara。

解答與解析

1.**(B)**

2.**(A)**。此時期在實務上採用干預方法的目的，乃在使現存的組織結構和過程能夠運作得更好。

3.**(C)**　　　4.**(B)**　　　5.**(A)**　　　6.**(C)**　　　7.**(B)**

8.**(B)**。其他兩項為：分享共同願景、建立團隊學習。

9.**(B)**

10.**(A)**。應是使用「人際過程的干預方法」。

11.**(A)**。組織診斷僅是針對組織的功能，加以偵測錯誤並予枝節性地矯正而已，此是屬於單圈回饋學習。

12.**(B)**

13.**(B)**。例如政府機構、公用事業等組織就具有多重的目標與服務對象。

14.**(C)**

15.**(C)**。系絡的環境和交易的環境均已經間接或直接影響到組織，而創訂的環境則是組織所預見者，其尚未影響到組織。（孫本初，公共管理一組織發展，頁567-582）

16.**(D)**

17.**(A)**。例如在公部門方面，政府機構常與私人企業共同合作來擬定複雜的都市開發計畫。

18.**(C)**。Cummings與Huse兩人所提出的干預活動共分為四大類及二十二種，其影響範圍涵蓋個人、團體或組織等層面。此四大類干預活動的方法包括人際過程、技術結構、人力資源管理及組織策略等四方面，範圍非常廣泛。

19.**(A)**　　　20.**(C)**

21.**(C)**。創新性學習：是為了培養組織成員重新研判問題的能力，使成員獲得新價值、新知識及新行為，其中包括適應未來環境變遷的能力，所以創新性學習又可稱為前瞻性學習。

22.**(A)**。集團主義（Collectivism）是指該社會結構非常嚴密，而且個人必須對該社會絕對的忠誠。

23.**(C)**。是一種介於單一組織和社會系統之間的中介組織。

24.**(A)**　　　25.**(D)**

26.**(C)**。(C)是學習型組織的特徵。

27.**(A)**。Bullock與Batten兩人所提出的整合性的計畫變革模式亦是整合了階段（Phase）與過程（Process）兩方面。

28.**(C)**。學習是生命的再生，學習的目標不在於為了生存而學習或「適應性學習」，而更要成為「創造性的學習」。

29.**(C)**。此為Garvin的定義。學習的作用旨在產生新的理念，而知識的創造可能來自於個人內在的洞察力及創造力，亦可能來自於組織外的刺激所形成。

30.**(C)**

31.**(A)**。所謂雙圈回饋學習，是指組織若具有檢驗及改變主導變數的能力，且能夠矯正其錯誤，它通常發生的狀況是當學習無法配合時，其運用改變或檢查主導變數的方式，再予以重新行動，以改變其原本的行為及結果。學者

Argyris將組織學習分為單圈回饋學習（Single Loop Learning）及雙圈回饋學習（Double Loop Learning）。

32.**(B)**。應是「分權式的決策，並能授能」。

33.**(D)**。由「機關取向」朝向「顧客取向」。

34.**(D)**　　　35.**(C)**　　　36.**(A)**

37.**(A)**。新學習的主要特徵包括：學習的目標是要達成組織的績效、學習的重點著重在「學習如何學習」的過程、靈活運用具有彈性的結構組織，使學習多樣化。

38.**(B)**。所謂行動學習（Action Learning）是指組織運用此種方式解決組織所面臨問題時，是一種有意的、後天的、技巧的學習。

39.**(B)**

40.**(A)**。此為歐洲的定義。在美國，大多數的意義是指准許員工有機會去制訂或是影響那些有關他們工作事項的議題。

41.**(A)**

42.**(C)**。Fred Luthans and Sang M. Lee認為，學習型組織的基本特性與價值是：(1)學習意願甚強。(2)強烈地效命於新知識與新技術的創造與傳佈。(3)勤於學習組織外環境世界的新知。（吳瓊恩，行政學，策略性人力資源管理與發展：規劃的內涵與方向新趨勢，頁571-589）

第4章 組織員額精簡與政府再造

重點提示 面對知識經濟的到來，加上自然資源的日益稀少、外在環境快速變遷及科技技術的日新月異。無論是私人企業或政府部門，為了保持組織高度的競爭力及生產力，企業及政府都必須調整自身角色及組織，以求降低成本、減少支出及提升效率，以維繫組織的生存。在探討組織改革的各種策略中，精簡（Downsizing）則被國內、外公私組織廣為運用，被認為是組織重組、提高組織績效、降低組織成本最有效的管理方式。雖然組織員額精簡是近年來被公、私部門廣為運用的策略之一，但是許多組織在採行組織精簡時，只有考量精簡所帶來的效益，卻未對組織本身的條件或精簡可能導致的負面影響詳加考量，如此一味地相信精簡是解決組織一切問題的萬靈丹的話，那麼將適得其反。因此，審度環境及自身優劣勢，做出正確的組織改革是每一公共管理者不可迴避的責任。

本章另一重點為「政府再造」。面對政府未來的發展趨勢，「大有為」的政府已不能滿足人民的需要，未來的政府應是企業型的政府、學習型的政府、以顧客導向為主的政府，過去行政效率低落的政府將成為歷史名詞，取而代之的將是一種高效能、高品質的保證。因此，如何以最少的資源來達到最佳的狀態，是政府未來要面臨的重大問題。（孫本初，公共管理—組織再造工程，頁383-410）

重點整理

第一節 組織員額精簡

一、組織員額精簡的概念

(一)**組織員額精簡之定義**：組織員額精簡，是指組織有計畫地裁減組織中的職位及工作，又可稱為「減肥措施」或「整簡」。組織理論學者Kozlowski等人認為**組織員額精簡是指組織減少勞動而用來增進組織績效的審慎策略**。Hellriegel與Slocum則認為，組織員額精簡是為了改善組織績效而裁撤員工的一種過程。

(二)組織員額精簡之原因

1. **尹曉穎的整理歸納**：區分為總體面與個體面兩大因素。
2. **Mckinley等人從「制度論」的觀點，探討組織精簡的原因：**
   (1)被迫（Constraining）。(2)模仿（Cloning）。 (3)學習（Learning）。
3. **我國政府部門實施人員精簡的原因：**
   (1)推動行政革新。　　　　(2)配合公營事業民營化政策。
   (3)機關業務萎縮。

(三)組織員額精簡特性

1. 組織員額精簡是人為的、具有意圖的活動。
2. 組織員額精簡的方式不僅僅只侷限於人事的縮減。
3. 組織員額精簡的目的可能是對於組織的環境進行防衛性的回應。
4. 組織員額精簡有意或無意地影響工作程序。

(四)組織員額精簡之原則

1. 組織應該關心公眾的資源及帶頭參與社會責任。
2. 計劃組織員額精簡前，參與協商的人員及組織都要考量到工會契約和章程的規定。
3. 不要過度精簡人事，以免造成組織過度的傷害。
4. 組織成員對於精簡一事要有參與表達的機會。
5. 對於被解僱者，組織應該更進一步地幫助他們來解決問題。
6. 對於未被解僱，仍在組織內的成員應加以重視。
7. 精簡的標準應該公平、公正。
8. 應為被精簡的人員提供必要且實際的援助。
9. 設定組織近程、中程、長程之目標。

(五)組織員額精簡之效益

1. 減少經常性費用與人事費用的支出（Less Overhead）。
2. 降低組織官僚化的程度（Less Bureaucracy）。
3. 加速並提升決策品質（Faster Decision Making）。
4. 暢通溝通管道（Smooth Communication）。
5. 發揚宏大的企業精神（Greater Entrepreneurship）。
6. 提升組織的生產力（Increase in Productivity）。

(六) 組織員額精簡的類型

1. 以主事者之心態作區分：可分為反應式的組織精簡（Reactive Postures）及前瞻式的組織精簡（Proactive-Postures）。

2. 以組織精簡所形成之組織變遷幅度作區分：可分為趨同（Convergence）模式及轉向（Reorientation）模式。

二、組織員額精簡之其他議題

(一) 組織員額精簡之策略

1. 學者Greenhalgh、Lawrence與Sutton等人曾提出組織員額精簡的策略：
   (1)自然損耗。　　　(2)誘導性離職。　　　(3)非自願性離職。

2. 學者Cameron、Freeman與Mishra等人整理出三項員額精簡策略：工作減少、組織重設計、系統的策略

3. 學者Cameron與Freeman以組織員額精簡所形成之組織變遷幅度為主要考量的依據，歸納出兩種精簡的原型：一為趨同變遷策略（Convergence Strategy），一為轉向變遷策略（Reorientation Strategy）。

(二) 組織員額精簡之具體行動

1. 參考政府過去實施的精簡案例及吸取國外的經驗。

2. 主動和員工進行溝通，使員工對於精簡有更高度的參與機會。

3. 提供「自助餐式」的多種權益補償方案。

4. 安排與被精簡的員工進行面談，瞭解他們的需求。

5. 安置及協助被精簡的員工，對其提供實質的幫助。

6. 短程策略（精簡策略）與長期策略（人力資源規劃與發展）同時並行。

7. 爭取內部、外部環境的認同與支持。

(三) 實施組織員額精簡策略，可能產生之影響

1. 對被裁撤人員之影響：對於被撤職的人員，不論對其本身、家庭及社會均造成極大的影響。

2. 對留任人員之影響：最常見的現象是產生「生還者症候群」。最常見的反應為：
   (1)壓力（Stress）。
   (2)衝突（Conflict）。
   (3)工作不安全感（Job Insecurity）和投機心態的存在。
   (4)心理依附（Psychological Attachment）喪失。
   (5)其他反應（組織士氣低落、生產力大幅下降，怠工、罷工及高缺勤率）。

3. 對組織之影響：

  (1)過簡的精簡。   (2)部門、職位、人員之調整不當。

  (3)組織員額精簡對人事費用的影響。

4. 對社會之影響：

  (1)社會成本的轉嫁。   (2)社會問題的升高。

(四)我國實施組織員額精簡的策略方向

1. 不能採用齊頭式。

2. 精簡應該採取階段性的措施。

3. 實施精簡不要只從機關的角度來著眼。

4. 組織員額精簡最好在經濟繁榮時期實施較易成功。

5. 在規劃精簡時，應以系統性的思考、綜觀的角度來衡量精簡的策略。

(五)我國實施員額精簡計畫之檢討

1. 就計畫之主要目標而言，精簡員額沒有一個明確的計算標準。

2. 齊頭式精簡的謬誤。   3.計算精簡員額基礎的灰色地帶。

4. 缺乏成本觀念的精簡計畫。   5.民意機關、利益團體的抗爭。

6. 民營化的步伐緩慢。   7.聘僱人員的問題。

第二節　政府再造

一、再造工程的概念

(一)再造工程定義

Hammer與Champy的定義：Hammer與Champy在「改造企業」一書中將再造工程界定為「根本重新思考，徹底翻新作業流程，以便在現今衡量績效的關鍵上，如成本、品質、服務和速度等，獲得巨大的改善。」再造工程的特點包括：

1. 根本的（Fundamental）。   2.徹底的（Radical）。

3. 巨大的（Dramatic）。   4.流程（Process）。

(二)政府再造工程的發展背景

1. 傳統官僚型態組織的弊病。

  (1)缺乏全權負責者，易產生爭功諉過的現象。

  (2)組織成員習於對內、對上負責，卻沒有人對外、對顧客負責。

  (3)扼殺了組織成員的創新力。

　　(4)無法以統籌全局的眼光來從事改革。

　　(5)傳統金字塔型組織無法適應動態的競爭環境。

2. 主導市場走向的力量逐漸由製造商轉移到消費者身上，亦即由供給導向轉變成需求導向。

(三)再造工程的理論根源

Hale與Hyde認為，再造工程係奠基於下列管理理論上：

1. 策略規劃。	2.品質管理。
3. 參與管理。	4.方案管理。

(四)再造工程的關鍵要素

1. 十分重視組織的顧客（包括內在與外在顧客）。

2. 對組織流程徹底地重新思考，以改善生產力與作業流程的時間。

3. 結構上的重組（Reorganization），通常將功能性的層級結構轉變為跨功能的團隊。

4. 新的資訊與評量系統，運用最新的科技來驅策資料分配與決策制定的改善。

二、再造工程的其他議題

(一)再造工程的設計原則

Hammer與Champy兩人闡述九項設計原則：

1. 整合工作流程。	2.由員工做決定。	3.同步進行工作。
4. 流程多樣化。	5.打破部門界限。	6.減少監督審核。
7. 減少折衝協調。	8.提供單點接觸。	9.集權、分權並存。

(二)再造工程的實施策略

1. 將流程改造策略與預期結果加以聯結。

2. 再造工程成果的規劃與管理。	3.組織任務與顧客的釐清。
4. 發展有意義的績效量表。	5.著重關鍵流程與應用方案。
6. 建立長期的再造能力。	7.持續強調變革管理。

(三)政府再造工程的執行步驟

1. 第一階段：預備變革

　　(1)高階主管須先探究再造的流程。

　　(2)為員工的投入與變革作好準備。

2. 第二階段：規劃變革

　(1)創造願景、任務與指導原則。

　(2)發展三至五年的策略性計畫。

　(3)發展年度的運作計畫。

3. 第三階段：設計變革

　(1)界定目前的業務流程。　　　　(2)建立流程描繪計畫的方案。

　(3)描繪與分析流程。　　　　　　(4)創造理想的流程。

　(5)測試新流程。　　　　　　　　(6)執行新流程。

4. 第四階段：評估變革

　(1)審核與評估進度。　　　　　　(2)重複進行年度運作計畫的規劃循環。

(四) 影響（限制）政府再造工程實行的環境因素

1. 領導者的任期限制。

2. 任務目標、政策實施及績效標準與顧客界定。

3. 接觸管道、共享權威與監督。

(五) 政府部門在設計再造工程方案時所應採取的步驟

1. 描繪出現存之流程。　　　　　　2.以顧客為導向來進行。

3. 設定宏大的目的。　　　　　　　4.重新開始。

(六) 進行再造工程時，應注意之事項

1. 再造工程的推行要有高層主管的全力支持及組織成員的承諾與共識。

2. 要有充分的資源以支援組織再造。

3. 要建立長期再造之能力。

4. 要充分授權給組織成員。

5. 要發展再造願景及達成願景所需之基礎設施計畫。

(七) 目前與我國地方行政革新的問題

1. 行政層級調整與簡化行政程序問題。　　2.行政區域重新劃分問題。

3. 地方政府組織與職權調整問題。　　　　4.人事改革問題。

5. 財政改革問題。

6. 中央與地方各級政府間衝突的解決問題。

(八)政府再造過程中容易產生的錯誤觀念
1. 再造不是縮小規模（Downsizing）。
2. 再造不是組織重組（Restructuring）。
3. 再造非僅是一陣熱潮或短期間的萬靈丹。
4. 再造是一革命，是一針對「全程」的再設計。

(九)政府再造失敗的原因
1. 所採取的措施實際上不等同再造，但卻認為自己已在再造。
2. 將再造焦點置於組織，而非過程改造。
3. 對於現狀分析太多，失去原創性。
4. 缺少強有力的執行領導者。
5. 害怕創新，缺乏突破現狀的勇氣。
6. 未經過試誤修正過程，直接將觀念計畫落實到執行層面。
7. 再造進行太慢。
8. 只單獨改造「過程」，而未配合系統其他部分改造。
9. 採取傳統執行方式，詳細敘述計畫，按部就班，形成自我設限。
10. 忽略組織成員個人的需求。

(十)各國「政府再造」方案所具有的共同特點
1. 學術界的領航。　　　　　　　2.財政部門之涉入改革。
3. 領導者之決心顯現。　　　　　4.公私部門之通力合作。
5. 立法／行政部門之充分配合。

(十一) 授能（Empowerment）
傳統行政管理重視授權（Decentralization）、授責。現代政府改造運動下，新公共管理（NPM）途徑則強調「授能」。授能即分授職權與職能，使政府組織不再過於「集權」（Centralization）或「萬能」。組織授能途徑包括：
1. 職權與職能下授。
2. 職權與職能分授。
3. 強化各級組織與員工具有管理權責與能力。
4. 改善公私部門的夥伴關係。

經典範題

申論題

一、何謂「組織員額精簡」？有何特性？組織員額精簡與組織衰退及解僱有何差異？組織員額精簡的原則為何？

說明：組織員額精簡包含了一連串由管理者發起及設計的活動，主要目的是用來增進組織效能、生產力及競爭力。

答：(一) 組織員額精簡之定義：組織員額精簡，簡單地說，是指組織有計畫地裁減組織中的職位及工作，又可稱為「減肥措施」或「整簡」。和組織員額精簡一詞類似的說法，尚包括：有效地減縮組織人力、減縮人事甄選、改善精簡、減少引進新人員及透過解僱進行組織重組等。

1. 組織理論學者Kozlowski等人認為組織員額精簡是指組織減少勞動而用來增進組織績效的審慎策略，具有下列特質：

    (1) 組織員額精簡乃是一種有目的的組織回應，是組織有意識之積極作為。

    (2) 組織員額精簡乃是為了增進組織績效。

2. Dewitt認為，組織員額精簡是當組織面臨本身及對外在環境需要有所調整時，組織的管理者為促進組織績效，所從事對於組織人力及預算運用之縮減。

3. **Band與Tustin將組織員額精簡定義為一種人力結構的調整，以維持競爭力及滿足顧客需求的組織策略。**

4. Hellriegel與Slocum則認為，組織員額精簡是為了改善組織績效而裁撤員工的一種過程。

(二) 特性：Cameron等人認為組織員額精簡具有下列主要的特性：

1. **組織員額精簡是人為的、具有意圖的活動**，此一特性使組織員額精簡與市場占有率之縮減得以區隔。

2. **組織員額精簡的方式不僅僅只侷限於人事的縮減**。許多人事縮減的策略，諸如轉任、調職、鼓勵提前退休、解僱、空缺不補等，都和組織員額精簡息息相關。

3. **組織員額精簡的目的可能是對於組織的環境進行防衛性的回應**，以防範組織衰退，同時它亦可能具有前瞻的主動作為，以增進組織績效的達

成；前者屬於組織消極被動的作為，後者屬於組織積極主動的作為，但無論如何，組織員額精簡常是為了抑制成本而設計的。

4. **組織員額精簡有意或無意地影響工作程序**，當組織中工作人員減少、組織勞動力下降，但原本工作量仍然不變情況下，會導致原有的工作必須有所調整及重新檢討，此對於工作流程當然也造成了影響。

(三)組織員額精簡與組織衰退及解僱之差異：

1. 組織員額精簡和組織衰退不同之處，乃是組織衰退是對外在環境適應不良而產生之結果，亦即組織未對外在環境加以回應或回應不當所致；而組織員額精簡的目的，則使組織產生更新的力量以防範組織走上衰退之路。

2. 組織員額精簡和解僱不同之處在於，組織員額精簡發生的時間可能在組織成長的時候，也可能發生在組織衰退的時候，其目的都是以增進組織績效作為出發點，對未來的計畫作妥善安排；但是解僱所產生的時期大多發生在組織功能衰退的時期，是對組織發生問題時作立即式處理的一種方式，無法對組織提供長期規劃。組織員額精簡的策略包含解僱這項方式，但並不是唯一的方式。

(四)組織員額精簡之原則：

1. **組織應該關心公眾的資源及帶頭參與社會責任。**

2. 在計劃組織員額精簡前，**參與協商的人員及組織都要考量到工會契約和章程的規定**，在章程內都應詳細說明精簡時所要具備的條件。

3. **不要過度精簡人事**，這樣會引起員工為了拼命地保住工作而忽略工作本身和組織的目的，長期而言，造成組織的傷害，也引起對組織及其他員工的不信任而降低生產力。

4. **組織成員對於精簡一事要有參與表達的機會**。從參與過程中可得到認同感、成就感，同時亦可透過組織的團隊學習，在組織遭遇危機時團結地因應問題、安然地渡過難關。

5. **對於被解僱者，組織不應該只有寄予同情的表示**，應該更進一步地幫助他們來解決問題。

6. **對於未被解僱**，仍在組織內的成員應加以重視，此時安定人心、激勵士氣是十分的重要。

7. **精簡的標準應該公平、公正**，否則不但會引發爭議，讓組織人員無所適從，往後留在組織的成員對組織也會產生不信任感。

8.**應為被精簡的人員提供必要且實際的援助**，以增加他們往後就業的機會。

9.**設定組織近程、中程、長程之目標**。精簡的策略要配合組織的目標實行，因此應將人力調配、需求及績效標準等亦納入考量。（孫本初，公共管理—組織員額精簡，頁413-446）

二、組織員額精簡（Downsizing）為各國政府推動革新的重要途徑之一。試分析我國推動組織員額精簡的原因為何？並據以提出己見，建議我國政府未來在從事此方面時的策略方向。

答：(一) 組織員額精簡之原因：

1.尹曉穎曾將多位學者對於組織員額精簡原因的看法加以整理歸納，區分為總體面與個體面兩大因素：

(1) **總體層面的因素**：經濟不景氣、企業購併、競爭白熱化、政府的政策、科技發展、解除法律管制。

(2) **個體層面的因素**：財務困難或虧損、人力資源規劃不當、季節性的調整、經營績效不佳、組織內部重整、預算限制。

2.Mckinley等人則試圖**從「制度論」的觀點**，探討組織精簡廣為企業組織所採用的原因：

(1) **被迫（Constraining）**：近年來社會各界已不再視組織規模龐大為高效率的表徵，相反地，轉而強調「精瘦實簡」的組織型態及人力結構；組織精簡儼然成為一種新的組織運作法則，在這樣社會規範壓力下，許多組織被迫選擇進行精簡。

(2) **模仿（Cloning）**：模仿是面對不確定情境時的一種反應。當組織面對全球競爭、日新月異的技術變革及混亂的法律政治環境時，便很容易地會去模仿其他組織的行為及技術。

(3) **學習（Learning）**：組織的管理者可從教育機構的學術網路上或是專業性的協會中，獲得有關精簡的理論知識及其他組織實施精簡的經驗成果。

3.我國政府部門實施人員精簡的原因：

(1) **推動行政革新**：「行政革新」經常是組織領導人強化其角色正當性的最佳方案，而精簡人事則為突顯其改革決心之終南捷徑。歷任行政院長上任後，幾乎都會推動行政革新，並且將實施全面性的員額精簡列為行政革新的項目之一。

(2) **配合公營事業民營化政策**：我國公營事業機構的營運績效不彰及人事費用偏高一直是個大問題。近年來，政府擬定了公營事業民營化的政策及實施時間表，而多數事業機構為了配合民營化，都會實施一些改善組織體質的措施，而人事精簡通常是最主要的改革措施之一。

(3) **機關業務萎縮**：隨著時代的進步、社會環境的變遷及政策的走向，政府機關的業務也會隨之出現消長的情形，有些新的機關會因應新興的業務需求而成立，但有些機關的業務則會逐漸萎縮。

(二)策略方向：

1. **不能採用齊頭式**，亦即每個機關皆是5%人員的精簡，必須視機關之性質而作不同程度之調整。此外，也要配合立法政策及國家建設發展需要，衡量實際業務情形。

2. **精簡應該採取階段性的措施**，首先對不適任工作者施以工作輪調或是再訓練，給予新工作之後，如不適任者再予以裁撤。

3. **實施精簡不要只從機關的角度來著眼**，只考量到精簡若干人之後就可以節省人事費用，也應該從個人角度來探討（包括失業後的經濟來源、個人自尊喪失、再次面對就業市場競爭等）。因此，實施精簡的組織，除事先應通知被精簡員工外，並給予合理補償金、職業訓練、提供就業諮詢、心理輔導等。

4. **組織員額精簡最好在經濟繁榮時期實施較易成功**，因為此時被精簡的人員比較容易找到工作；在經濟蕭條時，組織亦不要一味地只用精簡作為降低成本的手段，可以多用其他方式來保持人力的運用。

5. **在規劃精簡時，應以系統性的思考、綜觀的角度來衡量精簡的策略**。在採行精簡時，假如只看見精簡的短期效果，而忽略了對組織長期的影響，不但使精簡得不到預期的好處，反而因小失大，使組織更陷入無法挽回的地步。（孫本初，公共管理─組織員額精簡，頁413-446）

三、組織員額精簡具有那些類型？

說明：　組織會依其預算減縮程度及面臨組織業務狀況時的不確定性程度，而採取不同的精簡策略。當不確定性程度及預算減縮程度愈高時，其所採取的策略對組織的影響就愈大，亦較可能採取全盤性的精簡策略；反之，亦然。

答：(一) 以組織業務規模的不確定性與預算減縮的可能程度為判斷標準所作的區分：學者Levine與Wolohojian將其分為下列不同的精簡類型：

1. 當組織面臨中等程度的預算縮減，而業務規模的發展並不確定時，可採取「撙節開支，挖東牆補西牆」的精簡策略，暫時凍結員額編制，並撙節較不必要的人事開銷，將其挪用來貼補較重要而必須的人事支出。

2. 為當組織面臨更嚴重的預算減縮且業務規模之發展情況仍不確定時所採取的策略，亦即先犧牲一部分較次要的政策計畫，以保住重點計畫及所需的員額。

3. 為組織業務規模發展明確，而預算減縮程度尚屬中等程度時所採取的策略。組織可審慎地將各項計畫作一執行的先後順序排列，再捨棄部分執行順序較後之計畫。

4. 當組織面臨嚴重而持續的預算減縮，且業務規模之發展也相當不確定時，只得重新檢討各項計畫，並全盤檢討員額配置問題。

(二) 反應式與前瞻式的組織精簡—以主事者之心態作區分：**學者Lippitt根據企業管理者對組織精簡的不同反應**，歸納出兩種組織精簡的類型，一種為反應式的組織精簡（Reactive Postures），**另一種為前瞻式的組織精簡**（Proactive Postures）。前瞻式組織精簡因為具有前瞻性、規劃完善、積極創新、富有彈性、尊重員工的意見且重視人力資源的運用；相對地，反應式組織精簡由於心態保守、短視近利、策劃不周、犧牲員工的權益且不重視人力資源，所以只能解決眼前的困難，無法維持長久的效益，甚至可能引發其他的運作問題。

(三) 以組織精簡所形成之組織變遷幅度作區分：**學者Freeman與Cameron從組織變遷的理論出發**，依據組織精簡所形成之組織變遷幅度，**將組織精簡歸納出兩種類型，一為趨同（Convergence）模式，二為轉向（Reorientation）模式**。前者是指在縱深的時間向度上，逐漸衍生之邊際變化及調適反應，目的在整合組織中的「內部活動」與「策略取向」，能產生較高之一致性；後者則指較短期的斷續變遷，包括組織的策略、權力、結構及控制系統方面，同時都出現劇變。（孫本初，公共管理—組織員額精簡，頁413-446）

四、實施組織員額精簡是組織遇特殊情勢下不得不然做法。試問，組織員額精簡之策略與具體行動各為何？

答：(一) 組織員額精簡之策略：有許多學者認為，組織員額精簡的策略除了解僱之外，尚有下列數種策略：

1. 學者Greenhalgh、Lawrence與Sutton等人曾提出組織員額精簡的策略，他們以「維持職員的安適」及「節省短期成本的程度」來對組織員額精簡的策略加以層級性的排列。認為組織員額精簡策略大致可分成三種：

   (1) **自然損耗**：自然損耗（Natural Attrition）較不影響職員的現狀，其步驟通常是對退休人員或離職人員所遺留下來的空缺加以凍結，暫時不考慮新進人員。

   (2) **誘導性離職**：誘導性離職（Induced Redeployment）通常是由僱主提供一項誘因或以其他方式來促使職員自動離開現職，例如財務誘因、轉調至其他工作或地區、減少陞遷機會或福利措施等。

   (3) **非自願性離職**：非自願性離職（Involuntary Redeployment）包括降級、降職。此種方法最節省短期的成本。

2. 學者Cameron、Freeman與Mishra等人整理出三項員額精簡策略，如下表：

精簡員額策略	工作減少	組織重設計	系統的策略
焦點	工作人員	工作及單位	組織文化、員工態度
對象	人	工作	現有流程
執行所需時間	快	中	持續的
達成之目標	短期效果	中期效果	長期效果
本身的限制	長期性的適應	快速的成效	短期的成本節省
例子	空缺不補	裁併部門	簡化工作
	解僱	縮減功能	轉變責任
	鼓勵提早退休	減少層級	持續地改進

3. 學者Cameron與Freeman以組織員額精簡所形成之組織變遷幅度為主要考量的依據，歸納出兩種精簡的原型：一為趨同變遷策略（Convergence Strategy），一為轉向變遷策略（Reorientation Strategy）：

如表所示：

組織員額精簡的趨同模式與轉向模式

	趨同模式	轉向模式
內容	1. 漸進的精簡與重組。 2. 溫和的精簡策略。 3. 重組的目標在強化原有組織任務與策略：將原有的做得更好。 4. 高層管理、科技及系統穩定。 5. 強調較低階層、較不激進之途徑。 6. 強調白領階級之變遷，依序為工作、科技及結構。 7. 組織精簡引導組織重組。	1. 劇烈的精簡與重組。 2. 嚴苛的精簡策略。 3. 重組的目標在重訂新的組織任務與策略：做與原來相異的事。 4. 高層管理、科技及系統均有變遷。 5. 強調較高層級、較為激進之途徑。 6. 強調白領階級之變遷，依序為工作、科技及結構。 7. 組織精簡引導組織重組。
成功條件	1. 使用較不密集的溝通。 2. 需用較少象徵行動。 3. 組織間關係並不重要。 4. 強調穩定與控制。 5. 內部取向。 6. 效率標準。	1. 使用較密集的溝通。 2. 需用較多象徵行動。 3. 強調組織間的關係。 4. 強調彈性與適應。 5. 外部取向。 6. 效能標準。

4. 學者Cooper與Robertson曾提出一個組織員額精簡的架構，此架構可以用來簡化組織員額精簡的概念及內涵，也可提供我們從事組織員額精簡的參考。

(1) 首先從組織層次開始，著重的焦點在於對組織環境的辨識，進而針對組織員額精簡進行決策過程。

(2) 其次，值得注意的是組織的特質，諸如人力資源的運用、轉換型的領導、組織文化與價值及決策型態等，皆會影響組織員額精簡的決策過程。

(3) 其在決策過程之後，應進一步對精簡的目的及策略加以選擇，因不論選擇何種方案都會對裁撤人員及留任人員有所影響。

(4) 為緩和因組織員額精簡所產生的負面影響，組織宜提供職業訓練、心理諮商等轉介管理。

(5) 最後，組織對精簡的集體回應及所表現的績效，能為組織特質提供反饋，進而又影響組織對環境變化的適應。

(二)組織員額精簡之具體行動：

1. **參考政府過去實施的精簡案例及吸取國外的經驗**，分析其具體作法、成效及缺失，以達到更好的精簡效果。

2. **主動和員工進行溝通**，使員工對於精簡有更高度的參與機會，增設開放性的溝通管道提供給員工有表達意見的機會。

3. 提供「**自助餐式**」的多種權益補償方案，讓被精簡的員工能夠按照本身的需求作選擇。

4. **安排與被精簡的員工進行面談**，瞭解他們的需求，也藉此對他們過去所作的貢獻表示謝忱，並聽取他們對精簡方案或機關其他政策的建議。

5. **安置及協助被精簡的員工**，對其提供實質的幫助，例如提供第二專長訓練、就業諮詢服務等。

6. **短程策略**（精簡策略）與**長期策略**（人力資源規劃與發展）同時並行。

7. **爭取內部、外部環境的認同與支持**，使精簡行動不致於受到太多阻礙，能夠按照原先規劃的內容及時程表如期實施。（孫本初，公共管理－組織員額精簡，頁413-446）

五、政府部門為了紓解財政困境，往往會優先採取「組織員額精簡」（Downsizing）的管理手段，試就所知說明此一管理策略的運用，可能會衍生那些問題？

答：(一) **對被裁撤人員之影響**：對於被撤職的人員，不論對其本身、家庭及社會均造成極大的影響。對於個人而言，不但頓時失去收入且須繼續負擔生活及家庭費用，另外也打擊了個人自尊，同時也造成個人自信心的危機；更甚者，影響他和家庭、社會之關係及態度。Greco與Woodlock認為，被裁撤而心生怨恨的人，往往會採取不利組織的報復手段。

(二) **對留任人員之影響**：組織最常見的現象是產生「生還者症候群」。亦即，留任人員因對工作不具安全感、畏懼被裁撤、對於管理階層產生猜忌心，時時處於工作壓力之下。**最常見的反應為：**

1. **壓力**（Stress）：在組織精簡後，留任人員面臨失去平日工作的夥伴及接受新職務的指派、調整，對於這種突如其來的改變，一下子無法完全適應，所以產生壓力。組織若無法即時解決員工的壓力，很可能使他們心生不滿，甚至自動離職。

2. **衝突**（Conflict）：組織從事精簡之後，組織中的權力及職位也隨之有所變動，在重新整合的組織中，角色混淆或角色衝突的現象會影響人員的認知，使其工作績效降低。

3. **工作不安全感**（Job Insecurity）和投機心態的存在：留任人員對於工作不安全感的感受是對於其能否保有目前所擁有的工作充滿著無力感，對於個人未來的前途也呈現不可預知的恐懼。

4. **心理依附**（Psychological Attachment）喪失：在組織中，組織、管理者及員工三者應是一體的。如果組織為了短期的利益而冒然採取精簡措施，視員工為生產機器，必然導致員工忠誠度降低、心理依附喪失。

5. **其他反應**：留任人員過於擔心自己未來的前途，無心於工作上，組織士氣低落、生產力大幅下降，怠工、罷工及高缺勤率因而極其普遍。

(三)**對組織之影響**：

1. **過簡的精簡**：過簡的精簡是指組織實施精簡方案時，因規劃不當，致使組織編制達不到最適規模，造成員工士氣低落，人際關係適應不良，造成組織生產力下降，獲致反效果。

2. **部門、職位、人員之調整不當**：組織在採行精簡策略後，人員面臨新職位的安排，此時工作量會比以往加重，而且又要面臨工作性質改變，若組織調整和人員配置又不能適才適所，績效不彰的情況對於生產力提高的目標也難以達成。

3. **組織員額精簡對人事費用的影響**：採行組織員額精簡後，在人事費用的減少應該是立即可見的，但有部分證據顯示，由於不當精簡策略的採行，不僅使得組織之人事費用長期支出增加，也損失部分組織所培訓的人員。

(四)**對社會之影響**：

1. **社會成本的轉嫁**：對於被精簡員工除了發放遣散費外，通常無其他安排。此整情況若在福利國家中，失業救濟金支出勢必提高，而這一筆費用是由全國納稅人予以負擔的，原先應由組織所吸收的成本卻轉嫁至全國國民，形成不公平之現象。

2. **社會問題的升高**：社會中因實施組織員額精簡措施而導致失業的人數持續增加時，容易形成社會不安的來源。（孫本初，公共管理—組織員額精簡，頁413-446）

六、組織員額精簡(downsizing)幾已成為各國推動行政革新的主要途徑之一，請說明組織員額精簡的效益以及其所可能衍生的問題。

答：(一) 效益：組織員額精簡之效益：

1. 減少經常性費用與人事費用的支出（Less Overhead）。
2. 降低組織官僚化的程度（Less Bureaucracy）。
3. 加速並提升決策品質（Faster Decision Making）。
4. 暢通溝通管道（Smooth Communication）。
5. 發揚宏大的企業精神（Greater Entrepreneurship）。
6. 提升組織的生產力（Increase in Productivity）。

(二)問題：見第五題。

七、依據我國實施經驗，我國實施組織員額精簡之實踐成效與檢討內容各為何？

答：(一) 具體實踐：

1. 行政院暨所屬各組織及員額精簡計畫」在民國82年9月，由行政院行政革新會報第一次會議審議通過，內容包括四項原則：組織精簡化、機關法制化、員額管理合理化、經營現代化；以及在民國同年行政院會議通過之「行政革新方案」，主要的重點：

(1) 精簡的目標在於建立能因應大環境變化且高效率之政府，精簡的員額人數要按照民國 83 年度職員預算員額為基準，三年內精簡 5% 預算員額。

(2) 實施範圍在行政院及所屬各級行政機關中進行。

(3) 實施員額精簡策略依精簡計畫規定，包括調整組織架構及組織職掌、釐清中央與地方政府相關業務職掌、依業務消長配置定額人員、謀求人與事配置之適當。

(4) 員額精簡依照精簡計畫之措施包括：

A. 對於各機關現有職缺，凡非確屬業務所必須者，應予凍結不補，對於冗員應予檢討。

B. 機關自行統籌檢討員額之精簡。

C. 約聘僱人員應在計畫結束後予以解聘。

D. 樹立用人成本效益觀念。

E. 專案列管之各項工程計畫應減列其員額或移撥至其他工程。

F. 資訊業務人力，應儘可能由現職人員訓練轉任或外包。

G. 各機關除了處理重大專案業務、國家重大建設及新增機關所需者外，一律不得請增人員。

H. 各機關應分層負責及逐級授權，相對節餘之員額應予檢討調整。

(二) 員額精簡計畫之檢討：

1. **就計畫之主要目標而言**：在行政革新方案中，以組織革新帶動行政革新，以政府之精簡與高效率組織為目標。但就已知資料看，**在計畫之前並未作詳細的規劃與評估，精簡員額沒有一個明確的計算標準。**

2. **齊頭式精簡的謬誤**：對於精簡方式的真正的作法應該依據各組織之性質、功能、職掌、人力資源的狀況及績效表現來作為精簡的標準。

3. **計算精簡員額基礎的灰色地帶：**

(1) 我國公務人力之精簡是以預算員額精簡為計算基礎，**當行政機關面對裁減正式職員時，如果無法處理妥當，其裁減的對象就轉移至約聘僱人員**，表面上組織好像已達精簡標準，事實上仍無法反映真正的人力需求。

(2) 由於人力精簡計畫是以預算員額為計算基礎，**事實上就整體而言，往往並未造成人員的真正裁減。**

(3) **缺乏成本觀念的精簡計畫**：欠缺成本觀念的精簡計畫，對於政府效能的提高與財政支出的節省是毫無助益的。

(4) **民意機關、利益團體的抗爭**：裁撤功能喪失、不符合時代需要、重疊、階段性任務完成的機關是精簡的有效方法。但因機關本位主義使然及來自議會或利益團體的重大阻力，影響精簡的效率。

(5) **民營化的步伐緩慢**：透過民營化的運作，引進企業經營的概念，可以更節省公務人力、增加效率，可惜民營化仍受許多政治面、法律面、社會面的阻礙。

(6) **聘僱人員的問題**：聘僱人員係為因應各機關專業研究設計或臨時新增業務等工作所聘僱之人。但如果此狀況不加以謹慎規劃，可能形成組織變相用人，降低精簡的成效，此外對於聘僱人員亦缺乏良好的考核制度。（孫本初，公共管理—組織員額精簡，頁 413-446）

八、何謂「再造工程」？政府再造工程的發展背景為何？

說明：　再造工程之所以能在 1990 年代迅速興起並蔚為風潮，和組織設計的重
　　　　心由「功能」移轉到「流程」的趨勢有關。

答：(一) 再造工程定義：
1. Hammer與Champy的定義：「再造工程」此一概念最早見於Hammer
   在「哈佛商業評論」所發表的（Reengineering Work: Don't Automate,
   Obliterate）一文中。Hammer與Champy在「改造企業」一書中將再造
   工程界定為「**根本重新思考，徹底翻新作業流程，以便在現今衡量績效
   的關鍵上，如成本、品質、服務和速度等，獲得巨大的改善。**」
   (1) 根本的（Fundamental）：藉由詢問最基本的問題，迫使人們正視蘊含
       在其工作背後的目的。
   (2) 徹底的（Radical）：徹底翻新流程是指從根本改造，且另闢新徑來完
       成工作。
   (3) 巨大的（Dramatic）：其並非和緩或漸進的改善，而是在績效上達成定
       量上的大躍進。
   (4) 流程（Process）：流程是指接受一種或多種投入，且創造對顧客有價
       值之產出的所有活動之集合。
2. Hale等人將再造工程界定為「重新顯現與重新設計組織的核心工作流
   程，以達成在運用及支應成本、服務層次與循環或工作完成時間、產品
   與品質革新，以及員工對服務與組織目標之責任等方面有顯著且快速的
   改善。」
3. Lowenthal認為再造工程「是以組織核心能力為焦點，針對運作流程與
   組織績效重新思考且重新設計，以達成組織績效的巨大改善。」
4. Linden則將再造工程視為「透過對流程、系統、結構與結果的徹底重新
   設計，以挑戰過去建構組織時所依據的假設。」
5. Bennis與Mische則將再造工程定義為「透過挑戰既有的信條、實務及活
   動，並創新地將資本與人力資源重新配置於跨功能的流程中。此種改造
   策略旨在充分提升組織的競爭地位、對股東的價值及對社會的貢獻。」
6. Crego與Schiffrin則從「顧客至上」的角度出發，認為再造工程是「以
   員工為中心重塑組織的策略、系統與結構，由內而外地改造企業，以便
   創造全面的顧客價值。」

基本上，再造工程此一概念包含三項特徵：

1. **徹底地重新設計工作流程。**

2. **再造後的流程在績效上快速與大幅的改善。**

3. **資訊科技的大量運用。**而其功效是在達成3F的效果：更迅速的服務（Faster）、更扁平化的組織（Flatter）與更親切的態度（Friendlier）。

(二)政府再造工程的發展背景：

1. **傳統官僚型態組織的弊病：**

   (1) 缺乏全權負責者，易產生爭功諉過的現象。

   (2) 組織成員習於對內、對上負責，卻沒有人對外、對顧客負責。

   (3) 扼殺了組織成員的創新力。

   (4) 無法以統籌全局的眼光來從事改革。

   (5) 傳統金字塔型組織無法適應動態的競爭環境。

2. **主導市場走向的力量逐漸由製造商轉移到消費者身上，亦即由供給導向轉變成需求導向：**由於組織再造工程方法應用在企業界成效斐然，使得其旋即被引進至政府部門中，其中又以美國前柯林頓政府所進行的「國家績效評估」（NPR）最為人稱道。（孫本初，公共管理—組織再造工程，頁383-410）

九、再造工程（Reengineering）係為當前各國政府實施行政革新或政府再造時所經常使用之管理技術，試分別說明再造工程的理論根源及其實務運用上的關鍵要素。

答：(一) 再造工程的理論根源：Hale與Hyde認為，再造工程係奠基於下列管理理論上：

1. **策略規劃**：再造工程透過策略規劃（Strategic Planning）以界定組織中的關鍵流程，重新安排這些流程，俾使其能迎合消費者的需要與市場的需求，且將變革所需的資源配置給那些高度優先的工作流程。

2. **品質管理**：再造工程是從品質管理（Quality Management）的觀點，根據價值的附加性來檢視工作流程，並測試工作流程的每個步驟，以確保其對顧客而言是具有附加價值的，且在流程設計方面具有一定的品質。

3. **參與管理**：再造工程從參與管理（Participative Management）的角度，檢視組織如何跨功能地運作。將焦點置於水平作業、直接溝通，且極少受到監督的團隊上，並且需要較高層次的協力合作與員工發展。

4. **方案管理**：再造工程借用方案管理（Project Management）觀點，將組織管理的重心從高度專業分工的管理轉移到生產線與流程的管理上，並透過流程管理的改革，以縮短作業的循環時間，並減少跨越部門界限的業務轉移。

(二)再造工程的關鍵要素：根據Lowenthal的分析，再造工程的實施通常具備四項要素：

1. **十分重視組織的顧客**（包括內在與外在顧客）。

2. **對組織流程徹底地重新思考**，以改善生產力與作業流程的時間。

3. **結構上的重組**（Reorganization），通常將功能性的層級結構轉變為跨功能的團隊。

4. **新的資訊與評量系統**，運用最新的科技來驅策資料分配與決策制定的改善。（孫本初，公共管理—組織再造工程，頁383-410）

➡ **類似題** 試論述 20 世紀末世界各國「政府再造」（Reinventing Government）的理論基礎？

十、再造工程的設計原則為何？

答：Hammer與Champy兩人闡述九項設計原則：

(一)**整合工作流程**：再造工程是將原本被分割開的工作，重新予以整合、壓縮成一個完整的工作流程。新流程最基本、最普遍的特色就是沒有裝配線。

(二)**由員工做決定**：進行再造工程的組織，除了將流程作水平的整合外，同時亦需對流程作垂直的壓縮。水平整合意謂著工作擴大化，即組織成員要有多種技能而非僅專精於一項事務；**垂直壓縮則意謂著工作豐富化，即要「授能」給員工**，使其有一定程度的自主權並負起責任。

(三)**同步進行工作**：傳統的金字塔組織型態，皆採直線連續性的工作流程，導致費工耗時情形。組織再造工程則強調作業步驟須視眼前狀況予以調整，盡量使其能同時進行，且能互相支援、互相配合。

(四)**流程多樣化**：傳統的制式化流程，皆是以同樣的方法來完成，不知變通。反之，多樣化的流程則是清晰明瞭，具有兩、三種版本的彈性流程，使不同的方案能由不同的流程來處理，如此便可以簡馭繁。

(五)**打破部門界限**：傳統的組織結構幾乎皆採專業分工的方式，各功能部門各司其職，由於牽涉部門眾多，層層關卡皆需行文、審核、批准，不僅缺乏效率且所費不貲。經過組織再造之後可跨越部門界限，使得整個工作流程能一氣呵成。

(六)**減少監督審核**：傳統流程中充滿了審核和監督的步驟，重重審核監督之下，不僅耗時費力，有時所投入的成本甚至遠高於所能發揮的功效。而新流程則只有在符合經濟效益的情況下才會出現監督的工作。

(七)**減少折衝協調**：傳統流程另一項沒有價值的工作就是折衝協調。而在新流程中，則將工作予以整合，避免浪費時間在協調折衝上。此外，對外溝通時則要盡量減少接觸點，避免不同的對外接觸點提供對方不同的資訊或承諾。

(八)**提供單點接觸：傳統流程因為太過於複雜或分散而無從簡化、合併。**因此，「專案經理人」便應運而生，在複雜的流程與顧客間扮演折衝者的角色；專案經理人具有實權及溝通協調的能力，能全權代表組織與外在顧客進行溝通。

(九)**集權、分權並存**：傳統組織若採集權式的組織型態，則無法因地制宜且又缺乏彈性，若採分權式的組織型態則無法統籌全局。如果透過組織再造，一方面可授能給組織成員，使其自行作主、自己負責；另一方面又可藉資訊科技之助，掌控全局並瞭解各工作流程運作之狀況。

（孫本初，公共管理—組織再造工程，頁383-410）

十一、再造工程是一項浩大的政府改造工程。試問，再造工程的實施策略為何？

答：學者Caudle透過文獻分析與田野調查，歸納出七項再造工程的實施策略，作為政府部門的管理者在推行再造工程時的參考指南：

(一)**將流程改造策略與預期結果加以聯結：流程改善包括三項要素：持續的流程改善**（Continuous Process Improvement）、**企業流程的重新設計**（Business Process Redesign）與**組織再造工程**（Business Process Reengineering）。組織必須根據其所預定的目標，來採取適當的流程改善策略。

(二)**再造工程成果的規劃與管理**：由於再造工程需要足夠的組織承諾與變革，管理者必須將再造工程視為一單獨的方案。此外，高層管理者並應創設一個明確的架構，以便長期的管理、設計、執行、維繫，及評估再造工程的成效。高層管理尚須從事策略性的規劃，強調再造工程為關鍵的組織目標，並透過預算編列來提供所需的資源。

(三)**組織任務與顧客的釐清**：釐清再造工程的任務目標、優先順序與顧客需求具有相當重要性，尤其是界定顧客（包括外在顧客及內在顧客）並依滿足其需求的優先順序予以排列，更是再造工程能夠成功推行的第一步。再造工程則是以「顧客導向」的觀點來重新設計業務流程，重視與顧客的業務關係。

(四)**發展有意義的績效量表**：這些量表必須發揮兩種功能：

 1. 必須設定可測量的高度期望標準，其中績效目標必須明確詳細，以便於衡量績效，並以之作為徹底變革的誘因。

 2. 績效量表必須評估新、舊工作流程在時效性、正確性、成本、生產力與彈性等項目上的差異情形，目的在建立現行流程之活動與績效的最低標準，以作為仿效的標竿。

(五)**著重關鍵流程與應用方案**：再造工程必須著重於核心任務的傳遞流程，特別是那些能成功地提供服務和產品息息相關的流程，這些流程往往直接影響組織提供服務與產品的能力。在組織中，通常運用不同的流程模式化方法來界定核心流程。事實上，一個成功的再造工程計畫，應該就資訊系統、應用設備、人力資源與組織結構等面向作一全盤考量。

(六)**建立長期的再造能力**：為達成此一目標，領導者應設立一正式的再造工程小組，領導再造工程的進行，並提供所需的專業知識。此一小組為再造工程的傑出核心，通常是各種途徑、方法、技術與工具的諮詢者與維護者。此外，亦可借助組織外部的專家來推動再造工程。

(七)**持續強調變革管理**：由於再造工程的目標是為了達到組織成員、規則與系統等基本架構的全面轉型，因此需要大量「變革管理」之技術。在組織變革的過程中，由於再造工程的實施會影響組織文化與型塑組織文化的所有事務，諸如信念、價值、政策、程序、組織結構、權力關係與獎酬系統，所以組織必須學習克服組織成員對變革的抗拒心理，因此變革管理乃成為影響再造工程推行的關鍵要素。（*孫本初，公共管理—組織再造工程，頁383-410*）

十二、試說明政府再造工程的執行步驟？

答：(一) 第一階段：預備變革
1. 高階主管須先探究再造的流程：
(1) 教導管理階層有關再造的流程與變革的需要。
(2) 創設再造工程的指導委員會。
(3) 發展最初的行動計畫。
2. 為員工的投入與變革作好準備。

(二) 第二階段：規劃變革
1. 創造願景、任務與指導原則：
(1) 界定核心能力（Core Competencies）。　(2) 發展願景的陳述。
(3) 發展任務的陳述。　(4) 設定指導原則。
2. 發展三至五年的策略性計畫：
(1) 從事現行流程的審核。　(2) 決定外在的環境因素。
(3) 進行內部狀況健全與否的檢查。
(4) 完成一般業務的預測。　(5) 從事差距分析。
(6) 發展為期三至五年的策略性計畫。
3. 發展年度的運作計畫：
(1) 建立運作上的標的。　(2) 結合組織資源。
(3) 依優先順序排列可能的變革。
(4) 發展年度運作計畫與預算。　(5) 運用與評估運作計畫。

(三) 第三階段：設計變革
1. 界定目前的業務流程：
(1) 界定關鍵的組織流程。　(2) 衡量這些關鍵流程。
(3) 評比流程的績效。
(4) 指出機會與有待再造的流程。
2. 建立流程描繪計畫的方案：
(1) 界定流程的利害關係人。　(2) 創訂方案的任務與目標。
(3) 建構並選擇團隊成員。　(4) 發展工作計畫。
3. 描繪與分析流程：
(1) 以流程圖的方式來描述流程。
(2) 以整合性的流程圖表來描述流程。　(3) 完成流程描繪的表單。
(4) 完成流程限制的分析。　(5) 完成文化因素的分析。

4.創造理想的流程：
　(1) 以書面描述理想中的流程。　(2) 比較現行流程與理想流程。
　(3) 評量兩者間的差距。
5.測試新流程：
　(1) 建立試驗性質的目標。　(2) 建立試驗性質的量表。
　(3) 獲得利害關係人的共識與批准。
　(4) 從事新流程的試驗測試。　(5) 評估試驗測試的的影響。
　(6) 執行新流程：A. 建立行動執行的計畫。B. 執行此一計畫。

(四)第四階段：評估變革
1.審核與評估進度：
　(1) 評估組織的衡量結果。
　(2) 以指導委員會評估實施成果。
　(3) 若有必要，修正二至五年的策略性計畫。
2.重複進行年度運作計畫的規劃循環。（孫本初，公共管理─組織再造工程，頁383-410）

十三、影響（限制）政府再造工程實行的環境因素為何？

說明：　政府部門在推行再造工程時，必須耗費相當的心力來界定主要任務，並將各種競爭方案排定優先順序。政府部門管理者亦須根據各種條件來界定組織的內在與外在顧客，為顧客提供完善的服務與產品，以促進效率、公正及其他重要的公部門價值。

答：學者Caudle認為影響政府再造工程實行的環境因素有：領導；目標與績效標準、政策執行；接觸管道與共享權威。
(一)領導者的任期限制：大部分的革新或改革方案會受到行政首長與立法人員選舉週期的影響。由於任期的限制，若無繼任人員的支持時往往會無疾而終，甚至前功盡棄。為能貫徹再造工程的推動，解決之道在於高層領導者應把再造的焦點置於短期的政策規劃與施行過程的改善，且著重提供更好、更快及更廉價的政府服務。
(二)任務目標、政策實施及績效標準與顧客界定：
1.公部門的管理者必須執行法律，並根據法律來設定目標。這些目標通常是各種衝突的主張在彼此折衝、妥協與利益交換下的產物。

2. 在政策實施方面，政策與方案的執行及資源的提供往往涉及許多政府部門與層級，每個部門或層級皆有不同的程序、經費、方案提供與權威。由於過度的管制使得政府人事在招募、任用、考績、轉調與離職等過程變得十分複雜，並限制了政府管理者的裁量權。

3. 在顧客界定方面，政府機關常常必須直接面對各種不同需求的顧客，因此如何界定組織的內在與外在顧客，並排定其優先順序是一項非常重要的工作，而且除了直接服務的顧客之外，政府更應重視對一般大眾的責任。

(三)**接觸管道、共享權威與監督**：政府的決策過程要能接受輿論的監督與開放公眾的批評。在一般民主國家中，政府是依據「分權」及「制衡」的原則來建構。**採取分權的原則，意味著行政首長必須回應多元、重疊的權威；採取制衡的原則，則意味著行政部門必須受到立法控制、司法控制等外在監督。**（孫本初，公共管理—組織再造工程，頁383-410）

十四、學者Linden曾提出政府部門在設計再造工程方案時所應採取的步驟為何？以及推行再造工程的實務人員在採取這些步驟時，所會遭遇來自公部門特性的限制又為何？

答：(一) 步驟：政府部門在設計再造工程時可遵循下列步驟：

1. 描繪出現存之流程。　　　　　　　2. 以顧客為導向來進行。

3. 設定宏大的目的：只有透過定量上的大躍進，諸如將回覆申請的時間縮短90%、將採購的時間縮短50%等，方能迫使組織成員以嶄新的觀點來思考。

4. 重新開始：除了認同不得變更的既存法律典章之外，不宜對涉及之人員及事務有先入為主的假定，且要堅持以最精簡的方式提供服務與財貨給標的使用者。

(二) 在政府部門中推行再造工程的實務人員往往會遇到三項問題：

1. 在政府中要如何重新開始：再造工程應用在公部門遭遇到的最大挑戰，即在於其無法跳脫現有的組織架構；由於政府部門法令規章的重重束縛，使得再造工程的實施很難重新作一通盤的規劃。欲解決此問題，Linden認為就長期而言，必須教導社會大眾瞭解對公共業務過度管制所須耗費的成本。就短期言，有下列作法可供參考：

(1) 推銷「重新開始」的好處。

(2) 找尋支持變革的有力人士。

(3) 記得層層的管制措施是為防止問題與濫權而生。

(4) 先拋棄既有的法令限制與管制措施來進行思考，最後再把現實的法令規章等因素納入考量。

2. 政府幕僚人員如何以顧客需求為導向來進行：當機關的顧客與利害關係人有著分歧、甚至對立的要求時，以顧客需求與期望來作為再造工程設計的第一步驟，顯然會遭遇到相當的困難。欲處理此一問題，根據某些機關的經驗，將各種利害關係人歸類為Linden所謂的3Cs之角色：顧客（Customers）、消費者（Consumers）與選民（Constituents），將會有所助益。顧客指的是資助機構與方案的個人及團體，例如市議會、國會，其需求通常與資金的運用有關，如效率、財政的完整性、對立法目的的回應；消費者則是指方案或服務最終的使用者，其通常追求的是品質的時效、人性化的服務及便利；選民則是對機關任務有濃厚興趣者，其需求通常與政策及政治事件相關。如果此三類型的人員對機關的要求重疊性愈大時，機關的任務愈容易達成。

3. 何種流程應率先予以再造：有三項標準可作為決策指引流程再造之優先順序：

(1) 對顧客、消費者、選民的影響。

(2) 對組織整體績效的影響及可行性。

(3) 可行性。

其中，第1項與第2項是決定何種流程應先予以再造最重要的標準。（孫本初，公共管理—組織再造工程，頁383-410）

十五、進行再造工程時，應注意那些事項？試臚列說明之。

說明：　學者Halachmi指出，再造工程要能在公共組織中成功地推行有兩個要件：1. 必須要瞭解再造工程的意涵為何。2. 組織必須能將理論上的執行模式實際運作。

答：(一) **再造工程的推行要有高層主管的全力支持及組織成員的承諾與共識：** 再造工程由於涉及到整個組織的流程架構之基本變革，因此**須先獲得高層主管的支持，再造團隊才能無後顧之憂，全心投入。**

(二)**要有充分的資源以支援組織再造**：再造工程是針對核心流程予以全盤改造，以求組織績效能大幅躍進，如此巨大的變革幅度勢必投入巨大的資源，且需相關基礎設施的配合。因此在推行再造工程時，組織應先衡量既有的資源，並排定所欲再造之流程的優先順序，俾能將有限的資源作最有效的配置。

(三)**要建立長期再造之能力**：再造工程並非「特效良方」，無法一勞永逸地解決所有組織的問題，因此最重要的是要建立長期再造的能力。組織主管必須成立正式的再造團隊，以領導組織再造及提供專業知識。有時，囿於組織氣候或習於組織現狀，難以產生新的改革方案。因此，許多組織會擢引外部的專家學者作為機關顧問或諮詢人員，以提供多樣的見解和開闊的視野，如此將有助於組織的革新。

(四)**要充分授權給組織成員**：授權是再造工程必經之路，為期再造工程能確實成功，主管人員不應大權獨攬而應充分授權。因此主管人員必須授權給與顧客接觸最頻繁的基層員工，讓他們可以根據顧客的需求而提供適當的服務，以增進顧客的滿意度。此外，組織除了要有高素質的員工外，更要灌輸全員以顧客為導向的觀念。

(五)**要發展再造願景及達成願景所需之基礎設施計畫**：為使再造工程能產生預期的效果，驅策組織成員共同努力的願景及策略性的基礎設施計畫是不可或缺的。事實上，策略性的基礎設施計畫將有助於降低再造成本、減低再造風險，並使再造工程成效卓著。（孫本初，公共管理─組織再造工程，頁383-410）

十六、正當我國正在實行政府改造的同時，做為世界首強的美國早已實行政府改革，試問其政府改革的內涵為何？

說明：　美國政府改革的主要精神，除了引進企業組織管理外，對於人事的精簡及財務的撙節亦多所著墨，值得我國借鏡。

答：　美國最近一次之政府改革，是從柯林頓就任總統開始，他指定副總統高爾（Al Gore）組成委員會，進行廣泛性的行政改革。在高爾副總統的主持下，1993年發表了「**國家績效評估報告**」（The Report of National Peformance Review，NPR），根據該報告所訂之標題，**柯林頓政府改革的主要目標為：使政府作的更好、花得更少。其基本原則為：削減不必要之政府支出；為顧客服務；授權與公務員；幫助社區解決他們自己的問題；追求卓越**。整個改革內涵則可歸納如下：

(一)推動組織：聯邦政府包括「預算管理局」（Office Management and Budget）、「人事管理局」（Office of Personnel Management）「總務局」（General Service Administration）、「財務管理局」（Financial Management Service）、「政府倫理局」（Office of Government Ethics）。此外，還新設置「總統之管理評議會」、「首席財務官會議」以及「總統之廉潔與效率委員會」，以加速改革。

(二)改革範圍：包括財務、人事、採購、廉政、民營化等。

(三)法律依據：1993年所通過的「政府績效與成果法」（Government Performance and Result Act of 1993）為此次改革最重要的法律依據，該法案所揭櫫的目的有六：

1. 經由有系統的要求聯邦機關對所達成的計畫成果切實負責，以增進美國人民對聯邦政府的信心。

2. 經由一系列的領航計畫（Pilot Projects）所設定的計畫目標、衡量這些目標的計畫績效、以及對外公開計畫的進行狀況，以建立起計畫績效的改革。

3. 經由對成果、服務品質與顧客滿意度的重視，以改進聯邦計畫的效能與負責度。

4. 經由要求達成計畫目標，以及提供計畫成果與服務品質的資訊，以協助政府管理者改進服務品質。

5. 經由提供更多達成法定目標，以及聯邦計畫效率與效能的客觀資訊，以改進國會及聯邦政府的內部管理。

(四)撙節開支措施：

1. 精簡公務人力：預計到1999會計年度終，精簡全職公務人力272,900人，而到1996會計年度為止，已精簡二十餘萬人。

2. 改造政府採購：1994年通過「聯邦採購簡化法」，允許政府機構的「小額採購」可適用簡化的採購程序；利用電子化商業科技以簡化採購；學習民間部門之採購方式，以降低所購商品之成本。

3. 創新資訊科技：預計於1999年於全國啟用電子作業系統。

4. 降低政府機關間的行政成本。（Http：//www.redc.gov.tw/grhome/worldnews.htm）

十七、近年世界各國均在推行「行政革新」，試問：目前與我國地方行政革新有關的問題有那些？

說明：　行政革新不只是中央政府的事，亦必須落實植基於各級地方政府，尤其是地方政府範圍較小，更便於進行各項行政革新之試驗。

答：行政革新有關的問題有下列幾種：

(一)**行政層級調整與簡化行政程序問題**：我國現行地方政府層級有三：省（市）、縣（市）均為憲法所規定之地方自治團體，而原「省縣自治法」及新通過之「地方制度法」則已將鄉鎮（市）自治納入規範。三級地方政府中，以縣作為主要自治單位，一般較無爭議。但對當前省區大小劃分及鄉鎮自治地位，則存有不同的意見；特別因兩岸長期分治後，中央政府有效統治區僅及台澎金馬，是否繼續維持現行四級政府架構，已經成為眾所關切的課題。在精簡省級組織之後，原四級政府中存在的權責重疊，行政程序繁瑣及行政流程費時等缺點，相信應會有所改善。

(二)**行政區域重新劃分問題**：四十多年來，台灣地區由於快速經濟與社會發展的結果，整個社會已由農業社會轉入以都市化社會為主的結構，不但造成台灣北高兩極化的發展型態，並使城鄉差距拉大，產生區域平衡發展的瓶頸，與集中發展卻在行政組織上無法統合的困境。如縣市間的垃圾掩埋場、水資源保護、河川整治、共管橋樑收費、公車及捷運路線規劃、建設等縣市政府之間的決策衝突。未來這類鄰區自治機關間的互動、互賴及依存度將逐漸增強，若干院轄市及縣市、鄉鎮（市）似可經由重新劃分行政區域的途徑，加以整合。

(三)**地方政府組織與職權調整問題**：早期農業時代，台灣地方政府的設計，在組織型態上往往過於簡化、齊一化與一致化，造成組織僵化，致使地方政府組織嚴重缺乏彈性。宜重新加以調整，使各級地方政府的組織與職權具有更多差異性與彈性，以便能充分運用組織與人力，提高行政效率。

(四)**人事改革問題**：過去的地方人事體制是一種求政治安定與社會和諧的社會主義式中央統合人事體制，而不是一種重視行政效率與人事成本觀念的，管理式自治人事體制。為因應地方財政困難，人力精簡潮流，整頓地方人事組織，積極培育人力，以及增進人事效益已成為各級政府的責任。

(五)**財政改革問題**：財政為地方自治行政問題的重心，但各縣市財政支出四成以上係靠上級補助，已嚴重影響地方的正常發展；尤其在都市與鄉村發展差距日益懸殊，各地方政府人力、組織鬆散浪費，財政經營、管理意願與能力不足，甚至競相揮霍，依賴補助的情形下，即使中央與地方財政收支與補助制度改善，地方財政問題恐怕仍然無法有效解決。

(六)**中央與地方各級政府間衝突的解決問題**：近年來，城鄉類型間的衝突與矛盾日漸嚴重；但是，另一方面，隨著交通、人口、資訊流通的加速，區域內城鄉以及鄰近都市間相互的依賴與互動性，卻與日俱增；故，彼此間需要共同解決的問題日益增加。以往由於地方政府協調合作意願低落，中央或省機動協調機制不足，以及地方政府間的本位主義作祟，使得府際間的衝突、矛盾與合作關係一直無法獲得合理的解決。「地方制度法」對此則有專章規定，期待未來能發揮調和府際關係的重要法律制度。（參考資料：趙永茂，中央與地方權限劃分的理論基礎－兼論台灣地方政府的變革方向，頁193-195）

十八、隨著我國精省作業的陸續推動，我國地方地方政府與行政的改革方向應朝向何種途徑加以改進？

答：(一) **行政層級調整與簡化行政流程問題**：

1. 在精簡省級組織的基礎上，各級政府仍宜作適當調整與精簡，以減少不必要的行政流程。而鄉鎮級選舉是否予以暫停以及暫停村里等制，則可加以檢討。期能減少部分現有中央與地方潛在的政治衝突與危機，並使台灣中央與地方的關係，導入更健全及更具前瞻性的發展架構。

2. 有效推動委任民間處理公共事務，減輕政府部門之人力與經費負擔。

3. 推動建立計畫化與績效評估制度，監督地方建設品質，落實革新政策之結果。

4. 全面推動地方行政革新電腦化，大力縮減地方行政流程，提高服務品質與行政生產力。

(二) **行政區域重新劃分問題**：

1. 進行現有鄉鎮（市）疆界重新劃分，以及專業縣、自治區等之設置，兼顧地方地理、歷史、人文發展，以及財政自給、行政效能等需求，重新加以規劃與調整。

2. 設定專業性業務管理特區：如水力特區、環保特區、捷運運轉特區、警政特區、司法、調查特區等功能性專業機構或區域。整合在一定地區內不同地方政府間，因行政割裂、自治本位所造成的行政分立與對立等問題。

(三) **地方政府組織與職權調整問題：**

1. 建立更具彈性的地方自治組織，並適當地再提高地方自治機關的人事權，加重地方行政首長的經營管理責任，並將之列入獎勵或補助的考量，鼓勵地方政府間產生經營管理績效競爭的環境。

2. 合理劃分中央與地方權限，賦與地方政府必要及適當的職權，俾因應地方需求，進行革新工作。

3. 賦與地方政府更多組織調整及人事任免等權限，俾能彈性因應地方特性，推動革新工作。

(四) **人事改革問題：**

1. 適當縮短中央與地力公務人員職等差距，或再調高地方公務人員的職等與津貼，並在若干職系建立人事歷練及交流制度，使有效激勵地方公務人員之士氣。

2. 成立中央與直轄市、縣（市）地方行政組織與人事編制改革委員會，限期提出改革建議，著手進行改革。

3. 當地方自治權逐漸提高的同時，地方自治責任與行政管理技術應同時加強。

4. 部分縣（市）、鄉鎮（市）組織人力過於鬆散，閒置的約僱人員比例過高，宜加以適當的精簡。

(五) **財政改革問題：**

1. 宜鼓勵或獎勵地方建立起「量入為出」以及「節約自治」、「合產自治」、「區域合治」等自治財政經管理念。

2. 就鼓勵開發地方自主性財源而論，宜適當獎勵地方開發稅源，並彈性增加地方課稅課目。如對某些高污染、危險、重產業課徵環保捐、交通建設捐等。

3. 必要時可考慮調整若干地方歲出基礎，考慮將若干全國共同性的人民基本服務業務，例如財政困難縣之義務教育支出、共同福利、醫療、救濟支出等，由中央政府支付。

4. 宜將各縣市、鄉鎮（市）財政狀態做更科學化、更精密公平的分類，使補助制標準化，以利補助政策的更科學化，並更符補助正義原則，使更有助於地方之均衡發展。

5.節制虛浮浪費：各級地方政府對其支出，應建立一套成本效益與自我節約的評估體制，以杜絕不必要的浪費。

6.建立合理開放的補助制度：可考慮建立事先協議與專業評估機制，結合立法、行政、各級地方政府代表、財政及地方政府專家，以及律師、會計師等，建立專業協議分配補助制度。

(六)**中央與地方各級政府間衝突的解決問題：**

1.建立自治區或鄰區都會的合作契約關係：為擴大鄰近地方自治單位或都市間的溝通、合作與共同開發生產，宜建立制度或鼓勵各相關地方自治單位間及都市間，相互加強合作，甚至締結自治合作契約。

2.應放寬地方政府的自治權力，並課予更多經營責任。

3.中央政府各有關部會負起協調功能：當中央政府與地方政府間，乃至地方政府與地方政府間有關業務，發生重大衝突或危機時，應主動負起協調與協助解決的責任。此將有助於改善人民對中央政府的形象。

4.宜鼓勵或獎勵鄰區或區域政府間，建立平時或緊急協議互動機制，以協議代替對抗，以互惠代替自利，彼此合作發展，合力經營，協力解困。

（參考資料：趙永茂，中央與地方權限劃分的理論基礎－兼論台灣地方政府的變革方向，頁196-200）

十九、名詞解釋：
(一)**新政府運動（Reinventing Government）。**
(二)**授能（Empowerment）。**
(三)**市政管理。**

答：(一)新政府運動（Reinventing Government）：

1980年代以來各國政府改造運動，主要策略除撙節施政成本與提高行政效能外，即在結構上、功能上、管理與服務體制上，以政府組織管理改革建構「精簡有能政府」。奧斯本（G.Osborne）與蓋伯樂（T.Gaebler）發表「政府改造」（或譯稱「新政府運動」）一書，強烈指出須將「企業精神」引進於政府機關，即建構**「企業型」政府，其主要策略及措施有：**

1.政策導航重於事事操槳。　　2.授能管理重於僵化服務。
3.寓競爭機制於施政服務。　　4.任務導向與法規鬆綁。
5.成果導向與績效管理。　　　6.顧客導向。

7. 企業型政府。　　　　　　　　　8. 前瞻預防。

9. 分權參與。　　　　　　　　　　10. 市場導向。

美國「國家績效評估委員會」（NPR）成立時將上述歸納為四項原則：

1. 顧客（民眾）至上。　　　　　　2. 簡化官樣文章。

3. 強化授能、提高績效。　　　　　4. 降低成本、提升效能。

(二) 授能（Empowerment）：傳統行政管理重視授權（Decentralization）、授責。現代政府改造運動下，新公共管理（NPM）途徑則強調「授能」。授能即分授職權與職能，使政府組織不再過於「集權」（Centralization）或「萬能」。因此，組織分權化與授能化是相互配合、互為連貫的管理趨勢。組織授能途徑，包括：

1. 職權與職能下授：如中央政府若干管制或職權事項下放地方政府，擴增地方自主性。

2. 職權與職能分授：如總機關之人事權、財務權、採購權等管理權責分授各分支機關職掌，避免頭重腳輕。

3. 強化各級組織與員工具有管理權責與能力，此即政府改造論者所謂組織授能與員工授能。

4. 改善公私部門的夥伴關係：民營化及社區化逐漸成為現代各國的管理趨勢，政府機關、民營企業、非營利機構與社區組織相互之間是夥伴關係或協力關係（Workteams），共同具有公共責任，學者稱之為「社區授能」（Community Empowerment）。

(三) 市政管理：處理都市化問題及其行政管理事項，即市政管理。市政管理的主要問題是社區參與權及地方上民、財、建、教、居住、交通、環保、治安等問題。市政管理需顧及市民權益的維護與市政建設的均衡，自然與人文、環境與品質、秩序與自由、暴亂與治安、服務與管理。健全的市政管理是地方自治的一環，也是地方政治的基礎。（許南雄，行政學術語）

二十、何謂「政府授能」？

說明：　自近代以迄現代，政府職能的演變是由「有限政府」轉變為「萬能政府」而至今後之「政府授能」。

答：(一) 政府授能：19世紀前後，各國對於政府體制的觀念曾有「管理愈少，政府愈好」之說，此即「有限政府」之特性。但隨「大工業化」之普

遍趨勢，20世紀1990年代以前之期間，已是「萬能政府」時期，其特性為：

1. 行政國世紀的來臨，即行政權與行政組織管理愈形突顯與優越，而成為各國政治經濟社會發展的主軸。
2. 行政權極速擴張，而行政官員亦成為權力核心。
3. 民眾需求政府大有為，而使政府機關職權業務膨脹。

上述「萬能政府」現象至1980年代起便由於「行政國」即「賦稅國」之壓力與政府應以「政策導航」取代「事事操槳」之改革訴求而有所改變，此一改變與「政府改造」運動有關。「授能」管理，係比傳統以來行政機關推動授權、授責之外，更進一步強化分權與強化管理機能之體制；與「精簡化」、「分權化」、「民營化」、「績效化」均屬相互配合措施。授能管理之主要涵義：

1. 職能下授：政府除集中掌管「政策導航」外，其餘執行機能宜分授或下授所屬所轄機構職掌，以強化績效。
2. 強化各級組織機能：「政府萬能」不合時宜，而應由各級政府組織與民營機構、非民營機構以至社區組織具有共同擔負公共責任之管理活力與機能。
3. 強化公務人力或各類管理人力之素質能力績效。

(二)大政府具有的產生的弊病：

1. **資訊曲解**：由於層級的增加，人數的增加，控制幅度的縮小，造成資訊濃縮的現象，容易受到曲解。
2. **行政慣性**：由於官僚體系具有一套嚴密控制的命令系統與由上至下的溝通管道，故容易養成政府事事依賴這套命令系統的保守與怠惰慣性。
3. **命令混亂**：傳統行政原理一直相信狹窄的控制幅度可以增加領導者對於員工的控制力，但由於每位部屬僅對其直屬長官負責，故形成不同層級與不同部門所發出的命令產生不一致的衝突現象。
4. **責任與權威的鴻溝**：傳統的大政府造成有權威的機關或個人不一定是需要負責的，形成有權無責，有責無權的奇特現象。
5. **阻礙創新**：由於決策制定權集中於上級主管，機關內部存在太多的法令規定，加上垂直整合的分層化，使得部屬不願意採取創造性的行動，無法形成創新性的風險接受文化。
6. **阻礙員工參與**：大政府之下的官僚體系都設定嚴謹的職位分類與標準作業流程，員工人人有定事定職，不能越級參與決策制定。

7. **甄補與留住人才的衝突**：大政府花費甚多精力甄補人才進入政府機關服務，但因為待遇、福利、陞遷與工作性質等往往不容易留在優秀人才，造成衝突的現象。（丘昌泰，公共管理—理論與實務手冊，頁85-131）

二一、政府再造過程中容易產生那些錯誤觀念？而「再造」失敗的原因又為何?行政再造的執行要素為何？試分述之。

答：(一) 政府再造過程中容易產生的錯誤觀念：

1. **再造不是縮小規模**（Downsizing）：再造不是要縮減工作或人員以減輕財政負擔，而是對工作的再思考，以縮減不必要的工作，並找到更好完成工作的方式。

2. **再造不是組織重組**（Restructuring）：再造是關心工作如何完成，而非組織如何組成。

3. **再造非僅是一陣熱潮或短期間的萬靈丹**：再造是一項徹底的新原則，推翻以層級節制和專業分工來設計工作的觀念。

4. **再造是一革命，是一針對「全程」的再設計。**

(二)「再造」失敗的原因：按Hammer所言，再造實踐的過程大多有近50~70%是無法成功的。其主要的原因為：

1. 所採取的措施實際上不等同再造，但卻認為自己已在再造。

2. 將再造焦點置於組織，而非過程改造。

3. 對於現狀分析太多，失去原創性。

4. 缺少強有力的執行領導者。

5. 害怕創新，缺乏突破現狀的勇氣。

6. 未經過試誤修正過程，直接將觀念計畫落實到執行層面。

7. 再造進行太慢。

8. 只單獨改造「過程」，而未配合系統其他部分改造。

9. 採取傳統執行方式，詳細敘述計畫，按部就班，形成自我設限。

10. 忽略組織成員個人的需求。

(三)行政再造的執行要素—領導與團隊：由於再造的策略途徑是「由上而下」模式，因此執行的關鍵要素是「領導」。推動再造要有一個強而有力的領導支持，此事與強調自主參與的精神不完全相同。但「再造」並非反對民主參與，而是更主張領導的重要性：

1. 信號（Signals）：信號指領導者在諾言上對再造的實質支持。領導者所說的都會成為信號，這是領導者組織成員之間的明確溝通。

2. 符號（Symbols）：領導者表現出來具象徵性的行動即成為符號。只有語言卻無行動，則易被忽視。

3. 系統（Systems）：經由語言、行為所傳達出來的訊息需有系統的衡量獎勵標準來支持。也就是要建立公平的報償制度。（詹中原，國家競爭力與政府再造，新公共管理—政府再造的理論與實際，頁45-69）

二二、根據行政院研考會「行政組織再造方案」草案指出，我國行政機關現存有那些怪現象？綜合觀察各國「政府再造」方案，具有那些共同特點？

答：(一) 怪現象：根據行政院研考會「行政組織再造方案」草案指出，我國行政機關現存有五大怪現象：

1. **機關組織缺乏彈性**：調整政府組織由於涉及行政、立法及考試院等三院職責，以致機關組織無法因應環境變遷作出適時調整。

2. **機關名稱混亂，體例不一**：中央政府設有五「院」，但包括學術機構的「研究院」衛生單位的「療養院」，其首長也都以院長稱之；而中央與地方機關中又不乏「局下有處、處下有局」的現象。

3. **政府幕僚人員比率偏高**：在部會層級的幕僚人員，以祕書類排名首位，主計類排名第二，總務類排名第三，其與業務人員比率為4：6，有偏高的現象。

4. **機關規模缺乏標準**：就部會層級而言，從四十、五十人到六百人，高低差距達十幾倍；而部會所屬機關如署、處、局、所，有高達一千二百人的衛生署，也有不到四十人的機關，高低差距更達三十倍。

(二) 共同特點：

1. 學術界的領航：舉凡「新政府運動」對美國之NPR，及公共選擇理論對英國之政府再造均有此特色。由於學界能以外部人士立場，分析政府整體的效率，以及公部門各項活動的妥適性，並鼓勵授權授能給較低層級的政府、人員或私人機構，或許更有效率。

2. 財政部門之涉入改革：無論美、英、紐均有財政部門參與政府再造。財政部門參與競爭力的提升及再造工作的推動，有助於認定政府職能轉換的關鍵性策略。

3. 領導者之決心顯現：領導者自上而下的願景設定及推動決心，才易化解改革過程各級政府及單位的阻力，也較易自外界爭取改革所需的必要資源、合法性與正當性。

4.公私部門之通力合作：無論是「民營化」、「契約外包」、「社區主義」、「企業精神」均在在顯現在英、美、紐三國之再造政府過程中。唯有公私部門協同合作，才有利於引發民間活力與自主性，同時減輕政府對日常業務的辦理。

5.立法行政部門之充分配合：政府再造不能只是政府體系內部的管理改革。透過民主代議機制，一方面讓公眾參與改革計畫的制訂，另方面也經由此一機制，取得公共資源使用的合法性與政治支持。（詹中原，國家競爭力與政府再造，新公共管理─政府再造的理論與實際，頁45-69）

▌選擇題

( )　1. 指組織有計畫地裁減組織中的職位及工作，又可稱為「減肥措施」或「整簡」。此稱為：　(A) 組織員額擴張　(B) 組織員額重組　(C) 組織員額精簡　(D) 組織架構重編。

( )　2. 下列何者非組織員額精簡的趨同模式？　(A) 漸進的精簡與重組　(B) 嚴苛的精簡策略　(C) 強調較低階層、較不激進之途徑　(D) 組織精簡引導組織重組。

( )　3. 組織精簡（Downsizing）的幅度一般從 5％到 15％皆有例案可尋。小規模的組織精簡通常又稱為：　(A) 轉向變遷模式　(B) 趨同變遷模式　(C) 系統整合模式　(D) 動態模擬模式。

( )　4. 下列何者非組織員額精簡的轉向模式：　(A) 強調較高層級、較為激進之途徑　(B) 組織精簡引導組織重組　(C) 強調白領階級之變遷，依序為工作、科技及結構　(D) 高層管理、科技及系統穩定。

( )　5. 組織精簡（Downsizing）之後，未遭裁撤的人員在態度上常有心胸窄化、自我中心及保守現狀的傾向，一般稱之為：　(A) 生還者症候群　(B) 失敗者情結　(C) 權力腐化論　(D) 歸因情境說。

( )　6. 學者 Caudle 透過文獻分析與田野調查，歸納出七項再造工程的實施策略，作為政府部門的管理者在推行再造工程時的參考指南。其中下列何項要素係屬於「將流程改造策略與預期結果加以聯結」的策略？　(A) 持續的流程改善　(B) 企業流程的重新設計　(C) 組織再造工程　(D) 以上皆是。

（　）　7. 當組織面臨中等程度的預算縮減，而業務規模的發展並不確定時，可採取「撙節開支，挖東牆補西牆」的精簡策略。此係由何位學者提出的概念？　(A)Dewitt　(B)Band　(C)Tustin　(D)Levine 與 Wolohojian。

（　）　8. 下列有關組織精簡（Downsizing）的敘述何者有誤？　(A) 組織精簡是一種手段　(B) 組織精簡是主動的刻意行動　(C) 組織精簡一定造成生產力提高　(D) 組織精簡並不僅限於人事裁減。

（　）　9. 下列何位學者認為，組織員額精簡是當組織面臨本身及對外在環境需要有所調整時，組織的管理者為促進組織績效，所從事對於組織人力及預算運用之縮減？　(A)Band　(B)Tustin　(C)Dewitt　(D)Slocum。

（　）　10. 下列何者非新政府運動（Reinventing Government）的特性？　(A) 授能管理重於僵化服務　(B) 寓競爭機制於施政服務　(C) 事事操槳重於政策導航　(D) 成果導向與績效管理。

（　）　11. 美國 1993 年所通過的「政府績效與成果法」為美國政府改革最重要的法律依據，下列何者為該法案所揭櫫的目的之一？　(A) 經由有系統的要求聯邦機關對所達成的計畫成果切實負責　(B) 經由一系列的領航計畫所設定的計畫目標，衡量這些目標的計畫績效　(C) 經由對成果、服務品質與顧客滿意度的重視，以改進聯邦計畫的效能與負責度　(D) 以上皆是。

（　）　12. 哪一位學者指出，再造工程要能在公共組織中成功地推行有兩個要件：必須要瞭解再造工程的意涵為何組織必須能將理論上的執行模式實際運作？　(A)Drucker　(B)Siemens　(C)Halachmi　(D)Linden。

（　）　13. 再造工程概念中的流程設計與有關工作方面的科學研究可追溯到：(A)Taylor 的科學管理學派　(B)Fayol、Sloan 與 Drucker 的管理學說 (C)Siemens 的資訊與評量系統　(D)Wood 奠立的顧客導向。

（　）　14. 下列何者非美國「國家績效評估委員會」（NPR）成立時所秉持的原則？(A) 提升效能、不管成本　(B) 顧客（民眾）至上　(C) 簡化官樣文章 (D) 強化授能、提高績效。

（　）　15. 政府再造過程中，將工作流程作水平的整合，此即意謂著：　(A) 全員參與　(B) 組織精簡　(C) 工作豐富化　(D) 工作擴大化。

( )　16. 下列何者不屬於組織授能途徑：　(A) 職權與職能下授　(B) 強化各級組織與員工具有管理權責與能力　(C) 職權與職能分授　(D) 強化公部門的行政單一關係。

( )　17. 下列何者為組織員額精簡與組織衰退及解僱之差異？　(A) 組織衰退是對外在環境適應不良而產生之結果　(B) 組織員額精簡的目的，係使組織產生更新的力量以防範組織走上衰退之路　(C) 組織員額精簡發生的時間可能在組織成長的時候，也可能發生在組織衰退的時候　(D) 以上皆是。

( )　18. 下列何位學者認為，組織員額精簡是為了改善組織績效而裁撤員工的一種過程？　(A)Hellriegel　(B)Slocum　(C) 以上皆是　(D) 以上皆非。

( )　19. 再造工程是從何種觀點，根據價值的附加性來檢視工作流程，並測試工作流程的每個步驟，以確保其對顧客而言是具有附加價值的？　(A) 績效主義　(B) 品質管理　(C) 行政至上　(D) 消費主義。

( )　20. 美國於何時發表了「國家績效評估報告」？　(A)1993 年　(B)1995 年　(C)1997 年　(D)1991 年。

( )　21. 下列何者非 Linden 所謂的 3Cs 角色之一？　(A) 顧客（Customers）　(B) 競爭（Competition）　(C) 消費者（Consumers）　(D) 選民（Constituents）。

( )　22. 關於政府再造的看法，下列何者係錯誤的觀念？　(A) 再造不是組織重組　(B) 再造非僅是一陣熱潮或短期間的萬靈丹　(C) 再造是縮小規模　(D) 再造是一項徹底的新原則，推翻以層級節制和專業分工來設計工作的觀念。

( )　23. 自近代以迄現代，政府職能的演變是由「有限政府」轉變為「萬能政府」而至今後之：　(A) 政府無能　(B) 政府授能　(C) 無限政府　(D) 全面政府。

( )　24. 現代政府改造運動下，新公共管理（NPM）途徑則強調：　(A) 授權　(B) 授責　(C) 授能　(D) 授錢。

( )　25. 下列何者非我國行政院研考會「行政組織再造方案」草案所指出的我國行政機關現存有怪現象之一？　(A) 機關名稱混亂，體例不一　(B) 政府幕僚人員比率偏高　(C) 機關組織充滿彈性　(D) 機關規模缺乏標準。

( )　26. 下列何者非各國政府組織員額精簡的特性？　(A) 組織員額精簡不僅是「量變」且亦是「質變」　(B)「大政府」與「萬能政府」已漸由「精簡政府」　與「政府授能」所取代　(C)「民營化」是政府再造的萬靈丹及急救帖　(D) 組織員額精簡是「結構性」、「功能性」與「持續性」之變革。

( )　27. 處理都市化問題及其行政管理事項，即稱為：　(A) 市政管理　(B) 區域管理　(C) 城鄉管理　(D) 地方管理。

( )　28. 奧斯本（G. Osborne）與蓋伯樂（T. Gaebler）發表「政府改造」一書，強烈指出須將何種精神引進於政府機關？　(A) 創業精神　(B) 財團精神　(C) 企業精神　(D) 官僚主義。

( )　29. 下列何者是「再造」失敗的原因？　(A) 將再造焦點置於組織，而非過程改造　(B) 對於現狀分析太多，失去原創性　(C) 缺少強有力的執行領導者　(D) 以上皆是。

( )　30. 下列何者非 Linden 所指出的政府部門再造方案的基本價值與設計原則？　(A) 以平行並進的流程代替循序漸進的流程　(B) 盡可能提供顧客或供應者單一的接觸點　(C) 於資訊來源處，一次就取得資訊　(D) 依功能而非依成果。

( )　31. 行政再造的執行要素之一為領導與團隊。其中指領導者在諾言上對再造的實質支持。此一般稱為：　(A) 信號（Signals）　(B) 符號（Symbols）　(C) 系統（Systems）　(D) 回饋（Feedback）。

( )　32. Linden 指出，可從三個面向來抽繹歸納出政府部門再造方案的基本價值與設計原則，其中不包括下列何面向？　(A) 企業與政府部門的成功經驗　(B) 製造業的同步工程與精簡生產流程　(C) 顧客導向的企業經營理念　(D) 以時間為基準的競爭觀念。

( )　33. 學者 Lippitt 根據企業管理者對組織精簡的不同反應，歸納出那兩種組織精簡的類型？　(A) 預防式與治療式的組織精簡　(B) 反應式與前瞻式的組織精簡　(C) 主觀式與客觀式的組織精簡　(D) 趨同式與轉向式的組織精簡。

( )　34. 組織員額精簡原則不包括下列何者？　(A) 組織應該關心公眾的資源及帶頭參與社會責任　(B) 徹底精簡人事，以提升效率　(C) 組織成員對

於精簡一事要有參與表達的機會　(D) 對於未被解僱，仍在組織內的成員應加以重視。

( )　35. Mckinley 等人從「制度論」的觀點，探討組織精簡廣為企業組織所採用的原因，不包括下列何者？　(A) 教育（Education）　(B) 被迫（Constraining）　(C) 模仿（Cloning）　(D) 學習（Learning）。

( )　36. Cameron 等人認為組織員額精簡具有一些主要的特性，其中不包括下列何者？　(A) 組織員額精簡是自然形成的活動　(B) 組織員額精簡的方式不僅僅只侷限於人事的縮減　(C) 組織員額精簡的目的可能是對於組織的環境進行防衛性的回應　(D) 組織員額精簡有意或無意地影響工作程序。

( )　37. 下列何者為組織員額精簡之效益？　(A) 減少經常性費用與人事費用的支出（Less Overhead）　(B) 降低組織官僚化的程度（Less Bureaucracy）　(C) 加速並提升決策品質（Faster Decision Making）　(D) 以上皆是。

( )　38. 學者 Freeman 與 Cameron 從組織變遷的理論出發，依據組織精簡所形成之組織變遷幅度，將組織精簡歸納出哪兩種類型？　(A) 集中模式及分散模式　(B) 趨同模式及轉向模式　(C) 一致性模式及分裂性模式　(D) 同質性模式及異質性模式。

( )　39. Hammer 與 Champy 在「改造企業」一書中將何項工程界定為「根本重新思考，徹底翻新作業流程，以便在現今衡量績效的關鍵上，如成本、品質、服務和速度等，獲得巨大的改善」？　(A) 再造工程　(B) 重建工程　(C) 整建工程　(D) 維護工程。

( )　40. Hale 與 Hyde 認為，再造工程係奠基於一些管理理論上，其中不包括下何者？　(A) 策略規劃　(B) 品質管理　(C) 指標管理　(D) 參與管理。

( )　41. 影響（限制）政府再造工程實行的環境因素為何？　(A) 領導者的任期限制　(B) 任務目標、政策實施及績效標準與顧客界定　(C) 接觸管道、共享權威與監督　(D) 以上皆是。

( )　42. 何人將再造工程界定為「重新顯現與重新設計組織的核心工作流程，以達成在運用及支應成本、服務層次與循環或工作完成時間、產品與品質革新，以及員工對服務與組織目標之責任等方面有顯著且快速的改善」？　(A)Hale　(B)Greenhalgh　(C)Lawrence　(D)Sutton。

( ) 43. Hammer 與 Champy 兩人曾闡述九項再造工程的設計原則，其中不包括下列何項？ (A) 整合工作流程 (B) 同步進行工作 (C) 由主管做決定 (D) 減少監督審核。

( ) 44. 政府再造工程執行步驟的第二階段是： (A) 預備變革 (B) 規劃變革 (C) 設計變革 (D) 評估變革。

( ) 45. Cameron、Freeman 與 Mishra 等人整理出的員額精簡策略，其中何者不是「組織重設計」的特性？ (A) 減少層級 (B) 鼓勵提早退休 (C) 裁併部門 (D) 快速的成效。

( ) 46. 「對退休人員或離職人員所遺留下來的空缺加以凍結，暫時不考慮新進人員。」此係屬於何種組織員額精簡策略？ (A) 自然損耗 (B) 誘導性離職 (C) 非自願性離職 (D) 強迫性離職。

( ) 47. 「再造工程是以組織核心能力為焦點，針對運作流程與組織績效重新思考且重新設計，以達成組織績效的巨大改善。」此是那一位學者的觀點？ (A)Bennis (B)Mische (C)Lowenthal (D)Schiffrin。

( ) 48. 根據 Lowenthal 的分析，再造工程的實施通常具備四項要素，其中不包括下列何者？ (A) 對組織流程徹底地重新思考，以改善生產力與作業流程的時間 (B) 結構上的重組 (C) 運用最新的科技來驅策資料分配與決策制定的改善 (D) 十分重視組織的內在顧客，但不包括外在顧客。

解答與解析

1.(C)。組織理論學者Kozlowski等人認為組織員額精簡是指組織減少勞動而用來增進組織績效的審慎策略。

2.(B)。應是「溫和的精簡策略」。

3.(B)

4.(D)。應是「高層管理、科技及系統均有變遷」。

5.(A)

6.(D)。組織必須根據其所預定的目標，來採取適當的流程改善策略。

7.(D)。為當組織面臨更嚴重的預算減縮且業務規模之發展情況仍不確定時所採取的策略，亦即先犧牲一部分較次要的政策計畫，以保住重點計畫及所需的員額。

8.**(C)**

9.**(C)**。Band與Tustin將組織員額精簡定義為一種人力結構的調整，以維持競爭力及滿足顧客需求的組織策略。

10.**(C)**。1980年代以來各國政府改造運動，主要策略除撙節施政成本與提高行政效能外，即在結構上、功能上、管理與服務體制上，以政府組織管理改革建構「精簡有能政府」。

11.**(D)**　　　　12.**(C)**　　　13.**(A)**

14.**(A)**。應是「降低成本、提升效能」。

15.**(D)**

16.**(D)**。應是「改善公私部門的夥伴關係」。

17.**(D)**　　　　18.**(C)**　　　19.**(B)**

20.**(A)**。在前副總統高爾的主持下，1993年發表了「國家績效評估報告」（The Report of National Peformance Review，NPR），根據該報告所訂之標題，柯林頓政府改革的主要目標為：使政府作的更好、花得更少。其基本原則為：削減不必要之政府支出；為顧客服務；授權與公務員；幫助社區解決他們自己的問題。

21.**(B)**。顧客指的是資助機構與方案的個人及團體，消費者則是指方案或服務最終的使用者，選民則是指對機關任務有濃厚興趣者。

22.**(C)**。再造不是要縮減工作或人員以減輕財政負擔，而是對工作的再思考，以縮減不必要的工作。

23.**(B)**

24.**(C)**。(A)(B)均為傳統行政管理所重視。授能（Empowerment），即分授職權與職能，使政府組織不再過於「集權」或「萬能」。

25.**(C)**。應是「機關組織缺乏彈性」。

26.**(C)**。結構性即層級化與部門化之縮簡，功能性指強化「政策導航」功能，持續性即強調組織員額精簡或民營化。

27.**(A)**。市政管理的主要問題是社區參與權及地方上民、財、建、教、居住、交通、環保、治安等問題。

28.**(C)**。即建構「企業型」政府。

29.**(D)**

30.**(D)**。依成果（顧客、產品或流程）而非依功能。其他尚包括：使下行的資訊能上達、確定「主要順序」（係指能直接對顧客產生價值的活動能持續進行，其具體作法為：界定具附加價值與無附加價值的步驟；減少或分隔每個無附加價值的步驟，以使主要順序能更平順快速地進行；將複雜性與風險性的個案從例行性的工作挑選出來等）。

31.**(A)**。領導者所說的都會成為信號，這是領導者組織成員之間的明確溝通。領導者表現出來具象徵性的行動即成為符號。

32.**(C)**

33.**(B)**。學者尹曉穎曾將多位學者對於組織員額精簡原因的看法加以整理歸納，區分為總體面與個體面兩大因素。

34.**(B)**。不要過度精簡人事，以免造成組織過度的傷害。

35.**(A)**

36.**(A)**。組織員額精簡是人為的、具有意圖的活動。

37.**(D)**　　　　38.**(B)**

39.**(A)**。再造工程一辭包含下列特性：根本的（Fundamental）、徹底的（Radical）、巨大的（Dramatic）、流程（Process）。

40.**(C)**。應是「方案管理」。

41.**(D)**。學者Caudle認為影響政府再造工程實行的環境因素有：領導；目標與績效標準、政策執行；接觸管道與共享權威。

42.**(A)**

43.**(C)**。應是「由員工做決定」。其他原則尚包括：流程多樣化、打破部門界限、減少折衝協調、提供單點接觸、集權分權並存。

44.**(B)**　　　　45.**(B)**

46.**(A)**。學者Greenhalgh、Lawrence與Sutton等人曾提出組織員額精簡的策略，認為組織員額精簡策略大致可分成三種：自然損耗、誘導性離職（如轉調、減少陞遷機會等）、非自願性離職（如降級、降職等）。

47.**(C)**

48.**(D)**。十分重視組織的顧客（包括內在與外在顧客）。

第5章 企業型政府與非營利組織管理

重點提示 隨著世界新興國家民主化浪潮的推動，再加上民主成熟國家因應日益俱增的國家競爭壓力，人民對政府的要求及參與公共事務的權利有日漸頻繁的趨勢。學術界與實務界人士極力思索如何透過有效的管理來提升政府的效能和服務品質。因此，世界各國皆掀起一股行政改革的風潮，例如新加坡的「智慧島計畫」，加拿大的「公共服務2000年計畫」，英國的「續階計畫」、「公民憲章計畫」，德國的行政彈性工時，以及美國的「國家績效評估報告」（NPR）等計畫，目的均在思索如何提高政府的行政效率，以造福人民。由此來看，「企業型政府」其基本變革主軸是希望改變政府組織的服務文化、理念、管理技術及策略，並以企業界為學習的對象，希望改變傳統政府與民眾間的互動關係；政府亦須從傳統控制與資源分配的優越角色，轉變為爭取顧客的高績效文化關係。因此，政府的組織結構必須重建，以強調授能員工的角度來追求組織任務的產出導向和顧客導向。

我國建立企業型政府的工作，在「新政府運動」的典範下，除了應確實強調「競爭」和「利潤」外，同時更應主張「人民導向」和「社區主義」等公共理念的強化，企業型官僚不僅要重視「效率」、「效能」及「經濟」的管理價值，更應考量「公民參與」、「政治共識」等政治價值、行政倫理、正當法律程序及實質公平的法律價值。（孫本初，公共管理—企業型政府，頁29-53）

本章另一重點為「非營利組織」。以我國為例，解嚴以來，社會多元發展，非營利組織的成立可說是如火如荼的組成，活動包括社會服務、政策倡導、教育文化、工商發展與醫療衛生等多項範疇，對國家社會之影響至深且鉅。但非營利組織又和一般以利潤為導向的企業或組織不同，因為非營利組織是一種具有強烈使命感的自發性組織，其成員又多為自願性的「志工」，如何發揮社會功能、貫徹使命目標、維繫運作績效、避免資源浪費，乃成為重要之管理課題。（孫本初，公共管理—非營利組織管理，頁257-278）

▍重點整理 ▍

第一節 企業型政府

一、企業型政府概說

(一)官僚型政府定義

「官僚型」為歷來政府組織的主要特性之一，其主要涵義有：

1. **政府組織必屬「層層節體制」之結構**，德國社會學者韋柏（M.Weber）曾以「理想型官僚體制」說明其特性。體系必伴隨權威管理，「合法權威」為組織管理之基礎，但權威一旦被濫用或腐化便成為官僚組織之禍源。

2. **官僚組織必以「官治」（而非民治）為本**，歷來所謂官僚制常被譏諷為「官僚意識」或官威官式以至官樣文章等等形態，即是官僚制弊病。

3. 官僚型歷經民主政體的影響，雖逐漸採行民治方式（如代議政治與多元參與），但仍有其弊端，如官僚員吏極易爭功諉過，組織成員慣於對內、對上爭逐而疏於對外，官僚體制扼殺成員之創意，不易適應動態的競爭機制與環境。

(二)企業型政府定義

「政府改造」之主要策略在：引進企業精神，建構「企業型政府」。企業型政府之理念來自新公共管理（NPM）思潮，以破除「官僚型」，並強調顧客至上與市場機能。企業型政府之主要涵義：

1. **民間企業較具創意、彈性、競爭、績效、管理與發展之企業精神**，應引進於政府機關，充實行政人員之活力。

2. **「企業精神」，亦即尊重公民參與管理之精神**，使政府回應民意需求與公民監督、參與施政作為的能力相輔相成，此即較佳的治理與管理方式。

3. **「企業型官僚」須揚棄「行政保守」觀念**，能具有創意與回應能力，尊崇民主與效能原則，實踐倫理與道德標準，符合民主與程序正義，秉持專業知識能力，維護公共利益。可見企業型政府具有「後官僚型典範」之特性。（許南雄，行政學術語）

(三)建立企業型政府的原因

1. 為了恢復民眾對於政府的信心。

2. 為了學習許多地方政府成功的再造經驗。

3. 為了改革官僚體系。

(四) 企業型政府具有之原則

David Osborne與Ted Gaebler揭示如何使政府運作良善的十項原則。包括：

1. 領導催化。　　　　　　　2.授能社區。
3. 效率競爭。　　　　　　　4.任務導向。
5. 成果導向。　　　　　　　6.顧客導向。
7. 積極開源。　　　　　　　8.前瞻預防。
9. 分權參與。　　　　　　　10.市場導向。

(五) 企業型政府具有之特質

1. 其目標界定是以目標及使命為導向。
2. 以顧客為其工作流程導向，不受法令規章既定的限制所驅使。
3. 採行分權參與管理。
4. 注重市場競爭機能、以服務為主。
5. 衝破官僚原有的體制，重新設計組織。

(六) 建立企業型政府的條件

1. 指導性。　　　　　　　　2.社區參與。
3. 競爭性。　　　　　　　　4.目標與任務導向的策略。
5. 重視投入，更重產出。　　6.顧客取向。
7. 企業性格。　　　　　　　8.遠見的政府。
9. 權力分散。　　　　　　　10.市場導向。

(七) 企業政府管理的進行步驟

企業政府管理的進行步驟可用BECAWS表示之，前面三個步驟（BEC）是屬於「企業研究階段」，後面兩個步驟（AW）則是屬於「企業行動階段」，最後（S）則是成果監督與評估的階段。

1.提高警覺（B）。　　　　　2.積極探索（E）。
3.勇於創造（C）。　　　　　4.集體同意（A）。
5.一起工作（W）。　　　　　6.導航追蹤（S）。

二、企業型政府其他重點

(一) 五項希望工程策略

歐斯本（David Osborne）與傅瑞祺（Peter Plastrik）提出政府再造的「五項希望工程策略」（Five Cs）：

1. 核心策略（Core Strategy）：執行途徑主要有三：
   (1)簡併對公共組織無所助益的業務目標及內容。
   (2)區分領航與操槳、管制與服務之業務職能。
   (3)設立新的領航機制。
2. 後效策略（Consequence Strategy）：執行後效策略的主要途徑：
   (1)企業化管理。　　　　　　　　(2)良性競爭。
   (3)績效管理。
3. 顧客策略（Customer Strategy）：
   (1)執行顧客策略的第一項要務，在於「提供顧客的選擇權」。
   (2)第二項執行顧客策略的途徑是為「品質確保措施」。
4. 控制策略（Control Strategy）：落實控制策略途徑：
   (1)組織授能。　　　　(2)成員授能。　　　　(3)社區授能。
5. 文化策略（Culture Strategy）：落實文化策略的途徑：
   (1)改變行政人員的工作內容及方法。
   (2)管理行政人員的情緒與壓力。
   (3)型塑「贏家心態」。

(二)企業型官僚的類型：政策企業家、官僚企業家、主管企業家、政治企業家。

(三)企業型官僚具有之行為特質
1. 主動創發新的任務。　　　　　2.擴展專屬的公共政策範圍。
3. 表現擅長專精的領域。　　　　4.善用組織內部資源實現公共目標。
5. 擴展所屬機關的政治影響力。　6.洞燭機先創造優勢。
7. 承擔風險開創新局。　　　　　8.擅長溝通的領導才能。
9. 堅毅果決勇於行動。　　　　　10.政治結盟策略整合。
11. 建立聯盟組織團隊。　　　　　12.瞭解趨勢善用民意。
13. 開闊胸襟恢宏氣度。　　　　　14.優質的組織文化。

(四)企業型官僚要創造新環境以利成功，需實施之八大步驟
1. 容忍錯誤。　　　　　　　　　2.以創造才能來承擔風險的支持。
3. 賦予執行者自由裁量權與達成績效的責任。
4. 重視分析和評估。　　　　　　5.藉由新的組織結構來加強彈性。
6. 獎酬制度能彈性地被使用。　　7.建立外在的擁護者。
8. 媒體，建立受歡迎的公共形象。

(五) 企業型政府發揮創新功能必須經過之四階段

1. 創發階段。　　　　　　　　　2. 設計階段。

3. 施行階段。　　　　　　　　　4. 制度化階段。

(六) 彼德斯（Peters）主張之政府統理的願景

彼氏以四項指標進行願景型政府的分析：結構安排、人事管理、政策制定、公共利益。

1. 市場模式（Market Model）：此為目前最流行的模式，該模式的知識背景是來自於新公共管理學派的主張：公共選擇途徑、經理人與代理人理論以及公私管理一體化。

2. 參與國家（Participatory State）：此模式正好是市場模式的相反論調，主要是來自於新左派者的主張，強調公民授能與自發性管理，故又稱為「授能國家」模式。

3. 彈性政府（Flexible Government）：彈性政府模式認為永久性是政策過度保守的主要來源，員工終身就業只是保障特權，阻礙效能的統治。

4. 解除管制政府（Deregulated Government）：此是奧斯本與蓋柏勒所提出的新政府運動的代表性模式。該模式假定公共官僚機構為社會問題的來源必須解除政府的功能，削減其權力，如此才能以創意行動創造集體的社會福利。

第二節　非營利組織

一、非營利組織概說

(一) 非營利組織（Non-profit Organization）定義：所謂非營利組織，是指其設立之目的並非在獲取財務上之利潤，且其淨盈餘不得分配予其成員及其他私人，因之而為具有獨立、公共、民間等性質之組織或團體。

(二) 非營利組織的角色

根據R. M. Kramer的見解，非營利組織在現代國家之角色與功能可歸納為：

1. 開拓與創新的角色功能。　　　　2. 改革與倡導的功能。

3. 價值維護的角色功能。　　　　　4. 服務提供的角色功能。

(三) 非營利組織的類型

1. 依「服務的對象」可區分為兒童服務、青少年服務、成年人服務、老人服務、不幸婦女服務、傷殘耳聾者服務、鰥寡孤獨者服務、難民服務、榮民服務和受刑人服務等。

2. 依「工作的內容」可分為救貧服務、急難服務、醫療服務、就業服務、就養服務、婚姻服務、心理保健服務、家庭計畫服務、排解糾紛服務和司法保護服務等。

3. 依「工作的性質」可分為社會性服務、教育性服務、康樂性服務、建設性服務、防範性服務、諮詢性服務、技術性服務等。

二、非營利組織其他重點

(一)非營利組織的部門化

組織分部化的考量因素為：發揮專業分工之優點、促進有效管理制、便於協調溝通、切合業務實況需要及節省開支等。在此原則下，較常見非營利組織分工方式為：1.按功能分部化。2.按服務對象或服務的內容分部化。

(二)非營利組織的層級化

非營利組織仍可依社會學家T.Parsons見解，區分為三個階層：

1.策略階層。　　　　　　　　2.協調階層或管理階層。

3.技術階層或操作階層。

(三)非營利組織四組主要的人力來源

1.支薪的基金會職員。　　　　2.志願工作者。

3.獨立契約的受僱者。　　　　4.機構外的固定勞務提供者。

(四)非營利組織的領導功能所具有的特質

1.是引導而非管理。　　　　　2.以自己為革新的發動者，從自身做起。

3.點出變革的焦點和需求。　　4.不但要看結果還要重視過程。

5.創造變革環境。

(五)非營利組織較常運用的考績管理辦法

1.目標管理。　　　　　2.結果管理。　　　　3.關鍵事件紀錄。

(六)非營利組織在現代國家中所扮演的角色與功能

1.發展公共政策。　　　　　　2.監督市場。

3.監督政府。　　　　　　　　4.提供政府無法提供之服務。

5.支持地方利益及少數團體。　6.創造新的想法並促進變遷。

7.溝通各部門。　　　　　　　8.促進積極之公民資格與利他主義。

(七)非營利組織所面臨的壓力與挑戰

1.來自社會課責的壓力。　　　2.志願性社會服務失敗的壓力。

3.社會服務專業化的壓力。　　4.其他因素。

經典範題

申論題

一、美國公共管理論者歐斯本（David Osborne）與傅瑞祺（Peter Plastrik）提出政府再造的「五項希望工程策略」（Five Cs），分別為「核心策略」（Core Strategy）、「後效策略」（Consequence Strategy）、「顧客策略」（Customer Strategy）、「控制策略」（Control Strategy）與「文化策略」（Culture Strategy），試分別簡要說明其內涵。

說明：　歐斯本與傅瑞祺指出，政府再造的成敗，與其說是繫於理論的周延，毋寧說是取決於具體實踐的程度。政府再造的主要對象，多屬功能龐雜、僵化保守的官僚體系，欲使其蛻變成為具有彈性、富於創新、兼備企業精神的公共組織，高階管理層級必須「講求策略」。

答：　此五項策略均以英文字母C開頭，該二人稱之為「五項希望工程策略」。

(一)**核心策略（Core Strategy）：係指公共組織的職能集中在領航，而非操槳**。亦即，行政體系應著重正確政策之制定與施政方向之設定，而毋須汲汲於例行服務之傳輸。核心策略的執行途徑主要有三：

　1.簡併對公共組織無所助益的業務目標及內容：目的在於清理行政機關多元而相衝突的任務使命。

　2.區分領航與操槳、管制與服務之業務職能：歐、傅兩氏從英國及紐西蘭的成功經驗中指出，認為若能將政府的業務仔細區隔為領航型與操槳型，分屬不同之組織單位，則可同時提高領航型業務與操槳型業務兩者的品質與效能。

　3.設立新的領航機制：藉以釐清行政機關之目標。

(二)**後效策略（Consequence Strategy）：後效策略的目的，係在設計公平、客觀及科學的績效酬賞制度，以利獎優懲劣**。其若能充分發揮功能，是政府再造的希望工程中最具影響力的策略。**執行後效策略的主要途徑有三項：**

　1.**企業化管理**：企業化管理意指使國營事業置身競爭市場，使其仰賴顧客以追求盈餘，以服務品質的好壞決定其浮沉。

　2.**良性競爭**：公務機構如果無法直接轉進市場，則可透過競爭式的簽約方法創造競爭的效果，此即良性競爭。

3. **績效管理**：所謂績效管理，係指政府機關的業務若無法適用競爭機關，可針對實際績效成果予以評量，繼而結合公平、合理的獎懲辦法，俾能獎優懲劣，產生激勵作用。例如經常使用的手段計有：績效契約、績效導向預算、預算結餘分享制等。

(三) **顧客策略**（Customer Strategy）：**顧客策略的作用，係在調整行政人員與民眾互動的方式，以顧客導向的方式處理行政業務**，強調公共組織對顧客負責，藉以提高行政體系對外在環境的敏感度以及回應性。

1. 執行顧客策略的第一項要務，在於「提供顧客的選擇權」。亦即，顧客如能依據個人偏好選擇行政業務的提供者，並依偏好的選擇給付行政規費，則行政組織必須負責達到顧客的需求，才能繼續獲得資源與支持。

2. 第二項執行顧客策略的途徑是為「品質確保措施」。此項途徑，係指公共組織依事實資料與未來趨勢，設定「顧客服務標準」，作為行政人員的行為規範準則。此外，公共組織亦可設置「顧客意見箱」。

(四) **控制策略**（Control Strategy）：**控制策略，係指行政組織將內部重要的決策權逐級下授，必要時可對外授權社區、行政組織的控制形式，由鉅細靡遺的法令規章以及層級命令，轉化為「績效責任」的共同願景。其落實途徑主要有三：**

1. **組織授能**：行政組織的控制機制，例加預算權、人事權以及採購權，由中央機關下授至各級行政組織。組織授能的可行方式，包括行政控制的分權化、組織管制的解除、實地導向的彈性管理、政府再造實驗室、試行作業單位、日落立法的措施、府際管制的解除等。

2. **成員授能**：第二項落實控制策略的成員授能途徑，係指行政組織將決策權下授至第一線工作人員，或由具備第一線工作經驗與知識的人員，參與組織中的重大決策。成員授能的可行方式，包括減少管理層級、組織分權管理、建立工作團隊、鼓勵自我管理的工作團隊等。

3. **社區授能**：社區授能途徑，係指行政組織將部分的控制機制移轉到地方社區，賦予社區成員及社區組織相當程度的權責，俾利自行解決社區的相關問題。社區授能的可行方式，包括成立社區自治機構、政府與社區聯合規劃、設立社區建設基金、營造社區與政府的協力關係等。

(五) **文化策略**（Culture Strategy）：文化策略的效果，是五種策略中最隱晦難明的部分。然而，文化策略卻是政府再造成果能否持續的重要支點。歐、傅兩氏指出，幾乎所有成功的政府再造者都發現，要維繫政

府再造的成果，就必須刻意改變行政人員的心思意念以及行為習慣。
落實文化策略的三大途徑為：

1. **改變行政人員的工作內容及方法**：行政組織若能調整成員的工作內容及方法，常可產生由外而內的改變效果。新的工作經驗以及新的行為模式，可以型塑組織成員新的思維意念。方法包括：策略規劃、工作輪調、內部實習與外部實習、跨部門的調動與研商等。

2. **管理行政人員的情緒與壓力**：行政組織能否有效管理成員的情緒與壓力，攸關整體組織士氣。歐、傅兩氏認為，情緒的擴散力與影響力遠超過理念。亦即，情緒商數（EQ）的重要性甚於智慧商數（IQ）。具體作法可包括：公開表揚績效優良成員制度、建構新的組織語言與組織符號、設立新的組織儀式、建造休戚與共的團隊意識、改善工作環境與設施等。

3. **型塑「贏家心態」**：行政組織的管理階層要設法培育組織成員的「贏家心態」，如此較易引導成員釋出全部的創意與動能。行政主管為組織成員型塑贏家心態，常見的方法包括鼓勵成員加入「工作任務說明書」的撰寫、參與「研議願景的程序」以及組織信念價值的釐清等措施。（江岷欽、劉坤億，企業型政府—理念、實務、省思，頁106-129）

二、以企業管理精神再造政府的治理能力，已成為各國提升國家競爭力的主要策略，請說明企業型政府（Entrepreneurial Government）的意涵，並分析此一理念被提出的背景因素。

說明：　企業型政府，該名詞首先係由奧斯本與蓋柏勒於新政府運動一書中所提出的。

答：(一) 企業型政府之意涵：

1. 「新政府運動」（Reinventing Government）的作者奧斯本與蓋柏勒（Osborne與Gaebler）曾指出重建政府的壓力係來自於現代的公共生活存在著下列三項特徵：

(1) 社會大眾對公共服務需求的質與量大幅成長，但政府的官僚體系提供服務的模式卻未能滿足他們。

(2) 因科技進步而使服務的範圍擴大、多樣化，使政府服務的成本提高，但相對地其效能和效率卻降低。

(3) 人民普遍對官僚式政府運作的不信任，使他們堅信政府對經費的運用是無效率的。

2. 奧斯本曾在華盛頓郵報中指出，選民需要小型政府，但是他們也需要做得更好的政府；他們需要一個能夠縮小赤字，創造經濟成長，改進教育，減少犯罪，保護環境與協助他們找到可以創造事業成功的機會。他們需要更有效率的政府，但他們更需要更具成效的政府。

3. 企業精神的定義：法國經濟學家J.B.Say認為，企業精神係指時時能採用新方法來運用資源、加強效率與效能的組織。即企業家應具備「創新」的精神與能力，將原來的生產要素加以重新組合，創造新的產業機能，以因應市場的需求與挑戰。

4. 杜拉克曾說：「只要組織中存有鼓勵企業精神的機制，任何人都可以成為企業家；反之，組織中盡是誘發官僚行為的制度，任何企業家也會變成僵化的官僚。」

5. **行政學者和政府主管建議將企業精神引進公部門，遂倡導「企業型政府」（Entrepreneurial Government）的治理型態，主張公部門應由一群富有企業精神的行政人員或企業型官僚所組成。**（孫本初，公共管理—企業型政府，頁29-53）

(二)企業型政府提出的背景因素：

1. **新政府運動**：奧斯本與蓋伯勒的新政府運動一書，他們認為，如果政府管理文化與行為能夠加以變革，則就可以從「官僚型政府」轉變為「企業型政府」；政府可以像私人企業一樣，為人民解決許多問題。企業型政府所企圖建立的公共企業精神就是告訴政府未來要如何做才能滿足人民需要與社會期待。他們認為，政府機關唯有具備企業精神，以企業精神經營政府機構，以建立企業型政府。

2. **企業政府管理**：企業政府管理是為了因應資訊化時代，政府如何將企業經營的原則應用於公共服務的管理方法。企業政府管理不再一味地強調顧客至上，而主張以建立公民、行政官員與私部門的三方夥伴關係，從事政府再造工作。企業政府管理的進行步驟可用BECAWS表示之，前面三個步驟（BEC）是屬於「企業研究階段」，後面兩個步驟（AW）則是屬於「企業行動階段」，最後（S）則是成果監督與評估的階段。

(1) **提高警覺（B）**：企業政府管理採取所得→投入→過程→產出→結果的價值鎖鏈途徑，將顧客與主雇對於金錢的評鑑價值作為投入項之前的重要因素。

(2) **積極探索（E）**：必須積極探索企業的問題。探索方法有三種：探索思考（目的在探索新知識）、理性思考（目的在分析企業問題）與直覺思考（目的在研議創新方案）。

  (3) **勇於創造**（C）：這個創新方法是經由田野分析法，針對前面所探索出來的企業問題，設法研議出各項可能的行動方案，然後就該行動方案改變組織現狀的障礙或支持力量進行分析，最後再決定是否接受該方案或應該如何加以修正。

  (4) **集體同意**（A）：必須集體同意行動計畫。

  (5) **一起工作**（W）：必須一起工作，進行人力資源管理。人力資源是政府企業中最可貴的資產，必須加以激勵，使其投入行動計畫的實踐。

  (6) **導航追蹤**（S）：以操槳者的角色進行計畫進度的追蹤與計畫後果的評估。

3.**國家績效評鑑**：企業型政府的概念在高爾所主持的1993年國家績效評鑑報告成為政府再造的主軸，為什麼要提出企業型政府概念呢？

  (1) 為了解決美國民眾對於政府失去信心的危機。

  (2) 為了解決政府的預算赤字危機。

  (3) 為了解決政府支出浪費問題。

  (4) 為了提高公共計畫的績效。

  國家績效評鑑報告中提出建立企業型政府的做法分為四大類：

  (1) 刪減官方文書，簡化預算過程。

  (2) 將顧客擺在第一位，賦予顧客發聲與選擇的權利。

  (3) 員工授能獲致成果，決策權的分權化。

  (4) 回歸基本，創造更佳政府，減少不需從事的工作。

4.**類似企業政府**：何謂類似企業的政府呢？它是一個以最少的浪費，以最有效率與最有效果的方式做事的政府。

  (1) 是一個停止作不必要事情的政府，可以減少政府的成本，成為一個成本低廉的政府。

  (2) 是一個明智地進行業務採購的政府，如此就可將結餘的經費投資在必要的公共設備上。

5.是一個負責任的政府，將每一分錢都做妥善的運用。建立類似企業政府的方法有四：

  (1) 以顧客為焦點。　　　　　　　　(2) 傾聽員工的聲音。

  (3) 以資訊科技進行流程再造。

  (4) 管制機構從對立的途徑轉變為合作有效的方法。（丘昌泰，公共管理—理論與實務手冊，頁 85-131）

三、為什麼要建立企業型政府呢？建立企業型政府的條件為何？

答：(一) 建立企業型政府的原因：

1. **為了恢復民眾對於政府的信心**：80年代，民眾對於政府的信心降至最低點，80年代末期只有5%的美國人表示願以政府公職為終身志業，四分之三的民眾認為政府的價值低於十年前。因此，如何恢復政府信心是建立企業型政府的主要原因。

2. **為了學習許多地方政府成功的再造經驗**：例如以實施支出控制預算相當成功的加州佛塞拉市就是一個成功案例，該市中的主管可以視情況需要，刪除每個部門的預算細目，讓主管視實際需要動用預算。

3. **為了改革官僚體系**：官僚體系給人民的印象是行事遲緩、缺乏效率，造成民眾對於官僚體系的惡劣印象，認為只是一個會花納稅人血汗錢的機關。因此，必須進行創新的改革。

(二) 建立企業型政府的條件：

1. **指導性**：**政府應該技巧性的選擇機關內的服務提供方式**，例如簽約外包，強調公私合夥關係，運用抵用券、志工等方法。政府基本上是導航者，而非操槳者。

2. **社區參與**：專業行政人員不應經營計畫的所有層面，而應透過治理委員會與管理團隊的手段對主雇實施參與管理；社區比政府機關更了解自己的問題。

3. **競爭性**：應將競爭引進政府過程，採取任務競標、內部服務競賽等方法。因為政府機關的問題不在於公營與民營之爭，而在於獨占與競爭之爭。

4. **目標與任務導向的策略**：**政府機關應將規劃數目降至愈少愈好**，條列式的預算方式、一年為週期的基金、太過瑣碎的職位分類等都應該予以打破，實施目標導向、任務導向的管理策略。

5. **重視投入，更重產出**：如果不測量績效，就無法評定管理的成敗。因此，必須以政策結果，而非計畫投入決定機關的績效與基金的配置。

6. **顧客取向**：只有顧客才能決定品質。親近顧客，改造政府面貌，實施全面品質管理，以推動顧客導向的新政府運動。

7. **企業性格**：例如，可透過使用者付費、企業基金、結餘共享、企業貸款與內部利潤中心等建制，另闢財源。

8. **遠見的政府**：政府不能只是為了滿足需求而提供服務，必須從需求考慮，採取前瞻性的做法，需要以遠見治理社會，訂定策略性計畫。

　9. **權力分散**：分工的機構比集權的機構更有彈性、更有效能、更有創意。故**應將集權化的機構予以分權化，放棄層級節制控制，實施參與管理、團隊合作、勞資合作管理等。**

　10. **市場導向**：政府不能以命令控制方式完成目標，必須以提供市場投資的誘因與排放交易等市場手段，重新建構市場。（丘昌泰，公共管理─理論與實務手冊，頁85-131）

四、企業型政府具有何種原則與特質？

答：(一) 原則：David Osborne與Ted Gaebler在所著的《新政府運動》一書中，曾揭示如何使政府運作良善的十項原則。包括：

　1. 領導催化。　　　　　　　　2. 授能社區。
　3. 效率競爭。　　　　　　　　4. 任務導向。
　5. 成果導向。　　　　　　　　6. 顧客導向。
　7. 積極開源。　　　　　　　　8. 前瞻預防。
　9. 分權參與。　　　　　　　　10. 市場導向。

(二) 特質：企業型政府（Entrepreneurial Government）是指政府應用新的方法來處置有限的資源，以達到最大生產力的效能與效率，其具有以下五項特質：

　1. 其目標界定是以目標及使命為導向（注重結果不只是看投入）。
　2. 以顧客為其工作流程導向，不受法令規章既定的限制所驅使。
　3. 採行分權參與管理（組織內對成員授能、對外鼓勵公民參與決策）。
　4. 注重市場競爭機能、以服務為主、創立行動誘因、放棄監督防弊的保守心態。
　5. 衝破官僚原有的體制（預算、財政、人事、績效評估、責任與課責），重新設計組織。（孫本初，公共管理─企業型政府，頁29-53）

五、企業型官僚要創造新環境以利成功，需實施那八大步驟？試說明之。

答：(一) **容忍錯誤**：從過去的成功經驗發現，創新的組織中具有一項重要的要素，即為容忍可理解的錯誤。在公部門中，鼓勵創新的有形報酬很少，加以專業的風險深植其中，假若制度上欠缺支持積極進取的機制，官僚惰性、組織僵化的情形勢將無法避免。因此，管理者必須傳達持續支持的訊息，以增加自發性創新提議的產生。

(二)**以創造才能來承擔風險的支持**：高層管理者必須找出官僚體制中抑制創造才能的結構特質，設法塑造基本價值和獎酬系統來改變組織的誘因。首先，和中、下層管理者溝通創新理念，生產和傳遞服務的行政人員最為接近顧客，也是最實際瞭解顧客需求的人；其次，分配資源讓其發展。

(三)**賦予執行者自由裁量權與達成績效的責任**：管理者必須給予執行者自由裁量權來完成其所執行的計畫，並保證其能達成清楚、具體目標的責任。由於創新的政策與管理，必須使行政人員充分瞭解他們的工作目標，此意味著必須給予他們足夠的資訊與裁量權，同時也蘊含支持、資助與包容錯誤。企業型官僚在擁有較多裁量權的同時，也必須履行達成績效結果的責任。

(四)**重視分析和評估**：大部分創新的組織常藉由正式和非正式方案的運作分析與評估，來型塑、界定與重新適應組織所面臨的環境。**分析的主要任務是在創新方案實施中加以衡量，以達成方案設計的盡善盡美；評估的工作則是藉由反饋系統，持續不斷地探索創新方案的執行情形**，遇有錯誤立即修正，以保持此一方案的適用性。

(五)**藉由新的組織結構來加強彈性**：大型的層級節制組織有較多的法規與限制，加諸於組織中不同的層次和功能，以致於難以新的提議來匯聚資源和獲得組織的支持。因此，扁平式的、較少層級的組織較能適應變遷的組織結構。例如將政府服務外包給民間，便可提供彈性、避免層級節制體系的限制。

(六)**獎酬制度能彈性地被使用**：由於公部門的獎酬受到法律、規則和工會契約的限制，因此公共管理者應找尋其他方式來對有成就者加以確認和獎酬。包括：基本的物質報酬、聲望共享、人民支持及建立行政人員的尊榮感。

(七)**建立外在的擁護者**：許多創新方案是政府部門無法獨立完成的，必須藉由公、私部門協力來加以促成，因此將社會資源導入公部門中，成為創新方案成功的關鍵。例如，企業型官僚可利用研究成果來公布問題的所在，並將政策理念深入淺出地傳達給一般人民，以尋求政治、預算上利益的彙集；其次，公部門有責任將整個公、私部門合作的計畫方案詳細界定，除可避免外界的誤解，更可排除公民參與的心理障礙，擴大社會的參與。最後，創新方案能夠獲得外在擁護者行動上的支持，有賴於初期成果的達成。

(八)**媒體：建立受歡迎的公共形象**：欲尋求外在擁護者對方案的支持或至少降低反對的聲浪，就必須為機關或方案創造正面的公共形象。因此，行政人員必須瞭解如何藉由媒體向大眾進行行銷與溝通的技術，例如使用可衡量的目標來表示成功，或利用引人注目、象徵性的事件與訊息吸引媒體注意，以期獲得政治和財務上的支持。（孫本初，公共管理—企業型政府，頁29-53）

六、學者彼得斯（B. Guy Peters）觀察1980年代至1990年代各國政府改革現況之後，指出當代政府的新治理典範已經浮現四項特質（模型）：
(一)市場式政府（Market Government）
(二)參與式政府（Participative Government）
(三)彈性化政府（Flexible Government）
(四)解制式政府（Deregulated Government），請分別說明其內涵。

說明：　這四個模式超過了傳統企業型政府的概念。彼氏以四項指標進行願景型政府的分析：結構安排、人事管理、政策制定、公共利益。

答：(一) 市場模式：**此為目前最流行的模式**，該模式的知識背景是來自於新公共管理學派的主張：公共選擇途徑、經理人與代理人理論以及公私管理一體化。

　　1.結構安排：**反對大型的、集中化的官僚組織，主張予以分權化**，將政府分化成多元的企業組織單位，引進市場機制，將競爭帶入政府機關內部。因此，民營化就成為影響組織結構安排最重要的工具。

　　2.人事管理：**建立以績效為基礎的報酬制度**，以取代傳統重視年資與考績的功績制。

　　3.政策制定：**解放中央的決策權，建立許多具有獨立決策權的企業型機構**，最高階層只要負責政策與意識型態的決定方向即可；至於民眾在政策過程中的角色則是將民眾視為私部門中的顧客。

　　4.公共利益：**公共利益可以從提供服務的成本廉價程度來衡量，成本愈低廉者，則其愈能滿足公共利益**；也主張將民眾視為顧客或納稅義務人，讓市場中的顧客有更多的自由選擇權。

(二)參與國家：**此模式正好是市場模式的相反論調**，主要是來自於新左派者的主張，強調公民授能與自發性管理，故又稱為「授能國家」模式。與市場模式相同的是：該模式反對層級節制的、規則基礎的公共

組織；但與市場模式相反者為，並不認為具有企業精神的領導者為政
府再造的成功因素。

1. 結構安排：該模式**主張扁平式組織，減少上層管理者人數與管理階層**，
   儘量擴大基層員工與民眾的參與，該模式更重視員工的參與過程和參與
   管道的建立。

2. 人事管理：**低層管理者或主雇為管理決策的核心**，故人事管理必須以低
   階人員為主體。為確保低階人員參與組織的所有行政過程，故必須進行
   社會對話，讓基層利益能夠進入政府組織內部。

3. 政策制定：**主張採取由下而上的分權化決策制定過程**，基層官僚通常最
   能影響決策制定結果。

4. 公共利益：**公共利益應根據是否能夠擴大基層員工與公民在決策過程中
   的參與而定**。表現在三方面：
   (1) 員工進行獨立決策能力的加強。
   (2) 透過對話過程，讓公民影響公共政策的實質內涵。
   (3) 公民本身必須親自參與決策制定。

(三)彈性政府：傳統的官僚體系通常都強調永業制，政府成為不朽的實
   體，**彈性政府模式認為永久性是政策過度保守的主要來源**，員工終身
   就業只是保障特權，阻礙效能的統治。

1. 結構安排：與傳統強調永業制的官僚結構不同，**該模式特別主張根據社
   經環境的變化，建立彈性化的組織**，終止當前經常性的組織活動。

2. 人事管理：**主張以臨時國家的方式進行員額管理**，特別強調管理者調適
   公務人力的能力，節省政府開支。

3. 政策制定：既然是一個臨時國家，政府組織的脆弱性就容易使政客在改變
   政府政策上扮演重要角色，**推動激進的改革**。不過，這種改革並不容易。

4. 公共利益：**凡是能夠降低政府成本的就是符合公共利益者**，愈創新的政
   府，或者愈不僵化的政府，則愈能滿足公共利益。

(四)解除管制政府：**這是奧斯本與蓋柏勒所提出的新政府運動的代表性模
   式。該模式假定公共官僚機構為社會問題的來源必須解除政府的功
   能，削減其權力，如此才能以創意行動創造集體的社會福利。**

1. 結構安排：可以分為兩種不同主張：
   (1) 第一、仍然肯定公共官僚體制的必要性，認為其為「必要之惡」。
   (2) 第二、儘量減少集中化機構之控制，讓個別組織能夠發展與實踐其自
       我價值。

2.人事管理：有兩個截然不同的人事管理方式：

(1) 由上而下的方式，認為只要官僚領導者具備企業精神，訂定政策方向，儘量授權部屬，自然可以發揮組織效能。

(2) 由下而上的方式，與參與國家模式一樣，認為員工的參與為組織效能的要件，最高層的領導者僅擔任消極的領導角色。

(3) 政策制定：強調官僚機構在政策過程中的重要角色，應該儘量避免政治人物成為決策制定者。

(4) 公共利益：公共利益能由積極的與干預社會或市場的行動者所組成，只要充分授權這些專業的官僚機構，就能滿足公共利益。（丘昌泰，公共管理－理論與實務手冊，頁 85-131）

七、羅蘭詩和金恩曾主張企業型政府發揮創新功能必須經過四個階段，試說明是那四階段？

答：(一) **創發階段**：指的是革新理念的工作，必須與實際的需求和問題確切地聯結。亦即，革新理念的構想，必須比其他構想更具有解決問題的能力，能將革新理念與公共問題加以聯結，即稱為「解決方案」。

(二)**設計階段**：指的是開始採取行動，將構想準確而具體的表達出來。企業家無法憑空要求他人聽任他的構想，惟有將具體設計的方案，策略地呈現為書面型式，才能確保此一革新理念的合法地位。這個階段需一些實際的「原型」或具體的程序、行動綱領的建立，並隨時準備接受檢證時，才算確實完成；所謂「原型」即是革新理念的模型，其本質是技術性或可執行的，技術的原型包括新的技術、生產和服務方式，可執行的原型即指新的程序、政策和組織型式。

(三)**施行階段**：指的是開始檢證具體的革新方案，並非所有的構想都是有用、可行的，往往很多不可預測的問題和一些無法評估的後果，讓革新理念無法遂行，並造成資源的誤置或浪費，而施行階段就是在篩選出有用、可行的新構想，經得起經驗檢測的新構想，便可稱其為成功的原型。

(四)**制度化階段**：指的是某一項革新理念通過創發構想的競爭，成為可被實踐的原型。經過施行的檢證，具有滿足需求及解決問題的能力，進而成為眾所認同的作為。制度化並非固定的創新過程，每一個革新理念都有其專屬特有的創新歷程，且仍須依序經過前述三個階段的考驗。（江岷欽、劉坤億，企業型政府－理念、實務、省思，頁106-129）

八、企業型官僚可分為那些類型？

說明： 官僚企業家雖是執行政府革新方案的成功之鑰，但若未得到政治企業家的支持，一切皆枉然；反之，僅憑政治企業家的改革熱忱，而沒有主管企業家和官僚企業家的配合規劃執行，革新理念終將成為夢幻泡影。

答：羅蘭詩認為有四類企業型官僚，分別為：政策企業家、官僚企業家、主管企業家、政治企業家。

(一)**政策企業家**：在政府機關中並沒有正式的職位，係在官僚體制外，致力於革新理念的構思、設計及施行並運用於公務部門者。政策企業家經常可以憑其身在政府機關外部的優勢，更便於汲取資訊和其他資源，提供給官僚體制，並經常藉由媒體的力量，促進政策議程及推動相關法規法案的制定。政策企業家比較喜歡挑戰現狀，在策略上大多能採取原創式的革新理念。

(二)**官僚企業家**：在政府機關中具有正式職務，但未擔任主管職務。官僚企業家在官僚體制的權威結構中，雖然自主性較少，但所有的革新方案都有賴於他們支持、執行，以及提供決策時的基本資訊。他們經常會從權威結構中尋求主管及政治人物的奧援，爭取將資源運用在特定的革新方案上。由於官僚型企業家位居傳統薪給酬賞制度中，不免會擔心過分激烈的創新作為，會危及自身的職位或挑起機關內部的強大干擾。因此，應避免採取「原創式」的構想，而盡量採用「轉借式」的創新構想。

(三)**主管企業家**：在政府機關中具有正式職務，並擔任領導職。**主管企業家是官僚體制中具關鍵地位的管理者，政治企業家的革新理念，必須經由他領導官僚體制成員來加以實現**，而他本身所具備的專業知識也是政治企業家所高度依賴的。主管企業家是政治和專業間的橋樑，他必須兼具政治家的身分。在策略考量上，他們比較偏好於採用「適應性」的創新理念。

(四)**政治企業家**：政治企業家既是政府機關中經由民選產生擁有正式職位的人，同時也具有領導職。由於**政治企業家**擁有民主體制的權力基礎，因此在革新政策的過程中，**經常扮演著發起及推動的核心角色**。政治企業家一方面致力維持民眾對他的支持，一方面在必要時，也會挾其民意的基礎，不惜與其他反對者對抗，以維護革新理念的實現。

（江岷欽、劉坤億，企業型政府─理念、實務、省思，頁106-129）

九、企業型官僚具有那些行為特質？試說明之。

說明：　企業型政府是由一群充滿企業精神的公職人員所組成的，他們運用各種策略方法，讓原本僵化的官僚體制再度恢復活力，使績效不彰的政府機關再度有效運作。

答：(一) **主動創發新的任務**：在多元的民主社會中，人們的基本價值經常缺乏共識，立法機關為反映這些衝突和矛盾的社會目標，大多採行折衷妥協的方案，導致行政部門所接受的指令模糊曖昧。面對這種情境，成功的企業型官僚會為機關創發新的任務，運用適當的行政裁量權，越過政客們的競技，直接體現人民的需求。

(二) **擴展專屬的公共政策範圍**：企業型官僚會設法擴展專屬的公共政策範圍，這種擴張組織的作法，雖然會悖離代議政府的民主程序，但卻能有效地降低組織的不確定性，增加自主性。

(三) **表現擅長專精的領域**：企業型官僚通常專精於某些社會關注的領域，他們善於應用傳播媒體、國會聽證會以及其他各種會議，倡導其專精的領域，在「理」與「勢」方面，成為某些公共政策的代言人。

(四) **善用組織內部資源實現公共目標**：企業型官僚善用組織內部的資源及力量，實現公共目標。企業型官僚的目標，並非僅限於加冠晉爵而已，而是要透過組織實踐公共利益的目標。

(五) **擴展所屬機關的政治影響力**：企業型官僚會積極運用組織中的影響力爭取成功，而非消極地坐視文官體系成為腐敗無能的淵藪。李懷適指出，企業型官僚在其生涯之中終將體會，龐大複雜的公共組織是進行社會改革、政治改革以及經濟改革最有力的工具。

(六) **洞燭機先創造優勢**：企業型官僚對於外部環境具有高度的警覺性，能夠發現民眾未滿足的需求，在危機尚未形成前，預先掌握時機，運用適當的方法加以處理。

(七) **承擔風險開創新局**：企業型官僚在創發任何新任務時，都必須承擔某種程度的風險，而這也正是他們成為企業家的要件。勇於承擔風險，可以為他們帶來更多創新的機會。

(八) **擅長溝通的領導才能**：企業型官僚經常會提出一套深具說服力的「願景」，不僅藉此來吸引大眾注意他所提出的議題，更重要的是，藉由擅長溝通的領導才能，可以鼓舞組織成員，協力提高政府生產力。

(九)**堅毅果決勇於行動**：相較於企業部門，由於公務部門的行政人員深受政治因素、立法機關及預算限制的羈絆，因此，行事作風處處顯得謹慎小心，加以平日的工作，比一般企業部門管理者受到更多的監督與課責。對企業型官僚而言，為克服此一困境，他們除了注重個人正直清廉的形象外，並藉由行動過程的透明化，宣示貫徹政策的決心。

(十)**政治結盟策略整合**：任何人都無法否認政治支持的重要性，特別是主管企業家和官僚企業家，倘若他們的革新方案要獲致成功，就必須先尋求民選行政首長的支持。在這個過程中，如果所提革新方案可能危及行政首長的政治利益，主管企業家和官僚企業家應該運用其他策略爭取支持。

(十一)　**建立聯盟組織團隊**：主管企業家或官僚企業家都不可能憑藉專業職能，獨立完成革新計畫方案，他們必須對外尋求更多的聯盟關係，爭取利益團體、非營利組織和政策企業家的支持；對內則必須組織工作團隊，協力達成預想的目標。

(十二)　**瞭解趨勢善用民意**：企業型官僚善用民意市場的力量，塑造「捨我其誰」的形象；企業型官僚不但擅長凸顯問題的重要性，亦善於運用自己的知識及能力，塑造專業形象，營造民眾對其解決問題的信心。

(十三)　**開闊胸襟恢宏氣度**：觀察現行官僚體制中，任何政策方案都得經過再三評估，實際上卻無助於執行，反倒經常陷入「分析麻痺症」窠臼。因此，企業型官僚應具有大開大闔的格局，採取小處收手的原則。

(十四)　**優質的組織文化**：企業型政府的成功，不僅僅仰賴各類企業型官僚的存在，更應型塑出具有創新精神的組織文化。整體的企業精神比個別的企業精神更為重要，對於再造政府的治理能力，我們不僅可以期待個別企業型官僚的領導，更可以經由眾多企業型公職人員的齊心努力而獲致成果。（江岷欽、劉坤億，企業型政府—理念、實務、省思，頁106-129）

十、解釋名詞：
　　(一)催化型政府(Catalytic Government)。　　(二)民營化。
　　(三)政府機關民營化。　　　　　　　　　　(四)公民參與。
　　(五)委外服務。

答：(一) 催化型政府：自50年代以迄70年代，各國政府時興於所謂「大政府與「萬能政府」。但在80年代「政府改造」運動激盪下，則要求成為精

簡為「催化型」政府。主要涵義為：

1. 政府結構由龐大、臃腫而轉變為精簡，即所謂小而強。

2. 政府職權以「政策領航」為取向，而非「事事關心」。

3. 建立授能化（Empowerment）、民營化與分權化管理體制，強化各級政府、民間企業、非營利機構等團體之活力與機能，以擔負公共管理責任。政府應乃為催化、治理、導航、掌舵與帶領者的角色；其他「管理者」則偏重於執行、操作、配合的功能。

(二)民營化：「民營化」是80年代以來各國「政府改造」運動主要革新途徑之一。涵義包括經營權、合夥方式與管理體制之改變，如：

1. 公營事業局部或全部轉變為民營。

2. 政府輔助民營團體經營事業（公辦民營、公私合產、公私合營）從而改變公私機關之合夥關係。

3. 政府若干「執行機構」轉變為民營。

4. 政府或公營機構改採委外服務，人力外包等民營形態加入管理體系。
   民營化之主要優點為：

1. 改變公私機關合夥方式與共同擔負公共管理責任，符合當前政府改造運動之革新潮流。

2. 擴增民營事業或非營利機構之管理機能與活力。

3. 政府機關得以引進企業化精神而有助於建構「企業型政府」之基礎。

4. 配合推動新公共管理體制：授能化、分權化與精簡化革新措施。
   雖說如此，各國推動民營化亦有其若干困境：

1. 牽涉法令、體制、環境與員工心理抗拒等因素，無法加速變革。

2. 易沾染政治因素與財經重大變革之政策轉變。

3. 一般開發中國家民營化易與財團化或黨營化掛勾而變質。

4. 政府若干基本職能無法由民營化取代，致民營化非萬靈丹。

(三)政府機關民營化：政府機關民營化是80年代民營化管理之兩大範疇，此一體制是始於柴契爾主義之倡導。英國前首相柴契爾夫人執政期間揭櫫「代表型」政府，以破除官僚化體制。86年更推動「政府企業化」，而於翌年頒行「新階段革新」。政府機關民營化之主要內容為：

1. 政府核心部門所轄（屬）執行機構得轉變為民營，如英國文官考選機構。

2. 政府各執行機構雖未開放民營，但得採以人力外包、委外服務、公私合營方式。

3.引進企業化精神。

4.改變政府機關與民營企業或非營利機構之夥伴關係。

(四)公民參與（Citizen's Participation）：「公民參與」係公民責任之一，公民參與公共事務及社區服務之方式，即公民參與制度，此與古代「順民」之消極參與有別（政治學所稱的臣屬型政治文化）。參與方式大致有直接與間接兩種，直接參與如擔任政府機關諮詢、顧問職務、參加公聽會、參加公益或私益團體以爭取公共慈善活動或消費者權益；間接參與如行使投票權、接受民意調查、參加請願陳情等方式。

(五)委外服務（Contracting Out Privatization）：政府機關「民營化」的方式中，除出售公產、公股（部分或全部）之外，亦採合營（Co-Management，公私合營）、合產（Co-Production，公私合產），另有所謂「委託民營」，或稱「委外服務」，即政府為節省人力物力資源並顧及公、私夥伴關係之建立，所採行之民營化方式（服務委託，非股權讓與）。委外服務或委託經營均指委由民間企業或非營利機構依契約代為經營管理，其方式為：

1.人力外包（Contraction Out）：政府業務（如資訊處理、交通違規拖吊）委由民間機構辦理。

2.民間代為興建（Build）、營運（Operate）、移轉（Transfer）。如台灣地區高速鐵路之建設管理正採行BOT方式。

3.民間企業獲致政府融資而進行公共設施之興建與移轉：BT。

4.民間企業投資興建公共設施（Build Own Operate）：BOO，其中連土地徵購亦由民間購取。

5.其他委外方式（如若干公辦民營的措施）。（許南雄，行政學術語）

十一、何謂「非營利組織」？非營利組織具有何種角色？非營利組織可分為那些類型？

答：(一) 定義：所謂非營利組織，是指其設立之目的並非在獲取財務上之利潤，且其淨盈餘不得分配予其成員及其他私人，因之而為具有獨立、公共、民間等性質之組織或團體。另外，依據Wolf之界說，非營利組織之意涵如下：

1.其必須具有公眾服務的使命。

2.其必須在政府立案、接受相關法令規章的管轄下。

3.其必須組織成為一個非營利或慈善的機構。

4.其經營結構必須排除私人利益或財物之獲得。

5.其經營得享有免除政府稅收的優待。

6.其亦享有法律上的特別地位，捐助或贊助者的捐款得列入免（減）稅的範圍。

(二)非營利組織的角色：根據R.M.Kramer的見解，非營利組織在現代國家之角色與功能可歸納為：

1.**開拓與創新的角色功能**：因為具有組織彈性、功能自發性、民主代表性的特色，非營利組織對社會大眾的需求知覺較為敏銳，常能挾多樣化人才，發展出應時之策略，付諸規劃執行，並從實際行動中驗證理想，嘗試出合宜的工作方針與方法，引導社會革新。

2.**改革與倡導的功能**：透過社會各個不同層面的參與和服務，非營利組織往往能洞察社會脈動之核心，並運用所累積的聲譽和資源來發動輿論及展開遊說，具體促成社會態度之改變，發動政策與法規的制定或修正。

3.**價值維護的角色功能**：非營利組織透過實際運作，有系統地激勵民眾對社會事務之關懷與參與，提供社會精英和領袖的培育場所，促進一般大眾人格之提升與生活範疇之擴大。

4.**服務提供的角色功能**：當政府礙於資源與價值優先順序的限制，而無法充分踐履其保障與福利功能時，非營利組織多種類、多樣化的服務提供，恰能彌補此種差距，相對地也提供人民更廣泛的選擇機會。

(三)類型：根據非營利組織所提供之社會服務項目還可作如下區分：

1.依「服務的對象」可區分為兒童服務、青少年服務、成年人服務、老人服務、不幸婦女服務、傷殘耳聾者服務、鰥寡孤獨者服務、難民服務、榮民服務和受刑人服務等。

2.依「工作的內容」可分為救貧服務、急難服務、醫療服務、就業服務、就養服務、婚姻服務、心理保健服務、家庭計畫服務、排解糾紛服務和司法保護服務等。

3.依「工作的性質」可分為社會性服務、教育性服務、康樂性服務、建設性服務、防範性服務、諮詢性服務、技術性服務等。（孫本初，公共管理—非營利組織管理，頁257-278）

十二、何謂非營利組織的「部門化」、「層級化」與「職位設計」？試分別加以說明之。

答：(一) 非營利組織的部門化：組織分部化的考量因素為：發揮專業分工之優點、促進有效管理制、便於協調溝通、切合業務實況需要及節省開支等。在此原則下，較常見的分工方式為：

　1. 按功能劃分：將相同或類似的活動歸類成一個組織單位，由該部門負責該項功能之執行。一般的非營利組織可區分為財務部、人事部、計畫部、推廣公關部、募款部和業務執行部等。

　2. 按服務對象或服務的內容劃分：根據所服務之人口特性、處理之事務或服務的方式內容來設置部門。如依服務對象可區分為救貧服務部、急難服務部、醫療服務部、就業服務部等。

(二) 非營利組織的層級化：隨著服務業務的擴張，非營利組織的規模亦相對擴增，任何大型組織欲有效達成任務，須透過層級節制來指揮協調。但由於非營利事業之推動，大部分須仰賴志願性的工作人員，且社會服務工作專業種類繁多，各專業權威間並無統屬的關係。社會服務人員一方面被要求對服務對象保持高敏感度，另一方面又須具備創意與活力來設計推動計畫，因此，非營利組織的層級設計常需在高塔型的組織、扁平式組織、嚴密節制的正式組織或鬆散協調的非正式組織間權衡取捨。**非營利組織仍可依社會學家T.Parsons見解，區分為三個階層：**

　1. **策略階層**：策略階層是指負責組織總目標的制定、釐定資源分配或生存發展等重大政策方針的首腦人物。這些人必須密切注意社會環境中文化型態和價值觀念的變動。

　2. **協調階層或管理階層**：協調階層或管理階層主要從事組織目標下各次級目標或任務之規劃，透過指揮協調要求所屬實現高層的決定，如基金會中的執行長、財務長或機要秘書。

　3. **技術階層或操作階層**：係指執行特定工作活動的基層人員，如基金會中受有薪給的專業人員或幕僚人員、不受薪的志願工作者。

(三) 非營利組織的職位設計：非營利組織的職務工作不像營利企業或公務機關，在固定的分工結構下可以賦與明確的職責範圍。加上其服務工作需時常面對不同的服務社群、政府部門與協處機構。故學者建議以一種「衛星式」的職務分派方式來設計職位。

1. 衛星式職位設計的主要目的，在容納不同的工作任務與角色扮演，而將各項任務連貫成一個從頭至尾、全程完整的工作單位。

2. 除了衛星式職位設計的觀念外，安排職務工作首須釐清機構內各項任務的優先順序：何者是正在進行且絕對必要者？何者是尚未實行但必須落實者？

3. 掌握整體的工作質與量後，便須針對非營利組織四組主要的人力妥善分配，這四組人力包括：

   (1) 支薪的基金會職員：這些人員受有固定薪給，直接構成機構的固定成本，故應課以較嚴格的績效標準與職責。

   (2) 志願工作者：這群人並不支薪而無法課以嚴格職責，但必須特別注意如何創造誘因來吸引人才、留住人才。

   (3) 獨立契約的受僱者：這些人並非編制內的職員，而是以契約的方式延攬來擔任臨時性的專業任務，必須特別注意工作成果的契約要求。

   (4) 機構外的固定勞務提供者：舉凡機構例行的資料處理、器材維護或衛生安全等，常需借助機構外的服務公司來提供可較為節省成本。（孫本初，公共管理—非營利組織管理，頁 257-278）

十三、非營利組織的領導功能所具有的特質為何？非營利組織董事會與執行長的領導職能為何？

說明：　由於非營利組織的目標較不明確，再加上決策須受董事成員與贊助者多方制約，所以非營利組織較營利機構之董事會的領導實況來得複雜。

答：(一) 領導功能在理論上必須能兼顧以下各個特質：

1. **是引導而非管理**：社會服務工作的性質較為零散、繁複，須特別注重工作進度、品質的自我控制和完整性，所以領導者應專注員工作情緒的支持、適時的獎勵回饋、協助解決問題。

2. **以自己為革新的發動者，從自身做起**：領導者須以身作則，要掌握現狀，要廣納意見，要設定目標。

3. **點出變革的焦點和需求**：非營利組織的變革基本上有三種型態：一是組織隨著生命週期而必須面對不同的結構性問題，此時如何把握機先，因應環境便成為重點；二是當組織面臨轉型的瓶頸時，如何壯士斷腕；三是如果變革及組織根本之行事風格、價值信念或服務目標有所更動時，如何重塑組織文化的特色。

4.**不但要看結果還要重視過程**：領導者或許在經營績效的壓力下，只問結果而忽略過程，使得變革過程產生不必要的障礙與困擾。

5.**創造變革環境**：任何的組織更張都會帶來成員的不安全感，深怕既得的利益蒙受損失，更害怕引起衝突爭執。所以領導者必須適時化解這種認知障礙，從感情上予以肯定，從實益上說明互蒙其利的最終結果。（孫本初，公共管理—非營利組織管理，頁257-278）

(二)董事會與執行長的領導職能：非營利基金會的領導階層，不外是負責機構決策的董事會和肩負日常事務的執行長。

1.非營利組織的領導階層，其主要職責除了維繫機構的永續經營，保持機構內部的穩定與和諧，並給予管理者支持指導此項內部的管理功能外，還須兼顧：

(1) 擔負機構與社會交易的媒介角色；

(2) 吸收外界有用的資訊，適時指導組織作出各項調整措施；

(3) 緩衝外來的衝擊並有效維護組織的完整；

(4) 抵減外在環境對機構的各種限制，爭取機構最大的利益。

2.傳統上，公益基金會之董事會須履行五大功能：即籌措基金、建立組織運作程序、爭取外界支持、預算和財務控制、平衡機構內的不同觀點。

3.董事長不但是董事會議的主席，是機構的主要代言人，是董事會意志的貫徹者，職能包括：機構目標的界定、年度工作計畫的審訂、授權下屬、鼓勵工作人員信心及成為董事會和行政部門間的橋樑等。基金會執行長負責會內日常業務的執行，是董事長的左右手，不但要成為董事會的耳目，下情上達及上意下傳，也是董事會最高的幕僚及最主要的決策諮商者。（孫本初，公共管理—非營利組織管理，頁257-278）

十四、為何非營利組織的績效考核和營利企業、政府機關相比，顯得較為困難？非營利組織較常運用的考績管理辦法為何？非營利組織的激勵辦法為何？

說明：消極的績效管理是用以審度組織目標達成的程度，針對員工個人的工作表現評定其貢獻；積極的績效考核是用以探究員工工作態度，並作為改善、輔導、發展其個人工作能力的依據。

答：(一) 原因：

1.就「績效目標的設定」而言，非營利組織無法以明確的財務貢獻來計量工作表現的良窳，也無法以動時研究或工作分析的結果來評定績效的高低。

2. 就「績效評定的實施」而言，非營利組織的構成分子包括全職與志工人員，其任務性質不同，無法以相同之績效尺度來進行評核。再者，服務計畫的成功或失敗並非短時間立即可見的，工作與成果間的因果關係不易追索。

(二)非營利組織較常運用的考績管理辦法：

1. **目標管理**：主管在年度開始，即與員工根據機構年度計畫，共同擬訂個人工作目標和任務內容，期間由員工自行管理進度和檢討改善，俟年度終了，便依據預定之目標共同訂定考績等第。

2. **結果管理**：此法的主要程序與目標管理類似，惟結果管理較強調以具體的工作成果來作為年終績效考評的標準。

3. **關鍵事件紀錄**：工作的實況是變動不居的，甚難以抽象的目標或刻板固定的工作成果來作為考評的唯一準據，關鍵事件紀錄法即可用以補充目標管理與結果管理的不足。

(三)非營利組織的激勵辦法：

1. 所謂「激勵」，就是掌握個人活動的各項生理、心理因素，經由特定的干預過程，使該項行為確實發生的一種作為。

2. 社會服務實務者建議，為激勵員工士氣，可以交互採行下列策略：實施工作輪調、工作擴大化與豐富化的措施、推行自治品管小組、鼓勵員工參與決策、協助員工制定並實現事業生涯計畫。

3. 一般非營利組織在施行激勵制度時，常會遭遇一些結構性的困難，包括組織內志願服務的風氣、利他精神對成員的影響程度、組織是否強調專業主義、欠缺激勵的管理傳統、組織法規的限制等。（孫本初，公共管理─非營利組織管理，頁257-278）

十五、非營利組織（Non-profit Organization）的觀念可望成為現代政府施政的新願景，試說明非營利組織在現代國家中所扮演的角色功能為何？此外，由於一般公眾對非營利組織期望日深，使其面臨相當大的壓力與挑戰，試說明非營利組織所面臨的壓力與挑戰為何？

說明： 由於時空環境的變遷，政府部門、民間企業部門與非營利組織三者已成為共同承擔公共服務的三大部門，而非營利組織不同於其他兩部門者，在於其擁有私人企業之效率而不具唯利是圖目的。

答：(一) 扮演角色：

1. **發展公共政策**：利用其影響力與專業能力，可對政府政策產生督促、型塑、協助、參與等功能，並持續長程政策之研究。

2. **監督市場**：以中立客觀角度監督市場運作，提供消費者物品評價結果或方案選擇參考，如消基會。

3. **監督政府**：可透過對政府的監督與施壓，刺激政治民主與提升公民意識，使政府及公民能發揮社會責任。

4. **提供政府無法提供之服務**：政府所無法介入之領域，可由非營利組織代為彌補，例如宗教功能。

5. **支持地方利益及少數團體**：支持被多數決或偏見所排除之弱勢族群及局部利益，例如為原住民等爭取利益。

6. **創造新的想法並促進變遷**：相較於政府，非營利組織可提供創新想法及促進社會發展與變遷。

7. **溝通各部門**：因本身特性，非營利組織可在政府及企業間進行溝通，促進公益。

8. **促進積極之公民資格與利他主義**：可透過相關活動之舉辦鼓勵公民參與，提升公民意識，並鼓勵利他主義，介入公共目標。

(二)壓力及挑戰：

1. **來自社會課責的壓力**：現代化社會已邁入「課責的時代」、「透明化的時代」，非營利組織有必要向公眾或相關政府部門展示其服務的效率與效能，證明其妥善運用有限社會資源的能力。

2. **志願性社會服務失敗的壓力**：非營利組織普遍參與公共事務已逐漸獲得社會大眾對其高度信任並享有崇高聲譽，隨著社會的發達與服務需求的膨脹，亦有愈來愈多非營利組織紛紛成立，加入服務的競爭，競爭帶來服務品質的比較。

3. **社會服務專業化的壓力**：非營利組織普遍存在各種問題，包括營運成本效能問題、服務質量評估問題、財源短絀和資源匱乏問題、服務對象需求問題、內部人事管理問題、服務計畫管制問題、組織設計和服務機構擴展問題。針對這些問題，要成為績效優良的非營利組織，便須將改革的焦點置於具體的各項管理工作中。

4. **其他因素**：透過非營利組織的內部管理，固然可提升其服務績效、加強其社會貢獻，但往往因下列因素，因而形成Salamon所謂的「志願服務失敗」之現象：

(1) 因為慈善的不足，而無法提供足夠的集體性財貨與服務。

(2) 因為慈善的特殊性，而偏重特殊的次級人口或團體。

(3) 因為慈善的干涉主義，而由掌控慈善組織資源者來決定服務對象。

(4) 因為慈善的業餘性，而無法由專業人才來提供相關的服務。（孫本初，公共管理—非營利組織管理，頁 257-278）

十六、解釋名詞：
　　(一)消費者主義。　　　　　　(二)消費者主權。
　　(三)市場導向的管理機制。　　(四)消極服務、積極服務。
　　(五)公共義工。

答：(一)消費者主義：90年代公共管理學者均指出傳統「生產者社會」已由「消費者社會」所取代，前者的象徵是政府職權、官治、權威，後者則凸顯顧客、消費者、品質與公共選擇（權）。「消費者主義」即消費者的需求、權益與選擇決定公共服務的取向；在消費者社會體制下，政府的基本角色是有限的，而政府的施政與服務則以「消費者取向」為其依據。

(二)消費者主權：傳統以來政府機關並不重視「消費者導向」的顧客服務。「消費者主權」之基本理念，即消費者主義哲學，指在市場經濟機制下，個別的消費者雖非組織的團體，卻能主導或決定生產者（如政府或工商企業）的脈動，消費者以其消費額選擇生產與服務的機能。英國於80年代實施之「公民憲章服務體制」將消費者主權服務制度引進於政府機關，此與傳統所謂「官僚主權」不同。消費者主權服務體制係以消費者（顧客）導向，訂定服務規章，提升服務標準，服務競爭品質，消費者對服務需求有選擇權與申訴管道。

(三)市場導向的管理機制：以新公共管理途徑為取向的政府改造論者，均強調「市場導向」機制。所謂市場導向，含有數項涵義，即：

1. 市場機制係以消費者為導向。

2. 市場機制係屬自由競爭性，消費者或生產者皆進行自由、公平的價格競爭。

3. 市場機制與公共利益、市場機制與其社會結構或外部環境均具相互依存互動關係。市場導向的機制，必強調「公共選擇」及「草根民主」的重要性；並主張政府的干預要少，政府的組織與職權務求其精簡。

(四)消極服務、積極服務：凡政府施政基礎薄弱（如民主法制、效率效能
　　與資源條件不足），則其官吏治事多偏重消極防弊、墨守成規以至目
　　標錯置（只重法令條文形式而忽略服務績效提升），此為消極型公共
　　服務。至於積極型公共服務，係指政府施政能彰顯行政革新及便民措
　　施，以主動回應民眾之需求，此即積極性服務之特性。兩者之差異可
　　概說如下：

1. 消極服務之政府施政為「機關取向」（Agency Oriented）重於「顧客
　 取向」（Customer Oriented）；反之，積極服務則以「顧客取向」替代
　 「機關取向」。

2. 消極服務之方式不脫官僚式與僵化型，其服務不具彈性亦不重成效；積
　 極服務之方式則偏向民主式與企業型，著重績效與成果。

3. 消極服務之人力數量與素質常見不足，並又受困於萬能政府之困境，不
　 易創升服務能力與服務績效；積極服務之人力條件則兼顧「適量」與
　 「優質」，且配合以分權化、授能化、民營化、績效化之革新措施。

4. 消極服務之法制因素偏重於制定公務人員服務法令與義務規範，致使公
　 務人員為防範違法失職而固守「消極責任」觀念；積極服務則強調服務
　 盡職之能力與便民措施之績效。

(五)公共義工（Public Volunteer）：「義工」即指義務服務的工作人力，如
　　我國所謂的社會義工、義警、義消、義交。義工是現代公民參與的途
　　徑之一，被視為「隱藏的資源」，多數義工提供其腦力、勞力與時間
　　等項資源，在政府機構或社會團體擔任工作，以盡服務熱忱與心力。
　　（許南雄，行政學術語）

**十七、何謂「創造性解構」？現在企業型政府往往陷入一種兩難的困境，倘若
服膺種種既定的管理程序，恐怕難以創新、突破困境；但假如大膽從事
創新工作，則又有違反規範之虞。試問，應如何解決之？**

答：(一) 創造性解構：根據熊彼得的觀點，**所謂創造性解構，是指企業家在競
　　　爭激烈的市場中，以創新的觀念與作為，解構原有產品的生命週期，
　　　開發新的產品與服務，以便取得競爭優勢，確保利潤。**

1. 杜拉克繼承了熊彼得的觀點，認為公部門或企業部門都需要具有創新與
　 企業精神，公部門與企業部門企業家的責任不僅在提高組織績效，更應
　 該合力建構一個創新型的社會。

2.不論公部門或企業部門，企業家創新作為的終結目的在於提升社會整體效益。現代政府的合法性與正當性，乃建立在滿足社會多元需求的基礎上，因而政府部門更需要發揮創造性解構的能力，不斷提升行政效能，以及提高公共服務的品質。

(二)解決之道：雷艾與珊卓主張將企業型政府的內部管理階層區分為兩類：一是方案執行職（Program Executives），另一為行政執行長職（Chief Executives），前者專司於計劃方案層次，係指官僚企業家、主管企業家（屬高級事務官）；後者專司於決策層次，係指政治企業家和部分主管企業家（屬政務官）。此兩種管理階層在創新與課責上各盡其職能，達到「權責相稱」的效果，使方案執行時成員樂於發揮創新的職能，而不必畏懼創新作為與課責相牴觸，同時也讓有權選擇創新方案的行政執行長職，承擔更多的風險責任。（孫本初，公共管理—企業型政府，頁29-53）

十八、美國「國家績效評估報告」（NPR）中的「高爾報告書」對美國行政革新有那些建議？NPR報告書的政府改造原則為何？五大政治承諾為何？雖說如此，NPR仍有其主客觀環境的限制，試說明之。

答：(一) 建議：建議可歸類為以下幾方面：
1.提供快速且適當的服務給人民。
2.使公務人員能對達成的結果負責。
3.簡化複雜的系統。
4.使機關解除繁重的管制以順利達成其任務。
5.賦與公務人員活力，使其作出更多的決定和解決他們自身的問題。
6.運用先進科技減少成本支出。
7.使高架式的組織結構扁平化。
8.削減重複的工作。

(二)原則：NPR報告書的內容是以企業型政府的特質為基礎，揭示四大原則作為政府再造的行動方向。
1.刪減法規、簡化程序。　2.顧客至上、民眾優先。
3.授能員工、追求成果。　4.撙節成本、提高效能。

(三)1996年的NPR報告書的五大政治承諾：

1. 大有為政府的時代已宣告結束：自1993年3月至1996年1月底止，NPR規劃、執行政府組織結構的合理化目標，其所達成的成果包括聯邦政府總共精簡二十四萬名公務人員，在十四個主要內閣政府部門中，有十三個部門均執行機關減併及裁員的目標。

2. 針對政府的內部運作方式，進行大幅度的改變：NPR是以企業型政府的理念與方法，要求聯邦各級政府在內部運作上加入成本效益的考量，大幅改變過去的行政運作方式。

3. 政府能以更好的品質服務民眾：前總統柯林頓要求聯邦各級機構以私人企業中的「顧客服務」作為組織最好的標竿來服務民眾。1994年9月20日，NPR彙集聯邦各機構所訂定的「服務標準」，出版美國有史以來第一本政府的服務標準手冊「顧客至上：服務美國民眾的標準」。

4. 政府調整其執行業務的方式：前總統柯林頓及前副總統高爾告訴政府的管制者必須刪減過時的法規，並開始與民間企業建立「合夥關係」。某些機關甚至硬性規定，每增加一條新的行政法規，必須終止或簡化一條以上舊有的行政法規。

5. 政府改變其與社區互動方式：聯邦政府授權各州嘗試新的工作方式，以改革衛生醫療及社會福利，期使各州能以最佳的方式尋求革新成果，而不再拘泥於瑣碎的繁文褥節。

(四)NPR面臨之挑戰與限制：

1. NPR所面臨的一般性限制：難以處理的經濟景氣循環；決策者的動機；優勢政治分歧；對於保留官僚結構、政策與程序的庸俗承諾。

2. 立法中心論的影響。所謂立法中心論是指從政治面向切入探討政府的改革，指陳國會正積極擴張其「微觀管理」的權力。

3. 忽略公務人員對價值的態度，未以流程方式組織進行再造。

4. 員額精簡的目標造成聯邦公務人員的緊張。由於人事政策僵化保守，以致缺乏足夠的誘因來吸引優秀人才的投入與留用，加上漠視在職人員的進修與訓練，導致聯邦官僚成員無力因應日益複雜的公共問題。

5. 實際執行主管多數為政治指派者，無實際管理經驗，如何推動改革。

6. Caiden在檢視美國NPR行政改革時，認為重建政府的推動者若忽視政治與制度系絡的重要性，將產生四項錯誤的假定：

(1) 將公共管理視為單獨的功能，而忽略其中所包含的政治問題。

(2) 推動變革者以漸進的方式實施，以企求目標的達成，但卻因而限制其檢討美國公共行政本身系絡性的問題。

(3) 認為企業成功的經驗即是好的經驗。

(4) 以粗略的營收觀念評量行政績效，將忽視其可能對社會、環境所造成的破壞。（孫本初，公共管理—企業型政府，頁 29-53）

選擇題

(　) 1. 企業型政府此概念最先由何人提出？　(A) 奧斯本與蓋柏勒　(B) 戴明　(C) 朱朗　(D) 鈴木。

(　) 2. 「企業家無法憑空要求他人聽任他的構想，惟有將具體設計的方案，策略地呈現為書面型式，才能確保此一革新理念的合法地位。」此係屬企業型政府發揮創新功能必須經過四個階段中的那一階段？　(A) 創發階段　(B) 設計階段　(C) 施行階段　(D) 制度化階段。

(　) 3. 企業政府管理的進行步驟可以何種符號表示之　(A)BECAWS　(B)ICBBA　(C)AFTTA　(D)BCCA。

(　) 4. 美國那一位總統任內提出「全國績效評鑑」（簡稱 NPR）？　(A) 布希　(B) 柯林頓　(C) 雷根　(D) 卡特。

(　) 5. 何項策略的作用，係在調整行政人員與民眾互動的方式，以顧客導向的方式處理行政業務，強調公共組織對顧客負責，藉以提高行政體系對外在環境的敏感度以及回應性？　(A) 文化策略　(B) 核心策略　(C) 控制策略　(D) 顧客策略。

(　) 6. 1995 年美國國家績效評鑑提出的報告提出常識型政府或合理型政府也是何種政府的闡述？　(A) 專制型政府　(B) 管制型政府　(C) 企業型政府　(D) 市場型政府。

(　) 7. 下列何者非企業型政府所具有的特質？　(A) 其目標界定是以目標及使命為導向　(B) 以政府績效為其工作流程導向，受法令規章既定的限制　(C) 採行分權參與管理　(D) 衝破官僚原有的體制，重新設計組織。

(　) 8. 何項策略係指行政組織將內部重要的決策權逐級下授，必要時可對外授權社區、行政組織的控制形式，由鉅細靡遺的法令規章以及層級命令，轉化為「績效責任」的共同願景？　(A) 核心策略　(B) 控制策略　(C) 後效策略　(D) 文化策略。

( )   9. 指義務服務的工作人力，一般稱為： (A) 義工 (B) 下崗 (C) 失業人口 (D) 隱藏的失業人口。

( ) 10. 提出政府再造的「五項希望工程策略」（Five Cs）的是那位學者？ (A)歐斯本與傅瑞祺 (B)杜拉克與薩伊 (C)梭羅與朱朗 (D)克里特。

( ) 11. 指政府為節省人力物力資源並顧及公、私夥伴關係之建立，所採行之民營化方式？ (A) 委內服務 (B) 以工代賑 (C) 委外服務 (D) 彈性工時。

( ) 12. 如果非營利組織將組織區分為財務部、人事部、計畫部、推廣公關部、募款部和業務執行部等單位。則此種分工方法屬於： (A) 按功能劃分 (B) 按服務對象劃分 (C) 按服務內容劃分 (D) 以上皆非

( ) 13. 何項策略的效果是五希策略中最隱晦難明的部分，卻也是政府再造成果能否持續的重要支點？ (A) 核心策略 (B) 文化策略 (C) 顧客策略 (D) 控制策略。

( ) 14. 「只要組織中存有鼓勵企業精神的機制，任何人都可以成為企業家；反之，組織中盡是誘發官僚行為的制度，任何企業家也會變成僵化的官僚。」此句話是下列何位學者所說的？ (A) 杜拉克 (B) 伊思頓 (C) 戴維思 (D) 薩伊。

( ) 15. 下列何者非歐斯本（David Osborne）與傅瑞祺（Peter Plastrik）所提出政府再造的「五項希望工程策略」？ (A) 核心策略 (B) 品質策略 (C) 後效策略 (D) 顧客策略。

( ) 16. 「企業型官僚」與「政策倡導者」的不同點在於，後者少了一個： (A)諮商階段 (B) 設計階段 (C) 執行階段 (D) 創發階段。

( ) 17. 奧斯本與蓋伯勒的新政府運動一書，他們認為，如果政府管理文化與行為能夠加以變革，則就可以從「官僚型政府」轉變為： (A) 企業型政府 (B) 公司型政府 (C) 非營利組織 (D) 公益團體。

( ) 18. 「政府應該技巧性的選擇機關內的服務提供方式，例如強調公私合夥關係，運用抵用券、志工等方法。」此是建立企業型政府的何項條件？ (A) 指導性 (B) 社區參與 (C) 競爭性 (D) 目標與任務導向的策略。

( ) 19. 當前最主要的公共議題：不必將公部門拋棄，只要引進新思潮即可使公部門生產力極大化，此思潮係指： (A) 新公共行政 (B) 企業型政府 (C) 新社群主義 (D) 新公共利益。

( )　20. 下列何者非企業型官僚要創造新環境所需實施的步驟？　(A) 以創造才能來承擔風險的支持　(B) 賦予執行者自由裁量權與達成績效的責任　(C) 獎酬制度能固定地被使用　(D) 藉由新的組織結構來加強彈性。

( )　21. 羅蘭詩和金恩曾主張企業型政府發揮創新功能必須經過四個階段，其中不包括下列何項階段？　(A) 創發階段　(B) 設計階段　(C) 評估階段　(D) 施行階段。

( )　22. 係指政府機關的業務若無法適用競爭機關，可針對實際績效成果予以評量，繼而結合公平、合理的獎懲辦法，俾能獎優懲劣，產生激勵作用。此稱為：　(A) 目標管理　(B) 流程管理　(C) 績效管理　(D) 全面品質管理。

( )　23. 下列關於「消極服務」與「積極服務」的敘述，何者錯誤？　(A) 消極服務之政府施政為「機關取向」　(B) 消極服務之人力數量與素質平均整齊　(C) 積極服務以「顧客取向」替代「機關取向」　(D) 積極服務之方式則偏向民主式與企業型。

( )　24. 下列何者不是國家績效評鑑報告中所提出的建立企業型政府的做法？　(A) 將顧客擺在第一位，賦予顧客發聲與選擇的權利　(B) 員工授能獲致成果，決策權的分權化　(C) 回歸基本，創造更佳政府，減少不需從事的工作　(D) 增加官方文書，詳細審查預算過程。

( )　25. 1993 年由美國副總統高爾（A. Gore）所主持的政府再造機構是：　(A) 效率小組（Efficiency Unit）　(B) 全國績效評鑑委員（National Performance Review）　(C) 公民憲章（Citizen Charter）　(D) 策略團隊（Strategic Team）。

( )　26. 民營化的措施可以達成「最高效率、最低成本」的目標，但相對的，常忽略了：　(A) 國家福利　(B) 政府財政　(C) 社會責任　(D) 資訊公開。

( )　27. 關於「類似企業政府」的敘述，何者錯誤？　(A) 是一個以最少的浪費，以最有效率與最有效果的方式 做事的政府　(B) 是一個明智地進行業務採購的政府　(C) 是一個面面俱到做事的政府　(D) 是一個負責任的政府，將每一分錢都做妥善的運用。

( )　28. 企業政府管理進行步驟中的「B」，係指：　(A) 集體同意　(B) 提高警覺　(C) 導航追蹤　(D) 積極探索。

( )　29. 何項策略的目的，係在設計公平、客觀及科學的績效酬賞制度，以利獎
　　　　優懲劣？　(A)核心策略　(B)後效策略　(C)顧客策略　(D)控制策略。

( )　30. 指其設立之目的並非在獲取財務上之利潤，且其淨盈餘不得分配予其成
　　　　員及其他私人，因之而為具有獨立、公共、民間等性質之組織或團體。
　　　　(A)營利組織　(B)財團法人　(C)控股公司　(D)非營利組織。

( )　31. 新政府運動（Reinventing Government）一書的作者歐斯本（D.
　　　　Osborne）及蓋伯勒（T. Gaebler）將「企業型政府」稱為：　(A)第一
　　　　種選擇　(B)第二種選擇　(C)第三種選擇　(D)第四種選擇。

( )　32. 下列何者非企業型官僚所應具有的行為特質？　(A)擴展專屬的公共政
　　　　策範圍　(B)善用組織內部資源實現公共目標　(C)擴展所屬機關的政
　　　　治影響力　(D)單打獨鬥。

( )　33. 何位學者提出，企業型政府的正當性必須植基於足以擔負行政責任，並
　　　　且能夠實踐民主的價值為前提？　(A)Bellone　(B)Goerl　(C)以上皆是
　　　　(D)以上皆非。

( )　34. 「新政府運動」對「增加稅收」或「減少支出」的困境提出了第三種選擇，
　　　　是為：　(A)企業精神　(B)組織發展　(C)學習型組織　(D)科學管理。

( )　35. 指政府機關中經由民選產生擁有正式職位的人，同時也具有領導職。
　　　　此係屬何種類型的企業型官僚？　(A)政策企業家　(B)主管企業家
　　　　(C)政治企業家　(D)官僚企業家。

( )　36. 提出四個政府統理願景（市場模式、參與國家、彈性政府與解除管制
　　　　政府）的是那一位學者？　(A)薩伊　(B)伊文思　(C)彼德斯　(D)杜
　　　　拉克。

( )　37. 下列何者為落實文化策略的途徑？　(A)改變行政人員的工作內容及
　　　　方法　(B)管理行政人員的情緒與壓力　(C)型塑贏家心態　(D)以
　　　　上皆是。

( )　38. 下列何者為建立類似企業政府的方法？　(A)管制機構從對立的途徑轉
　　　　變為合作有效的方法　(B)以資訊科技進行流程再造　(C)傾聽員工的
　　　　聲音　(D)以上皆是。

( )　39. 「企業型政府發揮創新功能必須經過四個階段。」此係由何位學者所提
　　　　出？　(A)戴明　(B)羅蘭詩和金恩　(C)朱朗　(D)畢德思。

( )　40. 「在政府機關中並沒有正式的職位，係在官僚體制外，致力於革新理念
的構思、設計及施行並運用於公務部門者。」此係屬於何種類型的企業
型官僚？　(A) 政策企業家　(B) 官僚企業家　(C) 主管企業家　(D) 政
治企業家。

( )　41. David Osborne 與 Ted Gaebler 在所著的「新政府運動」一書中，曾揭示
如何使政府運作良善的十項原則，其中不包括下列何項：　(A) 領導催
化　(B) 授能社區　(C) 成果導向　(D) 集權參與。

( )　42. 官僚體系被「法令規章」所趨使，相對的，企業性政府係由何者所引導？
(A) 投入與輸出　(B) 控制與監督　(C) 目標與使命　(D) 自由與平等。

( )　43. 下列何者不是市場模式政府的特徵？　(A) 反對大型的、集中化的官僚
組織，主張予以分權化　(B) 主張扁平式組織，儘量擴大基層員工與民
眾的參與　(C) 將政府分化成多元的企業組織單位，引進市場機制，將
競爭帶入政府機關內部　(D) 建立以績效為基礎的報酬制度，以取代傳
統重視年資與考績的功績制。

( )　44. 下列何者不是彈性政府的特徵？　(A) 主張根據社經環境的變化，建立
彈性化的組織，終止經常性的組織　(B) 主張以臨時國家的方式進行員
額管理　(C) 愈創新的政府，或者愈不僵化的政府，則愈能滿足公共利
益　(D) 主張採取由下而上的分權化決策制定過程。

( )　45. 奧斯本與蓋柏勒所提出的新政府運動的代表性模式是：　(A) 解除管制
政府　(B) 市場模式政府　(C) 參與國家　(D) 彈性政府。

( )　46. 指行政組織將部分的控制機制移轉到地方社區，賦予社區成員及社區組
織相當程度的權責，俾利自行解決社區的相關問題。此稱為：　(A) 成
員授能　(B) 社區授能　(C) 機關授能　(D) 目標授能。

( )　47. 「非營利組織有必要向公眾或相關政府部門展示其服務的效率與效能，
證明其妥善運用有限社會資源的能力。」此顯示非營利組織所面臨何項
壓力與挑戰？　(A) 來自社會課責的壓力　(B) 志願性社會服務失敗的
壓力　(C) 社會服務專業化的壓力　(D) 身分認同上的壓力。

( )　48. 消費者的需求、權益與選擇決定公共服務的取向，此稱為：　(A) 官僚
主義　(B) 社區主義　(C) 組織革新主義　(D) 消費者主義。

( )｜49. 指行政組織將決策權下授至第一線工作人員，或由具備第一線工作經
　　　 驗與知識的人員，參與組織中的重大決策。此稱為：　(A) 機關授能
　　　 (B) 國家授能　(C) 成員授能　(D) 社區授能。

解答與解析

1.**(A)**

2.**(B)**。設計階段需一些實際的「原型」或具體的程序及行動綱領的建立，並隨時
　　　 準備接受檢證時，才算確實完成。順序為：創發階段、設計階段、施行階
　　　 段、制度化階段。（江岷欽、劉坤億，企業型政府一理念、實務、省思，
　　　 頁106-129）

3.**(A)**。前面三個步驟（BEC）是屬於「企業研究階段」，後面兩個步驟（AW）則
　　　 是屬於「企業行動階段」，最後（S）則是成果監督與評估的階段。包括：
　　　 提高警覺（B）、積極探索（E）、勇於創造（C）、集體同意（A）、一起
　　　 工作（W）、導航追蹤（S）。

4.**(B)**

5.**(D)**。執行顧客策略的第一項要務，在於「提供顧客的選擇權」。第二項執行顧
　　　 客策略的途徑是為「品質確保措施」。

6.**(C)**。所謂常識型政府係指：
　　　 (1)它是一個著重於結果的政府，是讓所有公民、企業、州與地方政府都覺
　　　 得相當平易近人的政府，以符合國家的共同目標。
　　　 (2)它是一個認知美國民眾是顧客，為顧客服務，了解顧客需求，並且將顧
　　　 客擺在第一位，而非最後一位的政府。
　　　 (3)它是一個發揮金錢價值的政府，是一個比過去政府作得更好更快、且成
　　　 本更為低廉的政府；是一個可與私部門企業比美或超過的政府。（丘昌
　　　 泰，公共管理一理論與實務手冊，頁85-131）

7.**(B)**。企業型政府（Entrepreneurial Government）是指政府應用新的方法來處置有
　　　 限的資源，以達到最大生產力的效能與效率。

8.**(B)**

9.**(A)**。如我國所謂的社會義工、義警、義消、義交，義工被視為「隱藏的資源」。

10.**(A)**

11.**(C)**。委外服務或委託經營均指委由民間企業或非營利機構依契約代為經營管理。

12.**(A)**

13.**(B)**。歐、傅兩氏指出，幾乎所有成功的政府再造者都發現，要維繫政府再造的成果，就必須刻意改變行政人員的心思意念以及行為習慣。

14.**(A)**

15.**(B)**。另二為「控制策略」及「文化策略」。

16.**(C)**

17.**(A)**。企業型政府所企圖建立的公共企業精神就是告訴政府未來要如何做才能滿足人民需要與社會期待。

18.**(A)**。其他條件尚包括：重視投入，更重產出；顧客取向；企業性格；遠見的政府；權力分散；市場導向。

19.**(B)**

20.**(C)**。獎酬制度能彈性地被使用。

21.**(C)**

22.**(C)**。經常使用的手段計有：績效契約、績效導向預算、預算結餘分享制等。

23.**(B)**。消極服務之方式不脫官僚式與僵化型；積極服務則強調服務盡職之能力與便民措施之績效。

24.**(D)**。應是「刪減官方文書，簡化預算過程」。

25.**(B)**　　　　26.**(C)**

27.**(C)**。是一個停止作不必要事情的政府，可以減少政府的成本，成為一個成本低廉的政府。（丘昌泰，公共管理－理論與實務手冊，頁85-131）

28.**(B)**

29.**(B)**。執行後效策略的主要途徑有三項：(1)企業化管理。(2)良性競爭。(3)績效管理。

30.**(D)**　　　　31.**(C)**

32.**(D)**。應是「建立聯盟組織團隊」。

33.**(C)**　　　　34.**(A)**

35.**(C)**。政治企業家係指在政府機關中具有正式職務，並擔任領導職。

36.**(C)**　　　37.**(D)**　　　38.**(D)**　　　39.**(B)**

40.**(A)**。政策企業家比較喜歡挑戰現狀，在策略上大多能採取原創式的革新理念。

41.**(D)**。應是「分權參與」。其他尚包括：效率競爭、任務導向、顧客導向、積極開源、前瞻預防、市場導向。

42.**(C)**

43.**(B)**。(B)屬於「參與國家」的特徵。

44.**(D)**。(D)屬於「參與國家」的特徵。

45.**(A)**。該模式假定公共官僚機構為社會問題的來源必須解除政府的功能，削減其權力，如此才能以創意行動創造集體的社會福利。

46.**(B)**

47.**(A)**。透過非營利組織的內部管理，固然可提升其服務績效、加強其社會貢獻，但往往因特定因素，形成Salamon所謂的「志願服務失敗」之現象。

48.**(D)**　　　　49.**(C)**

第6章 全面品質管理、標竿學習及顧客導向

重點提示 20世紀是資訊的世紀,更是服務及品質要求的世紀。自20世紀80年代末期以來,不論在政府或企業部門,「全面品質管理」(Total Quality Management,TQM)已成為管理上最熱門的話題。基本上,TQM是一種機關組織所從事的廣博性、以顧客為導向的方法,用以增進其產品與服務的品質。全面品質管理來自企業界,50年代,美國數學物理博士戴明(E. Deming)將統計過程控制的原理應用為統計品質管制,電機及法律博士朱朗(J. M. Juran)亦先後在日本講授品質規劃、控制與改進技術。60年代日本與美國企業界已盛行「品管圈」活動,70年代日本普遍實施「全面品質控制」,80年代美國國會通過「國家品質改進法」。全面品質管理對美國企業界的管理造成莫大的影響,包括在市場占有率、獲利能力、生產力及工作人員的投入感等各方面,均有長足的改善與進步。(孫本初,公共管理—全面品質管理,頁103-121)

本章第二重點為「標竿學習」,標竿學習是一種用以確認標竿對象的活動,經過兩相比較後,再認定一種運作實務可以使自己成為行業翹楚的系統化途徑。標竿學習是一注重「流程」、「學習」、「持續性的改善」及「系統化與結構化」的活動,對於組織的目標達成及人員的自我成長具有極大的功能及效用。

本章最後的重點為「顧客導向」。20世紀80年代中期以後,由於全球經濟景氣的衰退,導致政府可用資源的減少,加上民眾要求政府服務之呼聲日趨提高,行政機關「機械化」、「形式化」的方式自然難以再被社會所接受,於是各國政府紛紛推動「行政革新」的工作,藉以提升政府運作之效能與效率。在此背景下,以服務為取向的顧客導向管理機制被引入政府機關及企業組織。顧客導向並非主張放棄官僚體制或是全盤推翻現有的行政運作程序,而是希望在現有的基礎與人員上,將「顧客—供應者」的合作關係注入行政的運作上,並藉此將組織成員、其他機關、民眾需求等作一完整的聯結,以促使組織每一項資源的投入、人員活動、服務或產品的提供等,都能真正而有效地符合民眾的需求,達成「為民服務」之目標。(孫本初,公共管理—顧客導向,頁125-136)

▊ 重點整理 ▊

一、全面品質管理

(一)品質（Quality-Oriented）

現代管理學或行政學均重視「品質」與「品質化」的觀念。所謂「品質」，即生產與服務的績效獲致顧客滿意的程度。可用以下公式表示之：Q（品質，Quality）、P（生產力、績效，Performance）、E（顧客需求與滿意、期望度，Expectations）。

Q=P/E，品質=績效/顧客需求

品質的基本概念包含顧客取向（顧客決定品質）、**首長領導、持續改進、員工參與、快速回應、長期規劃、預防管理、績效成果、夥伴關係、共同責任等項。**現代組織管理對內重視「工作生活品質」，對外則強調「公共服務品質」。所謂工作生活品質，指在機械化與忙碌化工作環境中，力求工作的量與質兼顧、人力運用與管理技術合理化；品質與公共服務相互連貫而形成「公共服務品質」，即顧客導向的服務績效，公共服務品質涵蓋績效衡量、工作品質改進、提升人力素質、員工授能、管理革新、策略規劃等途徑。（許南雄，行政學術語）

(二)全面品質管理（Total Quality Management，TQM）

全面（亦稱全方位）品質管理，係針對「傳統管理」（Traditional Management）而言，係「典範變革」之品質取向的管理體制。20世紀初期以來已有品質控制之技術應用，但晚近所謂「全面品質管理」，則是強調顧客取向（顧客決定品質）、持續改善（技術程序與行政手續不斷求新求變）、團隊工作（各管理部門與員工均以品管圈為主軸而參與管理革新），**全面品質管理是新的管理文化與管理技術，要求不斷改進組織管理及改善品質與服務，以滿足組織與顧客的需求。**

(三)全面品質管理四大基本概念

首長領導、顧客取向、持續改進與員工授能，而其主題則在組織管理之全面性、持續性之改進產品或績效與服務管理。

(四)行政管理論者對TQM提出的不同觀點

1. 朱朗的「品質規劃的指南」：
   (1)界定顧客。
   (2)確認顧客的需求。
   (3)將顧客的需求轉化為適合組織溝通的語言。

(4)開發「回應顧客需求」的產品。

(5)力求產品完美，使其不僅符合顧客的需求，亦符合自我的要求。

(6)構思一套製造上述產品的程序。

(7)力求此一程序完美。

(8)確認製造上述預期產品的程序。

(9)將上述程序轉為實際作業。

2. 費耕朋（Feigenbaum）的「全面品質管理成功的十項準則」：

(1)品質的範圍涵蓋整體的運作過程。

(2)品質的內涵係由顧客界定。

(3)品質與成本是密不可分的整體觀念。

(4)品質需要個人與團隊貢獻熱誠。

(5)品質是一種管理方式。

(6)品質與創新相互依存、密不可分。

(7)品質係為倫理。

(8)品質需要不斷改進。

(9)品質最具成本效益，是提高生產力最經濟的方法。

(10)品質必須由整體組織結合顧客及資源供應者，乃能體現其價值。

3. 柯仕比（Crosby）的「品質提升的十四項步驟」：

(1)務使組織成員明白：「品質是管理階層全力以赴的標竿」。

(2)各部門的高層代表組成「品質改善小組」。

(3)衡量組織作業程序，以確認現有（或潛存）的品質問題。

(4)評估「品質的成本」，並視其為一種管理工具。

(5)喚起組織中的品質意識，以及對所有成員的關切。

(6)採取行動改正「前述程序中研發現的問題」。

(7)在改善過程中，建立「進度監測」制度。

(8)訓練監督人員，使能積極主動完成品質改進方案的分內工作。

(9)設定「零缺點日」，務使全員感受變遷，並重申管理階層執著的重點。

(10)鼓勵個人與團體分別設定改進目標。

(11)鼓勵成員與管理者溝通討論「目標改進的障礙」。

(12)表揚參與者並予獎勵。

(13)成立「品質委員會」，俾利經常溝通。

(14)反覆施行上列步驟，藉以強調「品質改進方案」絕不終止。

4. 畢德斯（Peters）「品質革命的十二項屬性」：

(1) 管理與品質密不可分。管理階層必須以「實際的行動」支持「情愫的執著」，才能充分表達這種觀念。

(2) 熱誠的制度。缺乏熱忱的制度無法運作，無法運作的制度也必然缺乏熱忱。組織成員未必恪守一家之言，但將品質觀念形塑成一種意識型態，確實重要。

(3)「品質衡量」為品質革命的特徵，全員均應參與，品質衡量結果應廣為公布。

(4) 品質可獲酬賞；以實際酬勞，獎賞品質的達成係為重要誘因，可使成員的態度有所突破。

(5) 訓練全員追求品質。

(6) 多元職能小組：組織應引進某些橫跨傳統組織結構的小組（如品管圈），或跨單位小組（如錯誤原因排除小組或懲戒措施小組）。

(7) 小幅改革，成效顯著：每項變革皆有意義，但小規模改善的成效卻無與倫比。

(8) 不斷創造「霍桑效應」：新鮮事，可提高成員低落沉悶的品質觀念。

(9) 設立「改善品質的模範組織結構」：成立「模範品質小組」作為基層人員仿效的藍本。

(10) 全員參與：品質過程廣泛而周延，涵蓋原料供應者、產品經銷者及顧客。

(11) 提升品質、減低成本、品質改進，是成本降低的主因。工作簡化，是品質改進的重要動力；工作簡化的內容，包括設計、處理及手續等。

(12) 品質改善永不終止：所有的品質均是相對觀念而非絕對觀念。

5. 戴明的十四點原則：

(1) 塑造「不斷改善產品」（或服務）的意圖。

(2) 管理階層在新的經濟時代，須採行新的哲學觀，學習「承擔責任」及採行「變革領導」方式。

(3) 停用「事後檢查」的方式來追求品質，將品質融入產品，即可免除大量檢查的工作。

(4) 停止鼓勵企業採行固定（產品）價格，代以降低整體成本。

(5) 不斷改善生產與服務系統，期能提升品質及生產力，並降低成本。

(6) 建立在職訓練制度。

(7)重建領導觀念，監督的目標在於協助組織成員、設備及機具等，產生更好的工作績效。

(8)去除恐懼，俾利全員有效地為組織工作。

(9)排除部門之間的溝通障礙，各部門應放棄本位主義，同心協力共謀對策，以求防微杜漸。

(10)對成員的溝通不必用標語、訓詞或數字標準，例如零缺點、新生產力目標，這些冠冕堂皇的訓勉係屬制度上的難題，絕非成員能力所及。

(11)以實際領導替代工作配額、工作標準、目標管理（MBO）或數字目標。

(12)減少成員獲得專業技能獎勵的障礙，凡是使得成員無法以工作為傲的因素均應排除。例如，按時計酬、年度評比、績效考評及目標管理。

(13)建立活潑的教育方案與自我進修方案。

(14)動員全體成員，努力達成組織的轉型（Transformation）。（孫本初，公共管理—全面品質管理，頁103-121）

(五)政府部門推動全面品質管理之策略性實務步驟

1.高層人員的領導與支持。

2.策略性規劃。

3.以導客為導向。

4.考評與分析（Measurement and Analysis）。

5.訓練與獎賞（Training and Recognition）。

6.授能與團隊合作（Employee Empowerment and Team Work）。

7.品質保證。

(六)全面品質（TQM）的實施方法

1.培養視野（Vision）。　　　　　　2.分析（Analysis）。

3.訓練與問題解決（Training and Problem Solving）。

4.教育（Education）。　　　　　　5.制度化（Institutionalization）。

(七)政府部門提供服務的品質標準的設定面向

1.績效（Performance）。　　　　　2.特定特色（Special Features）。

3.可信度。　　　　　　　　　　　4.持久性。

5.一致性。　　　　　　　　　　　6.及時性。

7.變動性（Change Over Time）。

二、標竿學習

(一)標竿學習的定義

標竿學習是先分析組織內部已運行的活動或實務，其**目的在於瞭解既存的流程或活動，然後認定一個組織以外的參考點或標準，俾以測量判斷**。「標竿學習」的關鍵概念為：

　1.標竿學習注重「流程」。　2.標竿學習注重「學習」。
　3.標竿學習講究「持續性的改善」。
　4.標竿學習是系統化與結構化的活動。

(二)標竿學習的歷史源起種

下列三種說法：

　1.側重於品質改進的說法。　2.側重於分析工具的說法。
　3.源自於策略性規劃的說法。

(三)標竿學習的理論基礎

　1. Bogan與English：指出標竿學習是一種基本的商業概念，也是一種「截人之長、補己之短」的概念。
　2. Karlof則指出標竿學習的相關主題便是品質與產能。
　3. Finnigan則視標竿學習為達成員工參與及品質流程改善的利器。
　4. Bendell、Boulter與Kelly三人則直言標竿學習的關鍵成功因素在於「流程」。

(四)標竿學習的核心價值

　1.全面品質觀：TQM所重視的原則為：
　　(1)顧客導向。　　　　　　　　　(2)持續的改善。
　　(3)團隊合作。　　　　　　　　　(4)流程取向。
　2.流程觀：包括「流程再造」與「流程管理」兩大範疇。
　3.學習觀：主要包含兩種學習精神，分別為向他人學習與自我學習。

(五)標竿學習的類型

　1.標竿學習依比較標準的可分為三種類型：
　　(1)績效標竿（Performance Benchmarking）。
　　(2)流程標竿（Process Benchmarking）。
　　(3)策略標竿（Strategic Benchmarking）。
　2.標竿學習依比較的對象可分為四種型態：
　　(1)內部標竿（Internal Benchmarking）。
　　(2)競爭標竿（Competitive Benchmarking）。

(3)功能標竿（Functional Benchmarking）。

(4)通用標竿（Generic Benchmarking）。

(六) 組織中標竿學習的流程

1.規劃（Plan）。　　　　　2.探尋（Search）。

3.觀察（Observe）。　　　　4.分析（Analyze）。

5.適用（Adapt）。　　　　　6.循環。

(七) 標竿學習的優點

1.即使無法達成所欲的改善目標，其實也相當具有價值。

2.標竿學習也可以刺激另類的思考與持續尋求最佳實務的恆心。

3.所建立的績效報告，可以提醒組織的服務次序與責任。

4.可以避免組織因為「夠好的」（Good Enough）選擇就滿足。

(八) 標竿學習的缺點

1.標竿學習所認定的最佳比較對象往往是過於理想化而難以達成。

2.標竿學習往往在成果無法量化時，有評估與衡量上的困難。

3.標竿學習在資料蒐集與報告上會變得無意義、浪費時間與花費昂貴。

4.標竿的選擇僅是公開地向其他組織經驗學習的一種選擇。

三、顧客導向

(一) 行政機關面對環境變革的因應方式

面對內、外在環境的變動與需求，行政機關在傳統上著重於控制、一致性及以法規為中心的運作方式均必須有所變革。此時對於行政人員而言，其對變革的可能回應方式有：

1.官僚式的：行政人員藉由法規或組織程序，作為自我保護的屏障，而以顧客的利益為代價。

2.反官僚式的：行政人員基於其意願，公平而人性化地面對顧客，特別是對社會低階層或少數族群。第二項回應方式應該是較適當的。

(二) 顧客導向的內涵

顧客導向之觀點是源自1980年中期以來，全球所盛行的「全面品質管理」（TQM），因為就TQM而言，組織「高品質」目標之達成，就是指「對顧客需求的滿足」。

(三)顧客導向與TQM的關係

TQM是由三個部分所構成的:「團隊建立」、「管理系統」及「控制技術」。三個部分均在顧客與供應者互動的基礎上,分別以文化形成、彼此承諾、相互溝通等方式結合成一體,最後形成整個TQM的內涵。

(四)顧客導向的觀念對行政機關效能的提升產生之影響

1.將可促使服務提供者能對顧客真正負起應有的責任。
2.使組織成員決策時,能減少政治因素的不當干預。
3.對組織成員可激發出更多的創新作為。
4.可對民眾提供更廣泛的選擇。
5.不易浪費,因為它的產出較能符合大眾的需求。
6.能培養顧客的選擇能力,並協助其瞭解不應有的地位與權益。
7.可創造更多公平的機會。

(五)顧客導向觀念對行政機關運作可能產生之影響

1.在職位互動上:每個人均需同時扮演顧客與供應者的角色,職位間之互動必須以共同參與或合作的方式來達成。
2.在工作設計上:將促使機關更加重視「團隊」的運作方式。
3.顧客導向觀念對行政人員之影響:
    (1)對領導者或管理的嚴格限制,阻礙了其進行組織改善的能力與誘因。
    (2)組織中混亂而散漫的決策過程,將影響管理者與其部屬對目標及其衝擊之感受能力。
    (3)組織將會產生複雜而具限制性的結構設計,包括對行政誘因的限制。
    (4)將連帶地使個人工作內容趨於模糊,最後導致個人感覺自我對組織重要性的降低、個人期望的不穩定,以及工作團體間合作的困難。
    (5)俸給與工作績效之缺乏彈性,將使選擇以公職為職業之人員懷有不同的利益考量。

(六)行政機關欲施行「顧客導向」的運作方式,應具備之基礎條件

1.組織內的所有組成分子應對組織目標具有共同的價值觀。
2.機關計畫之決定因素是依據理性(Rationality),而非憑藉個人的地位與權力。
3.組織與計畫能夠容忍外界對其運作方式。
4.政府機關的結構與報酬體系應能支持變革、調整、創新、替換等措施之施行。
5.機關各部門願意接受對其原有地位之限制,並願意釋出其部分權力。

經典範題

申論題

一、全國品質管理（Total Quality Management，TQM）為目前政府及企業部門藉以提升績效的主要管理途徑，其意涵為何？再者政府部門推動全面品質管理之策略性實務步驟為何？試分別簡要說明。

答：(一) 全面品質管理的意涵：TQM的內容，不僅是單純解決組織管理問題的統計技術，更是一套完整的系統途徑與思考方向。美國國防部會對實施多年的全面品質管理作了如下的定義：「全面品質管理是一種哲學，亦是一套以不斷改善組織為基礎的指導原則。長久以來，TQM運用計量方法與人力資源管理方法，改善產品與服務，以滿足組織的需求及改善組織內的一切過程，使顧客的需求得到相當程度的滿足。」

(二) 政府部門推動全面品質管理之策略性實務步驟：美國聯邦政府自1988年起沿用了企業界、製造業的TQM概念，並加以修整，使之適用於公部門。他們結合了七大實務步驟：

1. **高層人員的領導與支持**：政府部門推動TQM必須始於高級領導階層的親自參與，為品質文化之變革賦與動力。他們必須先對組織的未來理想樹立一個可達成的願景（Vision），然後將組織即將採行的品質改進政策及願景；在一個開放且具信任感的組織氣候下，順利地傳遞給每一個組織成員。

2. **策略性規劃**：進行策略性規劃（Strategic Planning）之目的，在於促使組織進行持續性的品質改善努力，並形成組織日常運作的必要之務，進而建立一個動態的、參與的規劃過程。**TQM最重要的目的，在於開創一個為民眾追求卓越服務的公共組織文化**，培養冒險犯難及成員全面參與的策略。因此，策略性規劃的目的即在於詳細地描繪出此種文化變革的長期策略，以實現顧客高層次滿足及組織的卓越績效。

3. **以顧客為導向**：一個具有高績效的政府部門不僅要能滿足民眾的期望，更要進一步以施政措施來取悅民眾，而且由於策略性規劃的目標乃在於滿足民眾之期望，因此**積極地影響民眾對於政府施政的滿意及正確地發掘民眾的需求，即成為品質管理的重點。**每一個政府部門欲掌握民意的

取向與意見回饋可以使用的方式有：進行民意調查、對民間團體進行深度訪談、民眾反應意見的追蹤與管制、於提供服務給民眾的同時蒐集接受服務之民眾的意見、延聘學者專家分析民眾的反應意見等。政府部門亦應建立一個開放性管道，公部門也要能平衡不同民眾、不同民間團體間可能相互衝突的需求。「以顧客為導向」（Focus on the Customer）的公部門亦應該瞭解，所謂「顧客」在概念上可區分為外在顧客（External Customer，即一般顧客）及內在顧客（Internal Customer，亦即為組織中的各級工作人員）。

4. **考評與分析**（Measurement and Analysis）：一項考評制度之運作，必須使組織能系統化地瞭解民眾對其產品或服務之滿意程度，並且須能以組織內部過程的改善作為考評的重點。因此**資料的蒐集應側重在顧客滿意度的各個相關屬性和特色，例如回應性、可信度、準確性、易於接近的程度等。**唯有如此，才能結合「以顧客為導向」的策略，真正掌握民意的回饋。此外，為了要確保機關組織能持續不斷地改善其服務品質之過程，資料的蒐集應以一段時間中的持續改善情形為基礎，進行深入的分析。

5. **訓練與獎賞**（Training and Recognition）：教育訓練通常包括職前與在職教育，使機關組織的人員能確實具有執行任務所必要的技巧與知識。而在進行全面品質管理的組織中，教育訓練的另一項重要內容，是將全面品質管理的相關概念與技術，諸如工作團隊、問題解決技術、蒐集與分析資料方法與工具等教導給工作人員。另一項重點工作乃是運用適當的獎勵措施，激勵組織工作人員，政府部門如果欲以全面品質管理策略來提升其服務品質，除了擬訂改善品質的具體策略之外，建立一個以服務品質改進情形為獎勵標準的獎賞制度乃是不可或缺的。

6. **授能與團隊合作**（Employee Empowerment and Team Work）：一旦高階管理人員認同並支持TQM之實施後，使機關組織達成品質承諾的最重要因素，乃是組織所有成員之投入、授能及團隊合作。由於工作人員是組織的資產，也是知識和創造力的終極來源，因此唯有充分運用組織資產，才能正確地解決組織所面對的問題，並且持續不斷地改善服務與產品的品質。公部門如果意欲透過賦與成員推動TQM的認知活力來提升公共服務的品質，其首要之途在於應使所有組織成員均能系統化地辨認出民眾的實際需求。在實務上，可透過「跨功能的問題解決團隊」、

自我管理團隊、主動的建議制度等方式，使成員能在充分的授權下，自由且具有彈性地凝聚團隊力量，以集體智慧解決民眾所面臨的問題。

7. **品質保證**：在TQM的系統中，品質保證即是自工作過程之始為開端，從資源輸入階段即防止問題的產生，而不是如同傳統的品質控制時期，注重在錯誤發生後的控制與檢查。**品質保證的特色，在於工作過程之設計涵蓋了事前的預防錯誤、事後及整個生產過程中的錯誤與問題的檢查與矯正。**所以為了因應此種事前的預防與早期的檢查，工作人員的訓練即應注重在分析前一階段供應者所提供的相關資訊，並應和民眾建立起「合夥關係」。（孫本初，公共管理—品質管理，頁103-121）

◐ 類似題　現代的全面品質管理概念已漸趨向策略性的品質管理模式，請解釋在此一模式中，「顧客導向」與「策略性規劃」的重要性，以及兩者之間的關係。

二、全面品質（TQM）的實施方法為何？

說明：　TQM 是一種由機關組織所採行的廣博性的（Comprehensive）、顧客導向式的系統（Customer Focused System），以改進產品與服務的品質，是一種管理組織中所有階層的方式，從上到下全面動員，對組織的工作過程進行持續性的改善，以追求民眾的全面性滿意。

答：根據江岷欽教授與林鍾沂教授在「公共組織與管理」一書中所述，全面品質管理之實施方法如下：

(一)**培養視野**（Vision）：視野，係指高層領導者或領導團體建構組織未來發展之「內心圖像」—即廣泛的組織目標或組織未來的期許。內心圖像的構成，除了領導者的主觀期望外，亦應考量組織外在顧客對組織之要求或期望，乃能形成組織長遠發展的指引。

(二)**分析**（Analysis）：分析之作用，在於瞭解組織的現況，其範圍包括組織運作程序，與外在顧客互動的情形及組織氣候等，經由分析階段，將能協助領導者瞭解現況與目標間的差距。

(三)**訓練與問題解決**（Training and Problem Solving）：組織透過不斷修正與問題解決方式，找出較適合組織本身的品質管理技術。在此階段中，組織可先成立「先導小組」（Pilot Teams），針對部分簡易之問題，採用全面品質管理之方式予以克服。

(四)**教育**（Education）：先導小組的實驗有所成就後，即可將全面品質管理推廣至整個組織中。在教育階段中，員工開始採用新的工作技術與組織程序，並從實際工作中吸取經驗。

(五)**制度化**（Institutionalization）：在此階段，組織應建立符合全面管理之制度，包括正確的資訊蒐集、評估、酬勞制度，以及內部的諮詢、指導、訓練方式，構成組織整體的全面品質管理策略與預算會計制度。

（孫本初，公共管理—品質管理，頁103-121）

三、政府部門提供服務給民眾時，其品質標準的設定面向為何？試述之。

說明：　TQM中的「品質」應以顧客導向為依據。

答：依據顧客導向的精神，政府部門在提供服務給民眾時，其品質標準的設定應考慮民眾對於服務品質所關注的面向，可從以下七項來加以說明：

(一)**績效**（Performance）：**績效是民眾在接受政府部門所提供的服務時，首先所考慮的最重要面向**，例如社會安全部門的品質標準，即在於退休人員申請加入社會安全保險時，對他們提供清晰且正確的資訊與協助。

(二)**特定特色**（Special Features）：此係指補充基本的政府產品與服務品質的第二項標準，例如在處理失業保險給付的申請案時，諮詢顧問們應提供社區中現有的工作資訊或引介他們參加職業訓練。

(三)**可信度**：所謂可信度是指一項產品或服務，在某一特定期間內能符合民眾期望的可能而言。

(四)**持久性**：持久性係指測量一項產品或服務時，其對民眾所能獲得的好處之持續服務時間長短而言。

(五)**一致性**：一致性係指在測量政府服務或產品之績效與服務的性質時，該產品或服務的績效與性質是否能符合預先所設立的標準之程度。

(六)**即時性**：政府的產品或服務必須及時滿足民眾的需求或解決民眾所面臨的問題，因此服務品質應講求即時性才能符合民眾的期望。

(七)**變動性**（Change Over Time）：民眾對於政府的服務品質所考量的標準，會隨著時空而不斷變動。民眾的期望和需求亦常隨政府所提供服務的能力的提高而不斷增加。（孫本初，公共管理—品質管理，頁103-121）

四、全面品質管理與傳統管理兩者有何差異？

答：傳統管理（Traditional Management）亦重視「品質」（Quality），但全面品質管理則是品質典範的新塑變遷，包括顧客取向及團隊參與。兩者主要差別在於：

(一)傳統管理重視的「生產」與「品質」係企業主或管理者所決定；全面品質管理之生產（或績效）與服務品質則係顧客所決定。

(二)**傳統管理固守「機關取向」**（Agency-drive），不脫官僚化與層級化體制；**全面品質管理則轉向「顧客取向」**（Customer-drive），顧客即服務對象，為管理之基準。

(三)傳統管理重視首長主管對各部門的集權化管理與目標管理；全面品質管理則重視分權化及授能化的參與管理，團隊精神與「成果管理」，而首長主管、員工、顧客是相互呼應的回應關係。

(四)從傳統管理轉向全面品質管理，不僅對「品管圈」與「品質服務」比以往更加重視，兼重視管理過程與成果，且更強調管理文化之典範變遷。（許南雄，行政學術語）

五、何謂「品質控制」、「品管圈」、「全面品質服務」、「品質化」？試分別說明之。

答：(一) 品質控制（Quality Control）：指嚴格的品質檢驗與控制程序，主要由品管部門掌管此項控制程序，在理念上亦強調「品質」（最佳的生產與服務），但品質的決定卻以'管理者」（企業主）為主體。

(二)品管圈（Quality Circle）：係實施全面品質管理（TQM）的途徑之一，即由機關組織中組成一品質管理團隊，研討解決品管問題及提高品質方法。

(三)全面品質服務（Total Quality Service，TQS）：以全面品質管理（TQM）為主軸之服務方式，如嚴訂服務標準、編製服務手冊、重視員工關係與夥伴關係，設立服務申訴管道。

(四)品質化：管理程序由重視「量化」而兼顧「質化」，品質是不斷改進而形成（低品質、可接受品質與高品質）。品質之高低則經由衡量因素決定，如方便、省時、舒適、安全、成本與環境等項；其次，強調公共服務品質，由傳統僵化式服務改進為授能化服務。（許南雄，行政學術語）

六、何謂「標竿學習」？其起源為何？其理論基礎為何？試分述之。

說明：「標竿」係指：「可以被測量的參考點」或「可視為標準之物」。因此，「標竿學習」（Benchmarking）可解釋為向此參考對象或標準進行比較與學習之意。

答：(一) 標竿學習的定義：

1. Anderson與Petterson對標竿學習所下的操作型定義為：「**標竿學習是一種過程，藉由一家公司不斷地測量與比較另一家公司的流程，以使組織從比較中獲取認同，並得到協助執行改善方案的資訊**」。

2. Bendell等人則指出，標竿學習是一種尋求改善的心態及其改善的流程，此慾望是自然而然的演進，如同尋求一新的概念。

3. Leibfried則認為，標竿學習是先分析組織內部已運行的活動或實務，其目的在於瞭解既存的流程或活動，然後認定一個組織以外的參考點或標準，俾以測量判斷。由以上學者的看法可知「標竿學習」的關鍵概念為：

(1) **標竿學習注重「流程」**，這包括了標竿學習計畫本身的流程，同時亦涵蓋了組織運作的流程。

(2) **標竿學習注重「學習」**，任何形式的學習均可且是取法乎外的。

(3) **標竿學習講究「持續性的改善」**。

(4) **標竿學習是系統化與結構化的活動**，此活動必須有「參考點」，亦即標竿對象，而此對象又必須是最佳的。

(二) 標竿學習的歷史源起：可分為下列三種說法：

1. 側重於品質改進的說法：將標竿學習置於以品質為主題的系絡之中來加以探討，與全面品質管理（TQM）的理念有高度的相關。因為TQM對於品質改善的論點而言，乃是持續不斷的改善、顧客滿意度的提升與員工的參與，而標竿學習便是達成前述三者的有效工具之一。

2. 側重於分析工具的說法：此說法認為標竿學習是昔日各種分析技術的一種延伸。60年代，將焦點置於比較不同年度的績效結果，到了70年代，管理文獻開始注重策略的運用及策略性的思考，到80年代，全錄公司開始引用標竿學習，將比較的對象轉為最強勁的對手。後來這項發展成為今日所熟知的「流程標竿學習」（Process Benchmarking）。

3. 源自於策略性規劃的說法：策略性規劃在60年代開始嶄露頭角，一直到70年代達於頂峰。隨著80年代的全面品質運動的興起，促使策略性規劃

的潮流與品質運動相結合，日本的運作實務便是標竿學習的前身。持此說法的學者認為，策略性規劃下一階段的演進便是標竿學習。此種說法認定標竿學習彌補了策略性規劃的缺陷，因為其能明白地指出戰略層次與執行層次的運行模式，故較策略性規劃完整，甚至取而代之。（孫本初，公共管理—學習，頁195-213）

(三)標竿學習的理論基礎：

1. Bogan與English：指出標竿學習是一種基本的商業概念，也是一種「截人之長、補己之短」的概念。

2. Karlof則依循著全面品質管理的論點，指出標竿學習的相關主題便是品質與產能。Finnigan則視標竿學習為達成員工參與及品質流程改善的利器，同時注重「評估」與「流程」。

3. Bendell、Boulter與Kelly三人則直言標竿學習的關鍵成功因素在於「流程」（包括內在的作業流程及整個標竿學習的設計流程）。因為將焦點放在流程之上，將有助於確認改善的實質內容。從上述標竿學習的立論基礎來看，可發現標竿學習的關鍵特色：

(1) 學習是向他人採行任何方式的學習。

(2) 標竿學習在於尋求「不斷地改善」，以達成「顧客滿意」，並實現「利害關係人」的期待。

(3) 標竿學習本身就是競爭評估的利器，存在著彼此「比較」的意涵。

(4) 標竿學習重視「流程」，包含組織作業流程與標竿學習方案設計的流程。（孫本初，公共管理—標竿學習，頁 195-213）

七、試問，標竿學習的核心價值為何？

答：(一) **全面品質觀**：此論點源於「全面品質管理」（TQM）的啟發，TQM所重視的原則為：

1. 顧客導向。　　　　　　2. 持續的改善。
3. 團隊合作。　　　　　　4. 流程取向。

品質是TQM的中心思想及價值，在追求「高品質」理念的同時，輔以其他的相關措施，達成顧客全面性的滿意。

(二) **流程觀**：標竿學習在運作上相當重視「流程」，而其同時又彰顯了雙重的意義：

1. 標竿學習所效法他人者，是標竿對象營運的「流程」，此一論點超越了產業別的差異或不同部門的限制。

2. 標竿學習同時注重本身流程的「管理」，所謂本身的流程同時指的是部門或產業運作的流程及推行標竿計畫的流程兩項。標竿學習的流程觀所涵蓋的基本意涵，在付諸實行上，則同時指涉「流程再造」與「流程管理」兩大範疇。

(1) Hale 與 Hyde 兩人認為，流程再造係一種重新設計的系統策略。**對於流程再造的啟發，可從下列三個面向著手：企業界與政府部門成功的經驗、製造業的同步工程與精簡生產流程、以時間為基準的競爭觀念。**

(2) 至於流程管理，其主要目的在於協助組織能達成其管理目標，以及標竿學習的關係在於相互補足管理上的盲點與缺失。

(三)**學習觀**：主要包含兩種學習精神，**分別為向他人學習與自我學習。**所謂向他人學習，與原先標竿學習所標榜的基本意義相同，即向最佳的實務典範學習；至於自我學習的部分，則是指標竿學習的自我超越，強調標竿學習的積極意義，目的在使組織透過學習，能凌駕於競爭的對手之上，成為其他組織的學習標竿（Benchmarked）。（孫本初，公共管理—標竿學習，頁195-213）

八、標竿學習具有何種類型？其實施的流程為何？試分述之。

答：(一) 標竿學習的種類：

1. 標竿學習依比較標準的可分為三種類型：

(1) **績效標竿**：績效標竿（Performance Benchmarking）是針對績效測量作比較，以決定一個機關組織的良善標準為何。

(2) **流程標竿**：流程標竿（Process Benchmarking）是針對企業流程之執行方法與實務的比較，目的是為了學習最佳實務，以改善自己本身的流程。

(3) **策略標竿**：策略標竿（Strategic Benchmarking）是與其他機關組織從事策略選擇與處置的比較，目的是為了蒐集資訊，以改善自己本身的策略規劃與處理。

2. 標竿學習依比較的對象可分為四種型態：

(1) **內部標竿**：內部標竿（Internal Benchmarking）是在相同的公司或組織，從事部門、單位、附屬公司或國家之間的比較。

(2) **競爭標竿**：競爭標竿（Competitive Benchmarking）是和製造相同的產品與提供相同服務的最佳競爭者，直接從事績效（或結果）之間的比較。

(3) **功能標竿**：功能標竿（Functional Benchmarking）是和具有相同的產業與技術領域的非競爭者，從事流程或功能上的比較。

(4) **通用標竿**：通用標竿（Generic Benchmarking）是無論任何產業，皆以本身的流程來與最佳的流程從事比較。

(二)組織中標竿學習的流程：

1. **規劃**（Plan）：經驗顯示規劃階段是所有階段中最重要的一環。透過確定組織重要的成功因素，與評鑑影響企業流程的主因，來為標竿學習選擇適當的流程。在觀察標竿學習的對象之前，最重要的莫過於先去瞭解自己的組織。

2. **探尋**（Search）：探尋階段主要是為了尋求與確定適當的學習標竿。因為，與其視標竿學習為一種方法或技巧，不如說標竿學習是在對組織之間作比較，建立可接受與合法的環境或網絡。但是若太過於依賴標竿學習夥伴所聯結的網絡，相對地亦會造成危險。

3. **觀察**（Observe）：觀察階段的目的，在於研究所選擇的學習標竿以瞭解其運作流程。除了觀察標竿對象的流程表現有多好外，更應發覺標竿對象的表現，是「如何」與「為何」可以表現良好。其中，問卷、面談或直接的觀察等方法或技術可以善用在觀察階段。

4 **分析**（Analyze）：分析階段的主要目的是為了瞭解組織本身與學習標竿之間的流程所產生的績效落差，及導致績效落差的根源為何。

5 **適用**（Adapt）：標竿研究的主要目的應該是為了創造變革與進行改善，否則表示標竿學習的潛在優勢並沒有完全發揮。從分析階段所獲得的發現，必須能夠適用在組織本身的情況下。

6 **循環**：標竿學習是持續性地改善組織績效的過程，為使「標竿學習輪」能夠運轉，唯有讓標竿學習的過程得以循環，才能確定標竿學習的潛力得以完全發揮。（孫本初，公共管理—標竿學習，頁195-213）

九、標竿學習在企業組織及政府機構運作上具有相當大的功能，但不可否認的亦有其限制。試問，標竿學習的優點與限制（缺點）各為何？

答：Cohen與Eimicke認為，標竿學習的優缺點如下：

(一)優點：

1. 從事標竿學習的過程，即使無法達成所欲的改善目標，其實也相當具有價值。一個**組織即可藉以型塑其組織文化與行為**，進而驅動強烈的競爭力、榮譽感、信任感、精力等，來促使組織的表現更為卓越。

2.標竿學習也**可以刺激另類的思考與持續尋求最佳實務的恆心。**

3.**藉由標竿學習所建立的績效報告，可以提醒組織的服務次序與責任**，更有利於將焦點置於課責之上；亦可以輔助預算抉擇與適當分配額外的資源。績效評量與標竿學習亦可以確定組織的資源應如何適當地分配，以符合長期與短期的目標與責任。

4.標竿學習**可以避免組織因為「夠好的」**（Good Enough）**選擇就滿足**，也不會因此僅針對「最多就只有這樣了」而不知上進。標竿學習可以引導組織改善，並且評估品質與價值，使組織明瞭什麼對顧客、組織成員與評估者而言是最重要的。

(二)缺點：

1.**標竿學習所認定的最佳比較對象往往是過於理想化而難以達成。**因為上層管理者往往預定了難以達成的學習目標而誤用標竿學習，不論公私部門都一樣。例如，民營化最成功的標竿學習典範—英國在許多非洲國家就無法成功。

2.**標竿學習往往在成果無法量化時，有評估與衡量上的困難**，同時在無法預見績效改進成效下，蒐集資料亦會遇到瓶頸。因為當指標迅速地激增，標的逐漸增加，時間的需求也將遽增。

3.**標竿學習因為組織工作的多元化，在資料蒐集與報告上會變得無意義**、浪費時間與花費昂貴。因此，若是表現不佳或不守信用，標竿學習也會損壞組織的創造力與名譽，戴明即曾嚴厲批評說：「一個績效標竿可能是組織擁有更好品質與更高績效的主要障礙。」

4.**標竿的選擇僅是公開地向其他組織經驗學習的一種選擇**，因此很難論斷學習的觀點究竟為何。如何使標竿學習與革新策略配合無間？何種標竿學習方法最能符合組織的需要與文化？都將是一大難題。（孫本初，公共管理—標竿學習，頁195-213）

十、標竿學習對政府再造具有何種啟示？

答：(一) 自標竿學習的對象為企業界而言：現今流行於各國的管理風潮，促使各國政府的公共事務產生「典範移轉」的現象，這股潮流可以統稱為「新公共管理」，特質之一便是引進市場競爭機制與強調運用私部門的管理風格。因此，在倡議政府再造所追求的企業型政府理念下，標竿學習所指引的，便是市場機制的運作流程與績效的追求，而非企業

化的營利觀點。換言之，標竿學習的構成要素之一的「流程觀」便是
著重政府運作效率的提升，而「全面品質觀」則在於服務品質的認
可，再輔以「學習觀」以改善官僚體制既有的習性，「標竿學習」便
是一套內外兼具、務實可行的方法。

(二)自標竿學習的對象為政府部門而言：此概念與上述的內容大同小異，
差別只在於學習的對象為公部門。但須進一步說明的是，此處所謂的
政府部門，即政府部門成功的實務經驗，可分為兩個範疇，一為他
國政府再造成功的經驗，另一為對政府部門間良好運作流程的學習，
這些都是學習的對象。在各國的政府再造或行政革新計畫中，如此大
規模的計畫是透過標竿學習的方式，吸取成效卓著的案例經驗；透過
標竿學習中的「全面品質觀」，具體落實符合我國民情文化的顧客需
求，進而追求服務品質的高滿意度。（孫本初，公共管理─標竿學
習，頁195-213）

十一、21世紀是知識經濟的時代，更是一切以「顧客導向」為導向的時代。試問，何謂顧客導向？顧客導向與TQM有何關係？顧客導向的觀念將對行政機關效能的提升產生何種影響？

答：(一) 顧客導向的內涵：顧客導向之觀點是源自1980年中期以來，全球所盛
行的「全面品質管理」（TQM），因為就TQM而言，組織「高品質」
目標之達成，就是指「對顧客需求的滿足」。組織運作的結果，不論
是有形的產品或是無形的服務，均必須得到消費者的接受，其一切的
改善工作才具有意義。所謂「顧客」（Customer），並非狹隘地僅指
位於組織外部、使用組織最終產品或服務的人員而已，它同時亦指組
織內部、由於分工而形成的單位，故顧客的範圍應同時包含內在與外
在顧客（Internal / External Customers）。

1. 內在顧客：指組織中本單位以外的其他單位或個人，他（們）在整個
工作流程中的任務是接續於本單位之後，或是其為使用本單位工作之
成果者。

2. 外在顧客：包括組織最後產出之直接受益者或是間接受益者，例如證券
管理委員會的直接服務對象，雖可能是各上市公司或證券商，但投資人
的權益亦可間接獲得保障。在顧客導向的觀點下，組織運作的過程事實
上形成了「顧客─供應者」兩者間之互動關係。

(二)顧客導向與TQM的關係：TQM是由三個部分所構成的，「團隊建立」代表組織運作是以團隊合作的方式進行；「管理系統」是指管理制度規劃或施行均以品質達成為基礎；「控制技術」則是各種品質管制之技術，如統計過程控制即是。三個部分均在顧客與供應者互動的基礎上，分別以文化形成、彼此承諾、相互溝通等方式結合成一體，最後形成整個TQM的內涵。由此可知，顧客觀念在全面品質管理中的重要程度。

(三)顧客導向的觀念將對行政機關效能的提升產生下列影響：

1.顧客導向的組織，將可促使服務提供者能對顧客真正負起應有的責任。

2.顧客導向的組織使組織成員決策時，能減少政治因素的不當干預。

3.顧客導向的組織對組織成員可激發出更多的創新作為。

4.顧客導向的組織可對民眾提供更廣泛的選擇。

5.顧客導向的組織較不易浪費，因為它的產出較能符合大眾的需求。

6.顧客導向的組織能培養顧客的選擇能力，並協助其瞭解不應有的地位與權益。

7.顧客導向的組織將可創造更多公平的機會。（孫本初，公共管理—顧客導向，頁125-136）

十二、顧客導向觀念對行政機關運作可能產生那些影響？

說明： 傳統組織運作所強調的「命令—服從」關係可能已不再適用，取而代之的是「供應者—顧客」的合作關係。

答：(一) 在職位互動上，早期行政機關強調工作執行的憑藉，乃在於法規、職責、權威及預算等，Barzelay認為此種方式將可能形成下列負面影響：

1.在實際運作上，將手段的遵循誤認為是工作的目標。

2.在過度依賴權威下，分工方式是單向的，並缺乏互動與合作。

3.職位的滿足只重視對資源及人員之控制，忽視了對人員內在的報酬。

4.在只重視官僚本身問題的同時，將忽略了公共利益的保障。相反地，在顧客導向的觀點下，因每一位行政人員不可能獨立完成機關的任務，所以每個人均需同時扮演顧客與供應者的角色，為了維持兩者間的平衡，職位間之互動必須以共同參與或合作的方式來達成。例如上級長官可能

兼具監督及指導諮詢的雙重角色。此種上下屬的合作關係若能建立時，將能有效地減低前述行政機關工作上之負面影響。

(二)在工作設計上，顧客導向關係的強調，將促使機關更加重視「團隊」（Team）的運作方式。因為組織成員、單位、組織產出的受益者將在共同的目標下，依工作或功能的不同，結合為各種團隊，經由此種工作形式，一方面團隊成員能在合作基礎上，共同解決團隊本身所面臨的問題；另一方面不同團隊間亦能彼此支援，達成組織的共同目標。團隊建立之方式不僅有助於組織目標之達成，更能滿足現代組織的下列各種需求：

1.安全（Security）：員工有免於恐懼、焦慮之需求，並重視健康、安全、收入與未來的繼續僱用。

2.平等（Equity）：員工的貢獻與報酬應能一致。

3.個性化（Individualization）：員工應有最大可能之自主性，以決定或計劃工作步調。

4.民主（Democracy）：員工應能自我管理及參與影響本身工作的決策，並從工作中承擔更大的責任。顧客導向對行政機關的影響，不只是在觀念上重視機關對外在環境因素的重視，更可能造成對行政機關內部整體運作方式的變革。

(三)顧客導向觀念對行政人員之影響：

1.對領導者或管理的嚴格限制，阻礙了其進行組織改善的能力與誘因。

2.組織中混亂而散漫的決策過程，將影響管理者與其部屬對目標及其衝擊之感受能力。

3.組織將會產生複雜而具限制性的結構設計，包括對行政誘因的限制。

4.上述因素之產生，將連帶地使個人工作內容趨於模糊，最後導致個人感覺自我對組織重要性的降低、個人期望的不穩定，以及工作團體間合作的困難。

5.基於俸給與工作績效之缺乏彈性，將使選擇以公職為職業之人員懷有不同的利益考量。（孫本初，公共管理—顧客導向，頁125-136）

十三、行政機關運作方式之變革與顧客導向具有何種關係？行政機關欲真正施行「顧客導向」的運作方式，必須先具備那些基礎條件？

說明： 政府行政不同於一般的行政工作，在某種程度上不僅具有公共的特質，而且必須服膺於公眾的監督與需求。

答：(一) 行政機關運作方式之變革與顧客導向具有之關係：

1. Gulick認為所有組織之運作的各個面向，均可以歸納入「POSDCORB」七項行政原則之中。但是Graham與Hays則認為，在今日行政機關規模日大、社會問題嚴重性不斷增加以及社會大眾對行政機關的信心又每況愈下情形下，行政機關必須徹底進行改革。因此他們認為早期「POSDCORB」之原則在當前環境下應改為**「PAFHRIER」原則，即政策分析**（PA）、**財務管理**（F）、**人力資源管理**（HR）、**資訊管理**（I）及**對外關係**（ER）五項。從此五項原則可知，現代行政機關之運作不僅必須要求內部運作的順利與協調，更得注重機關外在因素的可能影響。

2. 1993年，Graham與Hays又將上述五項原則結合行政運作過程之需求，整合為下列六點：

   (1) **計畫**（Planning）：經由運用更良好的經驗、計算方式、溝通工具，使各決策層級均能作出更多且更好的計畫。

   (2) **分配**（Allocation）：在公共與私人部門、不同的公共服務需求、現在與未來等因素的考量中，尋求資源的有效分配。

   (3) **市場**（Market）：對每一市場提供更開放而自由的機構。

   (4) **生產力**（Productivity）：選擇適當的生產工具與組織，以產出或提供公共服務並確保公共利益之達成。

   (5) **熱忱**（Enthusiasm）：發展一套能同時激發幕僚與業務人員創意與熱忱的人事政策，此一政策乃是根據人性與生產力之提升來設計。

   (6) **協調**（Coordination）：強化機關成員與上級，以及其在從事評估時之自我協調能力。

   孫教授認為，今日行政機關的運作，不能再停留於昔日以機關本身為中心，消極地遵守法規為滿足；相反地，今日行政機關必須主動配合環境內外各類因素的變動；亦即行政機關及其人員有必要重新調整其與環境間之互動關係，此即「顧客導向」觀念之建立。（孫本初，公共管理─顧客導向，頁125-136）

(二)基礎條件之具備：Weissman認為，行政機關欲真正施行「顧客導向」的運作方式，必須先具備下列基礎條件：

1.組織內的所有組成分子應對組織目標具有共同的價值觀。

2.機關計畫之決定因素是依據理性（Rationality），而非憑藉個人的地位與權力。

3.組織與計畫能夠容忍外界對其運作方式，甚至存續方面問題的批評。

4.政府機關的結構與報酬體系應能支持變革、調整、創新、替換等措施之施行。

5.機關各部門願意接受對其原有地位之限制，並願意釋出其部分權力。
　　上述條件的具備，固然可能與傳統行政運作強調「命令－服從」的方式彼此衝突，但是，若就今日組織實際運作需求而言，行政機關在面對環境的劇烈變動條件下，實已不能再僅針對內部運作因素進行考量，而必須更重視機關內在、外在不同利益取向的需求。（孫本初，公共管理－顧客導向，頁125-136）

十四、試就所知，論述全面品質管理（Total Quality Management）的主要內涵，並評論其可能產生的優缺點。

答：(一) 內涵：見本章第一題。

(二)全面品質管理的好處（優點）：

1.**提升員工工作士氣**：內部員工，由於工作中不良的工作關係，所帶來的壓力，將因工作改善而減少。

2.**TQM帶來更高的工作品質及較低的生產成本**：工作品質的改善及成本的降低，來自於合理的工作安排及改善的原物料供給。

3.**提高顧客滿意度**：TQM為組織提供評估顧客偏好的工具，使組織提升滿足顧客需求的能力。

4.**TQM為公部門帶來生存發展的轉機**：一般民眾對於提高政府施政品質的要求，也是日益迫切。TQM能有效地為公部門帶來生存與發展的轉機。

5.**提升員工的素質**：TQM刺激組織中每個人的腦力之成長，使組織產生綿延不絕的學習及再生能力；TQM使員工變得更有彈性，更有思考的能力，以應付日益複雜的環境之需求。

6.**增加員工參與決策的機會**：現代組織的員工，不再單方面的奉命行事，他們對於決策的合理性，經常會提出質疑。

(三)全面品質管理的成本（缺點）：

1. **員工抗拒：推動全面品質管理的最大挑戰，來自於實施TQM時，員工對於TQM的改變所抱持的抗拒**；政府的運作，因受制於繁雜的法規及標準作業程序，而變得更難改變。

2. **策略的錯誤**，使得TQM只是協助組織，更有效率地推動一個錯誤的決策而已。

3. 傳統途徑的TQM之應用於公部門，將**造成權力衝突**，而難逃失敗的厄運，以方案為導向的TQM較能為組織領導者所接受。

4. 由於**民主政治的本質，民選官員及任免的官員，將無法有效地執行長期性的品質改善計畫**；中階主管如不願意配合，將會刻意拖延至主張改革的官員任期屆滿或政黨更替後，再把原有計畫擱置。

5. **面臨多元且相互衝突的需求**，TQM無法有效地整合代表不同利益的顧客需求。

6. **TQM改變了傳統管理者的角色**，要求組織的領導者改變過去的威權角色，成為許多自主團隊工作的促進者角色，一時很難被傳統的管理者所接受。

7. TQM的成功有賴組織文化的改變，而**文化改變通常需要很長的時間**。

（吳瓊恩、李允傑、陳銘薰，公共管理，頁96-99）

選擇題

( )　1. 「先分析組織內部已運行的活動或實務，其目的在於瞭解既存的流程或活動，然後認定一個組織以外的參考點或標準，俾以測量判斷。」此稱為：　(A) 全面品質管理　(B) 標竿學習　(C) 績效管理　(D) 企業型管理。

( )　2. 下列何者並非「PAFHRIER」的公共管理要求？　(A) 政策分析　(B) 財務管理　(C) 資訊管理　(D) 情緒管理。

( )　3. 下列何者非「畢德斯（Peters）的品質革命的十二項屬性」之一？　(A) 單一職能小組　(B) 管理階層必須以實際的行動支持，才能充分表達這種觀念　(C) 品質衡量為品質革命的特徵，全員均應參與，品質衡量結果應廣為公布　(D) 以實際酬勞，獎賞品質的達成。

( )　4. 下列敘述何者錯誤？　(A) 績效標竿是針對績效測量作比較，以決定一個機關組織的良善標準為何　(B) 流程標竿是針對企業流程之執行方法

與實務的比較　(C) 內部標竿是與其他機關組織從事策略選擇與處置的比較　(D) 競爭標竿是和製造相同的產品與提供相同服務的最佳競爭者，直接從事績效之間的比較。

( )　5. 顧客導向之觀點是源自 80 年代中期以來，全球所盛行的何項管理？(A) 指標管理　(B) 知識管理　(C) 全面品質管理（TQM）　(D) 財務管理。

( )　6. 下列那一位學者提出「十四點品質原則」以改善工作的品質與績效？(A) 戴明（W.Deming）　(B) 柯納（N.Kano）　(C) 李偉（H.Levine）(D) 墨耕（G.Morgan）。

( )　7. 下列何者為組織中標竿學習的正確流程？a 規劃（Plan）。b 探尋（Search）。c 觀察（Observe）。d 分析（Analyze）。e 適用（Adapt）。f 循環。　(A)bcadef　(B)abdcfe　(C)abcdef　(D)adefbc。

( )　8. 在談及公共管理時，往往以那位學者早期提出「POSDCORB」深具代表性：　(A) 古立克　(B) 賽蒙　(C) 費堯　(D) 泰勒。

( )　9. 「60 年代，將焦點置於比較不同年度的績效結果，到了 70 年代，管理文獻開始注重策略的運用及策略性的思考，到 80 年代，全錄公司開始引用標竿學習。」此係屬標竿學習的何種歷史源起說法？　(A) 側重於品質改進的說法　(B) 側重於分析工具的說法　(C) 源自於策略性規劃的說法　(D) 側重於理論架構的說法。

( )　10. 全面品質管理將顧客分為那兩大類？　(A) 私人顧客及公有顧客(B) 法人顧客及個別顧客　(C) 內在顧客及外在顧客　(D) 志願顧客及強制顧客。

( )　11. 關於行政管理論者朱朗的「品質規劃的指南」的敘述，何者錯誤？(A) 將顧客的需求轉化為適合組織溝通的語言　(B) 開發「固定顧客需求」的產品　(C) 確認顧客的需求　(D) 力求產品完美，使其不僅符合顧客的需求，亦符合自我的要求。

( )　12. 下列何者非全面品質管理的基本概念？　(A) 政府取向　(B) 持續改進(C) 員工授能　(D) 首長領導。

( )　13. 全面品質管理（TQM）中的「品質」主要是以什麼為依據？　(A) 組織中的員工　(B) 行政主管　(C) 顧客導向　(D) 以上皆是。

( )｜14. 行政機關欲施行「顧客導向」的運作方式，應具備之基礎條件，其中不包括下列何者？　(A) 組織內的所有組成分子應對組織目標具有共同的價值觀　(B) 政府機關的結構與報酬體系應能支持變革、調整、創新等措施之施行　(C) 機關計畫之決定因素是依據地位及任職時間，而非憑藉個人理性　(D) 機關各部門願意接受對其原有地位之限制，並願意釋出其部分權力。

( )｜15. 全面品質管理（Total Quality Management）的主要內容為下列那一項？　(A) 顧客至上、永續改善、團隊工作　(B) 共同願景、系統思考、超越自我　(C) 走動管理、標竿學習、開卷管理　(D) 直觀統合、量子混沌、權變設計。

( )｜16. 下列何者非「畢德斯（Peters）的品質革命的十二項屬性」之一？　(A) 大幅度的改革　(B) 缺乏熱忱的制度無法運作，無法運作的制度也必然缺乏熱忱　(C) 不斷創造「霍桑效應」　(D) 設立「改善品質的模範組織結構」。

( )｜17. 全面品質管理經常應用下列那一種技術，作為永續改善的手段？　(A) 魚骨圖分析　(B) 作業研究演算　(C) 系統動態模擬　(D) 比較法制研究。

( )｜18. 依據顧客導向的精神，政府部門在提供服務給民眾時，其品質標準的設定應考慮民眾對於服務品質所關注的面向，其中不包括下列何者？　(A) 績效　(B) 特定特色　(C) 合法性　(D) 可信度。

( )｜19. 下列關於全面品質管理與傳統管理兩者的差異敘述，何者錯誤？　(A) 傳統管理重視的生產與品質係企業主或管理者所決定；全面品質管理之生產與服務品質則係顧客所決定　(B) 傳統管理固守消費者取向；全面品質管理則轉向機關取向　(C) 傳統管理重視首長主管對各部門的集權化管理與目標管理；全面品質管理則重視分權化及授能化的參與管理　(D) 從傳統管理轉向全面品質管理，對「品管圈」與「品質服務」比以往更加重視。

( )｜20. 全面品質管理中的「高品質組織目標」，係指：　(A) 滿足顧客的需求　(B) 追求超額利潤　(C) 增加政治權力　(D) 強化司法功能。

( )｜21. 下列何者非「柯仕比（Crosby）的品質提升的十四項步驟」？　(A) 衡量組織作業程序，以確認現有（或潛存）的品質問題　(B) 成立「績效

考核委員會」　(C) 在改善過程中，建立「進度監測」制度　(D) 訓練監督人員，使能積極主動完成品質改進方案的分內工作。

( )　22. 顧客導向的觀念對行政機關的效能可能產生那些影響？　(A) 將可促使服務提供者能對顧客真正負起應有的責任　(B) 可對民眾提供更廣泛的選擇　(C) 可創造更多公平的機會　(D) 以上皆是。

( )　23. 下列何者為標竿學習的優點？　(A) 即使無法達成所欲的改善目標，其實也相當具有價值　(B) 標竿學習也可以刺激另類的思考與持續尋求最佳實務的恆心　(C) 可以避免組織易於滿足　(D) 以上皆是。

( )　24. 公共管理的內涵，所謂「PAFHRIER」中的 HR 是指什麼？　(A) 政策分析　(B) 財務管理　(C) 人力資源管理　(D) 資訊管理。

( )　25. 下列敘述何者錯誤？　(A) 晚近所謂「全面品質管理」，則是強調顧客決定品質、技術程序與行政手續不斷求新求變及各管理部門與員工均以品管圈為主軸而參與管理革新　(B) 全面品質管理針對「傳統管理」而言，係「典範變革」之品質取向的管理體制　(C)Finnigan 指出標竿學習是一種基本的商業概念，也是一種「截人之長、補己之短」的概念　(D) 全面品質管理是新的管理文化與管理技術，要求不斷改進組織管理及改善品質與服務。

( )　26. 指由機關組織中組成一品質管理團隊，研討解決品管問題及提高品質方法。一般稱為：　(A) 品質控制　(B) 品管圈　(C) 全面品質服務　(D) 供應鏈管理。

( )　27. 下列那一位學者提出「全面品質管理成功的十項準則」？　(A) 柯仕比　(B) 費耕朋　(C) 畢德斯　(D) 戴明。

( )　28. 當代學者葛森（Garson）、歐培曼（Overman）兩人指出，古立克的「POSDCORB」傳統主張，應可轉為現代公共管理觀點的「PAFHRIER」，其中 ER 的意義是：　(A) 危機管理　(B) 對外關係　(C) 企業創新　(D) 資源管理。

( )　29. 下列何者非「戴明的十四點原則」的內涵？　(A) 塑造「完美的產品」的意圖　(B) 動員全體成員，努力達成組織的轉型　(C) 停止鼓勵企業採行固定價格，代以降低整體成本　(D) 停用「事後檢查」的方式來追求品質，將品質融入產品，即可免除大量檢查的工作。

( )　30. 下列何者非標竿學習的核心價值？　(A)顧客導向　(B)個人工作極大化　(C) 持續的改善　(D) 流程再造與流程管理。

( )　31. 下列敘述何者正確？　(A) 朱朗（J.M.Juran）曾先後在日本講授品質規劃、控制與改進技術　(B)80 年代美國國會通過「國家品質改進法」　(C) 全面品質管理四大基本概念：首長領導、顧客導向持續改進與員工授能　(D) 以上皆是。

( )　32. 下列何者不是標竿學習的缺點？　(A) 標竿學習所認定的最佳比較對象往往是過於理想化而難以達成　(B) 標竿學習的成果可以量化，經常造成計算上的困難　(C) 標竿學習在資料蒐集與報告上會變得無意義、浪費時間與花費昂貴　(D) 標竿的選擇僅是公開地向其他組織經驗學習的一種選擇。

( )　33. 下列何者為政府部門推動全面品質管理之策略性實務步驟？a 高層人員的領導與支持。b 策略性規劃。c 以導客為導向。d 考評與分析。e 訓練與獎賞。f 授能與團隊合作。g 品質保證。　(A)abcdefg　(B)bcadefg　(C)abcdgfe　(D)abcdefg。

( )　34. 下列關於全面品質理的敘述何者錯誤？　(A) 所謂「品質」，即生產與服務的績效獲致顧客滿意的程度　(B) 品質的基本概念包含顧客取向、首長領導、持續改進、員工參與、快速回應、預防管理、共同責任等項　(C) 所謂工作生活品質，指在機械化與忙碌化工作環境中，力求工作的量與質兼顧、人力運用與管理技術合理化　(D) 品質＝績效／顧客供給。

( )　35. 下列何者非「柯仕比（Crosby）的品質提升的十四項步驟」？　(A) 品質是管理階層全力以赴的標竿　(B) 設定「經常缺點發現日」　(C) 各部門的高層代表組成「品質改善小組」　(D) 鼓勵成員與管理者溝通討論「目標改進的障礙」。

( )　36. 「標竿學習是一種過程，藉由一家公司不斷地測量與比較另一家公司的流程，以使組織從比較中獲取認同，並得到協助執行改善方案的資訊」。此係何位學者對標竿學習所下的定義？　(A)Bendell　(B)Leibfried　(C)Anderson 與 Petterson　(D)Bogan 與 English。

( )　37. 下列何者非「戴明的十四點原則」的內涵？　(A) 不斷改善生產與服務系統　(B) 強調對成員的溝通使用標語、訓詞或數字標準　(C) 各部門

應放棄本位主義，同心協力共謀對策，以求防微杜漸　(D) 減少成員獲得專業技能獎勵的障礙。

( )　38. 下列何者非全面品質（TQM）的實施方法？　(A) 培養視野　(B) 變動化　(C) 訓練與問題解決　(D) 教育。

( )　39. 政府部門推動全面品質管理策略性實務步驟，其中第一項步驟為：(A) 以導客為導向　(B) 策略性規劃　(C) 考評與分析　(D) 高層人員的領導與支持。

( )　40. 政府部門提供服務的品質標準的設定面向為：　(A) 績效、特定特色　(B) 可信度、持久性　(C) 一致性、及時性　(D) 以上皆是。

( )　41. 下列何者不是標竿學習依比較標準所分的類型？　(A) 績效標竿　(B) 流程標竿　(C) 競爭標竿　(D) 策略標竿。

( )　42. 「標竿學習是先分析組織內部已運行的活動或實務，其目的在於瞭解既存的流程或活動，然後認定一個組織以外的參考點或標準，俾以測量判斷。」此為何學者對標竿學習所下的定義？　(A)Karlof　(B)Finnigan　(C)Leibfried　(D)Boulter。

( )　43. 「TQM 最重要的目的，在於開創一個為民眾追求卓越服務的公共組織文化，培養冒險犯難及成員全面參與的策略。」此係屬政府部門推動全面品質管理策略性之何項步驟？　(A) 策略性規劃　(B) 考評與分析　(C) 訓練與獎賞　(D) 授能與團隊合作。

( )　44. 下列敘述何者錯誤？　(A) 標竿學習是一注重「流程」、「學習」、「持續性的改善」及「系統化與結構化」的活動　(B)TQM 是一種機關組織所從事的廣博性、以顧客為導向的方法，用以增進其產品與服務的品質　(C) 全面品質管理來自官方機構　(D)60 年代日本與美國企業界已盛行「品管圈」活動，70 年代日本普遍實施「全面品質控制」。

( )　45. 流程觀是標竿學習的核心價值之一，其中「流程」係指：　(A) 流程重置與流程控制　(B) 流程再造與流程管理　(C) 流程規劃與流程執行　(D) 流程合法化與流程評估。

( )　46. 「指和具有相同的產業與技術領域的非競爭者，從事流程或功能上的比較。」一般係指何種標竿？　(A) 通用標竿　(B) 功能標竿　(C) 策略標竿　(D) 外部標竿。

( )　47. 組織中標竿學習的流程，最先要做的是： (A)規劃（Plan） (B)探詢
（Search） (C)觀察（Observe） (D)適用（Adapt）。

( )　48. 「PAFHRIER」原則，不包括下列何項內涵？ (A)政策分析 (B)財務
管理 (C)對外關係 (D)標竿管理。

( )　49. 顧客導向中的「顧客」一般分為： (A)內在顧客與外在顧客 (B)一
般顧客與特殊顧客 (C)合法顧客與非合法顧客 (D)平常顧客與假日
顧客。

( )　50. 提出「品質規劃」、「品質控制」、「品質改善」三部曲的品管大師為：
(A)朱朗（Juran） (B)克勞斯比（Crosby） (C)費根堡（Feigenbaum）
(D)戴明（Deming）。

( )　51. 全面品質管理中的「績效評估」項目，是以下列何種方式進行？
(A)由主管決定個人之目標是否完成 (B)依現有法令規定酌予調整
(C)由資方以及焦點團體達成共識 (D)由顧客、同輩團體以及主管共
同考核。

( )　52. 下列有關全面品質管理的敘述，何者有誤？ (A)全面品質管理原為
生產製造業的管理哲學 (B)全面品質管理係以「顧客為主」為基礎
(C)全面品質管理完全以統計方法作事後檢驗 (D)全面品質管理重視
全員參與。

( )　53. 在全面品質管理中，將顧客意見轉化成產品詳細特徵的技術稱為：
(A)品質內容演進 (B)品質功能開展 (C)經濟理性作為 (D)人性化
生產。

解答與解析

1.**(B)**。「標竿學習」的關鍵概念為：
(1)標竿學習注重「流程」。
(2)標竿學習注重「學習」。
(3)標竿學習講究「持續性的改善」。
(4)標竿學習是系統化與結構化的活動。

2.**(D)**

3.**(A)**。應是「多元職能小組」（組織應引進某些橫跨傳統組織結構的小組（如品
管圈），或跨單位小組（如錯誤原因排除小組或懲戒措施小組）。

4.**(C)**。策略標竿（Strategic Benchmarking）是與其他機關組織從事策略選擇與處置的比較，目的是為了蒐集資訊，以改善自己本身的策略規劃與處理。

5.**(C)**。因為就TQM而言，組織「高品質」目標之達成，就是指「對顧客需求的滿足」。TQM是由三個部分所構成的：「團隊建立」、「管理系統」及「控制技術」。三個部分均在顧客與供應者互動的基礎上，分別以文化形成、彼此承諾、相互溝通等方式結合成一體。

6.**(A)**　　　　　7.**(C)**　　　　8.**(A)**

9.**(B)**。此說法認為標竿學習是昔日各種分析技術的一種延伸。今日所熟知的「流程標竿學習」（Process Benchmarking）便是最佳範例。

10.**(C)**

11.**(B)**。開發「回應顧客需求」的產品。

12.**(A)**。應是「顧客取向」。

13.**(C)**

14.**(C)**。機關計畫之決定因素是依據理性（Rationality），而非憑藉個人的地位與權力。

15.**(A)**

16.**(A)**。小幅改革，成效顯著：每項變革皆有意義，但小規模改善的成效卻無與倫比。

17.**(A)**

18.**(C)**。其他尚包括下列面向：持久性、一致性、及時性、變動性。

19.**(B)**　　　　　20.**(A)**

21.**(B)**。應是「成立品質委員會」。

22.**(D)**　　　　　23.**(D)**　　　24.**(C)**

25.**(C)**。Finnigan是指標竿學習為達成員工參與及品質流程改善的利器。

26.**(B)**。品管圈（Quality Circle）係實施全面品質管理（TQM）的途徑之一。品質控制（Quality Control），係指嚴格的品質檢驗與控制程序。

27.**(B)**。準則如下：
　　(1)品質的範圍涵蓋整體的運作過程。
　　(2)品質的內涵係由顧客界定。
　　(3)品質與成本是密不可分的整體觀念。
　　(4)品質需要個人與團隊貢獻熱誠。

(5)品質是一種管理方式。

(6)品質與創新相互依存、密不可分。

(7)品質係為倫理。

(8)品質需要不斷改進。

(9)品質最具成本效益，是提高生產力最經濟的方法。

(10)品質必須由整體組織結合顧客及資源供應者，乃能體現其價值。

28.**(B)**

29.**(A)**。應是「塑造『不斷改善產品』（或服務）的意圖」。

30.**(B)**。團隊合作。

31.**(D)**

32.**(B)**。標竿學習往往在成果無法量化時，有評估與衡量上的困難。

33.**(A)**

34.**(D)**。品質＝績效／顧客需求。

35.**(B)**。設定「零缺點日」，務使全員感受變遷，並重申管理階層執著的重點。

36.**(C)**。Bendell等人則指出，標竿學習是一種尋求改善的心態及其改善的流程，此慾望是自然而然的演進，如同尋求一新的概念。

37.**(B)**。對成員的溝通不必用標語、訓詞或數字標準，例如零缺點、新生產力目標，這些冠冕堂皇的訓勉係屬制度上的難題，絕非成員能力所及。

38.**(B)**。應是「制度化」。

39.**(D)**。政府部門推動TQM必須始於高級領導階層的親自參與，為品質文化之變革賦與動力。

40.**(D)**

41.**(C)**。(C)是依比較的對象所分的類型，尚包括：內部標竿、功能標竿、通用標竿。

42.**(C)**。Karlof依循著全面品質管理的論點，指出標竿學習的相關主題便是品質與產能。Finnigan則視標竿學習為達成員工參與及品質流程改善的利器，同時注重「評估」與「流程」。（孫本初，公共管理—標竿學習，頁195-213）

43.**(A)**

44.**(C)**。全面品質管理來自企業界，50年代，美國數學物理博士戴明（E.Deming）將統計過程控制的原理應用為統計品質管制。

45.**(B)**。流程再造係一種重新設計的系統策略。流程管理，其主要目的在於協助組織能達成其管理目標，以及標竿學習的關係在於相互補足管理上的盲點與缺失。

46.**(B)**。通用標竿係指無論任何產業，皆以本身的流程來與最佳的流程從事比較。

47.**(A)**

48.**(D)**。Gulick認為所有組織之運作的各個面向，均可以歸納入「POSDCORB」七項行政原則之中。但是Graham與Hays則認為，在今日行政機關規模日大、社會問題嚴重性不斷增加以及社會大眾對行政機關的信心又每況愈下情形下，早期「POSDCORB」之原則在當前環境下應改為「PAFHRIER」原則，即政策分析（PA）、財務管理（F）、人力資源管理（HR）、資訊管理（I）及對外關係（ER）五項。

49.**(A)**。所謂「顧客」（Customer），並非狹隘地僅指位於組織外部、使用組織最終產品或服務的人員而已，它同時亦指組織內部、由於分工而形成的單位。

50.**(A)**　　　51.**(D)**　　　52.**(C)**　　　53.**(B)**

第7章　目標管理、危機管理與指標管理

重點提示　由於自然資源的日漸稀少，面臨外在環境快速變遷及科學技術的日新月異，人類正面臨整個價值重組的階段。無論是政府部門抑或企業組織，為適應此一「常態性」的變局，並維持組織高度的競爭力與生產力，必須引進新的管理方式。而「目標管理（Management by Objectives，MBO）」即是重視目標設定、人員參與及成效評鑑，是組織有效控制成本、達成目標所值得採納的管理方式。杜拉克（Drucker）在其所著《管理實務》一書中，揭櫫「目標管理及自我控制」的觀念，目標管理遂廣為公、私部門所採行。（孫本初，公共管理—目標管理，頁315-330）本章另一重點為「危機管理」。現代社會變遷快速，網路時代的來臨更加速此一現象的發生。九一一事件的發生使危機處理不只考驗政治人物處理及化解危機的能力，也考驗政府機關體系平常訓練危機管理的職能。現今組織所面臨的環境已截然異於往昔，為了能適應此一激盪的環境，必須對原有的管理策略及理念作適度的調適及變遷，美國聯邦政府為了對天然災難與科技所引發的大災害能作有效的管理，於1979年成立「聯邦危機管理局」（Federal Emergency Management Agency，FEMA）；國內近年隨著民主政治及政黨政治的發展，注重人民的心聲已成為每個政治人物首要的工作，當危機發生時，不論是政府機構、政黨組織或是企業公司都應秉持自身組織的特性，而有一套危機管理模式。

　　新公共管理概念所形塑的政府再造工程，其中最重要的配套誘因機制就是建立「績效導向」的管理工具，而績效指標乃是將此種機制「操作化」的重要工具。1982年，柴契爾夫人頒布了「財政管理法案」，正式宣示了政府改革的決心，而無數的績效指標也因此如同雨後春筍紛紛冒出。雖說公部門的績效指標不易建立是事實，但是要促使公部門注意績效以及建立績效衡量工具，適當的誘因機制是需要的；而公部門的績效衡量工具亦應該依據組織的特性和服務對象來訂定。（吳瓊恩、李允傑、陳銘薰，公共管理—指標管理，頁175-193）

重點整理

一、目標管理的概念

(一) 目標管理（Management by Objective，MBO）

美國管理學者杜拉克於1954年撰著《管理的實務》一書，倡導目標管理的理念。**目標管理係確立組織的目標，並採取有效的參與、分權、溝通等方式，以有效地達成組織目標的管理技術。**目標管理主要內容為：

1. **適切地確立組織管理的目標**（Organizational Goal）。

2. **採行自我管理**（Self-Management）、**分權管理、加強溝通與策略研究、健全領導行為等等方式。**

3. **激勵個人的創意與潛能**，以獲致管理效果。目標管理在應用方面，是一種重視人性化、參與化與團隊型的管理技術，組織成員均參與組織與個人目標的制定而獲得激勵，因此而增進工作績效。自70年代起，目標管理的理念與技巧便逐漸受重視，美國聯邦政府採行「目標管理預算」也是目標管理在預算制度方面的應用。自90年代各國倡導「政府改造」論以來，已視「目標管理」係屬傳統管理的方式，而與現今所強調之「結果（成果）管理」（Results-Oriented）有別。目標管理則被批評為紙上談兵式的目標作業，未必能創造績效與成果；現代公共組織必重視績效管理而以「成果」彰顯組織的目標。（許南雄，行政學術語）

(二) 目標管理的基本假定

1. 人類行為的理性觀：目標管理蘊含著濃厚的工具理性觀，其認為組織各級成員可根據未來方針，設定適當合理的目標，並依據這些目標制定出合理可行的各種行動方案，然後藉由工作目標的進度表來進行追蹤考核。

2. Y理論的人性觀：目標管理的理念部分係基於Y理論，認為人在適當環境下是樂於工作的，且願意接受挑戰並勇於負責。目標管理仍是希望透過對目標設定時的參與及執行時的自我管制，來激發員工的責任心與榮譽感。

(三) 目標管理程序之核心

上、下級管理人員對達成績效契約之協商，而此一契約應包含五項要素：

1. 下級主管在特定完成期限內要達成的主要目標。

2. 達成目標所需的資源。

3. 實現目標的行動計畫與里程碑。

4. 管理者與部屬的定期集會以檢視進度，並在必要時進行修正。

5. 在目標管理循環程序終了時，對部屬表現的評鑑，並將其併入人事考核過程與下一循環目標管理的規劃過程。

(四)目標管理意涵的演進階段

1. MBO作為一種管理哲學。

2. MBO作為績效評鑑的途徑。

3. MBO用以整合組織與個人目標。

4. MBO作為長期、策略性的觀點。

5. MBO作為改善生產力的系統途徑。

(五)目標管理的基本型態

1. 目標設定（Goal Setting）。

2. 預算（Budgeting）。

3. 自主性（Autonomy）。

4. 回饋（Feedback）。

5. 獎償（Payoffs）。

二、目標管理的實施方法、運用上的限制及完善目標管理的做法

(一)目標管理的實施方法（過程）

1. 計畫階段：主要的工作有二，目標設定與行動方案的規劃。

2. 執行階段（D）：主管人員在此一時期是採用「例外管理」（Management by Exception）。

3. 檢查階段（C）：此一時期的主要工作為效果的確認。

4. 檢討與改進階段（A）：此一時期的主要工作為標準化、檢討與改進及選定下次的目標或主題。

(二)目標管理在行政機關運用上的限制

1. 在「適用體系」方面：目標管理的程序在封閉體系的組織中較易管理。

2. 在「時間成本」方面：目標管理若作為規劃、決定、追蹤、改變與評估目標的管理系統，則需投入大量的時間成本。

3. 在「信任問題」方面：目標管理是建立在信任的基礎上。

4. 在「政府本質」方面：目標管理在政府部門的實施，如同其他管理方案，將會面臨官僚體系與政治阻力。

5. 在「績效評鑑」方面：傳統的目標管理只著重於可量化的績效衡量指標，難以適用於當今處處強調「品質」的社會。

6. 其他限制：
   (1)MBO促使員工狹隘地界定其工作。
   (2)MBO往往受限於只評量個人績效。
   (3)MBO以成果為焦點而非過程。
   (4)MBO通常以一年為期來進行。

(三) 完善目標管理的做法

1. 高層主管的支持與投入將是影響成敗的關鍵。
2. 支持性組織氣候之建立。
3. 目標的設定應兼顧量化與質化的目標。
4. 目標的設定應整合短期目標與長期計畫。
5. 目標管理應融入共同願景。
6. 應採用多元的管理方法。

三、危機管理概說

(一) 危機之定義

危機係指組織因內外環境因素所引起的一種對組織生存具有立即且嚴重威脅性的情境或事件。危機具有下列幾項特性：

1. 危機的形成具有階段性。　　　　2.危機具有威脅性。
3. 危機具有不確定性。　　　　　　4.危機具有時間上的緊迫性。

(二) 危機管理（Crisis Management）

所謂危機管理，亦稱緊急管理（Emergency Management），**係在未有預警情況或突發性意外重大危難事件，具威脅性、不確定性、緊迫性與雙面效果性**（如遇緊急事件，須同時處理兩件任務的事件）。凡屬上述危急情況，其緊急處理方案與技術，均稱為危機管理。自二次世界大戰發生以來，區域性的戰爭、重大國際事件以及瀕臨核戰危機邊緣等形勢下，如何處理緊急危機階段，遂成為各國政府致力的危機決策。危機管理的重點不是事後對危機事件的分析，而是對緊急危機事件的應急處理方式，如應付劫機、拯救災難、因應政變等事件，皆賴政府主管當機立斷。若干國家的政府為處理危機事件，都設有「危機管理系統」（事前規劃、事中應變、事後評估）與「危機處理小組」，由政府情報、安全與行政相關單位組成，以便在危機發生時，採取緊急應變措施，化解危機。各國處理危機問題的具體方式約有成立智庫、危機因應決策改進、加強人員應變訓練、動員社會力量與危機小組等等方式。（許南雄，行政學術語）

(三) 危機產生的原因

1. 組織之外在環境因素：包括：
   (1)國際情勢變遷。　　　　　　　(2)勞工意識的抬頭。
   (3)大眾傳播媒體的壓力。　　　　(4)不法分子的破壞行動。
2. 組織之內在環境因素：
   (1)組織文化。　　　　　　　　　(2)組織結構。
   (3)管理風格。　　　　　　　　　(4)人員因素方面。
   (5)技術。　　　　　　　　　　　(6)財務因素。

(四) 危機對組織及其成員的影響

1. 危機對組織成員的影響：
   (1)處理的緊縮。　　　　　　　　(2)欠缺決策上的準備。
   (3)自我價值的混亂。
2. 危機對組織的影響：
   (1)決策權威的集中。　　　　　　(2)資訊流程的緊縮。
   (3)對危機的僵化反應。　　　　　(4)企圖處理危機的壓力。
   (5)資訊管理的壓力。

四、危機發生前、爆發時及發生後，政府組織可以有的作為

(一) 危機爆發前之運作與活動

1. 危機感應系統：組織的決策者在危機計畫中，將組織所能承受危機侵襲的程度傳達到危機感應系統。
2. 危機計畫系統：危機計畫系統的目的就是在事前對可能發生的潛在危機，預先加以研究討論，以發展出應變的行動準則。
3. 草擬危機計畫說明書：就是對危機情境作沙盤推演的過程。
4. 危機訓練系統：危機訓練的目的最主要則是使成員能夠培養出分析的能力與知識取得的能力。

(二) 危機發生時之運作與活動

1. 危機管理小組：危機管理小組能針對特殊個案作出評估。
2. 危機情境監測系統：對危機作追蹤並將所得的情報向危機管理小組報告。
3. 危機資源管理系統：包括資源的種類、數量、配置地點等。

(三) 危機發生後之運作與活動

1. 成立評估系統並進行評估。
2. 加速復原工作的進行。
3. 從教訓中學習與危機管理的再推動。

五、績效指標

(一) 影響績效指標設計的變項

1. 所有權。
2. 交易狀態。
3. 競爭程度。
4. 政治責任。
5. 異質化程度。
6. 複雜化程度。
7. 不確定性程度。
8. 自主性程度。
9. 管理的結構（The Structure of Authority）。

(二) 建構績效指標的模式

1. 輸入：指提供服務所需之資源，包括人員、建物、設備和一般消耗品。
2. 過程：傳送服務的路徑，包括品質測量。
3. 輸出：即組織的活動或其所提供的服務。
4. 結果：指服務所產生的影響。

(三) 績效指標應具備之條件

依卡特等人的看法，好的績效指標應符合下列條件：

1. 界定清楚而有一致性。
2. 應由組織之所有者來使用，不可依賴外人或環境因素。
3. 必須和組織的需求與目標有關。
4. 被評估的單位或個人不可影響績效指標的運作。
5. 必須有廣博性和一定的範圍。
6. 建立績效指標所使用的資訊必須正確和廣泛。
7. 必須為組織的各級人員所接受，應符合組織文化。

(四) 設計指標的標準

1. 目標（Target）。
2. 時間序列（Time-series）。
3. 進行組織單位間的比較。
4. 外部比較。

(五)政府績效衡量具有的限制

1. 實務上的限制：

(1)內部失能的反功能或分析背景的限制。

(2)政府績效的因果關係難以認定。

(3)公部門績效很少能控制環境的因素。

(4)政治的考量經常是資源分配的重心。

2. 設計上的問題點：

(1)績效管理的前提就是須盡量將所有的績效都以量化的方式呈現。

(2)功能相同的公共組織有地區性的差異，規模大小亦不同。

(3)如何訂定與品質績效有關的指標仍然是績效衡量的主要限制。

(4)績效管理或績效衡量制度的成敗，主因之一取決於績效指標的訂定是否周延、合理及客觀。

(5)績效衡量做的好不好，是否正確，端賴有無可靠的資訊。

六、「社會指標」與「政策指標」

(一)社會指標的概念：所謂「社會指標綜合指數」包括九個領域：家庭、生命健康、教育、就業與工作生活品質、所得與物價、居住生活環境、個人安全、社會環境、文化與休閒。社會指標是關於社會整體趨勢的一種參考指數。

(二)政策指標的定義：政策指標係指可將公共統計數值用於公共政策議題的衡量工具，主要的目的在於利用公共部門的統計來協助政策利害關係人制訂妥適的政策。**政策指標與社會指標最重要的區別在於：社會指標大多是具有經濟意義的統計數值，如國民平均所得、失業率、醫療普及率等；而政策指標則包含三種類型目的價值：純經濟效益、主觀性福祉以及公平性。**

(三)政治社群參與政策指標的建立，可能產生之問題

1. 民眾缺乏資訊以致無從參與。

2. 政治社群內的利益與價值衝突。

3. 民眾與專家間的認知差距。

經典範題

申論題

一、何謂「目標管理」？其演進過程為何？目標管理的基本型態？試分別略述之。

說明：　目標管理的基本假定：目標能被精確地陳述；組織本質上是「封閉」的，且決策過程的參與者易於界定；主管人員能獲得充分的資訊以進行客觀性分析、決策制定與成果評估；組織各層級的成員將目標內化於心中，且為確保目標達成而共同合作。

答：(一) 目標管理的定義：目標管理是一種程序，藉由組織中上、下層級的管理人員一起來確定組織的共同目標，並以對組織成員的期望成果來界定每位成員的主要責任範圍，同時依此來指導各部門的活動，並評估每一位成員的貢獻。

1. Weihrich將目標管理定義為：**「目標管理乃是要求主管、部屬及同僚間必須互動的一種過程，包括領導、有效的激勵、開放的溝通、決策及績效評估。」**

2. Rodgers與Hunter則視目標管理為一種管理系統，並融入三項流程的特色於其中，此三項流程即決策制定過程（Decision Making）、目標設定（Goal Setting）與目的回饋（Objective Feedback）的參與。

3. Drucker認為，目標管理顧名思義包含兩個面向：一為目標，另一則為管理。就「目標」來說，有三個問題值得深思：要設定什麼目標？目標如何排定優先順序？及如何選擇達成目標之策略？就「管理」來說，要達成四項成果：

    (1) **瞭解**：是指要能知曉目標制定的困難、複雜與風險，而其中最重要的工作就是要瞭解歧異、凝聚共識。

    (2) **責任與承諾**：為了使員工能自我控制，並將個人願景與組織目標融為一體，使個人願景能透過組織目標的達成而實現。

    (3) **人事決策**：指透過人員的配置、工作的調整，以促成組織目標的實現。

    (4) **決策**：是目標管理的最後結果，如果目標管理未能作成決策，將一無所獲，徒費心力與時間罷了。整體而論，目標管理（MBO）是藉由提升員工的承諾及參與，以達成組織目標的一種進取策略。因此，**目標**

管理是利用激勵原理與參與法則，使各級人員能親自參與目標設定過程，將個人期望與組織目標相結合，並透過自我控制、自我指導等管理方式，建立各級人員的責任心與榮譽感，其最終目的是在促進組織績效的一套管理系統。（孫本初，公共管理─目標管理，頁 315-330）

(二)目標管理意涵的演進階段：大致可分為下列五個階段：

1. MBO作為一種管理哲學：目標管理一詞由Drucker提出後，受到極大的迴響。Drucker認為目標管理與自我控制不只是一種管理方式，也可稱之為一種管理哲學，係基於以下概念產生：

(1) 管理工作的概念。

(2) 對管理團體之特定需求與所面臨的阻礙進行分析。

(3) 人類行動、行為與激勵的概念。

2. MBO作為績效評鑑的途徑：Drucker提出目標管理的概念之後，開啟了績效評鑑的一種新方式。在此途徑中，部屬設定其本身所要達成的短期績效目標，並與上級主管共同討論，然後個別人員的績效再依據這些目標予以考核，而此一過程主要是透過自我評量來完成。

3. MBO用以整合組織與個人目標：60年代中期，諮詢顧問與業務主管開始對自我控制中，使員工投入與控制程序的概念產生興趣，其將目標管理視為整合組織與個人目標的一種機制。此一途徑有兩個重要特徵：一為「參與」，並不要求主管必須無所不知，而是要求組織各階層的成員皆能為組織的成功一同貢獻心力；另一為「學習」，不僅關注於組織目標，亦強調個人發展的目標。唯有透過參與及學習，組織成員才能自我控制，組織目標與個人目標才能相整合。

4. MBO作為長期、策略性的觀點：在運用上，目標管理尚有其困境，大多數的目標管理方案皆著重在短期目標（通常以一年為期），就組織的長期發展而言，可能導致非預期的成果，甚或不利於組織的長期發展。目標管理作為一種長期、策略性的觀點，除可避免短視近利的副作用外，更可促進高層主管人員的投入與關注。

5. MBO作為改善生產力的系統途徑：管理學者與實務論者咸多認為，目標管理若要能真正有效地運用，必須整合其他關鍵的管理活動，諸如規劃（Planning）、組織（Organizing）、用人（Staffing）、領導（Directing）與控制（Control），使之成為一套管理系統。（孫本初，公共管理─目標管理，頁315-330）

(三)目標管理的基本型態：

1. **目標設定**（Goal Setting）：每一位行政人員應該與其主管對於工作的產出結果達成協議，並行之文字，以書面方式將組織目標、單位目標與個人目標分別呈現出來，並釐清其相互間的關係及排定優先順序。

2. **預算**（Budgeting）：目標的達成與資源的配置息息相關，而預算的充沛與否將會影響目標設定的順序與目標的執行程度。

3. **自主性**（Autonomy）：自主性乃是在目標執行過程中，賦與部屬適當之責任與權力，使其在執行目標之際，得以自行控制自己的行為及活動，主動執行目標、解決問題，並對實施成果加以負責。

4. **回饋**（Feedback）：透過資訊之回饋以確保目標能如期達成或適當修正。目標管理的回饋部分應包含兩項過程的設計：

   (1) 每位成員在自我控制下執行目標，並適時將執行情形向上級主管報告。

   (2) 主管人員應提供各種資訊給部屬，並認可部屬的執行績效或加以修正。

5. **獎償**（Payoffs）：為促進目標的達成，獎償系統的設計是不可或缺的。McConkey指出，任何管理制度若一昧地要求高度績效水準及績效的大幅改善，而未能正面肯定達成績效者之成就，且未給予適當之獎償，終究會歸於失敗。（孫本初，公共管理—目標管理，頁315-330）

二、目標管理的實施方法（過程）為何？

說明： 透過PDCA的循環實施程序，將目標的設定、行動方案的規劃、行動方案的執行、組織績效的監督與個別成果的考核，融為一個持續不斷的改進過程。

答：(一) **計畫階段**（P）：主要的工作有二：目標設定與行動方案的規劃。

1. 目標設定：目標設定是目標管理最重要的一環。目標設定是透過組織上、下級人員共同設定組織整體目標、單位目標與個人目標，其設定原則為：

   (1) 各層級的個體目標須能支持共同的總目標。

   (2) 目標設定應由組織上、下級人員共同參與。

   (3) 目標應按其重要性排定優先順序。

   (4) 目標應包括工作的主要特色。　　(5) 短期目標應與長期方針相容。

   (6) 目標設定應與所需資源配合。　　(7) 目標應具體可行。

(8) 目標應具挑戰性。　　　　　　　(9) 目標必須書面化。

(10) 目標範圍應適中。

　2.行動方案的規劃：行動方案的規劃可遵循下列步驟：

　(1) 確定最後所欲達成的結果。

　(2) 決定達成最後結果所需的重要職能、任務與活動。

　(3) 提供團體與個人任務垂直與水平的整合。

　(4) 界定個人職位的關鍵任務與活動。

　(5) 定義每個職位所須扮演的角色、職權與責任。

　(6) 規劃完成主要活動所需的時間。

　(7) 決定實現目標與完成工作所需之人力、財務與其他資源是否充分。

　(8) 檢視行動方案並觀察其與目標是否一致。

(二)執行階段（D）：主管人員在此一時期是採用「例外管理」
　（Management by Exception），員工在其職責範圍內能有適度的裁量
　權，以自我控制、自我指導。而資源的多寡、人員的素質與目標的難
　易將是影響執行階段成功與否的關鍵。

(三)檢查階段（C）：此一時期的主要工作為效果的確認。主管人員在此階
　段的工作要點：

　1.將已確立的目標轉換為評估的標準。

　2.依上述標準來測量：

　(1) 正式的全面檢討（通常以一年為期）。

　(2) 進度檢核或定期檢討（通常是每季或每月舉行）。

　(3) 持續追蹤（Monitoring）（為日常工作，並強調自我控制）。

(四)檢討與改進階段（A）：此一時期的主要工作為標準化、檢討與改進及
　選定下次的目標或主題。此外，為發揮目標管理的潛在優勢，避免理
　論與實務的落差，Weihrich歸納出十五項指導綱領，作為採行目標管理
　時的指引和依歸：

　1.目標管理與生產力改善方案必須細心規劃，尤其是運用於大型、複雜的
　　組織時更應特別注意。

　2.方案的參與者必須事先準備。為期目標管理能發揮功效，參與人員必須
　　對目標管理的哲學基礎，強調自我控制及其主要內涵有所瞭解。

　3.參與者需要指導綱領以設定目標。目標設定太高，容易造成參與者的挫
　　折感，而目標設定太低，則缺乏挑戰性，因此需要指導綱領以協助設計
　　有意義的、合理的，同時具有挑戰性的目標。

4. 目標網絡必須能被瞭解。個別目標應配合整體的目標網絡。

5. 目標的達成可能無法正確地指出績效表現的良窳。因此在衡量績效時，管理者無法控制的外在因素往往不列入考核之中。

6. 目標的時間週期是重要的。目標設定通常以一年為期（甚或更短），為避免目光短淺，目標管理應配合長期計畫來實施。

7. 目標管理的主管人員若能由位階高、有名望的人士出任，將有助於目標管理方案的施行。

8. 將目標管理直接運用於獎償系統會引起負面的邊際效果，因為管理者可能會試著操縱以增加其報酬，而忽略了與其目標直接相關的重要活動。

9. 目標管理亦有缺乏彈性的可能性。目標規劃為一持續的過程，在變動的環境中需要一再地評估。目標不能輕易改變，亦不能一成不變，須視計畫的變動而加以調整。

10. 管理系統應加以監測，且至少在一開始時要保持單一。

11. 高層主管人員積極投入所設定的所有目標，且必須傳達到組織中的較低層級，這在大型組織中尤難達成。

12. 管理的生產力需要加以衡量。目標管理不僅是一項管理工具，亦是一管理過程，可用以衡量管理的生產力。

13. 組織氣候必須支持生產力的追求。

14. 高層管理人員必須對目標管理與生產力改善有所承諾。成功的目標管理方案需要高層主管人員的承諾。

15. 目標管理必須被視為一管理系統。目標管理不是管理者工作的額外負擔，而是一種管理方式，其目的在使管理者能更有效能，並提升其專業潛力。（孫本初，公共管理—目標管理，頁315-330）

三、目標管理在企業及政府組織雖有其不可抹滅的貢獻，但目標管理在行政機關運用上，仍存在其限制，試說明此限制為何？

說明：　由於目標管理所蘊含的基本假定與現實世界的真實情況不盡相同，因此目標管理在運用上，難以完全發揮自我控制、自我指導與改善組織績效的預期功能。

答：(一)在「適用體系」方面：目標管理的程序在封閉體系（Closed System）的組織中較易管理。由於目標管理為一規劃、執行、考核的循環過程，強調按部就班的管理策略，因此其不適於運用在變動迅速且難以預測

的動態環境中。因此，目標管理運用在政府內部單位似乎較諸實行在對外機關為佳。

(二)**在「時間成本」方面**：目標管理作為一種決策方式並不耗費時間，但若作為規劃、決定、追蹤、改變與評估目標的管理系統，則需投入大量的時間成本，尤其是業務部門的管理人員，其時間本來就緊迫，且隨之而來的是一連串的文書作業，包括各種目標設定、執行、查核的各種表格，如此容易加重繁瑣耗時的額外工作，亦引起員工的反感。此外，運用在目標管理程序的時間，亦可能剝奪員工用來完成其份內工作的時間。

(三)**在「信任問題」方面**：在傳統層級節制的官僚體系中，目標的設定往往是由高層主管片面決定，員工鮮少有置喙的餘地，員工甚少有裁量權。目標管理的實施則要求打破這種組織上、下層級間互不信任的心態，亦即目標管理是建立在信任的基礎上。高層主管要信任部屬的能力，部屬也要相信管理階層是開誠布公地鼓勵大家參與，並非只是假借參與目標設定的過程來增加其合法性。

(四)**在「政府本質」方面**：目標管理在政府部門的實施，如同其他管理方案，將會面臨官僚體系與政治阻力。包括：目標設定方面，將會遭遇包括多元目標取捨、質化目標如何轉換成可衡量標準等問題；同時政府目標管理所設定的目標週期，為配合預算年度通常以一年為期，無法累積成果；而目標管理制度亦可能會隨著政務官的輪調而或存或廢。

(五)**在「績效評鑑」方面**：Weber認為，傳統的目標管理只著重於可量化的績效衡量指標，難以適用於當今處處強調「品質」的社會。除此之外，**目標管理在績效評量上尚有下列缺失**：

1.**MBO促使員工狹隘地界定其工作**：目標管理使員工只專注於其份內的工作，而缺乏對組織整體性的貢獻與關懷，並造成員工間的疏離。

2.**MBO往往受限於只評量個人績效**：傳統的目標管理途徑由於只評量個人績效而產生瑕疵。事實上，以目標管理為基礎的功績俸制度實際上可能不鼓勵相互合作與團隊工作，因為只評量個人績效將造成同儕間的競爭衝突，而難以合作共事。

3.**MBO以成果為焦點而非過程**：目標管理的評鑑與獎金制度幾乎完全以成果為焦點，而非達成成果的過程。

4.**MBO通常以一年為期來進行**：一般目標管理的實施多以一年為期，甚或少於一年。此種強調短期目標達成的策略，可能忽視了組織長期發展

應有的規劃。此外，由於目標的短期性質，部門主管亦會吝於投資於員工培訓方案。（孫本初，公共管理—目標管理，頁315-330）

四、目標管理雖是一不錯的管理方法及策略性應用，但仍有其先天上的部分限制。試問，應採取那些做法來完善目標管理？

答：(一) **高層主管的支持與投入將是影響成敗的關鍵**：制度從開始引介到完善實施需歷經一段調整、嘗試錯誤的過程，且其間需投入大量的人力、資源與心血，若缺乏高層主管的人力支持，新制度的實施將半途而廢，難以有成。而目標管理因涉及組織各層級目標的設定與優先順序的排定，因此高層主管的態度，遂成為目標管理能否成功的關鍵。

(二) **支持性組織氣候之建立**：目標管理需要新的管理途徑，如McGregor的Y理論或Likert系統式的管理風格。在系統式的管理體系中，由於運用支持關係的原則，運用團體決策與團體監督方法，並為組織設定高度的績效目標，為組織塑造出適合採行目標管理的支持性組織氣候，因此推行目標管理甚易成功。

(三) **目標的設定應兼顧量化與質化的目標**：在公部門中，由於目標的多元化與模糊性，使得目標之設定較諸企業組織更加困難。且目標的設定不能僅侷限於可量化的目標，若干重要的績效衡量標準，諸如服務品質、民眾滿意度、對政府的信任等，儘管不易量化亦應作為組織的主要目標。

(四) **目標的設定應整合短期目標與長期計畫**：目標的設定通常以一年或是較短的期間為限，此種強調短期之目標極易犧牲組織長期之發展。事實上，目標管理並非不能進行長期規劃，但在政府部門中因受到政務官任期的限制或配合預算年度，目標的設定往往期限較短而缺乏長期性、策略性的安排，這是值得今後目標管理制度重視之處。

(五) **目標管理應融入共同願景**：為能真正凝聚組織成員的努力與共識，共同願景的建立是不可或缺的。**共同願景（Shared Vision）是指組織成員所共同持有的意象，其創造出彼此一體、休戚與共的歸屬感。**

(六) **應採用多元的管理方法**：事實上，無論是企業經營或公共管理並無一個放諸四海皆準的至善之法，因此最重要的是將各管理策略截長補短、相互為用。（孫本初，公共管理—目標管理，頁315-330）

五、何謂「危機」？又何謂「危機管理」？

答：(一) 危機之定義：危機係指組織因內外環境因素所引起的一種對組織生存具有立即且嚴重威脅性的情境或事件。因此，危機通常有三項共同要素：

1. 危機乃是未曾意料而倉促爆發所造成的一種意外。

2. 威脅到組織或決策單位之價值或目標。

3. 在情況急遽轉變之前，可供反應的時間有限。由此可知，危機具有下列幾項特性：

　(1) **危機的形成具有階段性**：通常可分為危機警訊期、危機預防／準備期、危機遏止期、恢復期與學習期。

　(2) **危機具有威脅性**：威脅性的強弱端視可能受到損失價值的大小而定，而此類的認定過程全依決策者的認知而定。

　(3) **危機具有不確定性**：包括狀態的不確定、影響的不確定、反應的不確定等，此三種特性正是對組織管理者立即的應變措施形成一種極具挑戰性的考驗。

　(4) **危機具有時間上的緊迫性**：當危機突然發生時，決策者必須立即對情境作出適當的反應。

(二)危機管理定義：所謂危機管理，即是組織為避免或減輕危機情境所帶來的嚴重威脅，而從事長期的規劃及不斷學習、適應的動態過程，亦可說是一種針對危機情境所作的管理措施及因應策略。（孫本初，公共管理—危機管理，頁337-351）

六、危機不是憑空發生的，往往有其產生的徵兆。試問，危機產生的原因為何？

答：(一) 組織之外在環境因素：組織所處的外在環境對於危機事件的發生扮演著極為重要的角色，此乃因環境中各變數之間的交互作用往往是許多危機事件發生的前提，亦即為危機事件形成的原因。

1. 國際情勢變遷：例如2010年發生於歐洲的歐債危機，並進而影響全球經濟即是一例。

2. 勞工意識的抬頭：員工為爭取自己的權益，紛紛自組工會來與資方進行談判，希望能獲得資方的尊重、較好的福利等，倘若談判不成則多以自力救濟的方式向企業或政府施壓，以達到他們的目的。因此，管理者唯有改變組織的經營策略，才能避免員工因不滿情緒的升高，進而採取激烈的抗爭手段。

3. 大眾傳播媒體的壓力：大眾傳播媒體的職責在於能真實地報導重大事件的發生。若組織在處理危機事件時，未以適當的溝通管道，將正確的資訊透過大眾傳播媒體告知大眾，而是掩飾錯誤、保守秘密或延遲發布消息等，均將使社會大眾受到不利的影響。

4. 不法分子的破壞行動：不論公、私組織均面臨不法分子破壞的威脅，而且有愈來愈多的趨勢，由於其手段殘忍且常出其不意，使得組織在面臨與處理此一原因所引起之危機時顯得手足無措。

(二)組織之內在環境因素：

1. 組織文化：組織文化是指其成員所共同擁有的一種信念及期望的行為模式，它包括一種共同的哲學、理念、價值觀、信念、假設、期望、態度和規範。組織成員通常會將組織中錯誤的信仰、價值予以合理化，此種受扭曲的組織文化與行為將有礙於組織中危機管理活動的推行，致使組織具有危機的傾向。

2. 組織結構：組織結構在組織達成目標時，雖能提供莫大的助力，但倘若這些例行的方案及規章一旦成為制度化後，便會使得組織產生惰性而不尋求創新，甚至阻礙組織對外在環境的感應能力。除了組織中僵化的制度易使組織對危機的敏感度降低外，還有組織本身所擬訂的危機應變計畫是否完善、溝通管道是否順暢等，都是足以引發危機的重要變數。

3. 管理風格：Richardson認為組織發生危機的原因，除了組織結構、組織文化等因素外，管理風格的不當也會導致組織發生危機，如過分重視人員或工作的管理方式，唯有權變式的領導才能減少組織發生危機。

4. 人員因素方面：組織內的人員對於危機情境的設定及理解具有很大的關鍵性。決策者需擬訂組織方針並身負組織成敗的責任。

5. 技術：如組織因設計上的錯誤、設備上的瑕疵及技術程序上的錯誤等，而引發不可收拾的意外災害。

6. 財務因素：組織的資金來源是否充裕、財務狀況是否健全，或組織產品在市場所具競爭力的大小，都會對組織的正常運作產生極大的影響。在這些經濟因素的衝擊下，極可能會導致組織財務不佳而引發所謂的財務危機。（孫本初，公共管理—危機管理，頁337-351）

七、危機的發生會對組織的管理上產生重大的影響，試問，危機對組織及其成員的影響為何？

答：(一) 危機對組織成員的影響：

1. **資訊處理的緊縮**：雖然適度的壓力會促進績效的成長，但當壓力過大時，個人會因壓力的影響而產生認知錯誤，及降低個人對環境中資訊吸收的能力。因此，因認知的限制而無法以更寬廣的視野來檢視周遭各種可能解決危機之替選方案，反而是以個人既有的思考模式或例行的標準作業程序來處理危機，如此不但無法解決危機，反而使得組織因個人決策錯誤而面臨崩潰的困境。

2. **欠缺決策上的準備**：當危機情境愈不為決策者所熟悉時，決策者所從事的事前準備的可能性就愈低。所以當危機情境出現時，因其所承受的壓力過大，導致其依據以往經驗而採取例行性解決方式的可能性也就增大，如此比較容易制定無效的決策，而採行不當決策的機會也會升高。

3. **自我價值的混亂**：危機會使得組織成員的基本價值產生混淆，困擾著人們的認知，不論是直接或間接被危機影響者，其事後都必須付出心理上慘痛的代價。

(二) 危機對組織的影響：

1. **決策權威的集中**：當組織發生危機時，決策者為了能有效針對危機情境加以控制或反應起見，通常會將組織的決策權自下階層人員收歸自己所有，並且只集中在少數幾個人手中。**而在決策權威集中的情形下易導致團體思考現象的產生。所謂團體思考（Group Think），乃指某團體因具有高度的凝聚力，強調團結一致的重要性，因此壓抑個人獨立思考及判斷的能力，放棄提出不同意見的機會，最後導致團體產生錯誤或不當的決策。**

2. **資訊流程的緊縮**：組織為因應危機的威脅及對資訊能作有效的運用起見，往往會設置一些機構來對資訊做過濾的工作，而人員為規避責任會將資訊作刪減、延緩作回應等，如此會造成資訊的扭曲或不實。

3. **對危機的僵化反應**：若平日所建立之標準作業程序不能適用於危機情境時，易造成成員墨守成規或向層峰請示，如此一來常會延宕危機處理的時機。

4.**企圖處理危機的壓力**：因受限於時間的緊迫與決策權威集中的影響，使得組織內部的溝通機會與管道減少，此種情形易使得主管與部屬彼此之間產生更多的焦慮與挫折，不利於危機處理。

5.**資訊管理的壓力**：組織發生危機時，常會傾全力將組織的資源用於危機事件的解決，但是這樣的資源重組常會引起某些既得利益者的反彈，並引發組織內部的衝突。（孫本初，公共管理—危機管理，頁337-351）

八、「日本三一一地震」凸顯出政府具備危機處理能力的重要性，試問：何謂危機管理？危機發生前、爆發時及發生後，政府組織可以有那些作為？

說明：　組織若能針對早期的危機警訊加以察覺，並採取適當的因應措施來遏止其發生，那麼組織便能將危機消弭於無形，而達到善良管理的最高境界。

答：(一) 危機管理意義：見本章第五題。

(二)危機發生前、爆發時及發生後，政府組織的作為：從Nunamaker等人的模式中可清楚得知，危機發生前中後，政府組織應有的作為如下：

1.危機爆發前之運作與活動：

(1) **危機感應系統**：組織的決策者在危機計畫中，將組織所能承受危機侵襲的程度傳達到危機感應系統，再由該系統依組織的主要價值來擬訂相關的感應程序，當外界環境所傳達的危機訊息超出組織所能承受的程度時，危機感應系統便會將此警訊透過一定的管道傳達到危機管理小組，使得危機管理小組能採取適當的措施予以回應。

(2) **危機計畫系統**：危機計畫系統的目的就是在事前對可能發生的潛在危機，預先加以研究討論，以發展出應變的行動準則。在從事危機計畫規劃時，首先要確定組織目標，並針對環境中各種可能威脅組織目標的來源加以評估，然後再配以解決各項威脅所需的適當資源，包括人力、物力、財力、技術等。

(3) **草擬危機計畫說明書**：所謂草擬危機計畫說明書，就是對危機情境作沙盤推演的過程。組織應設置專責機構來負責草擬有關危機計畫說明書，以供危機計畫與危機訓練之用。

(4) **危機訓練系統**：危機訓練的目的在使組織成員除了對既有的因應策略有所瞭解及熟悉外，最主要則是使成員能夠培養出分析的能力與知識取得的能力。

2. 危機發生時之運作與活動：

(1) **危機管理小組**：危機管理小組是一個智囊團，它是由各種對危機情況十分瞭解，並能針對特殊個案作出評估的專家所組成。

(2) **危機情境監測系統**：組織中的危機情境監測系統應對危機情境加以監測，可運用特有的監控技術及良好的溝通網絡，對危機作追蹤並將所得的情報向危機管理小組報告。

(3) **危機資源管理系統**：組織平時便應設立危機資源管理系統，包括資源的種類、數量、配置地點等，從而建立資源管理系統的資料庫，以供危機管理小組運用。

3. 危機發生後之運作與活動：

(1) **成立評估系統並進行評估**：在危機結束後，組織需成立一個調查及評估小組，在危機發生後應立即針對下列問題作評估：

A. 電腦、溝通技術等功能是否已發揮既有的功能？

B. 危機感應系統與決策群體間的合作是否良好？

C. 以組織現有的知識與能力是否能針對危機作有效的處理？

D. 組織危機溝通網絡系統是否能如預期地傳達所需資訊？

E. 組織所學到的知識是否可轉化成有利於組織本身的工具？

F. 組織成員或決策群體在危機情境下所作的決策效果如何？

(2) **加速復原工作的進行**：危機發生後，組織對其內、外部遭受到傷害的利害關係者，應予以適當的救助與補償。就組織外部而言，組織應勇於向社會大眾說明危機發生的原因與處理情形；就組織內部而言，管理者應透過溝通的方式來治癒組織成員心理上的創傷。

(3) **從教訓中學習與危機管理的再推動**：在危機爆發後，組織的管理者除了要加速復原工作的進行與成立調查評估小組外，最主要的工作還是要從危機事件中學習教訓，並將此學習回饋至危機前的準備工作，以利危機管理活動的再推動。（孫本初，公共管理—危機管理，頁337-351）

九、影響績效指標設計的變項為何？

答：英國學者卡特、克萊恩和戴伊提出以下變項來說明公私部門在績效管制方面的差異，這些變項分別為：

(一)**所有權**：公部門組織係在共同的限制之下運作，追求的是政治和社會目標，因此績效衡量的困難性遠高於私部門。例如，警政的所有權就屬於民眾，而銀行則屬私人所有。私人企業可以用利潤來衡量績效，但公眾性的組織當然就不能有太多的營利性績效指標。

(二)**交易狀態**：如警政在經濟制度方面就不具交易狀態，而銀行就有交易狀態。就非交易狀態的組織而言，即不宜設定營利性的績效指標。

(三)**競爭程度**：柴契爾政府特別鼓勵公部門應有較高的競爭力。例如，警政的競爭程度較低，而銀行的競爭程度，則由中等趨向高競爭程度。

(四)**政治責任**：受公眾監督的組織，如警政、法院、監獄，其所設定的績效指標就必須考慮與政治責任有關的因素。

(五)**異質化程度：指提供不同產品或服務的數量而言**。產品單純的組織較產品異質性高的組織容易設計其績效指標。

(六)**複雜化程度**：指組織在提供服務或生產財貨時所能動用的技術數量。可動員的技術越多，其相互依賴度就越高，則績效所有權就較難被確認。例如，警政的複雜性較低，而全民衛生署的複雜性較高。

(七)**不確定性程度**：指手段與目的間的關係，亦即輸入資源與達成既定目標間的因果關係。例如，警政的不確定性高，而法院的不確定性低，因此警政的績效指標就比法院更不易設計。

(八)**管理的結構**（The Structure of Authority）：指中央與周邊的制度性關係，有些組織機關眾多，有複雜的管轄結構和責任劃分。此皆會影響其績效指標的設計。

(九)**自主性程度**：如有專業社群以專業知識來為組織設定目標、規章及考核其績效者，則組織的自主性較低。（吳瓊恩、李允傑、陳銘薰，公共管理—指標管理，頁175-193）

十、建構績效指標的模式為何？好的績效指標應具備那些條件？設計指標的標準為何？

答：(一) 建構績效指標的模式：

1. 輸入：指提供服務所需之資源，包括人員、建物、設備和一般消耗品。

2. 過程：傳送服務的路徑，包括品質測量。

3. 輸出：即組織的活動或其所提供的服務。

4. 結果：指服務所產生的影響。

　　輸入輸出模式雖然多少可以反應出一個組織的績效，但很多組織卻樂於使用更具體的概念來建構他們的績效指標；這些概念包括「經濟」、「效率」和「效能」等3E模式。不過3E的模式似乎還不足以評估所有組織的績效，因此論者主張應該要加上其他的E，如「功效」、「資格條件」和「公平」。所謂公平，係指在法律之下所有類似個案均應獲得相同的處理；亦即必須符合正當程序以及行政正義。

(二) 績效指標應具備之條件：依卡特等人的看法，好的績效指標應符合下列條件：

1. 界定清楚而有一致性。

2. 應由組織之所有者來使用，不可依賴外人或環境因素。

3. 必須和組織的需求與目標有關。

4. 被評估的單位或個人不可影響績效指標的運作。

5. 必須有廣博性（涵蓋管理決策行為的所有面向）和一定的範圍（集中有限數量的績效指標上）。

6. 建立績效指標所使用的資訊必須正確和廣泛。

7. 必須為組織的各級人員所接受，應符合組織文化。

(三) 設計指標的標準：

　　另外，為避免或減少不同單位或個案使用類似績效指標，使績效指標無法發揮評鑑組織績效的功能。卡特等人認為可以透過以下的比較標準來設計指標：

1. 目標（Target）：根據政策成果或預算目標來從事績效分析是比較普遍的作法，可以避免績效指標雷同的困境。

2. 時間序列（Time Series）：比較相同組織的歷史紀錄也可以克服前述困境。

3.進行組織單位間的比較。

4.外部比較：例如以公私部門之極端對照比較，以凸顯不同處來克服前述困境。（吳瓊恩、李允傑、陳銘薰，公共管理—指標管理，頁175-193）

十一、政府績效衡量具有那些限制？試說明之。

答：(一) 實務上的限制：公部門由於組織目標、結構與任務的特性，普遍存在公共組織績效不易衡量的現象。因為在實務上績效衡量常常有以下的限制：

1.內部失能的反功能或分析背景的限制。每一個組織的績效衡量理論上都應該量身訂製，但公部門內部缺乏具有分析背景的專業人才，使得績效衡量的工作變得眼高手低。

2.政府績效的因果關係難以認定。公部門的計畫結果往往很難衡量，因為公共財通常無法分到不同的單位，所以公共輸出不易描述，產出的價格和單位成本也不易衡量。

3.公部門績效很少能控制環境的因素，因此績效衡量往往只限於直接輸出項。例如公務員無法控制和公共安全及公共健康有關的所有因素。

4.政治的考量經常是資源分配的重心，所以要獲得客觀的績效衡量，仍值得懷疑。

(二)設計上的問題點：由於政府績效衡量的困難性，使績效指標不易設計；而缺乏適當的績效指標，也使得績效衡量難以落實。因此，績效指標的設計以及績效衡量制度的共同問題主要為：

1.績效管理的前提就是須盡量將所有的績效都以量化的方式呈現，再據以進行績效評量。此項作法對私部門並不構成問題，因為私部門的服務是販售的，可用金錢價值來衡量。

2.功能相同的公共組織有地區性的差異，規模大小亦不同，以同樣一套績效指標來衡量它們之間的績效，並做比較，並不公平。另外，分散於各個分支機構的績效，能否總結起來當作中央機構的總績效，實質上亦令人懷疑。

3.如何訂定與品質績效有關的指標仍然是績效衡量的主要限制。政府的服務績效有三個面向：收入、效率和效能。效率是指服務的數量和服務成本之間的比值，效能是指完成服務目標的程度。而服務產出的品質和執

行效能則有密切的關聯性，問題是大多數公共服務的品質好壞很難用客觀、具體的數據來衡量。

4. 績效管理或績效衡量制度的成敗，其主因之一取決於績效指標的訂定是否周延、合理、客觀及能涵蓋該組織重要的績效。而負責訂定績效指標的人是否擁有這樣的能力，便變得非常重要。

5. 績效衡量做的好不好，是否正確，端賴有無可靠的資訊，如所蒐集的資訊錯誤、不夠周延，就無法真正反應執行機構的實際績效。因此，在訂定績效指標時執行機構與其上級機關之間，難免會對績效指標的數量、範圍、權重有爭議，而上級機關根據下級機關所送的資訊進行考核時，也難免出現和執行機構有認知差距的情形。（吳瓊恩、李允傑、陳銘薰，公共管理—指標管理，頁175-193）

十二、何謂「社會指標」？何謂「政策指標」？兩者有何差別？

說明：　近年來我國政府與民間對於指標管理的重視程度，可說是與日俱增。洛桑學院的「世界競爭力報告」，使得政府十分重視「國家競爭力」的指標。社會指標著重在以科學的方法觀察整體社會變遷的事實，而政策指標則強調以綜合客觀數據與倫理價值來衡量個別政策議題的成效與結果。

答：(一) 社會指標的概念：根據行政院主計總處的統計分類，所謂「社會指標綜合指數」包括九個領域：**家庭、生命健康、教育、就業與工作生活品質、所得與物價、居住生活環境、個人安全、社會環境、文化與休閒。**社會學者蕭新煌指出，社會指標在詮釋台灣社會上具有四項功能：

1. 勾勒長、短期社會變遷趨勢。　　2.測量國民福祉和生活品質。
3. 發掘現存或潛在社會問題。　　　4.研擬社會改革政策之依據。

社會指標既是關於社會整體趨勢的一種參考指數，自然與個別政策之間未必有直接因果關係。例如，我們不能以國人平均壽命長短來判斷政府醫療政策的績效。

(二)政策指標定義：根據麥克端的定義，**政策指標係指可將公共統計數值用於公共政策議題的衡量工具，它主要的目的在於利用公共部門的統計來協助政策利害關係人制訂妥適的政策。**政策指標與社會指標最重要的區別在於：社會指標大多是具有經濟意義的統計數值，如國民平

均所得、失業率、醫療普及率等；而政策指標則包含三種類型目的價值：純經濟效益、主觀性福祉以及公平性。

1. 純經濟效益：凡是能以幣值換算其價值者，例如某一政策的成本效益比。一般人在考量政策利弊時，較常考慮經濟效益，而大多數民眾傾向認為此類價值所反映的數字通常是較客觀而科學的。

2. 主觀性福祉：經濟性福利通常是以收入或生產值來計算，而主觀性福祉則是衡量民眾（或政策利害關係人）對於某一政策感到滿足或快樂的程度。換言之，經濟性福利強調的是市場價值，主觀性福祉強調的是人民的感受或情緒。

3. 公平性：公共政策所必須考慮的第三類目的價值是分配的公平性，它所強調的並非社會福利的總和，而是福利的分配狀況。「使用者付費」或「受害者求償」等觀念，便是考慮政策公平性的結果。

(三)政策指標與社會指標之區別：

1. **社會指標反映整體社會的變遷趨勢**，因此有些社會指標並不具政策意涵；而政策指標則直接與政策相關，**政策指標可以提供決策者所關心的訊息**，並作為政策建議或政策選擇的參考依據。

2. **社會指標強調統計數字是客觀且科學地反映社會變遷的實際情況；而政策指標則常須納入「倫理性」和「規範性」的價值**。此是因為政策指標在相當程度上具有反映民眾或決策者的價值或偏好的特質。

3. **社會指標並非目標取向的**（Goal-oriented）。社會指標的作用並非為了達成某一政策目標或解決某一政策問題。相反地，**政策指標不僅是政策目標取向，也是「問題解決」取向**。（吳瓊恩、李允傑、陳銘薰，公共管理—指標管理，頁175-193）

十三、政治社群參與政策指標的建立，固然有助於強化政策指標的周延性與正當性，但也可能產生那些問題？

答：(一) **民眾缺乏資訊以致無從參與**：一般民眾或許很關心切身相關的公共議題（如核四廠興建、老人年金、ECFA議題等），由於缺乏完整的資訊和判斷資訊的專業能力，以致參與意願低落。政策專家的工作目的不只限於服務特定顧客，更包括改進政策制定過程、提升公共政策品質、增進社會福祉等目標。因此，政策專家在研擬政策方案或提供政策建議時，應鼓勵民眾參與，聽取第三者的意見。

(二)**政治社群內的利益與價值衝突**：民主社會裡的利益團體漸趨多元化，社會團體之間因某一政策議題產生利益衝突的情況比比皆是。例如勞工政策當中的勞資雙方立場不同。假如因團體間利益衝突所引起的政策僵局無法經由討論協調而解決的話，透過民主決策程序或許是唯一的途徑。此時，具有代表性的政治社群—議會便具有相當大的決定性影響力。

(三)**民眾與專家間的認知差距**：在某些專業性較高的政策議題上，民眾因為缺乏專業知識背景，而與專家之間出現嚴重的認知差距。為縮小上述認知差距，翁興利教授建議：

1. 調查目前中央與地方政府針對政策風險的溝通活動。
2. 檢視對於有效風險溝通可能存在的組織上之障礙。
3. 進一步了解風險溝通的目標與方法。
4. 發展出一套能改善中央與地方機關的合作與協調的機制。（吳瓊恩、李允傑、陳銘薰，公共管理—指標管理，頁175-193）

十四、要建立一合乎科學客觀及公平的政策指標機制不是一件容易的事。試問，要如何建立之。

答：(一) **專家的意見及民眾的參與：**

1. 在建立政策指標系統的過程中，我們常常面臨一個重要問題：針對某一特定的公共政策，我們該選擇那些變項作為政策指標？是經濟性變項優先？還是非經濟性變項優先？是收入增長重要？還是分配公平性重要？不同的社會團體，有不同的利益與價值，對政策議題的偏好與看法也不同。因此建立一套大多數人所能接受的政策指標系統，不僅需學者專家的專業意見，更需要民眾的參與。

2. 麥克瑞認為，政策指標的變項主要來自兩個社群的價值—專家社群和政治社群。在某些較需要專業知識的政策議題上，學者專家的意見確是政策指標最重要的來源。通常一項重大政策議題並非單一專家所能獨力解決，而是透過專家社群間的腦力激盪、研析與對話，才能建立較完善周延且具公信力的政策指標，而政策品質方得以獲得保障。

3. 一般說來，專家社群較一般民眾擅於應用和分析政府統計資料，並從這些統計資料中建立與政策選擇相關的「政策指標變項」。專家社群可作為民眾認識政策問題的「解讀員」，將政策指標所顯示的數字意義，轉換成公共福利的內涵。

(二)**政策指標的選擇與運用**：政策指標的選擇不只是科學上的問題，它更涉及政治上的問題。

1. 林水波在「探討政治社群公民參與政策論述」的論文中所言：「理想的政策論述過程，必須在不同的論述之間，有效地加以整合，而整合的基礎則是溝通和對話。」

2. 專家社群提供專業資訊給政治社群，以作為公共對話與辯論的基礎；政策專家亦可以諮詢顧問的角色，協助政府決策部門規劃政策，以確保公共政策品質。

3. 專家社群更可以協助政策利害關係人或社區民眾分析特定政策的利弊得失，擬訂政策指標或提供政策建議。專家社群對於政治社群而言，具有相當程度的教育功能。

4. 政治社群也可能反饋不同團體的社會價值或民意趨勢給政策專家。如摩斯和瑞奇所言，只要指標與價值和政策有關聯，那麼指標的選擇就意味著政治利益的考量。此有兩層意義：

   (1) 第一層意義是政治社群內的不同團體間，可能因為利益與價值的衝突而對政策指標的優先順序或選擇有不同的意見，這些不同意見與價值正可以給予政策專家多元化的思考面向。

   (2) 第二層意義是，專家社群在設定政策指標系統時，不能只從本身的專業角度處理政策議題，如果社會的主流價值和民意對某政策議題產生變化，政策指標的優先順序也勢必跟著變動，或者必須引進新的政策指標，以順應社會需求。（吳瓊恩、李允傑、陳銘薰，公共管理—指標管理，頁 175-193）

選擇題

( )　1. 何項管理即是重視目標設定、人員參與及成效評鑑，是組織有效控制成本、達成目標所值得採納的管理方式？　(A) 全面品質管理　(B) 績效管理　(C) 目標管理　(D) 標竿管理。

( )　2. 美國聯邦政府為了對天然災難與科技所引發的大災害能作有效的管理，於 1979 年成立「聯邦危機管理局」（FEMA）。此種做法係符合何項公共管理？　(A) 指標管理　(B) 危機管理　(C) 目標管理　(D) 全面品質管理。

( )　3. 「目標管理乃是要求主管、部屬及同僚間必須互動的一種過程,包括領導、有效的激勵、開放的溝通、決策及績效評估。」此係指何位學者對目標管理的定義?　(A)Rodgers　(B)Weihrich　(C)Hunter (D)Drucker。

( )　4. 下列何者為正確的目標管理意涵的演進階段?(1)MBO 作為一種管理哲學。(2)MBO 作為績效評鑑的途徑。(3)MBO 用以整合組織與個人目標。(4)MBO 作為長期、策略性的觀點。(5)MBO 作為改善生產力的系統途徑。　(A)12345　(B)23451　(C)34521　(D)54321。

( )　5. 「組織為避免或減輕危機情境所帶來的嚴重威脅,而從事長期的規劃及不斷學習、適應的動態過程,亦可說是一種針對危機情境所作的管理措施及因應策略。」此稱為:　(A) 危害管理　(B) 危機管理　(C) 目標管理　(D) 績效管理。

( )　6. 下列何位學者在其所著《管理實務》一書中,揭櫫「目標管理及自我控制」的觀念,目標管理遂廣為公、私部門所採行?　(A) 杜拉克　(B) 拉斯威爾　(C) 戴明　(D) 畢德斯。

( )　7. 下列何者非危機對組織及其成員的影響?　(A) 資訊處理的緊縮　(B) 自我價值的混亂　(C) 企圖處理危機的壓力　(D) 決策權威的分散。

( )　8. 學者卡特等人認為可以透過特定的比較標準來設計指標,其中包括下列何項比較標準?　(A) 目標　(B) 時間序列　(C) 進行組織單位間的比較　(D) 以上皆是。

( )　9. 目標管理(Management by Objectives)是由那一位學者首先提出? (A) 杜拉克(P.Drucker)　(B) 杜魯門(D.Truman)　(C) 費堯(H.Fayol) (D) 梅堯(H.Mayor)。

( )　10. 下列何者非影響績效指標設計的變項?　(A) 異質化程度　(B) 確定性程度　(C) 管理的結構　(D) 自主性程度。

( )　11. 「提供服務所需之資源,包括人員、建物、設備和一般消耗品。」係屬於建構績效指標的何種模式?　(A) 輸入　(B) 過程　(C) 輸出 (D) 結果。

( )　12. 下列何者為完善目標管理的做法？　(A)高層主管的支持與投入　(B)目標的設定應兼顧量化與質化的目標　(C)目標的設定應整合短期目標與長期計畫　(D) 以上皆是。

( )　13. 目標管理在行政機關運用上，存在其限制，Weber 認為，目標管理在績效評量上尚有下列何項缺失？　(A)MBO 促使員工狹隘地界定其工作　(B)MBO 往往受限於只評量個人績效　(C)MBO 以成果為焦點而非過程　(D) 以上皆是。

( )　14. 下列關於「危機」及「危機管理」的敘述，何者錯誤？　(A) 危機係指組織因內外環境因素所引起的一種對組織生存具有立即且嚴重威脅性的情境或事件　(B) 危機乃是未曾意料而倉促爆發所造成的一種意外　(C) 危機威脅到組織或決策單位之價值或目標　(D) 危機的形成通常不具有階段性。

( )　15. 「部屬設定其本身所要達成的短期績效目標，並與上級主管共同討論，然後個別人員的績效再依據這些目標予以考核，而此一過程主要是透過自我評量來完成。」此係屬目標管理意涵的何項演進階段？　(A)MBO 作為一種管理哲學　(B)MBO 作為績效評鑑的途徑　(C)MBO 用以整合組織與個人目標　(D)MBO 作為長期、策略性的觀點。

( )　16. 下列何者非政府績效衡量所具有的限制？　(A) 內部失能的反功能或分析背景的限制　(B) 政府績效的因果關係難以認定　(C) 公部門績效很少能控制環境的因素　(D) 政治的考量經常是資源分配的重心。

( )　17. 下列何者為目標管理的基本假定？　(A) 人類行為的理性觀　(B)Y 理論的人性觀　(C) 以上皆是　(D) 以上皆非。

( )　18. 政治社群參與政策指標的建立，固然有助於強化政策指標的周延性與正當性，但也可能產生下列何項問題？　(A) 民眾缺乏資訊以致無從參與　(B) 政治社群內的利益與價值衝突　(C) 民眾與專家間的認知差距　(D) 以上皆是。

( )　19. 關於社會整體趨勢的一種參考指數，係指：　(A) 社會指標　(B) 總體指標　(C) 政策指標　(D) 人生指標。

( )　20. 下列何者非危機爆發前政府組織可以有的作為？　(A) 危機計畫系統　(B) 危機資源管理系統　(C) 草擬危機計畫說明書　(D) 危機感應系統。

( )　21. 目標管理的基本型態不包括下列何者？　(A) 目標設定　(B) 被動性　(C) 預算　(D) 回饋。

( )　22. 政治社群參與政策指標的建立，可能產生下列何項問題？　(A) 民眾缺乏資訊以致無從參與　(B) 政治社群內的利益與價值衝突　(C) 民眾與專家間的認知差距　(D) 以上皆是。

( )　23. 下列何者非危機的特性？　(A) 危機的形成不具有階段性　(B) 危機具有威脅性　(C) 危機具有不確定性　(D) 危機具有時間上的緊迫性。

( )　24. 下列何者非目標管理在行政機關運用上的限制？　(A) 目標管理的程序在封閉體系的組織中較易管理　(B) 目標管理是建立在不信任的基礎上　(C) 目標管理若作為規劃、決定、追蹤、改變與評估目標的管理系統，則需投入大量的時間成本　(D) 目標管理將會面臨官僚體系與政治阻力。

( )　25. 「危機情境監測系統」係屬危機何段時期政府組織可以有的作為？　(A) 危機發生前　(B) 危機爆發時　(C) 危機發生後　(D) 危機解決後。

( )　26. 危機發生後，政府組織應有下列何項作為？　(A) 成立評估系統並進行評估　(B) 加速復原工作的進行　(C) 從教訓中學習與危機管理的再推動　(D) 以上皆是。

( )　27. 目標管理雖是一不錯的管理方法及策略性應用，但仍有先天上的限制。下列何項非完善目標管理的做法？　(A) 支持性組織氣候之建立　(B) 目標的設定應兼顧量化與質化的目標　(C) 目標的設定應注重短期目標及計畫　(D) 目標管理應融入共同願景。

( )　28. 指可將公共統計數值用於公共政策議題的衡量工具，主要的目的在於利用公共部門的統計來協助政策利害關係人制訂妥適的政策。此種指標一般稱為：　(A) 社會指標　(B) 政策指標　(C) 總體指標　(D) 個體指標。

( )　29. 依據卡特等人的看法，好的績效指標應符合下列何項條件？　(A) 應由組織之所有者來使用，不可依賴外人或環境因素　(B) 被評估的單位或個人不可影響績效指標的運作　(C) 建立績效指標所使用的資訊必須正確和廣泛　(D) 以上皆是。

( )　30. 下列何者為政府績效衡量設計上的問題點？　(A) 績效管理的前提就是須盡量將所有的績效都以量化的方式呈現　(B) 功能相同的公共組織有地區性的差異，規模大小亦不同　(C) 如何訂定與品質績效有關的指標仍然是績效衡量的主要限制　(D) 以上皆是。

( )　31. 何種管理是一種程序，藉由組織中上、下層級的管理人員一起來確定組織的共同目標，並以對組織成員的期望成果來界定每位成員的主要責任範圍，同時依此來指導各部門的活動，並評估每一位成員的貢獻。(A) 目標管理　(B) 績效管理　(C) 多元化管理　(D) 知識管理。

( )　32. 下列何者非政策指標與社會指標之區別？　(A) 社會指標反映整體社會的變遷趨勢，所以社會指標均具有政策意涵　(B) 政策指標直接與政策相關，政策指標可以提供決策者所關心的訊息　(C) 社會指標強調統計數字是客觀且科學地反映社會變遷的實際情況　(D) 政策指標則常須納入「倫理性」和「規範性」的價值。

( )　33. 下列何者非目標管理的主要內容？　(A) 適切地確立組織管理的目標　(B) 採行相互管理及分權管理　(C) 激勵個人的創意與潛能　(D) 目標管理在應用方面，是一種重視人性化、參與化與團隊型的管理技術。

( )　34. 當組織發生危機時，決策者為了能有效針對危機情境加以控制或反應起見，通常會將組織的決策權自下階層人員收歸自己所有，並且只集中在少數幾個人手中。」此係屬於危機對組織的何種影響？　(A) 資訊流程的緊縮　(B) 決策權威的集中　(C) 對危機的僵化反應　(D) 資訊管理的壓力。

( )　35. 下列那一位學者主張影響績效指標設計的變項為：所有權、交易狀態、競爭程度、政治責任、異質化程度、複雜化程度、不確定性程度、管理的結構、自主性程度？　(A) 卡特　(B) 克萊恩　(C) 戴伊　(D) 以上皆是。

( )　36. MBO 通常以多久時間來進行？　(A) 一年　(B) 二年　(C) 三年　(D) 五年。

( )　37. 下列何者為目標管理上、下級管理人員應達成績效契約協商之重要要素？　(A) 下級主管在特定完成期限內要達成的主要目標　(B) 達成目標所需的資源　(C) 實現目標的行動計畫與里程碑　(D) 以上皆是。

（　）｜38. 社會學者蕭新煌指出，社會指標在詮釋台灣社會上具有那些功能？
　　　　　(A) 勾勒長、短期社會變遷趨勢　(B) 測量國民福祉和生活品質　(C) 發
　　　　　掘現存或潛在社會問題　(D) 以上皆是。

（　）｜39. Weihrich 曾歸納出十五項指導綱領，作為採行目標管理時的指引和依
　　　　　歸，其中不包括下列何者？　(A) 目標管理的主管人員若能由位階高、
　　　　　有名望的人士出任，將有助於目標管理方案的施行　(B) 目標網絡必須
　　　　　能被瞭解。個別目標應配合整體的目標網絡　(C) 方案的參與者必須事
　　　　　後準備　(D) 管理系統應加以監測，且至少在一開始時要保持單一。

解答與解析

1.**(C)**　　　　2.**(B)**

3.**(B)**。Rodgers與Hunter則視目標管理為一種管理系統，並融入三項流程的特色於
　　　　其中，此三項流程即決策制定過程、目標設定與目的回饋的參與。

4.**(A)**

5.**(B)**。危機係指組織因內外環境因素所引起的一種對組織生存具有立即且嚴重威
　　　　脅性的情境或事件。所謂危機管理，亦稱緊急管理；係在未有預警情況或
　　　　突發性意外重大危難事件，具威脅性、不確定性、緊迫性與雙面效果性。
　　　　（孫本初，公共管理─危機管理，頁337-351）

6.**(A)**　　　　7.**(D)**

8.**(D)**。根據政策成果或預算目標來從事績效分析是比較普遍的作法，可以避免績
　　　　效指標雷同的困境。（吳瓊恩、李允傑、陳銘薰，公共管理─指標管理，
　　　　頁175-193）

9.**(A)**

10.**(B)**。其他變項尚包括：所有權、交易狀態、競爭程度、政治責任、複雜化程度。

11.**(A)**　　　　12.**(D)**　　　　13.**(D)**

14.**(D)**。危機的形成具有階段性：通常可分為危機警訊期、危機預防（準備）期、
　　　　危機遏止期、恢復期與學習期。

15.**(B)**。Drucker認為目標管理與自我控制不只是一種管理方式，也可稱之為一種管
　　　　理哲學。

16.**(D)**。應是「政治的考量經常是資源分配的重心」。

17.**(C)**。目標管理蘊含著濃厚的工具理性觀；且目標管理的理念部分係基於Y理論，認為人在適當環境下是樂於工作的，且願意接受挑戰並勇於負責。

18.**(D)**。在某些專業性較高的政策議題上，民眾因為缺乏專業知識背景，而與專家之間出現嚴重的認知差距。

19.**(A)**。社會指標綜合指數包括九個領域：家庭、生命健康、教育、就業與工作生活品質、所得與物價、居住生活環境、個人安全、社會環境、文化與休閒。

20.**(B)**。(B)係屬危機發生時政府應有之作為。

21.**(B)**。應是「自主性」。

22.**(D)**　　　　23.**(A)**

24.**(B)**。目標管理是建立在信任的基礎上。

25.**(B)**。政府應對危機作追蹤並將所得的情報向危機管理小組報告。

26.**(D)**

27.**(C)**。應整合及兼顧短期目標與長期計畫。

28.**(B)**。政策指標與社會指標最重要的區別在於：社會指標大多是具有經濟意義的統計數值；而政策指標則包含三種類型目的價值：純經濟效益、主觀性福祉以及公平性。

29.**(D)**。其他尚包括：界定清楚而有一致性；必須和組織的需求與目標有關；必須有廣博性和一定的範圍；必須為組織的各級人員所接受，應符合組織文化。

30.**(D)**　　　　31.**(A)**

32.**(A)**。社會指標反映整體社會的變遷趨勢，因此有些社會指標並不具政策意涵。

33.**(B)**。採行自我管理（Self-Management）、分權管理、加強溝通與策略研究、健全領導行為等等方式。

34.**(B)**　　　　35.**(D)**　　　　36.**(A)**　　　　37.**(D)**

38.**(D)**。社會指標既是關於社會整體趨勢的一種參考指數，自然與個別政策之間未必有直接因果關係。

39.**(C)**。管理的生產力需要加以衡量。目標管理不僅是一項管理工具，亦是一管理過程，可用以衡量管理的生產力。（孫本初，公共管理－目標管理，頁315-330）

第8章 知識管理、資訊管理與電子化政府

重點提示 管理學大師杜拉克曾說，20世紀企業最有價值的資產是它的生產設備，而21世紀企業最可貴的資產（不論是商業或非商業機構），將是它們的知識工作者和知識工作者的生產力。早在60年代，杜拉克便提出了知識工作（Knowledge Work）和知識工作者（Knowledge Worker）這些名詞，也將未來社會視為是一種知識經濟的時代；在知識經濟的時代，知識又稱為「智慧資本」，是一個組織中最具有競爭力的核心資源。在知識社會中，基本的經濟資源將不再只是資本、土地或勞力技術，而是知識；且知識員工也將成為未來社會中最偉大的資產。（孫本初，公共管理—知識管理，頁287-306）

知識雖為企業競爭力的來源，然而知識價值的提升尚需仰賴管理技巧，唯有借助資訊科技能力以及組織內有系統的溝通與創造，知識的價值才得以展現。知識管理是一種系統性的變革，其效能將影響組織整體，因為實施知識管理不但可以改變既有的知識，而現有知識的改善也連帶使制定決策的績效獲得改善，進而提升組織或個人的工作績效。（王銘宗，服務型政府之知識管理，行政院人事行政局，頁1-1-8-2）

「電子化企業」是20世紀後半葉企業文明最大成就之一，所謂「第三波」文明係指人類社會由農業（第一波）、工業革命（第二波）而邁向電子化（電腦化、資訊化）之三波變遷。電子化政府即以電腦與電訊結合形成的自動化科技，帶動政府組織與管理的作業變遷、管理技術與組織文化轉換（人工化轉型為自動化），此一政府管理型態稱之為電子化政府（Electronic Government）。（許南雄，行政學術語）推動電子化政府，運用資訊科技及網路系統，擴大政府機關業務電腦化，建立資訊服務網路，以提高行政效率，加強為民服務，即是21世紀各國政府積極推動的重要工作。歐美日等主要國家為提高其國際競爭優勢，相繼推動「國家資訊通信基本建設」（NII），並積極構建電子化政府。因應此一趨勢，我國行政院於86年11月20日實施「電子化／網路化政府中程推動計畫」。今後，在相關基礎上，政府必須繼續加速資訊應用發展，積極推動並落實電子化政府。

▍重點整理

第一節　知識管理

一、知識及知識管理概說

(一) 知識的定義：組織中的知識可被定義為：「凡是可以為組織創造競爭利益及價值，並可經由組織發掘、保持、應用及再創造的資訊、經驗、智慧財產，即稱為知識」。

(二) 知識管理的定義：知識管理乃是指能系統化、清楚地和深思熟慮地建立、革新和應用組織中的核心知識，其目的乃欲使組織能讓其核心知識發生極大化（Maximize）的效率，並使其能為組織帶來一定的利益。

(三) 組織中知識的分類

Teece以企業組織系絡的觀點，將組織中的知識分為以下幾類：

1. 編纂／默會（Codified／Tacit）的知識。
2. 正面／負面（Positive／Negative）的知識。
3. 可觀察到／不可觀察到的知識。

(四) 實施知識管理的理由

1. 有效的溝通與建立共識。
2. 爭取資訊與商機。
3. 服務導向。
4. 知識儲存與再利用。
5. 學習新知。
6. 技術變革。
7. 市場導向與策略發展。

(五) 從組織理論的角度來看，實施知識管理的目的

1. 協助建立需求的發展策略。
2. 發揮創造、累積及應用的功能。
3. 加速知識的獲得與個人、組織的成長。
4. 強化組織的合作機制。
5. 促進新知識的發展與散佈。
6. 利用知識提升其競爭力。

二、知識管理相關議題

(一) 知識的創造的定義：所謂知識的創造（Knowledge Creation）乃是指組織能創造新的知識，並將此一新知識傳播到整個組織中，即此知識能為員工所吸收，並應用於生產活動及服務上。

(二)知識創造模式

Nonaka與Konno首先提出「社會化—外部化—合併化—內在化模式」（Socialization-Externalization-Combination-Internalization，SECI）的知識創造模式。他們認為知識的創造乃顯性知識及默會知識互動而呈現一種向上攀升的螺旋狀過程。而此一過程主要有以下列四個階段：

1.社會化。　　　　　　　　　　　2.外部化。
3.合併化。　　　　　　　　　　　4.內在化。

(三)知識創造模式中「ba」的概念

Nonaka與Konno兩位學者也提出「ba」（日語「場」）的觀念，認為SECI的四個階段，應分別有四個不同的ba與之對應，每個ba都能支持特別的轉換過程，而使得知識創造的過程能夠加速。ba可被視為是一個共享的空間，這個空間可以是物質也可以是心理上的。這四個ba分別為：

1.肇始的ba（Originating ba）。　　2.互動的ba（Interacting ba）。
3.電腦化的ba（Cyber ba）。　　　4.行動的ba（Exercising ba）。

(四)知識的轉換的定義：為解決現有困境，迎合新的社會需求，組織應從內、外環境中有效的處理資訊，以創造新知識，俾使組織重新建構問題與尋求解決方案，其中組織內隱知識與外顯知識的互動亦可創造知識，此種知識互動稱之為「知識的轉換」。

(五)知識移轉模式

1.共同化（即個人內隱知識轉換成為他人內隱知識）。
2.外化（即個人內隱知識轉換成為個人外顯知識）。
3.結合（由個人外顯知識轉化成為集體外顯知識）。
4.內化（由集體外顯知識轉化成為組織內隱知識）。

(六)知識轉換的模式步驟

1.外顯化與內面化的互動，又稱為省思。
2.延伸與凝聚的互動，又稱為對話。
3.吸收與散佈。

(七)知識管理若欲成功，應具備之要素

1.知識導向的文化。　　　　　　　2.技術與組織結構。
3.高層主管的支持。　　　　　　　4.具備經濟效益或是產業價值。
5.過程導向。　　　　　　　　　　6.明確的目標與用語。

7.有分量的獎勵措施。　　　　　　8.應具有某種程度上的知識結構。

9.多重的知識移轉管道。

(八)管理者欲將組織型塑成為知識型組織時，必須採行之作法

1.完善的教育訓練計畫。　　　　　2.建立誘因機制。

3.提供知識分享之途徑。　　　　　4.協助成員與專家接觸。

5.型塑樂於學習的組織文化。　　　6.設置知識執行長。

第二節　資訊管理

一、資訊管理概說

(一)資訊管理的內涵

1.資料功能：電腦設備以「線上作業」及「批次作業」方式，處理資料的蒐整、分類、組合與應用，此一方式取代傳統的人工處理資料方式。

2.辦公室自動化的功能。

3.資訊系統：機關管理的各項範圍，多已應用電腦設備納入資訊系統。

4.電腦硬軟體的設備與管理上電腦硬體（設備）、軟體（操作方式）及各種網路、電腦與電訊。

(二)資訊管理的應用

資訊管理的應用包括：

1.資料處理（Data Processing）與管理資訊（Management Information System）。

2.決策支援（Decision Support System，DSS）與資訊運用。

3.人工智慧（AI）。　　　　　　4.辦公室自動化（OA）。

5.電腦網路，便利資料傳輸查詢應用。

(三)電腦技術的應用

1.資訊系統。　　　　　2.自動化辦公室。　　　　3.影像處理。

4.網路。　　　　　　　5.區域網路。　　　　　　6.電子郵件。

7.電傳通訊。　　　　　8.傳真系統。　　　　　　9.光碟。

10.光筆。　　　　　　　11.機器人。　　　　　　　12.電腦網站。

(四)資訊行政與資訊技術：現代機關組織的資訊業務可以分為「資訊行政」與「資訊技術」兩大項，資訊行政業務包括電腦業務規劃、電腦管理、電腦租購使用及維護、電腦安全防護、資訊之保存、電腦業務協調聯繫事項等；而

資訊技術業務則包含系統分析、系統程式設計、程式設計、終端機操作與電腦縮影等項。

(五)資訊系統的管理：資料處理所形成之電腦作業系統，稱之為資訊系統，如「文書管理資訊系統」、「財物管理資訊系統」。

(六)近代各國政府行政管理，受自動化及資訊化影響的歷程

1.電子資料處理（Electronic Data Entry—1950年代）。
2.管理資訊系統（Management Information System，MIS—1960年代）。
3.決策支援系統（Decision Support System，DSS—1970年代）。
4.辦公室自動化（Office Automation，OA—1980年代）。
5.電腦網路網站（Network—1990年代）。

第三節　電子化政府

一、電子化政府概說

(一)電子化政府定義

電子化政府（Electronic Government）即是政府機關運用資訊與通信科技形成網網相連，並透過不同資訊服務設施（如電話、網路、公用電腦站等），對機關、企業及民眾在其方便時間、地點及方式下，提供自動化服務之總體概念。實施電子化政府產生下列影響：

1.改變行政組織之協調溝通等型態。
2.改變行政管理之作業方式。
3.資訊科技管理成為提升行政效率效能的主要途徑。
4.電腦化更有助於進行「員工授能」之革新措施。
5.電子化政府改進政府與民眾之溝通途徑與成效。

(二)電子化政府的特質

1.推行優先順序。
2.顧客取向的電子化政府，強調三種特質：
　(1)更容易取得政府資訊。　(2)更有效率。　(3)易於操作性。
3.電子化政府的目的在建立起跨越政府機關、企業與民眾的互動機制。
4.加強流程改造，一旦組織管理者瞭解如何獲得及運用資訊資源，則組織的一切基本架構（決策過程、管理結構及工作方式等）將會產生重大改變。

(三) 主要國家推動電子化政府的方向

1. 在政府與民眾間應致力於擴增網路便民服務。
2. 在政府與企業間應致力於促進電子商務應用。
3. 在政府與政府間應致力於推動跨機關資訊流通共享，提升行政效能。

(四) 未來各國電子化政府的發展趨勢

1. 政府服務上網。　　　　2. 智慧卡之應用。
3. 知識經濟發展。　　　　4. 消除數位落差。　　　5. 邁向知識管理。

二、我國推動電子化政府的情形

(一) 我國電子化政府總體概念

1. 就功能而言：電子化政府是政府機關運用資訊與通信科技形成網網相連。
2. 就業務而言：電子化政府是延續過去業務電腦化、辦公室自動化及國土資訊之發展。
3. 就政策而言：電子化政府是歷年推動行政革新、政府再造及綠色矽島等政策中重要之一環。
4. 就位階而言：電子化政府與「知識經濟發展方案」、「科技化國家推動方案」相輔相成。

(二) 我國推動電子化政府的願景

1. 充分運用資訊和通訊科技，提高行政效能，創新政府服務。
2. 電子化政府要革新公務員的辦事方法。
3. 電子化政府要讓政府機關、企業及社會大眾可以透過多種管道很方便地得到政府的各項服務。
4. 電子化政府要落實政府再造工作。

(三) 我國推動電子化政府的總體目標

1. 建立暢通及安全可信賴的資訊環境。
2. 政府機關和公務人員全面上網。　　　3. 公文電子交換全面實施。
4. 一千五百項政府申辦服務上網。　　　5. 戶籍地籍謄本全免。

(四) 目前我國推動電子化政府的實施策略

1. 統籌政府骨幹網路服務，加強建設基礎環境，推動政府機關全面上網。
2. 提升資訊應用程度，支援政府決策。
3. 推動標竿應用系統，帶動資訊應用普及。
4. 配合政府資訊公開制度，充實政府網路服務，落實單一窗口。

5.照顧偏遠地區及資訊應用弱勢群體，縮短數位落差。

6.配合地方自治，協助地方資訊發展。

7.善用民間資源，擴大委外服務。

8.尊重人性，以人為本。

(五)我國達成電子化政府目標之限制

1.政府財政困難，資訊預算比例偏低。

2.政府機關資訊組織與人力調整限制。

3.新的資訊法規與處理標準仍尚待建立。

4.民間及社會資源支援程度有限。

(六)政府在推動電子化政府相關計畫時會遭遇到的困境

1.資訊貧富差距（Information Gap）的挑戰。

2.授權與信任機制的建立。

3.對政府組織結構的衝擊。

4.對官僚體制與權力結構的衝擊。

(七)目前我國電子化政府計畫後續應加強的事項

1.政府機關尚待全面普及上網。　　　2.網際網路資訊資源尚待充實。

3.政府資訊服務管道尚待擴展。　　　4.網路申辦服務尚待推廣。

5.政府資訊安全管理尚待落實。　　　6.政府資訊相關法規尚待檢討。

7.公務人員網路能力尚待加強。　　　8.資訊組織與人力尚待有效調整。

9.資訊預算經費尚待擴增。

三、電子商務與行政單一窗口

(一)電子商務（Electronic Commerce）定義：廣義而言，舉凡交易雙方均以電腦透過網路進行交易都可謂之為「電子商務」。

(二)電子商務的內涵包括

1.兩大重要支援支柱：即公共政策與技術標準。

2.一般商業服務基礎架構。　　　　3.訊息與資訊分散基礎架構。

4.多媒體內容與網路出版基礎架構。　5.網路基礎架構。

(三)電子商務的種類

Kalakota & Whinston將電子商務分成以下幾種：

1.企業與企業間的電子商務（Inter-organizational Electronic Commerce）。

2.企業內部的電子商務（Intra-organizational Electronic Commerce）。

3.顧客與企業間的電子商務（Consumer-to-Business Electronic Commerce）。

(四) 企業導入電子商務之步驟

1. 調查企業對Internet的需求，並設定欲達成的目標。
2. 評估所能投入的經費並選定實施的優先次序。
3. 組織工作團隊並進行整體系統的規劃與建置。
4. 實施成果的分析與改進。

(五) 企業導入電子商務應注意那些問題

1. 企業的主管是否能充分認知與授權。
2. 企業對於網際網路商業相關應用導入的優先次序為何。
3. 使用人員的教育訓練與配合程度是否足夠。
4. 上下游的交易夥伴是否有足夠的配合能力與意願。
5. 是否有足夠的經費建置相關的軟硬體。

(六) 行政單一窗口化意義：所謂「單一窗口服務」（One-Stop-Service），就是政府要讓民眾接洽公協時，能在一處交件，就能獲得全程且滿意之服務。

(七) 單一窗口類型

目前我國辦理的類型如下：
1. 跨機關聯合作業的單一窗口。
2. 跨轄區聯合作業的單一窗口。
3. 全櫃員式服務的單一窗口。

(八) 實施效益

行政單一窗口的推動，基本上可帶來以下四種正面效益：

1. 提升民眾生活品質。　　　　2. 強化行政體質。
3. 減少行政弊端。　　　　　　4. 改善公共關係。
5. 一新政府的形象。

(九) 行政單一窗口化的「三個C」、「四個單一」及「五個最少」

1. 原則：推動行政單一窗口化，必須遵循三個C為指導原則：
   (1) 在理念上：要灌輸「顧客導向」的概念。
   (2) 在結構上，要做到「相互聯繫」。
   (3) 在流程上，要能夠「集中作業」。
2. 行政單一窗口化的原則，要做到「四個單一」：
   (1) 單一地點。　　　　　　　　(2) 單一次數。
   (3) 單一接觸點。　　　　　　　(4) 單一作業動線。

3.行政單一窗口化要能夠達到「五個最少」的結果：
(1)民眾等候的時間要最少。　　　　(2)民眾填寫的書表要最少。
(3)蓋的章要最少。　　　　　　　　(4)作業牽涉的層級數要最少。
(5)民眾的抱怨要最少。

(十) 當前不利於行政單一窗口化推動的結構性因素

1.依法行政—法律不周全。
2.跨機關連結因素—政府機關間欠缺協調與互動。
3.業務編組因素—各機關單一窗口業務項目仍太過複雜。
4.行政文化因素—傳統公務人員官僚心態保守作風未能適時調整。
5.組織結構因素—調整層級節制組織結構與授權到窗口的要求尚未完全落實。
6.硬體因素—辦公環境空間配置與環境品質有待改善。
7.資訊管理因素—顧客資料未能有效整合建立。

(十一) 解決當前不利行政單一窗口化推動結構性因素的方法

1.法制層面—加速「法規鬆綁」。
2.跨機關連結層面—建立「跨域整合」。
3.業務編組因素—進行「團隊管理」。
4.行政文化層面—鼓勵「頭腦鬆綁」。
5.組織結構層面—改變領導型態。
6.硬體層面—合理化空間配置。
7.資訊管理層面—整合流通顧客資料。

經典範題

申論題

一、何謂「知識」、「知識管理」？組織中知識可分為那些種類？

答：(一) 知識的定義：從組織的觀點來看：

1. Woolf認為知識乃是將資訊有效地加以組織，以便作為解決問題的利器。
2. Turban認為知識乃是經過組織和分析的資訊，經過如此處理之後，這些資訊才能為人所理解，以及被用來解決問題和作決策。
3. Van Der Spek與Spijkervet兩人認為知識乃是用來思考事實與真理的整套直覺、經驗及程序，而這整套的直覺、經驗及程序乃是指引人們的思想、行為及溝通模式。
4. Beckman認為知識乃是將資訊和資料作有用的推論，以便能積極地提高績效、解決問題、制定決策、學習和教學。
5. Nonaka與Takeuchi認為，知識乃是組織生產力的最重要或策略性因子，因此，管理者應十分重視組織中知識的產生、獲得、運作、保持及應用。
6. Steward則提出了智慧資本（Intellectual Capital）的概念，認為**所謂的智慧資本，係指每個人能為組織帶來競爭優勢的一切知識、能力的總和，它是無形無相的，是一組工作隊伍的知識組合。**因此，凡是能夠用來創造組織財富的知識、資訊、智慧財產、經驗等智慧材料，就叫做智慧資本。

    綜上所述，組織中的知識可被定義為：凡是可以為組織創造競爭利益及價值，並可經由組織發掘、保持、應用及再創造的資訊、經驗、智慧財產，即稱為「知識」。（孫本初，公共管理—知識管理，頁287-306）

(二)知識管理的定義：知識管理乃是指能系統化、清楚地和深思熟慮地建立、革新和應用組織中的核心知識，其目的乃欲使組織能讓其核心知識發生極大化（Maximize）的效率，並使其能為組織帶來一定的利益。科學觀點的知識認為「知識即為真理」，這個觀點認為知識本質上是事實和理性的定律；其次，知識具體化與傳播則是知識管理程序

中的重要部分，知識具體化則是將組織中的知識予以合併，知識的傳播則是將此具體化後的知識傳播至組織內。而知識管理的最終目的則是在於知識的使用。

(三)組織中知識的分類：Teece以企業組織系絡的觀點，將組織中的知識分為以下幾類：

1. **編纂／默會（Codified／Tacit）的知識：所謂編纂的（Codified）知識乃是指有系統地編輯顯而易見的知識**，其特點乃在於其通常較容易移轉至其他個人或團體，且此一移轉過程並不會有太高的成本花費。而默會的（Tacit）知識，乃是指一種無法清楚地用語言文字來表達的知識，這種知識是無法用資訊科技來加以傳達的，其通常的傳達媒介是經由面對面的溝通。

2. **正面／負面（Positive／Negative）的知識**：一個組織創新的結果，經常是在組織嘗試過許多盲目的途徑之後，當某種知識能導引組織盡量不要走向盲目的途徑，而讓組織的槍口能對準目標時，我們稱此種知識為正面的知識；所謂負面的知識就是組織先前失敗所得到的教訓，其同樣地也可使得組織不會重蹈覆轍，走入同樣的盲目途徑中。

3. **可觀察到／不可觀察到的知識**：此種分類方法即是依過程的觀點，將知識分為「過程知識」與「產品知識」。依Teece看法，過程知識是較不容易為他人所模仿的，而相對地，產品知識則較容易為他人所模仿，所以組織必須握有過程知識，才能取得不敗的優勢地位。

【註】Quinn則從智慧組織中專業人員知識的觀點，將知識分為四個種類：

(1) **實證知識（知道什麼）**：實證知識係指專業人員透過廣泛、深入的訓練與實際經驗，因而能掌握特定領域的基本知識。

(2) **高級技能（知道如何）**：就高級技能而言，乃是指能將「書上習得的知識」轉化為有效的執行。專業人員必須學會將特定專業領域的原則，應用到複雜的現實問題上，從而創造出實用價值。

(3) **系統認知（知道為何）**：系統認知係指對特定專業領域因果關係的深入瞭解。具備系統認知的專業人員常能執行任務而習得功課，且能夠解決更大、更複雜的問題，乃至於創造更大的價值。

(4) **自我激勵創造力（關心為何）**：自我激勵創造力則包括了追求成功的意志、動機及調適能力。具備高動機與創造力的團體，往往比享有較多財物資源的團體（即有形資源的團體）有更加傑出的表現。（孫本初，公共管理—知識管理，頁287-306）

二、何謂「知識的創造」？知識創造模式的內容為何？知識創造模式中的「ba」概念又為何？試分別加以說明之。

說明：　知識不同於數據（Data），也不同於資訊（Information）。數據是用來產生資訊的材料，它是定量地顯示事實；資訊是有計畫地藉由數據傳達某種意念，而知識則是藉由分析資訊，掌握先機的能力，是開創價值的直接素材。

答：(一) 知識的創造的定義：所謂知識的創造（Knowledge Creation）乃是指組織能創造新的知識，並將此一新知識傳播到整個組織中，即此知識能為員工所吸收，並應用於生產活動及服務上。而在將此知識付諸實行的過程中，像實務上的運作、人與人之間的互動，往往會不斷地驗證、修正，而創發出更新的知識，使得組織能不斷地進步與創新。

(二) 知識創造模式：Nonaka與Konno首先提出「社會化─外部化─合併化─內在化模式」（Socialization-Externalization-Combination-Internalization，SECI）的知識創造模式。他們認為知識的創造乃顯性知識及默會知識互動而呈現一種向上攀升的螺旋狀過程。而此一過程主要有以下列四個階段：

1. 社會化：所謂社會化，乃是個人能將其默會知識與他人分享。用社會化這個詞的意涵，乃在強調默會知識必須經由個人與個人共同的活動，才能達到分享的目的；而此時個人也必須抱著認同他人的態度來與他人分享默會知識，否則便無法達到預期分享的效果。

2. 外部化：外部化係指能將默會知識傳播，並將它轉化成能為他人所理解的模式。在此一過程中，個人將成為團體中的一分子，而個人的想法、意圖也會變成整合性團體的心智世界（Mental World）。

3. 合併化：合併化係指經由顯性知識的對話，而使得原本的顯性知識轉變成更複雜的一套顯性知識。在此部分中，最主要的工作乃是溝通、擴散，以及把知識系統化。

4. 內在化：內部化係指將新創造的顯性知識內化成組織的默會知識。此需要個人能體認出組織知識中與自己有關聯的部分，並經由透過實作來學習及訓練的方式，使這些知識內化至個人之中。

(三) ba的觀念：Nonaka與Konno兩位學者也提出「ba」（日語「場」）的觀念，認為上述SECI的四個階段，應分別有四個不同的ba與之對應，每

個ba都能支持特別的轉換過程，而使得知識創造的過程能夠加速。ba可被視為是一個共享的空間，這個空間可以是物質也可以是心理上的。

1. 肇始的ba：**肇始的ba（Originating ba）為最基本的ba**，因為其是知識創造過程中，SECI模式中第一階段社會化（S）所應具有的ba。在此ba中的個體共同分享了彼此的感覺、情緒、經驗和心智模式。在此ba中，轉換和移轉默會知識的關鍵因素，乃是在於個人間，是否能有心理上，及面對面的互動經驗。

2. 互動的ba：**相較於肇始的ba，此階段可謂是更具有人為因素。**因為在互動的ba（Interacting ba）中，為了正確地混合某些特定的知識和能力，而將人們選擇至適當目標的專案團隊及跨功能團隊是很重要的。在此階段中，個人不但分享了他人的心智模式，也充分地表達自己的心智模式。

3. 電腦化的ba：**電腦化的ba（Cyber ba）乃是代表了合併化（C）階段，它是一種虛擬的世界。**此ba的主要目的係在合併原本的資訊以產生新的顯性知識，或者將組織的顯性知識系統化。利用線上的網路、文件夾、資料庫，將有助於此階段的轉換過程。

4. 行動的ba：**行動的ba（Exercising ba）乃是支持內在化的階段**，即是說行動的ba係要幫助顯性知識轉換成默會知識；而要使顯性知識轉換成默會知識，其關鍵工作乃是在現實生活中不斷地使用顯性知識，藉由不斷地行動與學習，而使顯性知識內化於個人心中。（孫本初，公共管理—知識管理，頁287-306）

三、為何要實施知識管理？如從組織理論的角度來看，實施知識管理的目的為何？

說明：　在實施知識管理的過程中，組織扮演關鍵性的角色，組織成員除要瞭解知識管理的真正涵義與營造有利知識創造、散佈且分享的組織環境外，還需要建立一套知識管理的制度、流程及策略。

答：(一) 實施知識管理的理由：

1. **有效的溝通與建立共識**：由於全球化趨勢，促使企業在世界各地成立分支機構，一旦實施知識管理後，則各地的組織成員得以有效且快速地分享經驗與資源，如此組織將擁有「整合分散、共享資源」的全球化競爭優勢。

2. **爭取資訊與商機**：面對企業作業及產品生命週期愈來愈短的壓力，企業需實施知識管理俾使迅速取得必需的資訊與知識。

3. **服務導向**：實施知識管理後，組織成員得以隨時在線上存取必要資訊與進行相關作業，如此與組織間互動更加頻繁密切，將有助於組織走向服務導向的目標。

4. **知識儲存與再利用**：面對員工流動率升高造成公司知識智慧資本流失的危機，企業需要有一套知識管理系統將員工的知識加以儲存與再利用。

5. **學習新知**：面臨全球化競爭，全球資訊網成為學習新知的重要資源，組織需透過知識管理將全球資訊網整合在日常學習過程中，以便即時擷取所需的知識。

6. **技術變革**：資訊、網路與知識管理技術日新月異，如群組軟體及全球資訊網系統等，此也為公司知識管理電子化提供了技術基礎。

7. **市場導向與策略發展**：透過知識管理建構全方位市場導向體系，促使組織將知識融入企業文化，並落實於策略發展過程中。

(二)從組織理論的角度來看，實施知識管理的目的：

1. **協助建立需求的發展策略**：透過網路科技，提供政策規劃者於決策時使用所需之知識，以協助其制定適切的發展策略。

2. **發揮創造、累積及應用的功能**：藉由知識管理協助組織內部成員創造、累積與應用新知識；同時支援外部資源的知識取得，並發展吸收、利用知識的能力。

3. **加速知識的獲得與個人、組織的成長**：透過知識管理，組織中所有成員可在很短時間內經由組織網路中取得所需知識，加速個人及組織的成長。

4. **強化組織的合作機制**：依照組織所建立之知識管理策略協同運作，將有助於建構組織與組織間良性的合作機制。

5. **促進新知識的發展與散佈**：透過知識管理可有效率的促進新知識的發展，同時也使新知識易於散佈到組織裡需要的成員手中。

6. **利用知識提升其競爭力**：知識乃未來企業競爭的核心要素，透過知識創造及運用的過程，將提升組織的附加價值，促進企業的競爭優勢。（王銘宗，服務型政府之知識管理，行政院人事行政局，頁1-1—8-2）

四、何謂「知識的轉換」？知識移轉的過程可區分為那些四大模式？知識轉換的模式步驟又為何？試分述之。

說明：　組織的核心任務會影響組織輸入→轉換→輸出的循環過程，同時左右現有資源的分配方式，並決定轉換過程中所需的資源。

答：(一) 知識的轉換的定義：為解決現有困境，迎合新的社會需求，組織應從內、外環境中有效的處理資訊，以創造新知識，俾使組織重新建構問題與尋求解決方案，其中組織內隱知識與外顯知識的互動亦可創造知識，此種知識互動稱之為「知識的轉換」。

(二)模式：

　1.**共同化（即個人內隱知識轉換成為他人內隱知識）**：透過經驗分享、傳承的過程，藉以達到內隱知識創新之目標。

　2.**外化（即個人內隱知識轉換成為個人外顯知識）**：將個人內隱知識透過類比、隱喻或假設等方式清楚表達成外顯知識的過程。

　3.**結合（由個人外顯知識轉化成為集體外顯知識）**：將觀念予以系統化，進而形成一種知識體系的過程，如學校的正規教育或訓練即為之。

　4.**內化（由集體外顯知識轉化成為組織內隱知識）**：將外顯知識吸收並轉變成有價值的組織內隱知識的過程，而此組織內隱知識變成組織之知識資產。

(三)知識轉換的模式步驟：

　1.**外顯化與內面化的互動，又稱為省思**：**外顯化**是企業成長的關鍵，為一種讓內隱知識清楚表達的過程，**主要功能為增強資訊的轉移與流通**；**內面化**是將外顯知識變為個人內隱知識的過程，而真正的知識產生於「外顯化」與「內面化」二者的互動過程。

　2.**延伸與凝聚的互動，又稱為對話**：延伸是指從低層次（如個人）移向高層次（如組織）的知識移轉過程；而凝聚則是把高層次的知識移轉到層級較低的過程。

　3.**吸收與散佈**：吸收及散佈是指知識輸入與輸出的概念，即從環境中取得知識及釋放知識到環境中。（王銘宗，服務型政府之知識管理，行政院人事行政局，頁1-1─8-2）

五、Davenport與Prusak兩人認為知識管理若欲成功，則應具備那些要素？

答：(一) **知識導向的文化**：具備有利於知識的文化顯然是知識管理最重要的成功條件。而這些文化的構成部分通常包含以下幾個重要的核心要素：

1. 對知識的積極導向。
2. 組織文化中不能蘊藏著對知識的阻力。
3. 知識管理的類型要符合組織的文化。

(二)**技術與組織結構**：若組織具備較全面性的技術與組織結構時，知識管理成功的機率會比較高。而技術與組織結構兩者之中，技術的架構是較容易建構的。技術的架構通常是指電腦與通訊設備，而知識管理的組織架構，則是專案中所需要的角色、技能與結構。

(三)**高層主管的支持**：知識管理需要高層主管的支持才能茁壯。而主管支持的型態通常包含以下幾點：

1. 散發出訊息，讓大家瞭解知識管理與組織學習是組織成功的關鍵。
2. 清除知識管理的障礙，並撥款資助知識管理計畫所需的架構。
3. 明確闡釋那種知識型態對組織最重要。

(四)**具備經濟效益或是產業價值**：知識管理可能會耗費組織不少的成本，因此必須具備經濟效益，或是在業界上的聲譽。當知識管理花費如此大的成本時，其所帶來的經濟收入相對地也必須提升許多。

(五)**過程導向**：指知識管理的計畫必須著重其過程與步驟，當然其他類型的改革計畫也應注重過程這個層面才行。

(六)**明確的目標與用語**：明確的目標與用語，不論是對何種類型的企業改革計畫而言，都是非常重要的，但對於知識管理的成功與否，更是關鍵要素。高階主管必須詳細釋明知識管理的目標與用語，如此，員工才有遵循的依歸。

(七)**有分量的獎勵措施**：知識和人類的自我認同與工作有著密切的關係，但其並不會輕易地出現或是自由地交流，組織必須鼓勵員工去創造、分享和利用知識。因此知識管理的獎勵措施，必須和員工的績效及薪資結構進行長期性的整合。

(八)**應具有某種程度上的知識結構**：某種程度的知識結構，將有利於知識管理，例如，知識的資料庫完全無章法時，就無法順利地運作。

(九)**多重的知識移轉管道**：知識管理人員可以透過多重的管道來傳遞知識，而這些管道彼此也會造成影響。知識管理計畫若要成功地實行，則必須有多重的知識移轉管道。（孫本初，公共管理—知識管理，頁287-306）

六、在實務運作上，管理者欲將組織型塑成為知識型組織時，必須採行那些作法？

答：(一)**完善的教育訓練計畫**：知識型組織必須重視人力資本，管理者可以透過完善的教育訓練，來有效地發展員工的潛能，讓員工發揮自身的智慧與能力，進而提高組織運用人力資本的效能。

(二)**建立誘因機制**：在組織內部，具有專業知識的成員往往位高權重，自然較不願意將自身獨具的專業知識與其他成員分享；然而，此種心態對於知識管理的進行有著負面的影響。因此，管理者必須運用一些方式來激勵成員，讓那些具有專業知識的員工樂於分享其知識。

(三)**提供知識分享之途徑**：

1. 建立知識寶庫：在知識管理的過程中，知識的傳遞與保存係相當重要的工作。組織在長期運作之後必然累積了許多經驗，特別是在實務面所發展出的訣竅與關鍵，必須加以妥善保存，以便組織能再度利用。此外，許多組織成員的專業知識與智慧，亦為長期累積的精華，及組織中相當珍貴的資源。

2. 善用資訊科技：在知識型組織中，為了更有效地進行知識管理，也必須充分利用資訊科技；知識型組織的管理者可以運用資訊科技來建立組織的知識寶庫，例如以使用電腦為基礎的資料庫，同時可以運用網際網路作為知識交換的途徑。

(四)**協助成員與專家接觸**：知識型組織不僅要提供成員在組織內部進行知識交換的途徑，也必須開拓對外的流通管道。許多員工所需的專業知識，無法在組織內部取得，必須向外界的專家請教。

(五)**型塑樂於學習的組織文化**：Garvin等人認為學習型組織善於創造、取得及傳遞知識，同時依循這些新知和見解來調整行為的方式。因此，**學習型組織的意涵正是建構知識型組織的關鍵所在**。欲成功地建立一個知識型組織，就必須同時型塑其為學習型組織，而首要步驟即為讓組織擁有樂於學習的組織文化，將學習的觀念深植於組織成員的心中。

(六)**設置知識執行長**：對於知識管理的推動，組織內部必須設置一個專門的知識執行長（Chief Knowledge Officer，CKO）來負責統籌、規劃一切有關知識管理的行動。知識執行長扮演的角色十分多元，包括知識的倡導與宣揚，設計、執行，並監督組織的知識架構及領導知識策略的發展等。（孫本初，公共管理—知識管理，頁287-306）

七、何謂「知識管理策略」？試從「企業資源」、「工作模式」及「知識的分享」等三方面來剖析知識管理策略為何？

說明：　企業的競爭策略需要創造的精神與整體性的思考，以因應競爭激烈的全球化趨勢。因此組織必須建立一個知識管理的整體架構，知識管理策略的目的在確定組織具有正確、適當及適時的知識支援。因此促使組織成為一「學習型的組織」，藉以不斷修正其行為模式，以反映出新的知識及遠見。

答：(一) 企業資源：從資源基礎的觀點而言，企業應將其管理策略著重在其最獨特、最有價值的核心資源上，而非傳統所重視的產品或服務上。因此企業在多變的競爭環境之下，將更具備耐久性與堅韌性。

(二)工作模式：為確保「讓對的知識在對的時間傳遞給對的人」的知識管理理念，因此流程設計須考量企業組織結構、文化與人力資源等要素，並配合資訊科技建置合宜的工作模式。目前企業界在運用知識管理工具時，首先考量企業最具價值的核心資源後，由經理人針對核心技術的每一個步驟所涉及的工作，再進行評估與分類。

(三)知識的分享：由於企業組織由人所組成，且企業的價值與知識的來源都是人所創造出來的。因此為達到分享企業的價值與知識之目標，**依人的參與方式不同將知識管理之策略劃分為二：**

1. **分類網絡策略**：將所有的知識整理及儲存在資料庫中，以方便組織中有需要的人使用。

2. **人性化策略**：重視的是人與人之間的接觸，強調組織人與人間的知識互動功能。（王銘宗，服務型政府之知識管理，行政院人事行政局，頁1-1—8-2）

八、「知識管理」經過學術界與實務界多年的研究及探索，已發展出相當多的模式與架構，並經企業界採用與應用。試舉出三個著名實例來說明知識管理的模式架構？

說明：　好的知識管理可以提升工作績效及工作士氣，達成員工實現自我理想的最大化。管理知識的流動即為知識管理，亦即指需要者能在對的時間內得到對的資訊，使其可以快速行動與應用。

答：(一) Coopers & Lybrand公司知識管理模式架構：組織知識管理之架構涵蓋六項要素，包括「內容」、「學習」、「評估」、「文化」、「科技」及「個人責任」。

1. 內容：確保組織之知識內容是有價值且易於搜尋。

2. 學習：鼓勵並以獎勵方式誘使組織成員自我學習。

3. 評估：藉由評量機制如：顧客滿意度、知識的累積、知識分享的成效等來了解組織實施知識管理的優劣成敗。

4. 文化：組織應創造能讓組織成員彼此互相信任與合作的空間，並使其成為組織之文化。

5. 科技：發展連結組織成員與團隊之內部資訊科技，以促進組織團隊合作。例如電子郵件、網路瀏覽器、搜尋引擎等。

6. 個人責任：組織內部應採取知識分享之責任制，期使組織成員能致力於組織知識分享。

(二)IBM公司知識管理架構：IBM知識管理架構強調個人與組織之間的互動，而影響整個人知識管理的關鍵因素為「組織文化與型態」，其重點貴於知識分享與團隊合作兩個構面，並可由其中推論出理想的知識管理組織型態。

1. 創新：團隊內個人知識間的高度互動。

2. 技能：團隊內個人知識間的低度互動。

3. 生產力：團隊內團體知識的低度互動。

4. 反應性：團隊內團體知識的高度互動。知識分享的程度越高，結合團隊合作的程度越高，因此組織反應環境的能力便越快速；相反的，若知識分享的程度無法有效提升，則知識僅只流於個人能力的增長，並無法對組織提供正面的效益。

(三)Microsoft公司知識管理架構：Microsoft對知識管理的看法為：知識管理是為了處理策略、技術、文化與技術等問題，因此能提供適切的誘因與工具給知識共享的人是很重要的。Microsoft的知識管理模式架構是以「企業流程」配合「資訊科技」來達成知識的流通，以制度管理、商業智慧，團隊運用等三大構面為知識管理的基礎。主要內容如下：

1. 為確保公司知識管理與企業流程並行不悖，其整體企業活動包括了企業遠景、營運目標、組織制度、組織策略、運作流程與績效等。

2. 為達成知識共享的目的，必須使人們能熟悉所利用的工具，在資訊科技方面包括了形式、內容、模擬、行動等。

3. 在知識方面則有知識的理論、情報、相關法令與制度規範等。

4. 為克服知識共享的障礙，在知識管理層次應包含組織制度的管理、整體團隊運作以及組織知識等。

5. 依全面性的營運評量作為公司營運指標的衡量方式。（王銘宗，服務型政府之知識管理，行政院人事行政局，頁1-1—8-2）

九、何謂資訊管理？其應用的內容為何？

說明：　現代機關「事務管理」所需處理的設備、物材，幾有大半屬於電腦與電訊等設備物料，在「辦公室自動化」的時代，「自動化」設備確已成為事務管理的一環，不能忽視。

答：(一) 資訊管理的內涵：

1. 資料功能：電腦設備以「線上作業」及「批次作業」方式，處理資料的蒐整、分類、組合與應用，此一方式取代傳統的人工處理資料方式。以「文書管理」為例，各機關公文的繕打、收發與管理多以電腦連線處理，既快速又便捷，如何管理電腦及網路成為專業管理的技術。

2. 辦公室自動化的功能：「辦公廳務」是傳統以來事務管理的重點，而現代機關的辦公廳務多已成為「辦公室自動化」事務，有關辦公室自動化設備的採購、分配，使用與維護，便成為事務管理的主要工作。

3. 資訊系統：機關管理的各項範圍，多已應用電腦設備納入資訊系統，如「文書管理系統」、「檔案縮影檢索系統」、「車輛調度管理系統」、「財產公物管理系統」等項，可見事務管理已成為事務資訊系統管理。

4. 電腦硬軟體的設備與管理上電腦硬體（設備）、軟體（操作方式）及各種網路、電腦與電訊。

上述設備及管理方式是現代機關組織的主要的物力資源，而其技術與管理則已成為新式的事務管理型態。

(二) 資訊管理的應用：資訊管理的應用包括：

1. 資料處理（Data Processing）與管理資訊（Management Information System）：即採用電腦硬軟體設備作為管理的技術途徑。

2. 決策支援（Decision Support System，DSS）與資訊運用：即資訊成為行政決策的一項參考因素，以充分及快速的資訊，力求決策的實效。

3. 人工智慧（AI）。

4.辦公室自動化（OA）：即運用電腦、電訊等設備及技術與管理的配合以促進管理的革新與發展。

5.電腦網路，便利資料傳輸查詢應用。（許南雄，行政學術語）

十、試解釋下列名詞：
(一)檔案管理（Archives Management）。
(二)電腦管理（Computer Information Management）。
(三)辦公室自動化（Office Automation，OA）。

答：(一) 檔案管理（Archives Management）：檔案管理的範圍包括檔卷資料之分類、編號、整卷、裝訂、編目、製卡、歸檔等程序。分類的原則採一案一卷方式，以免案卷混雜；編號則按類、綱、目依次編定；整卷則依文卷資料先後及案卷性質編排，整妥之案卷再行裝訂成冊，各種檔案資料則分類編排以備查閱。案卷整訂後即予編寫卷目及撰寫卷卡而後歸列檔庫保存，檔案資料之保存期限分為永久保存類、定期（如三、五年）保存類及辦後燒燬類三種。（許南雄，行政學術語）

(二)電腦管理（Computer Information Management）：包含電腦設備的購置使用、電腦資料的安全維護、資訊行政與資訊技術的兼顧以及電腦業務與技術人員的管理事項。電腦的功能在處理資料與資訊管理。電腦硬軟體的應用，其目標在促成組織管理的自動化、智慧化、效能化與制度化、電腦目標與技術、設備的結合，即電腦管理的主要範疇。（許南雄，行政學術語）

(三)辦公室自動化（Office Automation，OA）：指以電腦硬軟體為主的網路所構成之辦公室電腦設備，具有文件資料傳輸、資訊製作、資訊檢索，以處理辦公室公務，進而改善辦公室環境與工作質量之管理機能。其設備與管理包含：電腦、通訊網路、自動化設備及事務機具之應用，所處理的內容有例行性事務及機密性業務；目標則為改善工作環境、提升工作品質及辦公室效能。（許南雄，行政學術語）

十一、晚近各國政府之行政管理，在那些方面受到自動化及資訊化的影響？試從資訊管理發展的歷程說明之。

答：(一) 電子資料處理（Electronic Data Entry—1950年代）：以電子計算機取代大部分人工操作，以處理資料（Data），取得資訊，對於行政與技術資料之儲存、運用，遠比全由人工作業為快速利便。

(二)管理資訊系統（Management Information System，MIS—1960年代）：將電腦與電訊結合自動化查詢與管理系統，提供管理人員使用，資訊系統如文書處理系統、會計薪給系統等等均係配合管理實務。

(三)決策支援系統（Decision Support System，DSS—1970年代）：電子處理資料與資訊系統應用在決策管理上，不僅提升處理資料的效率，且提高人力與組織的效能。決策支援系統包含資料庫（Database）及問題處理系統。

(四)辦公室自動化（Office Automation，OA—1980年代）：所謂「工廠自動化」及「辦公室自動化」，均指自動化技術與設備在企業、工廠、家庭、辦公室之應用。辦公室自動化包含文字、資料、影像、音訊、通訊等設備、技術與管理，亦有電子郵政、機器人等之協力操作，更有人工智慧（AI）與專家系統（ES）之配合。

(五)電腦網路網站（Network—1990年代）：受電訊電腦與科技整合技術影響，而將政府機關相互間結合為網路系統，所謂「電子化政府」係指此而言，不僅便利民眾查詢政府提供之資料，且可經由網路參與作業，成為「政府改造」革新作業之一環。（許南雄，行政學術語）

十二、我國推動電子化政府的總體概念、願景、總體目標及達成目標之限制各為何？

答：(一) 電子化政府總體概念：

1. 就功能而言：電子化政府是政府機關運用資訊與通信科技形成網網相連，並透過不同資訊服務設施（包括電話語音、自動提款機、網際網路、公用資訊站等），對機關、企業及民眾在其方便時間、地點及方式下，提供自動化之服務。

2. 就業務而言：電子化政府是延續過去業務電腦化、辦公室自動化及國土資訊之發展。

3. 就政策而言：電子化政府是歷年推動行政革新、政府再造及綠色矽島等政策中重要之一環。

4. 就位階而言：在綠色矽島施政藍圖之下，電子化政府與「知識經濟發展方案」、「科技化國家推動方案」以及「產業自動化及電子化推動方案」相輔相成。

(二)我國推動電子化政府的願景：

1.充分運用資訊和通訊科技，一方面提高行政效能，創新政府的服務，一方面提升便民服務品質，支援政府再造，邁向全民智慧型政府。

2.電子化政府要革新公務員的辦事方法，讓公務處理可以藉助現代資訊及網路通信科技大幅改造，使得政府服務的組織更為精巧靈活，服務的速度加快，時間延長，據點普及，選擇多樣，成本更為降低。

3.電子化政府要讓政府機關、企業及社會大眾可以在任何時間、地點，透過多種管道很方便地得到政府的各項服務，包括查詢資訊、申辦等，並且要提供政府創新的服務，例如「免書證謄本」、「免填申請書表」、「無紙化申辦」、「單一窗口」、「多據點、多管道、二十四小時服務」、「服務到家」等。

4.電子化政府要落實政府再造工作，帶領國人邁入全民智慧型政府，成為全球數位化政府的領先群。

(三)我國推動電子化政府的總體目標：**電子化政府要能支援「效能型政府」、「計畫型政府」、「競爭性政府」及「團隊化政府」**，促使政府轉型，達到政府「服務現代化」、「管理知識化」的總體目標，其具體目標如下：

1.建立暢通及安全可信賴的資訊環境。

2.政府機關和公務人員全面上網。

3.公文電子交換全面實施。

4.一千五百項政府申辦服務上網。

5.戶籍地籍謄本全免。

(四)達成目標之限制：

1.政府財政困難，資訊預算比例偏低。

2.政府機關資訊組織與人力調整限制。

3.新的資訊法規與處理標準仍尚待建立。

4.民間及社會資源支援程度有限。（電子化政府推動方案，行政院研究發展考核委員會，九十至九十三年度）

十三、目前我國推動電子化政府的實施策略為何？試條列說明之。

答：(一) 統籌政府骨幹網路服務，加強建設基礎環境，推動政府機關全面上網：持續統籌發展政府網際服務網（GSN），加速政府機關全面連線上網，擴大基礎服務及整體聯防功能，促進電子認證機制與應用，提

　　供更安全、頻寬更大、品質更佳的網路環境，提供電子化政府發展的
　　良好基礎環境，促進各機關邁向寬頻應用領域。

(二)提升資訊應用程度，支援政府決策：配合資訊技術發展，促進各機關
　　相關業務電腦化持續更廣更深之應用與發展，發揮資訊系統效能，邁
　　入決策支援，推動知識管理應用。

(三)推動標竿應用系統，帶動資訊應用普及：加強推動業務電腦化及辦公
　　室自動化，選定具指標作用、共同性高之應用項目，如電子閘門、電
　　子表單、電子公文等優先推動，發揮領先帶動效果，塑造網路公務
　　員，開創數位行政新紀元。

(四)配合政府資訊公開制度，充實政府網路服務，落實單一窗口：配合
　　「政府資訊公開法」立法施行，推動政府資訊與服務上網；加強運用
　　網路無遠弗屆的特性及傳遞資訊與服務的技術，推動跨部門跨業務資
　　訊整合及政府資訊流通機制，建置跨機關電子閘門，在網路上形成
　　「資料流」、「書證謄本流」、「計畫流」、「書流」、「標流」、
　　「金流」等，提供跨組織網路連線整合服務，同時也必須提供多元
　　化、多管道的電子化服務，帶動流程再造、組織再造，創新政府服
　　務，以落實單一窗口。

(五)照顧偏遠地區及資訊應用弱勢群體，縮短數位落差：消除「資訊偏
　　遠」，縮短數位落差乃各先進國家之共識，應積極協調與整合相關機
　　關與民間資源，選擇適當地點建置上網據點，提供基礎的電腦教育訓
　　練及上網服務，配合地方的產業特色，建立專屬網站，促進當地的經
　　濟發展、文化保存和改善生活環境的目標。

(六)配合地方自治，協助地方資訊發展：中央與地方有關電子化政府之發
　　展實為密不可分，許多涉及具有全國一致性、共同性或互通性之行政
　　資訊系統，往往推動開發是由上而下，資料之建立則由下而上；中央
　　與地方應加速訂定明確之互動合作機制，並建立相關標準規範。

(七)善用民間資源，擴大委外服務：民間企業的活力和靈巧是政府所不及
　　的，電子化政府的推動必須善用民間的資源，加強推動資訊委外服
　　務，並配合檢討政府機關資訊組織與人力架構。

(八)尊重人性，以人為本：加強推廣公務人員e-learning，建立正確的資訊
　　行為與價值觀，激發積極創新的活力。（電子化政府推動方案，行政
　　院研究發展考核委員會，九十至九十三年度）

十四、由於我國的公共資訊政策制定模式多為「由上而下」的政府主導方式，無論是國家資訊基礎建設或是電子化政府皆同，使得政府在推動相關計畫時會遇到那些困境？

說明：　為因應資訊科技改革所帶來的大幅演進，政府所應關心的除了如何透過政策鼓勵推廣並應用資訊科技於經濟體，政府本身也應採行資訊化，使各項運作更加有效率，將資訊化的位階提高並正視其重要性。

答：(一) **資訊貧富差距（Information Gap）的挑戰：隨著資訊化社會的到來，「資訊」成為另一種權力的化身，將改變社會的平衡。**在未來的社會中，除了傳統以有形資產來衡量的貧富之外，是否善於利用電腦與資訊科技將會形成社會上另一種形式的貧富差距。資訊資源的差距，並不是所有的民眾都能享受到電子化政府與網路化行政所帶來的便利，相反地，更可能會因為政府的措施而在無意間侵犯了資訊缺乏者的權利。

(二) **授權與信任機制的建立：**為了達成透過網路與電腦傳送政府服務給民眾的目的，行政機關本身必須先要針對業務內容的複雜度、一般性或特殊性需求、資訊本身的機密程度等，調整工作流程甚至組織結構，使得機關本身能在其職權範圍中提供民眾立即且適切的資訊，更能利用資訊科技以改善組織整體的生產力。因此，電子化政府的運作更需要「授權」與「信任」機制。

(三) **對政府組織結構的衝擊：**現行的電子化政府僅是提供部分資訊服務讓民眾得以藉助網路、電腦等資訊設施取得與利用政府的服務，基本上是屬於較為事務性、較低層級的電子化政府。**若進一步地推展電子化政府時，將會因為資訊化程度愈高，造成組織的調整與管理方式的改變愈大；若真正地落實電子化政府與網路化行政，將會導致政府結構的改變。**例如，經由業務的電腦化與流程的資訊化，使得政府的結構將由多個層級的金字塔組織轉變為較少層級的扁平化組織。

(四) **對官僚體制與權力結構的衝擊：電子化政府與網路化行政的的實現，將會直接挑戰傳統官僚體系的制度與政府的權力結構。**在依法行政下，成員的權利與義務、職務的行使受到法規明文規範，但在電子化政府中，強調政府運作的彈性，官僚體系僵化且嚴明的法規，將是政府靈活運作下的致命點。對網路化行政而言，一切資訊皆流通在網路之上，虛擬化的政府結構將使傳統的官僚體制難以存在；而上下威權

式的層級節制命令系統，在電子化政府當中，強調積極性、主動性及反應性，將使得由上而下的命令方式難以因應。（牛萱萍，電子化政府與網路行政，頁407-437）

十五、何謂「電子商務(Electronic Commerce)」？其主要內涵為何？電子商務的種類可分為那幾種？

說明：　電子商務的精神乃是在，運用先進資訊科技，同時藉由組織作業的流程改造，來達到減低組織營運的成本開支，提升作業效率，增加客戶滿意度。David Kosiur認為：「電子商務能提供公司短期與長期的利益，電子商務不只能打開新市場讓你接觸新客戶，而且更能讓你在原有的客戶基礎上更快速且便利地從事商業活動」。

答：(一) 定義：廣義而言，舉凡交易雙方均以電腦透過網路進行交易都可謂之為「電子商務」。因此如商業EDI（Electronic Data Interchange）、金融EDI、電子銀行、電子購物、電子訂貨等都在此範疇。另依照Kalakota & Whinston認為，電子商務的需求根源來自於「企業和政府內必須對於計算能力以及電腦科技做更佳的利用，來改善與客戶的互動、企業流程、企業內和企業間資訊的交換」。

(二)電子商務的內涵包括：

1. 兩大重要支援支柱：即公共政策與技術標準。公共政策是指和電子商務相關連的公共政策，如全球存取、隱私權和資訊定價等等；其有別於一般所從事的商業活動是由商業法規和詳細的案例所管轄，而電子商務目前著重的是基本政策和法律問題。而技術標準是為了確保網路的相容性，其對於資訊出版、使用者介面與傳輸的一些細節等等的部分有絕對性的影響。

2. 一般商業服務基礎架構：包含安全、認證、電子付款、電話簿與型錄等。

3. 訊息與資訊分散基礎架構：包括了電子資料交換、電子郵件與超文件傳送的議題。

4. 多媒體內容與網路出版基礎架構：包括超文件標示語言、Java語言和全球資訊網的議題。

5. 網路基礎架構：包含電訊、有線電視、無線電與網際網路的基礎建設之議題。

(三)電子商務的種類：Kalakota & Whinston亦提出另一種對電子商務的看法是：將其看成是透過一組中間媒介者，將數位的輸入轉換成加值輸出的處理過程。並將電子商務分成以下幾種：

1.企業與企業間的電子商務（Inter-organizational Electronic Commerce）：即組織間的電子商務，可以促進下列的商業應用更加便利：

(1) **供應商管理**（Supplier Management）：電子商務藉由減少訂單的處理成本與流程的次數，可以幫助公司減少供應商的數目並且協助公司的夥伴，因此它可以用更少的人力來處理更多的訂單數目。

(2) **庫存的管理**（Inventory Management）：電子商務可以縮短訂貨、運送與收帳的流程和時間。這可幫忙減少並改良庫存的問題，並且避免缺貨發生。

(3) **配送的管理**（Distribution Management）：電子商務可以使得一些出貨文件如請款單、訂貨單、運貨單與報關文件等的傳遞均可以獲得改善。

(4) **通路的管理**（Channel Management）：電子商務可以將變動中的作業情況快速地傳遞給交易的夥伴，例如以往必須以電話反覆聯絡並且花費許多人工，將各種技術資訊、產品資訊以及價格資訊通知貿易夥伴；而現在均可以透過電子商務的方式，例如公佈在電子佈告欄上或是經由與國外代理商和經銷商的網路連接，而輕易地獲得商品的相關資訊。

(5) **付款的管理**（Payment Management）：應用電子商務可以將供應商與經銷商的公司連接，使得付款的作業可以透過電子的方式接收與傳遞；如此可以減少人工失誤，並可提高公司計算發票的速度與減少交易的成本和費用。

2.企業內部的電子商務（Intra-organizational Electronic Commerce）：即組織內的電子商務，可以幫助企業保持傳遞重要客戶的滿意度，並且將組織內各種重要的功能整合。並且可以促使下列的商業應用更加便利：

(1) 工作群組的溝通（Workgroup Communications）：此種應用可以讓經理人經由電子郵件、電子視訊會議或電子佈告欄來和員工溝通，使得員工吸收更多的資訊。

(2) 電子出版應用（Electronic Publishing）：讓公司利用如全球資訊網這樣的工具來出版與傳送人事手冊、產品規格與公司會議記錄等，提供全公司更好的策略與決策上所需要的重要資訊；並且減少印刷以及收發文件的成本。

(3) 業務團隊生產力（Sales Force Productivity）：藉由組織內的電子商務可以改進生產部門與業務部門，以及公司與客戶之間的資訊流程，公司可以藉著將業務人員與其他部門人員之間的密切結合，掌握敏感的市場與競爭對手的資訊。

3. 顧客與企業間的電子商務（Consumer-to-Business Electronic Commerce）：以電子傳送技術來輔助顧客對於公司的交易之中，顧客可以從電子出版物來了解商品資訊，用電子現金及其他的安全付費系統來購買商品，甚至以網路來運送資訊商品。從顧客的觀點來說，電子商務促進了下列電子交易的進行更便利：

(1) 社會互動（Social Interaction）：透過電子郵件、電子視訊會議與新聞群組，可以使得客戶與他人溝通。

(2) 個人財務管理（Personal Finance Management）：消費者可以利用線上金融工具來管理與投資個人的財務。

(3) 購買商品與資訊（Purchasing Products and Information）：消費者可以在線上找到已有的新商品或資訊。

十六、何謂「商業快速回應（Quick Response）？試對其內涵加以說明之。

答：(一) 商業快速回應，在歐、美、日與其他亞洲各國各使用不同的名詞，如 QR、ECR或SCM（供應鏈管理，Supply Chain Management），但主要的意義皆是將買方與供應商連結在一起，以達到再生產與銷售間商品與資訊的快速與效率化的移動，以快速反應消費者的需求。

(二)QR與ECR，兩個專有名詞意義不同，但結果相似：

1. QR是快速回應，1986年開始於美國，由美國主要的平價連鎖體系（如 Walmart、Kmart）及成衣製造商為主力開始推動。起因於美國的成衣製造週期過長，造成存貨成本過高、缺貨率過高的情況，面對亞洲各國的強烈競爭，使得零售商與製造商開始合作，研究如何從製造、配銷、零售至消費者的過程中縮短其中的週期以達到降低存貨成本，增加週轉率與降低零售店的缺貨率的目的。在日本，亦是由成衣產業開始推動的，從上游的布料生產直至下游的零售店一起合作，主要的目的也是縮短從原布料的生產至產品賣到消費者手中的時間。

2. ECR（效率化消費者回應）與QR類似，但以超級市場產業為主。1992年在美國開始由民生消費品零售商與供應商合作推動。主要目的在於拿

掉整個供應鏈運作流程中沒有為消費者加值的成本,將推(Push)式的系統轉變為較有效率的以消費者需求的拉(Pull)式的系統,並將這些效率化的成果回饋給消費者。因此ECR的實施重點包括在供給面的物流配銷方式的改進、需求面的品類管理與必要的資訊工具使用:

(1) 供給面─物流配銷方式的改進:研究在商品物流配送方面的效率化,如:自動補貨(Continuous Replenishment)與接駁式運送方式(Cross Docking)。

(2) 需求面─品類管理:在消費者需求面的主要改進重點是運用正確的資料收集分析的方式了解消費者的實際需求,並據此安排有效率的銷售方法。

(3) 工具面─使用之技術:不論是從供給面或從需求面來看,供銷雙方皆需精誠合作、彼此互享資料,因此所需運用到的技術即是以此為出發點,包括:

A. 電子轉帳(EFT):使帳款效率化,雙方不再為帳款的問題彼此互相猜忌。

B. 電子資料交換(EDI):雙方可快速地互相分享資訊。

C. 成本效益分析(ABC):可確實計算出各項活動的成本,以去除不需要的動作,降低成本。

D. 商品識別與資料庫維護:便於資料的收集與分析。

十七、企業導入電子商務之步驟?企業導入電子商務應注意那些問題?

答:(一) 企業導入電子商務之步驟:

1. 調查企業對Internet的需求,並設定欲達成的目標:由於網路商業應用的範圍相當廣泛,從基本的電子郵件傳遞、企業內部的工作流程管理、到企業間的交易訊息等,都屬於網際網路商業應用的範圍。因此企業在實施網路商業應用時,應先調查那些應用對於企業的助益較大,以及希望達成的目標為何開始做起。

2. 評估所能投入的經費並選定實施的優先次序:企業在導入網路商業應用技術時,應依實際經費循序漸進實施。一般而言,企業可以依下列次序進行導入:

(1) 連接上 Internet,並使用基本服務(如電子郵件,全球資訊網等)。

(2) 建置企業本身的全球資訊網站,並提供基本客戶服務。

(3) 建立企業內部群組工作環境，提升工作效率及品質。

(4) 與企業的交易夥伴進行交易資訊的交換。

(5) 建置電子商店，提供客戶線上交易服務。

3. 組織工作團隊並進行整體系統的規劃與建置：對於企業而言，從企業的定位、整體策略的擬定、生產與採購部門的協調、MIS部門的支援、客戶服務人員的配合等，均非單一部門所能獨立完成。因此，最高決策主管與各部門對實施網路商業，應有充分認知與積極參與，所以技術團隊的組成人員對於是否能成功有絕對的影響。

4. 實施成果的分析與改進：企業應隨時對於實施的成效進行評估其效益，並檢討與改進，以避免投入的心力因後續的追蹤輔導不足，而流於形式上的實施而已。同時企業也要隨時觀察競爭對手的動態。

(二) 企業導入電子商務應注意那些問題：

1. 企業的主管是否能充分認知與授權。

2. 企業對於網際網路商業相關應用導入的優先次序為何。

3. 使用人員的教育訓練與配合程度是否足夠。

4. 上下游的交易夥伴是否有足夠的配合能力與意願。

5. 是否有足夠的經費建置相關的軟硬體。

十八、何謂「行政單一窗口化」？我國政府辦理單一窗口的類型？具有何實施效益？

說明：　過去行政機關強調專業分工、行政績效之間應該具有正比關係，現今則強調組織內整合的重要性。由於單一窗口的工作精簡化，科技化和效率化的要求，使以往公務人員處理公務的時間、空間觀念都必須被打破後再重新建立。

答：(一) 意義：所謂「單一窗口服務」（One-Stop-Service），就是政府要讓民眾接洽公務時，能在一處交件，就能獲得全程且滿意之服務。形成一個良好的政府服務要素很多，但考慮民眾的方便性則是重要因素。在單一窗口服務下，民眾不再需要往返奔波於機關間且一再解釋他們的問題，只要透過一次的交件、電話連繫、傳真就能完成所欲處理的事務。單一窗口化運動即為人力服務再造的一項工作重點。另根據OECD的定義，是指「民眾可以從單一窗口得到多種或整合的服務。」要達成此一目標，必須引進企業「流程再造」與「工作簡化」的觀念，重

新設計政府的行政作業流程，以改變公務人員的辦事方法與處務習慣，達到「一處收件、全程服務」的境界。

(二)單一窗口類型：目前我國辦理的類型如下：

1. 跨機關聯合作業的單一窗口：指一案件之辦理，涉及多個不同職掌、不同隸屬關係機關間的分工。這種單一窗口的實施，必須要運用電腦連線或以設立跨機關之聯合協調中心的方式統一作業，形成「夥伴關係」。困難度較高，但隨著網際網路的普及運用而成為可能。

2. 跨轄區聯合作業的單一窗口：指一業務的辦理，涉及一機關內不同轄區分支單位的聯合辦理，例如：「跨轄區受理民眾報案單一窗口」、「戶役政資訊系統全國連線」等項目。這種單一窗口就比較容易獲得有效實施。

3. 全櫃員式服務的單一窗口：係指同一單位不同業務間的單一窗口。實施單一窗口之後，民眾到任何一個櫃台即可申辦該機關之各項業務，不再有各櫃台勞役不均或民眾在某櫃台前大排長龍的情況出現，也就是要實施「單一經理人包辦制」，以內部作業取代以往民眾的奔走。這種單一窗口，各機關應都能普遍規劃實施。例如「電信業務多功能服務櫃台」、「全民健保承保醫療業務單一窗口」、「監理業務單一窗口」等項目。

(三)實施效益：行政單一窗口的推動，基本上可帶來以下五種正面效益：

1. **提升民眾生活品質**：單一窗口推動後，民眾能以更少的時間與精力，取得更貼心與高品質的服務，拉近民眾跟政府間的距離，進而更能有效安排生活。

2. **強化行政體質**：行政單一窗口推動的過程本身，等於是為行政機關本身進行了一次徹底的「健康檢查」。由於公務處理過程更為簡化流暢，使行政機關相較於過去而言，空出了更多的工作調節時間。

3. **減少行政弊端**：單一窗口實施之前，行政流程是為公務員的方便而設計，麻煩的自然是來洽辦公務的民眾，人民因為怕麻煩，便會將許多洽辦公務的事，委託給專門的代理人代為處理，如此「黃牛市場」就自然形成了。單一窗口化等於將此一市場完全關閉。

4. **改善公共關係**：過去我國行政機關，由於受到特殊政治環境的影響，較為封閉保守，以至於與民間社會在許多方面相互隔絕，甚或互相對立。行政單一窗口化正是政府改變以往作風，尋求與民眾接近的努力。

5. **新政府的形象**：以往政府強調「大有為政府」的同時，同時也養成了官僚、忽視民意、人情主義的行政文化，使不少民眾有政府保守、僵化、無效率的刻板印象。推動行政單一窗口化以後，政府已注重速度與靈活，強調開放與透明，使政府成為進步與效能的代名詞。

十九、當前世界各主要先進國家，如：美國、英國、加拿大等國，皆在推動「行政單一窗口化」的工作，成為了一股世界性的風潮。試問，所謂行政單一窗口化的「三個C」、「四個單一」及「五個最少」，其內容為何？

說明：　當前各國積極推動的政府再造工程，已經從「增加稅收、減少支出」演進到建立「企業型政府」的改革途徑。企業型政府主張行政機關的改革，必須要從改變管理理念及方式著手，強調在管理上必須要「師法企業」，以塑造具有革新及適應能力的政府組織。

答：(一) 原則：推動行政單一窗口化，必須遵循三個C為指導原則：

1. **在理念上：要灌輸「顧客導向」的概念**：在民眾權利意識啟蒙的時代中，政府必須改變為求行政上的便利不惜擾民的作風，成為一個和人民親近，能傾聽民眾聲音，設身處地為民眾著想的「服務機器」。

2. **在結構上，要做到「相互聯繫」**：行政單一窗口化的工作，要將原本彼此獨立作業的承辦人、單位、團隊與機關整合起來，使政府體系中存在的界限壁壘能夠消弭，成為一個「無縫隙政府」。

3. **在流程上，要能夠「集中作業」**：行政單一窗口化的工作，要將原本被分割辦理的業務，重新予以整合，壓縮完整連貫的作業流程，建構一個低交易成本的「流線型政府」。

(二) 行政單一窗口化的原則，要做到「四個單一」：

1. **單一地點**：民眾只需到一個地點，便可以完成所要求的服務事項。

2. **單一次數**：民眾辦理一個案件，只需前往該機關一次即可辦成，不應讓民眾來回奔波數趟。

3. **單一接觸點**：民眾洽辦公務，不論該公務是否涉及多個承辦人、部門或機關，都是只由最初接辦的公務員從頭服務到底，也就是「一處交件，全程服務」。

4. **單一作業動線**：在公務處理的流程上，吸取工業製造「生產線」的觀念，打破不同部門間的界限。

(三)行政單一窗口化實施之後，要能夠達到「五個最少」的結果：
1. **民眾等候的時間要最少**：單一窗口化要建立各種業務的「標準作業時間」，配合民眾的作息習慣，把民眾洽辦公務在時間上所耗費的「機會成本」降至最低。
2. **民眾填寫的書表要最少**：以往行政機關在民眾申請的案件上，往往要民眾填列許多不必要的書表或繳交不必要的證件。單一窗口化之下這種現象不應再存在。
3. **蓋的章要最少**：單一窗口化必須要盡量減少核章的數目。
4. **作業牽涉的層級數要最少**：單一窗口強調迅速回應，因此須對第一線的承辦人充分授權與授能，至多只區分督導與執行一級。
5. **民眾的抱怨要最少**：除了作業方式的改變之外，最重要的，還是公務人員要有親切的態度。（推動全國行政單一窗口化運動實務，行政院人事行政局，頁192-245）

二十、當前不利於行政單一窗口化推動的結構性因素為何？又應如何解決？

說明：單一窗口的實施，公務員在心態上，要調整本位主義跟官僚作風，在行政上注入利他主義、相互尊重、同理同情的新理念。

答：(一) 當前不利於行政單一窗口化推動的結構性因素：
1. **依法行政**：依法行政，是所有行政運作必須要遵循的首要原則，亦是行政機關依循民意而運作的負責任表現。規範行政運作的相關法令規定若不能適時檢討修正，往往會限制行政績效的產出與政策目標的達成。
2. **跨機關連結因素─政府機關間欠缺協調與互動**：目前各機關本位主義仍頗為嚴重，使單一窗口所要求的整合協調、聯合作業仍存在缺口。另外，目前各機關對於民眾申辦案件，多仍要求檢附其他機關已電腦建檔的資料，使政府機關之間出現縫隙，徒增民眾不便。
3. **業務編組因素─各機關單一窗口業務項目仍太過複雜**：各機關的業務項目若太過於繁多複雜，即使每一項業務皆以單一窗口的方式辦理，民眾仍然會因為未必了解其實際申辦業務類別，而有跑錯窗口的情形發生。
4. **行政文化因素─傳統公務人員官僚心態保守作風未能適時調整**：單一窗口作業除了要簡化流程提高效率外，同時也強調要以親切、耐心、尊重的態度提供民眾服務，並要以同樣的態度面對機關中的「內部顧客」。

5. **組織結構因素─調整層級節制組織結構與授權到窗口的要求尚未完全落實**：傳統上長官與部署之間的從屬權威關係，必須要水平化轉變，成為一種夥伴協力的關係。但是授權的另一層意涵，便是解除管制，這與我國行政機關普遍採行的金字塔型結構特徵並不相符。金字塔形組織結構講究層級節制、逐級上報，基層公務人員的自主空間不大。

6. **硬體因素─辦公環境空間配置與環境品質有待改善**：許多基層機關存在辦公環境不良、辦公廳舍狹窄、設備老舊的問題，更有機關的辦公廳舍因係租用，無法依業務需要改變原有之空間配置，如此無法依便民的需要適規劃民眾洽公動線，使單一窗口的成效打折扣。

7. **資訊管理因素─顧客資料未能有效整合建立**：顧客（服務對象）資料的掌握（包括姓名、住址、背景資料、所需提供的服務項目、過去的服務紀錄等）是最基本的要求。我國公務機關在這方面一向不甚重視，許多資訊未能系統化及資訊化處理，已與實際現況脫節，甚至凌亂散失。

(二)解決之道：

1. **法制層面─加速「法規鬆綁」**：各主管機關應秉持積極興利、解除管制、授權授能、流程簡化的原則，全面修正、簡併、鬆綁組織與作業法規，以賦予機關運作上更大的彈性，並激發公務人員的創意與活力。

2. **跨機關連結層面─建立「跨域整合」**：政府各機關之間，不應再存在有壁壘分明的現象，尤其在網路科技發達的今日，資訊的穿透力已大為提升，使政府得以因為網路的連結成為一完整的整體。

3. **業務編組因素─進行「團隊管理」**：各機關的業務之所以會太過繁雜，主要是由於承辦業務的最基本單元太小所致。要改變此一情境，便要將政府分配業務的單元，從個人提高到團隊。組織任務的分配，並非是以個人為對象，而是以由個人組成的團隊為對象。

4. **行政文化層面─鼓勵「頭腦鬆綁」**：長久以來存在於我國行政體系的僵化制度與威權的組織氣候，已經成了限制我國公務員的生產力與創意。因此，進行法規鬆綁的同時，觀念與思維解放的「頭腦鬆綁」工程，亦同等重要。

5. **組織結構層面─改變領導型態**：層級節制的組織中，領導就等於是管制的代名詞。要採取具解除管制效果的領導方式，**如以願景為基礎的目標領導；以正面鼓勵提高產出為基礎的績效領導；以說理及對話為基礎的溝通領導。**

6. **硬體層面─合理化空間配置**：所謂空間配置合理化，是指辦公廳舍條件的改善，並非只是盲目添置新設備或更新廳舍建築，而是要考量業務性質、業務量、顧客特性、作業員需求等因素之後，再予整體設計規劃。

7. **資訊管理層面─整合流通顧客資料**：不瞭解顧客，則所謂的「顧客導向」行政將成為一句口號。在顧客資訊管理工作上，可有如下做法：

   (1) 建立自動化資料庫，得以立即查詢個別顧客過去的資料。

   (2) 建置「整合性的顧客資料庫」，透過跨部門的資料連結，取得整體政府機關與特定顧客接觸的所有資訊，並定期更新。

   (3) 使用影像處理解決資料量較多的顧客資訊。

   (4) 建立即時查詢。（推動全國行政單一窗口化運動實務，行政院人事行政局，頁 192-245）

二一、何謂「公共管理資訊系統」？公共管理資訊系統的運用原則為何？公共管理資訊系統要發揮管理效果，應具備那些先決條件？

說明：　根據英國學者的看法，英國的續階計畫、公民憲章與財務管理方案等重要的政府再造計畫都大量引用公共管理資訊系統加以處理。

答：(一) 意義：任何具有蒐集、處理資訊的機制作用，都可稱之為資訊系統。資訊系統並非是以電腦為基礎的系統，而是一組織化的程序，它提供資訊以支持組織中的決策制定與控制。依此，電腦系統、文件與公文格式的運用固然是重要的資訊系統，但其他許多非正式的資訊，如專家預測、專家判斷都是公共管理資訊系統的一部分。因此，資訊系統實包括軟體與硬體的資訊類型，也包括來自於電腦與非電腦系統的資訊類型。凡是能夠發揮管理效能的資訊系統，就是一個管理資訊系統（MIS）。

(二) 公共管理資訊系統的運用原則：

1. 運用多元標準評估公共管理資訊系統的效果：私部門的管理資訊系統係以「經濟效率」為評估標準，但公共管理資訊系統則以多元標準如「公平」、「公道」或「正義」等加以衡量。

2. 儘量避免將公共管理系統當作私用或充作個人報償：公共管理資訊的運用一定要基於「公共」的原則。

3. 公共管理系統資訊的規劃必須是漸進的、權變的，而非整體的、理性的：由於公共管理者所面對的政治環境太過複雜，它的規劃必須採取漸進主義的模式，隨政治氣候的改變而作適度的調整。

4.公共管理資訊系統的設計應注意與組織外部的連鎖關係：公共部門之間的資訊聯繫，要相互交換訊息，避免重複浪費。如犯罪司法系統資料應連接警察機關、法院及調查局等單位。

(三)公共管理資訊系統要發揮管理效果，應具備下列先決條件：

1.必須對於電腦資訊科技具有基本的認識。

2.必須具有與管理資訊系統的工作意願。

3.必須了解系統應用的優點與限制。

4.必須深切體認人類與資訊互動的不同情況。

5.必須客觀地評估系統對於管理決策所做出的貢獻。（丘昌泰，公共管理—理論與實務手冊，頁354-363）

二二、試從政府再造的宏觀角度、公共政策的改善方案、行政服務的網路架構、單一入口的整合網站等四個同觀點，論述電子化政府的意涵。

說明：「電子化政府」是1993年美國政府「運用資訊科技改造政府」（Reengineering Through Information Technology）報告中提出的概念，強調「利用資訊科技來革新政府」。

答：電子化政府係指要「建立一個與各界網網相連的資訊網路，把政府的公務處理及服務作業，從現在的人工作業及電腦作業轉為數位化及網路化作業，便利各界在任何時間、任何地點都可經由網路查詢政府資訊、及時通訊，並且直接在網路上申報。」的總體概念。

(一)從政府再造的宏觀角度：電子化政府指涉虛擬國家的理想。

1.**從政府再造（Reinventing Government）角度看**，電子化政府是指以資訊溝通技術或相關科技作為這一波政府體制改革的內容，並企圖形成最終制度的變革；其不僅包括網際網路的應用，也包括所有電子化與自動化設備的聯結、組織疆界的破除等。

2.電子化政府在虛擬的政府實體和顧客、供給者間建立聯結，並形成行政管轄者、顧客、中央和地方各級政府間的聯繫。由此觀之，電子化政府不應僅是科技的工具性應用，而應成為新的行政典範。

(二)**從公共政策的觀點：電子化政府即政府的資訊化計畫。**

以公共政策的觀點而言，**電子化政府的本質是國家資訊化計畫的彙集、規劃、選擇與執行**，也是國家資訊政策（National Information Policy）的一個重要環節。例如美國政府在2002年由預算管理局主導的電子化政府計畫，即是由350個各級政府的計畫彙整，而形成25個子計畫；我國

政府提出的「數位台灣」計畫，亦彙集了由研考會等中央部會所提供的「整合服務單一窗口」子計畫。

(三)從行政服務的網路架構來說：電子化政府即政府的官方網站。

就行政服務的網路架構而言，電子化政府的主要內容係在提供政府網站服務，故研究電子化政府時經常基於調查和評比的便利性，而以各國政府提供行政服務網站作為電子化政府的實質意涵，並對其進行總和性、功能性的比較。

(四)從單一入口的整合網站：電子化政府即政府的單一入口網站。

依據近來較受到矚目的概念，電子化政府係指政府所提供的單一入口（One－stop）網站。美國前總統柯林頓在1996年，即國家績效評估計畫的後期，提出了電子化政府的單一入口概念，即以「整合性的線上服務體系」為基礎，發展出能提供所有線上資源的政府入口網站，亦即以政府設計的單一入口和一次採購方式，整合數以千計的各級政府網站，提供公民廣泛的服務，使民眾大幅減少搜尋政府網站的時間，受到極大的好評，各國亦群起效尤。（孫本初，新公共管理（三版），一品文化出版社）

二三、電子化政府具有何種特質？其演進過程及應用範圍各為何？

說明： 電子化政府的主要目標在於塑造一個顧客取向（Customer-Driven）的政府。而電子化政府根據網頁上的互動，其發展可分成資訊、互動、處理、交易等四個階段。其應用範圍包括：政府對人民、政府對企業、政府對政府。

答：(一) 特質：

1. **更容易取得政府資訊**（More Accessible）：可得性（Accessibility）是政府資訊公開化的基礎，意味著政府有責任與義務提供更為便利的方式，利用更易於瞭解的語言，讓民眾能夠容易地取得所需的政府資訊與服務。

2. **更有效率**（More Efficient）：電子化政府的目標之一，即欲透過資訊化的過程，將行政程序簡單化、統一化，政府業務電腦化、網路化，以提升政府的生產力並增加施政的主動性與回應性。

3. **易於操作**（Easier To Use）：強調政府必須排除民眾在取得政府資訊與服務過程當中，可能遭遇到的科技、社會、經濟、政治等障礙。為使所

有國民皆能享有政府資訊公開的權利，須利用多樣化途徑傳送各種政府資訊。

(二)電子化政府演進：

1. **資訊**（Information）：第一階段是2002年大部分政府積極進行的階段，政府部門和機構使用全球資訊網（WWW）公布訊息，網站以比較消極方式提供資訊，點出公共組織的目的並提供聯繫方式，此種資訊並不包括實際服務的提供，且網站係由政府部門提供而不是專門網路技術提供，故在資料更新上有能力上的限制。

2. **互動**（Interaction）：此階段網路成為雙方溝通的工具，允許公民提供他們新的資訊（如地址變更）或使用如電子郵件等工具蒐集資訊及互動。網站內容所呈現的資訊涵蓋更多議題、功能及服務，且這些都可透過網路下載及上傳。

3. **處理**（Processing）：一個正式可以量化的交易價值出現，例如發照規費或罰鍰，甚至是填寫納稅申報單。此階段允許藉由網路技術，**讓以往由公務人員負責處理的服務事項，變成以網站為基礎的「自助式」服務。**

4. **交易**（Transaction）：此階段，政府給予一個入口（Portal）提供廣泛的政府服務，「入口」不單指網站，它可依公民的需求提供管道，此將取代傳統政府部門或機構結構。透過入口，整個政府的部門或機構的資訊系統可以被連結，並傳遞整合性的服務，避免讓使用者在申請服務時還得先去了解政府機關的結構。

【註】若根據聯合國研究各國電子化政府之發展過程，則又可區分成五個不同階段：

(1) 產生期：政府部門網頁開始零星出現在網路上，提供內容相當有限，且多數為靜態與基本的資料。

(2) 增強期：網站內容開始定期更新，同時將政府的各種出版品與法規陸續上網。

(3) 互動期：民眾可從網路下載各種申請表格，上網查詢重要資料庫，上傳各種申請表單或登錄資料等。

(4) 交易期：民眾或廠商可透過網路進行各種業務招標、報稅、線上付款等金融與財務交易的活動，此階段政府網路系統的安全機制與各項交易法規已相當完備。

(5) 完全整合期：藉由完整介面，政府提供全面E化的功能與服務，民眾利用政府服務達到完全無障礙的境界。

(三)電子化政府應用範圍：

1. **政府對人民**（Government To Citizen，G2C）：G2C讓政府的服務有更多管道與公民連結，雖然很多部分只是單向，但比起以往傳統模式的行政，已經更容易和公民聯繫。現在政府各式各樣的資訊已經越來越平常地被完整公布，表格也可讓任何人下載取得。就實務而言，我國E 政府的電子化服務型態係依不同的使用族群，提供不同的專屬服務專區。

2. **政府對企業**（Government To Business，G2B）：以企業需求為中心，透過電子服務以協助企業之發展。對私部門而言，企業和企業之間的互換採行網際網路模式已經越來越稀鬆平常，若政府也採取相同模式，在採購領域上將可節省成本。另外，對大部分國家來說，簽約外包是政府和私部門間商務關係中很重要的一個部分，企業如果還要遵守政府的投標要求勢必得付出很多的交易成本，將會讓較少公司願意參加此複雜的政府採購過程。上述造成交易成本增加的情形，可藉由電子化政府獲得改善。

3. **政府對政府**（Government To Government，G2G）：藉著各政府機關跟機關（Cross-Agency）資料的分享與業務協同合作，以增進網路政府效能與效率，並得以對全體民眾、企業與政府單位提供高附加價值、整合式主動性的電子服務。畢竟民眾並不喜歡去了解政府組織結構的細微差別，服務本身才是重要，而非是去了解哪種服務是由哪個機關提供。

（孫本初，新公共管理（三版），一品文化出版社）

二四、試說明知識管理的程序、策略及類型。

說明：　組織必須制定一套嚴謹的程序對知識進行有效的管理，從不同角度，知識管理的程序有不同的分類。另外，知識管理的成效隨著組織取向與資訊科技的差異而有不同的影響，不同的組織取向會有不同的知識管理措施。

答：(一) 知識管理的程序：

1. 知識的粹煉過程：

(1) **取得**：指組織經由組織內部或外部獲取知識或自行創造資訊和知識的階段。

(2) **改進**：組織將取得的知識加以整理、改進，然後存入資料庫的階段。

(3) **儲存和檢索**：指組織成員得以利用資料庫儲存及搜尋知識的階段。

(4) **呈現**：指組織成員有技巧地運用與整合知識的階段；自此，知識的價值將呈現倍數成長。

2. 知識管理流程：

(1) **組織學習**（Organizational Learning）：指組織獲得知識、資訊與資料的過程。

(2) **知識的產生**（Knowledge Production）：即將所取得的資訊轉換並整合為知識的過程，這些知識可協助企業解決經營管理的問題。

(3) **知識的傳播**（Knowledge Distribution）：即組織成員取得並使用群體知識的過程。

3. 知識管理程序的進行：

(1) **個人創作**（Create from Individual）：蒐集並累積組織內各成員個人所擁有的知識。

(2) **闡明**（Clarify）：將多種資訊經過篩選後清晰確認所要擷取的知識內容。

(3) **分類**（Classify）：將知識分類，以便未來檢索和搜尋。

(4) **溝通**（Communicate）：建置完備的虛擬溝通環境，此為知識管理最重要的功能之一。

(5) **理解**（Comprehend）：經由充分及開放的溝通管道，增進組織與個人間的瞭解。

(6) **群體創作**（Create from Group）：藉由組織分享及整體學習機制來提升組織整體能力。

(二) 知識管理的策略：

1. **企業資源**：從資源基礎觀點來看，企業應將其管理策略著重在其最獨特、最有價值的核心資源上，而非傳統所重視的產品或服務上。

2. **工作模式**：為確保「讓對的知識在對的時間傳遞給對的人」的知識管理理念，流程設計就須考量企業組織結構、文化與人力資源等要素，並配合資訊科技建置合宜的工作模式。不同的工作模式，代表著經理人必須迎接不同的知識管理挑戰，因此，瞭解核心流程與活動的工作模式非常重要。

3. **知識的分享**：為達到分享企業的價值與知識之目標，依人的參與方式不同將知識分享的管理策略劃分為二：

(1) 分類編輯策略：將所有的知識整理及儲存在資料庫中，以便組織中有需要的人使用。

(2) 人性化策略：重視的是人與人間的接觸，強調組織人與人間的知識互動功能。

(三) 知識管理的類型：

1. **承諾互動型**：此類型在資訊科技運用上是強調互動型運用，其知識管理特質係結合互信與彈性組織下的個人，運用兼具分散式學習與論壇互動型資訊科技，來進行知識創造，蓄積與擴散。**此類型的知識管理來自於成員對知識內涵的深切體認與本身持續性地開創知識，對知識的蓄積是透過直接學習方式，長期而言，此類型在知識更新與創意展現的成效應是最為顯著。**

2. **承諾整合型**：此類型在資訊科技運用上強調整合型運用，其知識管理特質係結合互信與彈性組織下的個人，**運用兼具電子出版及完整的知識庫整合型資訊科技，來進行知識創造、蓄積與擴散。**此類型之知識管理對於達成組織整體具開創性的目標較具成效。

3. **控制整合型**：此類型的組織取向係以控制為基礎，資訊科技運用上是強調整合型運用，其知識管理特質係結合框架下思考和一致化組織下的個人，運用兼具電子出版及完整的知識庫的整合型資訊科技，來進行知識創造、蓄積與擴散。**此類型可說是藉由中央集權達成組織整體最佳化的狀態。**

4. **控制互動型**：此類型的組織取向係以控制為基礎，資訊科技運用上是強調互動型運用，其知識管理特質係結合框架下思考和一致化組織下的個人，運用兼具分散式學習與論的互動型資訊科技，來進行知識創造、蓄積與擴散，使組織內老手與新手間可在既有思考信念與限制條件下，激盪出創意或輔助成員加速進入組織狀況，以達成預期績效與一致化的目的。（公務人力發展中心、國立台灣大學，服務型政府之知識管理，行政院人事行政局）

二五、知識經濟時代，知識創新益發重要。試說明何謂「創新」？具有何種特性？知識創新具有哪些特質？組織在進行創新時，會面臨哪些障礙與不確定性？

說明：　在大環境不斷改變與產業快速成長之際，知識工作者在產業知識創新中扮演重要角色。而創新與發明的最大不同，即在於發明係創造一個新的觀念，創新僅是將存在的觀念賦予新的生命，其所強調的是應用

性與原創性，亦即知識創新不一定是由知識工作者所發明的知識，而能將既已存在的知識賦予新的生命與價值，亦是知識創新的過程。

答：(一) 創新的定義：係指有能力去獲得、吸收、適應、改變、利用與創造科技，此概念相似於吸收能力，亦即吸收現有的知識進而創造新的知識。從人類文明開展以來，技術創新便一直是人類生活進步的動力。創新不只侷限在科技或策略的創新，透過經營模式、產品、行銷、服務、供應鏈的創新，亦可以為企業帶來巨大的價值。

(二) 創新的特性：

1. **或然率的**：成功的創新運用常發生在非預料中市場，成功的企業通常會同時採用多種策略或進行多種發展計畫，藉以增加成功機會，並且傾向採行持續地、快速地、實驗性地與彈性地與市場直接連結或測試其回應。

2. **複雜的**：晚近影響人類歷史軌跡的重要創新或發明，很少是由單一個人或單一學科範圍內獨立完成的，大部分創新都需要整合多種學科或專業人員。

3. **時間消耗**：創新進展的速度應以每單位時間所進行的實驗成功次數來計算，以縮減創新週期，增加與客戶和其他專家的互動速度，且實驗過程必須仔細且重複地檢視每種可能的互動方式。

4. **衝刺、延遲與挫敗**：創新過程中會不斷產生挫敗及不可預見的延遲，研究顯示，創新進展很少是線性的，意外的成功、超出預算、強大的對立與抗拒變革都常發生。因此必須廣泛地針對特定目標、較無界線、聯盟式、外部連結的行為，加速創新問題的解決。

5. **需求導向**：許多產業的創新常是因消費者指導或製造者本身提出的創新而增添價值，創新初期加強與消費者互動，有助於提高成功機率，並縮短實驗週期及上市時間。

6. **引發抗拒**：例如，政府機關抗拒使用可提升生產力的電腦，因這樣將減少向決策者報告之機會，即減低個人的價值。所以除非使內部顧客採用新技術的誘因高過其所認知的風險或其所屬單位的預估獲利，否則他們仍會不顧新科技對組織整體的利益而群起反對；唯有當新技術的效益實質超越使用者所認知的風險，他們才願意接受新技術。

7. **直覺與隱性知識**：許多資訊無可避免地來自於個人的知識與直覺洞見，而非取自於符碼化的資料來源，因此我們不能僅依靠顯性知識進行創新。

8. **狂熱份子與勇士**：創新過程中所發生的挫折、拖延與抗拒等情形，通常需要由「狂熱份子」與「勇士」來克服。真正的勇士通常不受指派，他們總自願奉獻創意、與人分享，且能在初期就看到機會所在、創造發明，或是體認某項創新能滿足他們的成就感而勇往直前。狂熱份子與勇士較適合扁平化而高度「自願」的組織中。

(三)知識創新的特質：

1. 對同一問題能提出不同解。
2. 對相同資源能有巧妙組合。
3. 對管理能有自創的新觀念。
4. 對未來趨勢有獨到的判斷。
5. 能清楚知道核心的競爭力。
6. 能不斷產生自我蛻變能力。

(四)組織在進行創新時，會面臨的障礙與不確定性：

1. **技術的不確定性**：技術的不確定性指的是製造某些特定新產品或服務時所需的額外資訊，這些資訊包括構成組件、組件之間的關聯、方法與技術。技術創新往往會受到四種因素影響：受到技術變遷頻率的影響；受到資訊困難度的影響；受到產品的複雜性影響；受到經濟社會與政治的潛在負面衝擊。

2. **市場的不確定性**：市場的不確定性來自於這些外部的資訊，其中包括通路、產品應用、消費者的期望、偏好、需求與慾望，亦即「如何銷售新產品，並成功地將其商品化」。**市場的不確定性因素也受四個因素影響：消費者偏好、嗜好和期望的變化率；依賴於資訊取得的困難程度；當地政府政策改變的影響；文化或歷史原因。**

3. **企業的不確定性**：基於創新過程常伴隨著高度不確定性，廠商只能依賴現有的知識基礎來盡力解決新科技所可能面臨的問題。（公務人力發展中心、國立台灣大學，服務型政府之知識管理，行政院人事行政局）

二六、知識經濟時代具有哪些特質？在知識管理的年代，政府應扮演何種角色？

說明：　在知識經濟時代，知識又稱為「智慧資本」，是組織中最具競爭力的核心資源，只要有知識，傳統的生產要素（如土地、勞力、資本等）便隨之而來。知識不僅是組織的主要資產，更是維繫組織競爭優勢的關鍵。

答：(一) 特質：

1. **組織競爭的優勢決定於取得知識的速度**：面對產品生命週期大幅縮減的趨勢，能根據所獲得的資訊作適時決策的「即時式組織」（Real-Time Organization）將成為未來的組織型態，因此愈能快速取得知識的組織便愈具有競爭優勢。

2. **新科技的應用產生經營型態的變革**：網際網路的應用，使資訊的取得，突破時空限制，而電子商務以及網路媒體的發展，亦顛覆組織的傳統經營型態，使人類社會的生產、消費及生活型態隨之改變。

3. **掌握知識才能掌握財富**：以往在農業時代，土地就是資源，地主因掌握土地而擁有財富；工業時代，能源就是資源，知識經濟時代，知識就是資源，擁有知識者，就能創造財富且擁有財富。

4. **知識乃知識經濟時代的動力**：在工業經濟時代，金錢是最主要動力，但在知識經濟時代裡，知識才是動力。

5. **知識資源具有無限繁衍及伸展的特質**：自然資源是稀少的，具有匱乏性，知識資源具有非消耗性的特性，具有「取之不盡，用之不竭」的特性。

6. **知識工作者取代傳統勞工**：新科技的提升，使資本生產力替代了勞動生產力，未來傳統勞工業者必須轉型為知識工作者，並藉由知識生產力的提升及知識分享來提升自我附加價值。

7. **終身學習**：社會與科技變遷使知識進化迅速，知識工作者的能力則建立在終身學習的特色，此與教育優先的知識世紀趨勢不謀而合。

8. **全球成為一生命共同體：知識是無國界的**，網路的科技應用與經濟全球化，使全球突破地理疆界，進而成為一生命共同體。

9. **強調知識價值**：知識經濟時代，須以「資訊科技」為基礎，再輔以「人」為中心的理念實施知識管理，以創造出創新的氣氛，因此人力資源是組織最關鍵的部分。

(二) 知識管理時代政府的角色：

1. 支援創意的實踐者。　　　　2. 整合資源的分配者。
3. 創意構想的負責人。　　　　4. 社會正義的維護者。
5. 公平競爭的籌劃者。　　　　6. 創新願景的塑造者。

因此，從知識經濟角度觀之，政府應當適時掌握全球知識創新發展趨勢，由管制者角色轉型為服務者角色，竭力創造優質的投資環境，指導政府施政作為與民間投資方向，並充分了解民間需求，建置完整的知識管理基礎建設系統，提供全民快速有效率的服務與知識流通機制，以提

升國家競爭優勢。（公務人力發展中心、國立台灣大學，服務型政府之知識管理，行政院人事行政局）

二七、服務型政府應具備哪些指標？又服務型政府實施知識管理的目的為何？並對政府實施知識管理提供可行性之建議。

說明：　以往政府的僵化體制，勢必難以因應知識經濟時代所要求的快速變遷。為消弭過往主政者一味以擴大政府功能的方式來處理公共事務，政府應以建構企業化服務型政府為標的，運用企業獨特的活力與工作效率，強化其對民意需求的應變能力。

答：(一) 服務型政府的指標：

1. **在理念上應以顧客為本**：政府在服務民眾時，顧客（民眾）的需求即知識的來源。

2. **在結構上要充分溝通與聯繫**：政府單位在知識本體及應用方法必須要做到充分溝通。

3. **在流程上以集中減少分歧**：為減少分歧的意見和誤解，必須在流程上集中作業。

4. **在管理上以賦能授權增進效率**：政府應以賦能授權方式作為知識應用的終端，同時由於賦能授權的結果致使政府較有能力即時反應顧客需求。

(二) 服務型政府知識管理的目的：

1. 提升政府整體的知識存量，以及增加政府知識價值。
2. 增進政府組織群體與個人的知識學習能力。
3. 促進行政組織內部的知識流通，以提高成員獲取知識的效率。
4. 充分發揮行政部門內個別成員的知識能力，並開發其潛能。
5. 協助政府發展以民眾滿意為依歸的專業行政能力與決策品質。
6. **透過知識的應用，提升行政品質、服務創新的績效、並形塑政府整體對外的良好形象。**
7. 指引政府內部知識創新的方向，協助民間更有效率達成目標。
8. 形成有利於創造新知識的政府新文化與價值觀。

(三) 政府實施知識管理的可行性建議：

1. **培養學習型組織**：學習型組織是以資訊和知識為基礎以強調成員能夠自我學習、累積、分享與傳遞知識，此種組織具有以下特徵：

(1) **高績效的工作團隊**：傳統金字塔型官僚組織體系之決策模式，已經不能適應瞬息萬變的環境，取而代之的是教練式的高績效工作團隊。

(2) **多功能工作組織**：當組織成員面臨解決複雜問題時，應組成跨功能部門工作小組，共同學習解決問題。

(3) **創新而不是重複性的任務**：由於資訊科技的發達，重覆性工作大多由電腦處理，人主要是做電腦做不到的創新工作。

(4) **組織成員共同學習、知識共享**：工作同仁應主動求知、積極學習、溝通交流、知識分享。

(5) **知識不斷被更新與創造**：組織應建立學習的文化、持續的教育訓練、鼓勵員工學習，使組織不斷的更新並創造新知識。

(6) **知識呈現網狀的傳遞**：知識在部門與部門、分公司與總公司、區域與區域間快速的傳遞。

(7) **組織的快速回應能力**：組織具有因應環境快速變化的能力，可調整自己適應市場彈性變動的需求。

(8) **組織創新的能力**：知識的學習、分享、整合和溝通，形成強大知識庫，增加組織創新的能力。

2. **促進組織知識之創造及創新**：

(1) 近年來組織競爭優勢的比重已逐漸由有形資產轉向無形資產，在組織比較利益來源中，知識是主要且關鍵的經濟資源，由於知識能源源不絕的創造競爭優勢，故其優勢是可以長久維繫。組織惟有快速學習，創新知識並有效進行管理，才是產業升級與全球競爭的關鍵。

(2) 促進組織知識之創造與創新的做法包括「提出願景並勾劃未來」、「培養員工多種才能」、「尊重專業並給予充分自主權」、「與外在環境保持聯繫並提供多元資訊」、「鼓勵不同之看法、獎勵冒險進取並容忍失敗」、「提供寬裕的資源與設備」、「組織內部擁有自在的環境並減少其垂直疆界與水平疆界」等。

(3) 由於組織內的知識不僅藉由內部成員互動所產生，亦包括外部顧客的互動，故建立所謂的「施政知識庫」以蒐集民意，建立民意資料庫，反映民意於施政作為中，將形成外部與內部顧客有效的良性互動，並使知識經濟的理念產生擴散與延伸效益，進而創造及創新知識。

3. 改善資訊科技軟硬體設備：目前的資訊科技軟硬體設備十分發達，欲待電子化政府的實施，惟有快速更新資訊科技軟硬體設備，才能使服務型政府之推動更有效率。（公務人力發展中心、國立台灣大學，服務型政府之知識管理，行政院人事行政局）

二八、何謂「公共鑰匙基礎建設」（Public Key Infrastructure，PKI）？

說明：　銀行所設的自動提款機（ATM），就是具備相當良好的安全交易系統；
政府部門所設計的公共鑰匙較為複雜，通常包括兩把鑰匙：一把是隱
私性的鑰匙，僅能讓資訊使用者知道與進入政府資訊系統；另一把則
是公開性的鑰匙，是可以公開發表，且可以相互傳遞訊息的鑰匙。

答：(一) 1998年9月美國聯邦公共鑰匙基礎建設導航委員會鑑於網際網路的發
達，愈來愈多民眾關切隱私權保障與安全防護問題，乃期透過防火牆
的設計工程計畫：「公共鑰匙基礎建設計畫」，以保障政府、民眾與
企業界的電子溝通之安全。基此，高爾副總統乃提出以公共鑰匙密碼
學（Public Key Cryptography）為基礎的電子安全與隱私保護計畫。

(二)公共鑰匙基礎建設的功用：

1.認證的確實性：保證每筆交易與訊息都是真實的，而且保證每位訊息接
納者皆可得到特定的資訊要求。

2.資料的整合性：保證資料與原始來源相符，並且未加任意竄改或意外
更改。

3.非拒絕性：對於資料提供者所送出去的資料保證提出實質回應證據，不
論是接受或拒絕都將有正式的回應訊息。

4.隱私性：保證資料僅能給授權的機構使用，保護送訊者之隱私。（孫本
初，新公共管理（三版），一品文化出版社）

▌選擇題

( )　1.「認為知識乃是用來思考事實與真理的整套直覺、經驗及程序，而這整
套的直覺、經驗及程序乃是指引人們的思想、行為及溝通模式。」此
係何位學者對「知識」所下的定義？　(A)Woolf　(B)Nonaka　(C)Van
Der Spek 與 Spijkervet　(D)Beckman。

( )　2.凡是可以為組織創造競爭利益及價值，並可經由組織發掘、保持、應
用及再創造的資訊、經驗、智慧財產，即稱為：　(A) 知識　(B) 智能
(C) 智慧　(D) 天賦。

( )　3.指以電腦硬軟體為主的網路所構成之辦公室電腦設備，具有文件資料傳
輸、資訊製作、資訊檢索，以處理辦公室公務，進而改善辦公室環境與
工作質量之管理機能？　(A) 電腦管理　(B) 檔案管理　(C) 辦公室自動
化　(D) 知識管理。

( )　4. 下列何者非實施知識管理的理由？　(A) 有效的溝通與建立共識　(B) 知識儲存與再利用　(C) 市場導向與策略發展　(D) 官僚導向。

( )　5. Davenport 與 Prusak 兩人認為知識管理若欲成功，則應具備一些要素，其中不包括下列何者？　(A) 技術與組織結構　(B) 高層主管的支持　(C) 具備經濟效益或是產業價值　(D) 資本導向的文化。

( )　6. 指政府機關運用資訊與通信科技形成網網相連，並透過不同資訊服務設施，對機關、企業及民眾在其方便時間、地點及方式下，提供自動化服務之總體概念。此稱為：　(A) 企業型政府　(B) 電子化政府　(C) 多元化政府　(D) 顧客至上政府。

( )　7. 下列那一位學者提出則提出了智慧資本（Intellectual Capital）的概念？　(A)Steward　(B)Nonaka　(C)Takeuchi　(D)Spijkervet。

( )　8. 指能系統化、清楚地和深思熟慮地建立、革新和應用組織中的核心知識，目的乃欲使組織能讓其核心知識發生極大化效率，並使其能為組織帶來一定的利益的管理，稱為：　(A) 知識管理　(B) 智慧管理　(C) 智能管理　(D) 求知管理。

( )　9. 下列何者非電子化政府的特質：　(A) 電子化政府的目的在建立起跨越政府機關、企業與民眾的互動機制　(B) 政府有責任與義務提供更為便利的方式，讓民眾能夠容易地取得所需的政府資訊與服務　(C)Peters 指出大部分的人仍只是運用資訊科技增進原有的工作效率，而未對組織管理有產生重大影響　(D) 電子化政府的目標之一，即是透過資訊化的過程，將行政程序簡單化、統一化。

( )　10. 下列何者非資訊管理的內涵？　(A) 電腦設備以「線上作業」及「批次作業」方式，處理資料的蒐整、分類、組合與應用　(B) 機關管理的各項範圍，多已應用電腦設備納入資訊系統　(C) 電腦硬軟體的設備與各種網路、電腦與電訊　(D) 現代機關的辦公廳務多已成為「辦公室人工化」事務。

( )　11. 從組織理論的角度來看，下列何者非實施知識管理的目的？　(A) 強化組織成員的獨立作戰　(B) 協助建立需求的發展策略　(C) 發揮創造、累績及應用的功能　(D) 加速知識的獲得與個人、組織的成長。

( ) 12. 「透過經驗分享、傳承的過程，藉以達到內隱知識創新之目標。」此係屬於知識移轉過程的何項模式？ (A) 共同化 (B) 結合 (C) 外化 (D) 內化。

( ) 13. 廣義來說，舉凡交易雙方均以電腦透過網路進行交易都可謂之為： (A) 供應鍊管理 (B) 電子商務 (C) 行政單一窗口 (D) 資訊管理。

( ) 14. 知識轉換模式的正確步驟為： (A) 外顯化與內面化的互動→吸收與散佈→延伸與凝聚的互動 (B) 外顯化與內面化的互動→延伸與凝聚的互動→吸收與散佈 (C) 延伸與凝聚的互動→吸收與散佈→外顯化與內面化的互動 (D) 延伸與凝聚的互動→外顯化與內面化的互動→吸收與散佈。

( ) 15. 下列那一位學者認為，電子商務的需求根源來自於「企業和政府內必須對於計算能力以及電腦科技做更佳的利用，來改善與客戶的互動、企業流程、企業內和企業間資訊的交換」？ (A)Kalakota (B)Whinston (C) 以上皆是 (D) 以上皆非。

( ) 16. 指組織能創造新的知識，並將此一新知識傳播到整個組織中，即此知識能為員工所吸收，並應用於生產活動及服務上。此過程稱為： (A) 知識的建立 (B) 知識的擷取 (C) 知識的創造 (D) 知識的回饋。

( ) 17. 歐美日等主要國家建構電子化政府已經數年，各國間對於電子化政府的認知，主要為： (A) 在政府與民眾間應致力於擴增網路便民服務 (B) 在政府與企業間應致力於促進電子商務應用 (C) 在政府與政府間應致力於推動跨機關資訊流通共享，提升行政效能 (D) 以上皆是。

( ) 18. 組織從內、外環境中有效的處理資訊，以創造新知識，其中組織內隱知識與外顯知識的互動亦可創造知識，此種知識互動稱之為： (A) 知識的轉折 (B) 知識的轉換 (C) 知識的吸收 (D) 知識的回饋。

( ) 19. 個人能將其默會知識與他人分享，強調默會知識必須經由個人與個人共同的活動，才能達到分享的目的。此係屬於何種知識創造模式？ (A) 外部化 (B) 合併化 (C) 社會化 (D) 內部化。

( ) 20. 指經由顯性知識的對話，而使得原本的顯性知識轉變成更複雜的一套顯性知識。在此部分中，最主要的工作乃是溝通、擴散，以及把知識系統

化。」此係屬於何種知識創造模式？　(A) 外部化　(B) 合併化　(C) 社會化　(D) 內部化。

( )　21. 下列關於電子商務內涵的敘述，何者正確？　(A) 電子商務的兩大重要支援支柱，即是公共政策與技術標準　(B) 公共政策是指和電子商務相關連的公共政策，如全球存取、隱私權和資訊定價等等　(C) 技術標準是為了確保網路的相容性，對於資訊出版、使用者介面與傳輸的一些細節等等的部分有絕對性的影響　(D) 以上皆是。

( )　22. 下列何者非美國政府再造運動中，實施單一窗口運動的目的？　(A) 給予「顧客」選擇及聆聽「顧客」的反應　(B) 創造市場經濟活動　(C) 使公共服務機構相互結合　(D) 利用自由市場機能解決問題。

( )　23. 政府推廣 IC 健保卡，此係屬電子化政府的何項內容？　(A) 政府服務上網　(B) 智慧卡之應用　(C) 消除數位落差　(D) 知識經濟發展。

( )　24. Davenport 與 Prusak 兩人認為知識管理若欲成功，應具備下列何項要素？　(A) 明確的目標與用語　(B) 具有某種程度上的知識結構　(C) 多重的知識移轉管道　(D) 以上皆是。

( )　25. 指政府要讓民眾接洽公務時，能在一處交件，就能獲得全程且滿意之服務。此種行政措施稱為：　(A) 目標管理　(B) 績效管理　(C) 單一窗口服務　(D) 流程管理。

( )　26. 「內容」、「學習」、「評估」、「文化」、「科技」及「個人責任」，此係何家公司的知識管理模式架構？　(A)AT&T　(B)IBM　(C)Coopers & Lybrand　(D)Microsoft。

( )　27. 何種管理的精神乃是在，運用先進資訊科技，同時藉由組織作業的流程改造，來達到減低組織營運的成本開支，提升作業效率，增加客戶滿意度？　(A) 目標商務　(B) 全面品質管理　(C) 電子商務　(D) 辦公室自動化。

( )　28. 「電子化政府是歷年推動行政革新、政府再造及綠色矽島等政策中重要之一環。」此為我國推動電子化政府總體概念之何項面向？　(A) 功能面向　(B) 政策面向　(C) 業務面向　(D) 位階面向。

( )　29. 推動行政單一窗口化，必須遵循三個 C 為指導原則，其中不包括下列何者？　(A) 共同競爭　(B) 顧客導向　(C) 相互聯繫　(D) 集中作業。

( )　30. 下列那一位學者將知識分為：默會的知識、編纂的知識；可觀察到的知識、不可觀察到的知識；正面的知識、負面的知識？　(A)Nonaka (B)Konno　(C)Davenport　(D)Teece。

( )　31. 下列何者非我國推動電子化政府的實施內容？　(A) 無紙化申辦 (B) 有序排隊等候辦理　(C) 單一窗口　(D) 多據點、多管道、二十四小時服務。

( )　32. 指有系統地編輯顯而易見的知識，其特點乃在於其通常較容易移轉至其他個人或團體。此種知識稱為：　(A) 默會的知識　(B) 編纂的知識 (C) 可觀察到的知識　(D) 不可觀察到的知識。

( )　33. 要達成我國推動電子化政府目標可能產生的限制為何？　(A) 政府財政困難，資訊預算比例偏低　(B) 政府機關資訊組織與人力調整限制 (C) 新的資訊法規與處理標準仍尚待建立　(D) 以上皆是。

( )　34. 下列何者非電子化政府的特色？　(A)市場導向　(B)透過政府內部的電腦化過程進行的行政資訊電子化過程與連結各部門資訊網的建立等措施，政府內部的人員是電子化的影響者亦是受益者　(C)「單一窗口」措施即是先由簡化與民眾有關的行政手續著手，進一步地將各種行政手續建立一元化、電子化、透明化　(D) 電子化政府，係在因應快速變遷的環境，以資訊科技打破傳統的思維。

( )　35. 資料處理所形成之電腦作業系統，稱之為：　(A) 知識系統　(B) 資訊系統　(C) 電腦系統　(D) 供應鏈系統。

( )　36. 在 ba 觀念中，轉換和移轉默會知識的關鍵因素，乃是在於個人間，是否能有心理上，及面對面的互動經驗。此階段的 ba 稱為：　(A) 電腦化的 ba　(B) 互動的 ba　(C) 肇始的 ba　(D) 行動的 ba。

( )　37. 行政單一窗口化的「單一」原則，係指下列何者？　(A)單一地點　(B)單一次數　(C) 單一作業動線　(D) 以上皆是。

( )　38. 單一窗口強調迅速回應，因此須對第一線的承辦人充分授權與授能，至多只區分督導與執行一級。」此係屬行政單一窗口「五個最少」中之何者？　(A) 作業牽涉的層級數要最少　(B) 民眾等候的時間要最少 (C) 民眾填寫的書表要最少　(D) 民眾的抱怨要最少。

( )　39. 公共管理學所稱的「CKO」係指：　(A) 政策執行長　(B) 知識執行長　(C) 管理執行長　(D) 監督執行長。

( )　40. 現代機關組織的資訊業務可以分為：　(A) 資訊硬體與資訊軟體　(B) 資訊理論與資訊實務　(C) 資訊行政與資訊技術　(D) 資訊公務與資訊企業。

( )　41. 台東縣與台北市兒童使用電腦的比例極不相稱，此係屬於我國推動國家資訊基礎建設或是電子化政府相關計畫所遇到的何項困境？　(A) 資訊貧富差距的挑戰　(B) 授權與信任機制的建立　(C) 對政府組織結構的衝擊　(D) 對官僚體制與權力結構的衝擊。

( )　42. 關於單一窗口的類型，指一業務的辦理，涉及一機關內不同轄區分支單位的聯合辦理。此係屬何種單一窗口？　(A) 跨機關聯合作業的單一窗口　(B) 跨轄區聯合作業的單一窗口　(C) 全櫃員式服務的單一窗口　(D) 半櫃員式服務的單一窗口。

( )　43. 下列哪一位學者將電子商務分成「企業與企業間的電子商務」、「企業內部的電子商務」、「顧客與企業間的電子商務」？　(A)Kalakota　(B)Whinston　(C)Davenport　(D) 以上皆是。

( )　44. 行政單一窗口的推動，基本上可帶來下列何種正面效益？　(A) 提升民眾生活品質　(B) 減少行政弊端　(C) 一新政府的形象　(D) 以上皆是。

解答與解析

1.**(C)**。Woolf認為知識乃是將資訊有效地加以組織，以便作為解決問題的利器。

2.**(A)**。知識乃是經過組織和分析的資訊，經過如此處理之後，這些資訊才能為人所理解，以及被用來解決問題和作決策。

3.**(C)**

4.**(D)**。應是「服務導向」。實施知識管理後，組織成員得以隨時在線上存取必要資訊與進行相關作業，有助於組織走向服務導向的目標。

5.**(D)**。應是「知識導向的文化」。具備有利於知識的文化顯然是知識管理最重要的成功條件。

6.**(B)**。「電子化政府」強調除了結合政府各部門業務電腦化的成果，更企圖通過網路塑造一個提供民眾各種全天候服務的電子化或網路化政府，進而提升政府生產力與效率。

7.**(A)**。凡是能夠用來創造組織財富的知識、資訊、智慧財產、經驗等智慧材料，就叫做智慧資本。

8.**(A)**

9.**(C)**。應是Drucker指出，大部分的人仍只是運用資訊科技增進原有的工作效率，而未對組織管理有產生重大影響。

10.**(D)**

11.**(A)**。應是「強化組織的合作機制」。

12.**(A)**。即個人內隱知識轉換成為他人內隱知識。

13.**(B)**。商業EDI（Electronic Data Interchange）、金融EDI、電子銀行、電子購物、電子訂貨等都在此範疇。

14.**(B)**。外顯化是企業成長的關鍵，為一種讓內隱知識清楚表達的過程；內面化是將外顯知識變為個人內隱知識的過程。

15.**(C)**　　　16.**(C)**　　　17.**(D)**　　　18.**(B)**

19.**(C)**。Nonaka與Konno首先提出「社會化—外部化—合併化—內部化」（SECI）的知識創造模式。他們認為知識的創造乃顯性知識及默會知識互動而呈現一種向上攀升的螺旋狀過程。

20.**(B)**

21.**(D)**。電子商務包括：一般商業服務基礎架構、訊息與資訊分散基礎架構、多媒體內容與網路出版基礎架構、網路基礎架構。

22.**(C)**。應是「使公共服務機構相互競爭」。例如，在部分政府的業務上，引進競爭的機制，減少這些壟斷性機關造成不當的浪費。（推動全國行政單一窗口化運動實務，行政院人事行政局，頁192-245）

23.**(B)**。智慧卡（Smart IC Card）將逐漸作為個人基本資料儲存及線上申辦身分辨識之重要媒介，政府推廣應用智慧卡，可提供民眾身分識別、網路安全認證、醫療保險憑證、駕駛許可等各種服務。

24.**(D)**。尚有「過程導向」。指知識管理的計畫必須著重其過程與步驟，當然其他類型的改革計畫也應注重過程這個層面才行。（孫本初，公共管理—知識管理，頁287-306）

25.**(C)**。在單一窗口服務下，民眾不再需要往返奔波於機關間且一再解釋他們的問題，只要透過一次的交件、電話連繫、傳真就能完成所欲處理的事務。

26.**(C)**。IBM公司知識管理架構強調：創新、技能、生產力、反應性。

27.**(C)**。David Kosiur認為：「電子商務能提供公司短期與長期的利益，電子商務不只能打開新市場讓你接觸新客戶，而且更能讓你在原有的客戶基礎上更快速且便利地從事商業活動」。

28.**(B)**　　　　29.**(A)**

30.**(D)**。Nonaka與Konno首先提出「社會化—外部化—合併化—內在化模式」（Socialization-Externalization-Combination-Internalization，SECI）的知識創造模式。

31.**(B)**。電子化政府要革新公務員的辦事方法，讓公務處理可以藉助現代資訊及網路通信科技大幅改造，使得政府服務的組織更為精巧靈活，服務的速度加快。

32.**(B)**。默會的（Tacit）知識，乃是指一種無法清楚地用語言文字來表達的知識。

33.**(D)**

34.**(A)**。應是「顧客導向」。如果20世紀60年代是市場取向的時代，80年代是品質取勝的時代，而20世紀90年代起就是以客為尊的時代。

35.**(B)**。如「文書管理資訊系統」、「財物管理資訊系統」，為機關組織重要資訊系統之一。

36.**(C)**。ba可被視為是一個共享的空間，這個空間可以是物質也可以是心理上的。是由Nonaka與Konno兩位學者所提出的。

37.**(D)**。尚包括：單一接觸點。

38.**(A)**

39.**(B)**。對於知識管理的推動，組織內部必須設置一個專門的知識執行長（Chief Knowledge Officer, CKO）來負責統籌、規劃一切有關知識管理的行動。（孫本初，公共管理—知識管理，頁287-306）

40.**(C)**　　　　41.**(A)**

42.**(B)**。例如：「跨轄區受理民眾報案單一窗口」、「戶役政資訊系統全國連線」等項目。

43.**(C)**。Kalakota & Whinston將電子商務看成是透過一組中間媒介者，將數位的輸入轉換成加值輸出的處理過程。其中，企業與企業間的電子商務（Inter-organizational Electronic Commerce）可以促進下列的商業應用更加便利：供應商管理（Supplier Management）、庫存的管理（Inventory Management）、配送的管理（Distribution Management）、通路的管理（Channel Management）、付款的管理（Payment Management）。

44.**(D)**

第9章　財務行政

重點提示　不論是民間企業或政府機構，政府預算與企業財務的運用良窳不只會影響政府施政績效或是企業經營利潤，更會影響部門工作人員的工作效率及組織發展。「有錢好辦事」雖是一句簡單易懂的常識，但放諸實務工作上，卻需放入更多的專業考量。公共財務管理實與公共預算密切相關，公共預算關心的是政府機關資源的取得與使用計畫，研究的是資源配置的政策決定；而公共財務管理主要在提供相關資訊供預算決策、執行決策以及其他有關經手公共資金方面之用，此為本章第一個重點。本章第二重點與政府預算亦有關。尼斯坎南（Niskanen）是公共選擇學派中相當重要的一位學者，他所建構的「官僚預算行為」模型，對公共管理與政府預算的相關領域有其重要的影響，也直接或間接影響許多官僚預算行為的研究，尼氏強調官僚基於自利的心理，會自然而然的將政府預算極大化。理論一出，引起許多討論，學習公共管理的人，對此一學說，自應加以了解。本章最後的一個重點為「多元評估模式」。政府行政績效不彰一直為人民所詬病，因此，各國政府針對績效改革也不斷地提出解決方案，試圖解決政府績效的瓶頸，其中績效考核（Performance Appraisal）即為其中的關鍵因素，包括組織績效評估、團隊績效評估與個人的績效評估三個部分，正確的個人績效評估，才能為組織績效評估建構堅固的基礎。多元評估模式（Multi-Source Assessment Model，MSA）是一新型態的對公務體系進行評估考核的工具，具有極大的參考或實施價值。（孫本初，公共管理—多元評估模式之研究，頁169-184）

重點整理

第一節 公共財務管理

一、公共財務管理概說

(一)公共財務管理的定義：公共財務管理係指公共組織處理有關公共資金的所有行政活動，公共組織包括各層級政府機關及非營利組織。**公共財務管理的特色反應在公共組織的特定任務導向，公共組織應考量三個層級的導向：控制（Control）、管理（Management）與計畫（Planning）。**

(二)財務行政的定義：為政府機關處理財務事項及其有關之組織與管理的制度，目的在執行財政政策，其中包括有預算、財務收支、會計、稽核、檢核、審計等制度。而**構成財務行政的四大要素分別是財務政策、財務責任、財務職能與預算程序。**

二、公共財務管理與公共預算

(一)公共預算定義

公共預算可以簡單的定義為公共部門有計畫的取得與使用資源。公共預算過程的四階段：

1. 預算的籌編（Preparation）。
2. 預算的審議（Approval）。
3. 預算的執行（Implementation）。
4. 決算（Final Report）與審計（Audit）。

(二)公共財務管理的技術在公共預算過程中，所經歷的階段

1. **預算籌編階段的財務管理技術**：包括：
   (1)收入與支出的預測（Forecosting Revenues and Expenditures）。
   (2)成本分析（Cost Analysis）。
   (3)資本預算（Capital Budgeting）。
   (4)公債管理（Debt Management）。
   (5)風險管理（Risk Management）。
   (6)年金管理（Pension Management）。
   (7)財務狀況的評估（Assessmsnt of The Financial Condition）。
   (8)發展財政（Development Finance）。

2.預算審議階段的財務管理技術。

3.預算執行階段的財務管理技術：包括：

(1)會計。　　　　　　　　　　(2)收入行政。

(3)支出行政。　　　　　　　　(4)採購。

(5)現金管理。　　　　　　　　(6)投資。

4.決算與審計階段的財務管理技術。

第二節　官僚預算行為模型

一、官僚預算行為模型之概說

(一)**官僚預算行為（機關預算極大化）定義**：尼斯坎南（Niskanen）是公共選擇學派中相當重要的一位學者。他所建構的是「官僚預算行為」模型。**尼氏沿用經濟學的分析方法認為，行政官僚試圖最大化其機關預算，他認為個人是效用最大化者，而官僚正如同競爭市場中的消費者，以追求其效用極大化為目的，因此官僚基本上是理性自利的，其行為在使預期利得最大。**

(二)**尼斯坎南的主要論點**

1.**官僚欲追求擴大其權力、薪資福利、或聲譽的話，必然試圖擴大其機關之預算規模**；官僚為了獲得其下屬的支持與合作，也會極大化機關預算。

2.官僚不但勇於追求機關預算極大化，且其企圖多半能成功。

3.官僚在整個預算過程中處於較有利的地位，出資者則處於被動的角色，理由主要出自於「代理人問題」。

4.官僚機關預算極大化行為所造成的結果：可能會以過多的預算有效率地製造過多的產出，或者以過多的預算無效率地製造相對較少而剛好滿足出資者需求的產出。

二、官僚預算行為模型所引發的批評及爭議

(一)**批評**

1. 柯根（Kogan）和馬革利斯（Margolis）認為典型的官僚有極深的專業認同，其行為以他認知的公共利益作出發點。

2. 馬斯葛瑞夫（Musgrave）認為官僚的效用最大化可能包括個人經濟利益與權力以外的目標，如責任、同僚的尊敬、為社會服務的實現以及奉獻自己的滿足等。

3. 有的學者認為官僚對於職位的保障與安定性之關心更甚於預算的增加。

(二) 爭議

1. 邁各（Migue）和畢藍傑（Belanger）認為官僚真正關心的倒不一定是機關整體預算規模的大小，而是在意其行政管理上的自由裁量權，因此官僚會設法極大化機關的「自由裁量預算」。

2. 強森與賴克伯（Johnson & Libecap）認為：
   (1)官僚行為和政府規模的成長並無顯著的關聯。
   (2)政府官僚人數的變化和官僚薪資的變化亦無顯著的關聯。
   (3)出資機關有權力替換那些拒絕配合其需求的官僚，且有權決定它想要的預算水準。

(三) 重新建構具完整解釋力的官僚預算行為模型所應關照的面向

1.官僚的公共服務動機。　　　　2.政治生態環境。
3.預算過程的制度設計。　　　　4.預算政策。

第三節　多元評估模式

一、多元評估模式概說

(一)**多元評估模式之定義**：多元評估模式（Multi-Source Assessment Model，MSA）其理論基礎主要是根源組織的調查分析（Organization Surveys）、全面品質管理（TQM）、員工發展回饋（Development Feedback）等理論與實務衍生而來。針對員工對領導效能與組織滿意度的調查報告獲得績效資訊回饋的方法。

(二) 產生背景

MSA源自於組織對於提高生產力的需求。

1. 多元評估模式起源於40年代的評估中心（Assessment Center）。
2. 50、60年代出現領導能力評估與選擇（Leadership Assessment and Selection）的活動，也出現員工工作滿足的評量（Job Evaluation）。
3. 在80年代企業界出現才能評估（Talent Assessment）與績效評量（Performance Appraisal）兩個評估的方式。

(三) 多元評估模式在人力資源管理上的功能

1. 個人的成長與發展。
2. 確保能蒐集客觀與均衡的資訊。
3. 支持或增強個人或組織的發展目標。

(四)多元評估模式相對於傳統評估模式所具有的利基

1. 修正單一來源的評估方式。
2. 增加績效的全貌。
3. 給予多元的利害關係人有表達的機會。

二、建構多元回饋績效評估必備要件及執行策略

(一)建構多元回饋績效評估通常必須具備的互動要件

1. 第一個要件是確認績效的標準與面向（Performance Standards and Dimensions）。
2. 第二個要件是回饋的績效資訊（Performdnce Feedback Information）。
3. 第三個要件是將資訊的接受者視同資訊的處理者（Feedback Recipient as Information Processor）。
4. 第四個要件是多元回饋的結果（Behavior Outcomes）。

(二)成功執行多元評估模式的策略

1. 策略性地反映利害關係人的需求。
2. 掌握自我職業生涯發展。
3. 帶領每位員工達到水平。
4. 多元評估模式是改變組織文化的工具。
5. 配套措施的運用。

經典範題

申論題

一、何謂公共財務管理？公共財務管理具有何種特色？公私財務管理具有何種差異？

答：(一) 公共財務管理的意義與內涵：**公共財務管理係指公共組織處理有關公共資金的所有行政活動**，公共組織包括各層級政府機關及非營利組織。所有公共組織每年皆有大筆資金流進流出，大多數公務員也每天直接或間接的經手與公共財務資源有關的活動。

1. **公共財務管理與財務行政兩者基本上所涵蓋的範圍是一致的，只是前者探討的內容較重視一個公共部門管理者必須面對的財務技術與概念，後者偏重一般財務行政制度與環境。**一般來說，公共財務管理之專業領域有預算、會計、收支、採購、閒置資金投資、公債、風險管理、審計等，良好的財務管理可以確保公共資金的安全、方便政策之長期規劃以及對政府機關經營的效率與效能提供評估。

2. 至於**財務行政，依學者定義，為政府機關處理財務事項及其有關之組織與管理的制度**，目的在執行財政政策，其中**包括有預算、財務收支、會計、稽核、檢核、審計等制度。而構成財務行政的四大要素分別是財務政策、財務責任、財務職能與預算程序**，其中財務職能有會計、預算、徵收與公庫、審計等職能。

3. 從以上對公共財務管理與財務行政學內容的界定，可見兩者範圍的雷同。惟公共財務管理知識目的，更在於幫助公部門管理者克服專業術語的束縛，利用一般財務管理原理去改善組織的效能。例如管理者並不須要了解審計人員如何對每一筆財務交易進行審計，但必須有能力閱讀審計報告及利用它來評估政府的財務狀況。

(二)公共財務管理的特色：公共財務管理的特色反應在公共組織的特定任務導向，公共組織應考量三個層級的導向：控制（Control）、管理（Management）與計畫（Planning）。控制導向努力於確保組織完成其特定任務以及組織成員行為不偏離既定政策，管理導向著重每日經營俾達成效率與效能，計畫導向集中於規劃組織目標及達成目標的方法之選擇。這三種不同的導向，每一個所需的資訊皆不同，控制導向需要的資訊是應否採取特定行動，管理導向要求的是投入產出關係的

測量與達成情形，計畫導向需要的是對未來事件的推測、可能未來的藍圖以及達成的方法。因此，就公共財務管理而言，控制導向強調的是會計、審計與支出行政；管理導向強調成本分析、採購、現金管理與風險管理；計畫導向與財務預測及資本預算有關。

(三)公私財務管理之差別：公共財務管理與私人企業財務管理在許多分析觀念與技術上是共通的，但是在應用層面上則有很大的不同。

　1.企業財務管理著重處理個人與企業的資產與負債，透過銷售財貨與勞物以獲取所得與利潤，公共財務管理著重處理預算限制下的收入與支出以達到資金的合法與有效使用。

　2.私人部門在處理產品、租稅及所面臨的限制皆與公共部門不同，例如企業所得來自提供產品與服務，政府的稅收則來自個人與企業非自願的繳納；企業財務的限制主要係生產要素供應、經濟活動的法律規定以及市場條件等，政府財務的限制主要是政治環境、預算規模與法律規章等。

（徐仁輝，公共財務管理，頁327-341）

二、何謂公共預算？公共預算與公共財務管理具有何種區別？公共預算過程具有那四階段？

說明：　公共預算作為政府的財務收支計畫書，對於各項收入來源皆會有所規劃、評估與預測，對於各項支出用途與項目，也會進行評估、比較與選擇，務必讓各項支出能最經濟，各項收入能確實。

答：(一) 公共預算定義：**公共預算可以簡單的定義為公共部門有計畫的取得與使用資源。**公共預算涉及許多人的努力完成，最後必須訴之於文件，其代表的是在特定期間內如何收取與獲得資金的計畫，這無數的不同文件係由不同的人在不同的時間為不同的目的在執行。

(二)公共預算與公共財務管理的區別：

　1.**公共預算關心的是資源配置的選擇議題**，它涉及的是政府將作什麼的高層次決定；公共財務管理處理的是如何作的低層次決策。

　2.**公共預算係由民意代表、政務官及高層公務員共同決定公共收入與支出的多寡；公共財務管理主要由基層公共組織執行公共收入與支出。**

　3.兩者的劃分其實並非如此明確，公共預算的過程中包含了所有公共財務管理技術，例如政府決定蓋一條高速公路，這是預算決策，但在編列預算前所從事的各項財務評估，以及預算確定後的執行皆屬於公共財務管理的領域。因此，就某種程度言，公共財務管理可以說是為了作好預算

決策所進行的細部工作，財務管理技術係被用來蒐集資訊，以分析及執行預算決策。

(三)公共預算過程的四階段：公共預算的最終目的在於資源的配置，通常可分為四個階段：

1. **預算的籌編**（Preparation）：指政府各機關依據未來年度施政方針及預算的編審辦法，訂定施政計畫，並依據具體資料確實估算收支預算，編製完成預算書，再經由各主管機關與中央主計機關審核彙編成總預算案，於規定期間內送請立法機關審議。在這個階段中各機關扮演的角色是各項政策的擁護者，中央主計機關則扮演守門者的角色。

2. **預算的審議**（Approval）：此階段開始於預算書由最高行政首長送達於立法機關時，立法機關代表人民行使同意權，預算案經立法審議通過完成立法程序，政府各機關始得動用國家資源。立法機關在審議過程中將過濾各項資訊，並對所提政策與施政計畫予以討論，最後透過投票過程決定預算結果。

3. **預算的執行**（Implementation）：預算的執行係將經立法通過的預算付諸實現，將預算轉化成行動與政策，亦即為生產公共財貨與勞務提供資金，這是預算成立的最原始目的。

4. **決算**（Final Report）與**審計**（Audit）：此階段包括行政部門所做的決算以及審計部門所做的審計。決算目的在於對預算執行結果做完整的報告，審計目的在查核預算的執行是否有違法情事、財務支出是否經濟，政策或組織目標是否達成。（徐仁輝，公共財務管理，頁327-341）

三、公共財務管理的技術依其主要功能分配在公共預算過程，可有那四階段？

說明：　公共預算具高度政治性，總統、政黨、行政官員、國會議員、利益團體，以及其他有利害關係的公民，均會使其偏好能夠反映於預算中，而彼此互相競爭。預算反映了社會各方面對政府角色與資源配置的不同認知，預算可說就是處於政治過程的中心。

答：(一) 預算籌編階段的財務管理技術：在預算的編製階段，重心在於預測與分析。

1. **收入與支出的預測**（Forecosting Revenues and Expenditures）：預算的編列開始於收支的估測，多少收入可以收到與多少資金可以支用，提供預算討論的基礎。

2. **成本分析**（Cost Analysis）：成本分析的技術係被用來做為選擇及支持支出決策，簡單的成本分析正如同支出估測。成本效益分析係將不同政策、計畫、方案的成本效益做比較，如選擇淨效益現值最大的方案，以選擇資源的最有效率使用。

3. **資本預算**（Capital Budgeting）：資本項目係指那些投資於實體的支出並能產生長遠效益者（如建築物、道路、車輛與其他設備）。資本預算有不同的編列方式，有單獨編製為獨立預算，也有與一般總預算合併編列的方式。當經常與資本預算係分開獨立編列時，資本預算代表的是對資本項目支出的多年期支用計畫；當經常與資本預算係合併編列為單一預算時，資本項目的支出經常會被額外重視。

4. **公債管理**（Debt Management）：公債管理包括公債的發行與償還。公債的發行經常是為了籌措資本項目的資金，然而有時也可能為了經濟或政治目的發行；公債的償還經常須由每年編列的經常預算支應。

5. **風險管理**（Risk Management）：風險管理目的在於降低不利事件對於正常運作的影響，通常有兩種作法，一種是決定該做什麼以獲得更安全的環境，另一種是對於可能產生的風險予以支付。

6. **年金管理**（Pension Management）：年金管理係對於受僱員工當其不再受僱時的支付做安排，這些支付應編列於預算內視為經營成本。

7. **財務狀況的評估**（Assessmsnt of The Financial Condition）：財務狀況評估目的在藉由對財務優缺點的認識決定預算的籌編，例如一個政府如無足夠的收入流量應避免舉債，如有多餘的現金則可以考量減稅。

8. **發展財政**（Development Finance）：係指利用財政工具增加總體經濟活動，即政府利用租稅減免、優惠貸款或政府直接參與投資等方式提供企業財務誘因，俾導引總體經濟活動於政府計畫的方向。

(二)**預算審議階段的財務管理技術**：在預算審議階段，政策制定者觀察預算案內所有各種相關資訊，以及預算審查及公聽會所蒐集資訊。因此，在預算編製階段所有財務管理技術所獲得資訊在此階段皆會再被考量。

(三)**預算執行階段的財務管理技術**：

1. **會計**：公部門會計包含對於預算執行階段的所有財務活動予以記錄，政府機關依會計資料辦理決算，會計資訊亦是審計與考核預算執行結果的重要指標。

2.**收入行政**：係指確定收入（稅）基礎，評估其值，以及向個人或組織收取租稅。

3.**支出行政**：支出行政關心的是如何付出資金清償支付承諾，政府機關不像個人或家庭可以選擇現金、支票或信用卡支付，政府機關有較長與複雜的支付程序。

4.**採購**：採購管理處理的是財貨和勞務的購買，包括購買什麼、何時購買以及如何購買，並對所購買項目的不同成本予以評價。

5.**現金管理**：現金管理試圖預測與調整現金流量，以對組織有利，包括讓收入及時進入公庫，準時支付帳單，以及持有閒置資金供投資用。

6.**投資**：政府機關可供投資的資金來自三方面：現金管理之閒置資金、借款、年金資產，資金如善加投資可以產生較大孳息。基本上，投資可以是債權或是資產，一般政府機關可能同時以不同方式投資。

(四)**決算與審計階段的財務管理技術**：決算與審計是預算過程的最後階段，看似單純其實相當複雜。複雜的原因是審計目的與技術的多元化，許多審計工作須在預算編製與執行中進行，因為有些審計工作在預算編製或執行階段的活動發生時即應展開。例如績效的審計、會計制度與報告的審計等，審計結果也是進行其他預算階段時的重要參考資料。（徐仁輝，公共財務管理，頁327-341）

四、何謂「財產管理」？其包括那些項目？

答：(一) 定義：財產管理屬事務管理的主要部分，指各機關組織的辦公大樓、辦公設備、館舍、官舍、宿舍、車輛、物品以及其他物料等的管理制度，是各機關組織總務部門（General Affairs）經辦的工作。

(二)範圍：財產管理包含：

1.辦公大樓的維護：修建改建及使用管理，合署（集中）辦公或分散辦公。

2.館舍、官舍與宿舍管理：如何分配，是否租用或購建？如何修整維護？如何專責管理？

3.辦公室租用管理：自燈光、桌椅、文具用品以至空調設備等等，皆屬集中管理、分配使用的方式。

4.車輛管理：各機關公務車輛與交通車輛的購置使用與調整方式。

5.物品的採購與比價議價驗收事宜：此為各機關採購公物及驗收之手續，至為繁瑣而又容易引起貪腐不法事件，係事務管理工作最為費心費力之事項。（許南雄，行政學術語）

五、公共選擇理論對官僚預算行為具有清楚的說明，試問，何謂「官僚預算行為」模型？其內涵為何？

說明： 官僚的預算行為是否傾向於極大化機關的預算規模？公共選擇學派
（Public Choice）所提出的理論最支持「官僚追求機關預算極大化」之
論點，也引起最多的討論與批判。

答：(一) 官僚預算行為（機關預算極大化）定義：尼斯坎南（Niskanen）是公
共選擇學派中相當重要的一位學者。他所建構的「官僚預算行為」模
型，對公共管理與政府預算的相關領域有其不可忽視的影響。尼氏沿
用經濟學的分析方法認為，行政官僚試圖最大化其機關預算，他認為
個人是效用最大化者，而官僚正如同競爭市場中的消費者，以追求其
效用極大化為目的，因此官僚基本上是理性自利的，其行為在使預期
利得最大。

(二)內涵：尼氏主要論點如下：

1.官僚的效用函數包括下列的變數：薪資、福利津貼、公共聲譽、權力、
機關產出以及管理等。官僚欲追求擴大其權力、薪資福利、或聲譽的
話，必然試圖擴大其機關之預算規模；另一方面，官僚為了獲得其下屬
的支持與合作，也會極大化機關預算，因為預算規模愈大，將可提供更
多的陞遷機會與更多的工作保障給予員工。

2.**官僚不但勇於追求機關預算極大化，且其企圖多半能成功**，如此更強化
官僚追求擴大機關預算規模的動機。此論點是建立在官僚機關與其出資
者（即國會裡的政客）之間的「雙邊獨占」關係上。

3.**官僚在整個預算過程中處於較有利的地位，出資者則處於被動的角色，
理由主要出自於「代理人問題」**。首先，代議民主政治體制下，官僚多
半只須滿足政治上的出資者（如國會議員），而非最終的消費者（選
民）；其次，出資者亦可透過利益交換的方式，從增加的預算中獲得好
處。另外，官僚易於達成擴大預算規模的企圖之另一重要原因是，官僚
擁有服務或產品供給成本的充分資訊，而出資者卻缺乏這類資訊。

4.官僚機關預算極大化的行為所造成的結果是，**官僚可能會以過多的預
算有效率地製造過多的產出，或者以過多的預算無效率地製造相對較
少而剛好滿足出資者需求的產出**。這兩種情況，都造成實際的官僚機
關比最適規模龐大，亦即所謂「過剩政府」（Excess Govenrnment）的
現象。（吳瓊恩、李允傑、陳銘薰，公共管理—公共選擇理論與官僚
預算行為，頁363-375）

六、尼斯坎南從經濟理性假設出發，主張官僚預算行為乃是一貫追求極大化機
關預算規模。然而，此一理論在後來引起了極大爭議。試問，所產生的批
評及爭議論點各為何？

答：(一) 批評：

1. 柯根（Kogan）和馬革利斯（Margolis）認為尼斯坎南的模型並非正確
   的，因為高級官僚並非如尼斯坎南模型所描繪的，典型的官僚有極深的
   專業認同，其行為以他認知的公共利益作出發點。

2. 有其他學者提出「官僚未必是預算最大化者」的理由。例如馬斯葛瑞夫
   （Musgrave）認為官僚的效用最大化可能包括個人經濟利益與權力以外
   的目標，如責任、同僚的尊敬、為社會服務的實現以及奉獻自己的滿足
   等。因此，單純以為官僚只是關心其個人物質利益是不智的，官僚的動
   機太複雜，不宜只以簡單的假設來包含。

3. 對尼斯坎南模型最直接的挑戰是以其他目標來代替預算做為官僚所追求
   之最大化者，有的學者認為官僚對於職位的保障與安定性之關心更甚於
   預算的增加；彼得斯主張官僚最重要的目標是維持現狀，因此其最重要
   的價值觀是安定；機關的生存必須尋求國會、總統及利益團體的政治支
   持；此外官僚亦可能為了避免機關受政治不確定性影響，較注重追求機
   關行政上的自主性，而非預算的增加。

(二) 爭議：

1. 並非所有其他的學者都不同意官僚是傾向於極大化機關預算的，有部分
   學者同意尼斯坎南模型的基本觀點，但做了修正。邁各（Migue）和畢
   藍傑（Belanger）認為官僚真正關心的倒不一定是機關整體預算規模的
   大小，而是在意其行政管理上的自由裁量權，因此官僚會設法極大化機
   關的「自由裁量預算」。自由裁量預算不但可用來服務官僚機構的利
   益，如增加員額、資本或福利浮貼；也可以用來服務官僚機關在政治上
   的監督單位（如國會裡的預算撥款委員會）。

2. 尼斯坎南模型的另一主要假設「官僚希望能從增加的預算中獲取更大的
   效用」。但事實上，沒有足夠的證據支持「官僚從增加的預算中獲利」
   此一說法。

3. 強森與賴克伯（Johnson & Libecap）以美國聯邦政府為研究對象所做的
   統計分析顯示：第一，官僚行為和政府規模的成長並無顯著的關聯；第
   二，政府官僚人數的變化和官僚薪資的變化亦無顯著的關聯。這兩項結
   果正說明官僚預算行為和官僚所屬機關的規模及個人的薪資福利並無直

接而明顯的關係。因此，尼斯坎南的假設「官僚從增加的預算中得到好處」，並沒有得到足夠的證據支持。因為在某些強調文官年資的國家，官僚的福利與陞遷的衡量標準主要是年資，較不在意工作效率或表現，使得官僚易於養成「不求有功，但求無過」和「多一事，不如少一事」的心態，則自然不可能會有追求「預算極大化」的企圖與動機。

4. 至於尼斯坎南認為官僚極大化預算的策略多半會成功之論點，問題出在於他只強調官僚握有太多的權力與資源，而未充分考慮官僚所面對的外在限制。

5. 尼斯坎南認為官僚相對於出資者（民意機關）有較強的談判能力，因為他們擁有較多技術方面的資訊。一般而言，一個行政機關只面對一個出資者，而一個出資者須面對許多機關，因此出資機關（立法機關）的資訊相對成本可能較大。但是，出資機關有權力替換那些拒絕配合其需求的官僚，且有權決定它想要的預算水準。（吳瓊恩、李允傑、陳銘薰，公共管理—公共選擇理論與官僚預算行為，頁363-375）

七、官僚預算行為模型雖然受到許多批評及質疑，但仍具有重要的地位及價值。尼斯坎南本人亦將其模型修正為「自由裁量預算的最大化」。試問，未來的「官僚預算行為模型」的研究必須關照那些層面或因素，才能重新建構一個對於官僚預算行為具完整解釋力的理論模型？

說明：　尼斯坎南認為，官僚預算行為模型不能忽略官僚不同的特質以及官僚所處的特定政治制度與政治過程。因此，尼氏亦承認其過去偏重於經濟學概念的模型，必須加入政治學的考慮與觀察，才能求得更貼近事實的解釋。

答：(一)**官僚的公共服務動機**：公共選擇學者假設官僚主要是受到效用誘因所激勵，他們未考慮在公共部門服務可能出現的公共服務動機。學者發現許多公共經理人的表現與外部報酬並無明顯關係，他們認為公務員並非只是受到個人效用的誘因，而是有許多型態的公共服務動機。**公共服務動機可以被解釋為個人支持制度與組織而被激勵的動機傾向**，規範基礎的動機係有關遵照一般社會規範所產生的行動，如為公共利益服務的願望、盡忠職守與維護社會公平正義等。

(二)**政治生態環境**：公共服務動機模型中的一個嚴重錯誤是假設預算出資者（立法機關）係處於被動的地位，以致預算結果較不受出資者的影

響。但事實證明**公共支出經常與政府內之政黨組成有關，並受選舉週期的影響**；除了政治氣候的因素外，**政治生態結構的變化也可能直接影響官僚的預算行為。**

(三)**預算過程的制度設計**：制度有幾種途徑影響官僚的預算行為：第一，**制度影響官僚擬訂預算策略所需的資訊**；第二，**制度影響官僚在採取不同預算策略時所面臨的誘因**；第三，**制度影響官僚在追逐個人利益時所面臨的限制**。預算可視為一種契約：出資者答應在特定條件下提供資金，官僚在同意的方式下支出這些資金，以提供服務或公共財。出資者與官僚之間存在所謂的「代理人問題」，亦即官僚的誘因不會導致其行為與出資者的利益完全一致。假如預算制度賦予審核預算單位相當的權力，追求機關預算極大化的行為在一般行政官員眼中被認為不可行；相反地，假如預算制度賦予下級主管機關較大的自主性，預算審核機關及其上級監督機關只對預算做形式的審查，則機關預算較有膨脹擴張的可能。

(四)**預算政策**：**官僚的預算行為直接受到政府年度預算政策的影響。**例如，政府為達成收支平衡的目標而採取緊縮的預算政策，各機關在編列預算時自不可能任意浮濫編列機關預算。預算政策通常是受到外在政治環境所決定。（吳瓊恩、李允傑、陳銘薰，公共管理—公共選擇理論與官僚預算行為，頁363-375）

八、何謂「多元評估模式」（Multi-Source Assessment Model，MSA）（多元回饋績效評估），其產生的背景為何？

答：(一) 多元評估模式之定義：多元評估模式其理論基礎主要是根源組織的**調查分析**（Organization Surveys）、**全面品質管理**（TQM）、**員工發展回饋**（Development Feedback）等理論與實務衍生而來。MSA從組織的調查分析的活動中，針對員工對領導效能與組織滿意度的調查報告獲得績效資訊回饋的方法，而全面品質管理的活動則是多元評估模式中納入顧客評估的重要因素，同時也突顯目前績效改革重視服務品質的風潮。最後，對於員工個人的生涯發展的重視則是影響MSA發展最為深遠的活動，並且在組織結構變遷快速的情況下，組織必須課予員工不同的職責來符合生產力的要求，同時又必須兼顧員工發展的重要性，兩者間的衝突性，正是多元評估模式從不同的觀點來評估員工績效所要解決的問題，並且從而追求員工與組織兩者的雙贏。

(二)產生背景：MSA源自於組織對於提高生產力的需求。早期的績效評估工作重點皆置於員工輸出效能上，然而，在目前組織結構變遷、組織再造工程進行與組織文化改變情況下，已經與X理論所闡述的工作者不同。工作者應被視為具有獨立發展性的個體，在工作職場上能發展自我。績效評估的方式不能以單純地站在主管或組織的立場來獎懲員工，而必須以員工發展本身為目的，並且以多元化的方式來評估員工的績效。

1. 多元評估模式起源於40年代的評估中心（Assessment Center），此乃英國陸軍智囊團運用多元評估者從事不同的評量來評估受評者，方法包括遊戲、考試、誘導等來評量參與者的能力。

2. 50、60年代出現領導能力評估與選擇（Leadership Assessment and Selection）的活動，同樣採取多元評估者的評估方法，只不過另外加入領導效能面向的評估，對於主管領導能力的評估具有貢獻；在同時期，也出現員工工作滿足的評量（Job Evaluation）。

3. 在80年代企業界出現才能評估（Talent Assessment）與績效評量（Performance Appraisal）兩個評估的方式，MSA也開始在不同的組織中進行實驗。此時所運用的MSA在執行之初是相當浪費時間與金錢的，運用在行政目的之上則必須主管全力地支持，企業在行政目的上運用MSA則較少見。（孫本初，公共管理─多元評估模式之研究，頁169-184）

九、多元評估模式在人力資源管理上具有何種功能？多元評估模式與傳統評估模式具有何種差異？多元評估模式相對於傳統評估模式而言，具有那些利基？

說明：　績效評估是人力資源管理中的一項功能。績效考核的落實與否，將影響人力資源管理功能的整體表現。而績效考核的整體目的主要包括行政目的與發展目的，行政目的主要是作為管理階層的參考，並作為獎優懲劣或陞遷、降級等依據；發展的目的則是可使組織或員工明瞭其工作的優、缺點，進而促進員工改善自我。

答：(一) 多元評估模式在人力資源管理上的功能：

1. **個人的成長與發展**：透過多元評估者的回饋，主管可以藉由部屬的觀點，瞭解其領導行為的優劣，部屬也可以透過外在顧客對於本身的評鑑過程，瞭解自我的利基與潛能，整個組織成員將透過回饋的過程成長。

2. **確保能蒐集客觀與均衡的資訊**：根據組織研究指出，多元回饋所獲得的資訊具有漸進的效度，換言之，多元回饋能夠較單一來源的評估更能確保公平性、客觀性及價值性。因此，它能給予管理者較為高品質的績效評分，而且更被這些受評者接受。

3. **支持或增強個人或組織的發展目標**：當多元回饋績效評估被整合到人力資源的管理系統時，個人有很多的機會表達自己的意見，或者在評鑑集會中共同討論未來的發展性。

(二)差異性：

1. **客觀及可信度**：在多元回饋過程的評估機制中，主要是以多元的觀點來解決這個問題，評估的過程，乃是結合了組織成員職場生涯中相關的集體智慧，包括有上司、同儕、部屬及可能外在與內在的顧客等智慧結晶，期使組織成員能透過這些集體的智識，提供員工具有競爭力的技能，並且讓員工瞭解個人的優缺點及如何有效地發展自我，此也是其與傳統評估模式最大的不同點。因此，員工藉由多元評估的過程也可以從比較客觀、具有可信度。

2. **滿足需要**：多元評估模式相較於傳統層級模式的評估機制，設計良好的多元評估模式不僅能滿足員工實質的需要，促使員工自我成長，並且能夠滿足組織發展的需要，同時也是組織變遷的利器。

(三)利基：

1. **修正單一來源的評估方式**：單一來源的評估主要是來自於主管的觀點，所提供員工績效的資料通常無法顯現員工之間的差異性。此外，主管並不會刻意破壞組織氣氛而嚴格執行評估制度，也有可能礙於組織中的政治文化而存有個人的偏見等。因此，單一來源的評估容易造成下列幾項問題：

(1) 考績可能只是反映個人（通常是主管）的偏見。

(2) 政治立場、喜好、友誼都可能成為評估的考量因素。

(3) 主管可能沒有很充分的機會或時間來觀察員工的績效。

(4) 主管不願意面對組織的績效是如此不堪。

(5) 不同主管評估的標準寬嚴不一。

(6) 使員工養成被動、防禦的習慣。

(7) 將員工分級導致員工之間的不滿及對立，鼓勵個人競爭，忽略團隊合作。

(8) 缺乏對員工有計畫地培養及訓練。

2.**增加績效的全貌**：經由增加均衡及全面的觀點，360度回饋的過程改善了績效測量的品質。評估將變得更有效度及信度，同時工作同仁的知識網絡所能提供的經驗，有時候是主管無法觀察到的事情。

3.**給予多元的利害關係人有表達的機會**：顧客、員工、團隊成員上司、領導者與管理者、組織等利害關係者都成為評估的對象，透過他們彼此的相互主觀性，對於績效資訊的評定變成較為客觀。（孫本初，公共管理——多元評估模式之研究，頁169-184）

十、學者羅登（London）認為，建構多元回饋績效評估通常必須具備那些互動的要件，試說明之。

答：(一) **第一個要件是績效的標準與面向的訂定**：由於績效面向來源具有多元性的傾向，通常包括來自於工作分析、管理者的研究、理論模式或者高層主管間討論後所得到的績效面向。因此，變革代理人要能夠花費心思，深深涉入該組織的文化之中，才能獲得適合的績效標準。此外，此要件中尚包括如何使組織成員的工作內容變得更有意義、如何建構工作團體的結構、如何建立一個持續性的團隊、如何發展網絡與聯盟，及如何達成部門的工作目標等問題。

(二)**第二個要件是績效資訊的品質**：資訊的正確性與否成為影響評估成敗的關鍵，通常變革代理人會遵守幾點原則來確保所評定績效等級能保持公正性與客觀性：

1.清楚地解釋績效的等級該如何使用。

2.評定等級的成員能夠對其所設立的績效標準負責。

3.訓練考核人員在制定的過程中必須與其他成員互動，而且等級的標準也必須從不同顧客、由上而下、由下而上，或是同儕及自我本身的等級評估中獲得。

(三)**第三個要件是將資訊的接受者視同資訊的處理者**：此要件主要是因應受評者如何接收、詮釋及運用回饋資訊的問題而生，多元回饋績效評估成功與否的關鍵在於受評者是否能夠真心接受回饋資訊，並且將其內化成為自我發展的原動力。藉由評定的過程，受評者或考評者將能充分瞭解組織要求的績效標準，個人也將從評定他人與評定自己的過程中得到自我反省的能力。第三個要件是多元回饋過程中最關鍵的部分，因為受評者將面對自我評定的標準與其他人評定標準不同的衝

擊，諸如外在顧客、主管、同儕等觀點。此外，除了自我的認知外，倘有其他影響評定的因素也會影響到回饋的過程。

(四)**第四個要件是處理多元回饋的結果**：在此要件中必須瞭解的是多元回饋過程中對於行為與變革的影響，因為，透過多元回饋過程之績效評估，藉由回饋的資訊，來改善管理者的效能，並且透過不斷地回饋與調適，管理者才有機會根據回饋所得到的資訊，調整其行為。因此，多元回饋提供管理者能夠重新針對其缺點加以改正，以及強化領導的效能。總之，上述的要件其實可以簡化為三個行動步驟：第一個步驟是資料的獲得，第二個步驟是評估的活動，第三個步驟是落實的行動。多元回饋績效評估的過程須強調資訊周密性、行動的即時性，才能確切地幫助組織成員改善本身的績效表現、幫助主管改善領導效能，以及幫助組織發展績效計畫等目標。（孫本初，公共管理—多元評估模式之研究，頁169-184）

十一、成功執行多元評估模式的策略為何？

說明：　多元評估模式強調藉由多面向的評估指標及回饋過程來評估工作人員的執行績效，提升行政效率及實現自我發展。政府再造的核心在於進行績效管理的改革，然而績效管理成功與否的關鍵因素，在於組織是否擁有良好的績效評估機制。目前的民主國家可以說是所謂的「測量國家」，掌握民意趨向，據以實施，才能獲得人民一致的支持。

答：(一) **策略性地反映利害關係人的需求**：多元回饋的績效評估主要是藉由評估過程來整合不同來源的評估結果，以強化本身競爭優勢及改善自我的缺失；多元回饋所得到的資訊不但是員工個人重要的參考工具，也必須成為組織發展計畫中重要的參考因素。因此，多元回饋的評估在實施之前必須盡可能地整合所有重要的利害關係人，包括員工、主管或人力資源的專家等，並且瞭解他們支持及反對的程度，以便擬定適當的計畫得到他們的認同，以達到多元回饋績效評估的目的。

(二) **掌握自我職業生涯發展**：多元回饋係以人本為中心的概念，認為每個員工都可以為自己負責，而且都有權力規劃如何發展生涯。因此，主管必須擔負起教育員工的責任，目的在促使每位員工都能夠藉由回饋的結果主動地去學習，並且自己規劃該如何發展職業生涯。換言之，現代的組織是學習性組織，成員必須不斷地學習、創造自我。

(三)**帶領每位員工達到水平**：由於多元評估是採取多元的觀點來評估員工的績效，整個評估過程，每個參與者都會從不同的觀點中瞭解本身的優缺點，並且在得到回饋之後，組織必須幫助員工改進自我的缺失，以達到符合多元期望的標準，如此回饋的過程才能事竟其功。所以，MSA必須要有下列的原則，才能有效地提升每位員工的水平：

1. 確認每位參與者能夠對評估過程有清楚的預期。

2. 確保參與者對於評估過程的設計，能清楚地瞭解多元評估的內涵，而且瞭解該決策的意涵。

3. 組織可以將內部分成不同小組來實驗多元評估模式，來瞭解組織是否適用多元評估模式。

4. 組織必須針對評等者與受評者加以訓練。

5. 組織必須針對管理階層如何運用回饋的資訊來作決策，特別地加以訓練。

6. 評等的人員必須對其評等的結果負責。

7. 評等者必須涉入回饋的過程及後來制定的行動計畫中。

8. 執行監測的活動，以確保員工是順服於回饋資訊的結果。

9. 組織必須提供適當的資源來提供訓練、諮商及技術發展等活動。

(四)**多元評估模式是改變組織文化的工具**：組織執行多元回饋評估模式的成果，最終仍然必須透過組織文化的改變，才能夠維持資訊回饋的永續發展，否則回饋的過程只是曇花一現，成為官樣文章。而且，組織在收受回饋的過程也必須改變，組織必須放棄制式化的溝通方式，訓練員工以真誠、信任的態度來從事彼此的溝通。

(五)**配套措施的運用**：ＭＳＡ講求全面的改造組織文化，除了績效評量面向需要變革之外，還必須搭配訓練方法、作業流程等變革才能克盡其功。再者，論者指出組織更可以利用高科技，尤其是網際網路的運用，以有利於回饋資訊的蒐集與處理，在公部門推行時也必須注意相關法令的改造，避免造成窒礙難行的困境。（孫本初，公共管理—多元評估模式之研究，頁169-184）

▌選擇題

(　)　1. 指公共組織處理有關公共資金的所有行政活動，公共組織包括各層級政府機關及非營利組織。　(A) 公共理財管理　(B) 公共財務管理　(C) 公共預算管理　(D) 公共財政管理。

( )　2. 下列關於公共財務管理的敘述，何者錯誤？　(A) 財務行政探討的內容較重視一個公共部門管理者必須面對的財務技術與概念，公共財務管理偏重一般財務行政制度與環境　(B) 公共財務管理之專業領域有預算、會計、收支、採購、公債、風險管理、審計等　(C) 良好的財務管理可以確保公共資金的安全、方便政策之長期規劃以　(D) 財務行政，係指政府機關處理財務事項及其有關之組織與管理的制度。

( )　3. 那位學者以美國聯邦政府為研究對象，統計分析顯示，官僚行為和政府規模的成長並無顯著的關聯？　(A) 強森　(B) 賴克伯　(C) 以上皆是　(D) 尼斯坎南。

( )　4. 政府需經常注意如何降低不利事件對於正常運作的影響，通常包括兩種作法，一種是決定該做什麼以獲得更安全的環境，另一種是對於可能產生的風險予以支付。此屬於「預算籌編階段的財務管理技術」中之何種技術？　(A) 年金管理　(B) 收入與支出的預測　(C) 風險管理　(D) 公債管理。

( )　5. 公共部門有計畫的取得與使用資源。此一般稱為：　(A) 公共財產　(B) 公共預算　(C) 發行公債　(D) 公共財務。

( )　6. 官僚預算行為（機關預算極大化）係由何位學者創立的？　(A) 柯根　(B) 尼斯坎南　(C) 馬革利斯　(D) 杜拉克。

( )　7. 政府機關可供投資的資金來自下列那一方面：　(A) 現金管理之閒置資金　(B) 借款　(C) 年金資產　(D) 以上皆是。

( )　8. 下列何者為構成財務行政的要素：　(A) 財務政策　(B) 財務責任　(C) 財務職能　(D) 以上皆是。

( )　9. 關於尼斯坎南的官僚預算模型的敘述，下列何者錯誤？　(A) 官僚欲追求擴大其權力、薪資福利、或聲譽的話，必然試圖擴大其機關之預算規模　(B) 官僚為了獲得其下屬的支持與合作，也會極大化機關預算　(C) 官僚不但勇於追求機關預算極大化，但多半會失敗　(D) 官僚在預算過程中處於較有利的地位，出資者則處於被動的角色。

( )　10. 以公共學派研究官僚而受世人著目的是？　(A) 杜拉克　(B) 唐斯　(C) 尼斯坎南　(D) 畢德斯。

( )　11. 「預算的編列開始於收支的估測，多少收入可以收到與多少資金可以
支用。」此係屬於「預算籌編階段的財務管理技術」中之何種技術？
(A) 收入與支出的預測　(B) 風險管理　(C) 成本分析　(D) 資本預算。

( )　12. 「官僚如同競爭市場中的消費者，以追求其效用極大化為目的，官僚基
本上是理性自利的，其行為在使預期利得最大。」此係何項理論的基本
假設前題？　(A) 系統理論　(B) 漸進理性理論　(C) 博奕理論　(D) 官
僚預算行為模型。

( )　13. 下列何者非預算執行階段的財務管理技術？　(A) 收入行政　(B) 採購
(C) 預算籌編　(D) 現金管理。

( )　14. 下列何者非公共財務管理的特色？　(A) 控制　(B) 管理　(C) 控制計畫
(D) 平衡。

( )　15. 下列關於尼斯坎南理論的敘述，何者錯誤？　(A) 官僚在整個預算過程
中處於較不利的地位，出資者則處於主動的角色　(B) 官僚機關預算極
大化的行為所造成的結果是，官僚可能會以過多的預算有效率地製造過
多的產出　(C) 官僚易於達成擴大預算規模的重要原因為官僚擁有服務
或產品供給成本的充分資訊，而出資者卻缺乏這類資訊　(D) 代議民主
政治體制下，官僚多半只須滿足政治上的出資者。

( )　16. 下列何位學者認為尼斯坎南的模型並非正確的，因為高級官僚並非如
尼斯坎南模型所描繪的，典型的官僚有極深的專業認同，其行為以他
認知的公共利益作出發點？　(A) 柯根　(B) 馬革利斯　(C) 以上皆是
(D) 伊斯頓。

( )　17. 「政府如利用財政工具增加總體經濟活動，如利用租稅減免、優惠貸款
或直接參與投資等方式提供企業財務誘因。」此係屬於「預算籌編階段
的財務管理技術」中之何種技術？　(A) 財務狀況的評估　(B) 公債管
理　(C) 風險管理　(D) 發展財政。

( )　18. 指各機關組織的辦公大樓、辦公設備、館舍、官舍、宿舍、車輛、物
品以及其他物料等的管理制度，是各機關組織總務部門經辦的工作。
此種管理稱為：　(A) 財產管理　(B) 目標管理　(C) 績效管理　(D) 知
識管理。

( )　19. 下列何者非建構多元評估模式理論的主要基礎？　(A) 調查分析　(B) 企
業型政府　(C) 全面品質管理　(D) 員工發展回饋。

(　)　20. 下列何者非公共預算四階段其中之一？ (A)預算的審計　(B)預算的審議　(C) 預算的調查　(D) 預算的執行。

(　)　21. 下列何項財務管理技術是預算過程的最後階段，看似單純其實相當複雜？ (A) 籌編階段　(B) 決算與審計階段　(C) 執行階段　(D) 審議階段。

(　)　22. 「多元評估模式」英文簡稱為： (A)RCA　(B)MSA　(C)CDI　(D)ABC。

(　)　23. 下列關於多元評估模式產生背景的敘述，何者錯誤？ (A)MSA 源自於組織對於提高生產力的需求　(B) 多元評估模式起源於 40 年代的評估中心　(C)70 年代出現領導能力評估與選擇　(D)80 年代企業界出現才能評估與績效評量。

(　)　24. 下列關於公私財務管理的差別，何者敘述錯誤？ (A) 企業財務管理著重處理個人與企業的資產與負債，透過銷售財貨與勞務以獲取所得與利潤　(B) 企業所得來自提供產品與服務，政府的稅收則來自個人與企業非自願的繳納　(C) 私人財務管理著重處理預算限制下的收入與支出以達到資金的合法與有效使用　(D) 企業財務的限制主要係生產要素供應以及市場條件等，政府財務的限制主要是政治環境、預算規模與法律規章等。

(　)　25. 透過多元評估者的回饋，主管可以藉由部屬的觀點，瞭解其領導行為的優劣，部屬也可以瞭解自我的利基與潛能」此係屬於多元評估模式在人力資源管理上的何項功能？ (A) 確保能蒐集客觀的資訊　(B) 確保能蒐集均衡的資訊　(C) 個人的成長與發展　(D) 支持或增強個人或組織的發展目標。

(　)　26. 將預算書由最高行政首長送達於立法機關時，立法機關代表人民行使同意權，預算案經立法審議通過完成立法程序，政府各機關始得動用國家資源。此一過程稱為： (A) 預算的籌編　(B) 預算的審議　(C) 預算的決算　(D) 預算的審計。

(　)　27. 下列何者非多元評估模式相對於傳統評估模式而言所具有的利基？ (A) 修正單一來源的評估方式　(B) 主管式的評估　(C) 增加績效的全貌　(D) 給予多元的利害關係人有表達的機會。

(　)　28. 尼斯坎南從何種假設出發，主張官僚預算行為乃是一貫追求極大化機關預算規模？　(A) 政治理性　(B) 經濟理性　(C) 社會理性　(D) 公民理性。

(　)　29. 關於公共預算與公共財務管理的區別，下列敘述何者是錯誤的？　(A) 公共預算係由民意代表、政務官及高層公務員共同決定公共收入與支出的多寡　(B) 公共財務管理主要由基層公共組織執行公共收入與支出　(C) 公共預算的過程中包含了所有公共財務管理技術　(D) 公共預算關心的是政府將做什麼的低層次決定。

(　)　30. 指政府各機關依據未來年度施政方針，訂定施政計畫，並依據具體資料確實估算收支預算，編製完成預算書。此為公共預算過程之何項階段？　(A) 預算的籌編　(B) 預算的審議　(C) 預算的執行　(D) 預算的決算。

(　)　31. 尼斯坎南的「官僚預算行為模型」提出後受到眾多批評，下列何者非批評的觀點？　(A) 官僚對於職位的保障與安定性之關心更甚於預算的增加　(B) 沒有足夠的證據支持「官僚從增加的預算中獲利」此一說法　(C) 出資機關有權力替換那些拒絕配合其需求的官僚，且有權決定它想要的預算水準　(D) 官僚極大化預算的策略多半會成功。

(　)　32. 下列何種學派應用經濟學的觀念與方法論來解釋官僚行為，試圖去研究官僚行為背後的個人動機？　(A) 公共選擇學派　(B) 理性學派　(C) 博奕理論　(D) 系統理論。

(　)　33. 那位學者認為官僚的效用最大化可能包括個人經濟利益與權力以外的目標，如責任、同僚的尊敬、為社會服務的實現以及奉獻自己的滿足等？　(A) 拉斯威爾　(B) 包可士　(C) 朱朗　(D) 馬斯葛瑞夫。

(　)　34. 下列何者屬於「財產管理」的範圍？　(A) 辦公大樓的維護　(B) 館舍、官舍與宿舍管理　(C) 辦公室租用管理　(D) 以上皆是。

(　)　35. 下位那位學者認為官僚真正關心的倒不一定是機關整體預算規模的大小，而是在意其行政管理上的自由裁量權，因此官僚會設法極大化機關的「自由裁量預算」？　(A) 邁各　(B) 畢藍傑　(C) 以上皆是　(D) 以上皆非。

(　)　36. 學者羅登（London）認為，建構多元回饋績效評估通常必須具備特定互動的要件，其中第一要件是：　(A) 績效資訊的品質　(B) 將資訊的接

受者視同資訊的處理者　(C) 績效的標準與面向的訂定　(D) 處理多元
回饋的結果。

( )　37. 下列何位學者認為，官僚預算行為模型不能忽略官僚不同的特質以及官
僚所處的特定政治制度與政治過程？　(A) 戴明　(B) 朱朗　(C) 尼斯坎
南　(D) 柯士比。

( )　38. 下列何者為成功執行多元評估模式的策略？　(A) 策略性地反映利害關
係人的需求　(B) 掌握自我職業生涯發展　(C) 多元評估模式是改變組
織文化的工具　(D) 以上皆是。

( )　39. MSA 必須要有下列何項原則，才能有效地提升每位員工的水平：　(A)確
認每位參與者能夠對評估過程有清楚的預期　(B) 組織必須提供適當的
資源來提供訓練、諮商及技術發展等活動　(C) 執行監測的活動，以確
保員工是順服於回饋資訊的結果　(D) 以上皆是。

解答與解析

1.**(B)**

2.**(A)**。公共財務管理與財務行政兩者基本上所涵蓋的範圍是一致的，只是前者探
討的內容較重視一個公共部門管理者必須面對的財務技術與概念，後者偏
重一般財務行政制度與環境。

3.**(C)**。他們的研究顯示：官僚預算行為和官僚所屬機關的規模及個人的薪資福利
並無直接而明顯的關係。

4.**(C)**。年金管理係對於受僱員工當其不再受僱時的支付做安排，這些支付應編列
於預算內視為經營成本。

5.**(B)**　　　6.**(B)**　　　7.**(D)**

8.**(D)**。另一項重要要素是「預算程序」。

9.**(C)**。多半能成功，如此更強化官僚追求擴大機關預算規模的動機，此論點是建立
在官僚機關與其出資者（即國會裡的政客）之間的「雙邊獨占」關係上。

10.**(C)**。公共選擇學派研究官僚的兩位先驅者是杜拉克和唐斯，然而引起廣大回響
與爭議的則是尼斯坎南的「官僚與代議政府」。

11.**(A)**。資本項目係指那些投資於實體的支出並能產生長遠效益者（如建築物、道
路、車輛與其他設備）。

12.**(D)**

13.**(C)**。現金管理試圖預測與調整現金流量，以對組織有利，包括讓收入及時進入
　　　公庫，準時支付帳單，以及持有閒置資金供投資用。

14.**(D)**　　　　15.**(A)**　　　　16.**(C)**　　　　17.**(D)**　　　　18.**(A)**　　　　19.**(B)**

20.**(C)**。應是「預算的籌編」。公共預算的最終目的在於資源的配置。預算的執行
　　　係將經立法通過的預算付諸實現，將預算轉化成行動與政策，此亦是預算
　　　成立的最原始目的。

21.**(B)**

22.**(B)**。Multi-Source Assessment Model。

23.**(C)**。50、60年代出現領導能力評估與選擇。早期的績效評估工作重點皆置於員
　　　工輸出效能上。後來的績效評估方式不能以單純地站在主管或組織的立場
　　　來獎懲員工，而必須以員工發展本身為目的，並且以多元化的方式來評估
　　　員工的績效。

24.**(C)**。公共財務管理著重處理預算限制下的收入與支出以達到資金的合法與有效
　　　使用。

25.**(C)**　　　　26.**(B)**

27.**(B)**。單一來源的評估主要是來自於主管的觀點，所提供員工績效的資料通常無
　　　法顯現員工之間的差異性。（孫本初，公共管理—多元評估模式之研究，
　　　頁169-184）

28.**(B)**

29.**(D)**。公共預算關心的是資源配置的選擇議題，它涉及的是政府將做什麼的高層
　　　次決定；公共財務管理處理的是如何作的低層次決策。

30.**(A)**。此階段中各機關扮演的角色是各項政策的擁護者，中央主計機關則扮演守
　　　門者的角色。

31.**(D)**。彼得斯主張官僚最重要的目標是維持現狀，因此其最重要的價值觀是安
　　　定。（吳瓊恩、李允傑、陳銘薰，公共管理—公共選擇理論與官僚預算行
　　　為，頁363-375）

32.**(A)**。公共學派的研究，認為經濟理性是解析官僚現象的基本工具，而官僚行為
　　　被解釋為官僚面對誘因與限制的理性反應。

33.**(D)**　　　　34.**(D)**　　　　35.**(C)**　　　　36.**(C)**　　　　37.**(C)**　　　　38.**(D)**

39.**(D)**

第10章 公共管理模式與公眾關係

重點提示　「多元化管理」（Diversity Management）是當今最新且成長最快的管理議題之一，早在1980年代末期，多元化管理已引起美國許多組織相當大的注意力。因為隨著愈來愈多的女性、少數群體與移民者等加入工作隊伍中，他們所面臨的相關議題便受到重視。就管理面而言，多元化管理強調漸進的改變，早期並無多元化的觀念，甚至採取排斥與消滅，後來政府強調平等就業機會與弱勢優先，逐漸重視多元化的議題；就組織而言，從單一化組織到多元論組織到建立多元文化組織，組織將以多元文化組織為組織改善的願景和努力的方向。而在多元文化組織中，組織成員雖然來自不同的文化背景，卻能夠彼此相互尊重，尊重不同的人、尊重不同的價值，甚至尊重每個人的能力。（孫本初，公共管理─多元化管理，頁221-247）

　　本章第二個重點為「政府績效管理」。近年來政府部門強調組織的變革，並且以創新、授能等作為管理的工具。就目前改革的種種措施來看，如何對各單位加以課責（Accountability）才是各級政府必須加以審思的問題。從目前各國政府再造機制設計中，可以瞭解各國課責的模式，往往是以績效及成果作為課責的根基，而且在其建構課責的模式中，常以標竿管理、策略管理等作為再造的工具。（孫本初，公共管理─政府績效管理，頁141-156）

　　政府成立的目的雖然和民間企業不一樣，但是追求降低成本，提升效能的目標卻是一樣的。和民間企業一樣，好的政府施政計畫及願景亦需要專業的行銷及公關手法讓人民知曉。此時公共管理者就扮演相當重要的角色。正確、公開及即時的政府公關行銷方法，不只能加強政策施行的合法性，更能贏取人民對政府的信賴；因此，公共管理者對此應有所體認及付諸實行。

▌重點整理▐

第一節 多元化管理

一、多元化管理的概說

(一)多元化管理的定義：Cox認為，多元化管理的定義就是藉由規劃與執行組織系統和實務來管理組織成員，俾達到多元化的潛在優勢得以極大化，同時潛在的威脅得以降到最小。

(二)多元化管理（Diversity Management）的發展背景

1.「平等就業機會」時期。　　　2.「弱勢優先」時期。
3.「重視差異性」時期。　　　　4.「多元化管理」時期。

(三)多元化管理的特質

1.多元化管理是種尊重與發展多元化的新思維。
2.多元化管理是具有競爭力的企業策略。
3.多元化管理是前瞻性地改變組織整體的長期過程。
4.多元化管理是漸進的組織改變，並以多元文化組織為目標。

(四)多元化管理的管理原則

1.尋求多元化，但是建立在共享願景之上。
2.以自我發展為主，外在規範為輔。

(五)影響多元化管理發展的「環境趨勢」

1.人口結構。　　　　　　　　　2.經濟結構。

(六)多元化管理與傳統時期處理途徑的比較指標

1.目的不同。　　　　　　　　　2.施行動機不同。
3.關懷對象不同。　　　　　　　4.對差異性的認知不同。
5.展現多元化的方式不同。　　　6.影響組織活動的範圍不同。
7.影響層次的不同。

二、多元化組織

(一)多元文化組織所具有的特色

1.具有培養與重視文化差異的文化。
2.以多元主義為濡化（Acculturation）的過程。
3.完全的結構整合。
4.非正式網絡的完全整合。

5.在人力資源管理系統與實務中沒有制度化的文化偏誤。

6.由於對多元化的前瞻性管理而將團體之間的衝突降低。

(二)檢視多元文化組織的是否達成願景的指標

1.濡化的方式。　　　　　　　　2.組織對多元化的態度。

3.組織對外在規範與環境變化的因應。　4.正式結構整合的程度。

5.非正式網絡整合的程度。　　　6.文化偏誤。

7.群體間的衝突。

(三)多元文化組織建構模式的執行策略

模式面相執行策略：

1.文化：

(1)僱用或陞遷擁有新價值的人員目標：建立所有認同團體成員的多元。

(2)強化回饋與評估的價值化氣候。

(3)教育與溝通。

2.多元主義：

(1)管理與重視多元化訓練目標：建立一個雙向的社會化過程。

(2)新進成員的訓練計畫；確保少數群體的觀點亦能獲得尊重。

(3)語言訓練影響核心組織的規範與價值。

(4)促使多元化成為重要的承諾。　(5)在任務中能有清楚、明確的對待。

(6)以認同為基礎的倡導性團體。　(7)在常規系統中建立彈性。

3.結構上的整合：

(1)促使多元化成為重要的承諾目標：文化上的團體認同與工作地位。

(2)教育計畫沒有相關。

(3)弱勢優先計畫。

(4)目的的職涯發展計畫。

4.非正式網絡的整合：

(1)輔導計畫目標：消除進入組織或參與的障礙。

(2)以組織為贊助者的社會活動。

(3)建立支持性的團體。

5.制度上的偏誤：

(1)文化稽核目標：消除管理系統中的偏誤。

(2)調查回饋。

(3)管理績效評估與獎酬制度的改變。

(4)人力資源政策與福利制度的改變。

(5)任務團隊。

(6)團體之間的衝突。

  A. 調查回饋目標：降低因為團體認同而引起的。

  B. 衝突管理訓練與衝突解決技術團體衝突；降低團體中核心。

  C. 管理或重視多元化的訓練。

  D. 核心團體的瞭解。

  E. 與平等就業機會相關的訓練。（孫本初，公共管理─多元化管理，頁 221-247）

(四) 多元文化組織的演進過程

1.**單一化的組織**：單一化的組織（Monolithic Organization）主要採取同化的濡化方式，並且以摒除或拒絕的態度來面對多元化。單一化的組織可再分為「排斥階段與俱樂部階段」兩階段。

2.**多元論的組織**：就濡化觀點而言，多元論的組織（Plural Organization）仍然採取單向適應的同化方式，但是組織對多元化的態度開始能夠容忍多元文化。多元論的組織又可以再分為「服從階段與弱勢優先階段」兩階段。

3.**多元文化的組織**：此種組織強調尊重多元化，而非僅是容忍多元化而已。多元文化的組織又可以分為「再界定階段、多元文化階段」兩階段。

(五) 建構多元文化組織模式的方法

1.**建立多元主義：**

(1)組織成員與新進成員的訓練計畫。 (2)確保進用與接納弱勢群體。

(3)支持性或倡導性團體。 (4)發展彈性且高度包容的組織氣候。

2.**建立完整的結構整合：**

(1)教育上的努力。 (2)弱勢優先計畫。

(3)生涯發展。 (4)改良回饋系統。

(5)福利與工作計畫。

3.**建立非正式網路的整合：**

(1)顧問輔導與社會活動。 (2)支持性的團體。

4.**建立無偏誤的組織：**

(1)平等機會研討會。 (2)定點團體。

(3)降低偏誤訓練。 (4)影響內部的研究。

(5)任務團隊。

5.**降低團體之間的衝突：**(1)調查回饋。(2)解決衝突的訓練。

第二節 政府績效管理

一、政府績效管理概說

(一)課責的定義：係指行政人員為維持公眾的信任，並且以公共利益為目的，用以獎優汰劣的一套系統，讓行政人員能夠確實負責。

(二)課責的內涵：就其經驗研究的分類來加以說明

1. 第一個是將研究焦點置於判斷與決策過程。
2. 第二個研究焦點著重在績效的層面。
3. 第三個是課責系統設計的特徵。

(三)與績效相關的指標

1. 效率：以相等或較少的資源能產生較大產量的能力。
2. 品質：以一致性標準提供符合人性需求的產品或服務。
3. 多樣化：能提供多樣的偏好與選擇需求。
4. 顧客化：適合顧客需求的產品與服務。
5. 便利性：發展便利使用者的產品，提供高品質的服務。
6. 創新性：提供顧客創新及持續改善的標準，並發展新的應用手冊。

(四)與績效管理相契合的新的課責範型，其執行方法（步驟）

1. 第一個步驟是清楚地認清主要的績效價值及其技術的需要。
2. 第二個步驟是能夠評估關鍵績效因素的影響，包括下列幾項因素：職員的管理與評估、組織的結構、報酬系統、管理訓練與發展、文化。
3. 第三個步驟要能夠明確地規劃變遷的優先順序及執行的計畫。

(五)以績效作為課責範型所具有的限制

1. 公部門對於實施成果取向的管理方法大多抱持著懷疑的態度。
2. 成果資訊的提供過於集中在例行的文書作業。
3. 資料的紀錄不經常更新，缺乏反饋的機制。
4. 對於成果測量的技術具有限制性，無法有效衡量。
5. 對於資源與輸出成果兩者之間的關係，所知有限。
6. 績效評估也面臨了其他的瓶頸。

二、美國政府績效與成果法案（GPRA）概說

(一)美國政府績效與成果法案（GPRA）的內容：目標及標準設定，衡量模式及回饋、獎懲的結合；也就是將任務、目標、衡量及評鑑等四個重要的概念相互結合，以提高政府的行政績效，其受評對象是以行政機關組織為主要對象。

(二)美國政府績效與成果法案執行要件

1. 第一，界定清楚的任務及所欲的成果。
2. 第二，衡量績效以利測量進度。
3. 第三，運用績效資訊以作為決策基礎。

(三)執行GPRA的步驟

1. 界定目標並對目標達成共識。
2. 從事設定目標的工作。
3. 策略式的管理所要達成的目標。
4. 建立績效評估的指標。
5. 建立責任制度。
6. 發展與目標相關的報酬。
7. 依據績效評估指標監督與報告進度。

(四)美國政府績效與成果法案（GPRA）評估方法

1. 策略計畫。
2. 每一年的績效計畫書與計畫績效報告。

(五)GPRA合法化的目的

1. 利用每個執行單位達到施政計畫或策略的成果，重建人民對政府的信心。
2. 從一連串的試驗方案中，誘發其他創新的改革。
3. 從對於執政成果的重視與服務品質的提升，增加人民對政府滿意度。
4. 幫助管理者改善服務的傳達過程，並且需要他們達到目標的方案與提供他們資訊，瞭解施政的成果。
5. 利用通過的法案，要求每個單位所執行的目標與相關方案須具有績效，並以提供國會決策的參考。
6. 改善聯邦政府部門中管理功能。

(六)美國政府績效與成果法案的檢討

GPRA的機制與美國的政治結構、多元功能間、政策制定結構的相互衝突：

1. 政治結構的衝突：
   (1)制度的配置方面造成立法機關與行政機關的衝突。
   (2)立法部門零碎的責任。
   (3)州際政府的關係。
   (4)造成聯邦預算管理局與部門及單位之間的緊張。
   (5)不同部門與單位之中的責任。
2. GPRA中多元功能間的衝突。
3. 政策制定的過程。

第三節 政府公關與行銷

一、政府公關與行銷概說

(一)政府公關與行銷定義：政府公關與行銷是公共管理者為因應日益變動的政治與任務環境的挑戰，以「顧客導向」為中心思想，運用各種公共資訊的傳播技術，協助組織界定並生產公共價值、塑造有利形象，以爭取公眾最大支持。

(二)政府公關與行銷的基本概念

1. 公共管理者：研擬各種政治管理策略，以維持組織的生存發展。
2. 公眾：公眾是政府公關與行銷的客體，也是構成組織環境的要素。
3. 顧客導向：政府公關與行銷的目的是要影響目標群眾的行為。
4. 公共資訊傳播技術的運用。
5. 公共價值：公共組織存在的目的在於生產公共價值。
6. 形象塑造：是一個組織機構在社會公眾中整體的、相對穩定的印象。

(三)政府公關與行銷日益受到重視的理由

1. 價值再造。
2. 形象再造。
3. 網路再造。

(四)公關與社會行銷所具有的關係

1. 學者柯特勒與明達克（Kotler & Mindak）的五種模式說法：
   (1)各自獨立但功能相同。　　　　(2)二者有部分功能重疊。
   (3)行銷涵蓋公關。　　　　(4)公關涵蓋行銷。
   (5)公關與行銷是一致的。

2. 學者懷特氏（White）的觀點：
   (1)建議公關可以扮演行銷的支持者與修正者二種角色。
   (2)公關扮演支持者與修正者的角色，可以維繫組織長遠的發展。

二、政府公關與行銷的運用

(一)公共管理者在促成形象公關與行銷方面，應掌握的原則？

1. 政治語言符號的運用。
2. CIS（企業識別系統）的設計：包括三個子系統：MIS（Mind Identity System，理念識別系統）、BIS（Behavior Identity System，行為識別系統）、VIS（Visual Identity System，視覺識別系統）。

(二)社會行銷的策略步驟

1. 傾聽。
2. 訂計畫（確立任務、轉化目標、量化目標、規劃核心行銷策略）。
3. 籌編組織（功能性組織、計畫型組織、顧客型組織）。
4. 試行。
5. 執行（明確區分工作權責、落實行動綱領、掌握工作進度時程、隨時反映顧客意見）。
6. 監控。

(三)政府公關與行銷首要的目標公眾（網路的主要行為者）

1.國會。	2.媒體。
3.利益團體。	4.跨域合作的伙伴。

(四)公共管理者應具備的公關與行銷的基本技能

1.企業精神倡導。	2.管理政策發展。
3.談判。	4.公共集思廣益、社會學習與領導。
5.策略傳播。	6.危機處理。

(五)民意機構干涉公共管理者的正式機制

1.立法程序。　　　2.預算程序。　　　3.監督程序。

(六)公共管理者面對民意機構的策略

1. 在政治知識方面：
   (1)要能精確掌握主要人物。
   (2)要能精確掌握委員所關心的問題。
   (3)遇到強力反對，適時採取迂迴戰術。
   (4)要能善用議題設定的優勢來擴大支持的力量。
2. 在政治溝通方面：
   (1)要能迅速回應委員的要求與問題。
   (2)與立委幕僚建立良好的關係。
   (3)建立信任的關係。
3. 在專業主義方面：公共管理者可提供專業的協助，有助關係的建立。
4. 在政治中立方面：避免過度的黨派色彩。

(七) 公共管理者與政務領導者衝突的因素

1.彼此的職業生涯不同。　　　　2.彼此的視野不同。

3.彼此黨派不同。　　　　　　　4.對政策的認知不同。

(八) 政務領導對公共管理者所具有的期待

1.能根據他的政策原則，提出解決問題的整套方案。

2.能提供完整而必要的資訊。

3.能確實的執行政策。

4.謹慎對外關係的處理。

(九) 公共管理者對政務領導具有的期待

1.具有政策領導的能力。

2.能對政策問題展現魄力及堅持。

3.懂得授權及尊重他所主管事務的權限。

4.強調溝通及追求共識。

5.能維護機關的利益。

6.資源的分配以及賞罰要公平。

經典範題

申論題

一、為消除職場上對女性、種族及身心障礙人士的歧視，近年來先進國家的政府機關和企業部門均日益重視多元化管理的議題。試問，何謂「多元化管理」（Diversity Management）？多元化管理具有那些基本特質？

說明：　當組織推行多元化管理的計畫時，有不少人批評其僅是「舊酒換新瓶」（Old Wine in New Bottles），認為多元化管理以管理多元化的名義，試圖粉飾弱勢優先的目標與配額措施，而誤解多元化管理乃為弱勢優先的另一種代名詞，其實這是錯誤的想法。

答：(一) 多元化管理的定義：

1. Thomas：多元化管理是種廣博性（Comprehensive）的管理過程，為了就是能夠發展一個有利於所有組織成員的組織環境，使每一個工作隊伍皆能夠發揮所長。

2. Cox：多元化管理的定義就是藉由規劃與執行組織系統和實務來管理組織成員，俾達到多元化的潛在優勢得以極大化，同時潛在的威脅得以降到最小。

3. Carnevale與Stone：多元化管理是種透過行動認知差異的過程，並且藉由在管理、組織甚至是人際之間的階層來發展各種初步行動，以包容異質性（Heterogeneity）。

4. Cascio：多元化管理意指建立一個異質性的工作隊伍，並且充分發揮工作隊伍的潛力，而在一個平等的工作環境裡，沒有一個成員或團體占有特別的優勢或屈居於劣等。

5. Shin與Mesch：多元化管理意指在態度、價值與行為上尊重群體的差異性，並且移除工作隊伍所面臨的障礙，而發展長期計畫或策略來建立一個每個人都有相同機會參與和獲得生涯進階的環境。

6. Gomez-Mejia等人：多元化管理就是結合非傳統的組織成員（例如女性、少數群體等）進入工作隊伍，並且善用他們的能力來為組織創造競爭優勢。

綜上所述，多元化管理的定義：**針對異質性的工作隊伍，從事組織本身的變革，以建立一個能讓多元化的組織成員相互尊重，並且能夠將自我潛能極大化的工作環境。**

(二)多元化管理的特質：

1. **多元化管理是種尊重與發展多元化的新思維**：多元化管理重視「差異性」的觀點，而傳統對差異性的排斥和對相似性的依賴，往往視多元化為阻滯組織績效的絆腳石。因此，多元化管理是對傳統「一體適用」管理時期的一種突破。就管理者而言，對多元化將有全新的觀點與思維：

   (1) **多元化是一種應該被組織保留的資產與機會**：多元化不應被視為異端與偏差，多元化應該是體驗新價值的機會重視價值的學習過程。

   (2) **多元化是一種允許共存發展的整體意象**：多元化（Diversity）並不等同於差異性（Differences），而是同時包含了差異性與相似性的混合體。多元化是以「全面意象」的系統觀點，增加群體之間的相互依賴性，所以應該秉持共存發展、相依合作的觀點。因此，多元化管理強調對組織中多元化的全面整合。

2. **多元化管理是具有競爭力的企業策略**：多元化管理並非僅是頂著民主社會積極保障人性價值與基本尊嚴的光環，來維護社會正義與公平理念。一般企業組織將多元化管理視為是基於商業利益與生存動機的企業策略（Business Strategy），能為組織帶來以下新契機：

   (1) 保持與獲取市場占有率（Market Share）。

   (2) 提升工作隊伍的品質（Workforce Quality）。

   (3) 組織靈敏度的提升（Organizational Agility）。

   (4) 降低組織成本（Cost Saving）。

   (5) 型塑良好的組織形象（Organization Image）。

3. **多元化管理是前瞻性地改變組織整體的長期過程**：強調不僅針對問題從事根本性的變革，亦對組織進行整體性的規劃。所以，組織從事多元化管理就是預作準備的前瞻性努力。既是對組織作根本性的變革與預先從事整體性的規劃，多元化管理就不是短期的方案或計畫，多元化管理是一個持續不斷的過程。（孫本初，公共管理—多元化管理，頁221-247）

二、「多元化管理」與傳統時期處理途徑有何不同？多元化管理的管理原則又為何？試略加說明之。

答：(一) 多元化管理與傳統時期處理途徑的比較：可從下列指標來比較：
（見表）

多元化管理與平等就業機會、弱勢優先、重視差異性的比較

	平等就業機會	弱勢優先	重視差異性	多元化管理
產生的目的	岐視的預防與抑制，以彌補過去的錯誤（消極地建立多元化的工作隊伍）	試圖達到特定群體的比例代表（積極地建立多元化的工作隊伍）	改善人際關係（建立彼此包容的工作隊伍）	加強組織管理能力以提高組織效能與競爭力（建立彼此尊重與有凝聚力、競爭力的工作團隊）
組織施行動機	負面回應 外在驅動 （避免外在規範機構的制裁）	負面回應 外在驅動 （避免外在規範機構的制裁）	前瞻積極 內在激勵 （加強人與人之間差異性的接納、瞭解與重視）	前瞻積極 內在激勵 （幫助組織生存適應與成長）
主要導向	法律規範及社會責任	法律規範及社會責任	道德與倫理規範	策略導向與實用主義
對象關懷	所有群體（一視同仁）	特定群體（優待弱勢群體）	所有群體（接納與重視）	所有群體（整個組織改變）
對差異的認知	差異性是需要解決的問題、要避免的麻煩、要保護的缺陷與劣等者（弱勢者應該融入主流群體）	差異性是需要解決的問題、要避免的麻煩、要保護的缺陷與劣等者（弱勢者應該融入主流群體）	差異性是需要重視、瞭解、欣賞與接納的資源（彼此重視接納差異）	差異性是需要開發的資產與機會（彼此尊重、互助與合作）

	平等就業機會	弱勢優先	重視差異性	多元化管理
展現多元化的方式	平等主義與實力社會	優惠待遇	瞭解、欣賞、接受與包容	改變組織，讓成員發揮潛能
活動的範圍	招募與甄選	招募、甄選與陞遷	教育與訓練	組織效有關的人事功能：招募、甄選、陞遷、保留、工作設計、薪資與福利、教育與訓練、績效衡量促進
層次影響	治標（避免與補救）維持現狀水準	治標（刻意補償）維持現狀水準	治本（改善人際關係）改善組織氣氛	治本（改變組織）增加組織競爭優勢
評估方式	法律訴訟的避免	統計報告與分析	組織態度調查與認知調查	不斷檢視目標與目的，並有回饋機制

資料來源：王雯君，民88：45～46。

(二)多元化管理的管理原則：

1.**尋求多元化，但是建立在共享願景之上**：組織對多元化的恐懼可能在於多元化所產生的差異性，會對組織造成混亂、複雜與無方向感。但是，理想的多元化管理，應該是能夠將多元化的優點予以極大化，而盡量降低其缺憾。因此，有效地鼓勵組織追求多元化，必須促使多元化在組織中，能形成團結且具有凝聚力的組織文化。理想的多元化管理應該讓組織成員可以分享願景，甚至可以從本身各異的背景洞察尋求解決辦法的共識。

2.**以自我發展為主，外在規範為輔**：多元化管理強調的不僅只是對不同背景的多元化成員予以尊重而已，組織更為期盼的是在於能夠讓組織成員（包括主流群體與弱勢群體）發揮他們各自的潛能，善用他們的才華來為組織創造競爭優勢。所以，多元化管理非常強調「自我發展」的概念。（孫本初，公共管理—多元化管理，頁221-247）

三、在強調多元化管理的時代，身心障礙者已被視為公務部門或企業部門的重要人力資產，是以，身心障礙者管理（Disability Management）已成為當代政府部門管理的重要議題，試說明促成其受到重視的原因為何？

答：影響身心障礙者管理（或多元化發展）受重視的原因為：今日多元化會成為組織管理的重點，僅就大環境的改變而言，以人口結構上的壓力與經濟結構的改變兩大衝擊力量為主：

(一)人口結構：世界人口成長的比率持續地增加，除了人口成長的壓力外，人口結構的組成也會有劇烈的改變，不僅是性別、年齡、種族，甚至是文化、價值、語言、宗教、性的取向與身心狀態等，亦會有異質性的情形產生；而人口統計的迅速改變已促使多元化成為事實。

(二)經濟結構：有五個理由構成啟動組織管理多元化的力量：

1. 從製造業經濟移轉至服務性經濟。
2. 市場全球化。
3. 新的經營策略需要更多的團隊合作。
4. 合併（Mergers）與聯盟（Alliances）需要管理不同的文化。
5. 勞動市場的改變。

　　從環境趨勢的動力而言，不論是人口結構，還是經濟結構上的改變，「多元化管理」已是時勢所趨，並且是一個既定的、無法逃避的「事實」。（孫本初，公共管理—多元化管理，頁221-247）

四、試說明多元化管理（Diversity Management）的發展背景？

說明：　學者 Golembiewski 指出多元化一直是組織的重要目標。

答：多元化真正受到社會普遍重視，並且開始處理多元化的議題，以消除對性別與種族的歧視，應是在1960年代以後。大致可將處理多元化的途徑分為四大發展階段：

(一)「平等就業機會」時期：美國一直到1960年代與民權運動以後，工作隊伍中才開始對多元化有法律認知以及關心所有員工的公平對待問題。因此從1960年代開始，就有一連串的法案通過。平等就業機會的法案或計畫，是基於民主與平等主義來表達對個人權利的重視，透過

法案來禁止僱用上的歧視且為個人爭取機會的平等；但是，平等就業機會法案並沒有改變長久以來根深蒂固的歧視所導致的影響，因為弱勢群體並沒有能力在平等就業機會的法律保護下爭取到新的機會。

(二)「弱勢優先」時期：許多組織為了配合與順從法律，也開始發展許多補救的方法來擴展平等機會。在1970年代的早期，弱勢優先以更有系統的方法解決這樣的議題，弱勢優先主要是強調比較積極的途徑，亦即從少數群體與婦女中尋求人才，並且幫助他們保留工作機會；此種利用少數團體作為組織的代表，以保護少數團體的權利來修正過去的歧視，其不僅是禁止歧視而已，更積極地擴展工作團隊裡少數團體的人數。雖說如此，弱勢優先卻招致許多的批評與爭議，包括：

1. 弱勢群體自我發展的能力。
2. 配額措施為多元化製造假象。
3. 矯正歧視的副作用。
4. 補償心態。
5. 對組織而言不具實用性。
6. 只是虛應故事的措施。

有鑑於此，許多組織超越傳統途徑的看法，而期盼能用另外一種方式來強化平等就業機會的理想。

(三)「重視差異性」時期：1978年的文官改革法案雖然並非第一個推動完全多元化的主要動力，但卻是最顯著的，因為其強調真正有效的工作團隊應該要能夠反應「人口結構上的異質性」，來呈現國家多元化的輪廓。

(四)「多元化管理」時期：到了1980年代，開始對消除歧視與支持組織多元化有了重大的轉變。因為愈來愈多的僱主警覺到光是依賴對法律的服從是不夠的，因為他們發現少數群體進入組織後，仍會採取及遵從主流群體的價值與行為；對組織而言，反而是失去了某些寶貴的價值。隨著全球競爭力增加，許多組織相信多元化的工作隊伍可以促進革新與增加生產力，因此他們希望能夠型塑多元文化的組織，藉由接受與善用員工的差異性，促使非傳統背景的員工可以發揮潛能，並且貢獻組織。（孫本初，公共管理—多元化管理，頁221-247）

五、試說明多元文化組織的演進過程？

說明：　多元化管理的目標其實就是要建立一個組織中所有社會文化背景的成員，都能夠貢獻己力與完全發揮其潛能的組織。

答：依據Cox看法，其認為多元文化組織是組織從事多元化管理所產生最成熟的組織，是從單一化的組織與多元論的組織所演進而來的。

(一)單一化的組織：單一化的組織（Monolithic Organization）主要採取同化的濡化方式，並且以摒除或拒絕的態度來面對多元化。因此，不具有主流群體背景的人若進入了組織，則必須適應既存於組織中的常規；對於無法適應主流社會型態的成員而言，不是被完全排拒在外，就是被要求順從支配群體的規範來減少組織的多元化，不然就是賦與弱勢群體邊際或次級的角色。權力成為組織的核心，管理者遵循的是重視同質性的傳統方法，組織不會因為外在環境的改變而實施變革。

1.就結構整合的程度而言，單一化的組織其最重要的特徵即在於結構整合程度極低，成員結構組成上意味著具有濃厚的文化同質性。

2.由於單一化的組織其結構整合相當低，所以組織中的文化差異是普遍被忽略的，在人力資源系統與制度上就會充滿不利於弱勢群體的文化偏誤，唯一正面的效果是團體衝突將因為工作隊伍的同質性而減少。

3.若將單一化的組織加以細分，可再分為排斥與俱樂部兩階段：

(1) **階段一：排斥階段**：由於差異被認為是一種缺點，所以主流群體為了能夠維持對其他團體的支配權，而在政策或僱用實務上產生了排外、拒絕的情形。

(2) **階段二：俱樂部階段**：此階段的組織是可以允許不同背景的群體加入；但是，正式與非正式的組織結構卻仍然由多數文化所支配。

(二)多元論的組織：就濡化觀點而言，多元論的組織（Plural Organization）仍然採取單向適應的同化方式，但是組織對多元化的態度開始能夠容忍多元文化，對於差異的組成儘管不能完全接受，卻也懂得以壓抑或孤立的方式，保持僅是表面上的多元化，但是真正的文化多元化事實上仍是受了限制。

1.多元論的組織對於多元化的問題是以「適應性」的方式來處理。例如默許順從平等就業機會與弱勢優先的措施。

2.而多元論組織在正式結構上已經要比單一的組織具有較多的異質成分。

3. 多元論的組織在有效地管理不同文化背景的組織成員上，絕對要比單一的組織改善許多，但人力資源系統與制度實質上仍會普遍存在文化偏誤。

4. 多元論的組織又可以再分為服從與弱勢優先兩階段：

(1) **階段三：服從階段**：決策制訂者承諾提供少數群體管道，並且採取正式的步驟以減少歧視。

(2) **階段四：弱勢優先階段**：此階段的組織在確保尊重與支持少數成員的承諾上採取積極的角色，不但採取行動接納多元化的成員，甚至對弱勢群體給予優惠待遇。

(三) 多元文化的組織：多元文化組織強調多元文化的整合，此種觀點不以那一個群體作為支配與被支配的對象，而是不同背景的群體能夠立於平等的地位，彼此建立良善的關係與不斷互動與調適面。此種組織強調尊重多元化，而非僅是容忍多元化而已。

1. 多元文化的組織旨在培養尊重文化差異的文化，不僅能保持本身文化的獨特性，尚能學習欣賞與重視其他不同的文化。

2. 組織成員在彼此互動中即可以預見所可能遭遇到的問題，這種「前瞻性」的因應方式，將對多元化有較佳的覺察能力。

3. 在結構整合面向上，多元文化組織不論在正式的結構或是非正式的網絡中皆能夠達到全然整合的現象，盡量讓成員在每一個組織階層與每種工作型態裡分享責任。同時，主流群體也期盼弱勢群體的加入。

4. 多元文化的組織又可以由兩階段來劃分，而後者即是多元化管理的成熟階段：

(1) **階段五：再界定階段**：主流文化的觀點漸漸開始結合新的價值與實務，並且鼓勵所有成員參與對組織的成長有貢獻的活動；而且，高層管理者必須承諾對弱勢群體的發展，與對組織中不同的群體進行資源分配。

(2) **階段六：多元文化階段**：異質性文化的價值與特色已到完全發展、不受限制地步。（孫本初，公共管理—多元化管理，頁 221-247）

六、試說明應如何建構多元文化組織模式？

答：(一) **建立多元主義：**
1. **組織成員與新進成員的訓練計畫**：最常使用引導組織改變的就是管理或重視文化多元化的訓練。而最普遍的兩種形式就是覺察性訓練與技巧建立訓練。

2. **確保進用與接納弱勢群體**：促使組織中所有階層都能達到文化的多元化，可以提升弱勢群體直接且有效地影響組織的決策。因此，在重要的委員會中確保弱勢群體的參與是一個促進組織所有階層多元化的互補方法。

3. **支持性或倡導性團體**：在組織中，支持性或倡導性的團體，可以提供直接與組織的高層管理者直接接觸與溝通的管道。

4. **發展彈性且高度包容的組織氣候**：包括四種提升多元主義的運作規範：
   (1) 鼓勵非正式且不具結構性的工作。
   (2) 彈性的工作計畫與監督權力的下放。
   (3) 給予組織成員對於目標的達成與運作有自由裁量的能力。
   (4) 研究者應該花費至少在組織中百分之十的時間來探索成員的意見。

(二)**建立完整的結構整合**：

1. **教育上的努力**：弱勢群體的組織成員應該要在組織的所有階層、所有功能與所有的工作群體中皆能夠具有充分的代表性。要達到這樣的組織目標，必須要在技術與教育資源上能夠公平地分配。

2. **弱勢優先計畫**：依據Cox的看法，認為在可預見的未來中，若要建立完整的結構整合仍然須持續進行弱勢優先計畫。

3. **生涯發展**。

4. **改良回饋系統**：確保組織績效評估與獎酬系統的完善，是建立組織結構整合的必要工具。

5. **福利與工作計畫**：弱勢群體的結構整合可以藉由人力資源政策以及福利計畫的改變，來平衡工作與家庭角色的需要。

(三)**建立非正式網路的整合**：

1. **顧問輔導與社會活動**：組織籌辦針對弱勢群體的顧問輔導計畫，讓弱勢群體融入組織中的非正式網絡中。

2. **支持性的團體**：在許多組織裡，弱勢群體已經形成了他們自己的專業協會與組織，提升資訊的交流與獲取社會上的支持。

(四)**建立無偏誤的組織**：

1. **平等機會研討會**：大部分的組織皆利用平等機會研討會作為減低歧視行為的方法，包括關於性騷擾的研習會、公民權的訓練。

2. **定點團體**：利用組織內部的「焦點團體」作為持續對組織中不同文化的群體進行檢視的機制，從差異中調查分析組織成員的態度、信念、感覺與行為對工作的影響。

3.**降低偏誤訓練**：另一種減低偏誤的技術就是透過訓練來對態度產生改變，藉由揭發一般普遍存在卻不易顯現，或深藏於潛意識下的刻板印象，來幫助組織成員調整內心的負面態度。

4.**影響內部的研究**：降低歧視或偏見最有力的工具，就是利用文化群體來處理或執行僱用經驗的內部研究。

5.**任務團隊**：最後一種建立無偏誤組織的工具就是形成監督組織政策與實務的任務團隊。

(五)**降低團體之間的衝突**：

1.**調查回饋**：避免團體之間衝突最有效的工具就是調查回饋，其利用資料蒐集與圖表顯示，來對組織的多元化努力作例證與說明。

2.**解決衝突的訓練**：衝突解決技術的管理訓練，例如調停的技巧。（孫本初，公共管理—多元化管理，頁221-247）

七、民意機構干涉公共管理者的正式機制為何？

說明：　民意機構干涉公共管理者的機制，有正式的與非正式二種。正式的機制分別是立法程序、預算程序、與監督程序，非正式的機制是指在正式機制之外，對公共管理者主管事務所作的意見表示與要求，例如有關人事以及政策事項的關說或者是立委自行舉辦公聽會等等。

答：(一) 立法程序：法案制定是立法院最主要的功能之一，立法院所制定的法律，牽涉到行政機關組織的變革、方案的法制基礎、乃至職權的變動。

1.**從公共管理者的立場來看，在立法過程中，最主要的目的有二：**

(1) **使部門本身所提的法案能夠排上議程。**

(2) **使法案能以最大的可能性朝對工作最有利的方向發展。**

2.立法院審議的法案主要來自行政部門的提案，委員提案次之，人民請願案最少。

3.我國的立法過程，像大多數民主國家一樣，也是採用三讀的程序，一讀只是形式，然後送委員會審查，委員會審查後送院會二讀與三讀。委員審查的階段以及院會的二讀是比較重要的階段，也是公共管理者必須特別注意的階段。

4.在資深制之下，民意代表可以長期浸淫於其一類業務，進而熟悉該類業務的相關問題。美國國會的委員會之所以具有權威性，即在於其資深制的建立。

(二)預算程序：預算審查是立法院一年一度的大事，行政部門每年所提的預算可以說是政府所掌握的資源的一項分配。根據民主政治理論，民意機構有代人民看管荷包的責任，因此，政府每年的預算一定要送到民意機構審查，資源的分配才能取得正當性的基礎。

1. 審查預算，不僅牽涉到民意機構的職責，也與立法委員個人有高度的關係。例如與立法委員之選區建設有關者。

2. 我國立法院的預算權其實並不完整，事前既無置喙餘地，又不能為增加支出之決議，亦不能就預算內容進行調整，只能作刪減之決議。

3. 其次，立法院主要的預算幕僚單位為「立法諮詢中心」，其人數規模根本不足以應付審查預算的要求。

(三)監督程序：我國立法機構對公共管理者的監督，由於少了西方國會的調查權與聽證權，打了很大的折扣，只能利用口頭與書面質詢的方式來進行監督的工作。

1. 在調閱權方面，雖然司法院大法官會議釋字解釋，立法院為行使憲法所賦予之職權，亦得行使一定條件之文件調閱權。但立法院並不能針對人作調查。另外，立法委員質詢的內容，除非能引起媒體與社會的注意，否則能發揮的作用相當有限。

2. 我國的質詢大體可分為在議場內針對行政院所提的質詢以及在委員會內對部會首長的質詢，不論那一種質詢，都是行政與立法兩部門展開政策對話的機制；但是這項制度已經變成了立法委員個人造勢的手段。就算如此，公共管理者對於質詢不能掉以輕心，公共管理者如果能夠掌握質詢的議題，則可以了解委員關切的議題，可以預為準備或事先將問題解決。（馬紹章，民意機構與政務領導，頁190-217）

八、公共管理者面對民意機構的策略為何？

說明： 民主理論是預設了立法與行政兩部門的制衡關係，但制衡並不代表全面的衝突關係，二者也有合作的可能性與必要性。公共管理者需要民意代表對其預算分配的支持，而民意代表也希望公共管理者不僅在預算上，在政策的執行上，能作有利於他的安排。

答：(一) 在政治知識方面：
1. **要能精確掌握主要人物**：立法院是一個相當個人化的國會，公共管理者不可能去應付每一個委員。在每一個議題上，往往只有少數主要的人物，公共管理者要能精確掌握這些主要的人物，包括支持者與反對者。
2. **要能精確掌握委員所關心的問題**：每一個委員都有它特別關心的議題，這些議題往往也與其本身利益有密切關係者，學者稱之為「議員問題」。
3. **遇到強力反對，適時採取迂迴戰術**：要避免、減輕或轉移民意機構所帶來的壓力，一個很重要的策略，就是在遊戲中引進更多支持自己的選手。
4. **要能善用議題設定的優勢來擴大支持的力量**：推動政策的過程，其實就是一種尋求支持的過程。根據公共選擇學派的理論，在多數決的基礎上，民主的投票會出現偏好循環的現象。因此，議題的設定會影響到偏好支持的多寡及結果。

(二) **在政治溝通方面**：
1. **要能迅速回應委員的要求與問題**：迅速回應代表重視，是建立雙方信任關係極重要的一環。委員的要求有書面、口頭、公開及私下的，公共管理者要能區分輕重緩急。
2. **與立委幕僚建立良好的關係**：如果能藉經常提供資訊、對政策問題交換意見，或出席參加立委舉辦的公聽會，與立委幕僚建立良好的關係，比較掌握民意代表質詢的議題。
3. **建立信任的關係**：公共管理者與民意代表及其助理的關係中，雙方的信任感是一個很重要的面向。

(三) **在專業主義方面**：立法委員本身的專業性不足，立法院也缺乏強化專業精神的制度；相對的，公共管理者擁有較多的資訊，專業的程度也比較高，**如果可提供專業的協助，不僅有助關係的建立，亦可強化或改變立委或其助理對議題的認知與態度。**

(四) **在政治中立方面**：**避免過度的黨派色彩**，公共管理者實際上雖很難避免黨派色彩。但公共管理者由於必須爭取各個政黨的支持，不能表現強烈的黨派色彩。此外，專業主義本身就是一種政治中立的表徵。

（馬紹章，民意機構與政務領導，頁190-217）

九、公共管理者與政務領導者衝突的因素為何？

說明：　所謂的政務領導（Political Executives），係指透過選舉產生的以及政治任命的行政首長而言，也就是擔任首長職務的政務官。依據民主的理論，人民選擇政務官的理由，就是希望他能夠將他的政見轉化為政策，並且付諸實行；而政治任命的政務官，是與民選首長同進退。政務領導的成功與否，在於他的政策是否能貫徹，政務領導雖然具有政治上的正當性，他的職位也賦予他一定的權威，但這並不表示他可以順利的推動他的政策。

答：(一) **彼此的職業生涯不同**：民主的政治體系，政黨之間是輪流執政。因此，政務領導的政務官是一種政治性的任命，在一個職務上往往不會停留太久；相反的，公共管理者是常任文官。因此，他們彼此的職業生涯不同，在社會觀感可能所獲得的價值也不相同。在美國，政務領導往往來自於企業界、法律界或學術界，所待時間都不長。

(二) **彼此的視野不同**：**官僚體系的特徵之一就是具有一種本位主義的傾向，也就是傾向於從自己業務本身的立場來看問題**，比較重視自己所屬單位的利益。就政務領導而言，他雖也具有某種程度的本位主義，但**政務領導具有雙重角色，既是機關的首長，同時也是政治團隊中的一份子**，他對於問題的看法，會與高級與中級的公共管理者不同，後者的本位主義色彩比較濃厚。造成政務領導與公共管理者視野不同的另一個原因，是政務領導比較有職務輪調的機會。公共管理者雖具專業，但本位主義也隨之強化，視野難以擴展；至於政務領導，由於可能來自企業界或學界，比較不會受到既有政策的約束。

(三) **彼此黨派不同**：政黨是以取得政權為目的一種組織，但政黨取得政權的目的之一，即是要實現它的政綱。因此，政黨或多或少都有意識型態的色彩。政務領導是經過選舉洗禮或政治性任命的首長，如果是在政黨支持之下當選的首長，則要實現競選諾言，對政黨政策也有比較高度的認同；如果是政治任命的首長，其黨性自然比較強，有較強烈的動機去執行政黨的政策。

(四) **對政策的認知不同**：在政策的制定過程中，法案或政策方案的草擬，都是由公共管理者在主導，參與程度很深；而政務領導則是件驗收的工作。在這種情形下，如果二者對政策的認知不同，包括：目標、執行的手段等等，很可能造成彼此的衝突，甚至於成為媒體注意的焦點。（馬紹章，民意機構與政務領導，頁190-217）

十、如果從理性的模型來看，政務領導與公共管理者有時會對彼此的期待造成落差，影響政務推動。就政務領導而言，他必須為為政策的成敗負責，也須直接面對民意的壓力。因此，他對公共管理者具有何種期待？

答：(一) 能根據他的政策原則，提出解決問題的整套方案：一般說來，一個機關往往負責多項的業務，政務領導只能就政策提出原則，至於詳細的內容，包括理論與實務資料的蒐集、政策執行的機制以及政策的選擇方案等等，都必須仰賴公共管理者來協助。如果公共管理者無法滿足政務領導的期待，他將很可能失去目前的職位。一般說來，政策變更的情況有下列四種：

1. 第一種是政權轉移時，由於政黨的政綱不同，必然會帶來政策的轉變。
2. 第二種情況是當政權未移轉而政務領導更換時，此時的政策轉變，如果：
   (1) 原來的政策是由公共管理者所主導。
   (2) 原來的政策並未有重大瑕疵或問題。
   (3) 新的政策有違公共管理者及其部門的利益時。
   (4) 並未與公共管理者充分溝通。則很可能產生一種緊張的關係。
3. 第三種情形是現行政策並未解決問題，或問題更為惡化時。此時，往往民意會產生相當的壓力，要求政務領導的更換以及政策的變更。
4. 最後一種情形，則是新問題發生時，政府是否要採取行動。此時，政務領導與公共管理者之間，可能有共識，但也可能對問題有不同的認知。有共識時，則彼此可以合作；反之，則可能能造成二者關係的緊張。

(二) 能提供完整而必要的資訊：政務領導不一定具有主管部會的專業知識，政務領導進入新部會的第一項工作，就是了解各部門的職掌及其運作方式，認識各部門的公共管理者，了解組織的資源與當前各項政策等等。政務領導在決定一項政策之前，他必須要有充分的資訊。因此，他必須仰賴公共管理者提供制定政策所需要的資訊。

(三) 能確實的執行政策：政策的成敗，不僅繫於政策本身，也決定於政策的執行情況。就政務領導者而言，他期望公共管理者能將政策真正的落實，此也是他考核公共管理者一個十分重要的項目，牽涉到責任的問題。因為，任何執行的層面出現了問題，政務領導都很難擺脫責任。

(四) 謹慎對外關係的處理：民主的公共管理是一個開放的體系，對外關係處理不當，將影響整個機構的形象與工作的推動。公共管理者對外發

表言論，有幾種情況：一是與政務領導有歧見時，希望引起社會的關切與辯論，此是一種危險的作法，可能會承擔離職的後果；一是判斷錯誤，可能是時機，也可能是內容，但都會失去政務領導對他的信心；最後一種則是面對外界批評時，對外澄清或扛下責任。（馬紹章，民意機構與政務領導，頁190-217）

十一、承上題，相反地，公共管理者對政務領導有何種期待？

說明：　公共管理者與政務領導之間的互動主要是呈現在兩個層面上：政策的層面與管理的層面，政務領導與公共管理者彼此對對方都有角色上的期待。

答：(一) **具有政策領導的能力**：是指對政策問題能有深刻與專業的認識，能察明於未發生之前，並且能提出明確且高明的政策原則。在一個平庸的政務領導之下，公共管理者對政策有更廣大的影響力，但幾乎每一個公共管理者都期望能由具專業知識及深刻洞見的人來領導。

(二) **能對政策問題展現魄力及堅持**：部會之間的政策往往也要透過協調來解決彼此的歧見。在協調的過程中，公共管理者對政務領導的期望是能堅持經過內部討論的政策。

(三) **懂得授權及尊重他所主管事務的權限**：事必躬親的領導型態，不懂得授權，在這種情形下，公共管理者會成為一個消極的角色、推一下才會動一下，工作中也無成就感。

(四) **強調溝通及追求共識**：公共管理者期待政務領導能夠經常與其溝通想法、願景與政策。公共管理者也期待所有的政策都能在溝通中建立共識，而不是一種完全由上而下的運作方式。

(五) **能維護機關的利益**：公共管理者待在一個機關內的時間比政務領導來得長，他們對機關的利益也有比較切身的關心。因此，他們對政務領導者的期望，若無法增加機關資源，至少不能使機關的利益受到傷害。

(六) **資源的分配以及賞罰要公平**：每一個機關的預算與人員是有限的，很難滿足所有單位的要求，每一部門的公共管理者必須爭取更多的預算來支持他本身主管的政策。（馬紹章，民意機構與政務領導，頁190-217）

十二、何謂「課責」？其內涵為何？

答：(一) 課責的定義：**係指行政人員為維持公眾的信任，並且以公共利益為目的，用以獎優汰劣的一套系統，讓行政人員能夠確實負責。**此定義符合公部門在充滿責任的環境中，能夠以較積極主動的態度來因應課責的要求。此外，政府部門應該建立課責體系，對於組織成員課予責任，以提高公眾對公部門的信賴。

(二) 課責的內涵：就其經驗研究的分類來加以說明：

1. 第一個是將研究焦點置於判斷與決策過程，絕大多數的經驗研究是屬於此類，這個理論的前題在於瞭解組織成員為了因應環境課責的要求，而所做出的行為反應的傾向。

2. 第二個研究焦點著重在績效的層面，論者常將課責視為是績效提升的方法，並且以成果為導向。因此，建立高績效的組織便是課責的目標。

3. 第三個是課責系統設計的特徵，在此領域的研究中，主要係針對組織中已經存在於課責系統中的人或事物作為主題；亦即是以課責系統與組織及成員之間相互的影響作為研究焦點。（孫本初，公共管理－政府績效管理，頁141-156）

十三、傳統官僚政治所強調的是依法行政，其課責的機制乃是建立在對於法規制度的遵守。新近的行政改革卻強調對顧客的重視。此新的課責範型中，所強調的是對組織績效的重視。試問，與績效相關的指標為何？與績效管理相契合的新的課責範型，其執行方法（步驟）為何？

說明：　績效管理必須符合其所參與的組織文化才能夠成功，而且在引進新的管理技術時，每個機關都必須被授予足夠的權力與能力，才能有效地執行政策。

答：(一) 與績效相關的指標：

1. 效率：以相等或較少的資源能產生較大產量的能力。
2. 品質：以一致性標準提供符合人性需求的產品或服務。
3. 多樣化：能提供多樣的偏好與選擇需求。
4. 顧客化：適合顧客需求的產品與服務。
5. 便利性：發展便利使用者的產品，提供高品質的服務。
6. 創新性：提供顧客創新及持續改善的標準，並發展新的應用手冊。

(二)與績效管理相契合的新的課責範型，其執行方法（步驟）：

1. 第一個步驟是清楚地認清主要的績效價值及其技術的需要，包括組織整體的目標、主要的目標及成功的關鍵因素、每個部門或單位的工作目的，或員工被期望達成的工作目標及規模。

2. 第二個步驟是能夠評估關鍵績效因素的影響，包括下列幾項因素：

   (1) **職員的管理與評估**：管理者必須先清楚地瞭解職員評估機制的安排及其組織的文化，建立量化指標所能涵括的範圍，如此才能對此範圍中的績效行為加以測量。

   (2) **組織的結構**：管理者必須先瞭解組織結構應該如何有效地因應組織內、外部環境的變遷，將組織結構視為績效改善的流程之一，清楚地定義報告的路徑（Report Lines）。

   (3) **報酬系統**：報酬系統包括薪資、不同的福利制度、職位的未來發展或員工所認知的無形報酬（如社會地位）等都必須納入績效管理計畫考量的因素之中。

   (4) **管理訓練與發展**：有效的績效管理必須根基於在組織的整體目標中是否能清楚地界定管理員工發展的過程，此也是指績效計畫必須能夠結合績效管理的訓練活動，讓所有員工都能夠藉由訓練來達到高績效。

   (5) **文化**：文化能夠提供有效的觸媒來達成組織的目標，並且彙集組織的力量在成功的關鍵因素上；正確的文化會鼓勵組織團隊及改善溝通與決策等，並且員工會對它的工作績效表現感到榮耀。

3. 第三個步驟要能夠明確地規劃變遷的優先順序及執行的計畫。管理者必須瞭解如何達成績效的改善及所要求的成果。（孫本初，公共管理—政府績效管理，頁141-156）

十四、以績效作為課責範型具有何種限制？

說明：　在執行績效改革時，其最重要的關鍵在於如何有效地運用績效的資訊，也就是該如何建立績效評估的機制；真正有效的評估機制必須是同時能滿足內部顧客及外在顧客的需求。

答：公部門的績效資訊有下列的限制必須注意：

(一)公部門對於實施成果取向的管理方法大多抱持著懷疑的態度，因為傳統對層級節制負責與依法行政的課責模式，已經讓他們不習慣直接對民眾負責。

(二)成果資訊的提供對於基層的工作人員而言，似乎過於集中在例行的文書作業。故，對於不同類型的顧客及不同的服務都無法提供有效的幫助。

(三)資料的紀錄不經常更新，如此一來便缺乏反饋的機制，無法像企業界每日、週、月報的機制，讓管理者能針對缺失迅速加以改進。

(四)對於成果測量的技術具有限制性，政府所能使用的測量技術，常因政府本身業務的特殊性，無法作有效的衡量。

(五)對於資源與輸出成果兩者之間的關係，所知有限。因為政府的服務是無法以利潤加以計算，也無民間其他相同的機構可加以比較。因此，我們將無從得知資源是否受到最好的運用。

(六)績效評估也面臨了其他的瓶頸，包括機關的分歧性、不明確的任務與目標、組織的方案與系統多元目標的衝突、監督與評估資訊的需要、缺乏對整體輸出結果的考量、缺乏對整體環境的規範與顧客滿意資訊的評估等。（孫本初，公共管理—政府績效管理，頁141-156）

十五、試說明「美國政府績效與成果法案」（GPRA）的演進、目標及假定？

說明：　該法案的主要目的即是利用國會合法化的過程來增強行政績效，並且將組織的績效與財政績效的目標加以整合。

答：(一) 美國政府績效與成果法的演進：建立以績效為導向的政府，一直是各國在從事政府再造時所追求的目標之一。因此，美國在前柯林頓政府時代便由前副總統高爾主持，在1993年3月成立國家績效評估委員會，其首要的目標即是建立一個節省成本、提高績效的政府，其後所通過的政府績效與成果法案（GPRA），也是基於此一目標而立法通過的法案。

1. 美國成果法案（Results-Act）的通過，並非柯林頓政府獨特的產物，而是根據美國聯邦政府不斷的變革經驗而來。主要是從二次戰後，就曾對政府的績效管理進行幾項變革活動，包括詹森總統在1965年8月推行的設計計畫預算制度，與在1977年由卡特總統所推行的零基預算制度。

2. 由前面幾次改革經驗可知，如何透過立法機關的力量來強化聯邦體系的改革，便成為聯邦政府在變革時主要思考的問題。而且GPRA的通過似乎也代表國會透過合法化的過程來制約行政機關，以提高行政機關的績效，此點也是GPRA與其他績效改革最大不同之處。

3. 該項法案的通過係認為政府行政上的無效率及資源的浪費，將破壞公民對政府的信任感，以及降低政府服務人民的能力，而國會中的議員、行

政人員也容易被執行計畫時所產生的不當資訊所干擾，因而作出了錯誤的判斷。GPRA雖是在1993年制定，而其相關的配套措施則是在1997年才逐一完成；GPRA也引進了以顧客為導向的策略，提高人民對政府服務品質提升的瞭解。

4. 成果法案的主要目的即是透過結果的管理系統，來戰勝政府的無效率問題，及改善聯邦政府中管理的問題，以改善政府施政的效能及恢復公民對政府的課責。因為，政府的績效乃是重建人民對政府信賴的核心要件。

(二)績效成果法的目標：該法案主要藉由策略性規劃與績效評估的技術，達成方案結果與服務品質的改善，以及民眾滿意度的提升，其目標在於：

1. 藉由機關對方案結果的負責，來促進政府員工的信任。

2. 以連續的前瞻性方案作為其他機關效法的目標，導引改革工程。

3. 提升對結果、服務品質與民眾滿意度的重視。

4. 藉由符合方案目標所需的規劃及方案結果所需的資訊，以及藉由提供達成法案的目標與效能，幫助管理者改善服務品質。

(三)政府績效與成果法案的主要假定：

1. 簡單的資訊就能夠滿足立法部門與行政部門的需求。

2. 集中於成果的測量（盡量避免過程與輸出的測量），減少聯邦政府在各個不同政策領域中的角色。

3. 假定透過績效的資訊可以聯結計畫、管理與預算的過程。

4. GPRA的運作過程可以有效地減低政黨之間的衝突，以及不同方案在政策建構上的差異性。

5. 由於績效測量所扮演的角色，高層領導人員可以在建構目標的過程中得到授能（Empowerment），不單純只是參與策略的制定而已。

十六、試說明「美國政府績效與成果法案」（GPRA）的內容、執行要件及執行步驟？

答：(一) 績效成果法案的內容：績效與成果法案的主要內容係明定美國聯邦政府各機關應設計出組織績效計畫、建立績效目標及其衡量標準、設定組織績效目標作為衡量機關產出及服務水準，並據以對預算管理局提出報告。該法案的主要內容包括：目標及標準設定，衡量模式及回饋、獎懲的結合；也就是將任務、目標、衡量及評鑑等四個重要的概

念相互結合，以提高政府的行政績效，其受評對象是以行政機關組織為主要對象。

(二)執行要件：GPRA的基本邏輯在於利用策略管理的思惟模式來執行政策，以提升行政績效，其必須具備下列三個主要的要件：

1.第一，界定清楚的任務及所欲的成果。

2.第二，衡量績效以利測量進度。

3.第三，運用績效資訊以作為決策基礎。

依據這三個步驟，GPRA規定每一聯邦機關必須在1997年9月30日前發展出五年的策略性計畫，將可衡量的結果與各年度的績效計畫聯結，並於1999會計年度在聯邦政府全面施行。

(三)執行GPRA的步驟：

1.界定目標並對目標達成共識。

2.從事設定目標的工作。

3.策略式的管理所要達成的目標。

4.建立績效評估的指標。

5.建立責任制度。

6.依據績效評估指標監督與報告進度。

7.發展與目標相關的報酬。（孫本初，公共管理—政府績效管理，頁141-156）

十七、試說明「美國政府績效與成果法案」（GPRA）的評估過程及評估方法？另外，GPRA合法化的目的又為何？試分別說明之。

說明：　GPRA 之精髓在於其運用合法化的力量來加強對於行政績效的課責，透過立法機關的認可，不但具備更強的執行力量，也藉此溝通利害關係人，使得策略或計畫在未來的執行上更為順利。

答：(一) 評估考量：GPRA是以預算花費、職員人數與任務的成效評估過程的基礎下，以「結果導向」來評估績效，評估過程中包括：

1.輸入：機關或管理者實施的方案、達成結果或輸出活動的措施。

2.以量化或質化方式的活動措施以提供給顧客的產品或服務。

3.結果：對於結果的測量，即方案活動的影響與效果，可分為：

(1) 最終的結果：方案所達成的最終結果。

(2) 中間的結果：導致目的過程的結果，而非目的本身的結果。

(二)評估方法：GPRA的績效評估方式主要是透過幾個重要的報告及計畫聯結國會、行政機關、MBO等機關：

1. 策略計畫：包括與成果相關的目標。根據該法規定，各機關須向聯邦管理暨預算局局長與國會遞送一份該機關未來將執行的各項計畫實施之策略計畫書，這個策略書便是結合政策方向、預算與執行的藍本。該計畫為五個年度的中程策略計畫，每三年應重新更新與修正，內容必須包括下列六項：

   (1) 機關主要職掌與業務運作的完整性任務。
   (2) 指陳機關主要職掌與業務的一般性總體目標與細部目標，包括預期成果的目標。
   (3) 詳述前述各層次目標如何達成，包括為達成該目標所需的運作過程、技能與技術，以及人力、資本、資訊及其他資源。
   (4) 詳述各項總體與細部目標的績效計畫與績效目標。
   (5) 詳列機關所無法控制，但影響其目標達成甚鉅的外部重要因素。
   (6) 詳述用以設立或修改目標的計畫評估內容，以及計畫評估時程。

2. 每一年的績效計畫書與計畫績效報告：每一年度的計畫由每個單位負責設立。GPRA規定年度績效計畫書的內容應包括績效目標與衡量的指標等，並且在每一年度的最後提出計畫績效報告，作為國會審核及主管單位評估績效達成度的重要工具。

(三)GPRA合法化的目的：

1. 利用每個執行單位達到施政計畫或策略的成果，重建人民對政府的信心。
2. 從一連串的試驗方案中，誘發其他創新的改革。
3. 從對於執政成果的重視與服務品質的提升，增加人民對政府滿意度。
4. 幫助管理者改善服務的傳達過程，並且需要他們達到目標的方案與提供他們資訊，瞭解施政的成果。
5. 利用通過的法案，要求每個單位所執行的目標與相關方案須具有績效，並以提供國會決策的參考。
6. 改善聯邦政府部門中管理功能。（孫本初，公共管理—政府績效管理，頁141-156）

十八、美國政府績效與成果法案雖然具有一定的執行成效。但不可避免的，也遭致一些檢討之聲。試對此說明之。

答：(一) 美國國家公共行政學院的檢討及建議：

認為GPRA能夠有效結合美國的政治制度，透過立法與行政的合作，對各單位執行的計畫或方案加以課責。其建議點如下：

1. 以結果為基礎的管理是可行的，應立即去著手實行。

2. 許多法案都必須在1998年完成，行政與立法部門要多加油。

3. 法案的執行還在初步的階段，行政單位、立法部門與執行的單位都必須具有確切的執行慾望。

4. 成功的執行必須來自高層行政與立法部門的承諾與支持，並且必須經由資深管理人員的身體力行。

5. 不要對所執行的方案與策略作過早的判斷，以免過於武斷地判斷執行單位的成敗。

6. 國家、地方政府與聯邦的行政機關都必須有共享的信念與目標，並且從整體與合作的成果為基礎的管理活動中來建立績效夥伴關係。

7. 多數經由各單位小組所討論的計畫草案，都缺乏成果的要求。

8. OMB是領導與提供原則給各單位的重要角色，必須積極地監測單位的計畫與績效的測量。

(二) GPRA的機制與美國的政治結構、政策制定結構的相互衝突：

1. 政治結構的衝突：

(1) **制度的配置方面造成立法機關與行政機關的衝突**：美國政治體制乃為三權分立制，行政、立法機關是相互制衡的關係，GPRA 如何能夠有效地解決三權分立的關係呢？

(2) **立法部門零碎的責任**：雖然我們通常將國會視為統一的整體，然而，國會之中仍有不同的聲音存在。

(3) **州際政府的關係**：聯邦政府的角色應該如何扮演便是相當難以拿捏的問題，GPRA 就要求聯邦政府與地方政府或執行的專門機構都同意績效的測量標準，但是卻造成地方政府必須不斷地衡量其裁量的標準，且有適度的政治敏感度。

(4) **造成聯邦預算管理局與部門及單位之間的緊張**：通常聯邦政府的改革活動都放在預算管理局上，這也反映了聯邦政府將政府視為一個整體的觀點來進行改革。

(5) **不同部門與單位之中的責任**：即長存於政治指派與常任文官之間相互衝突的問題。

2. GPRA中多元功能間的衝突：在GPRA的大傘下所依附的包括策略計畫、預算與管理等多元的功能，雖然，GPRA將統合地處理這幾項功能。事實上，在實務的運作中要一起處理這些議題是相當困難的事情。

3. 政策制定的過程：政策規劃的過程是否能夠像GPRA所描述的過程一般，其運用是否能夠符合所有政策的運作過程是值得詳加考量。

十九、在管理層面上，GPRA所假定的流程是否真如此的順利，是否有其管理及執行上的限制？另外，GPRA的成功要件除了與政治體制相互結合之外，尚需包括那些重要的因素？試略加說明之。

答：(一) 限制：美國公共行政學院提出了下列幾項管理與執行上的限制：

1. GPRA所完成的相關工作，都是在聯邦政府中完成，是否能夠落實到基層政府是值得考量的問題。

2. 以結果為導向的管理是長期管理改革的承諾，然而，所有的執行單位與媒體卻關心短期的影響及結果。

3. 從所建立指標來看，成果法案的要求並不是被所有的管理者所接受，許多聯邦的管理者不知道變革程度的大小。

4. 給予各單位適度的資源能夠讓GPRA順利地執行，因此，國會、總統、OMB或執行單位都要能夠確保在執行過程中擁有適當的資源。

5. 執行GPRA必須提供明確、全新的績效資訊，因此，成果資訊的測量就必須從聯邦單位的執行開始。

6. 績效測量是GPRA最重要的工具之一，但並非全部，論者指出國會與行政當局仍必須重視其他的相關政策工具，才能提供各單位正確的資訊。

(二) GPRA的成功要件除了與政治體制相互結合之外，尚包括幾個重要的因素：

1. **領導階層的支持**：此處領導階層必須包括國會或行政部門的主管階級，GPRA試圖結合立法與行政兩方面的力量，發揮最大的力量來改變行政文化，並以成果為導向，作為彼此要求的重點。

2. **績效資訊的衡量**：績效資訊在GPRA中占重要的核心地位，因為，績效法案的推行必須在正確的績效資訊的堅實基礎上才可能立足。（孫本初，公共管理─政府績效管理，頁141-156）

二十、晚近各國官僚體系所面臨的環境巨大挑戰以及政治運作邏輯的改變，使得公共管理者日益看重政府公關與行銷對政府組織的重要性。試問，政府公關與行銷日益受到重視的理由為何？

說明：　公共關係活動與社會行銷活動兩者都涉及資訊的傳佈，但其中的差異在於公共關係活動比較強調創造政府有利形象，社會行銷活動乃強調顧客導向的雙向溝通，藉著告知、教育和說服，讓民眾瞭解進而在態度及行為支持政府作為。

答：(一) **價值再造**：民主行政是目前世界通行的語言，在「市民主義」導向下，民眾成為政策的消費者、評估者及參與者。公共管理者相對地必須注意民眾對其所生產價值的反應，並且評估生產的手段是否勝任與合宜。因此，公共管理者必須具備政府公關和行銷的創意來：

1. 衡量「既定政策」的目的與價值。
2. 管理向上及對外的政治關係，以爭取正當性與支持。
3. 建立向下及對內的團隊關係，激勵組織內部士氣以強化組織力，達成組織目標。

(二)**形象再造**：一般人總認為完美是政府可以獲致的理想，所以可以避免的缺失或人為和機關的錯誤形同失敗。如果譴責是自動隨著失敗而來，那麼如何轉移失敗焦點和刻畫正面形象以維持民眾的支持，就成了公共管理者應面對的迫切問題。但這只是政府公關與行銷對於形象再造的消極面，更積極的做法是強調政府施政「品質」。因為品質反應了政府的內在形象。

(三)**網路再造**：政府落實價值再造和形象再造的基礎工程是對內建立工作團隊，對外建構良好的人際、資訊與工作等網路。當環境處於穩定而單純的狀態時，公共組織可以專注內部網路的維持，但當環境變得複雜而不穩定時，邊界偵測和外部傳播就成了組織最迫切的事。因此，公共管理者必須瞭解各種網路結構，才能建構一個能維持與各種公眾溝通資訊、溝通觀念與溝通思想的網路系統，達到動員支持的成效。

（黃榮護主編，黃榮護，政府公關與行銷，公共管理，頁520-574）

二一、何謂「政府公關與行銷」？其包括那些基本概念？

說明：　政府公關與行銷並非單純政令宣導、教育民眾或形象廣告，亦非僅構
　　　　建良好的人際網路或交際應酬，而是一種講求方法策略的社會科學。
　　　　它的內涵除了在政策形成後，消極的運用行銷方法傳遞訊息，化解反
　　　　對聲浪，進而改變內、外部顧客想法，達到預期行為外；更應在政策
　　　　擬訂前，積極地擔任邊界偵測角色，蒐集內、外部顧客的期待與願望，
　　　　建立大眾參與公共事務的管道。

答：(一) 政府公關與行銷定義：政府公關與行銷是公共管理者為因應日益變動
　　　　的政治與任務環境的挑戰，以「顧客導向」為中心思想，運用各種公
　　　　共資訊的傳播技術，協助組織界定並生產公共價值、塑造有利形象，
　　　　以爭取公眾最大支持。

(二) 政府公關與行銷的基本概念：

1. **公共管理者**：公共管理者也就是組織的決策者，公共組織為了因應環境
　變化，其管理者透過各種資訊傳播機制，研擬各種政治管理策略，以維
　持組織的生存發展，乃是政府公關與行銷的功能。

2. **公眾**：公眾是政府公關與行銷的客體，也是構成組織環境的要素。公共
　組織為了達到操作目標，管理者必須經常與外部公眾保持良好關係，以
　爭取使用公共資源的授權。公共管理者只能運用說服的方法使公眾合
　作，無從要求他們服從。

3. **顧客導向**：政府公關與行銷的目的是要影響目標群眾的行為，其前提便
　是傾聽他們的聲音。所以具備「顧客導向」心態至為根本。

4. **公共資訊傳播技術**：公共管理者使用的各種政策工具都是權威、交換與
　說服三者的交相運用。公共管理者一般藉著政府合法權威通過法律並且
　頒布執行細則以執行政策，或利用釋放某些利益誘使民眾採納某一行
　為，更常運用媒體或其他傳播設計來說服民眾。

5. **公共價值**：公共組織存在的目的在於生產公共價值。政府公關與行銷的
　目的即在協助組織：

(1) 判斷什麼是公共價值的實質。

(2) 瞭解公眾的政治期望。

(3) 計算行政操作的可行性。

換句話說，公共組織在發展政府公關與行銷策略時，公共管理者的首要
工作，是如何整合實質、政治、行政等策略三角。

6. **形象塑造**：組織形象又稱為公眾形象或公關形象，是一個組織機構在社會公眾中整體的、相對穩定的印象，或社會公眾對組織機構的全部看法、評價和整套要求及標準。公共組織的社會形象是由其自身的行為和政策，也包括個別高階層公共管理者的言行舉止所造成的。（黃榮護主編，黃榮護，政府公關與行銷，公共管理，頁520-574）

二二、公關與社會行銷具有何種關係？試加以說明之。

說明：　公關與行銷都要處理組織與顧客的關係，主要的不同在於他們所想獲致的結果有所差異。對政府組織而言，公關與行銷宜整合成一體，發揮最大溝通功能。

答：(一) 學者柯特勒與明達克（Kotler & Mindak）的**五種模式說法**：

1. **各自獨立但功能相同**：傳統觀點認為，公關與行銷的觀念與角色彼此不同，各自有其不同的功能。行銷是確認並處理客戶的需要，以獲得組織的利益；公關則是為了達成組織目標，在不同的客戶中建立並維持良好的關係。

2. **二者有部分功能重疊**：行銷與公關雖然互有不同功能，但仍有部分功能相同，像是產品的發表和與顧客的關係等比較明顯的共通利益方面。

3. **行銷涵蓋公關**：公關的功用主要是為了行銷的需要。此一模式並不認為公關要平衡組織與顧客之間的利益，而認為組織的利益應優先於任何社會利益。

4. **公關涵蓋行銷**：部分人認為行銷只不過是公關的附屬功能，他們認為組織的興衰，主要是依賴其利害關係人的看法，這些利害關係包括股東、社區、政府等等；而且在這樣的觀點下，行銷是由公關來主導，以確保所有利害關係人的友好關係能被維持。

5. **公關與行銷是一致的**：此一模式認為，這兩種功能對行銷與公關部有不同程度的關注。縱使程度上有些許不同，但對不同顧客群的需求及如何影響顧客的態度與觀念在作法上理念一致，沒有明顯的差異。

(二) 學者懷特氏（White）的觀點：

1. 他建議公關可以扮演行銷的支持者與修正者二種角色。在支持者的角色扮演上，公關可以利用宣傳幫助組織達成行銷的目標，協助主要行銷活動的進行；公關的功能主要在於宣傳，區隔主要顧客，協助擴增行銷的預算，配合廣告活動或其他的行銷活動，協助建立顧客對組織產品的忠

誠度。而在修正者的角色扮演上，公關在管理決策上提供不同觀點，除了協助組織進行效益的考量外，在可能對社會影響方面也要提供意見。

2. 公關扮演支持者與修正者的角色，可以維繫組織長遠的發展，並與行銷處於互補的地位，增進彼此的關係，促進組織內部的和諧並與外部顧客建立良好的互動關係。（黃榮護主編，政府公關與行銷，公共管理，頁520-574）

二三、公共管理者本身在促成形象公關與行銷方面，應掌握那些原則？

說明：　公關與行銷的專家愈來愈知道「形象公關與行銷」的效果。因為對政府機關而言，會贏得民眾的信賴與支持，增進施政的合法性與正當性。

答：(一) 政治語言符號的運用：

1. 公共管理者在塑造有利的政治形象時，往往會發現這是一種語言（Rhetoric）而非實質（Substance）的工程。組織理論學者費佛（Pfeffer）曾指出：「語言、象徵符號與儀式都在管理這過程中被用來賦予活動和事件新意義」。

2. 公共管理者必須要認識到名稱對形象的重要性，進而培養詮釋情境的語言或信息能力。換言之，培養豐富的政治語言與使用象徵符號的能力，是公共管理者塑造機關形象所必需。

3. 在政治活動中，語言的運用對於合理化活動和觀點至為關鍵。如果政治指涉公共管理者行動方向的合理化，那麼語言就是使之合理化的工具。換言之，語言提供行動合理化，而此合理化又為政治選擇的正當性所必需。

4. 在政治過程中，往往有兩組行動者，一組是在核心的地位並有很清楚的自我利益，另一組則在邊際，沒有太大利益和充份資訊；許多的公共政策常只是提供象徵性的價值給後者，而實質的活動則是為那有實質權力的前者服務。

(二) CIS的設計：詮釋主義者強調傳播的研究焦點應放在「認知」或「概念化」的事物上。所以，特別重視語言的意義和使用的符號。公共管理者在設計綜合識別系統CIS（企業識別系統）便需要有政治語言的知識與技能。CIS事實上是包括三個識別子系統：

1. MIS（Mind Identity System，**理念識別系統**）：理念就是一個機構的基本精神、宗旨、價值觀和經營管理哲學等抽象的識別標誌，可以從組織文化中表現出來或從公共管理者對情境所架構的信息體會出來，是組織最獨到之處。

2. BIS（Behavior Identity System，**行為識別系統**）：指理念指導下所形成的行政管理方式與活動，而直接或間接地可以從組織的策略窺其端倪。

3. VIS（Visual Identity System，**視覺識別系統**）：它是運用視覺傳達設計的方法。VIS是一個更為直接而且複雜的外顯系統，涉及許多符號性標識，如組織的LOGO、代表色、廣告口號、服飾、物飾等等。（黃榮護主編，政府公關與行銷，公共管理，頁520-574）

二四、社會行銷的策略步驟為何？試說明之。

說明：　政府公關雖然也從事對各類公眾現時的態度和意識作研究，但其對資訊的提供比較偏向於告知，針對各種事件，廣泛並主動地運用媒體，目的在創造正面和有利的認知。社會行銷則非單純的教育、宣傳或廣告工作，其目的是更進一步地要影響目標公眾的行為。

答：(一) **傾聽**：社會行銷第一步驟，先要瞭解「群眾」想法與需求，所謂「群眾」，係指所要影響的人。因此，除行銷對象外，尚包括行銷計畫的對手及其他如專家、學者、媒體、利益團體等具影響力者。要瞭解目標對象想法與需求，需進行顧客調查。調查的進行，一般都以協助決策制定為重點，較經濟可行且具成效的方法包括：二手資料分析、深度訪談、焦點團體和雪球取樣法等四種。

(二)**訂計畫**：依據傾聽階段所獲得資訊，開始擬定行銷策略計畫，其工作範圍包括任務、目標及行動策略的制定：

1. 確立任務：社會行銷旨在影響行銷對象行為，為讓執行者有明確的行動指南與跨域溝通方向，任務宜簡單明確。

2. 轉化目標：將上述任務轉換設定行銷人員應達成的成果目標。

3. 量化目標：將上述成果目標進一步數據化，以作為執行及評核依據。

4. 規劃核心行銷策略：目標設立後，即需制定一個核心的行銷策略，做為行動綱領，以期有效改變行銷對象行為，達成預定目標。社會行銷因受資源限制，因此，通常採用市場區隔策略（Market Segmentation Strategies）來選擇顧客，做為其行銷對象。

(三) **籌編組織**：核心行銷策略需要運作機制去執行。執行計畫的組織，有下述三種不同形態：

1. 功能性組織：依活動功能別，如行銷產品設計包裝、廣告宣傳、市場調查、公開活動等個別或數個相近者規劃指定一人或一組人負責執行。

2. 計畫型組織：以計畫為中心進行組織規劃，在此架構下，一行銷經理人需負責一項計畫各項功能的協調工作，並擔負成敗責任。

3. 顧客型組織：依顧客群體來編組員工，一個組織內若有多種不同的行銷計畫，事先針對其族群訓練一些專家，再予適當編組，將能充分瞭解其行銷市場，適切地執行其行銷計畫。

(四) **試行**：縱使再有效地傾聽顧客意見、所取得資訊仍屬有限，因此，所發展的行銷策略宜有試行階段。試行階段具有下述功能：

1. 評估有無其他較佳策略或戰術，可供選擇。

2. 確保所訂之策略及戰術無重大瑕疵。

3. 執行計畫策略若稍有偏離，得即時獲得導正。

(五) **執行**：行銷策略經試行修妥後，接下來是實際執行，執行應把握重點包括：

1. 明確區分工作權責：即每一工作成員或小組誰來負責那些事及何時應完成，落實每項應完成的工作並如期完成。

2. 落實行動綱領：確實按所訂步驟去執行。

3. 掌握工作進度時程：每項工作應接進度如期完成並儘可能注意各項工作細節。

4. 隨時反映顧客意見：在執行過程中對群眾顧客的反映意見要立即回饋。

(六) **監控**：由於外界競爭環境時時在改變，協力夥伴基於利益考量，支持計畫程度亦會增減，加上顧客對行銷產品反應，可能會不如預期等原因，社會行銷者必須採行監控系統追蹤其結果，儘早發現其差異性，及時調整修正策略或執行技術。（黃榮護主編，政府公關與行銷，公共管理，頁 520-574）

二五、政府公關與行銷首要的目標公眾（網路的主要行為者）為何？試加以說明之。

答：(一) 國會：

1. 國會公關與行銷的重要性：隨著國內民主化過程，府會關係愈趨複雜，行政機關莫不以謹慎小心的態度，處理國會聯繫工作。對機關而言，公關與行銷工作猶如汽車引擎的潤滑劑，運用得當可發揮無比的力量，使機關預算及政策順利推展；反之，猶如一顆隱形炸彈，隨時可能會引爆問題。

2. 依據喬治城大學安竹生（Andreasen）教授的看法，若行政部門推動的政策或法案，**要獲得國會議員的支持，則需運用公關與行銷的技巧方式如下**：

   (1) **視議員為顧客**：行政部門首先要將國會議員當作「目標群眾」（亦即顧客），用「以客為尊」的心態，傾聽並瞭解議員們對法案或預算的看法及態度，並進而影響並改變其對法案及預算的想法及態度。影響議員的關鍵點大致有：

   A. Benefits：行政部門通常會站在自身的立場去遊說議員，用「法案甚佳，請予以支持」的模式進行遊說工作，但真正有效的遊說是把議員當顧客，找出議員支持此政策或法案對其本身將有何利益。

   B. Cost：找出該議員在經費上的利益點，或研究出該議員若支持某法案，則可獲得那些利益團體或個人贊助競選經費。

   C. Others：找出對該議員具有影響性的關鍵人物或團體，讓這些個人或團體去影響其行為。例如：支持樁腳、安排總統或部長與國會議員餐敘、總統或部長為議員競選站台造勢等。

   D. Self-efficacy：每個議員都希望在法案表決時自己是站在贏的一方，在法案表決前要充分蒐集資訊，提供實際數據。

   (2) **區隔顧客屬性**：在傾聽、瞭解議員之個別需求後，並根據議員本身及客觀條件區隔出議員的個別屬性，不同的議員要用不同的策略方式來影響其行為。

   (3) **定位顧客利益點**：以「顧客導向」的方式，瞭解每位議員之利益點，並予以定位，同時應不斷強化其利益點。

(4) **運用合縱連橫戰術**：廣泛運用各種足以影響議員行為的策略與戰術。例如發動選民寫信、直接拜訪、舉行市政廳會議、召開記者會、出席聽證會等。

(5) **測試系統可行性**：在訂出完整計畫前，要測試所擬計畫。事前要能充分蒐集相關資料，並對掌握之資訊作先期研判及分析。

(6) **實際執行計畫**：根據以上步驟訂定完善計畫，循環執行，並發覺執行計畫時其中的改變，則執行方式亦應立即隨之改變。

(7) **建立回饋系統**：在每個過程中都要監控，並循環檢查、修正做法，隨時注意是否按計畫執行，以建立回饋系統。

3. 我國政府應有作法（策進作法）

(1) **各機關國會組織法制化**：由於組織係採任務編組而非正式法制化單位，各機關將「國會聯絡室」分置於不同單位下。在國會聯絡工作愈來愈重要的今天，其組織確有必要予法制化。

(2) **提高國會聯絡人員位階與層級**：由位階高之主管實際負責國會聯絡工作，除足以顯示機關重視此工作的程度，也能提升溝通與互動效果。

(3) **積極培養及訓練國會聯絡人才**：各機關國會聯絡人員，在未取得正式法定地位前，成員均以調兼方式組成，流動性高，經驗傳承不易。

(4) **公開透明的關說書面登記制度**：國會議員對行政部門進行關說，是非常普遍且無法避免的事情。行政部門對處理議員的關說應建立公開透明之關說書面登記制度。

(5) **訂定計畫與績效評價標準**：一般而言，行政機關常以較保守的態度處理國會議員的質詢案件，婉拒提供所需資料或決策過程及作法，對府會互動關係是一大障礙。為改善此種缺失，應由各機關自行訂定聯繫計畫及預期績效。

(6) 國會議員除了監督政府施政外，在面對競選壓力下，其最重視的是選民服務。行政部門在對國會議員的公關行銷工作上，最基本的是**要能充分且迅速提供國會議員所需之資訊**，建立一套橫向、縱向的回報系統。

(二)媒體：對公共管理者而言，媒體是最強勢的社會公器，也是政府公關行銷及形象塑造最強大的力量。

1. 媒體行銷的最基本原則：

(1) **誠信原則**：秉持誠信原則，與媒體記者建立互信互惠的工作關係。

(2) **以績效為基礎**：政府機關的良好形象應建立在實質績效的基礎上，再透過媒體的強力行銷，才能發揮相輔相成的效果。

(3) **主動積極精神**：公共管理者必須能主動積極，建立媒體記者資料庫，經常與記者保持連繫，維持良好的夥伴關係。

(4) **了解媒體特性**：有效進行媒體行銷，必須先了解新聞媒體的本質、特性及運作方式。

(5) **全員參與行銷**：政府公關行銷所涉及的範圍甚廣，舉凡政策制訂、推動、公共參與及機關形象塑造，都是公關行銷的範疇。媒體行銷不是少數幾個人的責任。

2. 媒體行銷方式：

(1) **新聞發布**：其較常見包括召開記者會、主動發布新聞稿、善用調查及研究資料和舉辦政策說明會或公聽會等方式。

(2) **接受媒體採訪**：機關首長或相關主管接受媒體訪問，為政策或形象行銷的重要管道，除平時媒體記者採訪外，亦可參加公共節目，與學者專家對談等。

(3) **公關造勢活動**：媒體對政府一般性的宣導活動通常不會有太大的興趣，但某些精心設計的公關造勢活動，卻是媒體競相追逐的焦點。

(4) **媒體廣告**：政府行銷如果經費許可，直接於媒體做廣告亦為可行方式之一。國內較常見的形式如由民間公司研提企劃案，政府機關贊助經費，配合擬宣導之政策或主題。

(三)利益團體：市民組織和利益團體也是公共組織的授權環境之一。這些團體組織的目的是促進他們成員的政治訴求和公共價值，有時也包括促進他們的經濟利益。

1. 由於社會上許多的潛在的利益都沒有被組織起來，所以只要這些團體有主張並起而號召，往往便可以隨時動員一些潛在的利益團體。這些團體針對其一特定實質的議題而動員，往往企圖改變政治方向。

2. 從公共管理的觀點，這些團體構成了公共管理者要注意的策略公眾。他們與各層的授權環境建立關係，並且常能上達組織的高層。公共管理者必須認識到，利益團體的網路關係像水，能載舟亦能覆舟，關鍵就在於兩者的目標是否一致。

3. 一個單一利益團體的存在，常常突顯一個非常重要的公共價值的存在，而且為市民所支持。公共管理者有三種可能途徑來處理這些利益團體：

(1) 找出另一個反制的團體或力量。

(2) 引導這些力量到可容忍的路徑。

(3) 找出某些能消耗掉這些能量的方法。

(四)跨域合作的伙伴：政府為有效推行政務、服務民眾，雖分級並分機構辦事，但政府施政終究是一體，面對日趨多元化的社會，跨政府及跨機構（包括非營利組織、民間團體）的合作，更顯重要。

1.美國「政府績效及成果法」（GPRA）對各機構策略規劃評分，亦將如何與其他機構相同或類似計畫及功能的合作，列為標準之一。

2.各級政府及各機構間，基於權責各有立場，有時甚或存在某種競爭或對立關係，例如經濟發展與環境保護、獎勵投資與租稅減免、產業保護與自由貿易等。因此如何使各級政府與各機構均能摒除本位，在在需要運用公關與行銷的理念和技巧。（黃榮護主編，政府公關與行銷，公共管理，頁520-574）

◆類似題 大眾傳播媒體是政府與民眾間的溝通橋樑，也是公共管理者藉以進行政府公關、社會行銷與形象塑造的重要管道。試問公共管理者有那些具體方式來運用大眾傳播媒體達成政府公關、社會行銷與形象塑造等目標？而在運用大眾傳播媒體時又應謹守那些基本原則？

二六、公共管理者應具備那些公關與行銷的基本技能？

答：一位稱職的公共管理者，要能發揮公關與行銷的效果，至少應具備下列六種政治管理的技能：

(一)**企業精神倡導：企業精神倡導指公共管理者運用創新作法，以推動擬議中的政策被採納並且獲得最大的支持。**此意味著政治管理必須部署一個綿密有力的聯盟網路，以確保其所偏好的政策能順利通過。公共管理者在評估過可能的參與者和預測這些參與者可能採取的立場之後，公共管理者可以採取：

1.選擇最有利而方便的路徑。

2.架構議題。

3.等候有利時機。

4.改變決策環境等行動策略來獲致權威性的決定。

(二)**管理政策發展**：公共管理者扮演企業精神倡導者與扮演政策管理者的角色是相當的不一樣。倡導者在心中早有定見，目標在於特定政策的被採納；相對地，管理者重在如何提高決策的品質，而非在某一特定的政策是被接納而已，其目標在於管理一個過程，使得任何決策都能獲得高正當性、授權和實質的正確性。

(三)**談判**：公共管理者希望某一政策被接納，但在分權的體制下，除非說服別人一起合作，否則很難達成，這是談判對管理者潛在的價值。但基於下列原因，談判分析一直不受公共管理者的重視：

1. 談判常被認為只是為了私利。
2. 談判分析只預測和評估談判結果，而非建議談判的行動策略。
3. 談判分析由於簡化情勢，造成與事實過大差距。

(四)**公共集思廣益、社會學習與領導**：這個技能並不是利用政府的權威來制定公共政策，而是政府有責任提供一種環境，允許遭遇集體問題的市民能一起來決定他們該怎麼做。

1. 公共集思廣益：公共集思廣益鼓勵受到政策議題直接影響的市民，挺身面對並且參加一個正反意見同時存在的論壇。這樣的論壇鼓勵市民以開闊的胸襟，協調其他市民的意見，建構公共價值的市民探索。
2. 社會學習與領導：社會學習的精神與公共集思廣益雷同，都是針對在政府結構以外、對政策有興趣、也有能力回應、並且利害相關的公眾，也都認識到鼓勵充份討論與集思廣益的潛在價值。

(五)**策略傳播**：策略傳播旨在協助政府成功地回應市民願望，所以其目的在於加強政府的責任與社會動員。

(六)**危機處理**：政府公關與行銷旨在形塑政府有利的形象，如果對於危機事件處理不當，則對政府形象將會造成損傷。危機的發展過程可分為：

1. **潛伏期**（Prodromal Stage）：危機意識，居安思危。
2. **爆發期**（Acute crisis Stage）：危機處理，臨危不亂。
3. **後遺症期**（Chronic crisis Stage）：危機控制，轉危為安。
4. **解決期**（Crisis resolution Stage）：危機化解，安然無恙。

大多數印象中的危機，通常是指危機的爆發期。而當危機發生時，應有下列作法：

1. 面對問題時，要認清且不要迴避問題。
2. 了解組織立場，界定危機的標準，分析問題的嚴重性。
3. 組織應成立危機處理小組，其成員涵括以危機事件核心人員所組成的處理步驟小組、公關小組、人力資源小組、法律專才以及人事人員。
4. 組織要明快地確定齊一的處理步驟。
5. 即時發布正確訊息，對於組織負面影響的報導要迅速澄清處理，如情況不明時則不可任意發布訊息。
6. 對於已發生的問題，應表示關心及遺憾。

7.建立發言人制度，代表組織的發言人應確實掌握危機狀況，立場必須要堅定一致，其一言一行必須令人信服。（黃榮護主編，政府公關與行銷，公共管理，頁520-574）

二七、何謂「績效管理」（Performance Management）？績效組織體具有何種特徵？績效管理需考量的面向為何？

說明：　績效管理的過程包含計畫、控制、評估、契約方式的人力運用（如委外服務）、顧客關係、生產力（績效成果）的衡量與改進，品質管理的實施，以顧客導向的途徑，獲致公共服務的績效成果。績效管理的目的，在於建構「高績效組織體」。

答：(一)績效管理：「績效」是行政效率（量）、效能（質）與總體生產力（施政服務成果）的綜合體，而績效管理即以績效取向為依據的管理目標與技術文化體制。績效管理必須包含組織目標與績效成果的衡量方法與技術、對績效品質的考評、績效薪資、管理資源與預算循環的配合、策略計畫的評估及改進。

　　1.學者丘昌泰教授將績效管理定義為：**「對於公共服務或計畫目標進行設定及實現，並對實現結果進行系統性的評鑑過程，包括「績效評估」、「績效衡量」及「績效追蹤」等功能性活動。**

　　2.李長貴：「所謂績效管理，係指組織有意圖的、積極的運用管理工具、以管理的手段提升及改進績效表現的相關活動及過程而言。」

(二)績效組織體的特徵：Golembiewski與Kiepper曾提出高績效組織體主要特徵：

　　1.就外界一般的評估標準而言，組織運作的績效遠遠超過一般所認定平均的、可接受的績效標準。

　　2.組織實際的績效產出水準，超過對此一組織預期的績效產出水準。

　　3.相較於過去某一時間點的績效表現而言，組織當前的績效產出已有明顯的成長。

　　4.經由外在客觀觀察者的評斷，相較於其他組織系統而言，有明顯較佳的績效表現。

　　5.在維持一定品質的前提之下，組織實際所耗費的資源水準，還低於完成同樣工作原預期需投入的資源水準。

　　6.組織的運作方式成為其他組織仿效學習的對象，並能在組織中發揮創新能力，開發競爭優勢及利基。

7.組織對其存在充滿高度自我認同及自我實現的成就感。

8.即使組織的產出或技術似乎並不困難或難以理解，但其卻是唯一具備此種能力的組織。

(三)績效管理需考量的面向：主要包括有管理目標、管理途徑、相關制度安排、績效資訊系統以及績效誘因。目標表示管理本身有目的性，是一種有意圖的、積極的活動，顯示組織進行績效管理所欲實現的境界；途徑代表實施績效管理所採取的策略及方法；制度安排代表實施管理過程中所涉及的結構權責分工；管理資訊系統則代表組織瞭解其績效狀況的相關作為；至於有效的誘因，則是引導組織成員發揮績效。因此，績效管理主要涉及以下活動：

1.目標設定。　　　　　　　　2.策略選擇。

3.制度設計及安排。　　　　　4.績效衡量。

5.誘因提供。

以上五種績效管理的活動，彼此相互連貫，必須相互配合，才能提高管理的報酬率。其中前三項可視為是相關的程序性作業，至於績效衡量及誘因的提供，可視為是績效管理實質核心活動。（范祥偉、王崇斌，政府績效管理：分析架構與實務策略中國行政評論第十卷第一期，頁156-179）

二八、試說明績效管理的程序性活動的主要內容？

說明：「績效導向」是當前各國進行政府再造的主要理念，「追求績效」與「為績效負責」成為公部門改革的軸心。從管理的角度而言，一個組織績效的表現，也就代表該組織的「管理報酬率」（ROM），代表組織的產出與所投入管理的努力之間的比值。

答：(一) 設定績效管理目標：組織進行績效管理的目標，主要包括以下三種：

1.促成績效產出持續性的提升。　　2.改進組織對環境的支配能力。

3.增加組織運作之盈餘。

就公共組織而言，其主要的職能，在於經由國家機器的掌控及資源的運用，以提供公共服務、解決公共問題、發揮公共領導為宗旨的組織體。也就是說，公共組織可視為是一組由特定群體所組成並具塑造社會能力的制度結構。這樣一種制度結構，其進行績效管理，主要係基於以下二目標：

1. 提升運作績效：包括行政效率、效能、經濟性、公平性及服務品質的不斷改進。
2. 追求有效治理：所謂「治理」（Governance），係指政府經由政策的制定及執行以引導社會發展方向的相關活動與過程。
(二)途徑選擇：設定目標之後，下一步就必須要選擇足以達成目標的管理途徑。可採用的管理途徑主要有：
1. **內部管理途徑**：包括運用組織重組、流程再造、職能檢討簡併、能力授與作為，建立一個「低內部交易成本」的內部運作環境，促成管理報酬率的提升。
2. **環境互動途徑**：為達成有效治理的目標，公共組織必須要以「開放系統」的概念，致力於「公共管理的社會化」，經由公民涉入、民營化、合產、公眾關係、資訊公開等途徑，與環境中的其他社會行動者建立聯繫，建立協力關係，以取代過去國家與社會二元對立的政體模式。
3. **文化轉變途徑**：進行成功績效管理的關鍵，必然包括組織思維模式的重新塑造，其中與績效管理最直接相關者，係將公共組織建構為「學習型組織」，以不斷追求創新及自我成果作為新的組織文化範型。
4. **總量管理途徑**：針對政府一定時期的資源投入及獎酬設定上限，並在組織建立「內部市場」的競爭機制，讓各部門、團隊及組織成員以績效表現相互競爭有限的資源及獎酬。
(三)績效管理的制度安排：制度安排係指負責推動績效管理的權責單位。可分為「內部管理」與「外部管理」二種。外部管理乃將政府績效衡量的工作，委由民間的組織來負責；內部管理則由政府部門自行進行績效衡量的工作。
1. 一般政府進行績效管理活動，大都採內部管理的安排方式。惟當前政府再造強調要建立「企業型政府」並「師法企業」。因此，從外部推動，實有助於將私部門的管理精神注入政府機關中；但由於對業務及政府組織特性的瞭解，完全的外部管理安排較不可行，折衷的做法，是在政府中成立績效管理或衡量的專案小組，邀請民間的專家學者或經理人加入，針對公部門的管理問題進行瞭解。
2. 在內部管理方面，大部分國家的做法，都是先由各機關依照一定的方法或規定進行自我管理，再由國會或行政部門中的專責機關針對各機關的管理結果進行審核。

3. 另一方面，除了由組織內或組織外的專責單位進行績效管理工作外，近年來的趨勢，是以全員參與的模式進行績效管理，並以「360度多元評估模式」為代表，綜合組織內部及外部單位，將上司、部署、同僚、團隊及外部顧客意見於績效衡量過程中全部納入考量。（范祥偉、王崇斌，政府績效管理：分析架構與實務策略中國行政評論第十卷第一期，頁156-179）

二九、何謂「績效衡量」？（Performance Measurement）？績效衡量具有那三種基本的要素？

說明：　組織必須要有一套合理且有效的「績效衡量」機制，作為管理的工具及配套措施。經由績效評量的實施，瞭解組織運作產出的真實狀況，並發現政府績效的漏洞，適時加以對應。

答：(一) 績效衡量：**績效衡量是指組織以特定的工具、方法或技術對於組織的表現水準直接進行測量的活動過程，在本質上，是屬於管理活動中的「控制」**（Control）功能，對組織而言具有積極及消極兩種意義。就消極面而言，績效衡量可幫助組織瞭解各項工作執行的進度與狀況，並適時採取因應對策；就積極面而言，績效衡量制度的建立，能在事前或活動進行中，對組織成員的決策及行為產生影響或引導作用，使個人的努力目標能與組織的目標趨向一致，產生「目標趨同」的效果。

(二) 績效衡量具有的三個基本要素：

1. **衡量客體**：進行績效衡量第一個要確定的，就是衡量的客體。也就是確定要衡量「誰」的績效？對「什麼」進行績效衡量？行政績效衡量的客體，主要有三類，第一種是「組織別」的衡量客體，第二種為「職能別」的衡量客體，第三種為「計畫別」或「方案別」的衡量客體。

2. **衡量指標**：指標是組織績效衡量依據，代表績效衡量的內容，在績效衡量中扮演最重要的角色。指標大體存在以下兩種關係：「指涉關係」與「變數關係」。

　基本上，指標具有以下幾種類型：

(1) **計量性指標與非計量性指標**：計量性指標是有計算單位，能數量化表示的指標，係以統計數據等「硬性資料」為依據；非計量性指標則係感覺、觀感等主觀的評估與描述，以文字或意見觀感等「軟性資料」評價其優劣，通常用於表現滿意度的衡量上。

(2) **共同性指標與個別性指標**：當績效的衡量含括多個不同客體（如組織或同一組織內不同單位）時，這些不同客體共同適用的指標為共同性指標;依各客體的特性所設計,為該客體所單獨適用的指標為個別性指標。

(3) **一般性指標及特別性指標**：一般性指標係指具有固定性,各期衡量作業時均要適用的指標;特別性指標係因應特別狀況及時勢變遷的可能性所設計的指標。

(4) **正指標及逆指標**：依指標數值的大小與績效表現之間的正反比關係不同,指標可分為正指標及逆指標二種。正指標的數值大小與績效表現之間成正比關係,分數表現越好表示績效越好;逆指標則成反比關係,如承辦案件時間,時間越短,績效越好。

(5) **落後指標與引導指標**：有一些績效衡量的方法,是注重從過程到結果之間因果關係的監測,落後指標代表對結果部分的量度,表現具體的產出狀態,或組織作為的結果及影響,如獲利率、市場佔有率、顧客滿意度等;而用來表示績效驅動因素是否滿足及滿足程度的指標,就是所謂的引導指標。另外,**指標的設計亦有以下幾個參考原則**:

A. **效度**:指標正確表現實際績效的程度,差異越小,效度越大。

B. **信度**:指標所得出的結果要穩定,指標必須在不同的時間針對同一對象進行衡量時,能產生大致相同的效果,效果越穩定,信度越大。

C. **客觀性**:指標由於對於績效衡量結果有重要影響,且績效結果常作為相互比較甚或獎懲的基礎,為建立指標的公信力,應以客觀性指標為宜。

D. **直接性**:績效指標與衡量的結果應要有高度直接的因果相關,尤其要注意指標與衡量目的之間是否存在「虛假關係」。

E. **不重複性**:指標的內容不可相互重複,以免造成對同一面向的重複衡量。

F. **可操作性**:指標應清晰簡潔易懂,且要有嚴謹的定義以減少爭議。

G. **可行性**:指標的測量成本及困難度應在可接受的範圍之內,資料蒐集、監控及評估所付出的成本不宜過高。

H. **固定性**:在時間的面向上,指標必須有持續性,能長久運用而非時常更動。

I. **平衡性**:全部的指標體系必須要充分反映成本、時間與產出等面向的運作情況。

3. **衡量方法**：（見下題）。

三十、績效衡量的三種基本要素之一即為「衡量方法」。試說明績效衡量有那些「衡量方法」？

說明：　在設定指標之後，就要進一步將各指標所呈現的內容進行處理，以得出一個總的績效結果，也就是要討論方法的問題。

答：(一) **標竿學習法：標竿學習法是一種「比較評量」的方法。此法具有目標管理的基本精神**，是先就指標內涵設定一定期間內所要達到的目標水準，並以此一目標水準作為比較的參考點，再衡量實際成果與參考點所代表之績效水準間的「績效差距」，此一參考點即為績效「標竿」。標竿學習法具有「結果導向」與「策略導向」的特性，與當前政府再造的理念相吻合，許多國家推動政府再造工作時實施績效衡量均採此法。

(二) **評分量表法**：評分量表法是將指標所指陳的內涵先區分出若干程度（如非常滿意、滿意、無意見、不滿意、很不滿意等），每個程度均給予一個固定的分數，也就是區分「分數區間」，再衡量各指標的實際表現屬於那一個分數區間以決定分數。

(三) **公式法**：此法通常是用於計量性指標的衡量。做法是先設計一定的數學公式，再依公式運算的需要，蒐集相關的數據資料，再將數據套入公式中計算出績效結果。此法的優點是較具客觀性及精確性，但在作業方面的困難度較高，若公式設計過於繁複將使實施較為不易。

(四) **平衡計分卡法：平衡計分卡法原係運用於企業財務執行績效評估的方法，美國前副總統高爾於推行「國家績效評估」時採用此種方法進行績效衡量。**此種方法的特徵，在於同時進行多個面向的衡量，並強調衡量面向之間必須要有因果關係；平衡計分卡法的特色，在於配合「全面性」績效管理的理念。**平衡計分卡法具有以下特點：**

　1. **自我評量及外部評量的平衡**：同時注重組織自身的檢討及外部顧客滿意度的檢討。

　2. **財務及非財務評量的平衡**：以往組織績效評量的方式，多半著重於財務運用層面，平衡計分卡則將涉及面向擴及顧客、品質、流程、人力發展等非財務性的面向。

　3. **策略取向**：平衡計分卡強調組織績效的衡量，必須要與組織發展的重要策略相結合，以有利於組織對策略的達成進度進行控管。

　　4.**全員參與**：績效衡量的內容必須經由組織各層級、各部門成員廣泛及充分的討論；且其內容必須要使組織成員、管理者、利害關係人及外部顧客充分了解。

　　由以上可知，平衡計分卡法企圖「對組織的健康進行全像性的檢補」。此法目前已從企業績效衡量的領域，逐漸擴展在政府中適用。（范祥偉、王崇斌，政府績效管理：分析架構與實務策略中國行政評論第十卷第一期，頁156-179）

三一、績效管理在選擇績效誘因時，應把握那些原則？另外，實務上可有（或包括）那些績效誘因？

說明：　績效管理除消極進行績效衡量之外，另一方法，係如何在積極面採取有效的管理方式，引發組織績效產出，亦是相當重要的一環。此部分的重點在於利用有效的「誘因」。

答：(一) 原則：所謂「誘因」，係指足以改變主體行為的因素，其可能是正面的獎勵或鼓勵，亦可能是負面的懲罰。選擇績效誘因時，應把握以下原則：

　　1.在運用物質性誘因時，不可忽視成就感、挑戰性、責任感、進步感等「心理性誘因」的功效。

　　2.誘因的實施對象，除了以個人為單元外，亦應同時以團隊為單位提供誘因。

　　3.正面誘因或負面誘因的選擇，必須要考量標的對象的性質來決定。

(二)誘因的內容：Osborne及Plastrik曾提出九項誘因內容：

　　1.**績效獎勵**：根據對於員工的工作表現給予非物質的肯定嘉許，使員工能知悉其績效受到尊重與重視。

　　2.**精神報償**：提供組織成員或工作團隊準財務性的報償，比如帶薪的休假或安裝新設備。

　　3.**額外分紅**：在薪資之外，於員工或工作團隊產出表現達到一定標準時，即發放一次即時的獎金，且此一獎金並非員工固定給與的一部分。

　　4.**利得分享**：由組織就一部分的組織利得提供給績效達到一定標準的員工，將績效所產生的利益回饋給績效生產者。

　　5.**分享節餘**：績效的另一面向，係儘量節約組織資源的耗用程度。此種因節約的努力所產生節餘，也應回饋給組織成員。

6. **績效待遇**：以員工的實際功績表現決定待遇的支給水準，而非齊頭式平等的薪資給與制度。

7. **績效契約**：由管理者與組織成員事先就未來應達到的績效水準簽訂績效契約，以為執行的標竿，並一併於契約中規定達到標竿水準的獎勵及未達到標竿水準的處罰，以明確責任。

8. **效率負擔**：每年小幅度減少行政成本支出水準，並同時要求各單位或員工能維持一定的績效水準，使改進績效的壓力始終存在。

9. **績效預算**：以績效的高低分配機關年度預算的多寡。（范祥偉、王崇斌，政府績效管理：分析架構與實務策略中國行政評論第十卷第一期，頁156-179）

三二、何謂績效評估？其與管理策略有何關係？

說明：績效評估必須和組織的管理策略相結合，並藉以引導組織成員的努力方向，以及組織財政資源的配置。

答：(一) 績效評估的意義：工作績效必須加以評量，經由評量並公告，便可產生良性循環刺激更多努力以追求績效。因此，績效評估的意義是多重的，除了激發追求成功意念外，也藉以學習失敗教訓。

(二) 績效評估與管理策略的關係：

1. 策略管理：策略管理是結合規劃、執行和評估的管理過程，在邁向組織發展的遠景過程，運用系統性方法來釐清和推動必要的改革，以及衡量組織績效的管理。美國政府的績效管理也是根據策略管理而運行，策略管理必須成為引導績效管理的依據，以免「產出或結果」的選擇不能和組織存在與發展的核心目的密切結合。

2. 績效管理：績效管理係指對於公共服務或計畫活動的結果進行系統性的評鑑過程。要進行有效績效管理，應包含下列七個項目：

   (1) **制訂宗旨**（Articulate A Mission）：宗旨和目標之間是有差別的。宗旨是大方向，目標是具體而微的內容及數據。

   (2) **建立目標**（Establish Goals）：如果只有宗旨，沒有目標，則無法測量機關的宗旨是否實現；若只有目標沒有宗旨，則難有整體宏觀的把握。

   (3) **個人擔負追蹤績效的責任**（Monitor Performance Personally）：管理部門無論大小都應定期對目標項目進行追蹤，以了解目標進展是否順利。

(4) **建立組織能力（Create Organizational Capacity）**：進行績效管理，一定要為員工提供能力。

(5) **提供獎勵制度（Reward Success）**：在私人部門多採物質獎勵；政府部門則採精神獎勵。透過獎勵制度使部門之間相互學習。

(6) **防止欺騙**：此所稱「欺騙」係指有些部門雖然完成目標但未完成宗旨。

(7) **準備改變**：如果發生第六項所說的欺騙，則之前的五項就必須作出改變。（邱吉鶴，行政機關績效管理，秀威資訊科技股份有限公司）

三三、何謂「績效評估」？其具有哪些功能？績效評估的要件及類型，又各為何？

說明：　管理大師 Peter Drucker 曾指出，「管理工作的基本要素之一就是衡量與評估。」其中，建立衡量尺度所指的就是建立評估標準與衡量模式。

答：(一) 績效評估的意義：**績效評估係指一個機關試圖達成某項目標，如何達成目標與是否達成目標的系統化過程**。基本上，績效評估是任何利用追蹤與評估組織績效的過程，績效評估是為了解一個機關的工作項目執行的「效果」和「效率」如何的過程。

(二)績效評估的功能：

1. **評估**：經由績效評估後可了解一個機構成功與否。

2. **學習**：利用評估的過程來發現或學習工作中的經驗或教訓。

3. **激勵**：使大家有一種緊迫感，希望將事情儘快作好。

4. **推展**：有了評估結果，就可以向公眾和立法機關說明機關的執行成效，以爭取預算。

5. **慶祝**：使員工因目標明確而圓滿完成工作後，有一種勝利感，有助未來更努力工作。

(三)績效評估成功要件：

1. **適時提供清晰的績效資料**：許多實施績效管理經驗顯示，各機關領導者與資深管理者對於提供績效資訊有相當疑慮，如果該績效資訊與資源配置有相當關係，則提供資訊對於他爭取預算有所障礙而不願意提供正確資訊。

2. **績效資料之蒐集具有誘因**：績效管理涉及機關的任務、策略規劃、策略目標、預算編列、績效指標等工作，這一繁複的過程若沒有提供強力的誘因，事實上很難推動績效管理活動。

3. **具有熟練技巧的績效管理**：需要的知識與技巧包括：策略規劃、組織文化改變的技巧、績效衡量的分析與報告方法、計畫活動成本分析法、激勵員工使用績效指標資料的方法、績效預算等。

4. **具有公正權威的績效管理者**：負責推動績效管理的管理者，是否有足夠的權威決定那些項目應該建立績效指標？為使績效管理有效推動，對於績效管理者要有公正的權威性。

5. **最高決策者高度認同與支持**：績效管理如果沒有最高決策者的支持與認同，無論績效管理者如何努力，都將不會有明顯的成效。

6. **培養互信與自主的組織文化**：績效管理可以是一種學習的動力，也可以是一種懲罰的措施，關鍵在於如何培養實施績效管理的互信與自主的組織文化。

(四)績效評估方法之類型：

1. **目標達成法：目標達成法係依據目標的達成程度來評估組織之績效**，其評估之一般準則即建立在組織所欲達成之目的或產出上，因而此方法之運作係以目標之可測性為前提。

2. **系統法：系統法係將組織視為一種系統架構，獲取投入、經過轉換過程並產出**。組織目標的重點除了產出部分外，也應獲取投入－處理過程－輸出管道，以及維持穩定與平衡方面的能力加以評估。此法乃是假設組織係由內部次集合組成，次集合績效不佳將會對組織整體績效有負面影響；此外，效能必須考慮外部環境的顧客，並與其保持良好互動關係，所以重視與環境間的關係，以確保組織能持續獲取資源及有利的生存條件。

3. **策略顧客法：該法認為有效能的組織必須能滿足某主要顧客的需求，以獲得組織持續生存所必須的支持**。策略顧客法係以組織對其主要顧客的滿意程度來評估組織績效。

4. **競爭性價值法**：競爭性價值法評估組織的準則依評估者及其所代表的利益而定，其基本假設是組織效能並沒有所謂的最佳準則，所以對於組織效能的觀念與評估者所選定的目標是基於評估者個人的價值、偏好與利益；這些不同偏好取向可加以整合產生競爭價值基本組合。**競爭性價值法認為評估組織效能的準則可區分成三類競爭價值：**

(1) 第一類：與組織結構有關之競爭性價值：**從強調「彈性」到強調「控制」**。此彈性—控制構面反映出存在組織中創新、適應力、變革的價值與職權、秩序、控制的價值之間的衝突。

(2) 第二類：與組織哲學有關之競爭性價值：**從強調「員工的發展」到強調「組織的發展」**。此是存在組織中關心員工的感覺、需求與關心組織的生產力、目標之間的衝突。

(3) 第三類：與組織之「目的」與「手段」有關之競爭性價值：**從強調「處理過程」到強調「最終結果」**。組織應以長期性準則（手段）與短期性準則（目的）來評估其績效。（邱吉鶴，行政機關績效管理，秀威資訊科技股份有限公司）

選擇題

( )　1. 藉由規劃與執行組織系統和實務來管理組織成員，俾達到多元化的潛在優勢得以極大化，同時潛在的威脅得以降到最小的管理，稱為：　(A) 多目標管理　(B) 多管道管理　(C) 多元化管理　(D) 績效管理。

( )　2. 下列何者不是構成啟動組織管理多元化的力量？　(A) 從農業經濟移轉至製造業經濟　(B) 市場全球化　(C) 合併（Mergers）與聯盟（Alliances）需要管理不同的文化　(D) 勞動市場的改變。

( )　3. 「公共管理者運用創新作法，以推動擬議中的政策被採納並且獲得最大的支持。」此種作法稱為：　(A) 企業精神倡導　(B) 工作豐富化　(C) 去官僚化　(D) 企業型政府。

( )　4. 民意機構干涉公共管理者的機制，有正式的與非正式二種。下列何者為非正式的機制？　(A) 立法程序　(B) 預算程序　(C) 監督程序　(D) 公聽會。

( )　5. 社會行銷第一步驟，先要：　(A) 瞭解「群眾」想法與需求　(B) 製定行銷計畫書　(C) 實行行銷計畫　(D) 評估行銷方案執行成果。

( )　6. 關於多元化管理（Diversity Management）的發展時期，下列何者正確？　(A) 平等就業機會時期→重視差異性時期→弱勢優先時期→多元化管理時期　(B) 平等就業機會時期→弱勢優先時期→重視差異性時期→多元化管理時期　(C) 重視差異性時期→弱勢優先時期→平等就業機會時期→多元化管理時期　(D) 平等就業機會時期→重視差異性時期→多元化管理時期→弱勢優先時期。

( )　7. 多元化管理重視何種觀點？　(A) 差異性　(B) 一致性　(C) 同質性　(D) 創意性。

( )　8. 喬治城大學安竹生（Andreasen）教授認為，若行政部門推動的政策或法案，要獲得國會議員的支持，則需運用公關與行銷的技巧。其中，「行政部門通常會站在自身的立場去遊說議員」，此係屬於影響議員的何種方法？　(A)Cost　(B)Self-efficacy　(C)Benefits　(D)Vaule。

( )　9. 何項工作是立法院最主要的功能？　(A) 法案制定　(B) 審查預算　(C) 監督行政部門　(D) 召開公聽會。

( )　10. 針對異質性的工作隊伍，從事組織本身的變革，以建立一個能讓多元化的組織成員相互尊重，並且能夠將自我潛能極大化的工作環境的管理，稱為：　(A) 組織管理　(B) 多元化管理　(C) 工作管理　(D) 團隊管理。

( )　11. 要瞭解行銷目標對象想法與需求，需進行顧客調查。調查的進行，一般都以協助決策制定為重點，較經濟可行且具成效的方法為：　(A) 二手資料分析　(B) 深度訪談　(C) 焦點團體　(D) 以上皆是。

( )　12. 下列何者非公共管理者面對民意機構所應實行的策略？　(A) 在政治知識方面，要能精確掌握主要人物　(B) 在政治溝通方面，要能迅速回應委員的要求與問題　(C) 在政治立場方面，應全力支持執政黨　(D) 要能善用議題設定的優勢來擴大支持的力量。

( )　13. 指行政人員為維持公眾的信任，並且以公共利益為目的，用以獎優汰劣的一套系統，讓行政人員能夠確實負責。」此係公共管理之何項專有名詞的定義？　(A) 究責　(B) 賞罰　(C) 專業專制　(D) 課責。

( )　14. 美國政府績效與成果法的內容之一，係將任務、目標、衡量及何項概念相結合，以提高政府的行政績效？　(A) 需求　(B) 供給　(C) 回饋　(D) 評鑑。

( )　15. 一般企業組織將多元化管理視為是基於商業利益與生存動機的企業策略，能為組織帶來下列何項契機？　(A) 保持與獲取市場占有率（Market Share）　(B) 提升工作隊伍的品質（Workforce Quality）　(C) 組織靈敏度的提升（Organizational Agility）　(D) 以上皆是。

( )　16. 下列何者為與績效相關的指標？　(A) 顧客化　(B) 便利性　(C) 創新性　(D) 以上皆是。

( )　17. 大多數印象中的危機，通常是指危機的：　(A) 潛伏期　(B) 爆發期　(C) 後遺症期　(D) 解決期。

（　）18. 下列何者非建構多元化組織的作法？　(A) 彈性的工作計畫與監督權力的下放　(B) 給予組織成員對於目標的達成與運作有自由裁量的能力　(C) 研究者應該花費至少在組織中百分之十的時間來探索成員的意見　(D) 鼓勵正式且結構性的工作。

（　）19. 社會行銷的目標設立後，即需制定一個核心的行銷策略做為行動綱領，為期達成預定目標，社會行銷通常採用何種策略來選擇顧客，做為其行銷對象？　(A) 市場一致性策略　(B) 市場異質性策略　(C) 市場同質化策略　(D) 市場區隔策略。

（　）20. 執行「美國政府績效與成果法案」（GPRA），必須具備下列何項要件？　(A) 界定清楚的任務及所欲的成果　(B) 衡量績效以利測量進度　(C) 運用績效資訊以作為決策基礎　(D) 以上皆是。

（　）21. 下列何者為多元化管理的特質？　(A) 多元化管理是種尊重與發展多元化的新思維　(B) 多元化管理是具有競爭力的企業策略　(C) 多元化管理是前瞻性地改變組織整體的長期過程　(D) 以上皆是。

（　）22. 若將單一化的組織加以細分，可再分為排斥階段與：　(A) 服從階段　(B) 弱勢優先階段　(C) 俱樂部階段　(D) 多元文化階段。

（　）23. 下列何位總統曾說：「美國政府是國會常設委員會所控制的政府」？　(A) 杜魯門　(B) 威爾遜　(C) 艾森豪　(D) 羅斯福。

（　）24. 當危機發生時，應有正確作法。但其中不包括下列何者？　(A) 面對問題時，要認清且不要迴避問題　(B) 組織應成立危機處理小組　(C) 危機一發生即應立即發布訊息　(D) 了解組織立場，界定危機的標準，分析問題的嚴重性。

（　）25. 指透過選舉產生的以及政治任命的行政首長而言，亦即就是擔任首長職務的政務官。此一般稱為：　(A) 政務領導　(B) 事務領導　(C) 基層領導　(D) 國務領導。

（　）26. 單一化的組織（Monolithic Organization）主要採取何種方式，並且以摒除或拒絕的態度來面對多元化？　(A) 同化的濡化　(B) 同化的異化　(C) 異化的濡化　(D) 異化的變動。

（　）27. Carnevale 與 Stone 認為，何種管理是種透過行動認知差異的過程，並且藉由在管理、組織甚至是人際之間的階層來發展各種初步行動，以包容

異質性？　(A) 單一管理　(B) 多元化管理　(C) 同質性管理　(D) 多數管理。

( )　28. 組織理論學者費佛（Pfeffer）曾指出，語言、象徵符號與何項都在管理這過程中被用來賦予活動和事件新意義？　(A) 儀式　(B) 禮儀　(C) 教化　(D) 價值。

( )　29. 共管理者的立場來看，在立法過程中，最主要的目的為：　(A) 使部門本身所提的法案能夠排上議程　(B) 使法案能以最大的可能性朝對工作最有利的方向發展　(C) 以上皆是　(D) 以上皆非。

( )　30. 公共管理者在設計綜合識別系統 CIS（企業識別系統）便需要有政治語言的知識與技能。其中，「MIS」代表 CIS 的何項識別子系統？　(A) 行為識別系統　(B) 視覺識別系統　(C) 理念識別系統　(D) 感官識別系統。

( )　31. 多元論的組織又可以再分為那兩個階段？　(A) 服從與反抗兩階段　(B) 服從與弱勢優先兩階段　(C) 再界定與多元文化兩階段　(D) 俱樂部與排斥兩階段。

( )　32. 依據喬治城大學安竹生（Andreasen）教授的看法，若行政部門推動的政策或法案，要獲得國會議員的支持，則需運用公關與行銷的技巧。但不包括下列何項？　(A) 運用合縱連橫戰術　(B) 測試系統可行性　(C) 建立回饋系統　(D) 視議員為上司。

( )　33. 一位稱職的公共管理者，要能發揮公關與行銷的效果，至少應具備六種政治管理的技能，其中不包括下列何項？　(A) 集權領導及構思　(B) 企業精神倡導　(C) 管理政策發展　(D) 危機處理。

( )　34. 下列何者非媒體行銷的最基本原則？　(A) 主動積極精神　(B) 個別參與行銷　(C) 以績效為基礎　(D) 了解媒體特性。

( )　35. 指公共管理者為因應日益變動的政治與任務環境的挑戰，以「顧客導向」為中心思想，運用各種公共資訊的傳播技術，協助組織界定並生產公共價值、塑造有利形象，以爭取公眾最大支持的做法，一般稱為：　(A) 政府社交活動　(B) 政府公關與行銷　(C) 政府民意調查與分析　(D) 以上皆非。

解答與解析

1.**(C)**

2.**(A)**。應是「從製造業經濟移轉至服務性經濟」。

3.**(A)**。其中，公共管理者可以採取：
　　(1)選擇最有利而方便的路徑。
　　(2)架構議題。
　　(3)等候有利時機。
　　(4)改變決策環境等行動策略來獲致權威性的決定。

4.**(D)**。非正式的機制是指在正式機制之外，對公共管理者主管事務所作的意見表示與要求，例如有關人事以及政策事項的關說或者是立委自行舉辦公聽會等等。

5.**(A)**。所謂「群眾」，係指所要影響的人。因此，除行銷對象外，尚包括行銷計畫的對手及其他如專家、學者、媒體、利益團體等具影響力者。

6.**(B)**

7.**(A)**。多元化管理是對傳統「一體適用」管理時期的一種突破。多元化應該是體驗新價值的機會重視價值的學習過程。

8.**(C)**。Cost：找出該議員在經費上的利益點，或研究出該議員若支持某法案，則可獲得那些利益團體或個人贊助競選經費。

9.**(A)**。立法院所制定的法律，牽涉到行政機關組織的變革、方案的法制基礎、乃至職權的變動。

10.**(B)**　　　　11.**(D)**

12.**(C)**。在政治中立方面，避免過度的黨派色彩。

13.**(D)**　　　　14.**(D)**

15.**(D)**。其他尚包括：降低組織成本（Cost Saving）、型塑良好的組織形象（Organization Image）。

16.**(D)**　　　　17.**(B)**

18.**(D)**。鼓勵非正式且不具結構性的工作。

19.**(D)**

20.**(D)**。GPRA的評估方法包括：策略計畫、每一年的績效計畫書與計畫績效報告。

21.**(D)**　　　　22.**(C)**

23.**(B)**。但是在我國,委員會的階段並不如想像中的重要,最主要的原因是委員會
無法發揮專業審查的功能。要發揮專業審查的功能,有兩個必要的條件,
一是有充足且素質優良的幕僚人員,二是建立資深制度。

24.**(C)**。如情況不明時則不可任意發布訊息,而且也應建立發言人制度,代表組織
的發言人應確實掌握危機狀況。

25.**(A)**。依據民主的理論,人民選擇政務官的理由,就是希望他能夠將他的政見轉
化為政策,並且付諸實行。

26.**(A)**。Cox認為,多元文化組織是組織從事多元化管理所產生最成熟的組織,是從
單一化的組織與多元論的組織所演進而來的。

27.**(B)**

28.**(A)**。在政治活動中,語言的運用對於合理化活動和觀點至為關鍵。如果政治指
涉公共管理者行動方向的合理化,那麼語言就是使之合理化的工具。

29.**(C)**

30.**(C)**。公共管理者本身在促成形象公關與行銷方面,應掌握下列原則:政治語言
符號的運用、CIS的設計(理念識別系統、行為識別系統(BIS)、視覺識
別系統(VIS))。

31.**(B)**。就濡化觀點而言,多元論的組織(Plural Organization)仍然採取單向適應的
同化方式,但是組織對多元化的態度開始能夠容忍多元文化。

32.**(D)**。應是「視議員為顧客」。

33.**(A)**。應是「公共集思廣益、社會學習與領導」。

34.**(B)**。應是「全員參與行銷」。對公共管理者而言,媒體是最強勢的社會公器,
也是政府公關行銷及形象塑造最強大的力量。其行銷方式有:新聞發布、
接受媒體採訪、公關造勢活動、媒體廣告。

35.**(B)**

第11章 團隊建立與工作生活品質

重點提示 俗話說：「獨木難撐大廈」、「團結就是力量」，都說明團隊精神的重要性。近年來，隨著公共組織一片革新浪潮，團隊管理策略亦扮演相當重要的角色。事實上，團隊中工作的完成並非是由上而下或是個人單方面地接受上級的指派或分配，而是傾向由下而上的，在自主的判斷與衡量基礎上，調和來自不同利害關係人的期望，最後共同達成組織的目標。因此，團隊與組織或組織中的其他團隊在此種關係架構中，將不再是單純的彼此隸屬或工作分派的單位，而是更強調彼此在功能上的配合與整體最後目標達成過程中的合作。（孫本初，公共管理—團隊建立，頁499-531）

本章第二個重點為「工作生活品質」。隨著高科技生活及知識經濟的來臨，人類對於生活品質的要求愈來愈高，而工作仍然是人類生活當中極為重要的一項活動，占據人類大部分的時間。如何改善及提升員工「工作生活品質」（Quality of Working Life，QWL）不只是政府機關關注的議題，更是企業所注重的。在國內，近幾年來企業組織也開始遭遇到類似歐、美先進發展國家過去所受到的衝擊：

（一）國際化、國內市場開放及關稅降低等所帶來的競爭壓力。

（二）教育水準的普遍提高，使得員工的期望提升及對權威的接受程度降低，而要求能有參與和影響力。

（三）勞基法的實施，使得勞工覺悟到自己應有的權益。

（四）社會民主化的觀念，使得主僱關係已不再是施恩與受惠、使喚與服從及尊榮與卑下的型態。面對上述變化，國內企業組織開始學習歐、美各國循序改善工作生活品質的途徑來加以因應。政府機關在對外施政及內部人事管理上已投入許多，也對多項攸關公務人員權益的法案（如公務人員基準法、公務員保障法等）之草擬訂定有所關注。提升工作生活品質，不只能透過工作經驗讓所有的員工滿足其個人重要的需求，享受工作的樂趣，增進人民福祉，改善生活品質，除去不必要的壓力；更能提高組織的生產力及服務品質，並降低離職率。（孫本初，公共管理—工作生活品質，頁545-558）

重點整理

第一節　團隊建立

一、團隊建立概說

(一)團隊定義：團隊是一個具高度信任的團體，成員之間相互支持合作，以每個人本身相輔相成的才能，共同為團隊的使命及共同的目標而努力。團隊成員之間講求溝通及意見參與，共同為績效的設定及達成而貢獻才華，其定義要比團體來得嚴格。

(二)團體的定義：Klimoski與Mohammed兩人認為，團體是不同個人的結合，享有相當的職位條件及不同的職責分工。張潤書教授認為團體「乃為執行工作以達成一個共同的目的或目標，而相互依賴及互動的兩個以上的人的聚集。」

(三)團隊與團體的差異

1.領導者（Leader）。　　　　　　2.責任歸屬（Accountabilty）。
3.目的（Purpose）。　　　　　　4.工作成果（Work Product）。
5.會議（Meeting）。　　　6.工作方式（Work Styles）。
7.績效衡量（Measure of Performance）。

(四)團隊的種類

1.按團隊效能層級與績效來分：
  (1)工作團體（The Working Group）。
  (2)假團隊（The Pseudo-Team）。
  (3)潛在團隊（The Potential-Team）。
  (4)真正團隊（The Real Team）。
  (5)高績效團隊（The High-Performance Team）。

2.按類型或功能來分：
  (1)顧問—涉入團隊。　　　　(2)生產—服務團隊。
  (3)方案—發展團隊。　　　　(4)行動—協商團隊。

3.依品質改善過程來區分：
  (1)品管圈。　　　　　(2)工作團隊。　　　　(3)跨功能方案團隊。
  (4)功能團隊。　　　　(5)自我導向團隊。　　(6)設計團隊。

(五)團隊概念的發展過程

1. 早期人群關係理論的團隊內涵。

2. 組織發展理論的團隊內涵。

3. Z理論以後的團隊內涵。

(六)孫本初教授認為對於團隊概念的演進可以有下列的結論

1. 團隊觀念在傳統西方即使不是全然缺乏，亦應是淡薄的；相反地，日本或東方的部族或家族觀念反而與團隊相契合。

2. 團隊不同於團體，其不僅是個人的組合，更是個人與個人間自願性的融合，其中的任務、情感是一體的，而非分散的。

3. 對於現代團隊內涵的理解，不能再以個人或組織為主體來予以分解或綜合，即不能再使用傳統的二元分析單元。

二、團隊建立的其他議題

(一)團隊的策略實際運用時所遭遇的困難

1. 許多人常認為團隊精神或團隊建立僅是特定人所從事的特殊工作。

2. 許多人對成為團隊成員預設了不正確的期望，例如加入團隊必須脫離原來所屬的工作團體。

3. 團隊與原有組織是平行的，故兩者可能在時間、人員或資源運用上產生衝突。

4. 團隊建立時未能包括監督人員、管理者等組織的領導者。

(二)團隊建立對公共管理產生的影響

1. 團隊建立與行政革新。　　　2.建立團隊學習。

3. 工作關係的再界定。　　　4.組織定位的重新思考。

(三)團隊建立的途徑

1. 人際途徑。　　　2.角色界定途徑。

3. 價值途徑。　　　4.工作導向途徑。　　　5.社會認同途徑。

第二節 工作生活品質

一、工作生活品質

(一)**工作生活品質的普遍定義**：工作生活品質是經由計畫性的組織變革干預技術，以改善組織效能與個別成員的福祉，增進員工在工作場所自由的一種持續的、動態的過程，期望增進生產力與滿足感。Sun則認為，不同學者所下的不同定義可概略分為三大類：第一類的定義著重在工作場所中某些條件的品

質提升及延伸；第二類的定義著重於工作生活品質的領域內，工作環境能滿足個人基本需求的程度；第三類的定義則著重在工作生活品質有關改善個人福祉及組織效能的方法。

(二)不同時期對工作生活品質的定義面向

1. QWL是一個變數。　　　2. QWL是一研究取向。
3. QWL是一種方法。　　　4. QWL是一種運動。
5. QWL等同於一切事務。

(三)工作生活品質運動的發展

1. 30年代的霍桑研究，組織理論學者就已表達出其優點。1935年Hoppock關於工作滿足感的研究起始。從1930年代開始，興起一連串為保護員工權利與利益的改革運動，包括童工法案、工作者報酬法、公平勞基法、勞雇關係法、工會運動興起，以及50年代的人群關係運動。這些關切持續表現在後來的平等工作機會、工作豐富化、工作場所參與，和60年代的民主管理等領域上。

2. 60年代中期，可謂是QWL運動呈現成熟的階段。首先是北歐與歐陸研究人員致力於從事工作革新、發展自主工作團隊，其次是美國工作者關注工作對員工健康與福祉的影響及工作的滿足感。此一時期關心的是尋求較高層級的自我實現。

3. 70年代，由於能源危機所引發的通貨膨脹及經濟上外來競爭的日益嚴重，影響工作生活品質活動的推展，及對勞工問題的關切有所衰退。在70年代中期，由於日本式管理技術與Z理論的強調，使品質圈技術成為當代QWL的先驅者。

(四) 工作生活品質受重視的原因

以員工的角度來看：

1. 被管理者對於機關信心的減退。
2. 對機關權威的質疑。
3. 普遍感受到自我權利應該提升的時代來臨。
4. 被僱用者愈來愈希望對於影響他們工作的決定，能夠有更多的發言權利。
5. 員工對於工作環境的要求也愈來愈高。

(五) 工作生活品質的評估指標

1. 有關QWL面向的先驗假定。　　　2. 有關QWL面向的經驗研究。

經典範題

申論題

一、團隊建立（Team Building）已經成為各國政府提升績效及服務品質的主要管理策略之一，試問：何謂團隊？團隊與團體（Group）有何不同？並試就己見分析團隊建立對公共組織與管理將產生那些影響。

說明：　傳統的組織與管理策略雖以「組織─個人」為分析單元及作為權責分配的依歸，但並非指組織工作的完成，即完全由每一個個人所獨立達成。因為不論自理論或實務中均能明顯地瞭解到人們仍是藉由相互合作的方式來達成目標。

答：(一) 團隊定義：團隊是人群的結合，不僅重視組織整體目標之達成，更包括其成員間的相互依賴與彼此承諾。換言之，團隊不僅代表人員工作關係上的結合，亦是彼此間心理上的契合。

　　　1. **團隊是一個具高度信任的團體**，成員之間相互支持合作，以每個人本身相輔相成的才能，共同為團隊的使命及共同的目標而努力。

　　　2. **團隊成員之間講求溝通及意見參與**，共同為績效的設定及達成而貢獻才華，其定義要比團體來得嚴格。

　　　3. Montebello與Buzzotta兩人認為，真正的團隊應能表現出下列行為方式：

　　　　(1) 團隊經由自我引導、計畫、組織的方式，建構其活動內容以完成工作。

　　　　(2) 團隊經由工作過程中人際間的坦誠與溝通，建立成員間堅實的關係，不管是決策、開會、解決衝突，人員彼此間均保持高度的涉入感與承諾。

　　(二) 團隊與團體的差異：

　　　1. **領導者**（Leader）：團體有一個明確且強而有力的領導者，而團隊則傾向於共享領導權角色。

　　　2. **責任歸屬**（Accountabilty）：團體多講求個人的責任，團隊則是個人及彼此相互責任兼籌並顧。

　　　3. **目的**（Purpose）：團體的目的類同於組織的使命，團隊則有其特殊使命。

　　　4. **工作成果**（Work-Product）：團體講求個人的工作成果，團隊則注重集體的工作成果。

5. **會議**（Meeting）：團體要求開會要有效率，團隊多半會鼓勵公開的討論及主動召開解決問題的會議。

6. **績效衡量**（Measure of Performance）：團體的績效衡量多著重個別成效的影響力，而團隊則是以集體的工作成果作為衡量標準。

7. **工作方式**（Work Styles）：團體在經過討論後，就決定指派或授權個人去進行任務，團隊則是在討論及決策後，一起工作。（孫本初，公共管理—團隊建立，頁499-531）

(三)團隊建立對公共管理產生的影響：

1. 團隊建立與行政革新：以政府來說，社會大眾一方面要求政府必須擴大其職能範圍，以扮演更積極的服務角色；另一方面又希望限制政府經費，使國民稅務負擔減輕，此種主、客觀環境的劇烈變化，使傳統以穩定為主的組織管理原則可能出現下列問題：

   (1) 機關計畫之目的通常是崇高而模糊的。

   (2) 機關常需在同一時間內執行多項功能，而無法分出先後順序。

   (3) 機關只一味擴大編制，而不考量其動員問題。

   (4) 獨斷的計畫執行方式造成資源的浪費。

   (5) 對計畫施行的成果缺乏評估的方法。

   (6) 不放棄已過時、無效的計畫。

   此外，傳統的管理方式亦可能對人員產生下列負面的影響：

   (1) 嚴格限制領導者與管理者發展其所屬組織的動機與能力。

   (2) 公共組織中零散而混亂的決策過程，影響管理者及其部屬對目標及其衝擊的判斷。

   (3) 公共組織複雜及高度強制性的結構，束縛了各種激勵措施的應用。

   (4) 由於個人工作與組織目標間之關係日趨模糊，使個人在組織中的重要性減弱，團體的凝聚力亦降低。

   (5) 由於公共服務績效與報酬間難以界定，使不同工作表現的人員均可同時在公共組織中工作。

   因此，今日許多公共組織紛紛進行革新，希望透過策略或制度上的變革，以達效能或效率的提升。80年代中期以後，日本企業界採用品質管理策略的成功經驗，使得許多公共組織亦引用各種品質提升策略，有效解決當前公共組織所面對的各種問題，而在這些品質提升策略中，採用團隊建立與團隊運作的方式常是整體品質策略推動成功的關鍵因素。

2. **建立團隊學習**：團隊學習（Team Learning）是團隊成員發展實現共同目標與集體合作的過程，在這個過程中，不是要個人為團隊願景而犧牲自我的利益，而是要將共同的願景和個人的願景相結合。學者Blanchard等人認為，一個高績效團隊的建立必須具備「PERFORM」等七項特質：

   (1) **對於組織目標與價值具有共識**（Purpose and Value,P）：對於人們所期望達成的願景，團隊可以規劃出具體的藍圖，成員並知道其在其中所扮演的角色。

   (2) **授能**（Empowerment,E）：組織中的政策、規則及流程是用來協助成員能更愉快且有效率地工作，團隊內每個人都有學習與成長的機會，願意為其他成員付出、分擔責任，並自動自發地迎接新的挑戰。

   (3) **良好的工作關係及溝通**（Relationships and Communication,R）：開誠布公的溝通一直是高效率團隊所欲達成的目標。深度對話、傾聽與討論都是溝通與建立良好工作關係中非常重要的技巧。

   (4) **彈性**（Flexibility,F）：團隊成員的行事有彈性，且應視情況的需要來分派不同的任務，發揮不同的功能，使團隊的政策和作業流程不致僵化，隨時能因應情勢的變化而調整。

   (5) **追求最適的生產力**（Optimal productivity,O）：如果團隊的成員都能熟悉解決問題的方法，並且能有效率地達成目標，那麼要達成高績效的團隊是指日可待的。

   (6) **肯定與讚賞**（Recognition and Appreciation,R）：在一個有效率的團隊內，只要個人的表現或全體的績效傑出時，主管或其他成員都應對其給予鼓勵與肯定，如此不僅可以激發成員的榮譽心與責任感，同時在團隊中也可產生不可分割的一體感。

   (7) **高度的士氣**（Morale）：在一個高效率的團隊內，每一位成員也都以身為團隊的一員為榮。（孫本初，公共管理—團隊建立，頁 499-531）

3. **工作關係的再界定**：

   (1) 就個人而言，團隊的運用是要求個人在組織中不應再扮演各種法令或管理規章中所規定的消極角色，而是希望個人自我充實，在自我管理原則下主動追求組織目標的完成，亦即強調個人的授能。Tjosvold認為，傳統上以個人為單位的分工方式，使人們難以感受出其努力與組織績效的明確關係，並易在心理上產生孤立的感受，但是經由團隊的建立，個人將在心理上及工作上有更多參與及自主的機會，促使個人

與組織更密切地結合，團隊建立並非要求個人必須一致化，完全依照團隊指示來行事。

(2) 就組織而言，學者認為，組織採用團隊方式時，將意味著其教育訓練體系、資訊體系、報酬體系及物質資源取得方式的變動。這些說明充分顯示團隊運用對傳統組織在制度與運作方式上，均涉及了團隊研究在組織管理的基本架構與觀念上的轉變。

4. 組織定位的重新思考：團隊建立不僅必須考量技術上或制度上的變革，其更可能涉及組織成員在認知與行動上的轉變，因此採取團隊策略對於組織的意義。如Parker所指出，等於是組織新文化的創造，而不僅將團隊策略視為是以新制度或策略取代舊有的策略或制度而已。（孫本初，公共管理—團隊建立，頁499-531）

二、何謂「團體」？團隊的策略實際運用時所遭遇的困難為何？團隊為何重要，其理由為何？

說明： 自80年代中期以來，隨著品管圈等日本式管理原則在全球引起廣泛重視後，運用團隊的管理策略亦成為許多公、私部門組織所競相採用，希望藉由團隊的建立與運作，使組織能大幅地提升其效能與效率。

答：(一) 團體的定義：Klimoski與Mohammed兩人認為，團體是不同個人的結合，享有相當的職位條件及不同的職責分工。張潤書教授認為團體「乃為執行工作以達成一個共同的目的或目標，而相互依賴及互動的兩個以上的人的聚集。」「團體」已超越了傳統「組織一個人」為中心的二元分析單元，成為個人與組織間衝突的中介與整合角色。就個人言，團體的作用是在於將具有相同職位、條件或職責分工的人員組合起來；就組織而言，團體將分散的個人努力加以初步整合，以達成組織的整體目標。

(二) 團隊的策略實際運用時所遭遇的困難：

1. 許多人常認為團隊精神或團隊建立僅是特定人所從事的特殊工作。

2. 許多人對成為團隊成員預設了不正確的期望，例如加入團隊必須脫離原來所屬的工作團體。

3. 團隊與原有組織是平行的，故兩者可能在時間、人員或資源運用上產生衝突。

4. 團隊建立時未能包括監督人員、管理者等組織的領導者。

(三)理由：

　　1.許多個人行為係植基於工作團隊的社會文化規範與價值。一旦團隊改變了既有的規範與價值，將立即並持續影響個人行為。

　　2.許多工作過於複雜，無法由個人完成，人們必須通力合作來完成。

　　3.團隊可以創造綜能，亦即，團隊成員所共同創造的價值遠大於個人獨力工作結果之總和，而綜能也是說明了團隊重要之主要理由。

　　4.團隊可以滿足對社會互動、地位和尊榮感之需求。

三、團隊工作的建立不是一朝一夕便可建立而成的，試說明團隊概念的發展過程？

答：(一) 早期人群關係理論的團隊內涵：

　　1.對於團隊問題的研究，學者多認為可追溯至20年代的霍桑實驗及20、30年代的人群關係研究。此一時期對團體的研究多傾向於將其視為是組織運作的非正式問題，故此種人群的結合被稱為是「非正式團體」、「非正式組織」。

　　2.此一時期的學者將團隊概念排除於組織正式結構之外，除了符合個人與組織關係的時代背景外，亦顯示了西方特有的文化內涵。包括美國傳統文化受到個人英雄主義、權力分化等觀念影響，因此組織傾向於重視個人努力的價值及鼓勵彼此間的競爭行為，在此種以個人為中心的認知下，團體的問題自然容易被化約為「個人─組織」的非正式關係了。

(二)組織發展理論的團隊內涵：

　　1.40年代後期開始，由於一連串對組織行為的研究，使團隊產生相當不同的內涵，包括McGregor、Likert、Blake與Mouton等人，均對工作團體或團隊與傳統觀念的看法有相當不同的見解，其中McGregor更列出其對有效能工作團隊特徵之界定。

　　2.上述學者認為，團隊不再只是組織中的非正式現象，而是成員彼此信賴、合作，以順利達成組織目標的重要設計。此外，由於對組織中「人」的問題全面重視，故團隊形成了整個組織發展策略中重要的一環。

　　3.承接McGregor等人的結論，French與Bell兩人主張「對工作團隊文化的合作管理是組織發展計畫的基本要求」，他們亦認為團隊成員應藉由各種干預技術或團體分析方式，使每一個組織成員都能具有互信互

賴、合作的團隊精神，以期在集體合作的基礎上，以問題為導向達成組織目標。

4. 此時期對團隊的界定方式，雖已大量減弱個人主義的色彩，但卻也同時反映出相當程度地以組織為導向，亦即團隊的建立、團隊成員間的合作、溝通等，似乎均以組織問題的解決或組織目標的達成為依歸；但相對地，對個人角色、心態等問題卻似乎未有更細緻的討論。故作者認為這種對團隊內涵的處理方式可能出現兩個問題：一是團隊仍是人群的「結合」而非「融合」；二是將團隊策略視為是另一種管理控制的技術，或是將人性視為是管理控制的誘因。

(三)Z理論以後的團隊內涵：

1. 上述兩個階段對團隊內涵的界定，由於受到「個人─組織」為中心的二元分析單元與傳統重視個人的文化因素影響，故對團隊的考量或設計仍未脫離以個人與組織為研究的主體。換言之，團隊或可稱為是團體觀念的精緻化。

2. 而Ouchi在「Z理論」一書中，更進一步將團隊的概念具體化，他藉由日本傳統社會中「派系」的觀念來說明團隊的意義：「派系是人群在參與經濟活動時彼此親近的組合，同時由不同的約定來規範部族與個人的關係，其不同於層級節制，亦不同於自由競爭的市場律則。」在部族中，個人與個人間習慣於彼此依賴，並對其工作關係具有長期的承諾；部族成員由於長期的良好配合，故能形成具有凝聚力的團體，並且自然而熟練地解決部族的共同問題，Z型組織就是由許多部族型式的團隊所整合而成的。

3. Ouchi的說法，使團隊內涵得以超越「個人─組織」兩大主體的限制，而呈現出屬於其自我的特有性質。另一方面，團隊概念隨著日本式管理策略（如品管圈、品質運動）的受到重視與研究，亦逐漸使西方學者重新檢視團隊的內涵與意義，Parker即認為，由於80年代組織所處環境的急遽變遷，連帶影響組織運作的規則，故對團隊的觀念應有如下認知：

(1) 從非正式體系中所衍生的積極性規範（如相互支援），應藉由正式組織中的政策與程序予以補充。

(2) 建立與維持在團隊過程中的各項行為，同時付諸實際的合作行動，以提升團隊基本任務的完成。

(3) 非正式的、輕鬆的團隊氣候應推廣至團隊以外的重要成員，並對其給予同等的關切，期能建立雙方的良好關係。

(4) 對生產工作及人員的關切，必須是在一個能擁有共同願景（Vision），注重長期目標的組織系絡中來進行瞭解。

(5) 除非能有一個完整行動步驟的支持與指引，否則團隊的願景、對任務的陳述、團隊目標等的價值均是有限的。

(6) 若不能明確地對每一團隊成員的角色期望有所界定時，則團隊任務、目標、行動方案等均將歸於失敗。

4. 代表上述對團隊觀念改變最明顯的例子應屬於「自我引導團隊」（Self-Directed Team）的應用，原始的構想雖起源於60年代末期，但真正受到廣泛重視與應用則是在80年代以後。自我引導團隊概念主張工作技能與任務的分配、成員對本身工作負責以完成其對團隊的義務、領導與管理權責的共享等，均是現代團隊建立的主要內涵。綜合上述三個時期的說明，**孫本初教授認為對於團隊概念的演進可以有下列的結論：**

(1) **團隊觀念在傳統西方即使不是全然缺乏，亦應是淡薄的；**相反地，日本或東方的部族或家族觀念反而與團隊相契合。

(2) **團隊不同於團體，其不僅是個人的組合，更是個人與個人間自願性的融合，**其中的任務、情感是一體的，而非分散的。

(3) **對於現代團隊內涵的理解，不能再以個人或組織為主體來予以分解或綜合，**即不能再使用傳統的二元分析單元。（孫本初，公共管理—團隊建立，頁 499-531）

四、團隊可分為那些種類？試依不同指標說明之。

答：(一) 按團隊效能層級與績效來分：根據Katzenbach與Smith兩人提出的「團隊績效曲線」可分為：

1. **工作團體**（The Working Group）：此階段團體績效的表現乃是建立在團體成員個別表現的總和上，他們並不尋求透過共同努力來完成工作。

2. **假團隊**（The Pseudo-Team）：為了超越工作團體階段，組織成員必須承諾去因應可能的衝突，共同合作生產，並採取必要的集體行動來建立共同目的及設定目標與途徑。至此階段，成員常以為已完成團隊的建立但不想承擔任何風險，但這只是「假團隊」。

3. **潛在團隊**（The Potential-Team）：在此階段，團體已定義出主要的績效需求，此型態的團隊明顯努力嘗試改進其績效，共同的目標與工作成果在本階段已獲建立。但是，團隊成員依然沒有共同的責任感。

4. **真正團隊**（The Real Team）：到達本階段，團隊已發展出一小群具有技能互補性，且藉著平等承諾、共同目的、目標以及工作方式等結合共同責任的團隊成員。此階段，團隊效能已獲得大幅提升，連帶創造更高的總體績效。

5. **高績效團隊**（The High-Performance Team）：該團隊對「真正團隊」的所有品質具有整體支配能力，團隊運作的效能與其總體績效在此一階段呈現巔峰的表現。

(二)按類型或功能來分：

1. 顧問—涉入團隊：差異性低整合性低，工作週期不是短暫即長久，代表的產出為決策、選擇、建議及推薦。

2. 生產—服務團隊：差異性低整合性低，工作週期為不斷重複或持續流程，代表的產出為製造業、加工過程零售業、顧問服務業等。

3. 方案—發展團隊：差異性低整合性低，工作週期經常是一個週期，代表的產出為計畫、設計、調查等。

4. 行動—協商團隊：差異性低整合性低，工作週期為經常重複的短暫績效事項，代表的產出為競爭、比賽、探險等活動。

(三)依品質改善過程來區分：Mears與Voehl兩人，依據品質改善過程，將團隊分為以下六種：

1. **品管圈**：品管圈（Quality Circles）是組織促使員工涉入的方法中，最普遍的一種形式。**係由一小群人所組成，從事相類似或相關的工作，同時會定期集會去分析與解決有關產品及流程品質上的問題。**

2. **工作團隊：工作團隊**（Task Teams）**是團隊結構最簡單的一種形式，也是品管圈概念的修正。**工作團隊本身是一種暫時性的組合，而成員也多半來自相同的部門。工作團隊可以適用在任何層級，不過大部分的議題是被先安排好了，反觀品管圈則較不受限。

3. **跨功能方案團隊**：跨功能方案團隊（Cross-Functional Project Teams）經常是由來自不同部門的員工所組成，他們會被安排在重要但相關的工作上。議題將會往方案團隊中討論，但他們所作的承諾必須都先經過原來部門的批准。

4. **功能團隊**：功能團隊（Functional Teams）的工作設計是跨各功能部門，其成員是由不同部門的代表所組成，同時被高層管理者賦予決策的全權，而無須獲得原來部門的同意。

5. **自我導向團隊**：自我導向團隊（Self-Directed Teams）**又稱自主管理團隊或授能團隊**（Empowered Teams），通常負責更廣泛與工作相關的活動，該類型團隊通常控制他們所有的工作，以期所有流程都能有效地進行，而非只是針對個別的活動。

6. **設計團隊**：一個特定功能的團隊稱為設計團隊，其通常會安排一位領導者來發展組織改善的計畫。**此類型團隊雖相似於自主導向團隊，不過其側重在發展計畫而非執行生產安排。**例如，六至十人的設計團隊乃是由品質會議所任命，團隊通常會先評估其他組織所從事的工作，然後再引導內部團體討論回應顧客需求的方式，設計團隊必須把重心放在良好服務品質的議題上，並循此作組織再設計。（孫本初，公共管理—團隊建立，頁499-531）

五、團隊的建立不是一蹴可幾的，也不是一句口號或一聲命令就能圓滿達成團隊的建立。試說明團隊建立途徑有那些？

說明：　建立團隊經常涉及了在組織中的全面互動，同時亦創造了讓團隊成員得以表現得更有效率的情境。

答：(一) **人際途徑**：此途徑主要強調團隊成員與其他成員間的互動。團隊建立運用此途徑在於欲確保團隊成員可在誠實與個人的基礎上與其他成員保持互動，目的在追求團隊成員間高標準的社會與個人知覺。例如，協助團隊成員學習如何去傾聽其他人的想法，或者去吸取其他團隊成員的過去經驗。在此途徑下，鼓勵個人把其他團隊成員視為「我們一體」，而非只是將其看待成一群工作的結合。

(二) **角色界定途徑**：此途徑之焦點乃在於團隊中的**角色與規範**。目的在於使個人可以瞭解對組織有貢獻的類型，同時也使團隊瞭解認識有利於組織發展但經常在職場上被遺忘的特定類型。換言之，角色途徑的目的在確定對每個角色的期待、團體的規範以及不同團體成員所應分擔的責任。

(三) **價值途徑**：此途徑強調團隊應有其明確價值觀的重要性，而這些價值必須為所有團隊成員所共享，並藉此引領個人以一致、協調的方式來採取行動。在此模式下，團隊管理發展出十分詳盡的職務說明，並由參與團隊的成員所共享。

(四)**工作導向途徑：工作導向途徑，主要強調團隊工作與每個團隊成員可以完成被交付任務的特有方式。**易言之，它不再特別重視個人應如何扮演其角色，而是強調成員如何運用其特有技能來奉獻整個組織；此途徑非常重視不同團隊成員間資訊的交流，同時也強調從完成工作所需的資源、技術、實際步驟等觀點來分析團隊工作。

(五)**社會認同途徑：**上述四種途徑僅能被視為有效率完成工作的需要工具之一，而**團隊建立的社會認同途徑則是揉合現存的其他途徑而成。**社會認同途徑主要透過建立明確的團隊界線來培養堅實的團隊認同感，透過有效率的溝通來提升凝聚力，以及透過成就與專業來鼓勵成員以團隊為榮。（孫本初，公共管理—團隊建立，頁499-531）

六、試回答下列問題？
(一)從團隊運作與團隊內部成員關係兩個角度來說，團隊管理具有何種特性？
(二)Klimoski與Mohammed所提出「團隊的心理模式」中的團隊成員的心理模式共有那些特質？

說明：　團隊建立過程中將原本歸屬於管理者的權力與權威下授予基層人員，並使其具備工作推行所需的能力與知識，此一過程即所謂的「授能」（Empowerment），成員在參與團隊運作過程中，分享共同的願景，且團隊成員間的關係是動態的，而非單方面的順服。

答：(一) 團隊管理的特性：

1.就團隊運作而言，雖強調對團隊之界定不能以組織為中心，僅是將其視為組織目標達成的途徑，但此一說明乃在於呈現團隊運作的自主性，以及團隊在組織結構中不同於個人或團體的特殊性，而不是將團隊與組織視為是兩個分離的個體，因為團隊的工作目標與組織目標是一致的。團隊運作首先必須界定不同利害關係人的期望，團隊運作即是始於不同利害關係人的界定；在界定利害關係人後，團隊成員在考量團隊原先存在的願景、衡量程序、團隊所處組織之結構等因素後，才能產生明確的運作目標與行動方案，最後促成運作結果的產生。

2.就團隊內部成員關係而言，由於類似於派系、家族的關係，使團隊中的成員彼此間不再是彼此競爭或是基於工作分配的協調單位，取而代之的將是更多的相互瞭解與體諒，並如部族般分享共同的想法與情感；團隊成員間不僅是工作關係的組合，更是情誼上的互賴關係。

3.當今企業取才，除重視個人能力，更重視是否有團隊精神。主要目的在：

(1) 追求每一員工最佳的功能水準：管理者的目標都是在幫助每個人達成其最佳績效表現；對管理而言，其最重要的事便是「設定期望」，並促使員工去完成。

(2) 重視個人與團隊績效：團隊在職場上的重要性與日俱增，組織必須要自行組成小型商業單位，方足以應對與他們工作密切相關的真實情況。如此，個人才能獲得回饋、涉入感以及對環境有掌控力，而非只是主管的專利，即使最底層的員工亦能感受工作價值之提升。

(二)特質：

1.它是一種「假設性的建構」（Hypothetical Construct），不是個人所能明確界定的，而是一種現象的擷取。

2.它是團體特徵的呈現，且其內涵大於團體內每一個人的總合。

3.團隊心理模式反映了成員共同認知的範疇，成員據此簡化個人所面臨的複雜事件，並據以劃分權責。

4.心理模式是一套有組織的知識反應，它是從成員與團隊關係的記憶中所儲存與取用的一套概念。

5.心理模式隱含不同的內容，如工作配置、地位、工作關係中之行為反應方式等。

6.團隊的心理模式是成員對信念、假定、認知的內化反應。

7.團隊心理模式的產生，在於團隊成員的領悟，僅是工作上的合作是難以產生此種認知的。（孫本初，公共管理─團隊建立，頁499-531）

七、何謂「工作生活品質」（QWL）？不同時期對工作生活品質的定義又為何？試分別說明之。

答：(一) 工作生活品質的普遍定義：工作生活品質是經由計畫性的組織變革干預技術，以改善組織效能與個別成員的福祉，增進員工在工作場所自由的一種持續的、動態的過程，期望增進生產力與滿足感。不同學者對它的定義不同：

1.Delamotte與Walker認為，工作生活品質最重要的意義是工作者對有意義而滿意的工作，及參與各種影響其工作地位決策之需求。

2.Hackman與Suttle**將工作生活品質定義為組織成員在組織經驗中，能夠滿足個人重要需求的程度。**

3. Guest視工作生活品質為一個組織由其成員共同決定其工作生活的方式與作法，以促使成員發揮最大潛能的過程。

4. Ahmed則認為工作生活品質應涵蓋一個人對工作中每個範圍的感受，包括經濟報酬與福利、安全感、工作環境的安全性與健康、組織與人際關係在個人生活中的內在意義。

5. Shamir與Salomon則認為，工作生活品質是指與個人工作有關的福祉及工作者在工作中，所經驗到的獎勵、滿足、壓力與避免其他負面結果的程度。

6. Efraty與Sirgy則主張工作生活品質就是指個人需求在組織內被滿足的程度。Sun則認為，上述這些不同的定義可概略分為三大類：第一類的定義著重在工作場所中某些條件的品質提升及延伸；第二類的定義著重於工作生活品質的領域內，工作環境能滿足個人基本需求的程度；第三類的定義則著重在工作生活品質有關改善個人福祉及組織效能的方法。

(二)不同時期的定義：Nadler與Lawler整理出五個不同時期的工作生活品質定義：

1. QWL是一個變數：1957年到1975年間的第一個定義，QWL被視為是一個變數（Variable），其觀點集中在工作滿足感或心理健康等個人的面向，亦即強調工作對個人的影響。

2. QWL是一研究取向：1969年到1974年間，視QWL為一研究取向（Approach），基本焦點仍擺在個人面向，但也被看作是有意義的勞僱合作專案，藉以改善個人與組織的結果。

3. QWL是一種方法：1972年到1975年間的第三個定義則視QWL為一種方法，用以改善環境品質及創造更具生產性與更為人滿意的環境。例如與自主性的工作團隊及工作豐富化。

4. QWL是一種運動：1975年到1980年產生第四種定義，QWL如同一種運動（Movement），被認為是對工作本質及員工與組織間關係的一種較具意識型態的敘述。在此同時，參與管理和工業民主（Industrial Democracy）的概念已常被當作是QWL運動的理想。

5. QWL等同於一切事務：在1972年到1982年間出現第五個定義，將QWL等同於一切事務，所有有關組織發展或組織效能的努力都被貼上QWL的標籤，QWL被視為全球性的概念，也被當作是應付外國競爭、抱怨問題、品質問題、低生產力及任何其他疑難雜症的萬靈丹。（孫本初，公共管理—工作生活品質，頁545-558）

八、工作生活品質受重視的原因為何？試舉出學者的看法加以說明之。

答：(一) Sun曾分析Katzell、O'Toole、Strauss、Walton等人之研究，歸納出促發工作生活品質運動蔚為風潮的多項原因，其中涉及員工層面者有下列幾項：

1. 被管理者對於機關信心的減退。

2. 對機關權威的質疑，社會控制的解放，使得工作者公開地表達他們的需要和問題，並且更直接地追求個人需求的滿足。

3. 普遍感受到自我權利應該提升的時代來臨，覺得工作、收入、就業福利和高水準的生活，不再是特權而是權利。

4. 被僱用者愈來愈希望對於影響他們工作的決定，能夠有更多的發言權利。

5. 隨著教育水準的提高，愈來愈多元化的工作技能能引進到工作環境中，員工對於工作環境的要求也愈來愈高。

(二) Delamotte與Takezawa在其所著《工作生活品質的國際展望》一書中，提出工作生活品質在工業化國家受到重視的原因：

1. 物質生活水準的持續提高，使工作者轉而追求權利、平等及成功。

2. 工作者目標提高，並朝向各種不同的層面發展。由物質層面轉向心理層面，由契求即刻的滿足轉向長期目標發展。

3. 隨著新價值觀的形成，工作者對於工作環境的期望發生轉變。

4. 開始覺得企業與組織內部的工作環境已不合時宜，許多從前在技術上、組織上及社會上可被接受的假設，反倒被認為可能會產生反功能的現象而受到質疑。

5. 組織或管理者在面對內部員工意識的抬頭，以及充滿不確定的外在大環境雙重考驗下，工作生活品質運動正好為組織與管理者提供了一條可行的途徑。因為工作生活品質運動通常追求的目標為：改善生產力、改善或提升工會和管理當局的關係、增進員工信任感與投入、工作場所民主化及解決員工問題等。

(三) Suttle在一項評論中指陳，QWL方案可獲致下列幾項利益：

較健康、較滿意的員工，較有效率、適應性及有益的組織，增加員工的創造力並願意去適應變革，經由工作體驗可滿足員工的人性需求。因此，藉由改善工作生活品質的努力，組織可以整合技術要求與人性需

求，來因應外在經濟競爭的壓力、基礎工業的衰退、後工業資訊社會所帶來的衝擊，以及應付內部工作者尋求遠甚於金錢報酬的挑戰。（孫本初，公共管理─工作生活品質，頁545-558）

九、工作生活品質的評估指標為何？

答： (一) 有關QWL面向的先驗假定：海瑞克（Harrick）與麥克比強調公平與民主的政治特徵；相對地，阿布雷特（Albrecht）與史蒂恩（Stein）則強調個人的需求，例如對員工努力的適當獎賞與肯定，以及提供員工舒適的環境；瓦頓則是強調政治與個人的需求，以及工作對員工工作生活之外其他面向的影響。阿布雷特則從個別員工的慾望、需求與價值面向，認為QWL包括十個面向：

1. 有價值的工作。
2. 適當的工作條件。
3. 適當的薪資與利益以回報工作能力。
4. 工作安全。
5. 適切的監督。
6. 對工作結果的回饋。
7. 在工作技術、責任發展與成長的機會。
8. 實施更公平的功績制、訓練機會及高級管理技術，以贏得更高的陞遷機會。
9. 正面的社會氣候。
10. 正義與公平的遊戲規則。

(二) 有關QWL面向的經驗研究：許多研究者試圖從分析或統計方面來區分QWL的面向，例如伯斯丁（Bernstein）以促進工作場所民主化六項必要性要素來建立模型，他運用三項指標：

1. 系統的生存能力。
2. 經濟生存能力。
3. 民主化與人性化的管理過程，作為經驗研究法驗證工作場所民主化工作的標準。（孫本初，公共管理─工作生活品質，頁545-558）

選擇題

( )　1. 「指一個具高度信任的團體，成員之間相互支持合作，以每個人本身相輔相成的才能，共同為團隊的使命及共同的目標而努力。」此係指：
(A) 團體　(B) 組織　(C) 團隊　(D) 協會。

( )　2. 下列關於團隊與團體差異的敘述，何者錯誤？　(A) 團體有一個明確且強而有力的領導者　(B) 而團隊則傾向於共享領導權角色　(C) 團隊多講求個人的責任　(D) 團體的目的類同於組織的使命。

( )　3. 自 80 年代中期以來，隨著何種日本式管理原則在全球引起廣泛重視後，運用團隊的管理策略亦成為許多公、私部門組織所競相採用？　(A) 個人主義　(B) 品管圈　(C) 英雄主義　(D) 組織導向的管理方式。

( )　4. 下列哪一實驗對小團體的研究，即主張應重視小團體與正式組織運作的不同，並認為團體成員間的行為是不固定或無意識的心理結合，有別於正式組織中的法規程序？　(A) 品管圈實驗　(B) 聖嬰實驗　(C) 霍桑實驗　(D) 指標績效實驗。

( )　5. 下列何位學者認為「團體」乃為執行工作以達成一個共同的目的或目標，而相互依賴及互動的兩個以上的人的聚集？　(A) 朱志宏教授　(B) 張潤書教授　(C)Klimoski　(D)Mohammed。

( )　6. 強調團隊成員與其他成員間的互動的團隊建立途徑是那一途徑？
(A) 人際途徑　(B) 角色界定途徑　(C) 價值途徑　(D) 工作導向途徑。

( )　7. 下列敘述何者正確？　(A) 認為工作生活品質表示組織員工在廣義的工作生活中，個人的許多需求能夠被滿足的程度，滿足程度愈高，則表示其工作生活品質愈高　(B) 團隊則是在討論及決策後，一起工作　(C) 團隊經由自我引導、計畫、組織的方式，建構其活動內容以完成工作
(D) 以上皆是。

( )　8. 下列敘述何者錯誤？　(A)團隊觀念在傳統西方是全然受重視的　(B)日本或東方的部族或家族觀念與團隊相契合　(C) 團隊不同於團體，其不僅是個人的組合，更是個人與個人間自願性的融合　(D) 對於現代團隊內涵的理解，不能再以個人或組織為主體來予以分解或綜合。

( )　9. 指透過建立明確的團隊界線來培養堅實的團隊認同感，透過有效率的溝通來提升凝聚力，以及透過成就與專業來鼓勵成員以團隊為榮。此種團隊建立途徑係指：　(A) 角色界定途徑　(B) 社會認同途徑　(C) 價值途徑　(D) 工作導向途徑。

( )　10. 下列關於團隊與團體差異的敘述，何者錯誤？　(A) 團體講求個人的工作成果　(B) 團隊要求開會要有效率　(C) 團隊是以集體的工作成果作為衡量標準　(D) 團體在經過討論後，就決定指派或授權個人去進行任務。

( )　11. 下列那一位學者曾指出：「團隊必須讓成員去發展他們擁有的組織事項，且開發主管理的潛力。」　(A) 拉威勒　(B) 杜拉克　(C) 戴明　(D) 拉斯威爾。

( )　12. 下列何者為團隊重要的理由？　(A) 許多工作過於複雜，無法由個人完成，人們必須通力合作來完成　(B) 團隊可以創造綜能　(C) 團隊可以滿足對社會互動、地位和尊榮感之需求　(D) 以上皆是。

( )　13. 傳統的組織與管理策略係以何種概念做為分析單元及作為權責分配的依歸？　(A) 組織─個人　(B) 組織─團隊　(C) 組織─團體　(D) 個人─團隊。

( )　14. 下列哪一團隊通常被賦與廣泛須完成的任務，然後團隊成員也必須自行確認一特定步驟完成？　(A) 自我導向團隊　(B) 品管圈　(C) 跨功能方案團隊　(D) 功能團隊。

( )　15. 下列那一位學者認為，團隊經由工作過程中人際間的坦誠與溝通，建立成員間堅實的關係，不管是決策、開會、解決衝突，人員彼此間均保持高度的涉入感與承諾？　(A)Montebello　(B)Buzzotta　(C) 以上皆是　(D) 以上皆非。

( )　16. 下列敘述何者有誤？　(A) 團隊成員之間講求溝通及意見參與，共同為績效的設定及達成而貢獻才華，其定義要比團體來得嚴格　(B)Mohammed 視工作生活品質為一個組織由其成員共同決定其工作生活的方式與作法，以促使成員發揮最大潛能的過程　(C) 就個人言，團體的作用是在於將具有相同職位、條件或職責分工的人員組合起來　(D) 就組織言，團體將分散的個人努力加以初步整合，以達成組織的整體目標。

( )　17. 何位學者曾表示，管理者改善工作生活品質的意圖絕非全然是利他主義，生產力與品質的明顯改善，是所有 QWL 方案為提升士氣與員工投入所作努力之意圖的副產品？　(A)Feuer　(B)Montebello　(C)Buzzotta　(D)Suttle。

( )　18. 何人認為，團隊建立的目標不僅在達成組織的效能與效率，更在於明確地提供個人認同與自我挑戰的方向？　(A) 拉森　(B) 拉斯威爾　(C) 杜拉克　(D) 朱朗。

( )　19. 指經由計畫性的組織變革干預技術，以改善組織效能與個別成員的福祉，增進員工在工作場所自由的一種持續的、動態的過程，期望增進生產力與滿足感。此稱為：　(A) 全面品質管理　(B) 團隊建立　(C) 工作生活品質　(D) 目標管理。

( )　20. 下列哪一團隊的優點為可以因應快速變遷環境之需求，缺點則是組織中管理者常會覺得受到此類團隊的威脅？　(A) 自我導向團隊　(B) 品管圈　(C) 跨功能方案團隊　(D) 功能團隊。

( )　21. 下列何者非團隊策略實際運用時所可能遭遇的困難？　(A) 許多人常認為團隊精神或團隊建立僅是特定人所從事的特殊工作　(B) 許多人對成為團隊成員預設了不正確的期望　(C) 團隊與原有組織是垂直的，故兩者可能在時間、人員或資源運用上產生衝突　(D) 團隊建立時未能包括監督人員、管理者等組織的領導者。

( )　22. 下列何位學者認為團隊建立的目的，在於有效能與效率地達成個人目標，同時達成團隊或組織的目標？　(A)Varney　(B)Buzzotta　(C)Sun　(D)Peters。

( )　23. 阿布雷特從個別員工的慾望、需求與價值面向，認為 QWL 包括十個面向，其中不包括下列何者？　(A) 負面競爭的社會氣候　(B) 有價值的工作　(C) 實施更公平的功績制、訓練機會及高級管理技術，以贏得更高的陞遷機會　(D) 適當的薪資與利益以回報工作能力。

( )　24. 下列那一位學者在一項評論中指陳，QWL 方案可獲致較健康及較滿意的員工與較有效率、適應性及有益的組織、增加員工的創造力等利益？　(A)Sun　(B)Klimoski　(C)Suttle　(D)Ouchi。

(　)　25. 指強調團隊應有其明確價值觀的重要性，而這些價值必須為所有團隊成員所共享，並藉此引領個人以一致、協調的方式來採取行動。此種途徑一般稱為：　(A) 人際途徑　(B) 價值途徑　(C) 角色界定途徑　(D) 社會認同途徑。

(　)　26. 下列何者指強調團隊工作與每個團隊成員可以完成被交付任務的特有方式的團隊建立途徑？　(A) 工作導向途徑　(B) 價值途徑　(C) 角色界定途徑　(D) 社會認同途徑。

(　)　27. 下列何者非團隊建立的途徑？　(A) 人際途徑　(B) 工作導向途徑　(C) 功利追求途徑　(D) 社會認同途徑。

(　)　28. 下列那一位學者界定工作生活品質為：「個人需求在組織內被滿足的程度。」？　(A)Delamotte 與 Walker　(B)Shamir 與 Salomon　(C)Efraty 與 Sirgy　(D)Hackman 與 Suttle。

(　)　29. 關於工作生活品質的評估指標的敘述，何者係錯誤的？　(A) 海瑞克與麥克比強調公平與民主的政治特徵　(B) 阿布雷特與史蒂恩則強調個人的需求　(C) 阿布雷特則從個別員工的慾望、需求與價值面向，認為 QWL 包括十個面向　(D) 伯斯丁則是強調政治與個人的需求，以及工作對員工工作生活之外其他面向的影響。

(　)　30. 下列何者為阿布雷特從個別員工的慾望、需求與價值面向認定 QWL 所包括的面向？　(A) 適當的工作條件　(B) 對工作結果的回饋　(C) 正義與公平的遊戲規則　(D) 以上皆是。

(　)　31. 下列何者非 Klimoski 與 Mohammed 所提出「團隊的心理模式」中團隊成員的心理特質？　(A) 團隊心理模式反映了成員共同認知的範疇　(B) 團隊的心理模式是成員對信念、假定、認知的外化反應　(C) 團隊心理模式的產生，在於團隊成員的領悟，僅是工作上的合作是難以產生此種認知的　(D) 心理模式是一套有組織的知識反應。

(　)　32. 由一小群人所組成，從事相類似或相關的工作，同時會定期集會去分析與解決有關產品及流程品質上的問題。此係指何種團隊？　(A) 工作團隊　(B) 品管圈　(C) 跨功能方案團　(D) 自我導向團隊。

( )　33. 「差異性低整合性低，工作週期為不斷重複或持續流程，代表的產出為製造業、加工過程零售業等。」此係屬於何種團隊？　(A) 顧問—涉入團隊　(B) 生產—服務團　(C) 方案—發展團隊　(D) 行動—協商團隊。

( )　34. 對於團隊問題的研究，學者多認為可追溯至以前的：　(A) 霍桑實驗　(B) 人群關係研究　(C) 以上皆是　(D) 以上皆非。

( )　35. 伯斯丁（Bernstein）以促進工作場所民主化六項必要性要素來建立模型。試問，他的研究係屬於何種工作生活品質的評估指標？　(A) 先驗假定　(B) 經驗研究　(C) 歸納演繹　(D) 系統比較。

( )　36. 不同時期的工作生活品質有不同的定義。「用以改善環境品質及創造更具生產性與更為人滿意的環境。例如與自主性的工作團隊及工作豐富化。」此係屬於何種類型的定義？　(A)QWL 是一個變數　(B)QWL 是種研究取向　(C)QWL 是一種運動　(D)QWL 是一種方法。

( )　37. 指團隊成員經常是由來自不同部門的員工所組成，他們會被安排在重要但相關的工作上，議題將會往方案團隊中討論，但他們所作的承諾必須都先經過原來部門的批准。此種團隊稱為：　(A) 功能團隊　(B) 設計團隊　(C) 跨功能方案團隊　(D) 工作團隊。

( )　38. Sun 曾分析 Katzell、O'Toole、Strauss、Walton 等人之研究，歸納出促發工作生活品質運動蔚為風潮的多項原因，其中關於員工的因素不包括下列何者？　(A) 對機關權威的質疑　(B) 普遍感受到自我權利應該提升的時代來臨　(C) 被管理者對於機關信心的支持　(D) 被僱用者愈來愈希望對於影響他們工作的決定，能夠有更多的發言權利。

( )　39. 何種團隊又稱自主管理團隊或授能團隊（Empowered Teams）？　(A)設計團隊　(B) 功能團隊　(C) 跨功能方案團隊　(D) 自我導向團隊。

( )　40. 「差異性低整合性低，工作週期為經常重複的短暫績效事項，代表的產出為競爭、比賽、探險等活動。」此係屬於團隊？　(A) 顧問—涉入團隊　(B) 生產—服務團隊　(C) 方案—發展團隊　(D) 行動—協商團隊。

( )　41. 哪位學者主張「對工作團隊文化的合作管理是組織發展計畫的基本要求」？　(A)French 與 Bell　(B)Shamir 與 Salomon　(C)Efraty 與 Sirgy　(D)Hackman 與 Suttle。

( )　42. 那一位學者藉由日本傳統社會中「派系」的觀念來說明團隊的意義？
　　　　(A)Shamir　(B)Walton　(C)Ouchi　(D)Katzell。

解答與解析

1.**(C)**。團隊是人群的結合，不僅重視組織整體目標之達成，更包括其成員間的相互依賴與彼此承諾。

2.**(C)**。團體多講求個人的責任，團隊則是個人及彼此相互責任兼籌並顧。

3.**(B)**　4.**(C)**

5.**(B)**。Klimoski與Mohammed兩人認為，團體是不同個人的結合，享有相當的職位條件及不同的職責分工。「團體」已超越了傳統「組織—個人」為中心的二元分析單元，成為個人與組織間衝突的中介與整合角色。

6.**(A)**。團隊建立運用此途徑在於欲確保團隊成員可在誠實與個人的基礎上與其他成員保持互動，目的在追求團隊成員間高標準的社會與個人知覺。

7.**(D)**

8.**(A)**。團隊觀念在傳統西方即使不是全然缺乏，亦應是淡薄的。（孫本初，公共管理—團隊建立，頁499-531）

9.**(B)**

10.**(B)**。團體要求開會要有效率，團隊多半會鼓勵公開的討論及主動召開解決問題的會議。（孫本初，公共管理—團隊建立，頁499-531）

11.**(B)**

12.**(D)**。團隊一旦改變了既有的規範與價值，將立即並持續影響個人行為。

13.**(A)**

14.**(A)**。自我導向團隊通常必須有自我組織的能力，自行向重要的功能單位請求支持，同時在不尋求部門或更高層單位的認可下完成工作。

15.**(C)**

16.**(B)**。Guest視工作生活品質為一個組織，由其成員共同決定其工作生活的方式與作法，以促使成員發揮最大潛能的過程。

17.**(A)**　　　18.**(A)**　　　19.**(C)**　　　20.**(A)**

21.**(C)**。團隊與原有組織是平行的。

22.**(A)**

23.**(A)**。(A)應是「正面的社會氣候」。

24.**(C)**　　　　25.**(B)**

26.**(A)**。它不再特別重視個人應如何扮演其角色，而是強調成員如何運用其特有技能來奉獻整個組織。角色界定途徑的焦點乃在於團隊中的角色與規範。（孫本初，公共管理─團隊建立，頁499-531）

27.**(C)**　　　　28.**(C)**

29.**(D)**。(D)應是「瓦頓」。

30.**(D)**　　　　31.**(B)**

32.**(B)**。品管圈（Quality Circles）是組織促使員工涉入的方法中，最普遍的一種形式。

33.**(B)**　　　　34.**(C)**　　　　35.**(B)**　　　　36.**(D)**

37.**(C)**。功能團隊（Functional Teams）的成員是由不同部門的代表所組成，同時被高層管理者賦與決策的全權，但無須獲得原來部門的同意。

38.**(C)**。應是「被管理者對於機關信心的減退」。

39.**(D)**。該類型團隊通常控制他們所有的工作，以期所有流程都能有效地進行，而非只是針對個別的活動。

40.**(D)**　　　　41.**(A)**

42.**(C)**。在《Z理論》一書中，Ouchi：「派系是人群在參與經濟活動時彼此親近的組合，同時由不同的約定來規範部族與個人的關係，其不同於層級節制，亦不同於自由競爭的市場律則。」Z型組織就是由許多部族型式的團隊所整合而成的。

第12章

其他公共管理議題(一)

重點提示 本章主要在探討新公共服務、課責、行政法人、公部門志工管理、參與管理、協力文化等主題。公共管理理論隨著時代的進步，也出現一些新的看法及概念，上述這些議題增添了公共管理新的內涵。

重點整理

一、新公共服務
(一) 新公共服務的理論基礎
1. 民主的公民資格理論。
2. 社群與公民社會的模式。
3. 組織的人本主義與新公共行政。
4. 後現代公共行政。

(二) 新公共服務的核心概念
1. 服務公民，而非顧客。
2. 公共利益的追尋。
3. 重視公民資格更勝於企業精神。
4. 策略思維、民主行動。
5. 理解「課責」並不容易。
6. 服務而非領航。
7. 重視人民，而非只重視生產力。

二、課責
(一) 課責的意涵：課責指的是組織中某個人必須為其決策或行動而接受責難或獎勵。從最低層次公務員到最高階層官員，每一層級的成員皆有受監督者課責的義務，課責是一種外在的判斷標準，亦即外在的計算或順從。

(二) 課責的運作模式
1. Jabbra & Dwivedi的分類：
   (1) 組織課責（Organizational Accountability）。
   (2) 立法課責（Legislative Accountability）。
   (3) 政治課責（Political Accountability）。
   (4) 專業課責（Professional Accountability）。
   (5) 道德課責（Moral Accountability）。

2. Romzek與Ingraham的分類：

(1)法律規範的課責方式。　　　　　　(2)層級節制的課責。

(3)政治的課責。　　　　　　　　　　(4)專業的課責。

3. Behn的分類：

(1)財政的課責。　　(2)公平正義的課責。　　(3)對績效的課責。

(三)**傳統模型的政治課責**：公民在投票時，可要求整個政府機器向其負責，選民會根據其對政府作為的觀感，來進行他們的投票選擇。

(四)**傳統模型的官僚課責：係公務員透過層級結構，在技術上向政治領導者負責，並最終向人民負責。**該模型認為形式上屬於政治人物本分的政策事務，以及留給公務員執行的行政事務之間，可以進行嚴格區分；任何行政行為都必須以政治領導者為依歸，公務人員僅是一項工具去實現由政治領導者所提出來的政策命令。

(五)**管理主義模型的課責**：在管理主義下，官僚體系相對開放，及較易接近資訊管道，因此課責存在於官僚體制與顧客、所屬管理者、政治領導者間，主要內容，可從下列兩方面：1.以顧客為中心。2.課責管理。

(六)**管理主義模型的課責問題**

1. 管理課責與民主之間的緊張關係。

2. 行政人員課責的對象為公民而非顧客。

3. 忽略法律規範。

4. 管理主義引用私部門課責概念衍生的問題。

5. 公部門提供之公共服務難以量化。

三、行政法人

(一)**行政法人之意涵**：係指藉由法律創設，**在傳統行政機關之外**，成立公法性質的獨立體（法人），讓不適合由行政機關推動的公共任務，由一個與政府保持一定距離的「行政法人」來處理，**一方面可引進企業經營精神，使業務推行更專業化、更講究效能**，而不必受到現行行政機關有關人事、會計等制度的束縛，**另方面政府仍可確保這些公共任務之實施。**

(二)**行政法人的特質**

1. **行政機關的彈性化趨勢。**

2. **強化效率面的公私混合體制。**

3. **所執行之公共任務，國家仍有義務確保其實施。**

4. 其業務之執行有專業化需求，或**須強化成本效益及經營績效**。

5. **所執行之任務不適宜由傳統行政機關或民間辦理**，公權力行使程度較低。

(三) 行政法人的優點

1. 增加用人彈性。

2. 避免過多會計或採購的限制。

3. 強化經營責任及成本效益。

4. 容納多元參與決策可能。

5. 建構中央地方夥伴關係：合宜的夥伴關係。

(四) 我國未來行政法人之運作特性

1. 行政法人須自負盈餘。

2. 行政法人須受國家監督。

3. 行政法人之人事管理。

4. 行政法人與行政程序法、國家賠償法及政府採購法的關係。

(五) 我國行政法人的執行問題

1. 對於「母法未過，子法先行」的看法。

2. 對於內部監督的看法。

四、公部門志工管理

(一) 志願服務產生的正當性基礎：就意識形態而言

1. **理念上的正當性**：志願服務的精神與出發點乃源自基督教博愛、奉獻及贖罪的心理。

2. **政治上的正當性**：乃來自民主政治中**多元理論概念的延伸**，參與志願服務工作的人員，認為志願服務能夠提供社會大眾參與共同事務的機會，藉由參與可分散政治權力的集中，減少資源專注於某部分的危機，並以此增強多元社會化理論的基礎。

(二) 志願服務產生的理論基礎

1. 期望理論。	2.交換理論。	3.人力資本理論。
4. 社會參與理論。	5.需求滿足理論。	6.利他主義。
7. 社會化理論。		

(三) **志願服務定義**：依美國全國社工人員協會定義：「一群人追求公共利益，本著自我意願與選擇而結合，這種團體稱之為志願團體，參與這團體之工作者稱為志願人員。」志願服務的特質：

1. 自發性。　　　　2.義務性。　　　　3.服務性。
4. 非物質性。　　　5.互補性。　　　　6.多元性。
7. 持續性。　　　　8.互惠性。　　　　9.成長性。
10. 無限定性。

(四)公部門志工定義：係指「為實現與增進公部門行政效率、提升服務能量，以
　　及減少政府與人民間對公共服務之輸出與需求間的落差，而參與公部門工
　　作，提供個人餘力於公共事務之人員」，其與一般志願服務人員最大不同
　　處，在於他們的服務與奉獻是透過公部門（政府）途徑進行。

(五)公部門運用志工之理由
　1. 就政府面而言，運用志工彙集民間資源，填補政府力量所不及之處。
　2. 就社會面而言，提供人民在參與過程中，自我成長與自我發展的機會。

(六)公部門推動志工管理需考量之因素
　1. 確定需求人員之資格條件。　　　　　2.預估必要的成本支出。
　3. 依志工之興趣與專長分配合適的工作。　4.機關本身的預算問題。
　5. 提供成長、學習與發展的機會。

(七)公部門運用志工之成功要件
　1. 上級的支持。　　　　　　　　　2.維持志工與受薪員工之間良好的關係。
　3. 政府立法支持此政策。　　　　　4.評估機關對志工的需求情況。
　5. 製作志工工作陳述表，界定志工的責任與任務。
　6. 規劃志工之訓練與督導方式。　　7.肯定志工之工作表現。

(八)公部門推動志工管理的建議
　1. 工作意願的持續方面。　　　　　2.落實評估制度。
　3. 訓練方面。　　　　　　　　　　4.重視人力的再開發。
　5. 重視志工之管理者。　　　　　　6.機關之間聯合訓練制度的建立。
　7. 建立支援性的志工制度。

五、參與管理

(一)參與管理的意涵：所謂參與就是人們對外在事物的介入，參與管理是一種團
　　隊角色的扮演、資訊及決策制定影響力之分享、參與事項及行為的合作性、
　　團體成員能力與心力的投入，以及責任及心力的共同分擔。

(二)參與管理的基礎

1. 民主領導。　　　　　　　　　2.支持合作。
3. 激勵理論。　　　　　　　　　4.團體決策。

(三)參與管理的功用

1. 激勵人員的工作動機。　　　　2.改善決策品質。
3. 提高工作效率。　　　　　　　4.減少員工的異動、怠工及缺勤。
5. 改善長官與部屬的關係。　　　6.幫助員工適應工作與減少對改革的抗拒。
7. 培養部屬判斷問題的能力及做決定的技巧。
8. 促進同事間的感情交流，增進團體意識。
9. 帶動組織的發展與進步，使組織永保清新。

(四)實施參與管理的條件

1. 實施前，員工須有充分時間，參與決定的討論與作成結論。
2. 機關主管與部屬間，須有參與討論的能力與興趣。
3. 在時間及經費上的花費，若超出其價值時，則不宜行使參與權。
4. 員工必須了解到「參與決定」之事，與其個人之切身利害有關。
5. 員工必須能相互溝通，了解彼此的語言。
6. 參與權的應用，不能影響任何人的地位安全。
7. 參與權的應用，必須在員工的自由工作範圍內。
8. 非機密性之事務，方可實施參與。

(五)參與管理的實施方法

1. 諮詢管理。　　　2.團體決策。　　　3.建議制度。
4. 複式管理。　　　5.研究發展。　　　6.目標管理。

(六)對我國實施參與管理的建議

1. 組織設計方面：
   (1)建立團隊。
   (2)減少層級結構。
   (3)更具選擇性的獎勵項目。
   (4)更彈性的法規（使成員擁有較多的思考與自主空間）。
   (5)更多實際參與機會、更多的溝通管道。

2. **組織成員方面：**
    (1)加強部屬與部屬間的合作關係。
    (2)改善部屬與主管間的信任關係。
    (3)更開放的主管作風。

3. **組織文化方面：**
    (1)更少權威象徵的工作環境。
    (2)更具創新的積極風氣及組織氣候。
    (3)更有計畫的改革與學習。

4. **參與實施方面：**
    (1)權力下授。
    (2)完整的資訊傳遞。
    (3)由工作執行方式、工作目標設定等項目開始著手。

六、協力治理的原因及原則

(一)採行協力治理原因

1. 追求民主價值。　　2.檢驗假定效度。　　3.政策他賴本質。
4. 政府形象提升。　　5.防止注意赤字。　　6.資源稀少衝擊。

(二)採行協力治理的原則

1. 合產公共服務。　　2.動員社區資產。　　3.分享專業知識。
4. 推展公共商議。　　5.促進永續合夥。　　6.建立治理網絡。
7. 轉型組織文化。　　8.確立相互問責。

(三)協力文化的要素

1. 信任基因。　　　　2.觀念分享。　　　　3.目標協議。
4. 冀望創新。　　　　5.環境部署。　　　　6.交換靈活。
7. 建設對議。　　　　8.雙向溝通。　　　　9.社群意識。
10. 價值登頂。

(四)協力文化的型塑

1. 引領協商異見。　　2.用心傾聽觀察。　　3.激發轉型創意。
4. 獎賞分享成員。　　5.養塑同理情操。　　6.增強說服能量。
7. 避免競爭陷阱。　　8.整合協力工具。

七、公民參與

(一)意涵：指民眾個人或團體基於自利或公益，自動自發或被組織起來，採取抗議性或非抗議性的方法，參與政策運作過程爭取訴求實現的行動。

(二)假設

主要理論假設：

1. 政策決定應透過多數表決，最好以選舉投票行之。
2. 每個人皆能掌握充分資訊，都有相同機會接近決策點。
3. 每個人都能理性地選擇各項政策備選方案。
4. 每個人皆能為共同目標參與政策制定的每一階段。
5. 最重要的是決策者係基於民意基礎的考慮，可理性地比較各種代表競爭利益的備選方案，以作出合乎全民利益的決策選擇。
6. 每位民眾應具備成熟的人格結構與民主價值，而對其所作的政策選擇負起道德責任，每位民眾應有充分自由去參與政治事務，以對權威具有理性的批評態度。

(三)公民參與的方式

1. 組織團體或加入利益團體，進行有組織的參與。
2. 出席公聽會、說明會或社區論壇，充分表達意見。
3. 參加規劃會或諮詢會，爭取權益保障。
4. 透過傳播媒體、民意代表及宣傳品進行遊說。
5. 透過民意調查及公民投票，直接顯示偏好。
6. 舉辦抗議示威遊行活動。

經典範題

申論題

一、試說明新公共服務（The New Public Service，NPS）的理論基礎、核心概念。

說明：　R. Denhardt 與 J. Denhardt 於 2000 年在《公共行政評論》期刊上發表〈新公共服務：服務而非領航〉一文後，明確地說明新公共服務的相關意涵。Denhardt 氏二人指出，新公共服務的理論基礎，包含了「民主的公民資格理論」、「社群與公民社會模型」、「組織的人本主義與新公共行政」及「後現代公共行政」。

答：(一) 新公共服務的理論基礎：

　1. **民主的公民資格理論**：對於公民資格的觀點，以法律觀點的定義則為公民的權利與義務，亦即公民資格被視為法定身分（即一般認知的「公民權」）；而**廣義的公民資格，則認為公民資格與政治系統相聯結，即個人對政治系統所產生的影響力**，包含了政治生活之主動參與等。此種政治上的利他主義，又稱為「公共精神」（Public Spirit）。此種公民資格的觀點，提供某種黏著劑，而將整個政治系統黏合維持；**此種公共精神之所以需要被滋養與維護，焦點就在於正義感、參與，以及慎思明辨的議論過程**。

　　(1) 正義感會喚起受虐者或被剝削者的強烈情感，其反抗行為往往具有相當力道，而鼓吹正義的政治系統也往往較具影響力，因而誘發參與感。

　　(2) 參與則是促進公共精神的第二項手段，參與決策的人容易對政策產生較佳偏好，所以容易協助進行。

　　(3) 為了避免參與淪為形式主義，審慎的決策過程將有助於釐清參與本質的真假。

　　換言之，強調依據人民利益而非利己主義的公民資格，是**主張人民應該關心廣泛的公眾利益且應主動參與，並為別人承擔責任**；亦即，人民將在民主制度中維繫政府運作，並在其運作下做人民該做的事，如此一來，個人不僅對社會有所貢獻，同時亦會成為主動且負責任的個體。新公共服務的理論基礎之一便是來自前述之「民主的公民資格理論」。

2. **社群與公民社會的模式：**

(1) 社群的概念，係指在我們的系統中，首要維繫的是「共同之善」（Common Good），在此系統及法律所允許範圍內，形形色色的人們可以追求共同之善的不同願景，並相互協調，使此系統得以活化運作，而這正是自由社會的寫照。

(2) 因此，社群乃以關懷、信任與合作為基礎，並透過有效的系統，負責溝通與調解衝突。社群的追尋亦等同於集體中的個人對其生活方向與目的之探索，自我投入於社群，接受其權威並願意支持其存續，便可獲得個人的意義與認同，且提供在標準條件與指導原則下成長的機會，而這些正可以展現社群成員的自我內在價值。

3. **組織的人本主義與新公共行政：**

(1) 新公共服務的第三個理論基礎就是組織的人本主義。公共行政學家認為傳統以階層排列所組成的社會組織，對人類行為的觀點是非常狹隘的，於是加入了對官僚體系批判的行列，**希望現代公共組織可以透過減少對權力與控制的支配，增加內、外部組成份子的需求與關心。**

(2) 為促使個人成長就像是提升組織運作一般，管理者應發展以自我覺醒、有效診斷、協助個人發展且促進創造力的技巧。當組織將注意力放在計畫性變革而產生變化時，便形成了「組織發展」（Organization Development）。

(3) Golembiewski 提出擴大組織中審慎開放的範圍以增加個人的自由，他認為**管理者唯有透過組織創造一個開放的解決問題環境，才能使組織中的成員面對問題，而不是逃避問題**；另外，他也認為傳統論點，忽略了重要的政治或情感因素，這些因素卻是研究所有人類行為的各種理論所必須考慮到的環節。

4. **後現代公共行政**：新公共服務的第四個理論基礎是後現代主義。（Postmodernism）。後現代公共行政學家以「論述」（Discourse）的概念為其中心思想，**認為公共問題透過討論，會比透過「客觀的」觀察或理性的分析更可能被解決。**而溝通與建立共識的過程，就是一種個人與他人的交往過程，在個人與團體中建立互信的交往過程將充滿相互關懷的人性，不僅是理性的，更是來自於經驗的、直覺的與感性的，一言以蔽之，就是：「傾聽、放空自己，並視人如己」，而這正是新公共服務所要強調的精神之一。

(二)新公共服務的核心概念：依照Denhardt氏二人的說法：

1. **服務公民，而非顧客**：公共利益乃源自共享價值與對話，而非個人自利的總和。因此，公職人員所要回應的是公民的需求而非顧客，**焦點應在於公民之信任與合作關係**。

2. **公共利益的追尋**：公共行政者必須致力於建立共享的公共利益觀念，此目標並非透過個人選擇就可以找到速效良方，必須經由**共享利益與責任分攤的制度來創造**。

3. **重視公民資格更勝於企業精神**：如此公共利益會更加提升，因為此是透過公職人員與公民對做出有益社會的貢獻產生認同，而不是假定公職人員如同企業管理者，將公共財視為己有財來提升公共利益的。

4. **策略思維、民主行動**：達成公共需求，政策與方案必須透過集體努力與合作程序，有效且負責地達成。

5. **理解「課責」並不容易**：公職人員除要注意市場外，亦必須同時注意法律、憲法、社群價值、政治常規、專業標準與公民利益。

6. **服務而非領航**：公職人員應以共享價值為基礎之影響力，來協助公民表達意見並追求共同利益，而非運用新的方式領航社會。

7. **重視人民，而非只重視生產力**：公職人員所參與的公共組織及其網絡，若能透過基於尊重人民的合作流程與共享領導，組織與網絡的運作終將成功。（孫本初，新公共管理（三版），一品文化出版社）

二、何謂「課責」？其運作模式為何？試分別說明之。

答：(一) 課責的意涵：

1. **課責指的是組織中某個人必須為其決策或行動而接受責難或獎勵**。從最低層次公務員到最高階層官員，每一層級的成員皆有受監督者課責的義務，課責是一種外在的判斷標準，亦即外在的計算或順從。

2. 課責與責任有所不同。責任的意義則較模糊，即每個人均對下屬的行動負有責任，部會首長對所屬部會成員的行動負有責任，但負責的範圍多大等問題無法精確表示，使責任的意義較為模糊不清。

3. 課責可以是外顯，亦可以內隱。外顯的課責指的是行政人員執行其行政任務並對之負責，而人們對於非因自己行為而直接產生的結果有內隱的責任。

(二)課責的運作模式：

1. Jabbra 與Dwivedi的分類：

(1) **組織課責**（Organizational Accountability）：指官僚體系界限中的責任範疇，一般而言，命令不明確與資源不充分是行為錯誤的開始。

(2) **立法課責**（Legislative Accountability）：立法、司法的課責範疇，當然法律也會隨時而轉化。

(3) **政治課責**（Political Accountability）：政治課責通常包括官僚課責，因為政治人物必須對其選民的承諾負責。

(4) **專業課責**（Professional Accountability）：依賴行政人員的專業為準則，當專業與公共利益相衝突時，最後則回歸公共利益。

(5) **道德課責**（Moral Accountability）：指道德有機體，經由建立社會規範而形成課責來源。

2. Romzek與Ingraham的分類：

此分類的基礎在於外部或內部，以及假定較高或較低的個人自主性，可分為：

(1) **法律規範的課責方式**：強調組織成員應在憲法及法律規範適當控制下忠實執行政策，以表徵法律規範所期待的服從。

(2) **層級節制的課責**：則是採行政規則或標準作業程序等方式，透過既成指令，告訴組織成員何者應為或不為，並以此為績效衡量標準，要求成員為他們的績效負責。

上述兩種課責方式，確實相當簡潔清晰，也可確保組織高度紀律化及公共服務提供能連續一致，然卻也容易導致組織成員產生目標錯置與缺乏應變能力、及組織層級間的溝通阻塞，削弱了上級對下級的影響力。因此，Romzek與Ingraham另主張兩種類型的課責關係，以提供更大自主性。

(3) **政治的課責**：係以顧客為導向，強調行政人員必須充分回應顧客期待，滿足顧客的偏好。

(4) **專業的課責**：強調行政人員對於專業知識的責任與服從，若專業與公共利益相衝突時，應以公共利益為依歸。

上述四種課責方式也說明了公共行政中「課責」是以內部及外部的方法達成。內部控制是在機關內實施與建立，外部控制則涉及立法監督、預算及稽核活動，在組織之中設置行政監察員（Ombudsman）、新聞評論、顧客團體、利益團體及其他相關個體的監督。

3. Behn的分類：

　(1) **財政的課責**：此種課責在政府中是很重要且明確的，就像 Behn 所說：「任何公共組織中的管理者與部屬都必須確信某些事是十分珍貴的。納稅人的錢，他們必須有責任與義務去精確的運用這些款項。他們應該有這樣做的責任，當其失職時，就應該被懲罰。」

　(2) **公平正義的課責**：任何公共組織中的管理者與部屬都必須確信對公平正義的共同承諾。因此，他們有責任絕對公平地對待所有公民，他們應該有這樣做的責任。當其失職時，就應該被懲罰。

　(3) **對績效的課責**：也就是公共目標的完成。因為公平正義也包括了避免權力的濫用，因此要運用規則與程序來防止。期待公共機構來詳述此層次的績效，需要一些目的、目標，以及明確的績效標竿。（孫本初，新公共管理（三版），一品文化出版社）

三、傳統模型的政治課責、官僚課責及管理主義模型課責，各具有哪些內涵？又管理主義模型課責常會面臨哪些問題？試分別加以說明之。

說明：　雖然傳統模型提供了政治課責，即使是一種間接、令人不滿的方式；但任何政治課責的減少，其實都可藉由管理課責的改善而獲得補足。不可否認，課責已成為公共組織活動中一項「將效益最大化、將風險最小化的重要方式」。

答：(一) 傳統模型的政治課責：

1. 公民在投票時，可要求整個政府機器向其負責，選民會根據其對政府作為的觀感，來進行他們的投票選擇。

　(1) 相較於私部門，這種課責方式對政治人物與公務員來說過於稀疏，且在績效方面亦無法有效確保。

　(2) 由於任何行動都必須根據法律，因此課責途徑便需透過法律系統，所有官僚體系的行動，皆可透過課責體系而回溯到選民身上；此套系統可防止個別官僚濫用權威，且能隨時根據所訂定規則行事。

2. 不同政治體系中，如何處理政治課責問題，有顯著差異。

　(1) 在內閣制國家，公務員透過層級體系而向部會大臣負責，部會大臣則向內閣與議會，最終則向人民負責。選民選出當地的議員，這些議員再選出政府與部會大臣，一位部會大臣負責一個部會。

　(2) 在總統制體系中有一些和內閣制國家不同的差異，因而影響了政治課責系統：

A. 成文憲法意味著憲法解釋，以及根據憲法而訂定之法律，此都增加了政府中司法部門的重要性。

B. 內閣制國家所呈現的行政部門與立法部門有效融合，在美國則被排除在外，因美國的國會與總統，形式上並未結合在一起。

C. 聯邦制影響了政治課責系統。在憲法規定下，聯邦政府與州政府各有不同權限，且假定選民有能力能夠分辨某特定業務是由哪一階層政府負責。

D. 理論上，總統制國家的政治課責，文官系統是行政部門一部分，要向行政首長負責，此可確保政治課責的路線；而行政首長是選舉產生，是從公務人員延伸至選民身上；此外，各部門間的模糊，亦意味著官僚體制也必須依賴立法機關和法院。因此，總統制國家當中的各自分開的課責性，也使其管理任務比內閣制國家更為複雜。

(二)傳統模型的官僚課責：

1. **傳統模型的官僚課責，係公務員透過層級結構，在技術上向政治領導者負責，並最終向人民負責**。該模型認為形式上屬於政治人物本分的政策事務，以及留給公務員執行的行政事務之間，可以進行嚴格區分；任何行政行為都必須以政治領導者為依歸，公務人員僅是一項工具去實現由政治領導者所提出來的政策命令。

2. **由於行政人員必須具中立性與匿名性，且不涉入特定政策事務，因此只有政治人物才具有真正的課責性**。其次，在課責路線上，必然會有某些與政治層面和行政層面出現交會的地方，因為彼此都有不同的文化、理性的型態、以及課責的形式，這兩者的交界面很可能就是問題的來源。

3. 雖然傳統模型的官僚課責易於瞭解並具有政治合法性，但仍存有許多問題—政治與行政、政治領導者與行政人員是無法區分的。傳統公共行政要求誰下命令與誰去執行間要有一明確分野，而後者不用對結果負責，但這是難以實現的。

(三)管理主義模型的課責：管理主義出現的原因，在於認知到傳統行政模型所帶來的課責系統失敗。**在管理主義之下，官僚體系相對開放，及較易接近資訊管道，因此課責存在於官僚體制與顧客、所屬管理者、政治領導者間，以及與選民間的關係中**。管理主義提供了更高透明度，課責性確實改善，使得傳統系統中目標的達成，更加容易完成。其主要內容，可從兩方面來說明：

1. **以顧客為中心**：在管理主義模型中，課責系統的另一項改變就是改善與顧客間的關係。傳統官僚課責模型，唯一的課責途徑便是透過政治領導者，如今則是直接連結關係到民眾身上；在直接課責途徑中，機關本身必須負責處理與顧客間的關係，並改善對他們的服務。**以顧客為中心的目標在於獲得更大回應性，以改善公共行政與其顧客間的互動品質**，這是一種遠比傳統模型所存在的課責更為直接的型態。因此，**管理主義的課責模型是可衡量成果，以及對顧客具有回應性**。

2. **課責管理**：其觀念和私部門相似，公共經理人對自己的行動，以及所屬機關的行動，均**負有課責義務**，他們**不能推稱所有的行動都是政治課責，而否認他們自身的責任**。此種新課責型態，直接連結官僚體制、顧客、立法機關、媒體間的關係，而非總是要透過政治人物為之。因此，有學者認為，「若被課責的人能真正的為自己的決策負責，則課責性便會加強」。在採用課責管理時，有三個層面需要注意：

   (1) 課責的改善，可透過明確列舉出政府組織中的確實業務內容，其對成果達成與否，具有透明性。但在傳統模型中，從來沒有任何實際的方法可確定成果是否已經達成。

   (2) 課責的個人面，有別於組織面。管理者是一個對目標達成負有個人責任的人，是要負責任的，它不像傳統模式只讓課責發生在最高階層。

   (3) **課責的形式就是「回溯性課責」**。傳統模型總是有一些回溯性機制，特別是財務上的廉潔，必須要為績效儘可能建立回溯性課責。必須被信任能去達成結果，並為其所做的負起形式責任。

(四)管理主義模型的課責問題：

1. **管理課責與民主之間的緊張關係**：**管理主義強調創新的績效作為**，以為課責標的，然此種作為可能將產生創新與課責的兩難困局，因**創新就必須突破法規限制，難以進行有效課責**，但謹守法規的課責性，又難以產生創新的作為，甚至**延伸出創新與民主政治之間的緊張關係**。

2. **行政人員課責的對象為公民而非顧客**：管理主義模式中將行政人員視為企業家，將人民視為顧客，使得行政人員角色狹隘化。就新公共服務觀點而論，行政人員不應只照顧到以短期利益為優先考量的顧客族群，而應將焦點放在廣大民眾身上，以實踐公共利益。

3. **忽略法律規範**：行政人員為人民主權受託者，因此在執行政策時**必須受到議會與司法等機制監督**，尤其在管理主義模式下，**公共服務交由市場機制提供，更需接受議會與司法監督**。

4. **管理主義引用私部門課責概念衍生的問題**：管理主義的課責概念源自於私部門，而私部門（公司治理）課責的理論基礎為「委託人—代理人」（Principal-agent）理論，該理論，因委託人與代理人處於資訊不對稱，於是將產生「不適當選擇」與「道德風險」等弊病，亦即**管理者的運作往往是為了自身利益，而非股東利益**，這種現象在公部門仿效引進後將使問題更明顯。

5. **公部門提供之公共服務難以量化**：公共管理模式強調提升公部門的績效，然而公部門所提供的公共服務難以量化，如何建立具備可信度與效度之具體績效指標，當作課責行政人員的工具，評定行政人員之績效，其可行性仍有待觀察。（孫本初，新公共管理（三版），一品文化出版社）

四、何謂行政法人？具有何種特質及優點？又行政法人與財團法人，兩者有何不同？

說明：　行政法人可說是行政機關及民法上財團法人的中間類型，一方面以較行政機關有彈性的組織及經營管理方式，確保公共任務有效率及效能的履行；一方面釐清其公共任務特性，將之保留在公法領域，而非避難至私法，以強化監督並避免混淆民法體系。

答：(一) 行政法人之意涵：係指藉由法律創設，在傳統行政機關之外，成立公法性質的獨立體（法人），讓不適合由行政機關推動的公共任務，由一個與政府保持一定距離的「行政法人」來處理，**一方面可引進企業經營精神，使業務推行更專業化、更講究效能，而不必受到現行行政機關有關人事、會計等制度的束縛，另方面政府仍可確保這些公共任務之實施。**

1. 一般所習稱的**政府組織**，即是依公法所設立的法人；**企業組織**，即是依民法所設立的營利事業法人；**非營利組織**，則是依民法所設立的社團法人以及財團法人。政府組織，學者又稱之為「第一部門」；企業組織，又稱為「第二部門」；非營利組織，亦稱為「第三部門」。

2. 就組織而言，**行政法人係介於政府組織以及非營利組織（財團法人）之間的組織體。**

(二)行政法人的特質：

1. **行政機關的彈性化趨勢**：世界各國改革經驗顯示，傳統科層式行政機關已不是執行公共任務的唯一選擇，也不是最適合的方式。例如，英國有執行機構（Executive Agency）和執行性的非政府公共體，日本有獨立行政法人，德國有公法人，美國有政府法人。對部分公共任務，如研究、訓練、服務、檢驗、統計、醫療等之確保與實施，提供了更適宜的方式。

2. **強化效率面的公私混合體制**：行政法人執行的仍是公共任務，在制度規劃上乃將其定位為公法性質的法人，機關決策成員由國家指派，使整體運作方向仍在適當程度內受到國家監督，而保護到人民的權益；同時，為確保其任務實行不致發生困難，國家仍會給予必要的財務支持及捐助。然而，**行政法人與傳統行政機關最大的不同，在於其經費及人力運用具有相當充分的決定權，輔以績效評鑑制度，以落實效能管理精神，**尤其在許多強調專業性的公共任務上，行政法人制度的推行，希望能幫助組織與政治保持距離，從專業考量上尋求更大的揮灑空間。

3. 行政法人可歸納以下特徵：

   (1) **所執行之公共任務，國家仍有義務確保其實施。**
   (2) **其業務之執行有專業化需求，或須強化成本效益及經營績效。**
   (3) **所執行之任務不適宜由傳統行政機關或民間辦理，公權力行使程度較低。**

(三)行政法人的優點：

1. **增加用人彈性**：我國行政機關組織形態係以公務人員為主，對於公務人員的進用、考銓、待遇及權益保障等，有公務人員任用法、陞遷法、考績法、俸給法、保障法、撫卹法、退休法等綿密規範。相對而言，對於部分需要相當專業性及技術性人才的業務，如各類文教、研究機構及博物館等，因待遇、職位等受限法令規定，反形成進用上之窒礙，無法網羅適當人才。行政法人在人事進用、管理及待遇等方面，可更有彈性。

2. **避免過多會計或採購的限制**：有關政府會計及採購作業，目前政府亦有綿密之規定，不過對於部分性質特殊的業務，如文物典藏、修復或學術研究等，卻反而可能形成束縛及窒礙，不利業務推展。行政法人在會計及採購上可做特別處理，解決此一問題。

3. **強化經營責任及成本效益**：現行由行政機關實施公共任務的方式，雖然有政治責任及成本效益概念，惟對部分業務，容易因行政一體的制度特

性而混淆經營責任。因此，行政法人在獨立自主運作及績效評估方面，可透過相關機制的建立，強化經營責任及成本效益。

4. **容納多元參與及決策可能**：行政法人在意思決定（決策機關的組成），可有多元參與，因此比一般行政機關更能有效照顧多元利益；再者，亦可將業務執行由行政機關轉移至行政法人，藉法令規範及業務執行權限分離，避免球員兼裁判的爭議。

5. **建構中央地方夥伴關係**：部分業務性質上宜由中央政府與地方自治團體共同合作及決定，以及可藉由各地方自治團體共同合作處理者，以行政機關方式處理，容易因為有隸屬特性而偏執一端，例如港務局等，可透過行政法人的創設，就此等事務建構合宜的夥伴關係。

(四)行政法人與財團法人的比較：

	行政法人	財團法人
基本概念	以組織變革方式將原由行政機關實施之公共任務專業化，並提升效能。負有履行特定公共任務義務之公法人。相關監督及介入機制較財團法人為強。	私法自治之私法人。原則上不負有履行特定公共任務之義務，而係依公益考量予以必要之制約。
成立	無捐助財產最低總額問題，須訂定個別組織法律或通用法律作為法源依據，但無須向法院辦理登記。	有捐助財產最低總額的限制，應經目的事業主管機關許可後向法院登記，主要依據民法成立，無須訂定特別法。
公權力	行使公權力來自法律授權，而非行政機關之委託。	本質不行使公權力，但可由行政機關個別委託行使之。
意思機關	以董事會為原則，例外可採理事會或首長制，成員原則上由行政機關指派。	董事會，成員原則上透過內部機制產生。但政府捐助成立之財團法人，其董事多由主管機關遴聘。
組織人事	自訂人事管理規章，但公務人員隨同移轉者，可保留身份。	無特別規定（自行決定）。
財務會計	會計制度應依行政法人會計制度設置準則訂定；財務報表應由合格會計師查核簽證；借舉債務以具自償性者為限。報表應經會計師查核簽證	會計制度應採曆年制及權責發生制，並符合一般公認會計原則；符合一定情形者，財務報表應經會計師查核簽證。

	行政法人	財團法人
財政支持	國家應給予必要之財政支持。	無國家財政支持問題。
績效評鑑	有績效評鑑制度,要求定期評鑑。	無規定。
資訊公開	依政府資訊公開法規辦理;一定資訊並應主動公開。	無規定。
監督機制	由監督機關為適法性監督,監督密度較財團法人為高。除行政監督外,另有立法及監察(審計)監督。	由主管機關為適法性監督,監督密度較行政法人為低。除行政監督外,另有法院介入機制,但原則上無立法及監察監督。
解散清算	由監督機關提請行政院同意後解散之(不許自願解散);應了結財務但不依民法進行清算程序;有賸餘財產須繳庫,債務須由監督機關概括承受。	分為自願解散及法院宣告解散,清算程序依民法之規定;賸餘財產原則上依捐助章程之規定;未規定者歸屬地方自治團體。

(孫本初,新公共管理(三版),一品文化出版社)

政府所完成的行政法人法草案總說明內容可發現,政府推動行政法人化之目的,主要是為了提升政府施政效率,同時保障公共任務之妥善實施,因此參考各國已採行公法人制度規劃者,再加以改良學習。再者,行政法人制度的內涵,是藉由鬆綁現行人事、會計等法令限制,將原本由政府組織負責之公共服務自政府部門移出,以公法人型態加以專責辦理。

五、試說明我國目前對於行政法人制度的研究及看法。

說明: 可包括四點:行政法人制度的設立可視為國家分權化考量下的產物;行政法人可視為政府於行政機關、民營化方式外,執行公共任務的第三條路;我國行政法人法的建置係以母法為主、子法為輔的方式;取代傳統政府機關執行公共任務。

答:(一) 行政法人制度的設立乃基於分權化的考量。

1. 許宗力指出,設置行政法人的目的乃是基於分權化(Decentralization)的考量,近年來隨著時代的變遷,不論我國或法治先進的歐、美、日諸

國，都可觀察到，國家設置具有獨立法律人格的法人，由其自主負責執行國家所託付的任務，不再拘泥於樣樣由行政機關執行不可。

2. 林水波與陳志偉對此亦抱持著相同見解指出，近年來在行政改革的大環境下出現一種趨勢，即各國政府體認到許多業務並非得由政府來做不可。例如英國政府逐步將行政任務與公務員移轉至執行機關，日本政府亦設置了獨立行政法人制度以提升國家競爭力。

3. 綜上所述，**在強調分權考量下，國家不再以直接國家行政的方式達成行政任務，轉而以分權為核心概念，將業務以委外方式釋放出去**。我國行政法人法草案內容亦可發現，行政法人建置的目的在於打破行政上運作無效率與缺乏彈性的狀況，創設「新」的機關組織型態，其價值核心為「提高政府的施政效率」，因此將「直接國家行政」的政府機關進行改制，將機關轉化為「獨立的利潤中心」，賦予機關更大的自主空間，以創造更高的利潤及更高的附加價值。

(二)**政府於行政機關、民營化方式以外，執行公共任務的第三條路。**

1. 根據政府所提出的行政法人說帖指出，行政法人的優點：增加用人彈性；避免過多會計或採購的限制；強化經營責任及成本效益；容納多元參與與決策的可能。換言之，**選擇以行政法人作為執行公共任務的另類選擇，可擁有有彈性、分權化、自主化及效率化的正面功能。**

2. 陳志華指出，行政法人化的要義是委託行政的採行，但仍須受政府監督。行政法人化的改革是仿歐陸國家，定位行政機關為法人資格，採取較寬鬆的觀念，使其擁有不受干預的自主空間。換言之，透過這種授權與監督機制的連結，才可使行政法人成為權責相符的機制，亦即可**跳脫現行法規的束縛，擁有執行公權力又不受人事、會計制度束縛，但卻不致成為無法可管的濫權機關。**

(三)**朝向行政法人法為主，個別組織法為輔的建置方向發展。**

1. 根據行政法人法內容顯示，政府為解決行政組織效率不彰、協調與執行工作冗長、費時的情形，因而**進行「去任務化」、「地方化」、「法人化」、「委外化」四個方向的改革**，並積極推動建立行政法人制度，完成法案的草擬工作。

2. 是以**將我國行政法人定位為公法人，成為繼國家、地方自治團體、農田水利會以外，唯一具備獨立法人人格的行政組織**，然而在設置過程中偏向日本獨立行政法人制度不與德國公法人制度有顯著差異。

3. 楊秀娟等人認為，這是為了避免在設立行政法人之初即為公法人類型或屬性爭論不休，因而不採德國既有之模式，劃分成財團法人或社團法人，也不創設營造物法人之類型，改採取制定行政法人設置基準或通則法的原則，作為行政法人之一般性規範依據，性質特殊者並得制定個別組織法律。

4. 由此可知，我國行政法人設置原則乃是由中央訂立通則法加以規範，不同適用對象則依據母法（行政法人法）定出適用於個別特殊情形的子法作為執行準則。

(四)取代政府執行特定任務。

1. 我國對於行政法人的定義為「本法所稱行政法人，指國家及地方自治團體以外，由中央目的事業主管機關，為執行特訂公共任務，依法律設立具人事及財務自主性之公法人。」（第2條第1項）。其特徵：直接由公法所創設；具有權利能力的組織體；財政仰賴政府補助；協助政府完成行政任務。

2. 依據郭冠廷等人研究指出，行政法人化的制度設計旨在提供相關單位法律上的人格，從而在法律授權範圍內自為決定，包括組織權、人事權、財政權等，但這些權限並非絕對，必須受到成立行政法人法律之拘束。再者，從財政面向發現，我國設立行政法人制度，係為達成特定公共任務為目的，預算仍須國家挹注，並受政府監督，可見形式上仍屬準獨立型態，並未完全脫離國家之掌控。

3. 根據行政院組織改造推動委員會於2002年所提出的「行政法人建置原則」規定，**行政法人的設置條件必須為下列四種情形之一：**

   (1) **國家之公共任務不具強制性、適合積極採行企業化管理經營措施，而無由國家執行之必要者。**

   (2) **國家之公共任務有去政治化之強烈需求，不宜由國家親自執行者。**

   (3) **國家之公共任務基於兩岸或外交關係之特別考量，不適合民營化者。**

   (4) **國家之公共任務適合民營化，但因無法自給自足或其他因素，基於過渡階段之考量者。**

   對此，李建良則認為，上述所列設置條件，觀其內容實乃行政法人建置的「功能取向」，大體可歸整為：「企業經營化」、「去政治化」、「兩岸或外交之特別考量」、「民營化的過渡」。

六、我國未來行政法人之運作具有何種特性？又仍存在哪些問題？試分別加以說明之。

說明：　有關我國行政法人制度設計之緣由，乃起因於 2001 年，總統府設計「政府改造委員會」，邀請各方學者，分別針對「彈性精簡的行政組織」、「專業績效的人事制度」、「分權合作的政府架構」、「順應民意的國會改造」等五大目標議題進行討論、提供建言。行政院於 2002 年 5 月成立「行政院組織改造推動委員會」進行規劃及執行行政院組織改造工作，方向為：1. 去任務化；2. 地方化；3. 法人化；4. 委外化。

答：(一) 我國未來行政法人之運作特性：

1. **行政法人須自負盈餘**：行政法人執行的是「公共任務」，藉由較彈性而獨立的經營方式，未來行政法人的經營績效會被強化，而這裡所指的「績效」，不一定是「賺多少錢」，可能是「學術產出品質」、「受服務人的滿意程度」、「對弱勢者照顧的品質」、「展出的水準」等。同時，國家的行政法人的經費挹注是採「補助」而不是「捐助」方式，亦即，國家對這些行政法人業務所需的經費是有必要予以適當支援。

2. **行政法人須受國家監督**：行政法人是「公」的法人，其任務以及組織方式都要由立法院制定法律來規定，不可以任意為之。在組織規範上，未來行政法人的決策機關（董事長或理事會等），原則上都是依法由主管機關或相關機關指派；行政法人主要經營或人事規章也須經主管機關核定。另外，行政法人每年也必須向主管機關提出會計報表及經營報告，這些都是國家監督的機制。

3. **行政法人之人事管理**：為確保行政法人的自主性及專業性，未來行政法人可在不違反相關法律及任務前提下，來設計適用於各該行政法人的人事制度，使其具有一定人事自主權。因此，行政法人可以自行訂定人員編制、任用、管理、權益等之人事規章，於報請監督機關核定後據以辦理。故，改制後的行政法人，其新進人員應不再具有國家公務人員身分，不適用目前公務人員任用、考績、銓敘、撫卹等制度。行政院目前對此的政策規劃方向：

   (1) 官等職等：現有編制內公務人員移轉至行政法人後，其擔任的職務，必須與改制前原任機關（構）的職務等級相當，行政法人也必須針對原機關（構）改制前的職務與改制後法人所設置等級相當的職務，併列訂定職務對照表，以作為辦理公務人員職務安置時的依據。

(2) 陞遷：公務人員仍可在行政法人設有官職等職務中，循著行政法人所訂的陞遷序列表逐級辦理陞遷，陞遷核定後之結果，將循相關程序報送銓敘部銓敘審定。

(3) 考績：公務人員在行政法人內，將同時以公務人員身分辦理考績及法人身分辦理考核。辦理考績時，將依「公務人員考績法」規定核定等第及核發考績獎金，考績結果將循相關程序報送銓敘部審定。

(4) 工作獎金及各項補助經費之請領：公務人員仍可依「軍公教人員年終工作獎金（慰問金）發給注意事項」發給年終工作獎金（慰問金）。

(5) 保險、退休、撫卹等權益：仍依「公務人員保險法」、「全民健康保險法」、「公務人員退休法」、「公務人員撫卹法」等相關法令規定辦理，其經費均由政府支付，不受移轉至行政法人而有所影響。

(6) 結社自由：為維護公務人員結社權利及落實保障公務人員法定權益，行政法人內的公務人員仍得依「公務人員協會法」第九條規定，加入監督機關的公務人員協會，行使結社權。

4. 行政法人與行政程序法、國家賠償法及政府採購法的關係：行政法人，係具有公法性質之法人，在行政程序法及國家賠償法方面原則上適用之。

(二) 我國行政法人的執行問題：我國行政法人制度設立的最初考量，乃在提升行政機關的執行效率，因而參考英、日等國的制度而創設具有公法人資格的制度。但對於行政法人制度的發展，**國內學者間認為仍有三大問題：**

1. **對於「母法未過，子法先行」的看法：**

(1) 國內在建置行政法人制度過程中，主要是依據個別法設置行政法人，針對不同適用對象特殊性，以個別組織法律進行規定，不同的行政法人可根據其特定目標及經營上的優、劣進行調整，以發揮較高的經營自主性。

(2) 劉新圓指出，在行政法人法尚未通過情況下，率先以個別法實施行政法人制度，在推行上可能面臨牴觸母法的問題。這種情況一旦在未來實施上發生爭議，或在母法（行政法人法）通過後與其牴觸，其後果及責任承擔將出現模糊的情形，造成實施上的疑慮。

2. **對於內部監督的看法：**

(1) 由於行政法人在設計上係透過法律授權，而得以行使公權力，基於權責相符原則，運作必須受立法院監督。然而，**目前我國行政法人的監**

督主要是朝向事後監督，針對年度執行成果之考核以及目標達成之評
量，由委員會依據其執行成效決定其日後存廢。

(2) **這種事後監督，容易造成其他機關對於其缺乏事前監督及內部監督的
疑慮**。此外，根據楊秀娟等人的研究，目前立法院及考試院分別對於
行政法人朝向「去國會監督」發展及其「人事監督」問題仍存有許多
疑義。因此，如何強化內部監督及事前監督機制，以化解不同意見及
其阻礙，進而凝聚共識。目前行政法人法草案在績效評核方面的整體
設計，僅靠資訊公開辦法防弊是不夠的，更積極的辦法應該必須透過
上級監督機關、董監事會、績效評鑑委員會來共同達成。

(3) 另外，一旦行政機關朝向行政法人化發展，立法機關只能產生間接課
責，因而可能衍生出民主正當性問題。亦即行政法人一旦脫離行政體
系，儘管組織成員仍具公務員身分、財源亦由國家提供，但若執行成
效不佳，又缺乏民意代表監督，恐將造成行政法人的濫權。

3. **對於職員身分的看法**：行政法人化如何在保障既有員工權益情形下提升
行政機關的競爭力，學界對於改制行政法人化後的職員身分變更，有著
不同看法。

(1) 陳新民指出，引進行政法人制度，將使法人脫離行政機關身分，同時
公務員也可資遣或轉調，行政法人也另行以契約方式聘僱新人。而由
公務員轉調者，為保障其工作權，也可繼續承認其轉調後的年資，故，
引進行政法人後，確實可達到組織精簡的目的。

(2) 劉新圓則認為，行政法人化的目的就是要避免因公務員惡習造成行政
效率不彰的問題，並找出解決阻礙組織發展的辦法。因此改制行政法
人化後，若公務員仍保有其資格而不願離開，行政機關將很難收到立
即成效。因此，政府必須加速汰換新血，引進不具公務員身分的人進
入行政法人內，透過從民間導入優秀人才，提升行政法人的執行效率。

（孫本初，新公共管理（三版），一品文化出版社）

七、志願服務具有何種正當性？其理論基礎為何？

答：(一) 志願服務產生的正當性基礎：

1. **就意識形態而言**：志願服務在本質上兼具宗教與政治上的理由。

(1) **理念上的正當性**：志願服務的精神與出發點乃源自基督教博愛、奉獻
及贖罪的心理，就如美國社會，人們相信支持與投入志願服務，乃是
人類道德上應盡之義務，為他人服務乃源自人類之本性。

(2) **政治上的正當性**：志願服務工作的思想，乃來自民主政治中多元理論概念的延伸，在多元理念下，參與志願服務工作的人員，均會有一共同信念，認為志願服務能夠提供社會大眾參與共同事務的機會，藉由參與可以分散政治權力的集中，減少資源專注於某部分的危機，並以此增強多元社會化理論的基礎，即 Drucker 所提的以「新的社會部門」參與公共事務之概念。

2. **就政府資源管理而言**：志願服務工作的存在，主要在於政府缺乏足夠的財力來支應社會福利，故集合民間資金與人力資源來擴大公共服務的範圍。

(二)志願服務產生的理論基礎：

1. **期望理論**：指一個人基於對將來可能獲得之報酬的期望下所產生的行為。對志願服務人員而言，這些期望可能包括從事志願服務工作所接受的訓練及由實務經驗中所習得的專業知識與技能。

2. **交換理論**：認為個人行為是利益取向，利益可以包括物質、金錢或精神利益，當其獲得大於付出時，人們即會採取行動。基此理論，一個機關能否吸引足夠的志願服務人員投入，與其是否能提供相當之回報，兩者呈現正相關。

3. **人力資本理論**：就志願服務人員而言，付出服務的同時，也可經由機關所提供的訓練機會，獲得專業、半專業的知識與技巧，因而提高人力資本投資。

4. **社會參與理論**：藉參與志願服務工作的過程可以滿足社會參與及實現社會責任。

5. **需求滿足理論**：A. H. Maslow 於 1969 年所提的第六項需求「超越自我的靈性需求」。參與志願服務的人員通常在自我實現、自我成長滿足後，追求存在價值等更高層次心理需求的滿足。

6. **利他主義**：長久以來，利他思想被認為是人們參與志願服務工作的主要理由，所謂利他即是從別人所獲得的滿足中，得到自己所付出服務的滿足。

7. **社會化理論**：社會化使某些價值觀、信仰與態度內化為個人思想行為的一部分。當人們認為參與志願服務工作是個人的責任及人生角色時，參與即成為一種自然而然的行為。

就學者的調查研究，上述七個理論，需求理論、利他主義及社會化理論這三種理論，是最足以說明人們參與志願服務組織的理由。

八、何謂志願服務？何謂公部門志工？公部門運用志工之理由及影響各為何。

答：(一) 志願服務：所謂志願服務，依美國全國社工人員協會定義：「一群人追求公共利益，本著自我意願與選擇而結合，這種團體稱之為志願團體，參與這團體之工作者稱為志願人員。」社會工作百科全書亦指出，「**志願服務工作人員是指那些沒有報酬，自由奉獻其服務於公立機關或志願服務組織之人**，他們從事各類社會福利活動，包括家庭、兒童福利、教育、心理衛生、休閒娛樂、社區發展等。」因此，志願服務的特質：

　1. **自發性**：行為乃源自個人內在意願，為自動自發不待外力壓迫或強制之行為。

　2. **義務性**：志願服務人員不是機關中正式專職人員，而是奉獻個人自我餘力的個人或團體。

　3. **服務性**：是基於人本主義之服務精神的表現。

　4. **非物質性**：行為者本身不以求取私利報酬為主，與一般受薪人員不同。

　5. **互補性**：志願服務的目的在彌補政府服務之不足，以擴大公共福利範圍，並達到社會發展與和諧目的。

　6. **多元性**：志願服務可以是個人，亦可透過團體的方式來提供服務。

　7. **持續性**：志願服務屬於持續性、普遍性之服務。

　8. **互惠性**：志願服務工作為自發性、長期性投入之工作，在持續服務中，達到服務者與受服務者間的雙向互惠結果。

　9. **成長性**：參與志願服務工作可以提供服務者一種自我實現的機會。

　10. **無限定性**：參與人員並無年齡上限制，服務範圍包括營利機構，如企業機構；非營利組織，如民間基金會；公部門，如行政機關、公立文教機構、公立醫療院所等。

(二) 公部門志工：所謂公部門志工，係指「為實現與增進公部門行政效率、提升服務能量，以及減少政府與人民間對公共服務之輸出與需求間的落差，而參與公部門工作，提供個人餘力於公共事務之人員」，**其與一般志願服務人員最大不同處，在於他們的服務與奉獻是透過公部門（政府）的途徑來進行。**

(三) 公部門運用志工之理由：簡言之，就是基於經濟考量，以節省政府財政負擔，其次則是透過「共同參與模式」的概念，提升公共服務品質。惟進一步分析，可就政府與社會等兩個面向來說明：

1. 就政府面而言，運用志工彙集民間資源，以填補政府力量未逮或不及之處。
2. 就社會面而言，提供人民在參與過程中，自我成長與自我發展的機會，同時亦可實現公民參與之目的。

(四)公部門運用志工之影響：

學者	影響
Markwood	1. 提高政府成本效益：志工政策協助政府達成「以最少花費提供高品質服務」的目標。 2. 提高大眾對政府運作的知覺：志工可以直接得知政府功能的運作方式與內容，並可協助政府提升其形象。 3. 改善政府的服務品質與生產力：由於志工所具備的專業知識與技巧，得以改善政府的公共服務品質。 4. 產生額外的支持者：一般而言，志工較支持政府的事務。
Brudney	1. 提高服務效率。 2. 敦促機關具備創新與開拓的精神。 3. 具經濟上的利益。 4. 增加服務的範圍。
Walter	提供創新與開拓的機會。
林萬億	1. 減輕正式工作人員的負擔。 2. 提高機關的服務品質。 3. 有助政府公共形象的提升。
Montjoy & Jeffrey	1. 彌補政府人力之不足。 2. 提供更快速的公共服務。 3. 顯示政府有改進過去錯誤的意願，且在進行中。 4. 改變政府在大眾心目中的形象。 5. 使正式員工效法志工之服務態度，提供更快速、更好的公共服務。
Duncombe	1. 減少政府花費。 2. 彌補正式人員的不足。 3. 志工比一般市民更支持政府政策。 4. 以最小的花費獲得更多的生產量。

學者	影響
Anderson & Clary	1. 節省納稅人的錢。 2. 增加服務的品質。
Karn & Moore	增進服務的成本效益。

九、公部門推動志工管理，需考量哪些因素？其實施成功的要件與困境各為何？試加以說明之。

說明：　一般而言，推動公部門志願服務工作時，除考量機關本身運用志工目的外，尚需考慮機關本身所需支付的成本與對志工之需求狀況及組織環境的營造問題。推展公部門的志願服務工作，為動員社會人力資源的方式之一，其與傳統行政最明顯的不同，在於這個政策的實施，不但讓政府服務品質與效率的提升變得可以預期，並使社會大眾不只是公共服務品質的承受人，亦是服務品質的決定者。同時亦可使民眾藉由參與的過程，減少對政治與公共事務的疏離感。為了使這個策略得以運用成功，需有適當的管理制度來配合。

答：(一) 公部門推動志工管理的考量因素：
　　1. 確定需求人員之資格條件（需求條件、決定徵募、訓練之方式）
　　2. 預估必要的成本支出。包括福利支出與徵募、訓練、督導及獎勵、評估等費用支出。
　　3. 依志工之興趣與專長分配合適的工作。
　　4. 機關本身的預算問題。志工雖不支薪水，但給付志工車馬費、餐點費、福利等，均應事先予以規劃與安排。
　　5. 提供成長、學習與發展的機會，才能減低志工的流失率。
　　(二) 公部門運用志工之成功要件：
　　1. Markwood的論點：
　　　(1) 上級的支持：上級的支持與否是推展志願服工作成功的因素
　　　(2) 維持志工與受薪員工之間良好的關係。
　　　(3) 政府立法支持此政策。　　　　(4) 評估機關對志工的需求情況。
　　　(5) 製作志工工作陳述表，界定志工的責任與任務。
　　　(6) 規劃志工之訓練與督導方式。　　(7) 肯定志工之工作表現。

　　2. Duncombe的論點：

　　(1) 主管的支持。

　　(2) 多面向的徵募計畫，使志工來源不虞匱乏。

　　(3) 製作志工工作陳述表，界定志工的責任與任務。

　　(4) 尊重志工並肯定他們對機構的重要性。

　　(5) 為志工安排適當的工作。　　　　　(6) 為志工辦理保險。

　　(7) 定期評估志工之工作表現。　　　　(8) 實施志工工作輪調。

　　(9) 辦理志工工作獎勵制度。

　　(10) 使受薪員工參與制定運用志工之計畫。

(三)志工管理上的困境：

　1. **徵募方面**：志工來源不穩定是管理上首須面對的問題。

　2. **訓練方面**：

　　(1) 基於志工素質不一，均施以固定之訓練內容，造成訓練資源重複、浪費。

　　(2) 訓練師資不足，志工實際受益情形難以評估。

　　(3) 相關的訓練理論與課程不足。

　3. **工作方面**：

　　(1) 如何依志工的專長與興趣安排合適的工作。

　　(2) 如何界定志工與一般正式員工的職責範圍，以達截長補短的目的。

　　(3) 如何激勵志工的工作動機與維持其工作品質。

　　(4) 志工之工作情形不如預期。

　4. **人際關係**：

　　(1) 如何化解志工與專業人員在工作認知、心態上差異所造成的緊張關係。

　　(2) 如何兼顧志工與一般正式員工，使其均受到應有之尊重。

　5. **出勤狀況**：志工出勤狀況不理想。

　6. **流失率**：

　　(1) 高度的流失率造成管理上的不便。

　　(2) 志工離職原因隨年齡而異，如何藉管理手段以減少流失率為管理上一大挑戰。

(四)公部門推動志工管理的建議：

　1. **工作意願的持續方面**：志工為滿懷服務熱忱、不計酬勞之人。因此精神上的鼓勵愈顯重要，除適當獎勵外，來自服務機關、督導人員與服務對

象之肯定等，與志工之組織承諾度呈現正相關，尤其是督導人員的關懷與支持。

2. **落實評估制度**：對志工的考核內容，除服務時數外，應兼論服務品質與服務態度，以使志工之理念與實務相吻合。

3. **訓練方面**：訓練方面的建議，包括：
   (1) 重視經驗傳承。
   (2) 規劃志工的生涯規劃。

4. **重視人力的再開發**：以現代醫藥衛生之進步，許多屆退休或已退休者，不但身體狀況依然良好，且也有意在退休後再對社會有所貢獻，因此從人力資源管理的角度而言，退休人力的再運用應值得重視。

5. **重視志工之管理者**：對志工管理者的建議，包括：
   (1) 賦予管理人應有的權限。
   (2) 重視管理人員的訓練。

6. **機關之間聯合訓練制度的建立**：「訓練」是人力資源管理的中心，為使訓練專業化及節省訓練經費，規劃性質類似機關之間的聯合訓練模式，委由專門機構辦理訓練。

7. **建立支援性的志工制度**：
   (1) **所謂支援性的志工，是指那些無法於固定時間值勤，又期望奉獻一己心力為他人服務的志工**，由機關依其時間配合度，規劃其服務方式，這類志工通常在機關舉辦臨時性、大型活動，需要大量志工時提供支援的人力。
   (2) 建立支援性志工制度最大的優點，在於可滿足因個人因素或工作倦怠而無法固定值勤之志工，依然有參與服務之機會；同時也可使志工人力資源歸社會共有，讓許多需要志願服務人力之機關共享這批豐沛的人力，同時又可補充本機關在舉辦臨時性、大型活動時的人力不足。

   （孫本初，新公共管理（三版），一品文化出版社）

十、何謂「參與管理」？其基礎、功用、實施條件及限制問題各為何？試加以說明之。

說明：　參與管理是以參與概念為基礎的管理方法。

答：(一) 參與管理的意涵：所謂參與就是人們對外在事物的介入。依介入程度不同可分為三個層次：

1. **心理投入**：關切參與對象的事物。
2. **意見表達**：由於「關切留意」而對特定事物有所見聞而有所思。
3. **行動加入**：扮演一定的行動。
　　故，參與管理是一種團隊角色的扮演、資訊及決策制定影響力之分享、參與事項及行為的合作性、團體成員能力與心力的投入，以及責任及心力的共同分擔。

(二)參與管理的基礎：

1. **民主領導**：參與管理是在民主領導下，使組織成員貢獻智慧、發揮潛能，共同為完成組織之目標而全力以赴。而民主領導的方法，即在對部屬使用鼓勵和教導，讓全體成員瞭解如何工作，進而使部屬的潛力得以發揮。
2. **支持合作**：參與管理是主管與部屬在相互支持關係下，坦誠合作。主管應讓部屬瞭解，他們須依賴組織以滿足個人的需要，同時亦讓部屬知道組織需要他們，因而使他們感到光榮與滿足，樂於負擔責任，達成組織任務。
3. **激勵理論**：參與管理是依激勵理論，認為人具有獲得地位、尊榮以及自我實現的需要，在適當環境及條件下都會自動自發去工作，並且願意發揮最大的能力貢獻給組織。
4. **團體決策**：參與管理重視組織決策由組織成員集思廣益共同參與作成，如此決策才能臻於完善，並且在執行的過程中才能獲得大家一致的支持。

(三)參與管理的功用：

1. **激勵人員的工作動機**：員工可從參與中得到更大的獨立自主感覺，進而滋生強烈的工作動機。
2. **改善決策品質**：決策過程中允許多人共同參與，集思廣益，瞭解各方不同立場及觀點，以彌補個人能力之不足，促使組織決策更周延。
3. **提高工作效率**：參與管理因能提供給員工發揮創造力的機會，使員工整個身心投入，工作效率因此得以提高。
4. **減少員工的異動、怠工及缺勤**：員工能參與決定，工作情緒自然高，自然不會有離職的念頭。
5. **改善長官與部屬的關係**：參與管理能避免因為注重個人權威而產生反抗的結果，使長官與部屬間的關係更為融洽。
6. **其它功用**：
(1) **幫助員工適應工作與減少對改革的抗拒。**
(2) **培養部屬判斷問題的能力及做決定的技巧。**

(3) 促進同事間的感情交流，增進團體意識。

(4) 帶動組織的發展與進步，使組織永保清新。

(四)實施參與管理的條件：

1. 在採取行動或措施前，員工須有充分時間，參與決定的討論與作成結論，故在緊急迫切情形下，不宜亦不可能實施。

2. 機關主管與部屬間，須有參與討論的能力與興趣。

3. 實施參與，在時間上及經費上的花費，若超出其價值時，則不宜行使參與權。

4. 員工必須了解到「參與決定」之事，與其個人之切身利害有關。

5. 員工必須能相互溝通，了解彼此的語言，如此方可彼此交換意見，獲致協議。

6. 參與權的應用，不能影響任何人的地位安全。

7. 參與權的應用，必須在員工的自由工作範圍內。

8. 非機密性之事務，方可實施參與。

(五)應用上的限制與問題：

1. 限制：

(1) 機關工作日趨複雜與專業化，員工的參與不能超越其專業範圍，因此參與範圍受限。

(2) 由於行政管理日趨專業化，員工只能貢獻一些輔助觀念，而這種貢獻並不足以維持參與者的興趣。

(3) 參與權的應用，必須主管與部屬雙方知識不能相差過大。

(4) 參與權的應用有賴組織中的公開溝通，若在缺乏信任情況下，很難實施。

2. 可能問題：

(1) 除非員工具有責任感，否則參與權應用的結果，將產生不良的決定。

(2) 行政機關的控制權，如由多人共同分享，將使機關的基本方針失去控制。（孫本初，新公共管理（三版），一品文化出版社）

十一、實施參與管理有哪些發展面向？

說明：　實施參與管理是要創造一個使組織成員知道更多、投入更多的組織環境，而這個環境必須結合組織設計、組織成員及組織文化三方面，並加以調整、運用，才能建構出一個健全的參與管理環境。

答：(一) **組織設計方面**：適合參與管理實施的組織型態特徵如下：

1. **扁平化結構的組織設計**：

   (1) 扁平化的結構與傳統科層組織結構相反，它**強調成員在組織內的水平發展，使他們有較大的控制幅度、較彈性的工作方式及較多的自我管理權威。**

   (2) 扁平化的結構設計有較少管理階層，因此自然有利於溝通。施行參與的機構必須減少管理層級，使其朝向更扁平化的組織結構發展。

2. **溝通系統**：組織必須確保足夠的溝通管道並保持暢通，才能將員工的意見、訊息及觀感相互交換與流通，使組織中的人或團體，可敏銳地感觸到其他人對他們的期望。因此，在組織設計上，為達有效溝通起見，有關溝通系統方面，至少須具備以下條件：

   (1) 訂定眾所皆知的溝通管道。

   (2) 對組織內的每一位成員都訂出正式的溝通管道。

   (3) 溝通管道是直接而迅速的。

   (4) 作為溝通中心者必須是足以勝任的。

   (5) 溝通管道不被擾亂。

3. **獎酬系統**：在參與管理制度下的獎酬系統應以下述四者為基礎形成：

   (1) **技術**：參與管理的基本原理之一，即是強調成員的持續學習與成長，而選擇以技術為獎酬的基礎，正足以強化此一原理。

   (2) **股份持有**：它使成員感覺他並非祇是員工，而是公司的擁有者，這種情況較能使員工全心投入於工作中。

   (3) **較彈性的利益選擇**：自從 Maslow 的需要層級理論推出後，便喚起了大眾注意在不同時候有不同需求滿足的差異性，而參與管理制度強調彈性利益之選擇的觀點正好與之相配合，它能提供成員相當多的獎勵選擇，例如獎金、休假、旅遊等。

   (4) **利潤分享**：就短期言，參與本身就是一種獎勵；但就長期言，若想要求成員長期投入貢獻及努力，就要使利潤的分享及參與管理一併實施。

4. **長期的雇傭關係**：大多數成功施行參與管理制度的組織，大多伴隨著一套長期雇傭制度，並以此作為組織確保成員工作安全的承諾。原因如下：

   (1) 成員有了工作保證後，才不致於在參與的同時有所顧忌。

   (2) 參與是依賴工作團隊內成員彼此間的合作與督促而成的，而長期雇傭關係則是發展團隊此一社會關係所不可或缺的。

(3) 施行參與管理的組織，通常在一開始就必須投入大量資金在成員的甄選、社會化及技術的訓練上。因此若以公司的立場來說，在投下鉅資後，自然也要由長期的雇傭關係中來回收其訓練成員時所投下的資本。

5. **團隊之建立**：團隊是一種具有高度信任感的團體，成員間相互支持合作，以個人本身的才能，相輔相成地共同為團體的使命及共同的目標而努力，這與團體祇有人群的組合是大不相同的。**若以團隊參與來求得共識決策產出的過程，基本上可分為四個步驟：**

(1) **彙整意見**：即由團隊成員提出問題以共同尋求解決的方法，通常以**腦力激盪、想到就做、分類圖及德菲法（Delphi Method）等四種方法最常使用。**

(2) **排定優先順序**：當蒐集到眾多的意見時，還須對它們分析與篩選，以排列出幾項最為眾人所認同之意見，有利於下一步驟之共識決策產出。常使用的方法包括：多層次投票法（Multivoting），以及名目團體法（Nominal Group Technique，NGT）等兩種。

(3) **分析想法**：團隊成員需要檢查某個工作如何完成，或是某個問題為何會發生，此時可讓成員比較彼此的流程圖，將有助於團隊瞭解流程中的瓶頸何在。

(4) **發展所有可能的解決方案**：一旦團隊界定了最重要的問題後，團隊可以發展矩陣圖來回答關鍵性的問題，另一方面也必須做成本效益分析。

(二) **組織成員方面**：對於欲推行參與管理的組織而言，如何改變組織成員的認知能力，使其樂意接受改變並且增進技能，亦使他們能夠有能力應付此項改變。

1. 管理人員方面：**主管人員在面臨組織實施參與管理時，有改變認知（戰勝恐懼及接受新觀念）及改變參與行為與增進參與技術的雙重挑戰：**

(1) **在改變認知方面**：在美國，根據調查顯示，**施行參與管理最大問題並非在員工身上，而是來自管理人員的抗拒。**何種原因使管理階級如此排斥？以往主管認為組織施行參與管理是不適當且不適用的，此種認知應該加以調整，而「**信任的培養**」正是邁向參與管理的第一步。

(2) 在改變參與行為與增進參與技術方面：當管理者調整認知且致力於推行參與管理時，一方面須注重行為具體改變外；另一方面也須注意參與權運用方面的技巧：

  A. 在行為改變方面：

   (A) **第一線主管必須改變的行為**：願意分享權力和責任、建議討論的議題、詢問問題、傾聽、保持心胸開闊。

   (B) **中、高層管理人員必須改變的行為**：有勇氣對抗無益的建議，接受分權式的決策方式、相信每個人都可以提出好構想，只要有可能都願意執行團隊的建議，肯定團隊的成就，視團隊的目標為長程的努力。

  B. 參與權的運用：在現今講求以團隊為基礎的高投入參與式管理組織，主管人員對參與權的運用須注意以下兩點：

   (A) 在推行參與之初，組織成員經常抱持著懷疑的態度，若他們在認知上的反應是正面的，當然有助於參與動機的提升及實際行動的落實；但認知反應呈負面時，組織及上司應極力避免成員有此種負向認知的產出。

   (B) 強調在高投入的參與管理組織中，能有一個公平、公開且自由的組織氣候。因此，有些組織在推行之初，極力誘導成員加入，並給予一切可能的誘因來滿足。

2. 一般員工方面：

 (1) 改變認知：

  A. 成員在初獲參與權時，對參與管理內涵的認識並不深刻，因此要讓他們知道在獲取參與權後，必須對自己的行為負責。

  B. 參與權的獲取是建立在持續學習的承諾上，並以團隊為主來改變一些不適當的行為。

  C. 部屬不可以心存藉由參與來造成輿論，而是要本著理性及和平的方式為機關組織作最佳的選擇。

 (2) 組織成員的甄選：很多組織在甄選成員時，祇著重成員的知識、技術部分，但組織若以團隊作為參與的基礎時，則成員的社會技巧相當重要，因為良好的社會關係會增加團隊的凝聚力，更有利參與行為的產生。

 (3) 加強成員的訓練與發展：若組織成員無法擁有充足的技能及知識時，顯然難以承擔此重任，因此組織必須主動發現員工在知識及技能方面的不足，而予以再訓練。

(三)組織文化方面：

1. **有利參與管理的組織文化特色**：參與管理本身的存在必須是一常態性的設置，因為一旦參與成為一種工作，一種欲達成目標的方式時，員工們自然而然就會改變他們的認知而真正關心「參與」活動。參與式管理制度所需要的文化特徵如下：

   (1) **平等主義**：講求高投入的參與管理組織，是肯定各個成員的能力與貢獻的，它把以往凡事均集中於管理階層作決定的情況加以改變，並經由對成員解決問題能力的肯定而下放權力。此時成員不再是如機械般祇做一些簡單且重複的工作而已，他們亦擔負起思慮、建議、處理與解決問題的重要角色，是組織中的重要資源，因此必須給予一定的尊重與平等對待，故舉凡薪資、獎酬、參與機會、資源分配及物質設備等，都須具備公平性。

   (2) **互信合作**：參與是一種講求坦誠和開放的管理技術，但成員間若缺乏對彼此的信任時，則根本無法達成。就管理者而言，必須先樹立並展現信任與合作態度，使成員對組織的信任起源於對管理者的信任。此外，推行參與的組織必須以互信為基礎；成員間的互信與合作風氣必須積極建立的。

   (3) **企業家的冒險犯難精神**：相對於傳統官僚保守的組織文化，參與式管理的組織裡應是一種企業型的組織文化，其特徵：

   A. 創造（Creation）：表現在工作上就是尋求更有效率、更周延的解決的方法。

   B. 勇敢（Courage）：表現在工作上則是勇敢地承擔工作的責任。

   C. 自主（Autonomy）：表現在工作上則為主動、積極的態度。企業精神往往也因組織的管理制度而形成所謂「企業家精神之循環」（Entrepreneurship Cycle），而此則有利於參與的運行。

2. **有利參與管理組織文化的塑造**：如何創塑一個新的組織文化，其中有三點值得吾人注意：

   (1) **領導者對文化的塑造、改變是極具影響力的**，因此在組織文化面臨改變需求時，領導者應當積極、主動地肩負起此一責任，善用其有利地位，努力於變革的達成。

(2) **管理階級除須言行一致且有貫徹決心外，尚須善用「正負增強」的效果來促使參與行為的產生**。亦即，新組織文化的觀點應以不同形式及不同程度在組織中不斷地重複出現，領導者亦應不斷地以決策及行動來增強此一新組織文化。

(3) 在形塑組織文化時，變革對組織成員來說，不僅涉及行為方式的改變，同時也涉及組織中權力結構的變化，因此，組織文化的變革可能會使組織成員感到威脅，進而抗拒文化變革。為減少員工對變革的抗拒，**組織文化的變革須尊重組織現有的文化型態**。（孫本初，新公共管理（三版），一品文化出版社）

十二、試說明參與管理的實施方法及對我國實施參與管理的建議。

說明：　此題為相關題，可將實施方法套在對我國實施建議的內容中。

答：(一) 參與管理的實施方法：

1. **諮詢管理**：即管理人員對與員工有關的重要問題，在做成決定前，先徵詢員工意見，以收集思廣益、博採周諮之效，主管於聽取意見後，再作成最後決定。

2. **團體決策**：又稱民主監督，即一個機關或團體的組織目標、共同研究、行政方針的決定，及重要問題解決，經由組織成員本於民主參與原則，以團體決策的途徑制定之或抉擇之。

3. **建議制度**：即機關長官准許並鼓勵職員對公務推行及問題解決，自由提出改革意見，以作為決策時之參考。

4. **複式管理**：就是由低層人員組成委員會，研究組織問題，並提出建議，組織除提供資料外，對其研究的問題不加以限制，惟最後所提建議必須獲得最高管理當局批准才可採用。

5. **研究發展**：係指組織長官就所要解決的問題及所要改進的業務，提出專題交由有學養的合格人員或適當單位做有系統的深入研究，提出完備周詳的實施方案。

6. **目標管理**：係由組織的上下級主管人員共同制定組織及各個部門目標，使各部門目標能相互配合，並使各級主管產生工作動機，最後有效達成團體共同目標之管理方法。

(二)對我國實施參與管理的建議：

組織設計方面	1. 建立團隊。 2. 減少層級結構。 3. 更具選擇性的獎勵項目。 4. 更彈性的法規（使成員擁有較多的思考與自主空間）。 5. 更多實際參與機會、更多的溝通管道。
組織成員方面	1. 加強部屬與部屬間的合作關係。 2. 改善部屬與主管間的信任關係。 3. 更開放的主管作風（主管本身帶頭式的積極參與，溝通誠意及加強民主認知）。
組織文化方面	1. 更少權威象徵的工作環境。 2. 更具創新的積極風氣及組織氣候。 3. 更有計畫的改革與學習。
參與實施方面	1. 權力下授。 2. 完整的資訊傳遞。 3. 由工作執行方式、工作目標設定等項目開始著手。

（孫本初，新公共管理（三版），一品文化出版社）

十三、採行「協力治理」的原因及原則各為何？試加以說明之。

說明：　在今日複雜治理的情境系絡裡，負責治理的機關和人員，為了追求治理的永續發展，不只須進行必要的革命，以結合個人與組織，共同致力於績效的開創，更要發動責任革命，以取得競爭優勢進而鞏固自身的生存空間。

答：(一) 原因：

1.**追求民主價值**：公共管理向來追求三項重大的民主價值：**決策的正當性、資源分配的正義性及政策執行的有效性**。

　(1) 決策之能取得正性，乃在決策本身提供公民優質理由，用以贏得他們支持或順服的回饋。

　(2) 公民在政治的不平等乃是分配和程序欠缺正義的源頭。政府如若開放公民參與的機會，抑或體認：當今的政府本身有賴於，也需求於公民的獻替與關懷，則這項不正義的現象，或可經由參與而加以排除。

(3) 公共政策的決定雖然擁有正當性和正義性，但其對社會問題的解決，有賴執行機關的執行轉化過程，落實政策工具的遞送方能產生政策效能。因之，**在性質特殊的政策領域上，如若引入公民參與合產的行列，每有助於巨幅提供公共服務的品質。**

2. **檢驗假定效度：政策主張的採納，取決於支撐主張的多元假定，其合理性或效度高低而定。** 如若假定的效度愈高，並未乖違當下時空環境，其在執行轉化過程上，遭受到標的團體消極不合作的抵制機率就愈低，也就有更多的機會成就政策目標，緩和問題情境的嚴重程度。

3. **政策他賴本質：** 諸多領域的政策，無法在執行機關及人員推動之後就能有立即而明顯的效應，因為效應之產生有賴於政策標的團體，感受政策對自身的重要性、效益性及提升性，因而採取必要的行動以對應政策需求，或徹底翻轉過往不良的行為習慣，及接受政策勸服。就算具有強制力的政策工具，亦有賴於標的團體的主動順服，方能產出違背行為的圍堵作用。此外，此類政策工具雖有懲罰制裁之規定，然仍有賴於標的對象自身的克制力，方能發揮震懾的效果。

4. **政府形象提升：** 政府透過各項政策的安排及政策工具的設計與配套，其終極目標在：具體績效的產出，改變標的對象的福祉，進而贏得他們的支持，提升治理的形象而持續取得治理正當性。**政府優質的形象本是公民願意政治授權、治理委付的前提，** 而**優質形象的管理，最快的捷徑乃經由顯著的政策績效而爭取**，因此，需要由具有互賴之利害關係人，以建設性的方式處理彼此間的差異，共同分享各項執行決定權，承擔各自份內職責。

5. **防止注意赤字：** 當今政治系統所面對的問題不僅複雜混沌，而且甚難處理，端賴治理者一方透視或解析，恐難達到全局關注的要求，必須歷經另一輪迴的決策過程，朝野政黨另一次的政治衝突攻防始能解決。這樣一來，政治系統的治理者就要長期陷入惡性問題的解決紛擾之中。而在注意赤字現象制約下，治理者對問題的誤解，牽涉因素的認知就難免有失誤的情況。是以，為了減輕注意赤字的不良後果，加入各方利害關係人對問題情境的透視，相互吸納互補見解，彌補各自的忽略之處，反思自己思維的盲點，再細思周詳的情況因應對策，事先做到政策風險管理事宜，以預防政策的後遺症。

6. **資源稀少衝擊**：任何承擔治理責任的公共組織，總希望擺脫資源依賴的困境，脫離外控的制約，以邁向內控自主的境遇。不過，在資源確實稀少的時代，各個治理組織勢必要在自主與資源需要上取得有效的平衡，而以協力的方式，降低資源投入的額度，從事有效治理的工程。

(二)原則：協力治理所要奉行的原則，根據C. Sirianni的研究心得，可由八個向度來運轉，以成就其所致力追求的遠景。

1. **合產公共服務**：鑑於單獨公共組織力量的有限性，以及獨自無法完成改變標的團體的行為，為利政治系統的優質及公民個人的福祉，在推動公共政策及傳送公共服務之際，應設法以巧思的方式引入公民政策投入，以養塑問題處置能力，並經由兩造竭力的貢獻，合產出想望的公共財。換言之，公民在當今公共治理的時代不應只扮演倡導生產公共財的主張，繳稅以享受斯項公共財，反而要經由政策設計，引進他們進入合產行列，提供各項工具與範例，將其養塑成技能優質、任職負責及效能卓越的生產者。

2. **動員社區資產**：既然公共組織面對資源稀少的威脅，面社區出現問題的解決，應儘量對社區充份授權，賦與其對各項決定、資源彙集及公共組織任務，擁有更大的控制權及決定權，使其作成適切的動員，以應付各項問題。事實上，社區擁有種類多元、低度使用的資產，比如地方的知識、隱藏的技術、閒置未用的土地、公家建築及各項關係網絡，可資引進各項資源以因應各類問題的發生。

3. **分享專業知識**：公共組織一方面須應用自己已習得的專業知識，用以啟蒙與養塑公民的透視力，進而鋪排共同接受的行事取向，二者也要應用公民所擁有的地方性知識，以自身的專業知識強化對地方問題的解決。因此，知識的分享與融合乃是解決問題的一項前提，何況專業知識本就要接受常民知識的檢驗，承擔經驗知識的挑戰，才能展現知識的力量。

4. **推展公共商議**：公共組織為使針對社區的政策具有貼近性，在進行政策研擬與推理過程中，恐需要利害關係人的參與及投入，提出在地化的觀點，協助政策的全局性安排，消除專業知識並未關注的焦點，避免經驗知識的致命性流失，導致最終的政策失靈。商議能將衝突轉化成進入合作的角色，致使利害關係人感受自身亦是政策主人，並非只是政策俘虜而已，而且是經由兩造對話互動才有機會作成制約性的政策。

5. **促進永續合夥**：有效的公共事務管理，公民底盤結構的強化，信任關係的建立，權力的取得本受制於關係的密度，是至為重要因素，主事者不可加以忽視。公共組織及各利害關係人勢必要經營產出超效應的路徑，發覺生產性與永續發展性的協力關係，不可讓自身成為單獨行事的主角。換言之，民主協力已是解決公共問題不可或缺的關係結構，任何一造均要有意識以形塑永續發展的治理夥伴關係。

6. **建立治理網絡**：在協力治理時代，公共組織要成為資源連結的中心站，經由主事者互動交流創造嶄新價值，同時更應用自身影響力及知識，引進服務提供的參與者，增強他們的處事能力，得以在公共問題的解決上產出優質的績效。

7. **轉型組織文化**：在協力治理運作之際，為了公民合產、專業知識分享、不同意見的諮商、不同資源的交換，參與協力的政府機關與公民組織的民間團體，其歷經社會化過程所形塑的行為模式及行為取向，可能存有衝突對立的因子，非要重新厲行社會化的過程，則取向及模式之磨合就有其困難性。蓋公共組織如根本未能鼓舞公民，積極成為投入合產的協力者，抑或未能說服專業人士充分應用其所擁有的專業知識來權充社區的能力，吾人就無法期待協力治理會有實質性及永續性的影響。

8. **確立相互問責**：問責本身是一種制度性的安排，協力治理的各造透過這項機制安排，相互承擔對另造或某些重要其他利害關系人解釋或合理化自身所採公共行為的義務。問責機制的設立與發酵要在多元要素的支撐下才有可能：

(1) 利害關係人均有接近治理資訊的機會，從中發掘可受質疑的作為。

(2) 被問責的對象要針對質疑的標的提出說明、解釋，並以循證的作為來證成採取行動的正當性。

(3) 解釋不能隨意為之，而要向接受問責的平台適時提出說明。

(4) 被問責者必須形塑義務感，接受他方的建設性質疑。

(5) 在衡量解釋或證成所採作為正當性時，或可安排對話以供澄清機會，並在程序正義的信守下做成具公信力判斷。（林水波，公共管理析論，五南圖書出版公司）

十四、協力文化具有哪些要素？又要如何型塑？試加以說明之。

說明：　協力的本意係組織成員，不受空間阻隔，時區差異，共同為組織使命達成一致參與必要的任務，以維護組織的生存空間。

答：(一) 要素：

1. **信任基因**：協力的成就，不論在成員、單位、部門及組際之間，本要於過往工作交流的過程中，形塑彼此信任的基因，確信彼此會以組織使命之完成為職志，盡力於期限內完成各自所分配到的工作項目。如果一個組織欠缺信任基因，出現信任破碎現象，恐有威信危機；在沒有信任的組織裡，員工每易流露懷疑的態度，展現犬儒主義思維，凡此均不益於組織共識的凝聚，及引領同步、相互配合的工作行為。

2. **觀念分享**：協力之實踐，著重在跨界的、不同的觀念，於成員之間相互交流、分享與互動，才有機會達成「異花授粉」的理想。蓋不同觀念、思維與想法的流通，成員才有汲取學習的機會，且在交流過程中，理出組織的發展方向，達到規模經濟的境界。

3. **目標協議**：協力每需要設定或協商一項或多項共同目標，以為協力夥伴在一定期限內所要成就的標的。這項協議如於任務推動之始就有了定案，對於目標的成就可提供共同創造的動力，並為組織績效帶動愈來愈快速的成長。反之，跨界合作的合夥人，若各自懷抱不同目標，就會有彼此衝突或僵局情勢出現，引發任務模糊錯亂，及造成協力短路。

4. **冀望創新**：組織如能抱持創新意念，就能為協力添加燃料，點燃觀念、思維及想法交流的責任意識，以此擺脫現狀束縛，開創無人競爭空間，鞏固組織疆界，甚至擴張組織經營範圍。換言之，致力於協力的組織，要以藍海策略的運用，以創新為運作中心，開拓原本並不屬於組織的顧客，鞏固原本顧客對組織的向心力。

5. **環境部署**：組織實體與虛擬空間的妥善安排，係要讓同仁之間及往來組織能感受到互動便利，暢通的交流平台，這些均有助於協力的運轉及創新的運營。因此，組織開放的運作氣氛，民主的領導風格，尊重及接納同仁的見解，均是支撐協力的環境因素，提供有效互動的場域。

6. **交換靈活**：組織為創造其他組織無法競爭的價值，開拓更廣大的市場，爭取到更多新顧客，抑或誘引蝴蝶顧客的回歸，一定要有與人不同的理念，如此就必須有推陳出新的觀念。而此類觀念的產出，往往是在無意

間的對話或互動下產生，並非透過針對觀念發展而特別安排的正式過程。是以，必須讓協力型組織間的觀念交流。

7. **建設對議**：卓越的協力，本需要協力者相互交流不同的觀念，找出協力運作現存問題的解決方法，破解未來的發展難題，梳理出有效而可靠的管理新理念，構思協力任務新重點。因此，各方應進行建設性的對話，開誠布公地議論增強競爭力的藍海策略。

8. **雙向溝通**：由於參與協力的成員，均是對組織具有貢獻的人士，所以領導者要盡量避免由上而下的領導模式，而要以並肩而行的領導風格，傾聽與查驗貢獻者的策略言談，了解他們的期望，再表明自己的期望，隨即進行兩種期望的交流，理出彼此認同的期望，實現期望的可擇方案，建構策略執行的行動計畫，接納改進績效的建議，共同發現未來追求的價值。而協力的本質係與溝通分不開，且溝通絕非單向，因單向溝通造成成員沒有參與機會，極易出現對組織的疏離，減少其對組織貢獻的動能，並有害於組織的競爭力。

9. **社群意識**：組織協力所要受到的嚴酷檢驗，乃協力成員間，能否透由綿密互動及意見的交流，形成命運共同體意識，進而體認協力的成敗攸關組織的生存空間，所以個個在社群意識的驅動下，展現利他作為，貢獻自己的經驗及專業知識。若一個組織欠缺社群意識，成員互動就不自然，互信不易養塑，犬儒的聲音就會不斷質疑組織作為，這樣一來，組織隨環境的變化而進行對應的變遷就不太可能。

10. **價值登頂**：十項協力文化的要素，就以價值的創造作為登頂的標竿。蓋組織協力若未能創造價值，成員就會失去追求的方向與目標，也可能喪失貢獻的動能。是以，各個單位在推動前，應事先共同商議彼此可接受的價值追求，讓組織、員工及遠在各地的組織連接起來，以同步同調的方式落實期欲追求的價值。

(二)形塑：

1. **引領協商異見**：組織協力者在多元社會化機構下，本已形成一套心智模式，用以思維、安排與處理職司的憑據。因此，當同一矩陣組織的成員共同處置分配職務時，恐會產生衝突的看法，此時最建設性的作法，即是由主事者出面召集協商會議，調解彼此異見，並在相互吸納情況下，達成各方可接受的行動方案，預防衝突的不當升高，破壞團隊的工作精神。

2. **用心傾聽觀察**：組織領導者要能傾聽他人意見，他們所提出的分析或發現的問題，如認為深具洞見，又能捉住問題脈絡，就應予以肯定與接納，並於適當時機加以肯定確認。

3. **激發轉型創意**：職司矩陣組織的負責人，或可引領團隊成員，以新的途徑來建構問題的指涉，抑或以過往未受關注的問題，歷經商議過程來發掘組織。一旦做事的團隊以這種方式來運營組織，則成員所激盪出的見解，將有益於問題的解決。根據創意的研究發現，最具創意的團隊，向來精於發現嶄新的問題，而非只停留在解決老舊的問題。

4. **獎賞分享成員**：協力所著重之焦點在於知識、資訊與資料的分享，從中進行以理據、事實及研究發現為基礎的方案抉擇，並擺脫單純的主觀判斷，抑或純屬臆測和單方一廂情願的想像束縛。因此，對於提供知識分享者，應給予時宜性及對稱性的獎勵。此外，主事者更應發動資料探勘作為，從資料中理出組織的潛在風險或威脅，認清其所可能碰到的機會及優勢，進而事先進行風險管理，設立風險防火牆。

5. **養塑同理情操**：雖然組織成員總有各自基礎下的不同見解或觀點，主事者如何策略地運用這項差異的存在，以同理心來理解他人看法，而不任意以異端方式加以否認，如此，一方面可獲得同仁的尊重，另方面亦能防止一言堂的形成，阻礙不同聲音的表達。

6. **增強說服能量**：在協力團隊為組織績效提升經營施為之際，為使協力的鞏固及策略主張能受到青睞，並引領他人認同，說服的引擎定要有堅實的憑據，如此才能增強說服力量。是以，策略行銷者或可以專業的知識與經驗，來樹立說法權威，激起他人接受，並排除不當的懷疑。

7. **避免競爭陷阱**：在講究協力文化的組織場域中，為驅動協力引擎，除了應用肯定認可及獎賞系統發揮協力作用外，斷不可陷入團隊間的競爭壓力中。是以，如若以完全競爭的態勢爭取策略主張的優勝劣敗，則不同策略之間的整合，就欠缺管道來醞釀與催化，更因在單眼思考情況下，難免會有關照不及之點，抑或失之偏頗。

8. **整合協力工具**：主事者可經由科技媒介，利用互動網絡來強化方案設計，並以鼓勵、協調與安排同仁參與的方式，使組織在解決今日複雜問題之際，得以更透明及有效方法來對應。（林水波，公共管理析論，五南圖書出版公司）

選擇題

( )　1. 下列何者非新公共服務的理論基礎？　(A)民主的公民資格理論　(B)社群與公民社會模式　(C)組織的人本主義與新公共行政　(D)現代公共行政」。

( )　2. 下列何者不是新公共服務的核心概念？　(A)服務公民，而非顧客　(B)重視人民，而非只重視生產力　(C)策略思維，民主行動　(D)重視企業精神更勝於公民資格。

( )　3. 藉由法律創設，在傳統行政機關之外，成立公法性質的獨立體，讓不適合由行政機關推動的公共任務，由一個與政府保持一定距離的獨立體來處理，一方面引進企業經營精神，另方面政府仍可確保這些公共任務之實施。此係指：　(A)財團法人　(B)行政法人　(C)司法法人　(D)機關法人。

( )　4. 指組織中某個人必須為其決策或行動而接受責難或獎勵，從最低層次公務員到最高階層官員。此係指：　(A)課責　(B)課罰　(C)處罰　(D)評鑑。

( )　5. 公民在投票時，可要求整個政府機器向其負責，選民會根據其對政府作為的觀感，來進行他們的投票選擇。此稱為：　(A)傳統模型的官僚課責　(B)傳統模型的政治課責　(C)現代模型的政治課責　(D)現代模型的企業政治課責。

( )　6. 下列何者非行政法人的特質：　(A)行政機關的彈性化趨勢　(B)強化效率面的公私混合體制　(C)所執行之任務，公權力行使程度較高　(D)所執行之公共任務，國家仍有義務確保其實施。

( )　7. 「志願服務的精神與出發點乃源自基督教博愛、奉獻及贖罪的心理。」此係指志願服務產生的哪一項正當性基礎：　(A)理念上的正當性　(B)政治上的正當性　(C)法律上的正當性　(D)道德上的正當性。

( )　8. 關於行政法人的優點，不包括下列何者：　(A)避免過多會計或採購限制　(B)強化經營責任及成本效益　(C)固定穩定的用人制度　(D)容納多元參與決策可能。

( )　9. 關於志願服務所產生的理論基礎，不包括下列何者：　(A)期望理論　(B)交換理論　(C)利己主義　(D)需求滿足理論。

(　)　10. 「一群人追求公共利益，本著自我意願與選擇而結合，這種團體稱之為志願團體，參與這團體之工作者稱為志願人員。」此是下列何者之意涵：(A) 志願服務　(B) 勞動服務　(C) 強迫服務　(D) 社會服務。

(　)　11. 為實現與增進公部門行政效率、提升服務能量，以及減少政府與人民間對公共服務之輸出與需求間的落差，而參與公部門工作，提供個人餘力於公共事務的人員，此種人員，一般稱為：　(A) 公部門志工　(B) 廉價勞工　(C) 工讀生　(D) 派遣工。

(　)　12. 下列何人於 2000 年在《公共行政評論》期刊上發表〈新公共服務：服務而非領航〉一文後，明確地說明新公共服務的相關意涵？(A)Golembiewski　(B)R. Denhardt 與 J. Denhardt　(C)Romzek 與 Ingraham　(D)Behn。

(　)　13. 關於行政法人與財團法人的敘述，下列何者是錯誤的：　(A) 行政法人是以組織變革方式將原由行政機關實施之公共任務專業化，負有履行特定公共任務義務之公法人，相關監督及介入機制較財團法人為強　(B) 財團法人有捐助財產最低總額的限制，應經目的事業主管機關許可後向法院登記　(C) 行政法人行使公權力來自人民授權，而非行政機關之委託　(D) 財團法人本質不行使公權力，但可由行政機關個別委託行使之。

(　)　14. 廣義的公民資格，則認為公民資格與政治系統相聯結，個人對政治系統所產生的影響力，包含了政治生活之主動參與等。此種政治上的利他主義，又稱為：　(A) 私利精神　(B) 公共精神　(C) 志工精神　(D) 協力文化。

(　)　15. 下列何者非 Jabbra & Dwivedi 對於課責運作的分類：　(A) 組織課責（Organizational Accountability）　(B) 立法課責（Legislative Accountability）　(C) 專業課責（Professional Accountability）　(D) 層級節制的課責。

(　)　16. 下列何者非管理主義模型的課責問題：　(A) 行政人員課責的對象為公民而非顧客　(B) 管理課責與民主之間的緊張關係　(C) 忽略法律規範　(D) 公部門提供之公共服務太容易量化。

(　)　17. 下列哪一位學者提出了擴大組織中審慎開放的範圍以增加個人的自由，他認為管理者唯有透過組織創造一個開放的解決問題環境，

才能使組織中的成員面對問題，而不是逃避問題？　(A)Denhardt
(B)Golembiewski　(C)Romzek　(D)Behn。

( )　18. 有關我國行政法人制度設計之緣由，行政院於 2002 年 5 月成立「行政
院組織改造推動委員會」進行規劃及執行行政院組織改造工作，方向為：
(A) 去任務化　(B) 法人化　(C) 委外化　(D) 以上皆是。

( )　19. 一般非營利組織，又稱為：　(A) 第一部門　(B) 第二部門　(C) 第三部
門　(D) 第四部門。

( )　20. 關於行政法人與財團法人的敘述，下列何者是錯誤的：　(A) 行政法人
以董事會為原則，例外可採理事會或首長制，成員原則上由行政機關指
派　(B) 財團法人為私法自治之私法人，原則上不負有履行特定公共任
務之義務　(C) 行政法人有績效評鑑制度，要求定期評鑑　(D) 財團法
人國家應給予必要之財政支持。

( )　21. 下列何者是公部門運用志工之成功要件：　(A) 上級的支持　(B) 維持
志工與受薪員工之間良好的關係　(C) 肯定志工之工作表現　(D) 以上
皆是。

( )　22. 「團隊角色的扮演、資訊及決策制定影響力之分享、參與事項及行為的
合作性、團體成員能力與心力的投入，以及責任及心力的共同分擔。」
此係指：　(A) 參與管理　(B) 志願服務　(C) 目標管理　(D) 多化分擔。

( )　23. 下列何者非參與管理的基礎：　(A) 獨裁領導　(B) 支持合作　(C) 激勵
理論　(D) 團體決策。

( )　24. 下列何者為參與管理的功用：　(A) 激勵人員的工作動機　(B) 減少員
工的異動、怠工及缺勤　(C) 培養部屬判斷問題的能力及做決定的技巧
(D) 以上皆是。

( )　25. 認為個人行為是利益取向，一個機關能否吸引足夠的志願服務人員投
入，與其是否能提供相當之回報，兩者呈現正相關。此係志願服務產
生的何種理論基礎？　(A) 交易理論　(B) 期望理論　(C) 社會參與理論
(D) 人力資本理論。

( )　26. 下列何者非實施協力治理的原因：　(A) 檢驗假定效度　(B) 政策他賴本
質　(C) 擴增預算　(D) 政府形象提升。

( ) 27. 下列何者非採行協力治理的原則： (A)合產公共服務 (B)動員社區資產 (C)推展菁英商議 (D)確立相互問責。

( ) 28. 下列何者非參與管理的實施方法： (A)諮詢管理 (B)複式管理 (C)個人決策 (D)目標管理。

( ) 29. 下列何者為公部門推動志工管理需考量之因素： (A)預估必要的成本支出 (B)確定需求人員之資格條件 (C)依志工之興趣與專長分配合適的工作 (D)以上皆是。

解答與解析

1.**(D)**。應是「後現代公共行政」。

2.**(D)**。應是「重視公民資格更勝於企業精神」。

3.**(B)**

4.**(A)**。課責係指每個層級的成員皆有受監督者的義務，課責是一種外在的判斷標準，亦即外在的計算或順從。

5.**(B)**。傳統模型的官僚課責，係指公務員透過層級結構，在技術上向政治領導者負責，並最終向人民負責。該模型認為公務人員僅是一項工具去實現由政治領導者所提出來的政策命令。

6.**(C)**。應是「所執行之任務不適宜由傳統行政機關或民間辦理，公權力行使程度較低。」

7.**(A)**。政治上的正當性，係指參與志願服務工作的人員，認為志願服務能夠提供社會大眾參與共同事務的機會，藉由參與可分散政治權力的集中，減少資源專注於某部分的危機，並以此增強多元社會化理論的基礎。

8.**(C)**。應是「增加用人彈性」。

9.**(C)**。應是「利他主義」。其他理論基礎尚包括：人力資本理論、社會參與理論、社會化理論。

10.**(A)**。志願服務的特質：(1)自發性。(2)義務性。(3)服務性。(4)非物質性。(5)互補性。(6)多元性。(7)持續性。(8)互惠性。(9)成長性。(10)無限定性。

11.**(A)**。公部門志工與一般志願服務人員最大不同處，在於他們的服務與奉獻是透過公部門（政府）途徑進行。

12.**(B)**。他們指出了新公共服務的理論基礎，包含了「民主的公民資格理論」、「社群與公民社會模型」、「組織的人本主義與新公共行政」及「後現代公共行政」。

13.**(C)**。行政法人行使公權力來自法律授權，而非行政機關之委託。

14.**(B)**。此種公共精神包含了正義感、參與，以及慎思明辨的議論過程。

15.**(D)**。Jabbra & Dwivedi的分類尚包括：政治課責（Political Accountability）、道德課責（Moral Accountability）。Romzek與Ingraham的分類則是：法律規範的課責方式、層級節制的課責、政治的課責、專業的課責。

16.**(D)**。應是「公部門提供之公共服務難以量化」。

17.**(B)**　　　　18.**(D)**

19.**(C)**。政府組織，即是依公法所設立的法人；企業組織，即是依民法所設立的，營利事業法人；非營利組織，則是依民法所設立的社團法人以及財團法人。政府組織，學者又稱之為「第一部門」；企業組織，又稱為「第二部門」，亦稱為「第三部門」。行政法人係介於政府組織以及非營利組織（財團法人）之間的組織體。

20.**(D)**。財團法人無國家財政支持問題。

21.**(D)**。其他尚有：政府立法支持此政策、評估機關對志工的需求情況、製作志工工作陳述表、規劃志工之訓練與督導方式。

22.**(A)**

23.**(A)**。應是「民主領導」。

24.**(D)**。其他的功用尚包括：改善決策品質、提高工作效率、改善長官與部屬的關係、幫助員工適應工作與減少對改革的抗拒、促進同事間的感情交流，增進團體意識、帶動組織的發展與進步，使組織永保清新。

25.**(A)**。期望理論：指一個人基於對將來可能獲得之報酬的期望下所產生的行為。人力資本理論：就志願服務人員而言，付出服務的同時，也可經由機關所提供的訓練機會，獲得專業、半專業的知識與技巧，因而提高人力資本投資。社會參與理論：藉參與志願服務工作的過程可以滿足社會參與及實現社會責任。

26.**(C)**。應是「防止注意赤字」。

27.**(C)**。應是「推展公共商議」。其他原則尚包括：分享專業知識、促進永續合夥、建立治理網絡、轉型組織文化。

28.**(C)**。應是「團體決策」。

29.**(D)**。其他尚有：機關本身的預算問題、提供成長學習與發展的機會。

公共管理是一門持續發展的新興學科，除原有的理論知識外，隨著時代的演進，配合著公部門及私部門在行政科學實驗性質的發展，也陸陸續續產生一些值得探討的議題。包括中央與地方公共管理的角色、國家競爭力、BOT的精神、職場上工作倦怠的探討等。此為本章的主要內容。

重點整理

一、公共經理人所具備的角色

(一) 公共經理人所具備的角色

1.人際角色。　　　　　　　　2.資訊角色。

3.決策角色。

(二) 地方政府公共經理人的角色

1.共識建立者。　　　　　　　2.社區（地方）議題教育者。

3.社區（地方）價值詮釋者。　4.問題解決者。

5.程序領導人。　　　　　　　6.團隊建構者。

7.變遷經紀人。　　　　　　　8.新科技領航者。

9.倫理道德維護者。　　　　　10.領導發展（領航者）。

11.分歧利益團體及社區群眾之整合者。

(三) 精省前後，我國部分地方縣市首長已具備了「公共經理人」的特質

1. 專業化。　　　　　　　　　2.爭取財政權以擴大資源空間。

3. 政策議題取向。　　　　　　4.派系政治更重協調與專業。

5. 注意法制要求，落實程序正義。

二、新結盟主義與BOT

(一) 新結盟主義的特徵

1.民間參與VS政商合作。

2.理想主義VS實用主義。

3.政府主導VS國際力量之驅力。

4.單一之「雇主─受託者」關係VS複雜之組際關係。

5.浪漫之合作熱情VS理性之法律關係。

6.強調「信任」VS文化因素。

7.專業主義VS相互學習。

(二)BOT模式之意涵：BOT模式是指「興建（Build）、營運（Operate）、移轉（Transfer）三階段，即由民間單位組成特許公司，與政府簽訂合約，在政府特許年限內由特許公司自備資金「興建」，在完工後由政府在某個年限給予特許經營權，以回收成本，並取得合理利潤，期限屆滿後再將產權及經營權「移轉」給政府。

(三)從新結盟主義觀點，BOT模式所具有的意義

1.BOT屬於民間參與公共建設性質。

2.BOT屬於公部門與私部門之協力合夥性質。

3.BOT模式之公、私部門協力關係有其特殊性。

4.BOT為政府與私部門之新合作關係。

5.BOT中之公、私部門合作關係，屬於行政性質，較不涉政治層面之國家與民間社會之權力關係。

6.BOT模式發動權仍握在政府手中，故屬於管制性之競爭政策。

7.BOT模式得以「專案融資」進行。

三、國家競爭力

(一)國家競爭力定義

1.WEF（世界經濟論壇）的定義：係指一個國家達到永續經濟成長及高國民平均所得目標的總體能力。

2.IMD（瑞士洛桑管理學院）的定義：一個國家創造資源附加價值，並增進全體國民財富的實力。

3.Michael Porter：「國家為其產業創造良好的發展成長環境，進而使該國企業具備競爭優勢，產業亦擁有國際競爭力之能力。」

(二)國家競爭力的內容

1.IMD國家競爭力指標：

(1)政府職能。	(2)國內經濟。
(3)人力素質及生活。	(4)科技實力。
(5)企業管理。	(6)金融實力。
(7)國際化程度。	(8)基礎建設。

2. **WEF國家競爭力指標，分別為：**

(1)政府職能。　　　　　　　　(2)國內司法政治體制。

(3)勞動市場之競爭程度。　　　(4)科技實力。

(5)企業管理之品質。　　　　　(6)財務金融。

(7)貿易與金融開放程度。　　　(8)基礎建設。

四、工作倦怠

(一) 工作倦怠（Burnout）的意義：工作倦怠是一種過程，這種過程因長期或過度的工作壓力而引起的。通常工作壓力導致工作緊張，工作人員在心理上因而造成對工作的疏離，並且以冷漠、憤世嫉俗等防衛性態度與行動抗衡工作壓力，於是就會形成工作倦怠。

(二) 工作倦怠的特性

1. 工作者的工作倦怠是發生於個人層面，且會感染與擴及到整個組織。

2. 工作倦怠是工作者長期處於過度追求不切實際的目標或工作環境所造成的壓力之下。

3. 受個人與環境互動的影響，工作者未能有效的處理工作壓力或需求。

4. 在因應過程中，因為用人過度的負荷，逐漸產生一系列症狀的負面反應之過程。

5. 工作倦怠導致工作者在工作的態度及行為表現疏離與退縮。

6. 工作倦怠的徵候，諸如：對工作顯現退縮、疏離、厭倦，否定自我概念與工作目的，對服務對象冷淡等。

7. 工作倦怠所引起的後果，乃是嚴重違背服務的工作動機、社會基本價值的實現以及對社會使命感的履行。

(三) 工作倦怠研究的重要性

1.員工的健康與福利。

2.組織的成本。

3.工作倦怠是普遍的存在。

(四)「工作倦怠」理論的研究模式

1. 生態模式。　　　　　　　　2.流行病學模式。

3. 社會能力模式。　　　　　　4.疏離模式。

5. 技術典範模式。　　　　　　6.精神分析模式。

7. 控制論模式。　　　　　　　8.存在觀點的模式。

9. 溝通模式。　　　　　　　　10.知覺—回饋的模式。

11. 工作倦怠研究模式。　　　　12.工作倦怠階段模式。

五、名詞解釋

(一)市場失靈：當自由經濟市場之「看不見的手」失去正常競爭，而導致生產者與消費者相互關係破壞，即市場失靈。

(二)政府失靈：政府為解決市場失靈而採取解決方案措施，卻因政府政策錯誤（政策失靈、行政能力不足）等因素，而無法發揮政府「功能財政」（公共經濟機制）影響能力，無法解決市場機制的困境等問題，此即「政府失靈」。

(三)管理失靈：政府機關的管理者（首長主管）無法有效領導，無從駕馭管理體系，以致決策失誤，行政程序失當，績效低落，不足以擔負公共行政的公共責任，即稱為「管理失靈」。

(四)工作豐富化、工作擴大化：工作設計的各種改革管理措施包含工作豐富化、工作擴大化、工作改造、工作自動化、工作簡化、彈性工時、工作分擔、工作輪任等等措施。

(五)工作簡化：凡公、私機關著重於工作設計與工作管理改進，而採行業務精簡、程序簡化、工作方法執簡御繁、減低工作成本、增進工作效率，皆屬工作簡化的內涵。

(六)時間管理（Time Management）：控制與運用時間的管理方式，稱之為時間管理。

(七)權變管理：權變管理亦稱「情勢管理」（Situational Management），指管理理論或管理措施均應顧及情勢而有權變，因時因勢制宜，而非一成不變。

(八)工作管理：工作管理的措施有以下各項

1.工作分析及工作品評制。　　　2.工作設計。
3.工作輪調或調整。　　　　　　4.工作擴充（橫向─工作擴大化）。
5.工作充實（縱向─工作豐富化）。 6.工作簡化。
7.工作分享或分擔制。

(九)第一線管理：凡機關組織職掌基層工作或直接面對民眾服務的層級，均稱為「第一線」，包括第一線主管及第一線員工，其工作特性是直接面對民眾提供服務，負責法規的執行，並即時處理問題或事件。

(十)即時管理（Real-Time Management）：機關組織中需予即時處理問題的管理方式，稱為即時管理。

(十一)比較管理（Comparative Management）：以比較途徑的方法應用於管理研究，即稱為「比較管理」。

(十二)節約（精簡）管理：指組織資源的撙節與精簡管理方式，組織資源，包括人力，財物等項。

(十三) 流線型政府：指政府改造的成果之一在使政府機關的工作流程更簡化流暢，更具服務效率，行政手續更為簡便，此等政府管理形態稱之為「流線型」管理之政府制度。

(十四) 交換型領導（Transactional Leadership）：所謂交換型領導，即是滿足部屬所需，以求交換其績效與對組織目標的支持。

(十五) 轉換型領導（Transformational Leadership）：轉換型領導則是幫助部屬提升自我目標實現層次，超越個人利益到社區或者國家的整體利益之上，又稱為「道德性的領導」。

(十六) 衝突管理：狹義的衝突管理指「組織衝突」的管理方式，如機關組織內幕僚單位與業務單位的衝突、個人與組織目標的衝突、政務官與事務官的衝突；廣義的衝突管理則又包含組織與環境、組織與社會、工會與組織、朝野黨派的衝突對立與管理方式，此類衝突形成對抗與緊張情勢，政府機關必須面對問題提出因應與解決方案。

(十七) 例外管理：管理者訂下工作目標與工作標準程序，其後屬員遇有偶發事件或例外事件時，應審慎處理後提出例外事件的報告作為事後處理類似事件的參考。此種情況稱為例外管理。

(十八) 方案管理：任何機關組織基於業務需要，規劃某項方案以達到特殊目的，此一方案應列入計畫、執行與評估的管理循環作業中，使此一方案能在預定期限內完成，此稱為方案管理。

(十九) 第三種選擇：使政府結構與職能縮簡而強化其治能績效，第三種選擇即由官僚型政府改變為企業型政府。

(二十) 重疊管理：行政學學者夏弗里滋（J. M. Shafritz）等人在其所著《行政學》一書中論及行政領導的異態類型，即所謂「過度型領導」，即首長主管對其屬下管得大多、監控太嚴，過於瑣碎，而無實際效能之領導方式。

(二一) 知能管理：行政學學者亨利（N. Henry）在闡述民主制度與官僚組織的關係時指出，「知能管理是官僚權力的基礎」，行政即知識，知識即力量，故行政即力量。

(二二) 壓力管理：行政首長與主管或員工面臨工作困境的挑戰，體認壓力難處而有效地運用能力抒解壓力，進而舒展工作意志與創升工作績效，稱之為壓力管理。

(二三) 變革管理：變革管理包含兩項涵義，第一指管理革新與組織變革（Organizational Change），偏重組織結構、管理技術與組織行為的改變、革新與適應過程；另一涵義則指組織文化的變遷與重塑，此為「政府改造」論者所指「組織改造策略與持續變革」。

經典範題

申論題

一、古典公共行政理論之中央與地方關係為何？何謂「制度模型」之中央與地方關係？

答：(一) 古典公共行政理論之中央與地方關係：古典公共行政理論對於國家統治體制，同由兩種模型描繪中央與地方關係：

　　1. 威權模型：此模型之地方政府與中央政府關係，地方政府完全是執行中央政府政策制定者的意圖，政策產出亦完全配合中央政府的政策指示。

　　2. 交換市場模型：交換市場模型之精神在於「互利」。中央政府提供資源誘因，以便地方政府合作配合，達到中央政府政策目標。此模型因過份強調「討價還價遊戲」，而相互之自我利益又在政策推動中扮演重要之影響力，因此完全失去了政策的「應然價值」。

(二) 制度模型之中央與地方關係：由於威權模型與交易市場模型，對中央與地方政府關係的主張，分別是「統治的強制威權」與過份強調「合作的積極價值」兩極之間尋求定位。事實上，此兩種關係，均有所偏。因此制度模型因應而生。所謂制度，乃是二種政治的安排，將中央與地方政府在政策推動中，所涉及的行政，社會、政治、經濟組織，作一種組織性的安排；在此種制度化安排中，同時確定了政策執行中的「價值」，並提供組織架構，以實踐此種價值。

二、公共經理人所具備的角色為何？地方政府公共經理人的角色又為何？

說明：　由 Mintzberg 管理主義的觀點，可以發現一位成功經理者必須具備至少下列之專業才能：領導、溝通、資訊、決策、危機處理、談判。

答：(一) 公共經理人所具備的角色：公共經理人應有下列三種不同角色：

　　1. **人際角色**：組織代表人、機關領導人及組織內外聯絡人。

　　2. **資訊角色**：神經中樞、擴散者、發言人。

　　3. **決策角色**：企業家、危機處理者、資源分配者及談判者。

(二) 地方政府公共經理人的角色：

　　1. **共識建立者**：公共經理人不但要努力建立本身地方政府內部的政策執行共識，而且尋求地方議會的政策議題共識。

2. **社區（地方）議題教育者**：公共經理人不但有提供資訊以教育民眾的責任，而且必須向地方議會告知重要政策資訊的義務。

3. **社區（地方）價值詮釋者**：公共經理人不但要對地方的價值偏好有正確的辨識，同時要試圖介紹引導有利於地方發展的價值。

4. **問題解決者**：公共經理人不只是扮演早期基礎公共建設的工作，同時更是現代社會問題的解決者。

5. **程序領導人**：針對地方政府因應經濟及財政挑戰、全球化、多元文化主義、民眾需求等議題，如何建立一套可以用來激勵部屬、滿足民眾（顧客）、尋求創新、解決問題的程序，將是公共經理人的重要角色。

6. **分歧利益團體及社區群眾之整合者**：公共經理人不只是衝突解決的促進人，更是各種不同價值及觀點的整合人。

7. **團隊建構者**：公共經理人應不斷的為自己的團隊（地方政府同仁及民眾）創造願景，並且提供社區「授能」的來源。

8. **變遷經紀人**：公共經理人針對社區的價值及需求變遷，形塑（或改變）地方政府組織的「工作文化」。

9. **新科技領航者**：公共經理人運用新的科技，使地方政府更加主動而有生產力。

10. **倫理道德維護者**：公共經理人是地方政府內外的道德價值表徵。

11. **領導發展（領航者）**：公共經理人應領導民眾主動參與地方事務，並同時協助議會及議員在地方事務之領導權。（詹中原、朱鎮明，公共經理人與地方政治發展，兩岸地方政府與政治）

三、在精省前後，我們發現部分地方縣市首長已多少具備了「公共經理人」特質。從新公共管理的角度而言，這些公共經理人具有那些特質？

答：(一) 專業化：專業化的精神在於具備而信守一套知識體系，並且能促成專業社區成員間之社會化，為組織提供專業的規範。其中地方制度法提供地方首長更多的人事權，因而地方首長較有空間基於專業考量，晉用專業人士及識見較廣的學者。

(二) 爭取財政權以擴大資源空間：目前許多縣市政府的地方財政收入不足以支應地方福利服務需求，甚至基本政府運作都無法維持，這是許多地方政府所共同面臨的問題。

(三)政策議題取向：任何公共政策，都具有或重或輕的財富重分配的效果。在地方自治下層面，「由下而上」途徑代表的是地方政府與中央政府合作或競爭解決公共事務的新典範。因此，未來我國中央與地方關係，將進入以政策議題為主導趨勢，也將逐漸突顯出專業領導的特質，利用地方政府的相對競爭優勢，發展出特殊的發展願景。

(四)派系政治更重協調與專業：在地方問題日益受到重視的今日，「社區自主」、「社區意識」已成為學界以及實務界極力倡導的策略，並認為社區民眾基於生活環境的共通性，自然發展出的禍福與共的鄉親情感及參與地方資源分配時，社區成員所共同擁有的認同感就會成為一套「文化價值觀」，對於社區的整體事務，較能凝聚共識。

(五)注意法制要求，落實程序正義：由於以創新與風險等企業精神概念管理地方政府之際，可能有與社會正義、程序正義與公民多元參與「民主價值」發生衝突的問題。因此，地方政府除應強化溝通機制外，更應注意行政法上諸多的原則（如誠實信用原則與比例原則）。（詹中原、朱鎮明，公共經理人與地方政治發展，兩岸地方政府與政治）

四、現代公私部門協力關係已漸漸形成「新結盟主義」，BOT即是一例。試以BOT說明「新結盟主義」具有何種特徵？

說明：　公、私部門協力關係（Partnership）或稱合夥、夥伴關係，協力是「合作」之另一種形態，「合作」係指在公、私部門水平互動之過程中，公部門扮演支援性角色，私部門扮演配合性角色；而「協力」關係係指公、私部門互動過程中，雙方形成平等、共同參與及責任分擔的關係。新結盟主義意指在新公共管理思潮影響下，基於國際政經影響及國家內部實際需求，所逐漸興起之一股主張政府與企業財團進行深入、法制化、精緻化合夥關係之意識形態。

答：一般來說，新結盟主義具有下列特徵：

(一)**民間參與VS政商合作**：BOT協力模式係以政府公部門及民間企業為主體，與籠統的公民參與並不相同。國家機關以外之社會可區分為「公民社會」、由政治性團體或公眾形成之「政治社會」及由民間企業、合作社等組成之「經濟社會」。一般而言，市民社會被認為是自理自治、自我動員及自主整合者（即不直接涉入公權力與經濟生產），以BOT協力模式而言，主要係指公共工程之民營化屬性，希求之民間對

象為具有龐大資金、人才及技術之企業、財團、甚至跨國企業。美國前副總統高爾（Gore）主持之「國家績效評估」，已於1998年正式更名為「國家政府再造之夥伴關係」，以強調公、私合夥時代之來臨。

(二) **理想主義VS實用主義**：許多民營化政策多來自於各國政府普遍性之財政困難與人民對政府提高效能之要求，而產生了現代的政府應提高生產力、高效率的「實用性」政府主張。以BOT政策而言，可以引進民間充沛資源與活力及民間企業之經營效率；就民間而言，公共建設之興建、營運能為其帶來豐厚之利潤。

(三) **政府主導VS國際力量之驅力**：BOT模式主要是政府公共建設將建造權及經營權移轉給企業及財團，形式上是屬於政府主導，BOT政策係屬於「競爭性管制政策」（如甲公司得標並於興建完工後之營運期間，政府應管制其他公司不得另建第二條高鐵）。另外，BOT除肇因1970年代末期英國民營化風潮外，另有下列原因：

1. 世界銀行、亞洲開發銀行等其他國際性銀行之倡導。

2. 跨國營建商及供應商在1982年國際債務危機後所面臨之人員及機具閒置問題，為尋找出路，轉而由消極之風險承擔者變成積極之促銷者。

3. 專案融資技術之成熟與跨國銀行在1982年債務危機後，為增加利潤，而尋求專案融資業務。

(四) **單一之「雇主─受託者」關係VS複雜之組際關係**：民營化風潮下，公部門與私部門之接觸，除了招標時之競爭外，一般為單一政府部門與單一民間（團體）之合作或委託關係，一旦得標後委託事務仍在承包商之自有領域中進行，BOT協力模式因涉及複雜之公共工程建設反龐大資金，非單一企業單位所能承擔。

(五) **浪漫之合作熱情VS理性之法律關係**：公、私部門建立協力關係之主要動力，在於對私部門活潑、積極、冒險和進取等精神之嚮往，及私部門對公共事務之積極參與。但是由於公、私部門在動機與目標方面先天性存在差異，使得雙方一旦進行長期、深入且牽涉公共利益及參與者重要利益之合作時，浪漫的合作意識終須落實到理性法律關係之建立與規範。

(六) **強調「信任」VS文化因素**：信任是人類一項古老的傳統，但在後工業社會，這項構成人類合作、團結、形成共識之基礎已嚴重受到腐蝕。法蘭西斯‧福山認為，西方經濟學家向來嚴重忽略經濟生活中之文化

因素，原因是文化因素無法吻合經濟學界發展出來通用之成長模式；
他指出，經濟活動實根植於更廣之社會習慣與道德中。

(七)**專業主義VS相互學習**：公、私部門協力關係不只是專業之結合，並
透過對非零和關係之認知所形成之互補、合作關係；亦是一種相互學
習與試誤的過程。在BOT合作模式中，BOT案例即屬於封閉性目標下
之開放性合作過程。在倡導公、私協力合作關係之時代，「新結盟主
義」下的合作關係，其特色包括：

1.以企業、財團為主體之民間參與。
2.係政府與企業、財團之協力關係，並共同分擔責任與風險。
3.政府與企業、財團之合作取得法律之正當性基礎。
4.實用主義下之政府與企業財團雙贏策略。
5.國際政經力量之推波助瀾。
6.以法律、契約為基礎之合作關係。
7.以策略聯盟為主要合作機制。
8.有賴高度社會信任。
9.異質性組織間之相互學習與文化融合過程。（鄭錫鍇，新結盟主義之
BOT模式本質，頁344-357）

五、何謂「BOT」模式？從新結盟主義觀點分析，BOT模式具有何種意義？

說明： BOT模式是公、私部門協力模式之具體代表，亦為新結盟主義下之典
型產物。BOT主要係指特許或公部門經營權之租用，最具體之政策表
現便是公共工程之民營化。BOT模式可溯源至18世紀中期大不列顛經
濟學者Edwin Chadwick發展出之所謂「土地競標」原則，將獨占之公
共工程基礎建設權予以拍賣，不過BOT模式之盛行是1980年代民營
化風潮以後才產生。

答：(一) BOT模式之意涵：BOT模式是指「興建（Build）、營運
（Operate）、移轉（Transfer）三階段**，即由民間單位組成特許公
司，與政府簽訂合約，在政府特許年限內由特許公司自備資金「興
建」，在完工後由政府在某個年限給予特許經營權，以回收成本，並
取得合理利潤，期限屆滿後再將產權及經營權「移轉」給政府，亦即
**政府借重民間資金及經營能力興建公共建設，而政府給予相關特許權
利以確保獲利，作為回報之合作方式**。合作的對象通常包括工程顧問

公司、營造業、銀行、律師等作業。就廣義而言，BOT泛指各項以特許合約方式進行之所有有關所有權與經營權移轉之計畫。

(二)從新結盟主義觀點分析，BOT模式具有以下意義：

1. BOT屬於民間參與公共建設性質，但因涉及BOT案例多屬重大工程，故其所謂「民間」參與，係屬狹義之企業、財團及相關專業團體，一般民眾只能就得標聯盟成立特許公司，公開發行股票後，藉持股而進行邊際性之參與。

2. BOT屬於公部門與私部門之協力合夥性質，故雙方係立於平等互惠立場，政府需保證承包公司之獲利及執行相關公權力措施，承包公司亦需履行契約內容，完成興建、營運及移轉。

3. BOT模式之公、私部門協力關係有其特殊性，為避免圖利財團或政府藉以轉移公共責任，多係靠一般立法或特別立法方式，將政府部門與承包團體之合作關係予以法制化與正當化。

4. BOT為政府與私部門之新合作關係，在公共工程辦理方式上，採取以特許合約興建及營運方式，代替傳統發包（政府全程主導規劃，設計委由工程顧問辦理，興建委由包商辦理）及統包（指在完成規劃確定工程需求或完成基本設計後，將細部設計與興建均委由同一包商辦理）；亦即民間在整個公共工程興建及營運過程中擁最高之自主權。

5. BOT中之公、私部門合作關係，屬於行政性質，較不涉政治層面之國家與民間社會之權力關係。

6. BOT模式雖受國際力量之推助，惟發動權仍握在政府手中，故屬於管制性之競爭政策。

7. 因全球金融市場走向自由開放，不斷創造新金融商品，各國有關金融之政策、法規及經營體制大幅改變，使得BOT模式得以「專案融資」進行（即以個別計畫建設完成後之預期營運收益，作為建設期間融資之還款來源及保障）。簡言之，即無抵押品貸款。

8. 在新結盟主義之下，為有效汲取民間之資源及合作，BOT模式尚有許多變形，供各國政府採取，如：

   (1) BOT（Build，Operate and Transfer 或 Build，Own and Transfer—興建、擁有及移轉）。

   (2) BOO（Build，Own and Operate—興建、擁有及營運）、BOR（Build，Operate and Renewal of Concession—興建、營運及特許權更新）。

(3) BOOT（Build，Own，Operate and Transfer—興建、擁有、營運及移轉）。

(4) BLT（Build，Lease and Transfer—興建、租賃及移轉）。

(5) BTL（Build，Transfer and Livery—興建、移轉及出租）。

(6) BRT（Build，Rent and Transfer—興建、租賃及移轉）。

(7) BT（Build and Transfer—興建及移轉）。

(8) BTO（Build，Transfer and Operate—興建、移轉及營運）。

(9) BBO（Buy，Build and Operate，價購、興建及營運）

(10)DBFO（Design，Build，Finance and Operate—設計、興建、融資及營運）。

(11) DCMF（Design，Construct，Manage and Finance—設計、施工、管理及融資）。

(12) LDO（Lease，Develop and Operate—租賃、開發及營運）。

(13) MOT（Modernize，Own/Operate and Transfer—現代化、擁有／營運及移轉）。

(14) ROO（Rehabilitate，Own and Operate—修建、擁有及營運）。

(15)ROT（Rehabilitate，Own and Transfer—修建、擁有及移轉）。（鄭錫鍇，新結盟主義之 BOT 模式本質，頁 344-357）

六、何謂「國家競爭力」？其所包括的內容為何？

說明：　國家競爭力是一個指涉「國家政府政策能力與企業實力結合，共同創造優勢發展系絡，以達經濟永續成長系格的能力」。

答：(一) 國家競爭力定義：

1. WEF（世界經濟論壇）的定義：**係指一個國家達到永續經濟成長及高國民平均所得目標的總體能力。**在這個定義中，所強調的是國家目標在追求一項穩定而持續之經濟成長率。為達到此一目標，政府必須醞釀一項永續經營的政經系絡，而企業及私部門亦應展現優勢之經營及市場策略，並且擔負企業社會責任。

2. IMD（瑞士洛桑管理學院）的定義：**一個國家創造資源附加價值，並增進全體國民財富的實力。**此實力包括三組要素：

(1) 資產物（Asset）與過程（Process）。

(2) 內引性（Attractiveness）與外張性（Aggressiveness）。

(3) 全球性（Globality）及地區性（Proximity）。

國家將此三項要素給予政策定位，並應用於整體社會經濟發展中。該定義中之資源指涉的是國家創造國民財富之資源；而如何運用資源，以創造財富的規範機制，即是過程；內引性是國家有利於國內外投資生產的政經環境；外張性則是國家應用國際經濟市場環境的因素，例如對外投資及出口貿易策略；全球性與地區性，則代表產業之跨國發展策略面向定位。

3. Michael Porter：在其《國家競爭力優勢》一書中，則強調國家競爭力之高低，取決於國內企業經營環境之良窳。Porter將國家競爭力定義為：**「國家為其產業創造良好的發展成長環境，進而使該國企業具備競爭優勢，產業亦擁有國際競爭力之能力。」**

4. 哈佛大學Sachs教授認為，國家與國家間之競爭，並非是你輸我贏的零和遊戲，而是一種正和遊戲。而所謂正和遊戲的賽局，表現各國追求自身之國家目標時，由於：

(1) 企業策略、企業結構及同業競爭。

(2) 需求條件。

(3) 生產因素。

(4) 相關支援產業的互動，而生產出互補非互斥的經濟活動，此種經濟活動，在國家競爭力的指導下，有利於各國的永續成長及發展。

(二)國家競爭力的內容：

1. IMD國家競爭力指標分為八大項及二百二十四分項，其內容如下：

(1) 政府職能：中央政府國內外債務水準、政府干預市場程度、政府效率及決策過程透明度、財政政策及經濟穩定度。

(2) 國內經濟：生產附加價值（GDP及平均所得）、資本形成的民間消費、生活成本、經濟活動（工業生產與業務成長）、經濟預測。

(3) 人力素質及生活：工作機會、技術勞工就業機會、就業人數、失業率、教育素質、公共教育預算支出。

(4) 科技實力：研發支出、科技研究、專利權及科技管理。

(5) 企業管理：企業生產力、公司經營及社會責任、企業家精神、企業誠信、勞資爭議及勞資關係。

(6) 金融實力：資金成本及投資報酬、融資便利程度、股票市場規模與健全程度。

(7) 國際化程度：貿易績效、商品與勞務進出口、貿易保護程度、外人直接投資及文化開放程度。

(8) 基礎建設：能源消耗與使用效率、廢水處理普及程度及都市化程度。

2. WEF亦是以八大要素來測量國家競爭力，分別為：
(1) 政府職能。　　　　　　　　(2) 國內司法政治體制。
(3) 勞動市場之競爭程度。　　　(4) 科技實力。
(5) 企業管理之品質。　　　　　(6) 財務金融。
(7) 貿易與金融開放程度。　　　(8) 基礎建設。

3. Porter在「國家競爭力優勢」中，提出了所謂「菱形理論」決定國家經濟優勢的鑽石體系。在鑽石體系中，分別臚列了「基本因素」及「附加因素」的競爭力影響變數。基本因素包括：
(1) 生產要素：包括人力資源、自然資源、知識資源、資本資源、基礎建設。
(2) 需求條件：本國市場對某項產業，所提供產品或服務之需求為何。
(3) 相關產業與支援產業之表現：相關產業及上游產業是否具備國際競爭力。

4. 企業策略、結構及競爭對手企業之基礎、組織及管理形態，以及國內競爭對手之表現。而附加因素則包括「機會」與「政府」。所謂機會係指：
(1) 基礎科技之發明創新。　　　(2) 傳統技術出現斷層。
(3) 生產成本突然提高。　　　　(4) 全球金融市場變化。
(5) 全球或區域市場需求劇增。　(6) 外國政府重大政策變遷。
(7) 戰爭。
附加因素另一項是「政府」，政府的角色會影響到前述的各項條件，相對的，政府也受到競爭力中其他關鍵要素之影響。（ 詹中原，國家競爭力與政府再造，新公共管理政府再造的理論與實際，頁45-69 ）

七、名詞解釋：
(一)弱勢優先（Affirmative Action）。
(二)弊端揭發（Whistle-Blowing）。
(三)市場失靈（Market Failure）。
(四)政府失靈（Government Failure）。
(五)管理失靈（Management Failure）。

答：(一) 弱勢優先：各國政府重視「公平就業機會」，以維護政府機關人事任用或進用方面之反歧視與公平性，其延伸則為：顧及對少數族裔或弱勢團體之特別保障，稱之為弱勢優先。如美國聯邦政府於1972年制定「公平就業機會法」、1978年設立「公平就業機會委員會」、1979年

訂頒「弱勢優先方案」。「弱勢優先」的原則已逐漸成為積極性「反歧視」措施之人事體制。

(二)弊端揭發：政府機關公職人員基於憲法言論自由權利之行使與文官法規中功績制原則之引申，對於公共事務中的弊端，損及公共安全的事件，或違法不法事項，均得提供檢舉或揭發相關資料。公職人員享有弊端揭發權，即顯示公職人員對全民的忠誠與責任。弊端揭發即合法合理的告密，絕不可刻意抹黑或誣告；對政府公職人員之合法揭露資料，均強調予以保障其權利。

(三)市場失靈：當自由經濟市場之「看不見的手」失去正常競爭，而導致生產者與消費者相互關係破壞，即市場失靈。市場失去其自由經濟基本機制秩序，亦稱為市場失靈。傳統以來自由經濟學派及現代公共選擇理論學派，均認為市場的供需關係與自由競爭，自然形成市場的經濟活動，達到生產者與消費者之最大利益，政府的干預愈少愈好，此為市場基本機制（完全競爭的自由市場），但此一情況會因景氣或人為操控失靈。市場失靈來自：

1. 獨佔價格引起的問題。　　　　2. 外在性經濟。
3. 自由市場無法提供足夠的公共財。　4. 交易成本極不穩定。
5. 市場資訊不完整。

(四)政府失靈：政府為解決市場失靈而採取解決方案措施，卻因政府政策錯誤（政策失靈、行政能力不足）等因素，而無法發揮政府「功能財政」（公共經濟機制）影響能力，無法解決市場機制的困境等問題，此即「政府失靈」。新公共管理學派認為政府失靈，係來自：

1. 經濟體制敗壞。
2. 政府無法適當提供公共財。
3. 政府無法維護各種社會團體的多元利益。
4. 政府失去管理市場競爭機制的能力。
5. 對自然資源未能事先預作有效管理。
6. 社會福利體制失去功能。
7. 經濟景氣不佳。廣義的政府失靈，實包含政策失靈與行政失靈在內。

(五)管理失靈：政府機關的管理者（首長主管）無法有效領導，無從駕馭管理體系，以致決策失誤，行政程序失當，績效低落，不足以擔負公共行政的公共責任，行政學學者稱之為「管理失靈」。此說重點在顯示行政首長主管擔負公共責任之角色的重要性。（許南雄，行政學術語）

八、何謂「公共服務品質」？其特性為何？並試略說明各國公共服務品質的實
施概況？

答：(一) 公共服務品質（Quality of Public Service）：**服務品質指民眾對於政府
施政服務的滿意度，亦即民眾對其公僕為民服務的認可與支持程度。**
服務品質實與公僕之「服務化」、「適量化」、「優質化」、「便民
化」、「效能化」均密切相關。政府之決策與施政均須落實於其服務
品質，才是現代政府體制的精髓。服務品質不可扭曲為譁眾取寵，是
以公共利益及民眾福祉為基礎的施政成果。服務品質亦不能任由政府
官吏徒託空言，口惠實不至，而是來自政府施政的行政革新、行政績
效、文官素質、便民措施與品質管理成效，並在民意監督下獲致民眾
的信賴、稱許與認可。**服務品質來自下列各因素之相輔相成：**
1. **服務之態度、能力與績效。**
2. **公僕之適量、優質：**維持適量員額與人力素質，始能提升公僕服務
品質。
3. **便民措施與行政效能：**如戶政電腦化。
4. **政府改造與品管目標的推行。**（許南雄，行政學術語）

(二)服務品質特性：
1. 服務品質是民眾對政府施政服務具滿意度或認可程度，基本上係政府改
變內部官僚化作風而追求品質化服務盡職的過程。
2. 服務品質是由「衙門取向」（Agency-oriented）改變為「顧客取向」的
管理革新，即高品質取決於民眾福祉與民意輿情。
3. 政府與企業有別，政府服務之目標在獲得民眾的滿足與支持，企業品
管目標則在利潤。現代政府須以分權化、授能化、民營化方式強化服
務品質。
4. 服務品質之提升端賴持續不斷之行政革新、行政績效與行政效能、便民
措施及申訴體制之相互配合進行。
5. 「已開發國家」與「開發中國家」其政府服務品質之主要差別不在法令
規定，而在法令實施成效；不在紙上談兵而在行政文化基礎與品質管理
及便民措施之塑造，且政務官與事務官的政績、素質能力，又為高品質
服務之關鍵。（許南雄，行政學術語）

(三)各國公共服務品質概況：

1. 政府施政之服務品質建立在「民主法治」與「效率效能」之行政文化的基礎之上。英、美、法、德、日等國政府皆屬「已開發」民主先進國家，均具此一特質。

2. 從「便民服務」的觀點來看，英國以「公民憲章」體制貫徹便民服務，融鑄服務管理、效能管理與品質管理於一爐，實開現代各國「服務品質」體制之先河。

3. 從「便民措施」以提升服務品質觀點比較來看，政府施政必建立在民眾福祉之基礎上。如英國「續階改革」、「公民憲章」皆有其連貫性之「市場測試」與「民眾申訴」途徑；美國「國家績效改革」，亦連帶舉辦服務調查與推廣「單一窗口服務」。

4. 就現代政府服務品質之主要特性而言，奧斯本與蓋伯樂在其名著《政府改造》一書指出，「授能」重於服務，即指出現代政府應逐步由「龐大」趨於「精簡」，由「萬能」趨於「授能」；政府應以分權化、授能化方式，賦予民間企業或非營利組織等團體具有民營活力及機能。英、美、日等國的改革精神皆符合之。

5. 公務人力素質與其服務品質有關。公僕係為民服務的主體，其素質好壞自能影響其服務品質。英、美、法、德、日等國人事制度皆重視人才培育，即服務品質之有利條件。（許南雄，行政學術語）

九、名詞解釋：
(一)工作豐富化、工作擴大化。
(二)工作簡化（Work Simplification）。
(三)專業專制（Tyranny of Expertise）。
(四)時間管理（Time Management）。
(五)經驗管理。

答：(一) 工作豐富化、工作擴大化：工作設計的重點在輔助組織員工學習更多知能技術而非僅限於專業性的工作。工作設計的各種改革管理措施包含工作豐富化、工作擴大化、工作改造、工作自動化、工作簡化、彈性工時、工作分擔、工作輪調等等措施。

1. 工作豐富化，是指縱向（垂直）工作調整（職務權責調適），使工作性質擴展加載，授能員工而配合分權管理，增加員工的自主與職權。

2.工作擴大化,是橫向(水平)工作內容的擴增,充實員工的多樣多種技能,非僅專精於一行一技,如此得以擴充工作範圍。不論工作豐富化或擴大化,都屬於工作設計的項目,目標在促進挑戰能力而具工作興趣與工作滿足感。

(二)工作簡化:企業管理盛行工作簡化的觀念與各種相關簡化管理措施,此一管理革新的措施自60年代起亦逐漸引進於政府機關,凡公、私機關著重於工作設計與工作管理改進,而採行業務精簡、程序簡化、工作方法執簡御繁、減低工作成本、增進工作效率,皆屬工作簡化的內涵。

(三)專業專制:現代「專業化」國家重視「專業管理」。政府機關重視各類專業專技人力,雖凸顯專業行政成效,但如過於極端,則亦造成專業權力腐化,甚至疏離民間,與民眾脫節。

(四)時間管理(Time Management):控制與運用時間的管理方式,稱之為時間管理。時間管理的內容在增進工作創思、工作效能與服務品質,以避免工作推拖或無事忙。行政學學者丹哈特(R. B. Denhardt)指出,時間管理主要課題在確立目標,目標是時間管理的核心,目標可以更易,也有優先順序,必依目標而有步驟進行。

(五)經驗管理:經驗管理是18、19世紀前農業、手工業時期的管理方式。經驗管理的特色為:

1.受傳統與鄉土色彩的影響。　2.重視累積的經驗法則。
3.人力生產的管理方式。　4.農業社會的管理型態。
經驗管理為傳統時期的管理方式。

十、何謂「工作倦怠」?試從國內學者的說法分析其意。

說明:　工作倦怠近年之所以逐漸受人的重視與研究,乃是因為在緊張繁忙的現代生活中,會對員工的身心狀態產生負面的影響,而使個人的身心健康、心理感受以及人生觀發生變化,進而出現士氣低落、生產力降低,以及離職率增高的現象,直接或間接地對組織的績效造成不利的影響。

答:　國內學者對於工作倦怠(Burnout)的研究,有些專家譯為「崩熬」、「燃燒竭盡」、「專業枯竭」、「工作疲乏」、「職業倦怠」、「工作心厭」;而大部分的人則譯為「工作倦怠」。

(一)國內方面：

　1. 張曉春教授：工作倦怠是一種過程，這種過程因長期或過度的工作壓力而引起的。通常工作壓力導致工作緊張，工作人員在心理上因而造成對工作的疏離，並且以冷漠、憤世嫉俗等防衛性態度與行動抗衡工作壓力，於是就會形成工作倦怠。

　2. 徐木蘭教授：**將工作倦怠稱之為「燃燒竭盡」，認為工作倦怠是一個人由於過分追求不實際的工作目標之後，身心完全精疲力竭無法或不願意重新嘗試工作的感覺。**

(二)國外方面：

　1. Maslach：Maslach認為不同的工作倦怠定義有三個共同核心：

　　(1) 它雖然發生在個人身上，但會影響整個組織。

　　(2) 它較重視個人內在的心理經驗，包括感覺、態度、動機與期望等。

　　(3) 它是就個人而言的消極性經驗，包括困難問題、失望、身心不適、功能失調以及適應不良等。

　2. Nelson & Elsberry：工作倦怠是一種心理生物社會的過程。

　3. Lee & Ashforth：工作倦怠是對工作壓力的一種反應方式，大都會發生在人群服務專業的工作者身上。

　4. Stevenson：工作倦怠是一種使人衰弱的過程，它奪取員工的熱忱，破壞他們的創造力與動機，最後剝奪了員工貢獻給組織之生理與心理的能力。

(三)綜述：上述各家之說，歸納起來，則具有以下的特性：

　1. 工作者的工作倦怠是發生於個人層面，且會感染與擴及到整個組織。

　2. 工作倦怠是工作者長期處於過度追求不切實際的目標或工作環境所造成的壓力之下。

　3. 受個人與環境互動的影響，工作者未能有效的處理工作壓力或需求。

　4. 在因應的過程中，因為用人過度的負荷，逐漸產生一系列症狀的負面反應之過程。

　5. 工作倦怠導致工作者在工作的態度及行為表現疏離與退縮，而對工作採取趨向於脫離的、機械性的以及非人性化的反應。

　6. 工作倦怠有其徵候，諸如：對工作顯現退縮、疏離、厭倦，否定自我概念與工作目的，對服務對象冷淡等，這些徵候都可加以測量。

7.工作倦怠所引起的後果,乃是嚴重違背服務的工作動機、社會基本價值的實現以及對社會使命感的履行,這些都是專業工作應有的主要特質,因而使其工作本身失去應有的意義與價值。(黃臺生,工作倦怠相關理論探述,新世紀的行政理論與實務,頁292-322)

十一、工作倦怠研究的重要性為何?

答:(一)員工的健康與福利:工作壓力與倦怠的概念已成為許多從事有關員工的健康與福利研究之指南。許多研究顯示,工作倦怠會使個人有下列的情形發生:情緒耗竭、疲勞、憂心或沮喪,身體症狀變得更壞、不眠症、酗酒、增加服用鎮定劑,失去胃口或消極的情緒等。此外,員工工作倦怠的結果可能會遍及到他們的家庭、服務的領受者,以及同事等。總而言之,工作壓力與倦怠可以用來衡量組織中的生活品質。

(二)組織的成本:工作倦怠在組織中影響員工的成本,似乎是非常的高。某些研究者認為工作壓力與倦怠是影響下列現象的重要前提因素,包括:缺席、流動、承諾,而上述現象均很明顯地影響組織的績效。但是,也有些研究者對上述因果關係持不同的看法,Steers認為缺席是受到激勵因素與能力因素的影響,Bluedorn認為流動大部分是受到其他工作是否具備有益性而決定員工的去留。瞭解工作倦怠對組織績效的影響是十分重要的,而且大部分研究者均同意,工作倦怠與壓力至少會使得組織的成員產生低的工作滿足感與高的流動。所以工作倦怠與組織績效的關係可說是合理的。

(三)工作倦怠是普遍的存在:工作倦怠似乎是普及性的。首先,工作倦怠與工作者的職業密切相關。當社會變得愈專業化後,愈多的人就會受到更多種類人所服務。相據研究結果,下列工作者會有工作倦怠的現象發生:警察、教師、特殊教育教師、托兒工作者、心理治療師、身心重建顧問以及社會工作者等。(黃臺生,工作倦怠相關理論探述,新世紀的行政理論與實務,頁292-322)

十二、關於「工作倦怠」的理論研究，行政學者從不同的背景或角度來研究而形成不同的理論模式。試說明工作倦怠具有那些理論模式？

答：(一) 生態模式：**環境是造成工作倦怠的重要來源之一。**Carroll與White認為要瞭解工作倦怠複雜的原因，須採用生態學的參考架構。根據此一觀點，**工作倦怠被認為是一種生態方面功能不良的形式**，生態學係研究個體與環境或生態系統間的關係。在Carroll與White所提生態模式的基本架構中指出，可能影響工作倦怠的因素包括：

1. 個人：包括任何影響個人工作表現的事務，例如：身心健康狀況、教育水準、挫折忍受力、興趣、價值觀等。

2. 微系統：是指個人完成工作的最小的有組織的系統，例如：辦公室、生產線、營業處、家庭等。

3. 中間系統：代表工作環境中組織化程度較高的系統。例如：部門、公司、機構等。

4. 外圍系統：指在整個大環境中一些重要的組織及機構，它們會直接或經常的影響中間系統者，例如：社區、監督機構、基金會等。

5. 大系統：在外圍系統之外所有會影響個人生活的因素，例如高利率、高失業、種族與性別偏見等。

(二) 流行病學模式：在前述生態模式中，只是將各種可能的變項一一條列，然而在Kamis的流行病學模式中，則進一步地將有關的變項區分為：

1. 預測變項：包括決定性的和可改變的壓力源，這些變項與工作倦怠有直接的關係。

2. 催化變項：包括發展的與情境的變項，是有助於產生工作倦怠的中介變項。

3. 穩固變項：包括技巧與支持。流行病學模式係建立在個人心理失調因果關係的基礎上，此模式主要功能為：

   (1) 瞭解與控制。　　　　　　　　(2) 預測並鑑別相關的因素與需求。

   (3) 發現高危險群與高危險因素。　(4) 提供研究與評鑑的方向。

(三) 社會能力模式：**Harrison認為工作倦怠與個人的能力是否能適任其工作有關**，因此他提出社會能力模式，認為工作者能否達成其助人的目標，主要受到下列三種因素的影響：

1. 工作中對象問題嚴重的程度。

2. 工作環境的資源或障礙。

3. 工作者的才能，包括技術、判斷以及是否能有效的發揮自己的能力。

以上三種因素對於助人目標的達成，可能有些是屬於助長的因素，有些可能是屬於障礙的因素，共同構成一個特殊的社會環境。Harrison認為，每個工作後，個人所察覺到效果的高低（即所得到的報酬），決定了個人感覺是否勝任或是產生工作倦怠的狀況；當工作者認為工作效果高時，則會產生勝任感，進而能維持與增強其助人的動機，相反的，如果工作者認為工作效果低落，則會缺乏勝任感及目標的失落感、以及對有價值的效果無法回饋，工作倦怠因而產生。

(四)疏離模式：Karger認為工作倦怠類似Karl Marx所謂的「疏離」現象。**若以Marx的術語解釋，工作倦怠是工作者生產方式的物化**，工作者人際互動技術變成市場中的商品，而工作者在使用技能時，往往僅將其當做一種生產工具，造成了工作者與當事人間距離，並將兩者間的關係轉化為商品交易的形式，使得助人者與受助者產生了疏離。Marx認為疏離現象可以三個方面加以說明：

1. 人從他們所製造但沒有分配權的產品分離。
2. 人因工作中不同的階級而彼此分離。
3. 人從個人所認同的工作中分離出來。因此，Marx認為工人無法避免的要與工作疏離，而Karger認為工作倦怠的現象也是如此。

(五)技術典範模式：Martin所提出的工作倦怠的歷史模式，稱之為技術典範。他認為**技術典範是現代社會的特色，工作倦怠是其產生的結果。**而過去個人的地位決定於其家庭、文化、出生與鄰居，然而現代人之價值則建立於其成就上。個人唯一的目標是尋找獲得進步與成長的方法，此種技術導向的思考，逐漸地深入生活各個層面，使現代人變得像工廠中的機械，生活被各種「操作手冊」左右，因而有太多事情會面臨失敗。Lauderdale認為工作倦怠係由於角色選擇、角色替換、對時間的失落感以及必須為自己做出一些有意義與價值的事等因素使然。技術典範與Marx主義者的觀點，均一致強調工作倦怠是現代社會結構改變下的產物，而不是工作者的獨特現象。

(六)精神分析模式：Fischer根據他從事心理治療的臨床工作中發現，工作理想化的人，當無法改變或達成理想時，則工作倦怠就產生了。**Fischer認為工作者往往將職業理想化而全然投入，在遭遇挫折、失望後，有部分人會減少理想與投入，或者離開，另一部分人卻仍堅持其理想**，並更加辛苦的工作，這些已違背人的天性（快樂原則、求生原則）的人，正是會產生工作倦怠的人。

(七)控制論模式：**Heifetz和Bersani以個人成長的控制過程中產生的瓦解分裂現象，來說明工作倦怠的產生。**他們認為工作倦怠有兩個基本。假設：

1.先有承諾才有可能產生工作倦怠。

2.人有追求精熟（Mastery）的動機，因為工作者希望受助者能獲得成長，而工作的精熟即是工作者成長的動力。本模式提出一種假定，當工作者知覺到受助者與自己超越或達成了其一成長目標，他會有強烈的成長滿足感；相反的，工作倦怠是因為其一個或數個階段性的目標，未圓滿達成而產生的現象。

(八)存在觀點的模式：**Pines係以存在的觀點，來解釋工作倦怠的形成過程。存在觀點的模式是假定工作倦怠的基本原因，就是我們相信吾人的生活是有意義的，所做的事是有用的與重要的。**目前許多人都期望能從工作中，感覺到有其存在的意義，如果無此感覺，就會覺得有倦怠之感。這就是為何有高度工作動機與理想的人，會為工作倦怠所苦惱之原因。Pines認為有高度工作動機的人會產生工作倦怠，因為工作動機高的人對工作目標的設定與期望均要求甚高。

(九)溝通模式：Leiter針對人群服務工作者，發展出一個用來預測工作倦怠的模式，主要是以工作者的社會投入與工作滿足為其立論基礎。Leiter所建構的工作倦怠溝通模式，包含下列四部分：

1.工作倦怠的三個面向彼此之間是相互關連的。Leiter認為，假如非人性化此一面向發生時，視為是一個中介變項，那麼情緒耗竭將會導致個人成就感的降低。

2.假定工作滿足與工作倦怠之間是負面的關係，則工作滿足與情緒耗竭是負面的關係，與個人成就感是正面的關係，至於與非人性化則是屬於非直接的關係。

3.有兩種社會接觸是與工作倦怠有關，一種是個人接觸（亦稱非正式接觸），另一種則是工作接觸，係指正常的社會接觸均與工作取向的問題有關。Leiter認為情緒耗竭高的工作者有很多的工作接觸，但是在非正式接觸上則相當的少。

4.工作滿足被期望與非正式接觸以及工作接觸有正面的關係，亦即期望工作滿足者在組織中能維持大量的工作接觸與友誼關係。

(十)知覺回饋的模式：Perlman與Hartman提出了知覺─回饋的工作倦怠模
式。他們認為工作倦怠與下列變項有極為密切的關係：組織的特性、
對組織的理解、角色的理解、個人的特性與結果等。知覺─回饋模式
所涉及的變項甚多，並包括四個階段：

1. 第一階段是助長工作倦怠的情境。有兩種情境會使工作倦怠產生，一種
是個人的能力無法符合組織的要求，另一種是個人與工作環境之間無法
調適或有差異存在。

2. 第二階段是對工作倦怠的知覺。助長工作倦怠的情境並不會使個人有工
作倦怠之感覺，此完全要視個人的背景、角色與組織的變項而定。

3. 第三階段是對工作倦怠的回應，有下列三種：

(1) 生理的，特別是身體上的症狀。

(2) 情感的（認知的），特別是在態度與情緒方面。

(3) 行為的，特別是具有徵候的行為。

(4) 第四階段是工作倦怠的結果，包括工作滿足、工作績效、心理與身體
上的症狀、離開工作與組織等。

(十一) 工作倦怠研究模式：國內學者張曉春教授曾建構一個「以我國社會工
作員為例的工作倦怠的研究模式」。張教授認為，工作倦怠乃是工作
員因工作需求與個人能力及可用資源失去平衡，無論這種平衡失調，
是由於需求超過或不及個人能力與可用資源，都會形成工作壓力，引
起心理緊張，並且產生負向反應而採取各種防衛性抗衡。其中，工作
壓力、心理緊張以及防衛性抗衡，係構成工作倦怠產生的三個過程。

(十二) 工作倦怠階段模式：工作倦怠階段理論係由R. T. Golembiewski與R. F.
Munzenrider於1983年提出。工作倦怠的階段模式之內涵，可分以下兩
方面來加以說明：

1. 理論基礎：大多數研究者均同意個人工作倦怠之程度可以表現於三個面
向，包括：

(1) 非人性化：此係指特別將人當成無知覺與無生命的物品一般看待，缺
乏感情與價值。

(2) 缺乏個人成就感：個人成就感係指個人認為自己在值得做的事務方面
做得很好的程度。

(3) 情緒耗竭：係指與個人平常處理工作之調適技巧及態度有關之緊張經
驗之程度。

高工作倦怠階段意謂著實質的非人性化、較差的工作績效與工作不滿意，具有其種程度的心理緊張且超過個人正常所能調適的技巧與態度的範圍之外。

2. 基本原則：工作倦怠階段理論根據上述三個面向，建構成階段的工作倦怠漸進模式，其基本原則：

(1) 對個人在此三個面向得分情形之高或低，劃分成高低兩大群體。

(2) 此三個面向在工作倦怠中之影響程度不一，非人性化對工作倦怠之影響程度最低，而情緒耗竭影響程度最高，缺乏個人成就感則介於兩者中間。（黃臺生，工作倦怠相關理論探述，新世紀的行政理論與實務，頁 292-322）

十三、名詞解釋：

(一)權變管理（Contingency Management）。

(二)工作管理（Job Management）。

(三)計畫評核術（Program Evaluation and Review Technique，PERT）。

(四)第一線管理（First-line Management）。

(五)環境保護管理。

答：(一) **權變管理：權變管理亦稱「情勢管理」（Situational Management），指管理理論或管理措施均應顧及情勢而有權變，因時因勢制宜，而非一成不變。** 權變理論認為「最好的途徑」在「情勢」原理的運用；權變理論的基礎來自工具論、實證論與適應論，故重視組織與環境的關係。

(二)工作管理：工作管理的措施有以下各項：

1. 工作分析及工作品評制：此係評定工作性質與難易程度的管理制度，由企業引進於政府機關而成為職位分類制。

2. 工作設計：規劃工作的內容、職責、條件、程序與功能等項範圍，並滿足員工的需求。

3. 工作輪調或調整：工作設計所採行的途徑之一，使工作人員歷練不同種類的工作，而在工作中學習，以養成工作能力。

4. 工作擴充（橫向—工作擴大化）：久任同樣的工作容易產生工作單調或枯燥乏味，為增進工作興趣，再增加若干工作範圍與內容。

5. 工作充實（縱向—工作豐富化）：從工作的環境與相關條件加以改進配合，擴充職權與性質。

6. 工作簡化：工作量常增加，工作的內容也漸多，為執簡御繁，以收成效，而採工作簡化途徑，如採取自動化技術以節省人力。

7. 工作分享或分擔制：由若干人共同負擔一件工作，各自的時間與工作範圍及責任相互分開的工作方式。（許南雄，行政學術語）

(三)計畫評核術：1958年美國管理學界為美國海軍部提出的企劃管理方案，基本上係應用系統分析的計畫與評核技術。主要內容包含：

1. 各項管理措施必納入計畫中，且確立計畫的順序與所需的時日經費等資源。

2. 預估每項工作步驟的進行與完成期限。

3. 各項工作與管理措施得適時調整，但皆在計畫與控制中。

4. 此一管理技術利用網狀圖將計畫內容分成若干單元，排定順序與所需時間，配置資源，使計畫如期完成。計畫評核術包含計畫、配當與管考；計畫評核術的基本理念在計畫、控制與協調，且各階層均參與管理，是多層面的管理途徑。

(四)第一線管理：凡機關組織職掌基層工作或直接面對民眾服務的層級，均稱為「第一線」，包括第一線主管及第一線員工，其工作特性是直接面對民眾提供服務，負責法規的執行，並即時處理問題或事件。有學者稱此類員工為官僚組織的「末端職員」。至於「第一線主管人員」，學理上則稱為「即時管理」的監督者與控制者。

(五)環境保護管理：自1970年代起，各國政府對於環境保護問題極為重視，環境管理成為政府重大的公共政策之一，環保管理也成為現代行政管理的主要焦點。環境保護與管理的問題來自於：

1. 自然景觀遭受人為破壞。　　2. 人類居住環境的污染。

3. 環境品質的下降。

上述的問題在各國工業化環境下，已逐漸成為全球性的環保問題。環保管理的主要措施為：

1. 制定環保政策。　　　　　　2. 訂頒環保法令。

3. 設立環保機構。　　　　　　4. 採行環保措施。

（許南雄，行政學術語）

十四、名詞解釋：
(一)即時管理。　　　　　　　(二)墨飛定律（Murphy's Law）。
(三)比較管理。　　　　　　　(四)節約（精簡）管理。
(五)流線型政府（Streamline Government）。

答：(一)即時管理（Real-Time Management）：機關組織中需予即時處理問題的管理方式，稱為即時管理。即時管理如係緊急與危機事件的處理，則應屬危機管理（Crisis Management）。危機事件以外，需即時處理的事項大都屬於基層服務或面對面接觸的工作，管理學上對於掌握「即時資訊與控制」的工作流程極為重視。即時管理應兼顧資訊、控制與時效，避免錯誤而能快速處理，係高度的應變管理措施。

(二)墨飛定律（Murphy's Law）：**墨飛定律係指，事情如有可能出錯，就會出錯」，管理領域固也有嘗試與錯誤情況，但總以減少錯誤達成最大效果為主要途徑。**行政管理的「控制程序」（Control Process）主要步驟包括：設定標準、檢驗複核與正確途徑，即力求減少錯誤的管理方式。墨飛定律可襯托行政管理方面「控制程序」的意義，並採取正確途徑的重要性。

(三)比較管理（Comparative Management）：以比較途徑的方法應用於管理研究，即稱為「比較管理」，亦即對各種的管理體制與功能予以比較探討的途徑，各國管理學術之發展趨向是：從「規範性」到「實證性」，自「封閉型」系統理論到「開放型」系統理論，從「個別型」發展為「比較型」。

(四)節約（精簡）管理：指組織資源的撙節與精簡管理方式，組織資源包括人力，財物等項。節約管理的主要內容包括：
　1.組織人力或員額的精簡（如緊縮編制、遇缺不補、分批裁員、淘汰冗員、資遣退休等措施）。
　2.撙節經費（如緊縮經費支出、嚴格執行預算）。
　3.健全財產與公物的管理，以防浪費、濫用或破壞。

(五)流線型政府：**指政府改造的成果之一在使政府機關的工作流程更簡化流暢，更具服務效率，行政手續更為簡便，此等政府管理形態稱之為「流線型」管理之政府制度。**「流線型政府」一詞最早出自凱登所指「去官僚化」，主要措施之一在建立流線型政府。（許南雄，行政學術語）

十五、試就所知，比較「交換型領導」（Transaction Leadership）與「轉換型領導」（Transformtional Leadership）之內涵，及其對行政組織的可能影響。

答：(一) 定義：朋斯（Burns）提出「交換型領導」（Transactional Leadership）與「轉換型領導」（Transformational Leadership）的不同。**所謂交換型領導，即是滿足部屬所需，以求交換其績效與對組織目標的支持；轉換型領導則是幫助部屬提升自我目標實現層次，超越個人利益到社區或者國家的整體利益之上。轉換型領導**反映出一位領導者為組織發展出價值基礎的願景，並擁有將願景落實與維持能力，因此朋斯稱之為「**道德性的領導**」。

(二) 對行政組織之影響：

1. 在領導論方面，轉換型領導是一種人格特質論，與傳統特質論的差別是在於充分授權，鼓勵部屬參與組織變遷與革新的共享過程。交換型領導者，則僅是確保事情與任務的正確執行，真正的領導者則是確保所進行的整體目標與決策是正確的方向。為求確保正確努力方向，領導者應是轉換型領導思考，其中轉換領導的策略是：

   (1) 創立共同的願景，以確立方向。

   (2) 透過有效溝通達到願景實現。

   (3) 選擇正確方式達成成功之目標。

   (4) 領導者自我正面認知與明瞭自我能力的限制。

   (5) 以謹慎的心情來承受改革的風險，鼓勵正面成功的事例。

   (6) 充分授權。

2. 貝斯（Bass）認為轉換型領導可以透過三種方式來激勵部屬績效：

   (1) 必使部屬自知，形成一種對特定結果認知的重要性與堅強信念。

   (2) 使部屬關注於工作團隊價值，而非僅及個人利益滿足。

   (3) 提升部屬的自我實現滿足層次，重視挑戰、責任與成長。

3. **交換型領導與部屬間的互動關係，建立在於功利交易、互相談判與妥協的互動關係上，**或許這種交換過程一旦制度化，部屬會感到某種信賴，但是這種信賴不建立於與領導者間互賴關連上，反而是部屬相信公共部門的契約性信賴，亦即是公務人員保障權，領導者在於缺乏與部屬間取得心理信賴的條件下，更無法激發到人性的深處。

4.**而轉換型領導論受歡迎是因其協助部屬提升參與、涉入、自主性與授權與自我成就感**，但是這些所謂共享願景與有效溝通，或許會使處在危機意識中，無所適從的部屬從官僚限制、不信任人性的體制中解放出來；但轉換型領導這種強力重新塑造組織文化的結果，得到的是組織學習與文化變動，但是也增加部屬對於領導者本身的依賴性。轉型是實驗性或者企業創新性均附帶著風險，一旦轉型失敗與成功，均會使部屬失去自主性與對自我的信心。轉換型領導或許可以比交換型領導從部屬上，獲得更多績效回應，但是過度信賴領導者的存在與指導願景的實現，更是使部屬依賴程度加深。（盧建旭，組織、領導與溝通，黃榮護主編，公共管理，頁488-513）

十六、名詞解釋：
　(一)衝突管理（Conflict Management）。
　(二)例外管理（Management by Exception）。
　(三)方案管理（Project or Program Management）。
　(四)第三種選擇（A Third Choice）。

答：(一)衝突管理：**狹義的衝突管理指「組織衝突」的管理方式**，如機關組織內幕僚單位與業務單位的衝突、個人與組織目標的衝突、政務官與事務官的衝突，此類衝突可由行政首長與主管以決策、協調、溝通等管理技巧解決。**廣義的衝突管理則又包含組織與環境、組織與社會、工會與組織、朝野黨派的衝突對立與管理方式**，此類衝突形成對抗與緊張情勢，政府機關必須面對問題提出因應與解決方案。行政學學者瓦爾多（Waldo）指出，面臨新世紀挑戰，行政學急待解決的十四項問題，最後一項即是「如何因應衝突管理與危機管理」。傳統以來衝突管理的解決途徑在談判、諮商、說服、妥協與共識等方式，但這不足以應付未來的危難管理與緊急管理引起的衝突性，尚需要專業的理性、秩序、預測與效率等管理技術能力。

(二)例外管理：管理者訂下工作目標與工作標準程序，其後屬員遇有偶發事件或例外事件時，應審慎處理後提出例外事件的報告作為事後處理類似事件的參考。此種情況稱為例外管理。例外管理說明：

1.自泰勒「科學管理」以來訂定「工作標準」的重要性，但亦強調例外事件時有難免，且有其處理原則。

2.應變領導或轉換型領導是激勵屬員因時因事制宜的方式之一。

(三)方案管理：任何機關組織基於業務需要，規劃某項方案以達到特殊目的，此一方案應列入計畫、執行與評估的管理循環作業中，使此一方案能在預定期限內完成，此稱為方案管理。方案管理的成功條件在於管理目標的明確，管理權威的授受，有效資源的配合及主管人員的有效監督。其中擔負執行方案的主管人員稱為「方案主管」，職掌方案的推動。

(四)第三種選擇：傳統改革論者，多強調公共危機的解決途徑主要來自增加稅收與縮減支出，即一般所說開源節流的方式。但晚近各國均發現民眾既要求減少稅負而又期望政府增加對教育、財經建設與社會福利等等的支出以改善生活品質，如此的矛盾現象，遂帶來政府改造的「第三種選擇」途徑。簡言之，使政府結構與職能縮簡而強化其治能績效。第三種選擇即由官僚型政府改變為企業型政府。（許南雄，行政學術語）

十七、民意表達的兩項基本問題是什麼？對於身處民主環境當中的公共管理者，為了達成任務，必須完成那兩件事？試說明之。

答：(一) 民意表達的兩項基本問題：

1.一般而言，官僚體制內文官的升調獎懲，並不直接受人民意見的左右，人民對於官僚體系的掌控是經由民意機關與民選政治人物，以間接方式為之。

2.官僚體系的經費直接來自人民的稅目決定，人民有權直接要求官僚體系依照人民的偏好行政，或修正違背民意的作為，誠如李維、彼得斯與湯姆遜所言（Levine，Peters & Thompson）：「民主社會中的公共行政，不能排除人民表達對公共服務的需求，也不可排除每位公民平等表達他們權益的機會。」即便官僚行事能夠不理睬人民的感受，他們也無法否認這種態度在民主社會中，會增加推動行政工作的困難度。

(二)完成的事項：

1.**回應：官僚體系與民間社會是不可分的，人民與政府之間良好的「偏好回應」的互動關係，是民主政治的正當性基礎。民主理論家道爾（Dahl）認為，民主的主要性格是政府對公民的偏好，不斷地做出回應。**而為了使政府能對公民偏好作出回應，政府有責任讓人民具備下列不可被剝奪的權利：

(1) 自由思考以形成個人的偏好。

(2) 自由表達個人偏好，經私下或公開方式，傳遞給大眾或政府。

(3) 不論個人偏好的內容與來源，都應被平等地對待。

在民主社會中，只要是握有影響人民生計權力的人，就有「義務」對頭家的集體感受做出回應。傳統政治學者眼中，這種互動關係是在多數決原則下進行的，互動良窳事實上是取決於與多數決無關的官僚體系的運作；官僚體系對於民眾需求反應的時效與品質，都對這層關係的優劣產生決定性影響。相對於定期改選的政治人物，行政官僚的專業與穩定，使它在公共政策過程中的地位日益重要。

2. **責任**：除了維繫一個良好的「偏好—回應」關係之外，**官僚體系也負有維持一個自由、公正、開放之公共政策決策環境的責任**，這種維持的需要，有三點原因：

(1) 人民的要求是無窮盡的，但政府的資源是有限的。

(2) 人民的要求常是互相衝突的。公共管理者在這種環境之下，因為民意是對立的，而無法單純地順應「民意」，通常所扮演的角色是維持一個公平與公開的決策過程，並適時成為仲裁者與協調者，化解爭議。

(3) 自由是民主的前提條件與終極目標。人民思考與表達的自由若是被剝奪，「偏好—回應」的關係就沒有任何意義。偏好回應是民主的程序表象，而一個公正而開放的公共系絡，則是民主政治的前提與實質內容。政府對於民眾的要求有「義務」回應是民主的真諦，但是，若是這要求的內容是會影響到他人的自由或是權利，政府就有責任拒絕這樣的要求。（陳敦源，民意與公共管理，黃榮護主編，公共管理，頁127-161）

十八、我國在解嚴之後，公共管理者處於一個強調「施政要以民意為依歸」的政府環境當中。因此，探尋民意便成為十分重要的工作。在許多探詢民意的方式中，民調與公投往往是被認為最具體與最有代表性的兩項方式。然而，透過民調與公投所展現的民意，就是多數民眾真實的意見嗎？民調與公投有那些潛在的問題？試申論之。

答：(一) 透過民調與公投所展現的民意，不一定就是多數民眾真實的意見。

(二) 民調的應用與限制：

1. **民調的結果，是相對的確定**：民調者即使在資料蒐集過程將偏差降到最低，它的結果在統計上還是有失誤的可能，問題是我們願意承受多大的

錯誤可能性。若將民調結果當成投票結果，是違反統計方法的過度推論，因此，民調的結果，是相對而非絕對的確定。

2. **民調的過程，是可以操控的**：民調的資料蒐集過程當中，有太多可能影響結果的漏洞。從問題的次序、問題的用詞、訪談的時間、地點，都能對民調的結果產生決定性的影響。

3. **民調的傳播，是可以控制的**：民調公布的時間與方式，可以控制民調對於大眾影響力的強度與方向。投票期間「西瓜靠大邊」的投票行為是要靠民調來發動的，選舉期間，政黨選擇以「報喜不報憂」的方式公布民調，就是試圖利用民調的傳播效應。（陳敦源，民意與公共管理，黃榮護主編，公共管理，頁127-161）

(三)公投的應用與限制：反對公投的學者所持的理由：

1. **公民投票可能引起根本的國家認同問題**，屬敏感性質，易造成社會不安。

2. **易形成行政或立法怠惰**：過度依賴公民投票，往往導致政府在面對爭議性的法案時，不願作出決定，將其推給人民。

3. **專業性及爭議性的議題不一定適合公投**：專業性的個案，是否適合由民眾片面的資訊而加以作出決定，抑或應尊重專業的審核及評估，一般民眾在作明智抉擇時能力不足，值得商榷。再加上社會中又缺乏共識，則公投不但不能解決問題，反會製造問題，形成對立不安。

4. **公民投票對執政黨不利，削弱民選政府權威**：當人民實際進行公投時，往往不是以該具體的公投案例作考量，而是以該地區執政黨的表現、國內或國際突發的事件或爭端左右人民的決定。

5. **既有的良好運行的立法部門可解決之**，公民投票實屬多此一舉。

6. **公投易予有心人士或黨派煽動或操縱之機會**，不自覺中淪為利益團體工具。

7. 目前缺乏公民投票的法源依據。

8. **配套制度的設計**：公投的引用，不僅應有嚴謹適用範圍的界定，且在執行層面上亦應作出精確的技術規範（如是否應限制公投次數），才能顯現效果。若貿然引進公投，只滿足虛幻的民粹主義，卻可能引發更多的爭議。

9. 地方民眾獲得自行決定地方事務的權力，結果**將導致地方政府權力的大增**，相對弱化中央政府的權力。

10. **信念的強度無法衡量**：每一張選票都具有同等效力，即使強烈反對的少數，仍然必須遵守並不在乎的多數人的決定。然而在代議政府之中便不會忽視強烈反對的少數意見。（參考資料：黃錦堂，公民投票在我國適用之檢討，問題與研究第三十五卷第七期，頁47-55；謝復生，公民投票：主權在民的體現或民粹主義的濫用，問題與研究第三十五卷第七期，頁38-39；吳煙村，公投與民主公民投票的利弊得失，//www.kmtdpr.org.tw/4/43-3.htm）

十九、公共管理者所處的官僚體系，因為它的專業穩定，是議程形成過程中，僅次於民選首長與民意代表，握有最多議程設定權力的組織。試從民意議程設定的角度，說明政黨、媒體與利益團體如何藉由民意系統來影響官僚體系公共管理者的議程設定？

答：(一) 政黨：政黨是影響人民政策偏好形成最重要的團體，它也是一個社會當中政治社會化最重要的執行者。**藉由政黨政綱的提出，政黨有組織地一方面宣揚理念，影響人民的政策偏好，一方面爭取人民的支持，以求在選舉中獲勝。政黨有三種途徑影響公共管理者的議程設定權力：**

　　1. **藉由黨部組織系統、從政同志發出依照黨綱制定政策的要求。**過去戒嚴時期黨國體制不分，民主轉型之後，國民黨日漸與國家體制脫鉤，成為國家體制之下的政黨之一，文官體系日漸走上「行政中立」之路，專業主義（Professionalism）也逐漸凌駕黨派考量。

　　2. 政黨可以**藉由其民選首長與議員**，由行政領導與民意機關監督的角色，影響官僚體系的政策作為。為此，黨意可以經由勝選，取得執政的地位之後，直接指揮與監督公共管理者，設定議程，依照該黨的政策方向改變。

　　3. **政黨可以直接召集人民，經由請願、示威遊行等方式**，向行政機關直接施壓。最後一種方式，可以說是前二種管道不順暢或是政黨勢力薄弱時所用的方式，民眾經由政黨的號召，向文官體系施壓，以求改變某項政策目標或執行方式。

(二) 媒體：媒體是民主社會資訊的傳輸者，幫助人民在最短的時間內，了解最多週遭發生的事。媒體在公共事務領域當中，是重要的議程設定者。公共管理者對於媒體的基本心態，是又愛又恨的，有時媒體是嗜

血的「吹號者」；另一方面，媒體有時也能協助公共管理者有效地面對大眾，完成回應民眾的工作。一般而言，**媒體有三種途徑，影響公共議程設定**，對公共管理者產生壓力：

1. **媒體可為中立的信差，將人民的需要與批判，藉由民調、深入採訪、專題報導等方式**，從民眾個人、利益團體、政黨的意見中，萃取重要訊息，傳達給官僚體系。

2. **媒體也可能從純商業競爭的角度，追逐議題**。藉由放大議題的新聞強度與爭議面，爭取最大多數資訊消費者的熱烈反應，也對公共管理者造成施政壓力。

3. **媒體本身也可能具有立場或價值偏好**，一方面影響民眾觀念進而影響政府施政，另一方面直接由報導內容，影響政府政策方向。另外，下列三項政府的媒體策略是公共管理者所必須知道的：

   (1) 媒體與政府是一種長期的互利共生的關係。

   (2) 公共管理者必須隨時準備為政策說明。

   (3) 設置專門的公關幕僚機構。

(三)利益團體：利益團體是不直接介入政權競爭，但試圖影響政府政策方向的民間組織，這些團體常被稱為壓力團體；意指這些團體向握有議程設定權的政府部門施壓，以求政策產出能夠滿足各自所代表的社會利益。**學者威爾森（Wilson）將利益團體政治環境分成四類**，以幫助公共管理者了解其所處的環境：

1. **客戶政治型態**：該型態中政策執行成本是由全民負擔，但是利益卻是由少數人獲得，如公園、學校等公共建設、殘障或貧民救助或甚至是老人年金等社會福利政策。

2. **企業政治型態**：政策執行成本由少數人負擔，但是利益卻由全民均霑，如各項環保管制與消費者保護措施，菸害防制法、商品標示法等。

3. **利益團體政治型態**：政策執行成本與利益，都由少數人所承擔與享受的，如政府的醫藥分業政策。

4. **多數決政治型態**：政策執行成本與利益都是由全民負擔與享用的，如兵役政策、教育政策等。（陳敦源，民意與公共管理，黃榮護主編，公共管理，頁127-161）

二十、從選舉、民調、公投的結果當中，政治人物無時不想萃取出利於自己的民意精髓，為自身行為正當性辯護。面對這種充滿不確定的政治環境，今日台灣公共管理者從事政治管理應具備那些認知？

答：(一)**真實面對民主社會的本質**：因為統治正當性的原因，探訪民意成為民主社會的必要元素，但是由於民意表達先天上的限制，它的展現是相對的，並且充滿了人為操控而產生的不確定，公共管理者應接受這種矛盾且複雜的情況，從真實面解讀自身所處的政治環境，謹慎但用心地解讀從各種管道所傳來關於民意的訊息。

(二)**專業責任是公共管理者面對民意的最佳策略**：公共管理者與追逐民意的政治人物最大的不同是，公共管理者除了回應人民的需要之外，也負有維繫正義公平社會的責任，這種對公共利益負責的聲音，只有在官僚體系的專業意見中才能充分表達。民主政治運作，不應止於選舉，而是完成於公共領域充分討論的過程之中。

(三)**公共管理者應積極扮演引導民意的角色**：因為自身的專業與穩定，公共管理者很自然成為公共事務決策執行過程中的焦點，公共管理者都是不可或缺的民意議程設定者。因此，與其消極地等待民意的監督，不如積極地扮演引導人民偏好形成的資訊提供者，主動創造社會共識，為政府的政策執行打前鋒。而有效的溝通是傳達官僚體系政策理念的必備技能。（陳敦源，民意與公共管理，黃榮護主編，公共管理，頁127-161）

二一、名詞解釋：
(一)重疊管理（Over Management）。
(二)知能管理（Knowledge Management）。
(三)壓力管理（Stress Management）。
(四)變革管理（Change Management）。

答：(一)重疊管理：行政學學者夏弗里滋（J. M. Shafritz）等人在其所著《行政學》一書中論及行政領導的異態類型，即所謂「過度型領導」，即首長主管對其屬下管得大多、監控太嚴，過於瑣碎，而無實際效能之領導方式。此一領導形態之下，屬員無法擁有管理權責能力，個個成為忙於細務的「應聲蟲」。過度型領導包含兩種形態，即「重疊管理」與「雜碎管理」，前者監管體系疊床架屋而又交互監察，顧此細微末

節,卻又失之精簡效能,此類管理方式又日漸形成雜碎管理;「雜碎管理」即只管末端細務,而忽略提綱挈領的領導重點。

(二)知能管理:行政學學者亨利(N. Henry)在闡述民主制度與官僚組織的關係時指出,**「知能管理」是官僚權力的基礎**,行政即知識,知識即力量,故行政即力量。現代行政問題有通識有專技,行政權力的另一基礎即掌握資訊,知問題之所在並處理得當,各種情報信息資訊之蒐整運用以成為資訊管理之中心,亦即知能管理之另一涵義。

(三)壓力管理:行政首長與主管或員工面臨工作困境的挑戰,體認壓力難處而有效地運用能力抒解壓力,進而舒展工作意志與創升工作績效,稱之為壓力管理。行政學學者丹哈特(R. B. Denhardt)認為,機關組織內不可避免地出現壓力困境,所有的管理職位皆屬「壓力職」與「挑戰職」。壓力的形成多來自角色衝突、工作繁難不易解決,或來自情感上與關係上的包袱;壓力抒解途徑則包含改善工作條件、改進制度規範、改變工作環境、調適身心健康等等協助方案。

(四)變革管理:**變革管理包含兩項涵義,第一指管理革新與組織變革**(Organizational Change),偏重組織結構、管理技術與組織行為的改變、革新與適應過程;其中組織變革來自外在與內在改革壓力而形成變革需求,經由管理程序提出組織管理革新方案,並進行改革措施。**其次另一涵義指組織文化的變遷與重塑**,此為「政府改造」論者所指「組織改造策略與持續變遷」。(許南雄,行政學術語)

二二、網絡社會的來臨,代表浮現出新的社會型態。此種新型態社會對人類會帶來何種衝擊?試說明之。

說明: 由於資訊技術的協助,使得全球得以整合成一個網絡化的單位,並在即時(Real Time)的運作方式,呈現出無時間性時間的現象。另方面資本主義經濟在資訊技術成熟之20世紀末,將生產、設計、銷售與消費結合在同一空間與時間尺度上,使得世界經濟體系真正成為全球性經濟。

答:(一)新技術革命所具有的支配性特質,使得將人類生活的面向日益朝向網絡化發展,我們既有的傳統社會社群已被網絡式的有機社群所取代。

(二)雖然社會組織的網絡形式早已存在於其他的時空中,然而新技術典範則提供其全面性滲透至整個社會層面的物質基礎,以致其連結程度已非既有的網絡形式所能比擬。

(三)以資訊為基礎的全球經濟的其特徵為：互賴性、不對稱性、區域性、選擇性及排他性。因此，此新經濟體之結構特徵是一種耐久性的結構與變動之幾何形勢的結合，並傾向於分解歷史既有之經濟形勢。

(四)企業組織間以不同幾何型態的網絡化結合，超過傳統公司與企業間的結合。因此，工作流程逐漸個體化並藉由不同地點的工作單位相互連結，來重新結合其生產的成果。

(五)資訊化／全球化經濟體的成形，使得人類之經濟活動不再受限於固定空間與時間之尺度上，並同時徹底打破以固定空間及時間為基礎的任何形勢的組織、國家與社會。

二三、網絡社會的概念建立何種前提下？網絡社會亦具備何種特質？

答：(一) 前提：

1. 在網絡社會中，規模擴張（Scale Extension）與規模縮減（Scale Reduction）的兩股矛盾力量激盪下，「傳統社群」將逐漸凋零，為其他類型的社群所取代。

2. 在網絡社會下，政府統治的方式必須採用共同治理的方式來運作。因此，網絡社會的特徵之一便是統治權的分化與共享。

(二)網絡社會所具備的特質：

1. **資訊通信技術的普及性**：在網絡社會中，由於行動者間交錯複雜的連結關係，使得協調、控制、整編能力的重要性日益增強。

2. **回應性的增強**：在網絡社會中，新資訊通信技術及資訊所累積的知識和經驗，建構了當前的社會行動，並成為人類活動及社會的結構特徵。

3. **時間與空間的模糊化**：傳統社會中人員或組織的互動均是建立在臨近的地域或家庭組織間；然而新型態的社會，人員及組織的互動則不再受到空間距離及時間上的限制。

4. **規模的擴張與縮小化**：這兩股衝突的向量，正在這新型態的社會中發展著。例如，貿易的國際化及市場的全球化，使得企業組織得以擴張至全球各地，但相對的各公司組織的規模在過去五十年間有大幅下降的趨勢。

5. **時空的壓縮**：在空間方面，對於地方之間互動性的強調形成流動性的交換網絡，這其中隱含著新型態空間的出現—「流動空間」；在時間方面，過去那種線性、可量度性及可預測性的機械性時間正被粉碎著，取

而代之的是各種時態的混合並且選擇性的使用每個時間脈絡─「無時間性時間」。

6. **片段性**：網絡社會不再是以整體的組合做為基礎，而是強調跨區域間及跨時間的組合。

7. **社會結構網絡化**：在資訊科技帶動下，社會各結構面向間的邊界日益模糊化。人們可借助網路將人際間、組織間及社群間的互動聯繫起來，這意謂著個人將全世界帶入住家及工作場所中。（史美強、蔡式軒，網路社會與治理概念之探討，中國行政評論第十卷第一期，頁42-65）

二四、BOT模式執行之過程中，在各階段可能產生那些風險、困難及應注意之問題？

答：(一) 規劃階段：在規劃投標時期，主管機關可能產生審標期過長，評選結果遭疑義，民間參與投資者可能產生投標規劃不完善、投標須知規定不明確，衍生審標期過長；在訂定契約時期，主管機關可能產生契約文意混淆、協商期過長延誤計畫進度、協商不成導致流標。此外，BOT計畫因涉及政治、經濟、財務、技術、法律等層面與所需人才，而政府公務人員在此方面的經驗不足，此將造成BOT計畫規劃不完善及未來無法順利執行等問題。

(二) 建造階段：主管機關可能產生土地徵收延誤，影響民間參與投資者之工程建造成本，而向政府求償，增加政府負擔，甚而影響工程品質，致使民間參與投資違約或倒閉；民間參與投資者在建造階段亦可能發生設計錯誤或變更、資金週轉困難、成本估計錯誤、材料設備缺乏、施工技術缺失與政府應辦工程未能及時配合等問題。

(三) 營運階段：主管機關可能面臨到民間參與投資者發生財務危機倒閉、營運災害或服務品質不良等問題；民間參與投資者亦可能產生營運發生災害之賠償或營運收入不如預期等問題。

(四) 移轉階段：主管機關可能產生接收老舊設備，致須耗費大量維修經費，所以在特許經營期滿之前幾年即應進行工程檢查，使建物及設備符合維修標準；民間參與投資者亦可能產生總收入未達投資效益之現象。（吳英明，公共管理3P原則─以BOT為例，黃榮護主編，公共管理，頁598-615）

二五、全面品質管理在許多國家一開始即被推崇為一種必然可成功且絕對適用
　　　於公共行政領域的新管理經典。但某些學者已開始質疑，全盤轉移私人
　　　企業之全面品質管理模式的適當性與可行性。試問，全面品質管理於公
　　　共組織實施的困難為何？

答：(一) **全面品質管理的本質與公共服務無法相容**：因為全面品質管理的原始
　　　內涵乃純為工業與製造業的操作環境而設計，而工業與製造業的操作
　　　環境與政府機構的運作環境可謂有天壤之別，因此以全面品質管理來
　　　控制公共服務的效能可能產生互斥的效果。

　　(二) **公共管理的本質排斥全面品質管理的運用**：這些公共部門本身的特性
　　　為：

　　1. **公共部門抗拒改變的力量較大**。有學者認為組織成員原有對組織使命感
　　　之的固有概念，極易阻礙其對新管理理念的認識，並造成對大幅度組織
　　　變革的抗拒，而這種現象又因為公共組織科層化的傾向而更為明顯。

　　2. **公共管理者即使績效提升，也不易獲得實質的獎勵**；但若不依循舊規，
　　　試圖引進創新的方法，一旦犯錯又得承受政客與媒體的指責，所以難以
　　　激勵公共管理者進行大幅度的改變。

　　3. 公共管理者並無自由任意改變管理的模式。

　　(三) **公共組織專業人員之工作文化與全面品質管理相斥**：此種觀點主要基
　　　於三個理由：

　　1. **公共組織中多種專業人員的並立**：大多數公共組織內部配置的一大特徵
　　　是多種不同專業人員的共存，且這些不同專業的人員通常非常堅持本身
　　　專業的立場，而無法與其他組織成員產生協調合作的工作關係，形成全
　　　面品質管理要求摒除單位間障礙的一大困難。

　　2. **許多專業的公共服務並不應以顧客的滿意為目的**：許多公共服務的主旨
　　　在於約束、規範人民的行為，例如交通違規的處理、環保法規的執行、
　　　監獄的管理等都不以所謂「顧客」的滿意為工作的目標。

　　3. **公共組織中明顯的上下級關係與權威性的組織文化**：公共組織中明顯的
　　　上下級關係與權威性通常比私人企業明顯而強烈許多，此與全面品質管
　　　理追求向下授權及廣泛的參與式管理相互牴觸。

　　(四) **對公共組織而言，「顧客」是一個相當有問題的概念**：許多學者認
　　　為，定義顧客對政府機構而言往往是非常困難且具相當的政治危險
　　　性。全面品質管理的第一個原則，要求以顧客的滿意程度作為服務品

質的決定標準，對許多公共組織而言，由於顧客對象的多樣性與顧客間目標的衝突性，「顧客至上」便成了一個非常不明確的無用口號。

(五)**公共服務品質與成本的關係較私人企業複雜許多**：全面品質管理的最重要目的之一，是在不增加成本的前提下，提高產品的品質，但對於公共服務而言，提高品質而不增加成本卻有相當的困難。（黃朝萌，全面品質管理策略，黃榮護主編，公共管理，頁658-666）

二六、雖然有學者反對全面品質管理於公共組織的應用。但也有學者從另一個角度觀察，認為全面品質管理並非真的完全無法適用於公共服務的領域，試說明這些學者的論點？

答：(一) 史塔派與蓋絡提（Stupak & Garrity）認為公共部門近年的五大改變，已經為全面品質管理的應用提供良好的環境，此五項改變為：

1. 政府部門因為外在競爭的增加與經濟的壓力，已開始重視績效的改進。
2. 民眾期望的急速提高，使得政府部門必須重視顧客的需求。
3. 政府事務的複雜化，使得授權與參與成為必要的管理模式。
4. 外界團體對公共服務的評估，使得政府的施政必須以事實資訊為依據。
5. 國際經濟的緊密關聯與國際政治的變化，使得政治領導者必須有較長遠的眼光。

(二)摩根與馬加特依（Morgan & Murgatroyd）提出下列論點，以反駁全面品質管理無法適用於公共部門的各種理由：

1. 全面品質管理原始之發展，於製造業的本質並不必然排斥其於公共部門的應用。反對全面品質管理於公共部門適用的最主要理由之一，是全面品質管理乃針對製造業的生產過程而設計，無法適用於以服務為中心的公共組織。這個理由乃是只從全面品質管理的表面字義來解釋其適用性。實際上，全面品質管理應追求服務過程的標準化，以提供每一位顧客個別的服務。事實上，全面品質管理早已成功地應用於許多服務業中，所以全面品質管理與公共服務並無先天的排斥性。

2. 公共管理者的本質是可以改變的。反對者認為公共部門抗拒改變的力量較大、公共管理者的績效與獎勵不一定有關。但正如私人企業組織一樣，絕大部分管理方式的改變，端視組織高層的承諾與決心，這些因素並不足以成為全面品質管理的必然障礙。

3. 公共組織定義「顧客」仍有相當的作用。樂納（Lerner）將公共組織服務的多種對象，依其與組織之核心目的的遠近分為法定的目標對

象、間接對象及一般大眾三種。公共組織雖然因為同時面對許多不同的要求與壓力，使得公共服務在界定「顧客」的對象上有較大的困難，但試圖去界定並滿足法定目標對象之需求，對公共組織存在的目的而言仍有其必要。

4. 公共服務品質與成本的關係較私人企業複雜，但非不可改善。政治力對公共管理的不當影響，通常只在目標不明或績效難以衡量的政策範疇之中最為明顯，對於其他的政策則影響的程度有限，因此仍有評估品質與成本的依據。此外，從近來各國政府革新運動趨勢來看，策略規劃、績效預算、市場競爭模式與民營化等控制管理績效之方法，已廣泛地應用於公共組織之中，使得公共組織漸漸必須追求服務品質與成本效益的提升。（黃朝萌，全面品質管理策略，黃榮護主編，公共管理，頁658-666）

二七、何謂公共管理三P原則？具有何種基本思維、經營哲學及行動原則？試分別加以闡述之。

說明：政府再造強調三P的公共管理行動原則，目的就是要擺脫過去政府出錢出力生產、建設的方式，未來主導社會進步的力量不再是分隔分工的公部門或私部門，而是合工的「公私部門的協力體」。從這角度來思索三P的主要原則、基本思維、經營哲學及行動原則。

答：(一) 意義：政府再造是讓政府蛻化為具有公共企業精神的政府，學習或運用企業管理的基本理念及作法，讓政府體制和組織更具活力及競爭力。而**公共管理的新經營理念就是活化參與**（Participation）、**運用民營化**（Privatization）**及營造協力**（Partnerships）**三P關係的重新建立。而三P的基礎--五D：移轉**（Devolution）、**民主化**（Democratization）、**分權化**（Decentralization）、**解除管制**（Deregulation）、**發展**（Development），有了五D基礎工程，三P才能啟動發酵。

(二) 三P的基本思維：

1. **社會經營權的省思—重新定位政府的角色、功能與職責：**民主行政的趨勢，政府的角色與職能**必須從「控制」與「管理」轉為「掌舵」、「服務」與「經營」，必須是消費者導向**（Customer-oriented）**的、服務導向**（Service-oriented）**的政府組織，必須具有回應消費者需要的能力。**

2. **活化行政革新—公務員及公部門潛能開發**：行政革新必須把握政治改革的動能，透過活化的行政改革提升國家競爭力。因此，行政革新方案應與其他政策方案做高度連結，形成政策網絡（Policy Network），讓民間潛在力量釋放出來，國家才有競爭力。

3. **社會整體資源利用極大化—累積公善及確保人民生活品質**：成功的公共管理應消弭政府與民眾間在公共事務認知上的差距，進行的方式就須仰賴活化參與、運用民營化及營造協力關係（Partnership），方可克竟全功。

4. **活化「跨領域對話及合作關係」**：公共事務的複雜性，已非單一政府機關或部門能解決，一個前瞻的公共管理者，必須具備突破「跨域瓶頸」的能力，從跨部門的觀點中來推動對話、解決爭端，及進行資源整合。

5. **培養公共企業家精神**：係指公共企業家應努力開發民間可以貢獻力量的機會，同時注重提升人民對公共服務及公共政策「抱怨批評」的能力，並設法強化人民願意協助政府矯正行政缺失。

6. **重新認識「小的力量」—體積小、動力大、反應快、空間大**：先進國家發展經驗指出，惟有建構一高效率、回應性與責任性的文官體系，才能實現政府改革的理想與目標。

(三) 5D為基礎的三P經營哲學：

1. 三P 基本假設：
   (1) 三 P 可以增進社會整體資源的整合利用與管理，為公部門及私部門創造雙贏機會。
   (2) 三 P 可以避免或減少開發行動的價值衝突及資源錯置，使公私部門間縮小彼此對公共事務認知的差距。
   (3) 三 P 可以積極創造社會永續發展利益，為人民提供更多保護、安全及福祉。

2. 三P的基石—5D：**三P強調參與者或利害關係人（Stakeholder's）間創造共贏賽局的一種組織性關係或互相支持網絡，公部門與私部門形成平等互惠、共同參與及責任分擔關係**。因此，三P必須建立在以下五種基礎：
   (1) 移轉（Devolution）：指生產功能的轉移及社會責任的共負，生產角色的分享，將原本政府統籌的公共業務，逐步釋出。
   (2) 民主化（Democratization）：透過法治文明及責任制度的營造，使民間公民力、社會力及人文力釋放出來。
   (3) 分權化（Decentralization）：中央對地方的釋權，增加地方自主性，讓地方政府能夠富有彈性、靈活運用，而不畏懼與私部門接觸往來。

(4) 解除管制（Deregulation）：降低政府干預，使政府機關的活動受市場機能規範；減少政府介入，放鬆政府對企業的不必要控制。

(5) 發展（Development）：發展意涵包括三個層次，一為基本需求的滿足，包括物質需求、社會需求，以及精神與道德需求。二為選擇的自由，確保各種消費和服務的自由選擇權，消除外在不合理限制。三為創造一個有益於民眾提高自尊和自重的環境，包括各種制度和系統的建立。

(四) 三P的公共管理行動原則：

1. **活化參與**（Participation）：在民主政治社會下，民眾享有更多參與公共事務權力，公共政策制定不再是屬於少數人特有的權力。為使公共政策更具代表性與反應社會需求，政府在制定與執行某公共政策時，結合社會大眾意見已是必然趨勢，這不僅令民眾對政府增加親和與信任，並可消除與政府間的對立。從公共行政和公共管理發展而言，「公民參與」（Citizen Participation）及公私部門的「合作生產」（Public/Private Co-production）的作法，不僅為公共事務管理提供一種解決問題的方式，同時亦激勵參與者對「公民資格」的驕傲。

2. **運用民營化**（Privatization）：政府部門由**簽約外包**（Contracting Out）、**業務分擔**（Load Shedding）、**共同生產**（Co-production）或**解除管制**（Deregulation）等方式，將部分職能業務由民間部門經營，惟政府仍須負責財政籌措、業務監督，以及績效成敗之責任。 民營化可視為官僚規模精簡（Downsizing Bureaucracy），引進市場機能（Market Mechanism），將更多社會資源放在民間。

3. **營造協力**（Partnership）：現代公共管理相當注重組織內部的社會建造，使組織更具與外部環境調適和結合的親和力。現代化私部門的經營亦必須注重與民眾、政府的互動，即所謂私部門運作的「雙重公共性」（Duality of Publicness）。因此，公私部門應進行協力合作，其原則及應有認知為：

(1) 所謂「協力」，不論是透過「網絡」或「機構」來表現，基本上乃是一種協力參與者間的組織性互動關係。

(2) 協力不必然是層級性的機構組織，但必然是組織性的關係或網絡。

(3) 協力並非雜亂無章而且講求彈性，協力者間雖無層級上下主從約束，但其互動仍高度講究效率與分工。

(4) 協力是目標導向或任務導向的組織性關係，協力者同享協力過程和協力成果的益處。

(5) 協力關係可以從政策網絡觀念來理解，協力者間透過非零和賽局的認知，共同形成互利、互補，和互倚的網絡關係，以達資源的最有效運用。（孫本初，新公共管理（三版），一品文化出版社）

二八、試說明BOT的意義、特質、優缺點、及政府對BOT模式應有之適當作法。

說明：　BOT模式的立論精髓就是三P公共管理行動原則：參與（Participation）、民營化（Privatization）、協力（Partnership）。

答：(一) 意涵：**所謂BOT是**（Build-Operate-Transfer）**的簡寫，即「興建、營運與移轉」**，係指由私人企業或國際財團與政府機關簽訂合約，由這些企業或國際財團自行準備資金，興建（B）某項公共建設，興建完成後，由政府機關給予營運特許權（O）；在經過一段時間（若干年）營運後，再把整個產權及經營權移轉給政府（T）。透過此種方式，政府可以借重民間資金參與公共建設，以減少資金不足的壓力，民間企業因獲得特許經營權的回饋，可達到創造利潤的目的，可說是一種互蒙其利的作法。

(二) BOT模式之特質：

1. BOT的財務負擔及風險由政府轉移給民間投資者承擔。
2. BOT計畫將政府所需的投資金額降至最低，緩和政府的財政負擔，政府可將有限的財政資源分配到其他更需要的建設上。
3. BOT的財力來源為民間投資者。
4. BOT計畫提供民間投資的誘因、利潤及商機。

(三) BOT模式之優缺點：

1. 優點：
   (1) 建設成本完全由民間負責，可充分減輕政府之財政負擔。
   (2) 政府可在有限資源及較短時間內，同時推動多項需求迫切之建設計畫。
   (3) 在政府監督下，藉由民間管理技術可提升公共建設計畫之進行效率。
2. 缺點：
   (1) 由於民間承擔建造期及營運期風險，因此需有足夠之誘因（如：投資報酬率高、稅賦減免、土地開發或費率補貼等），始能吸引民間投資。
   (2) 由於民間受到籌資能力之限制，因此財務計畫應對成本及未來營收之估計預測具可信度且具備償債能力。

(四)政府對BOT模式的適當作法：

1. 即重大公共建設開放民間投資，前提是須有利可圖，方能吸引民間投資者參與，故「有利可圖」即是鼓勵民間投資參與之基本條件，民間投資者也是在高風險之情況下獲取利潤，因此「有利可圖」與「圖利他人」是不可混為一談的。

2. 主管機關在推動民間參與重大公共工程建設前，宜成立統籌之BOT指導小組，選擇幾個示範案例，循序漸進，如此將有助於往後大規模公共建設之推動。

3. BOT 模式唯有在政府支持下才能順利進行，因此政府必須准許BOT公司具有特許權；政府也必須配合計畫的進行提供協助，如土地取得，提供BOT 公司開發附屬設施財源、站區聯合開發、調整公車路線以配合旅客輸送來增加營運收入等。（孫本初，新公共管理（三版），一品文化出版社）

二九、何謂「民營化」？其存在的目的？為何會有民營化的發生（動力）？

答：(一) 民營化的意涵：民營化（Privatization），係指民間部門（Private Sector）參與公共服務的生產及輸送的過程，即政府部門藉由簽約外包（Contracting Out）、業務分擔（Load Shedding）、共同生產（Coproduction）或解除管制（Deregulation）等方式，將部分職能業務轉由民間部門經營，惟政府仍須負擔財政籌措、業務監督，以及績效成敗之責任。

(二)民營化的目的：

1. 利用自由市場的「經濟原則」與「效率原則」，改善公共服務品質。民營化並未豁免政府的財政責任與政治責任，只是轉移公共服務傳輸的重心，政府機構仍保有政策感知、政策規劃、目標設定、績效監測、成果考評、獎優懲劣等職能。

2. 針對某些職能業務，或予刪減，或予終止，藉以縮小政府活動的範疇。在某些業務中，不論政府扮演的角色是買主、管制者、標準設定者、抑或是決策者，都必須縮減其職能範圍，轉由民間部門負責。

(三)民營化的動力（壓力）：

1. **實用主義的壓力**（Pragmatic Pressure）：當政府面對沈重財政壓力、運作成本提高，以及反對增稅的聲浪，消除窘境的方法主要有二：

(1) 縮減政府服務項目。

(2) 提升政府生產力。

政府採行「縮減業務」的方法，易因民眾產生「相對剝奪感」而不受
支持，因此「增加生產力」常成為比較可行的策略，故民營化即為方
法之一。

2. **意識形態的壓力**（Ideological Pressure）：**民營化背後的意識形態，是一
種減少政府干預的主張**。具體實務，就是以「縮小政府規模」為主要
手段。

(1) 近年來政府的規模逐漸擴張，許多行政論者認為此將危及民主，因而
主張：「解除管制降低稅賦」，所抱持理由認為，當更多人民所得經
由賦稅程序轉交政府，而政府卻無法在稅款的運用上反應民意，此時
政權的適當性及合法性即告式微。

(2) 行政論者視「政府組織擴張為警訊」的另一個理由，是對政府的不信
任，他們認為政府能力有限，一旦承攬所有公共事務，不但會降低公
民追求公益福祉的責任感，也會使公共政策無法充分反應民意。

(3) 政府的負債與財務困窘，使得「反對政府」（Antigovernment）的論調
高漲。因此，某些行政論者反對大規模政府組織（Big Government），
進而倡導「減少政府干預」（Less Government），主張將部分政府業
務轉由民間部門承擔。

3. **商業利益的壓力**（Commercial Pressure）：民營化是有關市場體系和非
市場在資源配置上孰佳之辯論一部分。主張民營化的一方堅持政府的有
限角色及私人企業優越性，許多公共事務，若由民間承擔業務，當可減
少人事費用的支出。另外，藉由民營化的措施，民間部門可從政府大的
預算案中，獲得實質的商業機會與利益。再者，形成商業壓力的另一項
因素，是民間企業對政府能力的質疑。國營事業的壟斷獨占、資金管理
不當以及績效不彰等，為人詬病已久。

4. **民粹論者的壓力**（Populist Pressure）：民粹論者的主要主張有二：

(1) 對於公共服務，公民應有更多自由選擇和參與的權利。

(2) 公民應有自行界定自己的一般需求，並且有減少對官僚機構過度依賴
之權利。

民粹論者支持民營化的世界觀，因為民營化可以增加服務選項、加強公
民的自由意識，並且深化地方社區意識的功能，民粹論者為追求更好的
社會，因此訴諸民營化。就此而論，民粹論者主張民營化的立場，雖與

實用主義論者及商業取向論者相同，但其動機則略有差異。實用主義論者想要追求更好的政府，商業取向論者想要取代更多的政府業務。（孫本初，新公共管理（三版），一品文化出版社）

三十、試說明民營化具有哪些理論基礎？理論及實際執行的內容又各為何？

答：(一) 民營化理論：

1. **市場失效論**（Market Failure）：市場失效論立基於完全競爭的經濟制度理論。

完全競爭經濟狀態又稱為「柏瑞圖效率」（Pareto Efficiency）或「柏瑞圖最適性」（Pareto Optimality），意指生產者在最大效用及最大利潤前提下，透過「隱性機制」（Invisible Hand）（俗稱看不見的手），分配財貨與服務，而不會產生「增加部分人利益，卻使得他人效用或利潤降低」的情形。傳統個體經濟學者，將違反柏瑞圖效率的經濟市場原則稱為「市場失效」。市場失效之原因：

(1) **外部性**（Externalities）：所謂「外部性」，是指任何一位行為者影響到另一個未經同意的個體，而其行為是具有價值效益的影響（成本或利益）；或某一經濟主體的經濟行為，無償影響到另一個經濟主體的現象。外部性所指涉的利潤或成本，並非專屬於生產之企業，亦非由價格系統所掌控之因素。

(2) **市場不完全性**（Market Imperfections）：包括財貨、服務以及市場中導致違反完全競爭模式的因素。形成原因如下：

   A. **資訊不全**（Imperfect Information）：消費者對產品與價格沒有完善的資訊或不具判斷能力。

   B. **參與障礙**（Barriers To Entry）：鉅額資金成本的需求、管制性條件或其他因素阻礙新企業進入市場，使之無法參與競爭。

   C. **規模漸增**（Increasing Returns To Scale）：當產量增加，成本降低時，則會產生大規模生產、獨占或寡頭壟斷市場導向的時代。

   D. **風險**（Risk）：產業計畫隱藏了大規模風險或必須長期支付（Long-term Payoffs），致使民間部門生產者不願承擔風險，拒絕加入市場生產財貨或服務。

   E. **不穩定性**（Instabilites）：部分市場因經濟繁榮與經濟蕭條交替循環（Boom and Bust）之影響而產生恐慌，增加市場混亂與瓦解的可能。

2. **志願部門失效論**（Voluntary Failure）：Salamon認為志願失效理論的主因在於非營利部門籌措資源能力的限制，他稱此現象為「慈善的不適性」（Philanthropic Insufficiency），包括「搭便車」的影響，以及志願部門不具因應經濟蕭條時的資金分配能力；他並認為，志願部門在對自我定位之社區做利益分配時，會有「需求與資源分配不均」的斷層情況，在無法公平管理時，因而會有競爭性行為及重複他人服務項目，因此導致無效率，亦無法在服務上開發新的經濟領域。基於以上原因，Salamon主張對財政支持型態、規章或直接供應之服務，須有政府的干涉管制。

3. **組織失效論**（Organizational Failure）：有關組織失效又稱為官僚組織失效，即在探討交易成本的問題。組織經濟論者威廉生Williamson：定義了四項基本因素，作為政府內部組織活動失效的理論根據：

   (1) **有限理性**（Bounded Rationality）：指人類認知能力的限制，包括估算能力及語言表達的能力。

   (2) **環境的不確定性**（Environmental Uncertainties）：有限理性在複雜而不確定環境裡，偏好「內部組織」形式（即公共組織的層級節制體系），因其便利相關人員適應不確定與複雜的環境。

   (3) **機會主義**（Opportunism）：即說明因資訊不對稱所引起的欺瞞問題。

   (4) **少數成員情境**（Small Members Conditions）**與資訊影響**：指有關交易的基本環境為人所知，絕非任何人都能輕易的辨認或運作，民眾並非可透過政府內部組織輕易地解讀相關資訊。

4. **政府失效論**（Government Failure）：學者伍爾夫（Wolf）和道格拉斯（Douglas）對政府失效的現象，提出以下的觀點：

   (1) 伍爾夫闡述政府在公共服務上的供應不足與無效率的原因：

   A. **法規不全**（Inadequacy of Governmental Provision）：政府對越來越多的對立性現象提出有效的解決方法。

   B. **內部性**（Internalities）：指在非市場性質組織中，所顯示的個別私人目標（即不需面對市場競爭致使政府運作產生無效率）。

   C. **冗員充斥及成本漸增問題**（Redundant and Rising Costs）：指政府機構對服務輸出的效率或施行過久的管制方案，因無法有效考評政府的生產規模、成本、監督所產生的困境。

   D. **外部性影響因素**（Derived Externalities）：包括政府在對市場運作過程中所採取的干預措施時所忽略的負面影響。

(2) 道格拉斯（Douglas）則針對政府提供公共服務之障礙因素，提供五項限制因素，藉以建議民間非營利組織，替代政府扮演公共服務供應者的角色。

  A. 類別的限制（Categorical Constraint）：包括政府以一般而廣泛的方式提供公共服務，無法針對情況特殊者；此外，廣泛式的供應亦扼殺了小規模可能更符合民眾需求且更具經濟效率的實驗革新。

  B. 多數主義的限制（Majoritarian Constraint）：此反映公共財的多元衝突，可能無法僅由政府提供或解決其中問題。

  C. 時間的限制（Time Horizon Constraint）：指政務官任期有限，因此可能忽略公共政策與社會問題應從長計議之重要性與必要性。

  D. 知識的限制（Knowledge Constraint）：此反映政府固守單一信念的結果無法有完整連貫的資訊與研究。

  E. 規模的限制（Size Constraint）：指政府龐大、非人情化與難以接近的特質。因此，社會需要「銜接機構」（Mediating Structures）以聯繫政府與民眾。

(二)民營化的方式（類型）：理論上：

1. **撤資**：指公營事業或國有資產移轉到民間。此種移轉之民營化可經由出售、無償移轉及清理結算等策略進行，對象可以是現存機構之員工、產品使用者、服務對象，或市場上現存之其他私人企業。

2. **委託**：是指政府部門委託民間部門部分或全部財貨與服務的生產活動，但保有監督之責任。

3. **替代**：是指當大眾認為政府所提供生產或服務不能滿足社會需求，而民間部門意識到此種需求，進而以企業經營的型態提供生產或服務，以滿足社會大眾。

上述三種類型，「撤資」與「委託」均需政府部門直接主動決定，而「替代」則是政府部門處於被動的立場。此外，就時間面向而言，政府在「撤資」過程中，扮演畢其功於一役的角色，而在「委託」及「替代」過程中，政府則扮演「持續運作」的角色。因此，政府均不是即刻在市場上消失，而若干階段是公共與民間組織共同承擔財貨生產及服務功能。

(三)民營化實際的執行方式：

1. **簽約外包**（Contracting Out）：民營化的措施中，以簽約外包最為普遍，係指透過政府機構與民間營利或非營利機構簽訂契約關係，由政府

提供經費或相關協助,由民間營利或非營利機構履行契約中之規定項目或對「標的團體」提供服務。契約中詳載雙方之職責義務、服務期限,及標的團體人數。

(1) 簽約外包的優點:

　A. 透過契約的競爭和利益驅動,顯示了生產品的真實價格和減少浪費。

　B. 透過總費用減少及高額人事費和設備費的減少,達到管轄權的經濟尺度。

　C. 減少高額人事費用,避免公務人員工會和文官制度的限制。

　D. 在一些短期方案、暫時性工作、特別的實驗計畫,或新問題的處理,可將人員和設備以較彈性的方法使用,不需維持永久的官僚體制。

　E. 同業中競爭壓力下所產生之效率,是在獨占政府部門中所未見的。

(2) 簽約外包要達到上述優點,理想的情境條件:

　A. 能透過民主方式表達政府對公共服務生產需求。

　B. 政府是一個有技術性的採購組織(Skillful Purchasing Agent)。

　C. 政府必須了解服務特性、品質,以利能監督生產部門的效率與結果。

　D. 能儘量節省支付標價成本,並維持一定水準。

2. **抵用券**(Voucher): 所謂抵用券,係指由政府發給消費者一種優待券或支票,持有人可到市場購買該券所規定範圍內的財貨或服務。抵用券的特徵在於限制消費者對於購買財貨或服務的選擇,通常政府核准財貨或服務提供者的條件之一就是要求價格合理、品質良好,以保護消費者選擇利益。

(1) 抵用券的使用通常須注意:

　A. 合格供應商為何?政府機關對於供應者的選擇可以依其所有權、地點、信譽與品質而定。

　B. 抵用券可否與其他支付方法(如現金)合併使用,增加消費選擇機會。

　C. 所有的消費者是否都可以拿到等值的抵用券?

　D. 如果供應短缺時,應如何處理?

　E. 抵用券的使用是否應該設定限制?如使用者年齡、期限、不得轉讓等。

(2) 實施抵用券的優點：

  A. 可以控制與預測受惠者的人數與規模，不致造成政府過度承諾某項社會福利措施而產生經費過度浮濫的現象。

  B. 抵用券的行政成本甚低，易提高消費者的經濟能力，也可減輕社會福利負擔。

  C. 抵用券制度可以打破供給者市場壟斷的現象，加強服務的提供，以因應未來變遷需要。

  D. 如果政府能控制與嚴格規定供給者的產品或服務品質，則這種制度絕對是一項有效的管理工具。

  E. 根據 OECD 國家實施經驗發現，抵用券可以實現下列目的：**生產效率、分配效率、財富重分配效果、行政便宜性、降低交易成本。**

(3) 抵用券受到的批評：

  A. 抵用券可能因某些人拒絕兌現使用，以致無法達到分配財貨運用的目的。例如當房屋租金高漲時，房屋抵用券就不能被使用。

  B. 破壞社會公平性，持有人與非持有人對於市場財貨與勞務的資訊並不均衡。

  C. 以不同收入、族群與宗教來分配抵用券，易傷害民眾感情，破壞社會凝聚力。

3. **補助或減免**（Grants Or Subsidies）：此係指藉由補助金給予，增加民間機構賺取利潤的機會，政府同時亦可以解決部分問題，最常見的補助方式：

  (1)「薪資補助」（Wage Subsidies），以鼓勵民間機構僱用弱勢的求職者（Disadvantaged Workers）。

  (2)「資本補助」（Capital Subsidies），則鼓勵民間企業在經濟發展較落後的地區興建工廠，以增加當地就業機會。

4. **志工者**（Volunteer）：近年來，許多單位大量使用志工以節省人事開支，同時產生公民直接參與政府的社會價值，並刺激志工對機構奉獻的士氣。

5. **業務分擔**（Load Shedding）：業務分擔，包含志願服務補助與簽約外包，係將原由政府所提供的服務，改由商業團體或志願組織來提供。

6. **共同生產**（Coproduction）：指為提升社會服務的質與量，民眾積極參與，與政府機構共同生產的服務生產模式。

7. **解除管制**（Deregulation）：藉由管制的解除，讓原本享有獨占地位的事業開放，允許一般民營企業參與經營。解除管制，意味政府部門宰制的消失。解除管制除了減少政府支出成本，使消費者具有更多選擇自由，同時亦能刺激政府反省本身服務提供的合適範圍。

8. **特許權**（Franchise）：指政府授予民間機構特許權來經營或提供特定的公共服務，而由廠商對所提供服務的民眾收取費用。例如，有線電視。

（孫本初，新公共管理（三版），一品文化出版社）

三一、民營化實施的條件？所具有的優點及限制？

說明： 公共服務民營化政策之首要目的在節省政府的運作成本和服務品質提升，為達民營化目標，必須創造有利的條件，俾使民營化的工作能順利推行。

答：(一)民營化的條件：

1. **健全的市場環境**：政府必須確保市場環境的健全。包括：公共服務的特性、合約商之信譽及其過去績效、提供服務的方式，及有關成本等市場訊息等，以免受制於廠商。

2. **公平的遊戲規則**：政府的招標與決標程序應具備公開、公平、公正的競爭原則，讓真正有誠意、有績效、信譽好的廠商能進入公共服務體系；故，必須設定公平的遊戲規則。

3. **持續的監督組織**：政府官員必須建立功能性的監督組織，俾持續地監督私部門的活動，且必須援引及發展一套客觀的評估標準及回饋系統，以隨時改善私部門不當或越軌的服務。

4. **精確的成本效益**：在決定民營化時，政府官員必須考慮哪一種方式較符合成本效益，以作為計算民營化成本與效益的參考。

5. **高度的服務品質**：從民間立場論，他們最關心的是服務品質有沒有提高，若政府能夠督促民間提高服務品質，民眾支持該項公共服務的可能性就大增。

6. **評估相關影響**：政府官員必須考慮一項服務之提供是否會對其它服務產生不利之影響，若有影響，應如何克服？

7. **研擬應變措施**：政府官員必須要求廠商研擬緊急應變措施，以免發生意外事件時，民間無法解決，反成為政府必須善後的責任。

(二)民營化的優點：

1. **彈性增加、成本降低**：民營化措施能省卻行政官僚化和程序的約束，得以僱用所需員工或解聘不適任員工，對人力資源的使用更具彈性，政府部門可以省卻一筆開辦費，並藉著人事精簡可撙節不少費用。

2. **借重民間專才**：政府的公共業務必須由具備公務員資格者擔任，但並不一定具備相關所需專業知識，因此，公共部門常借重民間機構對某方面服務領域有專門的知識和經驗，提供政府在員額及工作經驗上的不足。

3. **落實服務對象受惠原則**：政府部門因正式化、層級化與形式化主義等特徵，服務對象常要接受繁複瑣碎的程序或服務；相較之下，民間單位的易於接近、專門化、彈性與競爭則受肯定，較能提供有效的服務，且能以較快速度反應新需求，並配合需求的機動與經費多寡調整服務方案。

4. **選擇性增加**：藉著公共組織業務的民營化，政府的政策可以促進不同輸送系統的發展。以社會福利為例，雇主可以讓受僱者在許多互有競爭的「衛生醫療維護組織」中選擇一個價格適當而服務範圍較廣泛的醫療保險計畫。

5. **增加參與機會，整合資源網絡**：公共服務業務交由民間機構辦理，政府督導、協調工作，使資源不重疊而成無謂的浪費。

6. **資訊透明化**：傳統的公共服務，由政府獨資並且負責提供服務項目，生產此項服務的收益及成本都是政府獨占資訊，外界不能評估資源使用的多寡及政府從中「獲利」的程度。藉由民營化競標過程，迫使政府必須公開全部成本及決策相關資訊，從而加強民眾對政府的監督。

7. **運作健全化**：公共服務交由民間提供，政府的功能只限於監督，不再是生產者。如此一方面削減官僚體制的規模；另方面藉由競標與決標作業，使政府官員可客觀分析各項成本與收益相關資料，加強本身的工作能力。

8. **示範效果**：大部分的公共服務為不具市場性質，缺乏競爭能力，使得政府員工不需在服務提供上積極尋求工作效能。但藉由公共服務民營化，將可對政府形成壓力，對繼續工作的政府員工造成威脅，使他們必須改善工作績效，以爭取長官與民眾的支持。

(三)民營化的限制：

1. **適用性的困境**：就政府部門立場而言，民營化的適用範圍，迄今仍以一般事務的執行活動為主。事實上，許多政府業務很難民營化，不論是具

有主權意涵的業務（如稅賦課徵、對外宣戰，以及強制執法），或是攸關國家安全的職能，均不適用民營化。

2. **缺乏政治責任**：民間組織的營利取向，可能使得公共服務，在「最高效率、最低成本」考量下，忽略了社會責任與公共利益。以美國實施垃圾清運為例，不少負責清運垃圾的民間公司，往往基於利潤回收考量，不願投入資金興建焚化爐或掩埋場，而代以越界違法傾倒，如此「以鄰為壑」的做法，引發受害區域的反彈及仿效，形成不必要的社會成本。

3. **不穩定因素的干擾**：有些受委託機構，可能由於種種因素，例如：意願不高、熱誠不夠、服務品質不佳等，或毀約、換約等情況發生，因而造成服務中斷、沒有持續性，導致消費者（服務對象）的不便或權益受損。

4. **管理困境**：接受契約的民間機構往往有經營不妥，及缺乏適當方案資訊與經費開支控制系統的情形。其次，政府的資助對民間機構而言，是相當重要的財源之一。而這些受委託民間機構之選擇，往往會受到利益團體之「遊說」影響，忽略了真正的功績取向以致公眾利益受損，並且危害社會政策公平性的原則。

5. **營利機構參與的弊端**：公共組織業務移轉至民間機構，會造成所謂社會分化現象，使用者的付費能力決定其所獲得服務品質的關鍵。**對於付費能力低或完全無付費能力之低收入者，往往只得到便宜或次級服務，導致社會服務等級化**。而不易執行的項目，則仍是交由政府部門完成。此外，民營化的支持者犯了「將實際上公部門管理的經驗，與理想中的私人管理相比較」的錯誤。即使在民營化後，政府也不能全部撒手不管，理由：

(1) 即使已民營化，公共設施仍是具有政治重要性的事務。公共設施是每個人都要使用的，其價格與供應的狀況，當然就屬於政治事務的範疇。

(2) 如果一開始未建立起競爭性架構，將使得爾後架構建立變得困難重重。

(3) 雖然有個特別用以管制產業的官署看似合理，然而有效競爭的缺乏意味著，在企業和管制者間必然有「關於價格的衝突」，以及「管制者遭企業擄獲（Capture）的潛藏性」。管制制度已導致持續管制，公司依賴管制環境，而非因競爭獲利之「有秩序競爭永存的制度」。（孫本初，新公共管理（三版），一品文化出版社）

三二、為提升政府行政效率，「民營化」已成為一為普遍為各國政府所接受及採行的政策。就你所知，說明現今主要國家實施民營化的內容為何？「政府改造」中的「民營化」內容為何？

說明：　自 80 年代以來，已開發國家基於政府改造理念，多普遍實施民營化，包括國營事業開放民營、政府機關業務外包、私部門與第三部門提供公共服務等民營化形態。依據 OECD，各國實施組織精簡革新諸多措施中，最普遍化之前三項依序為：「政府規模限制」、「民營化」與「公司化」（公司化大都為民營化的前奏）。

答：(一) 各國民營化措施（Privatization）：

1. 英國：前首相柴契爾夫人執政後，即致力於效率改革與財政管理革新，主要配合措施即民營化。自1984年起，政府首先出售公營電信事業等四十餘家，柴契爾夫人執政期間，將近60%之國營企業改變為民營。至於政府機關民營化，則是依「新階段革新」而將各行政機關分為「政策部門」與「執行機構」，後者得逐步開放民營。

2. 美國：美國並無一般國家所稱的「國營事業」，但其民營化措施範圍方式之多，卻非其他國家所及。自雷根總統主政開始，即重視民營化之推動。民營化措施的成效是：政府機關結構與職權縮減、執行機關機能吸納企業化精神而更具效能、降低組織編制員額需求量，促成政府人事業務簡化，並有助於公共企業管理體制之確立。其主要措施如下：

   (1) 1987 年起，聯邦行政機關預算案中須附帶提出聯邦財產私有化計畫，當年即出售聯邦聯合鐵路公司股權。

   (2) 1990 年代民營化措施更形普遍，重要項目包括：若干政府部門開放民營；聯邦政府出售資產；聯邦機關公共服務外包或委外服務；合產合營或公辦民營；公共工程開放由民間投資營運移轉（如 BOT）。

   (3) 法國：自 1986 年通過「國營企業民營法」後，政府已於 1991 年前後出售六十五家公營事業，政府機關亦引進「全面品質管理」體制以增進效能，1995 年通過法律將二十一個規模較大之公營企業開放民營，其中含巴黎國家銀行、雷諾汽車廠、法航之民營化。

   (4) 德國：德國聯邦政府並無大規模國營事業，但各邦政府管轄範圍內則有較大規模之公營事業機構。聯邦政府僅有部分國營事業機構（如汽車業、航空業、石油業），另有公辦民營事業。自 1990 年代起，政府出售部分國營事業之股權，各部及地方政府則已逐漸採行民營化，若干服務業與製造業均逐步開放民營。

(5) 日本：自 1985 年起，逐步開放國營事業民營化，首將電信電話及專賣公社轉變為民營，1987 年將國有鐵道改為民營，郵政事業則於 2001 年下設「郵政事業廳」，並計畫在 2005 年改制為「郵政公社」，然後再轉變為民營；國有林業若干林場管理委託地方政府採民營方式，其餘民營化措施等。（許南雄，行政學術語）

(二)政府改造中的民營化：「民營化」不論指部分或全部民營，間接或直接民營，均帶動政府機關之「企業化」、「效能化」與「精簡化」。政府改造所指的「民營化」大致指：

1. 國營事業民營化。　　　　　　　2. 政府行政機關民營化。

3. 政府政務委託或管理改為民營。　4. 政府出售公營事業或出售公產。

5. 公共服務外包。　　　　　　　　6. 公辦民營。

7. 公共設施採行民間投資經營移轉方式（如所謂BOT）。

8. 公共事務由「非營利組織」或自願性社團、社區組織、義工參與並共同擔負公共服務責任。

9. 政府國營事業與民營企業合產合營。

10. 政府補助民營事業。（許南雄，行政學術語）

選擇題

( )　1. 公共經理人應具備下列何種角色？　(A) 人際角色　(B) 資訊角色　(C) 決策角色　(D) 以上皆是。

( )　2. 下列關於公、私部門協力關係的敘述，何者錯誤？　(A) 公、私部門協力關係或稱合夥、夥伴關係　(B)「合作」係指在公、私部門水平互動之過程中，公部門扮演支援性角色，私部門扮演配合性角色　(C) 合作是「協力」之另一種型態　(D)「協力」關係係指公、私部門互動過程中，雙方形成平等、共同參與及責任分擔的關係。

( )　3.「滿足部屬所需，以求交換其績效與對組織目標的支持」的領導，稱為：(A) 交換型領導　(B) 交易型領導　(C) 轉換型領導　(D) 移轉型領導。

( )　4. BOT 模式主要是政府公共建設將建造權及經營權移轉給企業及財團，形式上是屬於政府主導，BOT 政策係屬於：　(A) 競爭性管制政策　(B) 合作性管制政策　(C) 共享性管制政策　(D) 私利性管制政策

( )　5. 下列何位學者認為，民主之實踐，非靠多數決的程序不可，但是，民主的價值所在，不只是程序上尊重多數人的偏好，而是在實質上提升每一

個人在集體意志之下的自然權利？　(A) 巴瑞　(B) 杜拉克　(C) 畢德斯　(D) 包可。

( )　6. 哈佛大學 Sachs 教授認為，國家與國家間的競爭，是一種：　(A) 零和遊戲　(B) 正負遊戲　(C) 正和遊戲　(D) 一勝一負遊戲。

( )　7. 指民眾對於政府施政服務的滿意度，亦即民眾對其公僕為民服務的認可與支持程度。一般稱為：　(A) 服務水準　(B) 服務品質　(C) 服務質等　(D) 績效標準。

( )　8. 下列何者非服務品質的特性？　(A) 服務品質是政府對企業服務具滿意度或認可程度　(B) 服務品質是由「衙門取向」改變為「顧客取向」的管理革新　(C) 政府服務之目標在獲得民眾的滿足與支持，企業品管目標則在利潤　(D) 服務品質之提升端賴持續不斷之行政革新、行政績效與行政效能、便民措施及申訴體制之相互配合進行。

( )　9. 公共組織的財務管理應該考量三個層面的導向，即控制導向、管理導向與：　(A) 職權導向　(B) 計畫導向　(C) 會計導向　(D) 利潤導向。

( )　10. 當自由經濟市場之「看不見的手」失去正常競爭，而導致生產者與消費者相互關係破壞，即稱為：　(A) 政府失靈　(B) 市場失靈　(C) 管理失靈　(D) 官僚失靈。

( )　11. 下列何者符合 BOT 的精神？　(A) 以法律、契約為基礎之合作關係　(B) 以策略聯盟為主要合作機制　(C) 異質性組織間之相互學習與文化融合過程　(D) 以上皆是。

( )　12. 在新結盟主義之下，為有效汲取民間之資源及合作，BOT 模式尚有許多變形。其中，「LDO」係指：　(A) 修建、擁有及營運　(B) 價購、興建及營運　(C) 興建、移轉及營運　(D) 租賃、開發及營運。

( )　13. 希斯與納爾遜認為，在事實、價值、或政治上所引起爭議的問題。一般稱為：　(A) 議題　(B) 主題　(C) 主旨　(D) 結論。

( )　14. 下列何者為 70 年代 BOT 形成風潮的原因？　(A) 世界銀行、亞洲開發銀行等其他國際性銀行之倡導　(B) 跨國營建商及供應商在 1982 年國際債務危機後所面臨之人員及機具閒置問題　(C) 專案融資技術之成熟與跨國銀行在 1982 年債務危機後，為增加利潤，而尋求專案融資業務　(D) 以上皆是。

( ) 15. 何種領導又稱為「道德性的領導」？ (A) 交換型領導 (B) 轉換型領導 (C) 交易型領導 (D) 利益型領導。

( ) 16. 現代公私部門協力關係已漸漸形成「新結盟主義」，一般來說，下列何者不是新結盟主義所具有的特徵？ (A) 民間參與 VS 政商合作 (B) 民間主導 VS 國際力量之驅力 (C) 單一之「雇主受託者」關係 VS 複雜之組際關係 (D) 專業主義 VS 相互學習。

( ) 17. 下列何者非地方政府公共經理人所應具備的角色？ (A) 共識分歧者 (B) 社區（地方）議題教育者 (C) 分歧利益團體及社區群眾之整合者 (D) 程序領導人。

( ) 18. 下列何位學者指出，社會行銷係為改善個人及社會福利，就特定目標群眾的自願性行為方案，運用商業行銷技術，予以分析、規劃、執行與評估？ (A) 旁德 (B) 安竹生 (C) 杜拉克 (D) 朱朗。

( ) 19. 何項指標是一個指涉國家政府政策能力與企業實力結合，共同創造優勢發展系絡，以達經濟永續成長系絡的能力？ (A) 國家生產力 (B) 國家儲蓄率 (C) 國家競爭力 (D) 國家外匯存底。

( ) 20. 從「便民服務」的觀點來看，英國以何種體制貫徹便民服務，實開現代各國「服務品質」體制之先河？ (A) 公民憲章 (B) 續階改革 (C) 第二共和 (D) 國家憲章。

( ) 21. 「IMD：一個國家創造資源附加價值，並增進全體國民財富的實力。」此係指： (A) 國家發展指數 (B) 國家競爭力 (C) 國家生產力 (D) 國家實現願景的能力。

( ) 22. BOT 模式是指： (A) 興建、營運、移轉 (B) 興建、移轉、所有 (C) 興建、租賃、營運 (D) 興建、合作、分配。

( ) 23. 「參與管理」在組織設計方面相對的可作如何的調整？ (A) 增加管理層級 (B) 扁平結構的設計 (C) 維持傳統的科層體制結構 (D) 以上皆非。

( ) 24. 朋斯（Burns）提出何種領導的概念？ (A) 正向型領導與負向型領導 (B) 交換型領導與轉換型領導 (C) 利益型領導與道德型領導 (D) 個人型領導與團體型領導。

( ) 25. 下列何者不是公、私協力合作關係時代下「新結盟主義」下合作關係的特色？ (A) 以企業、財團為主體之民間參與 (B) 為政府與企業、財

團之協力關係，並由政府負擔較大的責任與風險　(C) 實用主義下之政
府與企業財團雙贏策略　(D) 政府與企業、財團之合作取得法律之正當
性基礎。

( )　26. 政府為解決市場失靈而採取解決方案措施，卻因政府政策錯誤，而無法
發揮政府「功能財政」影響能力，無法解決市場機制的困境等問題，此
稱為：　(A) 管理失靈　(B) 市場失靈　(C) 政府失靈　(D) 國家失靈。

( )　27. 在新結盟主義之下，為有效汲取民間之資源及合作，BOT 模式尚有許多
變形。其中，「BOT」係指：　(A) 興建、擁有及營運　(B) 興建、擁
有及移轉　(C) 興建營運及特許權更新　(D) 興建、租賃反移轉。

( )　28. 布里森（Bryson）認為該策略規畫過程中，必須注意下列何項重要內涵？
(A) 策略性的思考與發展有效的策略　(B) 制定可能產生未來後果的今
日決策　(C) 發展一致性與防衛性的決策基礎　(D) 以上皆是。

( )　29. 指一個人由於過分追求不實際的工作目標之後，身心完全精疲力竭無法
或不願意重新嘗試工作的感覺。此種稱為：　(A) 工作滿足　(B) 工作
豐富化　(C) 工作設計　(D) 工作倦怠。

( )　30. 控制與運用時間的管理方式，稱之為：　(A) 時間管理　(B) 權變管理
(C) 空間管理　(D) 經驗管理。

( )　31. 從新結盟主義觀點分析，下列何者不是 BOT 模式所具有的意義？
(A)BOT 屬於民間參與公共建設性質　(B)BOT 屬於公部門與私部門
之協力合夥性質　(C)BOT 中之公、私部門合作關係，屬於行政性質
(D)BOT 模式發動權仍握在民間手中。

( )　32. 指一個國家達到永續經濟成長及高國民平均所得目標的總體能力。一般
稱為：　(A) 國家相對力　(B) 國家爆發力　(C) 國家衝刺力　(D) 國家
競爭力。

( )　33. 下列何者為「工作倦怠」此一名詞所具有的特性？　(A) 工作者的工作
倦怠是發生於個人層面，且會感染與擴及到整個組織　(B) 工作倦怠是
工作者長期處於過度追求不切實際的目標或工作環境所造成的壓力之下
(C) 在因應的過程中，因為用人過度的負荷，逐漸產生一系列症狀的負
面反應之過程　(D) 以上皆是。

( )　34. Porter 在「國家競爭力優勢」中，提出了何項理論來決定國家經濟優勢的鑽石體系？　(A) 菱形理論　(B) 三角形理論　(C) 正方形理論　(D) 五角形理論。

( )　35. WEF 以八大要素來測量國家競爭力，其中不包括下列何者？　(A) 政府職能　(B) 企業管理之品質　(C) 人力素質及生活　(D) 貿易與金融開放程度。

( )　36. 權變管理亦稱為：　(A) 情勢管理　(B) 目標管理　(C) 變革管理　(D) 第一線管理。

( )　37. 下列何者非反對公投的學者所持的理由？　(A) 公民投票易造成行政或立法效率提高　(B) 專業性及爭議性的議題不一定適合公投　(C) 公民投票對執政黨不利，削弱民選政府權威　(D) 公投易予有心人士或黨派煽動或操縱之機會。

( )　38. Heifetz 和 Bersani 以個人成長的控制過程中產生的瓦解分裂現象，來說明工作倦怠的產生。此係屬何者工作倦怠的理論模式？　(A) 生態模式　(B) 社會能力模式　(C) 控制論模式　(D) 精神分析模式。

( )　39. 「事情如有可能出錯，就會出錯。管理領域固也有嘗試與錯誤情況，但總以減少錯誤達成最大效果為主要途徑。」此稱為：　(A) 墨飛定律（Murphy's Law）　(B) 社會能力模式　(C) 即時管理（Real-Time Management）　(D) 節約（精簡）管理。

( )　40. 「工作倦怠是工作者生產方式的物化，工作者人際互動技術變成市場中的商品。」此句話符合工作倦怠之何種模式？　(A) 技術典範模式　(B) 精神分析模式　(C) 存在觀點的模式　(D) 疏離模式。

( )　41. 指政府改造的成果之一在使政府機關的工作流程更簡化流暢，更具服務效率，行政手續更為簡便，此等政府管理形態稱之為：　(A) 一致型政府　(B) 固定型政府　(C) 僵固型政府　(D) 流線型政府。

( )　42. 任何機關組織基於業務需要，規劃某項方案以達到特殊目的，此一方案應列入計畫、執行與評估的管理循環作業中，使此一方案能在預定期限內完成，此稱為：　(A) 衝突管理　(B) 例外管理　(C) 方案管理　(D) 重疊管理。

( )　43. 學者威爾森〔Wilson〕將利益團體政治環境分成四類。如果政策執行成本是由全民負擔，但是利益卻是由少數人獲得。此係屬何種類型的利益團體政治環境？　(A) 企業型政治型態　(B) 利益型政治型態　(C) 客戶政治型態　(D) 多數決型政治型態。

( )　44. 行政學學者亨利〔N. Henry〕在闡述民主制度與官僚組織的關係時指出，何種管理是官僚權力的基礎？　(A) 知識管理　(B) 智慧管理　(C) 知能管理　(D) 壓力管理。

( )　45. 以比較途徑的方法應用於管理研究，即稱為：　(A) 比較管理　(B) 第一線管理　(C) 目標管理　(D) 指標管理。

解答與解析

1.**(D)**。由Mintzberg管理主義的觀點，可以發現一位成功經理者必須具備至少下列之專業才能：領導、溝通、資訊、決策、危機處理、談判。

2.**(C)**。協力是「合作」之另一種型態。

3.**(A)**。轉換型領導則是幫助部屬提升自我目標實現層次，超越個人利益到社區或者國家的整體利益之上。

4.**(A)**　　　5.**(A)**　　　6.**(C)**

7.**(B)**。服務品質與公僕之服務化、適量化、優質化、便民化、效能化均密切相關。政府之決策與施政均須落實於其服務品質，才是現代政府體制的精髓。

8.**(A)**。服務品質是民眾對政府施政服務具滿意度或認可程度。

9.**(B)**

10.**(B)**。市場失去其自由經濟基本機制秩序，亦稱為市場失靈。市場失靈來自：
(1)獨佔價格引起的問題。　　　　　(2)外在性經濟。
(3)自由市場無法提供足夠的公共財。　(4)交易成本極不穩定。
(5)市場資訊不完整。

11.**(D)**

12.**(D)**。ROO（Rehabnitate，Own and Operate—修建、擁有及營運）；BBO（Buy，Build and Operate，價購、興建及營運）；BTO（Build，Transfer and Operate—興建、移轉及營運）。

13.**(A)**。議題的發展過程將其分為四個階段：界定、正當化、兩極化、和確認立場。

14.**(D)**　　　15.**(B)**

16.**(B)**。應是「政府主導VS國際力量之驅力」。

17.**(A)**

18.**(B)**。社會行銷採取商業行銷學上的四P技術，即產品定位、價格、通路及促銷。除以上四P之外，社會行銷策略旨在推行公共利益政策，而公共政策本身即具複雜性，常非單一機關組織得以獨立推行，尚須與其他機關組織，甚至政府建立夥伴關係，以協力達成政策。此夥伴（協力）關係可列為第五P。（黃榮護主編，黃榮護，政府公關與行銷，公共管理，頁520-574）

19.**(C)**　　　　20.**(A)**

21.**(B)**。Michael Porter將國家競爭力定義為：「國家為其產業創造良好的發展成長環境，進而使該國企業具備競爭優勢，產業亦擁有國際競爭力之能力。」

22.**(A)**　　　　23.**(B)**　　　24.**(B)**

25.**(B)**。係政府與企業、財團之協力關係，並共同分擔責任與風險。

26.**(C)**。廣義的政府失靈，實包含政策失靈與行政失靈在內。

27.**(B)**。BOO（Build，Own and Operate—興建、擁有及營運）；BOR（Build，Operate and Renewal of Concession—興建營運及特許權更新）；BLT（Build，Lease and Transfer—興建、租賃反移轉）。

28.**(D)**

29.**(D)**。工作倦怠是一種過程，這種過程因長期或過度的工作壓力而引起的。亦有學者將工作倦怠稱之為「燃燒竭盡」。

30.**(A)**。時間管理的內容在增進工作創思、工作效能與服務品質，以避免工作推拖或無事忙。

31.**(D)**。應是「BOT模式發動權仍握在政府手中，故屬於管制性之競爭政策。」

32.**(D)**。此定義所強調的是國家目標在追求一項穩定而持續之經濟成長率。

33.**(D)**

34.**(A)**。在鑽石體系中，分別臚列了「基本因素」及「附加因素」的競爭力影響變數。

35.**(C)**。IMD國家競爭力指標：(1)政府職能。(2)國內經濟。(3)人力素質及生活。(4)科技實力。(5)企業管理。(6)金融實力。(7)國際化程度。(8)基礎建設。

36.**(A)**。指管理理論或管理措施均應顧及情勢而有權變，因時因勢制宜，而非一成不變。變革管理指管理革新與組織變革，偏重組織結構、管理技術與組織行為的改變、革新與適應過程。

37.**(A)**。易形成行政或立法怠惰，過度依賴公民投票，往往導致政府在面對爭議性的法案時，不願作出決定，將其推給人民。

38.**(C)**　　　　　39.**(A)**　　　　40.**(D)**

41.**(D)**。「流線型政府」一詞最早出自凱登所指「去官僚化」，主要措施之一在建立流線型政府。

42.**(C)**

43.**(C)**。企業政治型態：政策執行成本由少數人負擔，但是利益卻由全民均霑；利益團體政治型態：政策執行成本與利益，都由少數人所承擔與享受的；多數決政治型態：政策執行成本與利益都是由全民負擔與享用的。

44.**(C)**。行政首長與主管或員工面臨工作困境的挑戰，體認壓力難處而有效地運用能力抒解壓力，進而舒展工作意志與創升工作績效，稱之為壓力管理。

45.**(A)**

重點提示 公共管理雖是一門「新興」的學科，但它發展至今，已不只是政府公部門的公共管理，更是民間私部門的公共管理。因為，自1980年代以來，公共管理已成為各國政府再造的理論架構和實務指南，正如學者所觀察的，由政府再造所促發的新公共管理運動，其理論及實務內涵已有其一貫性及實質作用，同時愈來愈多的行政學者也肯定，近年來公共管理的發展，已促使行政學的內容更為充實及擴張。隨著知識經濟及全球一體化的到來，公共管理的實質內涵亦應與時俱進，跟上潮流甚至引領潮流，為政府部門及民間企業提供一符合組織文化並提升經營效率的實質管理內容。

重點整理

一、公共管理（Public Management）之最新發展趨勢

(一)持續充實公共管理的概念內涵。

(二)公共管理所採取的研究途徑是兼具實務性與規範性。

(三)公共管理並不排斥私部門所使用的方法。

(四)重視虛擬網絡組織對公部門所造成的影響。

(五)公共管理強調創新與系統思考。

(六)公共管理重視人力資源管理。

(七)重視服務的品質與績效的評估方法。

(八)重視政府再造的方法與過程。

(九)公共管理強調價值調和與課責。

(十)公共管理重視運用組織發展的干預策略。

二、當代的公共管理，必須仔細認真地思考並研究處理的三大問題（3M問題）

(一)微觀管理的問題。

(二)激勵的問題。

(三)測量的問題。

110~111年《公共管理(含概要)》試題與解析

110年 地特三等

一、請闡釋危機與風險的關聯性?以及如何正向看待「危機中存在的機會」?

說明: 危機與風險管理對於公私部門而言,都是一項非常重要的課題!好的風險管理可以有效降低危機發生的機率,並且可在危機發生時立刻找到最合適的對策及解決方案。風險管理為危機管理的一環,本書曾於100年地方特考三等第2題提到有關「危機與風險管理」的議題仍須持續的關注。

答: 俗語云:「天有不測風雲,人有旦夕禍福」。當前面對變動性高而可預測性低的動盪環境時,任何意外、偶而的事件都可能對組織造成莫大影響。

(一) 危機與風險的關係:「危機」與「風險」經常被視為同義名詞。簡單言之,還沒有發生的危險就是風險,一旦發生了的風險就變成危機。根據《行政院所屬各機關風險管理及危機處理作業基準》的定義,風險是指「潛在影響組織目標之事件,及其發生之可能性與嚴重程度」;危機則指「發生威脅到組織重大價值之事件,在處理時具有時間壓力,迫使決策者必須作出決策,該決策並可能有重大影響。」若將前述的概念轉變為危機概念,則危機是一個發生機率甚低,甚至低到足以鬆懈大家的危機預防意識,一旦發生則其所造成的後果就相當嚴重,難以估計。例如,美國的九一一恐怖攻擊事件。

(二) 如何正向看待危機中存在的機會:「危機就是轉機」,代表危機隱含「危險」與「機會」之雙重意義。危險指危機即將產生負面效果,對組織的生存目標或價值造成威脅;反之,危機也可能形成新的契機,藉助成功的處理經驗,使組織功能更加健全。正所以說明危機具有雙面效果的特質,危機就是「危險」,但也有轉機或契機,帶來重生的機會。

參考書目：1. 丘昌泰，《公共管理》，智勝文化，2012。
2. 林淑馨著，《公共管理》，巨流圖書，2012 年。

二、我國地方政府間進行公事務跨域合作的案例眾多。請自選一項跨域合作案例，先摘述該案例的內容與特徵，並至少討論2項影響其跨域合作的關鍵因素為何？

說明：跨域治理或合作、公私協力關係是近年來國考行政類科相當熱門的議題，屢屢出現考題，本題要獲取高分須結合實例說明。

答：我國地方政府間各自為政、爭功諉過，或存在三不管地帶等衝突問題，經常遠大於同舟共濟、協力合作地完成任務。跨域合作可說是跨域治理的一種理想層次。

(一) 意涵：林水波，李長晏（2005）將跨域治理定義為：「係指針對兩個或兩個以上的不同部門、團體或行政區，因彼此之間的功能、業務、或疆界相接或重疊而逐漸模糊，導致權責不明、無人管理與跨部門的問題發生時，藉由公部門、私部門以及非營利組織的結合，來處理棘手、難以處理的問題。」

(二) 跨域合作案例-竹竹苗防疫作戰聯盟

1. 案例內容：由於苗栗科學園區出現新冠肺炎之確診者，造成經濟上的打擊，為避免疫情的失控，進而延燒至新竹科學工業園區，造成廠商停工。竹竹苗係共同生活圈，也是我國科技產業的重鎮，特組成「防疫作戰聯盟」，整合區域內的防疫能量，全力守護所有人的健康，也鞏固國家重要產業的安全防線。

2. 特徵：醫療資源之互助、防疫專車之調用、共同決議「禁止內用」之規定。

(三) 影響跨域合作的關鍵因素

1. 法令規範不完備，目前僅在地制法第21、24條簡略提及，行政程序法第19、135條文也有類似的概念，加上既往成功案例不多，因此地方政府跨域合作事務難以推展。

2. 政黨因素或意識型態作梗，地方政府間受限於政黨屬性或意識型態的差異，經常錯失協力解決跨域問題的機會。

3. 跨域治理的網絡中參與者眾多，進行交易或協商成本高昂，導致跨域合作事務無以為繼。

⊙ 參考書目：林淑馨著，《公共管理》，巨流圖書，2012年。

三、政府機關實施績效管理首要關鍵在於建立一套合適的績效指標，試闡釋關鍵績效指標（Key Performance Indicators，KPI）的意義與主要特徵？以及如何設定績效目標值？

說明：「績效管理」已成為政府部門、學術界高度關注的議題，不過往年都比較側重在公部門實施績效管理所產生之問題與改善措施。近年則導入企業常用的KPI，甚至是OKR，其實兩者都與MBO有極度關聯。

答：「績效管理」一詞乃是源自於私部門領域，是一種企業用來強化員工表現的管理技術，以及如何執行策略、達成目標的管理過程。近年來，政府機關更直接導入業界常用的關鍵績效指標（KPI），管理大師杜拉克曾說：「關鍵領域的指標（KPI），是引導企業發展方向的必要「儀表板」。

(一) 關鍵績效指標（KPI）的意義與主要特徵：關鍵績效指標又稱主要績效指標、重要績效指標、績效評核指標等，是指衡量一個管理工作成效最重要的指標，是一項數量化管理的工具，必須是客觀、可衡量的績效指標。是將公司、員工、事務在某時期表現量化與質化的一種指標，可協助將優化組織表現，並規劃願景。所以KPI具有以下特徵：

1. 標的性：能清楚地指引組織發展的方向，確立組織經營目標。

2. 重要性：能明確地指出組織績效問題癥結所在。

3. 可行性：應是易於理解且具體可行的，並在時間、能力及資源許可的情況下，進行績效管理。

(二) 如何設定績效目標值：確定關鍵績效指標（KPI）有一個重要的SMART原則，這個原則也是很多組織常用的。

1. S代表具體（Specific）：指績效考核要切中特定的工作指標，不能籠統含糊。

2. M代表可度量（Measurable）：指績效指標是數量化可衡量，能驗證這些績效指標的數據。

3. A代表可實現（Attainable）：指績效指標在付出努力的情況下是可以被實現的。請避免設立過高或過低的目標。

4. R代表關聯性（Relevant）：指績效指標與上級目標具明確的關聯性，最終與公司目標相結合。

5. T代表時限（Time bound）：完成績效指標的特定期限。

參考書目：1. 孫本初編著，《新公共管理》，一品文化，2009。
2. 丘昌泰著，《公共管理》，智勝文化，2012。
3. 維基百科（https：//zh.wikipedia.org）。

四、領導者的權力來源非常多元，如法定權力（legitimate power）、專家權力（expert power）和參照權力（referent power）等，試比較這三種權力的主要差異，並闡釋高效能主管應該優先具備的權力基礎為何？

說明：本題屬於行政學的範疇，而領導的權力基礎或來源，向來也是行政領導理論的重要考點，如有準備應不難拿分。

答：傅蘭琪（J.R.P.French）與雷芬（B.Raven）西元1959年於〈社會權力基礎〉一文中指出，領導基礎有五種：獎賞權力、強制權力、法定權力、專家權力、參照權力。其後1975年雷芬與克魯格蘭斯基（W.Kruglanski）認為尚可加上「資訊權」。到了1979年赫賽（P.Hersey）與高史密斯（M.Goldsmith）認為「關聯權」也是領導基礎之一。

(一) 法定權力、專家權力和參照權力定義

1. 法定權力（legitimate power）：指依照機關組織的規定，或是團體行為規範及社會倫理關係，某些人具有合法領導他人的作用。如機關中部屬接受上司的領導，學校中學生接受老師的指導，家庭中子女接受父母督導等。

2. 專家權力（expert power）：指某人之所以能夠影響他人，乃因其具有別人所不及之專業知識、學術技能等。在某些情況下，此

種權力比法定職位更具影響力。因此在機關組織中或組織外的專家，往往被稱為「自然領袖」。

3. 參照權力（referent power）：或稱歸屬權力，指由於某人在學識、能力、技能與為人處事方面德高望重、品德高潔而受到成員的認同、敬仰並成為學習榜樣，自然願意接受其影響。

(二) 三者比較：法定權力係基於組織正式任命，因擔任組織的正式職位而取得職權，因而可擁有獎賞與懲罰他人的權力。法定權力屬於有上而下的權威領導，具有強制性。而專家權力、參照權力來自非正式組織，源於個人影響力，不具強制性。

(三) 高效能主管應該優先具備的權力基礎：林文政教授認為凡是擔任管理職的主管，都會被組織賦予法定、獎賞以及懲罰三種職權，然而專家權與參照權則和個人能力與人格有關，不是組織所能賦予的，所以一位主管能否有效達成組織任務，關鍵不在他如何運用法定、獎賞以及懲罰權，而是在於他是否同時具備專家權與參照權，現在許多公司面臨領導效能的問題關鍵就在此，因此公司如何選任一位有魅力的專家來擔任主管，是人力資源管理的核心工作之一。

參考書目：張潤書（2007），《行政學》，台北：三民書局。

110年 地特四等

甲、申論題部分:

一、自從新冠肺炎(COVID-19)疫情以來,我國政府與民間組織已善用資訊通訊科技作為因應,其中口罩地圖、疫苗預約平台、與實名足跡APP更有許多民眾使用。請以此背景為基礎,回答以下相關問題:
何謂電子化/數位政府?何謂電子/數位治理?請敘述1990年代以來數位政府到數位治理在其內涵上有何演變?上述因應疫情的數位應用在此演變中有何意涵?

說明:最近很多命題都結合新冠肺炎(COVID-19)疫情發展來命題,如研究所的入學考試或國考,所以除專業之能增進外,也要對時事有一定的了解。行有餘力,建議多閱讀一些專論或社刊,以厚植實力。

答:(一)定義

1. 電子化/數位政府:係指運用網際網路、電子郵件或其他資訊通訊科技提供公共服務的政府;也是指利用數位化系統取得政府資訊或進行電子執照申請與支付的政府。

2. 電子/數位治理:強調民主化決策流程、開明政府與決策透明化的理念,探究電子化民主與電子化政治等議題。

(二)數位政府到數位治理內涵的演變:在電子化政府的潮流下,我國政府針對體現電子化政府發展了一連串的計畫進程。

1. 萌芽期(1997年以前):政府開始建構網際網路服務網的單一窗口,致使全球資訊網(WWW)的盛行,此時系統的主要特色為提供靜態即時的網頁式資料,以達到便民服務。

2. 第一階段(1998-2000年):提供網路的基礎建置與方便性,如電子工商、電子保健、電子公用事業服務提供民眾便利及快速性的服務。

3. 第二階段(2001-2007年):以「服務效能提昇」、「辦公效率提昇」、「決策品質提昇」為三大主軸,是在過去基礎上,進一步整合應用。

4. 第三階段（2008-2011年）：政府以發展「好環境、好產業、好生活」的優質網路社會為願景，希望能達到「發展主動服務，創造優質生活」、「普及資訊服務，增進社會關懷」、「強化網路互動，擴大公民參與」的目標。

5. 第四階段（2012年以後）：聚焦提供電子化政府的主動服務、分眾服務，以受惠對象角度進行思考、發展全程服務及跨部門間協調，並以對內提昇運作效率、對外增進為民服務品質、並兼顧社會關懷與公平參與等三面向為核心。

歸納其內涵演變過程就如同Pablo & Pan（2002）所稱電子治理內涵演變：1.政府的商業轉變；2.以治理為原則建立的操作性定義；3.政府與其內外部顧客間互動的轉變；4.藉由電子社會的產生導致社會的轉變。

(三) 因應疫情的數位應用：新冠肺炎（COVID-19）疫情突顯了IT和數位轉型的價值與重要性，其應用如下所敘：

1. COVID-19疫情初期出現搶購口罩的情形，為了協助民眾充分掌握口罩數量，健保署釋出包含藥局地點、口罩存量等即時資料的開放資料（Open Data），讓民間的開發者能進行串接，並彙整於「口罩供需資訊平台」，讓有需求者可以快速查詢關於購買口罩的各種資訊。

2. 2020年02月06日宣布政府提供口罩資訊，統整於資訊平臺之上，包括口罩即時庫存地圖、藥局口罩採購地圖、口罩即時查詢等，民眾可使用Google Map、LINE的服務開啟並進行查詢。

3. 除了口罩地圖之外，隨著疫情的發展，民眾需要施打疫苗，政府也須提前佈署，疫苗施打資訊宣導及疫苗預約平台，民眾出國須要備妥疫苗護照等措施。

4. 「振興三倍券」乃政府因應此次疫情造成的經濟衰弱，為振興經濟所採取之重要作為，行政院防疫1988網站上結合銀行數位支付系統、銀行優惠方案及店家消息，大力宣傳振興三倍券的使用。

5. 中央流行疫情指揮中心疾管署並與NCC共同在2020年02月規劃委外中華電信公司完成電子防疫服務平臺的開發和上線，將五大電

信業者居家隔離或檢疫之用戶整合納入，民眾入境時，透過QR Code填寫個人住家與健康資料，再串接「電子圍籬智慧監控系統」，可追蹤隔離檢疫者自己的手機或防疫手機，定時回報個案手機定位記錄。

綜觀我國因應疫情的數位運用，除應用開放政府、公眾參與及公私協力的方式，其中透過社群媒體與公眾互動，打破了過去由上而下的政策宣傳方式，型塑雙向溝通模式，另建立透明、課責的開放政府平臺，促進民間參與，以提升民眾對政府的信任，此外，委託民間事實查核組織，以公私協力方式進行不實訊息查證工作，形成完整的數位治理模式。

◆ 參考書目：1. 林淑馨著，《公共管理》，巨流圖書，2012 年。
2. 臺灣通傳智庫股份有限公司，《數位時代下之新型態政策溝通發展趨勢與創新模式—以武漢肺炎（COVID-19）疫情為例》，國家發展委員會委託研究，民國 110 年 06 月。

二、承上題，為了獲致這些疫情相關數位服務的預期效益，政府與營利或非營利組織有那些可能的合作？請以公私協力及跨域管理角度予以闡釋。

說明：跨域治理或管理、公私協力關係是近年來國考行政類科相當熱門的議題，屢屢出現考題，本題要獲取高分須結合 COVID-19 疫情我國相關數位服務實例說明。

答：(一)公私協力及跨域管理的定義

1. 公私協力（public-private）：指公私部門藉由資源之整合與資訊的交流藉以達到創增經濟利益，提供民間私部門參與建設之管道，降低公部門的財政負擔，以追求公私雙贏策略。

2. 跨域管理（boundary-spanning management）係指針對兩個或兩個以上的不同部門、團體或行政區，因彼此之間業務、功能和疆界相接及重疊而逐漸模糊，導致權責不明、無人管理與跨部門的問題發生時，藉由公部門、私部門及非營利組織的結合，以解決棘手的問題。

(二) 政府與營利或非營利組織可能合作的方式：疫情期間為了解決政府失靈所產生的困境，政府部門可透過下列方式促使營利與非營利組織與之協力，

1. 補助制度：「補助」通常用來指涉上級機關對於下級機關或政府對於原本應自行承擔之事務，予以財政上的支援。性質上為一種附條件的贈與，受補助的機構需符合一定的資格要件，並且履行經費核銷或其他之法定義務。例如，防疫期間加入口罩實名制配售的藥局與提供疫苗接種的醫療院所，予以補助或減稅，以增加這些組織參與的誘因。

2. 契約外包：意指政府部門將自己之應盡責任，透過契約委託非營利組織代為履行，所以彼此間存在一種契約關係，由政府部門提供經費，而由營利或非營利組織提供政府部門所要求的服務或業務。例如，口罩國家隊、疫苗預約平台或實名足跡APP等防疫數位工具，政府可以委託民間業者參與製造或設計。

3. 公設民營：主要是社會福利民營化潮流下所衍生的產物。就我國而言，各種公設民營、委託服務的委託契約書範本，提供各級政府與民間團體共同推動社會公益的準則。例如，防疫期間各機關的清潔消毒工作、政府設立統合的資訊處理中心，委由非營利組織來經營管理。

◎ 參考書目：林淑馨著，《公共管理》，巨流圖書，2012 年。

乙、測驗題部分：

( ) 1 公共官僚是公共治理的實行者，針對官僚體制理念型的論述，下列何者錯誤？ (A)以法規作為組織運作和成員行動的依據 (B)層級節制的結構設計和管理方式 (C)專業取向的人員甄補和職務分派 (D)年資至上的考核機制與薪資待遇。

( ) 2 關於政府再造的五希策略（5Cs），下列何者錯誤？ (A)藉核心策略（the Core strategy）釐清政府施政願景及組織發展目標 (B)藉結果策略（the Consequence strategy）設計公平客觀的獎

優懲劣考評制度 (C)藉顧客策略（the Customer strategy）提高對外在環境的敏感度及回應性 (D)藉控制策略（the Control strategy）達成組織目標及控制成員行為。

( ) **3** 下列那一個概念或作法與全面品質管理最不相關？ (A)泰勒化（Taylorization） (B)統計程序控制法（Statistical Process Control） (C)零缺點管理（Zero Defect Management） (D)六個標準差（Six Sigma）。

( ) **4** 若以標竿學習之比較標的分類，下列何者的學習程度最高？ (A)策略標竿 (B)績效標竿 (C)功能標竿 (D)流程標竿。

( ) **5** 關於政府行銷管理主要的作用，下列何者錯誤？ (A)博取民眾更多的好感 (B)澄清不必要的誤會 (C)獲得社會更多的支持 (D)節省政府業務執行成本。

( ) **6** 下列何者不是危機具有的特性？ (A)威脅性 (B)單面效果性 (C)階段性 (D)突發性。

( ) **7** 公共組織為降低災難帶來的威脅，必須進行短期回應與長期規劃，且不斷學習與反饋的動態調整過程，稱為： (A)顧客管理 (B)危機管理 (C)市場管理 (D)非營利管理。

( ) **8** 下列何者較不屬於有效策略規劃之配套條件？ (A)必須要發展領導者策略能力 (B)必須要加強溝通管道與合作 (C)必須要打破短期主義 (D)必須強調專業途徑及部門主義。

( ) **9** 以對的方法做事（do things right），係指下列何種觀點？ (A)效能觀 (B)正義觀 (C)經驗觀 (D)效率觀。

( ) **10** 關於績效指標建構方式的敘述，下列何者錯誤？ (A)所謂4E是指績效指標應包含經濟（economy）、效率（efficiency）、效能（effectiveness）以及電子化政府（e-government）等四個層面的指標 (B)測量政府是否以最低可能成本，供應與採購維持既定服務品質的公共服務所設計的指標稱為「經濟」指標 (C)

測量政府透過推動某些公共服務或措施，實現政策目標的程度所設計的指標稱為「效能」指標　(D)測量政府機關投入與產出之比例，或投入轉化為產出的比率所設計的指標稱為「效率」指標。

(　) 11 非營利組織係屬於下列何種社會統治結構？　(A)第四權　(B)第二部門　(C)第三部門　(D)利害關係人中的鐵三角。

(　) 12 有關公部門知識管理的敘述，下列何者錯誤？　(A)知識管理的各個階段可由使用者自由選擇運用　(B)知識管理所謂的知識，包括內隱知識與外顯知識　(C)知識管理工具包括資訊科技和組織成員的學習方法　(D)知識管理的最終目標是希望強化公共組織的效率、效果，以及實踐公平與正義。

(　) 13 建立學習型組織的目的在培養組織成員具有重新研判問題的能力，使成員獲得新價值，是何種學習？　(A)生存性學習　(B)適應性學習　(C)創新性學習　(D)經驗性學習。

(　) 14 關於協力治理特性的敘述，下列何者正確？　(A)民眾指揮政府辦事是理想的協力治理　(B)由權責機關單向的執行　(C)引進不同利害關係人展開對話　(D)協力治理認為治理過程中的民眾，可視為是顧客的角色，故公共服務需以顧客導向的角度進行設計。

(　) 15 有關跨域治理的敘述，下列何者正確？　(A)不包括國家層級以上的區域、國際社會等國際層次　(B)橫跨各政策領域之專業合作亦屬之　(C)私部門並非治理網絡裡的參與者　(D)興起因素與網際網路發達無關。

(　) 16 有關公民參與的敘述，下列何者正確？　(A)政府與公民僅憑各自作為，就可加速政策形成並有效完成政策執行　(B)公民參與不需要主事者的積極回應，可憑藉動員力量活化公民權益　(C)公民參與可透過對話、商議機制，消除與行政機關之間的認知

落差，提升相互的理解 (D)公民無法藉由參與的過程，維護自己的權益。

( ) **17** 有關顧客滿意經營的作法，下列敘述何者錯誤？ (A)政府機關進行施政滿意度調查，是為了反映民眾對於服務品質的期望與需求 (B)為使服務單位接受評價時充足準備，應避免使用秘密客的調查方式 (C)問卷調查、焦點團體訪問、實地訪查都是調查顧客滿意度的方式 (D)以顧客為導向的組織，更能生存於未來的政府機關。

( ) **18** 有關政策行銷6P的說明，下列何者錯誤？ (A)產品（product）都是實體的（tangible） (B)價格（price）是民眾取得政府提供產品，所願意付出的成本或代價 (C)通路（place）是讓民眾可以方便取得公共服務的管道或途徑 (D)夥伴（partnership）是指行銷代理要獲取外界合作參與。

( ) **19** 政府採用「民間融資提案」（Private Finance Initiative，PFI）模式，係屬於下列那一種公私協力類型？ (A)公辦民營 (B)民辦民營 (C)民辦公營 (D)公辦公營。

( ) **20** 下列何者不是公共管理所強調的公共性概念？ (A)服從具代表性之公共管理者所實現的政治主權 (B)行政行為以公共利益為中心 (C)恪遵憲法及法制規範 (D)依據市場供需定律決定公共服務項目及收費標準。

( ) **21** 下列何者是公共管理未來環境系絡的特徵？ (A)社會與組織將會日趨複雜 (B)公、私部門的互動會減少 (C)公部門的資源能無限擴張 (D)服務對象單純化。

( ) **22** 新右派、管理主義、企業型政府、以市場為主的公共行政，最符合下列何者？ (A)新公共行政 (B)新公共管理 (C)新民主行政 (D)新公共服務。

( ) **23** 從事顧客滿意經營的策略當中，有關積極推動ABCD的四S服務，下列何者不包括？ (A)售後服務（After Service） (B)

事前服務（Before Service）　(C)諮詢服務（Consultant Service）　(D)分割服務（Divided Service）。

(　) **24** 新公共管理途徑通過下列那一種課責機構，落實外控機制？ (A)國會與顧客　(B)層級節制結構　(C)利益團體　(D)網絡。

(　) **25** 審議民主是近年國外所發展出來的一種公民參與實踐，下列何者不是審議民主常見的模式？　(A)公民會議　(B)願景工作坊 (C)公民陪審團　(D)地方議會審查。

解答與解析

1 (D)。 韋伯（M.Weber）的官僚體制理念強調依法行政、功績管理、層級節制、專業分工等特徵，並不主張年資至上的考核機制與薪資待遇的觀念。

2 (D)。 藉控制策略（the Control strategy）將鉅細靡遺的法令規章與層級命令，轉換為「績效責任」的共同願景。

3 (A)。 泰勒化（Taylorization）係一種科學管理模式，通常表現為標準化、專業化的規則來管控製造工人的工作，以降低成本提高產能。全面品質管理是「一種由組織所有的管理者和成員，使用量化方法和員工參與，藉不斷地改進組織的過程、產品、與服務，以迎合顧客需求與期待之全面性與整合性的組織途徑。」泰勒化（Taylorization）與全面品質管理最不相關。

4 (A)。 依標竿學習之比較標的分類，其學習程度的高低順序：策略>績效>流程。

5 (D)。 一般而言，政府行銷管理的作用有以下六點：(1)博取民眾更多的好感；(2)澄清不必要的誤會；(3)獲得社會更多的支持；(4)贏取媒體更大的認同；(5)建立雙向溝通的管道；(6)構築彼此回饋的橋樑。

6 (B)。 危機具有的特性：不確定性（突發性）、形成階段性、時間的有限性、雙面效果性、威脅性、危機感受因人而異、危機肇因多樣性。

7 (B)。 危機管理係一種有計畫的、連續的及動態的管理過程，也就是組織針對潛在或當前的危機，於事前、事中或事後利用科學方法採取的一連串因應措施，以有效預防危機、處理危機、化解危機。

8 (D)。 策略規劃具有創新性與彈性，並不強調專業途徑或部門主義。

9 (D)。 效率觀係投入與產出的比率，亦即以對的方法做事（do things right）。
(A)效能觀指達成目標的程度，亦即作對的事（do right things）。
(B)正義觀：方法是否有考慮公平正義，照顧弱勢群體。

10 (A)。所謂4E是指績效指標應包含經濟（economy）、效率（efficiency）、效能（effectiveness）以及公平（equity）等四個層面的指標。

11 (C)。非營利組織（NPO）或稱「第三部門」，根據美國聯邦法規定：「非營利組織是一種組織，該組織限制將盈餘分配給任何監督與組織經營者」。

12 (A)。知識管理過程的活動，包括知識創造、分類、儲存、分享、更新等階段，這些階段，缺一不可。

13 (C)。創新性學習是為了培養組織成員重新研判問題的能力，使成員獲得新價值、新知識以及新行為，其中包含有適應未來環境變遷的能力，所以又被稱為「前瞻性學習」。

14 (C)。「協力治理」是一個新概念，泛指一般民眾或公共及私人機構等多元利害關係人，透過開放、深度與平衡的溝通與對話之途徑，參與公共事務以建立某種程度之共識，或提供公共服務。

15 (B)。(A)包括國家層級以上的區域、國際社會等國際層次。
(C)私部門也是治理網絡裡的參與者。
(D)興起因素與網際網路發達有關。

16 (C)。(A)政府與公民攜手合作，就可加速政策形成並有效完成政策執行。
(B)公民參與需要主事者的積極回應，可憑藉動員力量活化公民權益。
(D)公民可以藉由參與的過程，維護自己的權益。

17 (B)。秘密客的調查方式藉由匿名觀察者的觀察，使被觀察者能在最自然的狀態下完成服務職能程序，以確保觀察者所蒐集的資訊具有客觀性。為使服務單位接受評價時充足準備，可使用秘密客的調查方式。

18 (A)。產品（product）除了實體的建設（tangible），也有無形的公共服務。

19 (B)。「民間融資提案」（Private Finance Initiative，PFI）模式起源於英國，後被日本等國仿效，指的是政府與民間以長期契約方式約定，由民間投資興建公共設施，營運期間政府再向民間購買符合約定品質公共服務，並給付相對費用。PFI模式是一種民辦民營的公私協力類型，民營均由私人擔任公共基礎設施之建設、管理與營運角色。

20 (D)。 依據市場供需定律決定公共服務項目及收費標準,是屬於市場性概念。

21 (A)。 (B)公、私部門的互動頻繁。
(C)公部門的資源有限。
(D)服務對象多元化。

22 (B)。 1980年以來盛行於各國管理風潮,已產生文化轉移的現象,如新右派、新治理、管理主義、企業型政府、以市場為基礎的公共行政等,但卻可被統稱為「新公共管理」。

23 (D)。在顧客滿意經營策略,政府制定良好的公共政策,接下來必須從事以ABCD模式為基礎的四S服務,包括:售後服務(After Service)、事前服務(Before Service)、主動出擊服務(Detective Service),以及顧客諮詢服務(Consultant Service)。

24 (A)。 有別於傳統公共行政途徑採取內控機制的課責作法,透過層級節制結構。新公共管理途徑主要是以行政組織以外的外控機制解決公共管理者的課責問題,至於課責的機構,則是國會與顧客,衡量標準為績效與成果。

25 (D)。 審議式民主實施技術包括:公民會議、審議式民調、願景工作坊、全國性/地方性議題論壇、公民陪審團等。

111年 高考三級

一、績效管理有所謂「目標與關鍵成果」（Objectives & Key Results，OKR），請說明其內涵。

說明：OKR（Objectives，Key Results），又稱目標與關鍵成果法，概念來自於目標管理理論，近年來在業界相當的夯，但卻鮮少見諸《公共管理》教科書。本題屬於學者專論題目，可運用績效管理與目標管理概念作答，應能獲取一定分數。

答：我國政府部門多年來慣用以進行績效管理之主要工具－關鍵績效指標（KPI），已遭受許多公私部門的質疑和抨擊，認為KPI制度對於組織所造成的傷害遠大於其對組織績效所帶來的正面影響。近年來，一項由Intel和Google所採用的新興管理工具－目標與關鍵成果（OKR），開始受到全球矚目，期望能以此工具來取代傳統的KPI制度。

依據John Doerr的定義，OKR乃是「一套管理方法，有助確保組織聚焦，集中處理整體組織裡重要的議題」；簡單地說，這就是一套協助組織達到「聚焦」目的之工具。為達成此一目的，OKR期望組織能聚焦在兩件事情上，即「目標」（objectives）和「關鍵成果」（key results），同時藉此回答兩項主要問題：一是「我們期望達成什麼？」（即目標為何之WHAT問題），及另一是「我們要如何達成？」（即要如何獲致關鍵成果之HOW問題）。

OKR背後的理論原理相當簡單，就是彼得·杜拉克（Peter F.Drucker）的目標管理（Management by Objectives，MBO），並進而針對目標管理在實務操作上所產生的缺點加以改進；換句話說，OKR在本質上乃是一種目標管理工具。

參考書目：胡龍騰，〈政府績效管理與OKR應用之可行性〉，《主計月刊》第766期，2019年10月。

二、公共治理可區分全球治理、地方治理與社區治理三個層次,請說明其意涵,並舉實例說明之。

說明:本題甫於109年高考三級出現,屬於考古題,如有注意應不難作答。

答:公共治理的概念在世界銀行初次提出後,除了廣受各領域應用外,也在國際政治場域上受到重視。公共治理又可區分全球治理、地方治理與社區治理三個層次。

(一) 公共治理的三種層次:公共治理途徑為當前公共行政學界應用頗為廣泛的名詞,學者認為其落實可分為三個層次:

1. 國際與國家層次的治理:全球治理

(1)從國際層次而言:所謂治理,其實就是全球治理的應用,它至少必須包括人類活動的各個層次所出現的規則系統-從家庭、私部門、地方政府、區域性組織到國際組織都應該是全球治理系統的一部分。

(2)從國家層次而言:治理途徑意味著針對公民社會、國家機關與市場之間的互動關係進行有系統的統理,這種新方向是因為全球化的結果,使得地方必須與全球相互連結,中央政府必須放權,讓地方政府與民間社會從事這種跨國性的互助合作模式。

2. 地方政府層次的治理:地方治理

地方治理是一個值得重視的現象,它是將政府角色定位在以地方政府為核心,並與中央政府、私部門、非營利組織與社區間產生結構性的互動關係。

3. 社區或村里層次的治理:社區治理

指政府機關、社區組織、企業、居民等基於公共利益和社區認同,協調合作,解決社區需求問題,優化社區秩序的過程與機制。過去的決策機構為以政府機關為中心的「單邊化」決策模式,而社區治理則轉變為以社區為中心的「多邊化」。

(二) 以「新冠肺炎(COVID-19)」疫情衝擊為例

1. 國際與國家層次的治理:面對新冠肺炎(COVID-19)威脅,我國因及早因應,在政府與人民的努力下,國內疫情得到很好的控制,受到國際的矚目和肯定。並積極加強與各國的防疫合作,在

口罩、藥物及技術等三項目，對國際社會提供協助。例如我國與美國、歐盟以及捷克，共商防疫策略，分享目前的研究成果；並與澳洲以及美國，進行防疫物資的合作交換。在邦交國的部分，除了提供口罩，支援友邦醫療前線，我們也將捐贈我國產的熱像體溫顯示儀及額溫槍等。

在國家層次，為因應疫情我國在109年1月20日成立「嚴重特殊傳染性肺炎中央流行疫情指揮中心」全面整合政府資源，強化指揮中心與各縣市政府的協調。並執行下列各項因應策略：加強邊境檢疫管制、強化醫療應變、落實社區防疫、加強防疫儲備物資盤點及調度、提高不實訊息處辦效率、加強對民眾的風險溝通。並推動後續對產業的紓困方案，及觀光、農業等的振興方案。

2. 地方政府層次的治理：在地方政府層級，地方政府必須配合中央政府的統籌指揮，彙報地方資訊，採取因應作為，例如：

   (1)加強疑似病例通報，訂定個案處置流程，並因應疫情變化及時調整。

   (2)透過衛生、民政、警政體系合作，依感染風險等級實施居家隔離或居家檢疫，並輔以智慧科技，加強追蹤關懷與管理。

   (3)由地方政府成立關懷服務中心，確保居家檢疫及居家隔離等配合防疫措施民眾能獲得心理關懷、就醫協助、交通安排、生活支持及專線服務等幫助。

   (4)加強校園防疫，教育部公布停課標準，並統籌整備及配發學校防疫物資，另持續督導學校落實健康監測、環境清消及掌握師生出席與活動紀錄。

   (5)呼籲大眾保持社交距離、加強人口聚集場域管理，已提供應疫情之大眾運輸、公眾集會、大型營業場所、社區管理維護等指引，並制訂企業因應嚴重特殊傳染性肺炎疫情營運持續指引，供各界參考運用。

3. 社區或村里層次的治理：啟動加強社區監測方案，擴大對疑似病例偵測，及早防堵病毒於社區及醫療院所傳播。其手段包括區域檢疫、加強公眾集會的感染控制或取消公眾集會活動、關閉公共

場所等。例如，在疫情流行期間，各營業或公共場所應視需要採行感染控制措施，包括：宣導有呼吸道症狀者及高危險群避免進入，在入口處行體溫量測，流量管制以保持社交距離或要求進場民眾配戴口罩，設置洗手設施，準備適量口罩供需要者使用等。

🔵 參考書目：丘昌泰，《公共管理》，智勝文化，2012。

三、何謂團隊管理？一個有效的團隊管理應具備那些特徵？以及管理技巧？試分析論述之。

說明：自政府再造運動興起以來，世界各國的公共管理者愈來愈重視團隊建立。本題為考古題，如有準備應不難作答。

答：對於公共管理者而言，團隊建立只是第一步，一旦建立團隊之後，就必須進行有效的團隊管理（team management），而領導者也要轉型為圖對領導者。

(一) 團隊管理的意義：團隊管理是針對如何組成最佳的團隊、如何激勵團隊士氣、如何解決團隊成員問題、如何提高團隊競爭力、如何讓團隊持續不斷地進步等課題進行有效管理的過程。

(二) 有效的團隊管理特徵

1. 團隊成員很清楚且充分瞭解共同目標與施政願景：願景是公共組織未來的發展藍圖，目標則是實踐願景的具體方向，一個優質團隊管理是願景與目標都能獲得成員的接受且樂於實踐。

2. 每位成員都知悉自己的角色、任務與責任，因此，遇事不會推諉責任，不會刻意逃避責任。

3. 每位團隊成員都會積極參與團體決策，展現參與熱誠，因此，優質團隊的參與文化是積極的、熱誠的、主動的。

4. 每位團隊成員應認真傾聽彼此的建議，學習傾聽藝術是一件不容易的事，無論是領導者或部屬，都須學習傾聽別人的建議與批評。

5. 每位團隊成員互相信賴、彼此支持、士氣高昂。優質團隊溝通通常都能具有彼此認同的價值觀，相互信任與支持，形塑出行動力與反應力的團隊。
6. 每位團隊成員可以自由表達自己的感受與意見，保持一種真誠的雙向溝通，而非單向的溝通型態。
7. 每位團隊成員彼此保持彈性自由、開放互助，一旦有難，彼此能夠相互協助，展現出團結合作的默契，共同接受外在環境的挑戰，完成組織目標。
8. 每位團隊成員彼此讚美與彼此認可，展現正面肯定態度，而非負面挑剔的組織氣氛。

(三) 團隊管理的技巧：如何推動一個良好的團隊管理，通常有七大技巧，係布蘭查（K.Blanchard）等人所提出「PERFORM」，亦即團隊管理的七大管理技巧。

1. 對於組織目標與價值具有共識（Purpose and Value，P）：團隊應規劃出具體的藍圖，以達成組織的願景。
2. 授能（Empowerment，E）：授權組織成員，賦予員工活力，學習成長機會。
3. 良好的工作關係及溝通（Relationship and Communication，R）：開誠佈公的溝通一直是高效率團隊所欲達成的目標。
4. 彈性（Flexibility，F）：團隊成員的形式有彈性，應視情況分派不同任務，發揮不同的功能。
5. 追求最適的生產力（Optimal Productivity，O）：高標準和高品質的產品或勞動力是高績效團隊一致心願。
6. 肯定與讚賞（Recognition and Appreciation，R）：給予肯定以激發成員的榮譽心與責任感。
7. 高度士氣（Morale，M）：成員熱於投入團隊工作，並以此為榮。

參考書目：1. 孫本初編著，《新公共管理》，一品文化，2009年。
2. 丘昌泰，《公共管理》，智勝文化，2012年。

四、近年來隨著資訊通訊科技（ICTs）的進展，及新冠肺炎（COVID-19）疫情嚴峻的衝擊，許多先進國家開始實施「遠距辦公」（telework）的工作模式。試問何謂遠距辦公？實施遠距辦公對於個人和組織會產生那些效益和挑戰？試分析論述之。

說明：新冠肺炎（COVID-19）在 2019 年在中國武漢首次爆發，隨即在 2020 年初迅速擴散至全球多國。這次疫情導致嚴重的全球性的社會和經濟混亂，被視為人類自第二次世界大戰以來面臨的最嚴峻危機，並使全球經濟陷入自從 1930 年代的大蕭條以來最大的衰退。學者多所關切，也成為結合時事的命題焦點。遠距辦公是因應疫情的必要機制，報章雜誌有不少的報導與評論，可為參考。

答：2020年COVID-19疫情爆發肆虐全球，嚴重影響企業營運，國內外公司為確保於疫情之下能維持生產力並穩定運作，已將遠距辦公認定為必要採行之機制，又當時考量疫情趨緩時間不明，多數企業已進行超前佈署啟動在家辦公措施。

遠距辦公（Telework）即是因應資訊與通訊科技發展，產生的一種特殊工作模式，人們可以突破空間限制進行工作，重新界定工作流程應如何處理及工作應該在那裡完成的形象，也促使管理者需重新檢視工作績效評估及員工監督管理方式。

(一) 意涵：遠距辦公係指員工得透過電話、電腦、網路或資（通）訊相關設備等，選擇在家或其他場合辦公，完成組織或雇主所交付的工作，而不必通勤至主要營業場所處理工作的一種彈性工作模式。

(二) 實施遠距辦公對於個人和組織會產生的效益和挑戰

　　1. 對於個人產生的效益和挑戰：

　　　效益：

　　(1)可減少個人通勤時間：遠距辦公的好處可以減少通勤所需花費的汽機車燃料、維護或停車等費用，並可以將通勤所需的時間及精力投注於工作上。

　　(2)工作自主權提高：在工作方式上，原則應允許員工對其工作安排具有較高自主權。

(3)工作動機提高：遠距辦公缺少辦公室環境中與工作無關之干擾，使辦公更有效率，提高他們儘速完成工作的動機。

(4)工作壓力降低：遠距辦公由於無須與長官及同仁面對面接觸，也會降低衝突發生機率。使得員工工作壓力降低、工作滿意度提高、更加重視工作成果。

(5)工作及家庭平衡：遠距辦公可以安排工作及私人時間，增加員工與家人相處和協助家務時間，更能兼顧工作及家庭的平衡。

挑戰：

(1)人際及專業孤立感：遠距辦公者可能會失去職場人際交往、與工作技能相關的非正式學習以及長官跟同仁的直接指導。

(2)容易被忽視影響升遷機會：遠離辦公室也可能造成長官不易看到個人表現，影響升遷機會。

(3)工作及家庭界線模糊：遠距辦公雖然可以自由安排工作及私人時間，有增進工作及家庭平衡之可能，但也可能因為工作及家庭界線模糊，實際上產生工時更長的情形。

2. 對於組織產生的效益和挑戰：

效益：

(1)可降低營運成本：公司無須為每位員工設立專屬座位，在業務持續擴大下，可以考慮維持必要的辦公空間即可，無須再另覓新的營運處所。

(2)提高員工生產力及績效：遠距辦公透過賦予員工更多工作時間及生活時間彈性分配自由，員工可以選擇在自己最有效率的時間點完成工作，除提高員工工作滿意度，也能進而帶動員工生產力及績效表現一併提升。

(3)創造績效導向環境：由於辦公型態的改變，無法像傳統管理方式可以面對面進行監督指導，也會替組織創造一個具績效導向的管理變革環境。

(4)吸引優秀人才：許多人會將公司有無推動遠距辦公視為一項重要的福利，而此福利會吸引優秀人才加入、降低原有人員流動率，由於遠距辦公突破地理位置限制，更有利於招攬身處世界各地的優秀人才。

(5)事故發生仍可維持營運：對於國家社會遭逢天災、人為或緊急
　　事故時，遠距辦公之推行可維持組織營運不中斷，對於組織具
　　有很大的助益。

挑戰：

(1)資通訊設備及技術支援花費：公司實施初期需要為遠距辦公者
　　建置各種資通訊設備並提供相關技術支援，通常需要一筆額外
　　不小的費用，公司也必須將遠距辦公可能造成的資安風險納入
　　考量。

(2)失去直接監督員工機會：在遠距辦公的環境下，管理者失去對
　　員工行為的直接觀察與指導，在績效管理及工作安排與協調
　　上，可能與遠距員工產生認知差異，需要進行管理技巧提升及
　　溝通方式之調整，這些改變都會造成主管額外的工作負擔。

(3)造成辦公室同仁負擔：部分事項無法在家完成時，需要辦公室
　　同仁之協助，容易造成辦公室同事額外工作負擔和困擾，形成
　　員工間之衝突。

(4)部分任務無法完成：並非所有工作都能遠距辦公，例如交付實
　　體商品或運輸特定器材等。

參考書目：許惠婷，《公部門推動遠距辦公之研究—以 COVID-19 期間居家
　　　　　　辦公情形為例》，國立臺灣大學社會科學院政治學系碩士論文。

111年 普考

甲、申論題部分:

一、請論述目標管理之意涵,並舉實例說明其應用。

說明:目標管理(MBO)在公部門實施迄今已近三十年,被視為是公共管理中提升組織績效的有效方法。其相關題型曾於 93、99、105 年被拿來命題。本題難度不高,若有準備,應不難作答。

答:自1954年彼得‧杜拉克(Peter Drucker)在《管理實務》一書中,揭櫫「目標管理及自我控制」的觀念以來,目標管理遂為公、私部門所採行,並蔚為風潮。以下茲就目標管理之意義、內涵及在政府部門之推展應用加以說明。

(一) 意義:由機關上下級人員共同討論確定成員的工作目標,並進行自我控制與自我評價,以鼓勵組織成員和增進工作效能的一套計畫與考核管理方法。

(二) 內涵

　1. 適切地確立組織管理目標(Organizational Goal)。

　2. 採行自我管理(Self-Management)、分權管理、加強溝通與策略研究、健全領導行為等方式。

　3. 激勵個人的創意與潛能,以獲致管理效果。

　4. 重視人性化、參與化與團隊型的管理技術。

(三) 目標管理在公部門的應用

　　台北市政府警察局人事室運用目標管理的情形:

　1. 目標管理實施前的準備:首先,實施目標管理前,先取得警察局長及台北市人事處的理解和支持,並藉由人事室會報研討提出應辦事項,介紹目標管理優點和做法,使人事室內部成員能夠理解並實施該作法。再者,須要人事室成員培養「計畫-執行-考核」的習慣,及建立有系統的管制流程。

　2. 目標之制定:北市警察局人事室將目標訂為:以台北市政府和警察局目標要求設訂為警察人事管理目標,分別為希望城市、

快樂市民、自己的前程掌握在自己的手裡。隨後經充分討論和
調整,最後再呈報人事室主任核定分送各級主管和承辦人員進
行管制作業。

3. 目標執行:該局人事室在目標執行過程中,藉由平常溝通,由各
承辦人定時回報與各級主管提供相關資訊與說明其構想,使目
標執行能夠有效完成;同時各級主管也能適時予以協助,並給予
補充意見,在目標執行中進行「期中追查」使目標工作不至於脫
軌。最後將各該承辦人和各級主管共同檢討成果與有待改進之
處,作為下年度目標管理設定依據。

4. 實際運作面:為達到人事行政革新要求及達成警察任務,台北市
政府警察局人事室,運用目標管理,使各級人事員親自參與計畫
與各級主管會商研討交換意見,溝通觀念配合理論建立共識,便
依該室各股主管業務劃分,並製作完成年度目標管理體系圖,分
送各級主管及業務承辦人員以管制進度進行,並要求所屬各人事
機構配合辦理。

📖 參考書目:1. 孫本初著,《公共管理》,智勝文化,2006。
2. 丘昌泰著,《公共管理》,智勝文化,2012。
3. 林淑馨著,《公共管理》,巨流圖書,2012。

二、何謂知識地圖(knowledge map)?建構良好的知識地圖應包含那些重要元素?試舉例說明之。

說明: 知識地圖(knowledge map)曾出現在 103 年普考選擇題第 23 題,申論
題未曾被拿來命題,屬於冷僻題,是「知識管理」章節的範疇。

答: Liebowitz(1999)提出知識地圖(knowledge map)乃是描繪組織內
主要領域的知識分類與流動狀態,包括知識種類、知識工作者、知識
文件、知識密度,並可連結外部資源,讓組織中的每個人可以快速找
到他們所需要的知識。

(一) 意涵:知識地圖是以圖形方式以顯示各種知識來源的儲存地點、
專家所在的位置、任務與知識的關係、知識與產品或服務的關

係、知識結構等，且這些資料大都以電子化的方式加以組織、分類、儲存、圖示與擷取。

(二) 知識地圖構成重要元素：Tiwana（2000）認為在知識地圖的架構中，最重要的三大元素為：

1. 知識庫（knowledge repository）：這是指知識創造、整理、儲存、擴散、應用與演化的平台，知識庫包括特定領域的經驗與知識，內容必須是清楚且正確的。

2. 知識社群（knowledge community）：這是指透過網路社群的互動與分眾特色，輔以實務社群的搭配運作，建立以專業技術與知識領域為主的討論區、電子論壇、專欄區、電子佈告欄、留言版、聊天室、讀書會、部落格等。

3. 知識專家（knowledge expert）：這是指對於某個特別的工作單元，可憑藉其豐富知識、技術與經驗順利達成任務的要求。

根據上述，知識庫、知識社群、知識專家三者並非彼此獨立的，必須藉由環環相扣且緊密的關聯才能產生知識的力量。例如，在「知識庫」閱讀有價值之文件時，若遇到任何疑惑，可以直接尋找「知識專家」進行專業諮詢，亦可透過「知識社群」留言，與同仁進行問題或知識交流。

參考書目：1. 孫本初編著，《新公共管理》，一品文化，2009。
2. 丘昌泰著，《公共管理》，智勝文化，2012。

乙、測驗題部分：

( ) 1 下列何者不屬於公共選擇理論的主要概念？ (A)不可能定理（Arrow's Impossible Theorem） (B)多數決矛盾（Majority Voting Paradox） (C)統合主義（Corporatism） (D)中位數選民定理（Median Voter Theorem）。

( ) 2 針對公民治理的實踐意涵，下列敘述何者錯誤？ (A)公民為共治者 (B)公共官僚即積極負責的公民 (C)公民僅追求經濟利益 (D)公共利益即共享價值。

( ) **3** 有關公私部門管理特性差異的說明，下列何者最正確？ (A)私部門面對的法令規範較公部門來得多 (B)公部門較私部門的績效衡量來得簡易 (C)公部門目標單一又高度相容 (D)公私部門受公眾監督的程度不同。

( ) **4** 下列何者不屬於企業型政府的特質？ (A)重視成本效益關係 (B)強調社會公平正義 (C)重視績效評估 (D)主張法令鬆綁。

( ) **5** 為改善公共組織的結構惰性例如既得利益團體和歷史包袱等，並提升公共組織績效，其最重要的手段是下列何者？ (A)於媒體建立組織受歡迎的形象 (B)推翻現有的政治和制度的障礙 (C)鼓勵公務員個人勇於創新突破 (D)組織對公務人員施以教育訓練。

( ) **6** 1980年代以來全球盛行的新公共管理風潮，其組織及協調機制是以下列何者為核心理念？ (A)講求效率的市場機制 (B)追求信任共善的社群組織 (C)培養具代表性功能的政府官僚 (D)建構重視權威的層級節制組織。

( ) **7** 關於全面品質管理（Total Quality Management）的敘述，下列何者最不適當？ (A)真正的成本除了生產產品本身的成本外，還要加上處理顧客抱怨的時間及成本 (B)顧客滿意是推動組織的力量 (C)以價格為競爭的主軸 (D)將持續的改進視為常態。

( ) **8** 下列何者不屬於標竿學習的功能？ (A)促使組織持續改進 (B)改進工作流程 (C)提升組織本位主義 (D)維持競爭力。

( ) **9** 落實顧客導向服務理念，首重提供顧客的選擇權，下列何者可彰顯其主要理念？ (A)人民對於行政人員選擇性執法的容忍 (B)人民可以選擇守法的上限 (C)人民可以忍受執政者的政策反覆 (D)人民可依個人偏好選擇行政服務。

( ) **10** 關於組織內部決策制定影響力之分享以及責任與心力的共同分擔，係指下列何種管理？ (A)市場管理 (B)參與管理 (C)電子化管理 (D)跨域管理。

( ) **11** 下列何者不是危機爆發時，危機指揮中心所應設置的單位？
(A)危機決策者及其幕僚　(B)危機知識管理者　(C)危機處理小組　(D)危機處理專家。

( ) **12** 管理對象著重於未來的不確定性與潛在威脅，係屬下列何種管理？　(A)知識管理　(B)績效管理　(C)風險管理　(D)組織管理。

( ) **13** 關於策略管理演變各時期的發展情況，下列何者最正確？
(A)1950年代長期規劃時期，開始注意外部環境的變遷和激烈的競爭情勢　(B)1960年代企業策略規劃時期，僅著重分配組織中不同部門的責任　(C)1970年代企業總體的策略規劃時期，首次出現使命及環境掃描或分析的概念　(D)1980年代策略管理時期取代策略規劃的概念，有助於組織回溯到一般與每天的管理過程。

( ) **14** 若以某大學製作畢業證書單位為例，下列何者屬於衡量該單位「效能」面的績效指標？　(A)證書製作的總支出金額　(B)每份證書的製作時間　(C)證書製作的正確率　(D)證書申請流程的一致性。

( ) **15** 關於政策指標與社會指標的區別，下列敘述何者錯誤？　(A)社會指標反映整體社會的變遷趨勢，故有些社會指標並不具政策意涵　(B)政策指標經常需納入倫理性與規範性價值　(C)社會指標的設立是為了達成某一政策目標，政策指標的設立是為了引導社會目標效益　(D)政策指標不僅是政策目標取向，同時也隱含著可能的政策干預。

( ) **16** 非營利組織的產生是因為政府有多數暴政、競租等問題，而無法透過政府正式制度解決公共問題，係屬下列何種觀點？　(A)市場失靈論　(B)政府失靈論　(C)第三者政府論　(D)利他主義論。

( ) **17** 探討知識管理應先區分資料（data）、資訊（information）與知識（knowledge）間的差別，下列何者不是資料？　(A)警察巡

邏車目前所在位置分布點　(B)目前那裡需要巡邏　(C)巡邏車上的員警人數　(D)巡邏車的數量。

(　) **18** 對於知識類型的敘述，下列何者最正確？　(A)外顯知識主觀且為經驗的知識　(B)內隱知識是理性的知識　(C)默會知識是一種數位型態的知識　(D)外顯知識常是組織良好的知識來源。

(　) **19** 根據薩維斯（Savas，E.S.）的定義，抵用券歸屬於那一種民營化的類型？　(A)撤資　(B)委託　(C)替代　(D)特許。

(　) **20** 許多國家都在政府內部設置資訊長（chief Information officer，CIO）負責電子化政府的推動。我國政府現行的資訊長設置為：　(A)專任、三級制　(B)兼任、二級制　(C)由國家發展委員會主任委員兼任　(D)委員會推派。

(　) **21** 下列何者不是公民參與應具備的特質？　(A)參與主體為公民個人，不包括團體　(B)人民對政府的行動及政策能掌握充分的資訊　(C)社會上應存在健全的參與管道　(D)人民常以感情、知識、意志及行動的付出做為參與的意思表示。

(　) **22** 「不要建在我家後院」（Not In My Back Yard；NIMBY）的心理與政策訴求，指的是學理上的那個現象？　(A)理性決策　(B)鄰避情結　(C)用腳投票　(D)滾木立法。

(　) **23** 有關推動跨域治理與合作時，可能遭遇的阻礙及問題根源，下列何者錯誤？　(A)地方主義與本位主義作祟　(B)相關法律配套措施不完備　(C)參與對象眾多，需要花費更多協商成本　(D)過度強調層級節制。

(　) **24** 跨域治理主要是在三個概念主張下發展出來，下列何者不在其中？　(A)傳統區域合併主義　(B)公共選擇　(C)新區域主義　(D)地緣政治學。

(　) **25** 下列那一項管理措施最不符合多元化管理（Diversity Management）精神？　(A)彈性工時　(B)生產線科學化管理　(C)員工育嬰假　(D)遠距辦公。

解答與解析

1 (C)。 公共選擇理論的七種理論主張包括：投票理論、中位數選民定理、多數決矛盾、不可能定理、選票互助、競租、Downs模型。

2 (C)。 以社群觀念為中心的政治，公民不應被認定完全以自利為動機參與公共事務。（許立一，《公民治理理論與實踐的探討》）

3 (D)。 (A)公部門面對的法令規範較私部門來得多
(B)公部門較私部門的績效衡量來得不易衡量
(C)公部門目標多元又一低度相容。

4 (B)。 強調社會公平正義是屬於新公共行政的主張。

5 (B)。 李文（Levin）和辛格（Sanger）兩人曾提出企業型官僚形塑具備企業精神的行政環境所應採行的措施，包括：(1)容忍錯誤；(2)高層管理者有創造才能與對承擔風險的支持；(3)賦予執行者自由裁量權與達成績效的責任；(4)重視分析與評估；(5)藉由新的組織結構來加強彈性；(6)獎酬制度能彈性運用；(7)建立外在的擁護者；(8)媒體：建立受歡迎的公共形象。

6 (A)。 新公共管理的核心概念強調將公共官僚結構分解為許多附屬機關，各機關之間根據使用者付費的基礎進行互動。同時利用準市場（quasi-market）和簽約外包（contracting out）的方式來塑造競爭環境。

7 (C)。 全面品質管理是一門整合性的管理哲學，其內容包含持續改善、迎合顧客需求、降低重作產品、建立公司願景、重視長期性績效、強調團隊合作、提高員工參與度、重新設計流程等。

8 (C)。 標竿學習具有下列幾項功能：協助組織設立目標、改變組織文化、滿足顧客需求、提高生產力與績效、促進組織間學習、促使組織持續改進、維持競爭力、改進工作流程。

9 (D)。 落實「顧客服務」導向，首重提供顧客選擇權，即顧客是可以自由依據其偏好做出選擇，如此才能體現顧客導向的意涵。

10 (B)。 Mitchell指出，參與管理乃是組織中人員共同享有決策作成的權力，在此一決策作成過程中，所強調的是「能力」而非「職位」，所有溝通網絡必須是公開且順暢無阻。

11 (B)。危機爆發時「設置危機指揮中心」，主要負責跨機關間的溝通與協調而不具決策與指揮的功能，成員應包括機關首長和相關幕僚、危機處理小組與危機管理專家，由危機管理專家機關首長擔任指揮官以確保救災專業得以貫徹。

12 (C)。風險的存在，直接或間接地威脅到人類生存的安全，因此我們在追求安全的過程中，必須克服風險所帶來的威脅，進而管理未來風險。「風險管理」係指利用科學方法，處理未來之不確定性與潛在威脅，以減少或規避風險所造成之損失。

13 (D)。策略管理大致上從1980年代取代策略規劃，其發展歷程從私部門開始（吳瓊恩，2001）：
1950年代長期規劃時期，包括多年度的未來計畫，但未注意外部環境的變遷和激烈的競爭情勢，長期規劃將無法運作。
1960年代企業策略規劃時期，首次出現使命及環境掃描或分析的概念。
1970年代組織全體的策略規劃時期，比較著重於組織的高階層，並分配組織中不同部門的責任。
1980年代策略管理時期取代策略規劃的概念，有助於組織回溯到一般與每天的管理過程。

14 (C)。效率（efficient）：投入與產出的過程中，以最少的資源投入，而獲得最大的產出。效能（effective）：則是達成組織的目標，關心目標達成程度。

15 (C)。政策指標的設立是為了達成某一政策目標，社會指標的設立是為了引導社會目標效益。

16 (B)。政府失靈論即是政府在提供公共服務上不足或無效率之現象，其原因為：類別的限制、多數主義的限制（多數暴政）、時間的限制、智慧的限制、競租、規模的限制等問題。

17 (B)。

類別	說明
資料	未經處理的事實或數字
資訊	經過處理後對使用者有意義的資料

類別	說明
知識	歸納資訊再輔以經驗以利成員共享
智慧	運用知識以創造新的效果與價值
資訊系統	處理資訊並使資訊產生意義，進而創造價值

18 **(D)**。(A)外顯知識是理性的知識，可用文字、數字等具體資料來表達分享。
(B)內隱知識主觀且為經驗的知識，無法明確清楚地用言語來表達。
(C)外顯知識是一種數位型態的知識。

19 **(B)**。薩維斯（Savas，E.S.）提出民營化有三種類型：
(1)撤資：指公營事業或國有資產移轉至民間，此種移轉民營化可經由出售、無償移轉及清理結算等策略進行。
(2)委託：指政府部門委託民間部門，為部份或全部財或與服務的生產活動，但政府部門保有監督的責任。
(3)替代：當大眾認為政府所提供的生產或服務，無法滿足社會需求，而民間部門意識到有此需求，進而提供生產或服務，以滿足社會大眾。

20 **(B)**。依行政院數位國家創新經濟推動小組設置要點第8點規定：「……(2)各中央二級機關置資訊長一人，由機關首長指定副首長或主任秘書兼任，負責協調業務及資訊資源，統籌推動業務流程改造、法規鬆綁，應用資訊科技提升行政效能及創新便民服務等事項。」

21 **(A)**。公民參與應具備的特質：
(1)公民參與是出於自願、自主的行為；公民參與可以被鼓勵，但絕不是被強制的行為。
(2)公民參與對象是涉及公共性的事務，包括公共政策及政府行動等。
(3)公民參與的目的可以是為了普遍的公益或公義，也可以是為了自己或所屬群體的利益。
(4)無論是公民個人或團體均為參與的主體。
(5)人民對政府的行動及政策能掌握充分的資訊、社會上應存在健全的參與管道等促進公民參與的條件。
(6)人民常以感情、知識、意志及行動的付出做為參與的意思表示。

22 (B)。 鄰避情結（NIMBY）是一種「不要建在我家後院」的心理情結與政治訴求，全面性拒絕被認為有害於生存權與環境權的公共設施或企業建設的態度，如垃圾掩埋場、火力發電廠等。基本上是環境主義意識抬頭，強調應以環境價值作為是否興建公共設施依據。

23 (D)。 我國在推動跨域治理事務時，所遭遇的問題：(1)地方主義與本位主義作祟；(2)政黨屬性不同造成黨同伐異之爭；(3)法治不備進而影響區域之合作；(4)參與對象眾多進而增加協商成本。

24 (D)。 跨域治理主要是在傳統區域合併主義、公共選擇、新區域主義等三個概念主張下所發展出來。

25 (B)。 學者Cox認為多元化管理（Diversity Management）的定義就是「藉由規劃與執行組織系統和實務來管理組織成員，俾達到多元化的潛在優勢得以極大化，同時潛在的威脅得以降到最小。」彈性工時、員工育嬰假、遠距辦公都是激勵員工的管理措施，能讓多元化的組織成員相互尊重，並且能將自我潛能極大化的工作環境。

110~111年 《公共管理(含概要)》 試題與解析

編著者：陳俊文

發行人：廖雪鳳
登記證：行政院新聞局局版台業字第3388號
出版者：千華數位文化股份有限公司
地址／新北市中和區中山路三段136巷10弄17號
電話／(02)2228-9070 傳真／(02)2228-9076
郵撥／第19924628號 千華數位文化公司帳戶
千華公職資訊網：http://www.chienhua.com.tw
千華網路書店：http://www.chienhua.com.tw/bookstore
網路客服信箱：chienhua@chienhua.com.tw

編輯經理：甯開遠 法律顧問：永然聯合法律事務所
主 編：甯開遠 校 對：千華資深編輯群
執行編輯：廖信凱 排版主任：陳春花
設計主任：陳春花 排 版：陳春花

出版日期：2022 年 12 月 15 日 第一版/第一刷

110~111年 《公共管理(含概要)》試題與解析

編 著 者：陳 俊 文

發 行 人：廖 雪 鳳

登 記 證：行政院新聞局局版台業字第 3388 號

出 版 者：千華數位文化股份有限公司

地址／新北市中和區中山路三段 136 巷 10 弄 17 號

電話／ (02)2228-9070　　傳真／ (02)2228-9076

郵撥／第 19924628 號　千華數位文化公司帳戶

千華公職資訊網：http://www.chienhua.com.tw

千華網路書店：http://www.chienhua.com.tw/bookstore

網路客服信箱：chienhua@chienhua.com.tw

編輯經理：甯開遠	校　　對：千華資深編輯群
主　　編：甯開遠	排版主任：陳春花
執行編輯：廖信凱	排　　版：陳春花

出版日期：2022 年 12 月 15 日　　第一版／第一刷

三、公共管理未來環境的系絡風貌

(一)　社會與組織將會日趨複雜。

(二)　民營化與公、私部門間的互動將會日趨頻繁。

(三)　持續的技術變遷。

(四)　公部門的資源及其成長將會受限。

(五)　工作團隊與服務對象的多元化。

(六)　個人主義與個人責任的強調。

(七)　生活品質的重視與環保主義的抬頭。

(八)　持續漸進式的改進與轉換，而非激烈的變革。

NOTE

經典範題

申論題

一、公共管理（Public Management）此一學科旨在提升政府的治理能力，其研究重點在於探討政府部門的革新，試說明其最新之發展趨勢。

答：(一)**持續充實公共管理的概念內涵**：公共管理此一學科領域的主要工作是為研究政府部門的革新（Reform）、變革（Change）、再造（Reinventing）及創新（Innovation）等。正如學者L. Metcalfe與 S.Richards所說：「政府的改革若欲持久不歇，公共管理的概念內涵務必持續充實。」

(二)**公共管理所採取的研究途徑是兼具實務性與規範性**：公共管理的發展趨勢是為建構一個新而成熟的學科領域，因此其所採取的研究途徑必須兼具實務性與規範性，既不落入狹隘的技術理性窠臼，也不陷入空泛的玄學迷障。

(三)**公共管理並不排斥私部門所使用的方法**：公共管理學者認為，公部門與私部門兩者所使用的管理方法，在實際選擇使用時是講究效用主義的，兩者間的關係是互補而非完全替代，亦即無論使用任何方法，凡能達到目的者皆為好的管理方法。

(四)**重視虛擬網絡組織對公部門所造成的影響**：近年來，電腦網際網路的出現及普及化，造成許多虛擬網絡組織的形成，此一現象勢必對公部門的工作環境造成莫大衝擊。因此公部門應及早規劃適當的管理方法，例如電子公文認證的問題、資訊管理或管制的問題及電子化政府的監督規範問題等。

(五)**公共管理強調創新與系統思考**：依靠過去的慣例或私部門所使用的方法，其變革的效用將極為有限，公部門的管理者唯有具備創新者的系統思考能力，才能夠提出正確的變革方向；同時兼具整合者的技術能力，才能夠設計出新的治理系統。

(六)**公共管理重視人力資源管理**：自1980年代以來，先進工業化國家為因應全球市場化的競爭壓力及愈來愈嚴格的服務品質要求，紛紛採取策略性的人力資源管理。其主要的變革方向，是將傳統的「人事管理」轉換為強調分權化、彈性化及具有市場競爭機制的「人力資源管理」系統。

(七)**重視服務的品質與績效的評估方法**：在「顧客至上」的年代，政府施政必須講求服務品質的持續改善和不斷超越，而績效是民眾在接受政府所提供服務時，首先須考慮的重要面向。

(八)**重視政府再造的方法與過程**：政府再造（Reinventing Government）已成為一種「時代精神」。但施行的方法或策略並無定準，重點在於必須配合公部門的特有生態環境，並且在過程中必須實事求是。

(九)**公共管理強調價值調和與課責**：公共管理強調價值的調和，不僅重視效率與效能，同時也重視公平、正義和民主。而且，公共管理在主張行政自主化和彈性化的同時，也強調課責的重要性。

(十)**公共管理重視運用組織發展的干預策略**：根據Robert T. Golembiewski、Hal G. Rainey等學者觀察，公共管理將日趨倚重組織發展（Organization Development，OD）的干預策略，包括與人相關過程的干預，包括人際、團體及組織等三個過程途徑，希望藉由第三造干預（Third-Party Interventions）、團隊建立（Team-Building）、領導及建構願景等管理策略進行干預。（孫本初，公共管理—公共管理發展的新趨勢，頁587-602）

二、面對新世紀及知識經濟的到來，公共管理與政府再造兩者間具有何種關係？

答：(一) 從事政府再造的主要方法有三種：一為由上而下（Top-Down），一為由下而上（Bottom-Up），另一為由中間管理階層開始（Middle-Out）。美國所進行的「國家績效評估」（NPR）的政府再造運動，係由下而上的方法，英國所從事「續階計畫」的政府再造運動，則是採行由上而下的方法。

(二)從事政府再造所採用的主要策略有三種：一為漸進式的改革，一為激進式的改革，另一為斷絕式的改革，此為最激烈的方式。不論採用那一種方式，都要以一種進化式的過程（Evolutionary Process）來從事方能成功。

(三)政府再造是否能成功，一定要獲得上級的強烈支持，亦即任何改革措施都不具有萬靈丹的藥效，改革的成敗一定要看領導人對改革是否具有誠意；此外，還要看他們對改革是否有正確的認識和堅持。

(四)政府的再造工作必須被視為「途徑」（Approach），而不能被視為「技術工具」（Technical Tools）。因此，再造工作必須由「器物層次」的改革提升到「思想和政治層面」的改革，亦即政府再造只尋求提升生產力或提高效率的方法仍不足有為。

(五)從事政府再造工作，最好能夠激發全員參與或有關人士的積極投入，因為改革必然會影響既得利益者，權力結構勢必重新調整，是以，愈多層級人員的參與，其阻力愈小。

(六)對於改革的結果能不斷地從事評估，而且改革的途徑最好能夠配合結果隨時調整；若想知道改革是否成功，必須有一些客觀的評估標準，這些標準一定要明確、可測量，並且能夠依情勢變化而隨時更動指標。

(七)政府再造應是一種創新，改革者必須能夠培養出一個有利於創新的組織文化與環境。改革的目的是福利均享，是為了改善人民生活，開拓生活空間，終極目標則為保障人性的基本尊嚴；改革者倘若悖離這些知識與價值，再多的改革方案也終將成為夢幻泡影。（孫本初，公共管—公共管理發展的新趨勢，頁587-602）

三、杜克大學教授Behn曾指出，倘若公共管理想要成為一門科學，就必須學會從尋找問題開始。而當代的公共管理，必須仔細認真地思考並研究處理那三大問題（3M問題）？

答：(一) **微觀管理的問題**：即公經理人如何突破憲政體制及程序規則等微觀管理的循環。此是一個實際存在的問題，是一種如何治理的問題，例如公經理人必須能夠協助立法者、政治首長及永業化的文官等，釐清政策制定和執行過程中的權責歸屬。

(二)**激勵的問題**：即公經理人如何激勵組織成員盡心盡力來達成公共目的。在「委託—代理」的觀點下，國會如何來控制行政首長，民選官員又如何來控制文官，以及公經理人如何激勵公職人員。

(三)**測量的問題**：即公經理人要能夠測量出他們自己及機關的績效，包括輸入（Input）、產出（Output）、結果（Outcome）及影響（Impact）等的測量；同時公經理人也要能夠協助公民瞭解如何能適當且實際地測量出政府的績效，並據此確立本身的責任。

四、Emmert與Shangraw從未來學的觀點，歸納出公共管理未來環境的系絡風貌為何？

答：(一) **社會與組織將會日趨複雜**：由於科技的不斷更新及全球性的互動等因素的影響，人類原有的組織及社會結構將會變得更為複雜。在這種趨勢下，政府的組織結構、運作程序及管理方法必須與時俱進。

(二)**民營化與公、私部門間的互動將會日趨頻繁**：未來主義者認為在未來的年代，大規模的企業（特別是跨國性的企業）將會降低政府組織的重要性，經濟性的機構將會取代政府的職能，迫使公部門必須有效地回應市場的需求。

(三)**持續的技術變遷**：技術的創新與變遷將對組織產生諸多影響，而資訊的超載（Over-Load）與資訊的整合將會是政府所需要面臨的新課題。

(四)**公部門的資源及其成長將會受限**：由於資源有限，政府部門的規模因而受到限制，使其必須以最有效率的方式來提供服務，例如以契約方式委託民間經營的民營化方式。

(五)**工作團隊與服務對象的多元化**：以美國為例，由於種族及文化因素的影響，已使整個社會的工作隊及公民需求呈現多元分歧的現象，公部門在面對此種情況，必須將原有的管理通則作適度的修正。

(六)**個人主義與個人責任的強調**：由於個人主義的盛行及自我責任的強調，傳統上由政府機關主導一切的情勢已有所轉變。在此風潮下，民營化與志工主義的興起，更改變了個人對政府機關的期許與看法，公務員也由此而獲得更多的工作自主權。

(七)**生活品質的重視與環保主義的抬頭**：對員工本身而言，工作不再是生命中的唯一目標，其所關切的是人身安全與健康及家居生活的重視。

(八)**持續漸進式的改進與轉換，而非激烈的變革**：大多數的未來主義學者均認為，即使有所變革，亦應在現在的制度下進行持續的改革與轉換，勿需對現行體制作激烈的變革，以避免引發劇烈的反彈與新的危機。（孫本初，公共管理—公共管理發展的新趨勢，頁587-602）

五、解釋名詞：
(一)後現代公共行政學。　　　(二)公共利益。
(三)公意政府。　　　　　　(四)民主行政。

答：(一) 後現代公共行政學：此指公共行政學之未來趨勢，學者弗克斯（C.J.Fox）著有《後現代公共行政》一書，強調所謂「對話理論」，從現象、結構與能源層面，融合社會、人文與自然學科的內容，以充實行政學的新理論基礎：正統主義、憲政主義與社群主義。由現代邁向後現代，其主要趨勢可綜合下列各家說法：

1. 英國行政學學者格林烏（J. Greenwood）等認為，新的行政管理建立在公共責任，社會平等，合法性與多元性的基礎上。

2. 日本東京大學、京都大學教授西尾勝、加藤一明等人則強調現代公共行政即「技術的行政」，而行政學的發展仍將是由官僚制趨向於民主制，且融合政策科學與管理科學之持續發展；公共行政學之未來趨勢為公民參與、資訊開放與公共責任制度的確立。

3. 美國學者：賴格羅（Nigro）稱公共行政的未來將遭逢社會、技術、管理、交通、環保與危機處理的更大挑戰，效能與績效管理將愈形顯要。

4. 強森（W. C. Johnson）則稱公共行政的公共性與行政責任的實踐之迫切性。

5. 考克斯（R. W. Cox）等人稱述未來公共行政將朝向「非官僚化」與反機械式層級化的民主型政府。

6. 丹哈特（R. B. Denhardt）稱以公共行政的行動理論因應未來：由生產化朝向服務化，由本土化走向國際化，由萬能化轉為有限化。其次，民營化、技術革新與文官制度所受到衝擊將更激烈。

7. 史提爾曼（R. Stillman）則闡述未來公共行政與行政倫理及公共利益的緊密性。

8. 夏弗里滋（J. M. Shafritz）則認為，行政學將朝向為「跨政府間研究領域」，公共服務與行政人員的服務革新是未來趨向。

9. 羅森姆（D. H. Rosenbloom）則認為，行政學之未來趨勢在建構新的行政文化。

10. 亨利（N. Henry）則認為未來將益形凸顯責任性與人文性的「倫理型公共行政」。

(二)公共利益：公共利益，即社會公益而非私利私益，不論指國家利益或國家公益，皆蘊含公道、誠信、正義、平等與自由之公共理念。公共利益必具全體性、公德性與福祉性，而能由民主程序體現。

1. 1983年新公共行政「黑堡宣言」所稱「行政人員是公共利益的受託者」，充分顯示現代行政人員為公僕角色與服膺民意的重要。對公僕而言，公共利益即公眾民意，執行公共利益，即執行公共職務而為行政人員之基本職責。

2. 公共利益亦強調公共價值：行政學學者哈蒙（M. Harmon）指出，前瞻型決策不受「自私利益」影響，而經由調和的社會程序則有助於公共利益的體認與實現。

(三)公意政府：

　1.公意（Common Sense）原義非指「常識」而是「公意」，指民主體制
　　重視之全民公意，民主政府以全民公意為尊，符合國家最大利益。

　2.公意政府係以「社會公意」為基準，即由「國家取向」朝向以「公民社
　　會」取向之公共利益與輿情民意。

　3.公意政府係現代政府改造所強調服膺公益與回應民意之政府治理型態，
　　此說來自柴契爾主義所謂：由「官僚化政府」改革為「代表性政府」，
　　以回應民意需求。

　4.公意政府係「顧客導向」的企業型政府體制。

(四)民主行政：民主行政為現代公共行政的核心價值，其主要內容在重視
　　行政組織與管理資源的有效運用，亦強調現代公共服務之實現社會公
　　平與正義之理念。民主行政的主要論點：

　1.民主行政在實現（代表）公共利益。

　2.民主行政應具有社會各階層利益的代表性。

　3.民主行政對於民眾「知的權利」須具開放性。

　4.民主行政超越黨團、派系或少數權要利益之上。

　5.民主行政應嚴防專業主義的設限。

　6.民主行政重視參與管理。

　　現代公共政策學者亦強調政府的角色（5R），實亦為「民主行
　　政」之極佳註腳。5R係指：**回應（Responsiveness）、代表
　　（Representation）、責任（Responsibility）、信賴（可靠）
　　（Reability）與務實（Realism）。**（許南雄，行政學術語）

六、何謂「公共哲學」？「現代新公共管理」（NPM）其主要哲學基礎為何？

答：(一) 公共哲學：「政府改造」論者所謂公共哲學，即新公共管理之哲學理念
　　　基礎。凡屬新右派主義、柴契爾（夫人）主義（Thatcherism）、新公共管
　　　理者主義（NPM）、後官僚主義與市場導向機制均屬公共哲學之範疇。

　　(二)現代「新公共管理」（NPM）之主要哲學基礎：

　　1.社會價值：重視國家、亦兼重社會因素，政府係社會多元利益之代表。

　　2.公共利益：公共利益是國家與社會共同有利、有價值之體系，公共行政
　　　即實現公共利益之組織管理體制。

　　3.社會公平與社會正義自新公共行政學派以來，即倡導公共行政與社會各
　　　族群、團體在公平機會與正義原則下共同參與公職事務。

4. 公共責任：政府機關不能獨占公共管理責任，有「不可治理性」之問題，應使公共服務開放由企業、非營利性組織、義工等團體共同參與，但政府基本職能有「非政府機關」不能承擔者，則不能推卸。

5. 政治社會資源共享與分配公正：公共選擇與民主行政之原理。

6. 多元參與（如公民參與、社區參與）與公共服務品質提升。（許南雄，行政學術語）

▌選擇題

( )　1. 下列何者不是 Emmert 與 Shangraw 從未來學的觀點所歸納出的公共管理未來環境系絡風貌？　(A) 群體主義與全體責任的強調　(B) 民營化與公、私部門間的互動將會日趨頻繁　(C) 公部門的資源及其成長將會受限　(D) 生活品質的重視與環保主義的抬頭。

( )　2. 下列何者屬於公共哲學之範疇？　(A) 新右派主義　(B) 新公共管理者主義　(C) 後官僚主義與市場導向機制　(D) 以上皆是。

( )　3. 杜克大學教授 Behn 曾指出，倘若公共管理想要成為一門科學，就必須學會從尋找問題開始。而當代的公共管理，必須仔細認真地思考並研究處理的三大問題，不包括下列何者？　(A) 公經理人如何突破憲政體制及程序規則等微觀管理的循環　(B) 公經理人如何激勵組織成員盡心盡力來達成公共目的　(C) 公經理人如何實行集中作業管理，來達成公共目的　(D) 公經理人要能夠測量出他們自己及機關的績效。

( )　4. 下列何位學者稱公共行政的未來將遭逢社會、技術、管理、交通、環保與危機處理的更大挑戰，效能與績效管理將愈形顯要？　(A) 亨利（N. Henry）　(B) 夏弗里滋（J. M. Shafritz）　(C) 賴格羅（Nigro）　(D) 考克斯（R. W. Cox）。

( )　5. 根據 Robert T. Golembiewski、Hal G. Rainey 等學者觀察，公共管理將日趨倚重：　(A) 組織發展的干預策略　(B) 個人生涯發展的干預策略　(C) 企業利潤發展的干預策略　(D) 工作品質發展的干預策略。

( )　6. 何位行政學學者指出，前瞻型決策不受「自私利益」影響，而經由調和的社會程序則有助於公共利益的體認與實現？　(A) 哈蒙　(B) 賓恩　(C) 杜拉克　(D) 艾蒙思。

(　) 　7. 下列何者是 Emmert 與 Shangraw 從未來學的觀點所歸納出的公共管理未來環境系絡風貌？　(A)社會與組織將會日趨複雜　(B)工作團隊與服務對象的多元化　(C)持續漸進式的改進與轉換，而非激烈的變革　(D)以上皆是。

(　) 　8. 新公共行政的主要內容為下列那一項？　(A)社會公平　(B)法規制度　(C)組織結構　(D)人群關係。

(　) 　9. 下列何者是現代「新公共管理」（NPM）之主要哲學基礎？　(A)社會價值　(B)社會公平與社會正義　(C)政治社會資源共享與分配公正　(D)以上皆是。

(　) 10. 現代公共政策學者亦強調政府的「5R 角色」亦為「民主行政」之極佳註腳，其中此「5R」不包括下列何項？　(A)回應（Responsiveness）　(B)代表（Representation）　(C)責任（Responsibility）　(D)快速（Rapid）。

(　) 11. 1983 年新公共行政「黑堡宣言」所稱「行政人員是公共利益的受託者，充分顯示現代行政人員為公僕角色與：　(A)服膺民意的重要　(B)實行考績的重要　(C)升官發財的重要　(D)擴大組織影響力的重要。

(　) 12. 「政府的改革若欲持久不歇，公共管理的概念內涵務必持續充實。」此為下列那一位學者所言？　(A)W. C. Johnson　(B)L. Metcalfe 與 S. Richards　(C)R. W. Cox　(D)D. H. Rosenbloom。

(　) 13. 下列關於「公共利益」的敘述，何者錯誤？　(A)公共利益，即社會公益而非私利私益　(B)公共利益必具個人性、私德性與福祉性　(C)不論指國家利益或國家公益，皆蘊含公道、誠信、正義、平等與自由之公共理念　(D)公共利益即公眾民意，執行公共利益，即執行公共職務而為行政人員之基本職責。

(　) 14. 下列對「公意政府」的敘述，何者錯誤？　(A)公意係指民主體制重視之全民公意　(B)公意政府係以「社會公意」為基準　(C)公意政府係現代政府改造所強調服膺公益與回應民意之政府治理型態　(D)公意政府係「機關導向」的企業型政府體制。

(　) 15. 公共管理學者 Kettl 指出，歷史或許將記載公共管理是資訊時代的第一次真正革命，但有下列何項議題必須小心處理？　(A)公共管理的許多改革理念應予重新檢視　(B)公共管理是否與一些核心程序相連接，例

如預算、人事等　(C) 公共管理的過程是否與治理的結構相聯結，例如與憲政體制、民主政體等　(D) 以上皆是。

( )　16. 自 1980 年代以來，先進工業化國家為因應全球市場化的競爭壓力及愈來愈嚴格的服務品質要求，紛紛採取：　(A) 全自動作業流程　(B) 集中化的統籌管理方式　(C) 策略性的人力資源管理　(D) 單打獨鬥的人力管理方式。

( )　17. 何位學者認為，行政學將朝向為「跨政府間研究領域」，公共服務與行政人員的服務革新是未來趨向？　(A) 史提爾曼（R. Stillman）　(B) 強森（W. C. Johnson）　(C) 夏弗里滋（J. M. Shafritz）　(D) 西尾勝、加藤一明。

( )　18. 下列何者不是公共管理的最新發展趨勢？　(A) 公共管理所採取的研究途徑是兼具實務性與規範性　(B) 重視政府再造的方法與過程　(C) 公共管理排斥私部門所使用的方法　(D) 公共管理強調創新與系統思考。

( )　19. 公共管理在主張行政自主化和彈性化的同時，也強調何項重要性？　(A) 課責　(B) 卸責　(C) 逃避　(D) 靈活閃躲。

( )　20. 下列何位學者認為應以公共行政的行動理論因應未來，包括由生產化朝向服務化，由本土化走向國際化，由萬能化轉為有限化？　(A) 格林鳥（J. Greenwood）　(B) 丹哈特（R. B. Denhardt）　(C) 羅森姆（D. H. Rosenbloom）　(D) 史提爾曼（R. Stillman）。

( )　21. 下列何者是公共管理的最新發展趨勢？　(A) 重視虛擬網絡組織對公部門所造成的影響　(B) 重視服務的品質與績效的評估方法　(C) 公共管理強調價值調和與課責　(D) 以上皆是。

( )　22. 下列何種學說強調「社會公道」及「社會正義」的重要性？　(A) 新公共管理　(B) 新公共行政　(C) 新政府運動　(D) 新右派。

( )　23. 下列何者非民主行政的主要論點？　(A) 民主行政在實現公共利益　(B) 民主行政應只關心社會大多數利益的代表性　(C) 民主行政超越黨團、派系或少數權要利益之上　(D) 民主行政應嚴防專業主義的設限。

( )　24. 公共利益的功能，除了「凝聚功能」、「合法化功能」、「授權功能」以外，還包括那一項功能？　(A) 代議功能　(B) 結構功能　(C) 經濟功能　(D) 生物功能。

解答與解析

1.**(A)**。應是「個人主義與個人責任的強調」。

2.**(D)**。政府改造論者所謂公共哲學，即新公共管理之哲學理念基礎。

3.**(C)**。三大問題分別是：微觀管理的問題、激勵的問題、測量的問題。

4.**(C)**。考克斯（R. W. Cox）等人稱述未來公共行政將朝向「非官僚化」與反機械式層級化的民主型政府。

 5.**(A)**   6.**(A)**   7.**(D)**   8.**(A)**   9.**(D)**

10.**(D)**。其他尚包括：信賴（可靠）（Reliability）與務實（Realism）。

11.**(A)**   12.**(B)**

13.**(B)**。公共利益必具全體性、公德性與福祉性，而能由民主程序體現。

14.**(D)**。公意政府係「顧客導向」的企業型政府體制。

15.**(D)**

16.**(C)**。主要的變革方向，是將傳統的「人事管理」轉換為強調分權化、彈性化及具有市場競爭機制的「人力資源管理」系統。

17.**(C)**

18.**(C)**。公共管理並不排斥私部門所使用的方法。

19.**(A)**   20.**(B)**   21.**(D)**   22.**(B)**

23.**(B)**。民主行政應具有社會各階層利益的代表性。

24.**(A)**

108 年高考三級

一、「民營化」和「促進民間參與」是兩種市場導向管理方式。請問：兩者相同之處為何？以臺灣為例，若從內涵、適用法規、實施方式上來看，兩者之差異有那些？

說明：民營化相關議題，如委託民間、契約外包、BOT 模式、使用者付費等，過去屢有題目出現。本次「促進民間參與」（PPIP），簡稱「促參」與民營化的比較，是出自丘昌泰教授所著《公共管理》一書。促參過去曾出現在選擇題型，如有作過該題目應不自於忽略此議題。

答：市場導向的管理策略為新公共管理學派的核心管理工具，而「民營化」和「促進民間參與」是兩種常用市場導向管理方式。兩者相同與相異之處在於：

(一)促參與民營化兩者相同之處：

　　1.兩者都是屬於市場導向的管理策略，皆是將民間資源引進政府部門當中，以減輕政府獨立興建公共建設的過重負荷。

　　2.兩者的管理目標都是一樣的，皆期望能夠提高公共建設的使用效率，加強為民服務品質。

(二)促參與民營化兩者相異之處：

　　1.民營化的承包業者與政府之間是一種勞務付出與報酬取得的對價關係，適用政府採購法，公私部門悉依簽訂的合約辦事，毫無彈性與創意發展的空間；但促參則強調公、私部門之間的合夥平等關係，適用促參法，公私部門雖有簽約，但該契約具有相當彈性，必要時還鼓勵參與的企業自行提出創意方案，盡量發揮民間企業的創意與活力。

　　2.促參方式中所謂的公共建設係以基礎建設為範圍；但民營化則範圍甚廣，幾乎無所不包，原則上只要不涉及政府核心職能者，都可以外包，事實上，勞務的外包是經常看到的型態。

　　3.促參方式為鼓勵民間企業的參與，通常都會設定若干優惠條款，希望能夠透過誘因設計，給予參與企業若干合理報酬，鼓勵其增加資金或增加服務項目，使其發揮民間的創意與活力；但民營化的簽約外包則不允許，完全必須精確估計報酬與勞務之間的對價關係。

參考書目：丘昌泰著，《公共管理》，智勝文化，2012。

二、何謂「公共管理 3P」原則？其中，「公私協力」觀念在實務運作上常會遇到那些困境？

說明：公共管理 3P 原則、公私協力相關議題，過去都曾考過，例如 98 年地特三等。本題若有準備應能從容應答。

答：(一)公共管理的 3P 原則：3P 是「三位一體」同一核心但分三個面向切入，而用之於實務案例時，卻可能是三 P 行動原則整體意涵的發揚。

　　1.活化參與（Participation）：從公共行政和公共管理的發展而言，「公民參與」及公私部門的「合作生產」的觀念及作法在先進國家已被廣泛運用。私部門及公民透過民主政治所保障的機會提供知識及情感參與公共問題的「集體解決」。「公民參與」及「合作生產」的作法，不僅為公共事務的管理提供一種解決問題的方式，同時更是激勵參與者對「公民資格」的驕傲。

　　2.運用民營化（Privatization）：民營化也可視為官僚規模精簡（downsizing bureaucracy），引進市場機能，把更多社會資源放在民間，民間可以在市場機制中發揮創意與活力。

　　3.營造協力（Partnership）：現代的公共管理相當注重組織內部的社會建造，使公共組織更具與外部環境調適和結合的親和力。相同的，現代化私部門的經營亦必須注重與民眾和政府互動，即所謂的私部門運作的「雙重公共性」。亦即公部門和私部門共同學習到在公共服務的提供方面，經營者可能不是主要演員，高度支持的民眾和大家願意協力合作的精神和行動格外顯得重要。

　　(二)公私協力在實務運作上的困境：

　　　公部門與私部門的協力關係在運作上會遇到下列幾項困境：

　　1.政府機構層級複雜，私部門難以配合或貫穿：政府機關的龐大和層級複雜，同一任務往往由許多不同單位共同負責，造成權責歸屬的模糊及不明確。私部門往往因為此種因素而無法在政府機構裡找到適合的專責機構一起共同協商，而制式的溝通方法造成政策的延遲效果，使得許多時效性的決策最後便失去了意義。

　　2.協力過程監督、審議太多，削弱競爭契機：公私部門在協力過程中，要接受雙方的監督、審議。公部門議會審核合作方案的程序必須經三讀通過後，才能進入執行階段。然而，許多議案常常無法順利地

排上議程，因此在推動協力關係時，若每一方案都須經過議會的通過，就容易因為時間的延誤而降低了企業商機。

3.公私部門對公共事務認知差距：公部門與私部門兩者對利益著眼點的不同，也會形成公私部門互動的障礙。不管是主張國家利益或人民利益優先，政府都是從大層面的環境來考量，追求全民利益是基本使命；而私部門則以本身的利益考量為重，追求利潤才能維持他們的日常運作，因此在公共事務管理的體認方面，公私部門有很大的認知不同。

4.公部門資訊具壟斷性，無法流通：在公部門方面，資訊壟斷有公平性的考量；在私部門方面則是為了競爭的因素。為了達到公平性與競爭性的目的，公私部門的資訊往往無法以開誠布公的精神相互交流達成協力關係。因此，如何將公私部門各自壟斷的資訊變成共同分享的資訊，是推動公私協力關係時必須考量的重點。

5.協力機構的承接能力問題：政府思考要將某種業務交由民間辦理時，需先評估民間機構是否能力提供的問題。由於部分協力或委託業務，過去多屬於由政府獨占經營或具有特殊性的事業，若民間機構沒有承接的能力，或是承接的結果比政府自己辦理還差的情形下，就暫時沒有交由民間辦理的必要性。如欲解決此問題，政府除應積極創造協力誘因外，還應培養私部門承接業務或協力經驗。

參考書目：1.丘昌泰著，《公共管理》，智勝文化，2012。
2.林淑馨著，《公共管理》，巨流圖書，2012。

三、社會企業（social enterprise）和傳統的非營利組織（NPO）有什麼不同？它具有那些特色？

說明：社會企業在歐美已行之多年，是一個極熱門的議題，但在我國尚屬萌芽階段。105年地特四等曾考過「社會企業」的理念、特色與類型，本題加入與非營利組織的比較，及社會企業的特色。

答：社會企業是一種全新的企業典範變革，由非營利組織所運作，並生產能夠實踐其使命的資本，乃基於永續性及企業精神的新典範。

(一)社會企業和非營利組織（NPO）有何不同：

1.如果說非營利組織是公共行政研究的新議題，那社會企業就是非營利組織研究的新希望。

2.社會企業試圖扭轉傳統非營利組織缺發效率、服務或生產品質不佳、公共服務欠缺多元選擇及補助角色的刻板印象。

3.社會企業是非營利組織的新改革運動，希望為非營利組織注入更多活力與創新能力。

(二)社會企業的特色：

1.社會企業所獲取的利益是不能分配的，而應重新投資以實踐社會企業目標；2.強調利害關係人，而非股票持有人概念，故重視民主參與和企業化組織；3.堅持經濟與社會目標；4.主張經濟與社會革新；5.市場規則的觀察；6.經濟持續性；7.具有高度的獨立財源；8.強調回應未經滿足的社會需求；9.勞力密集活動。

參考書目：1.丘昌泰著，《公共管理》，智勝文化，2012。
2.林淑馨，《非營利組織管理》，三民書局，2008。

四、公部門與非營利組織都非常強調社會行銷的重要性。何謂社會行銷？社會行銷必須擔負那些任務？其內容為何？各有那些例證可循？請說明之。

說明：社會行銷是屬於政策行銷或政府公關與行銷所討論的議題，往常在《公共政策》內容作討論，不過公共管理考科範圍為廣泛，偶而會出現行政學、管理學、公共政策、行政倫理的考題。本題答題有兩個重點，一個是社會行銷意涵，另一為社會行銷任務並舉例說明。

答：早在 70 年代末期，就有很多學者將行銷概念運用在公部門或非營利組織的「服務行銷」上，社會行銷（social marketing）就是這種概念下的產物，希望能透過行銷手段，將某些社會價值與觀念傳輸給社會民眾接受，從而加以實現。

(一)社會行銷的意涵：

Philp Kotler 與 Gary Zaltman 最早提出社會行銷的概念，並定義社會行銷是一種透過設計、執行與控制方案的過程，運用行銷的組合（產品、價格、通路、溝通）與行銷研究，使目標團體接受社會的某些觀念、理想與措施。

(二)社會行銷的任務：

社會行銷主要行銷有益社會福祉的理念，旨在透過民眾認知與行為的改變，以獲致社會改革的目標。而社會行銷欲促成民眾的改變，大致

包括認知改變、行動改變、行為改變與最終的價值改變等四種：

1. 認知改變：重點在於喚起民眾對於某項議題或價值的注意。例如政府減量塑膠製品政策的宣導。

2. 行動改變：目的在於促成人們某一特殊的、短期的行動改變。一般而言，促成人們行動的改變比單純的增進認知知覺更加困難，因為對人們而言，改變行動必須支付成本。因此其困難度較高，所受之阻力也較大，社會行銷活動就必須設計較具誘因之策略，賦予目標顧客更多的誘因，才能促使他們在特定行動上的改變。例如：鼓勵民眾自備餐具，並配合商家給予減價的優惠。

3. 行為改變：社會行銷活動之目的在促成人們改變長期以來的行為模式，顯然又比單純改變某一特定行動更加困難。例如自備購物提袋、自備餐具、少用塑膠製品等。

4. 價值改變：社會行銷試圖改變人們的價值觀，然而人們的價值觀通常牽涉甚廣，不但與個人的生長環境有關，且與學習環境有關，是一種長期的接受知識、訓練及經驗等學習過程而來，可謂根深蒂固，若試圖加以改變，可說是「社會行銷工作的最大挑戰」。例如從國小教育開始培養環保意識，愛護地球的觀念。

參考書目：1. 丘昌泰，《公共政策．基礎篇（第四版）》，巨流圖書，2010。

2. 翁興利，《政策規劃與行銷》，華泰文化，2004。

3. 俞玟妏譯（P. Kotler, Ned Roberto and Nancy Lee），《社會行銷》，五南圖書，2012。

108 年普考

甲、申論題

一、近年來由於國家力量的衰退,學者紛紛主張必須依賴非營利組織以彌補公共服務之不足。但是亦有部分學者憂慮「志願失靈」的現象。何謂志願失靈?有那些現象?請解釋並舉例說明之。

說明:非營利組織是公共管理命題必出的考點,有關非營利組織志願失靈的問題,也經常出現在國考中,本題應不難拿分,應酌以實例說明。

答:美國學者薩拉門(Lester M. Salamon)認為即使非營利組織得以彌補政府與市場的不足,但其自身也有失靈的時候,稱之為志願失靈(voluntary failure)。

造成志願失靈的主要現象有:

(一)慈善的不足性(philanthropic insufficiency):非營利組織往往無法獲得足夠充分和可依賴的資源以服務人民需求,且服務無法涵蓋所有地理範圍,使得需求或問題較嚴重的區域可能無法取得所需資源。例如,我國目前的多數志願性組織也面臨財源不足的困境。

(二)慈善的特殊性(philanthropic particularism):非營利組織雖以公益為使命,然而在服務或資源提供上,經常集中受惠於少數特定次級人口或團體,因而忽視社會其他次級群體,使得服務不普及。例如同性戀者、原住民、未婚媽媽、墮胎者、受虐老人等。

(三)慈善的家長制(philanthropic paternalism):非營利組織的資源,部分是透過外界捐助,因此,組織中掌握最多資源者對於組織運作與決策具有相當程度的影響力。例如各類的社福基金會由於受到政府的補助,其自主性就容易受到政府的控制。

(四)慈善的業餘性(philanthropic amateurism):非營利組織的服務多依賴沒有受過正式專業訓練的志工來參加以執行提供,當然也有可能是志願性組織資源不足,無法聘用專業人員所致。例如醫院裡面有很多的志工,但不見得具備專業的知能。

➡ 參考書目:林淑馨著,《公共管理》,巨流圖書,2012。

二、跨域治理的概念可以包含幾個層次？以臺灣為例，各地方政府所進行的跨區域合作事項有那些類型？並各自舉出一例加以說明

說明：跨域治理或公私協力關係是近年國考行政類科相當夯的議題，107 年高考曾考過跨域協調，不過跨區域合作事項類型在歷屆考題中未曾考過，相關議題今後仍是一個重要的考點，值得關注。

答：跨域治理最簡要的意涵，係指跨越轄區、跨越機關組織藩籬的整合性治理作為。從理論與實務的角度而論，跨域治理具有兩種層次的意涵，從微觀到宏觀分別為：組織內部及組織間。

(一)跨域治理的層次：

　　1.微觀—組織內部的跨域治理：意指將組織內部各功能部門的僵硬界線予以打破，採取一種整合的觀點和作為去解決組織所面對的問題。從組織理論的文獻中，可為此一層次跨域治理找到貼切的理論，例如 Morgan 所提出的「全像圖組織設計」。

　　2.宏觀—組織間跨域治理：指涉府際關係當中通力合作的概念，亦即由不同層級或不同轄區的政府間，在處理相同或相關公共問題與政策時，應該採取一種超越府際藩籬的觀念，將不同轄區與層級的政府部門納入同一個組織網絡當中。

(二)地方政府所進行的跨域合作類型：

　　當前地方政府間所進行的公共事務跨域合作，所面臨的協力課題：

　　1.自然資源的共享：以臺灣水資源為例，受限於地形地貌的天然因素，每年夏秋之間的颱風季節，將攸關水資源的分配使用，如未能帶來足夠的雨水，都會地區就會面臨輪流分區供水的課題。

　　2.公共設施的合用：臺灣受限於行政區域，公共設施重複投資、浪費公帑。比較符合經濟效益規模的考量，就是政府興建大型公共設施，如大型體育館、社教中心、圖書館、博物館；甚至殯儀館、火葬場、焚化爐等，都可以透過區域功能整合加以設計及施築。

　　3.公共事業的合產：公用事業如能公營跨域化，即公用事業可由跨域政府合辦，以減少經營的最低成本，將是節省政府支出的可行作法。除了政府間透過採取跨域合作，甚至與非營利組織合作，或可為公用事業經營方式的一種選擇。如垃圾清運或代為焚化、河川污染整治、捷運的興建與營運等。

➡ 參考書目：林淑馨著，《公共管理》，巨流圖書，2012。

乙、測驗題

( )　1. 有關傳統公共行政與新公共管理的不同處，下列敘述何者正確？　(A)傳統公共行政較強調官僚與民主的社會價值與衝突　(B) 傳統公共行政較主張經濟、效率與效果的工具標準　(C) 新公共管理與法學與社會學保持較為密切的關係　(D) 新公共管理較堅持公私分立的兩元論主張。

( )　2. 下列針對公共管理之基本概念，何者錯誤？　(A) 公共管理是一種學科專業與管理實務　(B) 公共管理不等於公共行政，而是對傳統公共行政的修正　(C) 公共管理的研究範圍包含財務管理、人力資源管理等　(D) 公共管理只是一種意識形態與政治文化的展現。

( )　3. B. Bozeman 提出的 P 途徑與 B 途徑當中，下列何者正確？　(A)P 途徑強調量化取向　(B)P 途徑偏向於前瞻性、規範性的理論研究　(C)B 途徑對公私部門之間的差異做出規範性的區隔　(D)B 途徑主要採取質化研究。

( )　4. 對於公共管理相關學派之論述，下列何者錯誤？　(A) 公共管理採取個案研究途徑，強調實務與理論並重的研究觀念　(B) 新公共行政認為高階文官應主動扮演糾正分贓政治之惡的重大角色　(C) 公共選擇學派認為政府應當逐漸減少自己承擔的角色，將公共服務交給更有效率市場機制進行　(D) 公共管理起於 1887 年威爾遜先生撰寫的 The Study of Administration 一文，並藉此提出政治行政二分的概念。

( )　5. ISO 9000 最重要的理論基礎為何？　(A) 顧客導向　(B) 全面品質管理　(C) 組織再造　(D) 標竿學習。

( )　6. 標竿學習的發展沿革與階段中，何者是最初的階段，且重點為產品製造技術的分析方法？　(A) 改變製程標竿學習　(B) 策略標竿學習　(C) 流程標竿學習　(D) 網絡標竿學習。

( )　7. 風險的評估當中，主要是從那兩個內涵進行乘積分析？　(A) 成本 × 效益　(B) 技術 × 溝通　(C) 時間 × 成本　(D) 發生機率 × 損害。

( )　8. 就追求全面品質管理的組織而言，下列何者不是由下而上所採用的團隊型態？　(A) 品管圈　(B) 品質改進團隊　(C) 跨功能團隊　(D) 產值督導團隊。

( )　9. 有關目標管理與共同願景的關連性，下列敘述何者錯誤？　(A) 目標往往流於瑣碎，無法表現出組織的整體期望，因此應建立共同願景進行整合　(B) 為實施目標管理，應創造組織成員彼此一體、休戚與共的歸屬感　(C) 透過共同願景，目標管理的實施更能獲得成功　(D) 建立願景與目標管理無關。

( )　10. 根據標竿學習輪的概念，下列那一階段之主要目的是為了瞭解組織本身、學習標竿與流程之間所產生的績效落差？　(A) 規劃　(B) 分析　(C) 觀察　(D) 適用。

( )　11. 依我國災害防救體系，下列何者是災害防救組織中的最高單位？　(A) 中央災害防救委員會　(B) 中央災害應變中心　(C) 中央災害防救會報　(D) 國家災害防救科技中心。

( )　12. 針對異質性的工作隊伍從事組織本身的變革，以建立一個將自我潛能發揮極大化的工作環境，稱之為：　(A) 組織再造工程　(B) 變革管理　(C) 多元化管理　(D) 目標管理。

( )　13. 行政機關必須對一般社會大眾、新聞媒體、相關非營利組織，以及其他利害關係人說明爭議性的政策決定，此種課責的方式稱為：　(A) 行政課責　(B) 管理課責　(C) 網絡課責　(D) 法治課責。

( )　14. 有關「績效管理」的敘述，下列何者錯誤？　(A) 組織內首長、幕僚與基層全體參與　(B) 設定績效目標　(C) 績效成果的回饋　(D) 重視抽象與多元的指標。

( )　15. 有關電子化民主所帶來主要的正面功能，下列那一項為正確組合？1. 遞增的服務　2. 單位成本的降低　3. 網路領袖的塑造　4. 促進組織創新　(A)1.2.3.　(B)1.2.4.　(C)2.3.4.　(D)1.3.4.。

( )　16. 有關公共管理特質之敘述，下列何者錯誤？　(A) 將私部門的管理手段運用於公部門　(B) 將公共服務完全市場化　(C) 重視與外部環境的關係　(D) 與政策分析有密切關係。

( )　17. 根據 E. M. Rogers 的說法，組織創新的過程依序可以分為五個階段，下列排列順序何者正確？　(A) 配對、議題設定、清楚闡釋、重新架構、常規化　(B) 常規化、重新架構、議題設定、清楚闡釋、配對　(C) 清楚闡釋、議題設定、常規化、重新架構、配對　(D) 議題設定、配對、重新架構、清楚闡釋、常規化。

( ) 18. 根據威爾遜（J. Q. Wilson）的說法，「政策執行成本由少數廠商負擔，但利益卻由全民均霑，如環保管制與消費者保護措施」，這一段話最符合那一種政治型態？　(A) 客戶政治型態　(B) 企業政治型態　(C) 利益團體政治型態　(D) 多數決政治型態。

( ) 19. 下列何種職務之設立是專責用來掌管組織所有知識管理相關工作？　(A) 總務長　(B) 財務長　(C) 知識長　(D) 人資長。

( ) 20. 下列何者最不屬於公私協力興起的發展背景？　(A) 公民參與的興起　(B) 民營化風潮的衝擊　(C) 公共管理型態的改變　(D) 代議民主的積弊。

( ) 21. 根據 6 Perri 的說法，下列何者非屬於全局治理下所欲整合的四大治理活動？　(A) 規章　(B) 授權　(C) 服務　(D) 政策。

( ) 22. 今日政府重視公關與行銷的原因，主要來自於三項再造需求，下列何者錯誤？　(A) 價值再造　(B) 形象再造　(C) 網絡再造　(D) 功能再造。

( ) 23. 下列何者是政府行銷管理的第一步驟？　(A) 發展最適化通路　(B) 創造與維持品牌　(C) 發展民意導向的公共計畫與服務　(D) 改善顧客服務與滿意度。

( ) 24. 根據 P. G. Joyce 的觀點，績效預算具有幾項的功能，下列何者錯誤？　(A) 協助預算資源的合理配置　(B) 機關內部資源的有效管理　(C) 民選首長進行財務報告的基礎　(D) 重視預算投入及執行過程。

( ) 25. 下列敘述何者不符合公共管理者為妥善處理民意代表關係所需的政治溝通原則？　(A) 迅速回應民意代表的要求與問題　(B) 對民意代表的幕僚維持被動的聯繫　(C) 與民意代表建立信任關係　(D) 提供民意代表真實的資訊。

解答與解析　答案標示為 # 者，表官方曾公告更正該題答案。

1.**(A)**。(B) 傳統公共管理較主張經濟、效率與效果的工具標準
(C) 新公共管理與經濟學保持較為密切的關係
(D) 新公共管理傾向公私融合的主張。

2.**(D)**。公共管理是在政治系絡中的行政研究；公共管理是一種應用的社會科學，反映著科技之間整合的傳統。

3.**(B)**。公共政策途徑（P 途徑）下的公共管理：
(1) 對傳統式的公共行政及政策執行研究予以拒絕。

(2) 偏向於前瞻性的、規範性的理論研究。

(3) 著眼於高階層管理者所制定之策略的研究。

(4) 透過個案研究來發展所需的知識。

(5) 在政策學派影響下的公共管理研究，乃視公共管理與政策分析為一體。

企業管理途徑（B 途徑）下的公共管理：

(1) 偏好運用企業管理的原則。

(2) 對公私部門間的差異不作嚴格的區分，並以經驗性的理論發展作為公私組織間差異的解釋基礎。

(3) 除了對策略管理及組織間的管理逐漸予以重視外，並強調組織設計、人力資源、預算等方面的過程取向的研究。

(4) 以量化的實驗設計作為主要的研究方法，個案研究僅是教學上的一項補充教材而已。

4.**(D)**。公共管理起於 1887 年威爾遜先生撰寫的《行政的研究》（The Study of Administration）一文，Wilson 倡導以「師法企業的公共行政」方法來轉換政府的職能。

5.**(B)**。全面品質管理是 ISO 9000 的理論基礎，而 ISO 9000 更是實行全面品質管理後的品質保證，兩者的關係是一體兩面，密不可分。

6.**(A)**。改變製程為標竿學習發展最初階段，為產品製造技術的分析方法，透過與競爭對手，比較產品之特徵、功能與效果，以改變競爭性產品的製造過程。

7.**(D)**。風險的計算公式：發生機率 × 損害。

8.**(D)**。全面品質管理所形成的團隊由下到上共有三種不同的型態：
最低層的品管圈、中間層的品質改進團隊、最高層的跨功能團隊。

9.**(D)**。建立願景與目標管理息息相關。

10.**(B)**。安德森（B. Andersen）與彼得森（P. Pettersen）提出標竿學習輪的階段包括：

(1) 規劃（plan）：先了解自己組織，規劃未來大方針；

(2) 探尋（search）：尋找適當的標竿學習夥伴；

(3) 觀察（observe）：了解夥伴的流程；

(4) 分析（analysis）：界定績效落差，並找出落差的根本原因；

(5) 適用（adapt）：選用適合組織的「最佳實務」，並從事變革。

11.**(C)**。行政院為推動災害之防救，依災害防救法第 6 條，設「中央災害防救會報」，為我國災害防救組織中的最高單位。中央災害防救會報依災害防救法第 7 條第 1 款，置召集人、副召集人各一人，分別由行政院院長、副院長兼任。其主要的任務是決定災害防救之基本方針、核定災害防救基本計畫及中央災害防救業務主管機關之災害防救業務計畫等。

12.**(C)**。 Cascio（1995）認為多元化管理意指建立一個異質性的工作隊伍，並且充分發揮工作隊伍的潛力，而在一個平等的工作環境裡，沒有一個成員或團體占有特別的優勢或屈居於劣勢。

13.**(C)**。 網絡課責是強調不同網絡關係人，對行政部門的課責，包括一般社會大眾、政策利害關係人、非營利組織、新聞媒體等。

14.**(D)**。 必須建立一致性與偏好性的量化指標。

15.**(B)**。 電子化民主的出現至少有下列功能：(1) 即時的結果；(2) 遞增的服務；(3) 單位成本的降低；(4) 減少資料的流入；(5) 對環境有利；(6) 促進組織創新。

16.**(B)**。 公共管理選擇性的運用市場機制手段，並非將公共服務完全市場化。

17.**(D)**。 E.M.Rogers 認為組織創新的過程依序可以分為以下五個階段：
議題設定、配對、重新架構、清楚闡釋、常規化。

18.**(B)**。 根據威爾遜（J.Q.Wilson）的分類，利益團體在政治環境中的型態及公共管理者的因應策略：
(1) 客戶政治型態：政策執行成本由全民負擔，利益是少數人獲得，如公園之公共建設或老人年金之社會福利政策。政府受到少數利益者帶來的強大影響力，尤其是資訊的提供上，使政府的政策制定受到影響。
(2) 企業政治型態：政策執行成本由少數人負擔，利益為全民享受，如消費者保護措施之菸害防治法、商品標示法等。政府部門所設定議程的內容大多是與既得利益相衝突，因此，公共管理者將會面對強大的反對力量。
(3) 利益團體政治型態：政策執行的成本與利益，皆由少數人所承擔與享受，如政府的醫藥分業政策。公共管理有較大的空間游走於相互衝突的利益團體之間，找到有利於自己的位置。
(4) 多數決政治型態：政策執行的成本與利益，皆由全民負擔與享用，如兵役及教育政策。公共管理者面對不確定的環境，不知道哪一方面的利益團體會有效的組合起來，來對官僚體系造成衝擊。

19.**(C)**。 知識長（Chief Knowledge Officer, CKO）是知識經濟時代企業發展過程中產生的一種新型職位，由於知識已逐漸成為企業最重要的經營資源，因此如何有效取得、發展、整合、創新知識，也就是如何有效管理知識資源，成為企業經營上的一大挑戰。

20.**(D)**。 大抵而言，公私協力產生的主要背景原因約可整理如下（林淑馨，2005）
(1) 公民參與的興起；(2) 民營化風潮的衝擊；(3) 公共管理型態的改變。

21.**(B)**。 全局治理下所欲整合的四大治理活動，包括政策、規章、服務與監督之工作。

22.**(D)**。 晚近整個官僚體系所面臨的環境巨大挑戰，使得公共管理者面臨了再造需求，這些再造需求，包括：價值再造、形象再造、網路再造。這也造成今日政府重視公關與行銷的原因。

23.**(C)**。 政府行銷管理的步驟（Kolter2009）：(1) 發展民意導向的公共計畫與服務；(2) 制定有效價格、誘因與罰則；(3) 發展最適化通路；(4) 創造與維持品牌；(5) 與目標對象有效溝通；(6) 改善顧客服務與滿意度；(7) 影響正面的公眾行為—社會行銷；(8) 形成策略夥伴。

24.**(D)**。 根據美國學者喬依斯（P. G. Joyce）的分析，新績效預算制度具有下列功能：

    (1) 協助預算資源的合理配置：對於國會議員與民選首長而言，績效測量是決定預算優先順序非常有幫助的管理工具。

    (2) 推動機關內部資源的有效管理：對於機關首長而言，如何有效管理內部的資源是非常具有挑戰性的任務，特別是當該機關有許多全國性的分支構，透過績效指標的建立與評比，可順利掌握其運作狀況。

    (3) 作為財務報告的依據：績效基礎的預算可以作為向民選首長與決策者進行財務報告的基礎。

25.**(B)**。 對民意代表的幕僚維持主動的聯繫。

108 年地特三等

甲、申論題

一、非營利組織究竟具有那些特質，使其得以成為政府的協力對象？而非營利組織在與政府協力時應考慮的問題為何？

說明：本題曾於 104 年高考三等出現，屬於考古題，如有注意應不難作答。

答：非營利組織具有自主管理、公共性質與不分配盈餘等特性，因此可如政府一般肩負起提供公共服務的角色，又其組織運作較政府部門更具有彈性，且不以追求利潤為目的，因而往往成為政府部門在考慮協力夥伴時的首要對象。一般而言，非營利組織與政府進行協力具有以下特質與問題：

(一) 非營利組織與政府間的協力的特質

　　1.提昇公共服務的範圍：透過公民與非營利組織的參與，一方面可彌補政府的不足，另一方面也創造新的公共服務領域。

　　2.提昇政府的回應：透過政府與非營利組織的溝通與合作，政府第一線人員將有機會直接瞭解基層民眾的偏好、期待以及公共服務的評價，同時提供政府與非營利團體之間相互瞭解以及彼此學習機會。

　　3.議題倡導的功能：非營利組織通常是代表一般大眾的非商業集體利益，藉以抗衡特定利益團體的特殊經濟利益，因此非營利組織的議題倡導，可讓社會大眾及政府察知受服務對象權利，以及其所應得的公平待遇。

　　4.資源整合共創利益：透過政府與非營利組織的協力合作，使得雙方資源得以整合與投入，促使資源利用得以極大化。

　　5.強化政府與民間之聯繫：協力強調「資源分享」、「責任分擔」的精神，亦即政府與非營利組織在面對公共問題的界定與解決上，要共同承擔責任。

　　透過公私協力在提供服務方面的合作，使得人民的需求可直接透過非營利組織進行表達，以增進人民在政策上的參與以及回應。

(二) 非營利組織與政府間的協力可能會面臨的問題

　　1.認知上的差異：公部門主張國家利益優先或人民利益優先，基本上都是從大層面的環境來考量，亦即「宏觀公共性」，視追求全民利

益為政府基本使命。而非營利組織雖也是以追求公益為使命，但其公益多立基於案主本身來考量，強調的是「微觀公益性」。因此，在公共事務體認方面雙方產生認知上的不同。

2.體制上的差異：政府機關的龐大和層級複雜，加上公共事務範圍的廣泛，所以同一任務往往由許多不同單位共同負責，造成權責歸屬的模糊、不明確，在協力過程容易產生推諉情況。

3.過度依賴政府的差異：非營利組織對政府財源過度依賴，未解決此問題，應採多元經費來源與分散化，以確保組織的自主性並降低對於政府財源的過度依存。

4.不對等的權力關係：在多數的夥伴／協力關係中，都有不對等的權力關係存在，主要原因在於非營利組織對政府的協力關係通常是建立在「經費」的補助關係上。也因而非營利組織容易喪失經營的自主性。

5.資訊不足的疑慮：對非營利組織而言，「資訊不足」是阻礙其與政府部門協力的主要原因。主要是缺乏相關資訊與管道，不知該如何與政府合作。

6.避免養成「慣性依賴關係」與「既得利益化」：政府與非營利組織的協力關係結束時，需留意中止兩者的關係，此即「關係的有效性」，以避免雙方產生「慣性關係」，使特定非營利組織成為既得利益者。

參考書目：1.孫本初編著，《新公共管理》，一品文化，2009 年。
　　　　　2.林淑馨著，《公共管理》，巨流圖書，2012 年。

二、何謂跨域治理？其目的為何？請舉例說明影響跨域治理成效之因素。

說明：公共治理、全球治理、跨域治理等相關議題，是近年公共行政領域中相當熱門的焦點，也常被拿來命題。本題「影響跨域治理成效之因素」與 103 年地特四等的 2 題「我國在推動跨域治理事務時，所遭遇的問題」類似，可參考回答。

答：跨域治理（across boundary governance）已成為當今地方政府研究與實務上，極為重要的課題。

(一) 意涵

跨域治理的意涵可分別就狹義與廣義來說明：

1.狹義的跨域治理：指跨越轄區、機關藩籬的整合性治理作為。
2.廣義的跨域治理：指針對兩個或兩個以上的不同部門、團體或行政區因彼此業務、功能與疆界的相接與重疊而逐漸模糊，導致權責不明、無人管理，藉由地方政府、私人企業、社區團體以及非營利組織的結合，透過協力、社區參與、公私合夥或行政契約等聯合方式，以解決單一力量難以處理的問題。

(二)目的

跨域治理之目的，乃為了解決目前因經濟發展及拜當代資訊科技所賜，使得原有區域空間型態與規模發生重組與變化，地方基礎設施和社區結構發生重大轉型，進而對原有地方行政管理模式提出新要求與挑戰的回應。

(三)影響跨域治理成效的因素

我國在推動跨域治理事務時，會影響其成效的因素包括：

1.地方主義與本位主義：地方自治團體在推行政務時，太重視個別地域的政經利益，而忽略整體區域的政經利益。以地方自治而言，各地政府往往以個別行政區域為施政轄區，以致於在業務的推動上常受限於轄區割裂而未能以區域或都會發展為基礎，造成諸多的對立與錯亂現象。

2.政黨屬性不同造成黨同伐異之爭：歷經多次的中央與地方選舉，形成不同政黨執政的分治政府現象，分屬不同政黨的中央、地方政府或地方政府間，基於政黨屬性或意識型態的不同，常無法有效合作，甚至迭生齟齬。

3.法治不完備進而影響區域之合作：由於起草地方制度時，似聚焦於如何落實地方自治為前提，以致地方自治法制化後，卻無法由該法治為依循推動跨域合作。簡言之，縱使地方自治團體有心辦理跨域合作事務，卻也受限於目前相關法律的配套措施不夠完備詳盡，而導致實際執行時的困難。

4.參與對象眾多進而增加協商的成本：在跨域治理的網絡中，參與者除了政府部門之外，還包括私人企業、利益團體、壓力團體、專業性團體、第三部門的非營利組織以及廣大公民。當時所面對的問題相當複雜，且牽涉眾多的行動者時，往往需要花費相當的時間進行協商與溝通，加上大量資訊的產生，致使協商成本不斷增加甚至不堪負荷，終將導致治理協商的失敗。

參考書目：林淑馨著，《公共管理》，巨流圖書，2012 年。

三、請說明公、私部門提到的顧客概念有何不同？顧客導向在公部門中該如何執行？其限制為何？

說明：顧客導向是新公共管理的核心要素，在歷屆考題中屢有出現，如 101 年普考考「顧客導向的意義、重要特質與限制」，其相關議題仍須加強準備。

答：Christine Gibbs(1996) 指出：「現代就是以客為尊的時代，顧客導向成為改革的新趨勢，不只企業強調顧客導向，現代政府也必須以人民為尊，以顧客導向規劃各項施政作為才能如期推展，並獲得民眾的支持」。

(一) 公、私部門顧客概念的差異

　　部門中的「顧客」，並非狹隘的指位於組織外部，使用組織最終產品或服務的人員而已，它同時亦指組織內部，由於分工而形成的單位。所以顧客的範圍，應同時包括內部內部與外部顧客。對公部門而言，外部顧客就是人民整體或社會大眾，而內部顧客則是政府部門組織的各級公務人員。

(二) 顧客導向在公部門的執行方式

　　1.找出顧客的期望、品質與偏好：顧客導向要能落實，首要之道在於找出顧客真正需求。

　　2.蒐集顧客及員工的意見：所謂「三個臭皮匠勝過一個諸葛亮」，任何一個單位應廣納意見提昇本身服務的發展，而組織成員及顧客則是最接近本業的一群，其意見應具可行性，平日即應蒐集與注意。

　　3.異業學習的企業標竿：除了同業的學習外，異業的學習近年來亦受到重視。尤其是近年來公部門經常效法企業的經營理念與精神以作為提昇效率的學習與參考對象。

　　4.第一次服務就做到零缺點：如果在經營理念上是以顧客為導向的服務，則「以客為尊」的觀念隨時隨地印烙於員工心中，便可做到零缺點並可日益進步。

　　5.有效處理顧客抱怨：研究指出，有效處理顧客抱怨的步驟有四：(1) 感謝顧客的抱怨；(2) 聆聽：即先不要反駁，只要先靜靜聆聽；(3) 注重天時、地利、人和；(4) 提出令顧客滿意的解決方案。

(三) 顧客導向運用在公部門的限制

　　1.資訊不對稱：

　　　顧客導向在公部門難以實行的主要因素來自於資訊不對稱。因為官僚掌控行政程序運作，有解釋、執行法令的權力，所以產生行政裁

量的空間，並成為政府權力與資訊的獨占者，會在依法行政的基礎上，朝向有利於官僚自身的利益，或回應到最有影響力的顧客。換言之，若沒有強而有力的驅力促使官僚釋放資訊，則容易造成與顧客間的資訊不對稱，使顧客導向無法真正落實。

2.利益團體的宰制：顧客導向是假定透過政治管理，便可塑造一個去政治化的公共行政市場，且可依循市場邏輯致使選擇與競爭機制自行建立。然而，資源豐沛、政商關係良好的利益團體，往往可獲得較豐富的資訊、較高的發言地位，以及較廣的接近管道，因此造成不平等的策略聯盟關係。這些利益團體彼此結盟之後，勢必破壞顧客導向策略所期待的去政治化之平等服務系統。

3.引發部際衝突：公共組織必須以亮麗的管理建立本身的聲譽，但政府部門的績效常是通力合作的結果，亟待進行橫向的溝通與協調。然而，績效如果管理不慎，將導致部際關係衝突。雖然理論上服務系統必須重視協調管理階層的重要性，但在實際行政過程上，往往出現整合困難的問題。

4.缺乏誘因機制：顧客導向策略所面臨最大的困境，便是公共服務大都具有壟斷性質，例如在管制性政策裡，被管制者恐難被視為顧客對待。事實上，企業拼命討好顧客是市場制約的結果，但顧客導向的政府無可避免地面臨一大問題：公務人員以民為尊的誘因在哪裡？顧客如果不能向公務人員課責，公務人員便沒有來自「市場」的實質誘因去實現顧客導向策略。

➡ 參考書目：林淑馨著，《公共管理》，巨流圖書，2012 年。

四、請說明人力資源管理的重要性及公部門人力資源管理之特色。

說明：人力資源管理是公共管理較少被命題的部分，本題可以利用「公私部門的比較」或「公共部門的特質」來回答公共人力資源管理的特色。

答：在二十一世紀的全球化時代中，促進國家與企業的競爭優勢，乃為公、私部門共同追求的策略遠景，而在實現此一策略遠景過程中，人力資源管理是重要的成功條件之一。

(一) 人力資源管理的重要性

人力資源管理是指組織內人力資源的取得、運用與維護等一切管理的過程與活動。人力資源管理的重要性在於：

1.可建立組織持久的競爭優勢。

2.人力資源管理是重要的組織策略。

3.可以激發員工的潛力，對組織績效產生的影響。

4.由於組織與勞動力的各種變遷，使人力資源管理益形重要。

(二)公部門人力資源管理的特色

公部門人力資源管理，係將人力資源管理的各種技術與方法，運用於政府部門中，對政府機關的選才、用才、育才與留才，作有效的管理，以增進政府服務的效能與效率，實現國家建設目標。公部門人力資源管理具有以下特色：

1.受到政治因素的影響甚深：在民主國家中，政府的運作會受到議會、民意代表的批評與監督，而且也常受到既得利益團體及意見領袖的影響。此外，每次的選舉和高層官員的改組，也會改變政府的相關運作。

2.深受法律規章和規則程序限制：政府的許多行動，時常受到各種法律規章的限制，因而阻礙了人力資源管理行動的自主性與彈性，甚或產生窒礙難行的情況；再加上法律規章的制（修）訂，經常曠日廢時，因此在管理的時效上與企業有很大的差距。

3.行政目標追求大且廣泛的公共利益：政府行政作為之主要目的與動機，是在為民服務，並謀求公共利益，但是政府服務的對象不僅差異性大，而且期望也趨向多樣化；再加上公共利益內容過度抽象和廣泛，也都使得政府無法如同企業般，專心一致地以利潤為主要導向。

4.行政績效難以衡量：由於政府並非以營利為目的，以致於其施政績效、組織效能、員工績效，皆難以利潤做為唯一的指標，甚且也難以量化論定成效，造成在採行適當人力資源管理行動上的困難。

5.決策程序冗長：在民主政體下，講究「正當程序」與「依法行政」的原則，加上政府本身官僚組織的影響，使得事權分散、行政課責不易。再者，冗長的行政程序更是行政效率不彰的主要原因。

6.較不受市場競爭的影響：政府行政具有其獨特性，在其管轄區域內，可以集中統一執行某些行政行為；政府也是公權力的遂行者，私人不能與之抗衡或競爭，加上績效難以衡量，皆造成政府不必過度與他人競爭，因而導致對環境回應的保守性，以及行政效率不佳的情況產生。

7.預算有限且常受制：政府行政或人力資源管理之運作，皆需預算經費，方能及時且有效推動，但因其經費須受財源限制與立法機關的嚴格審核，有時尚可能因政治或政黨衝突等非理性因素，以致無法或太慢通過預算。

8.公務人員身分保障：原本「永業化」的設計，是為了讓公務人員能夠安心地工作，但卻也成了公務人員的護身符；再加上法律對於公務人員身分與職業的保障，也限制了公共人力資源管理對其人員之激勵、績效、升遷及懲罰等作為。公務人員之過度保障，對激勵士氣、績效管理、獎優汰劣等管理作為，增加許多難度與挑戰。

➡ 參考書目：吳瓊恩等人編著，《公共人力資源管理》，智勝文化，2006。

NOTE

108 年地特四等

甲、申論題

一、請說明全面品質管理之意義與興起原因。

說明：全面品質管理為目前政府及企業部門藉以提升績效的主要管理途徑，本題曾於 101 年地方特考三等出現過，屬於考古題。

答：自 1980 年代中期以來，全面品質管理蔚為世界風潮，成為提昇公共服務品質的管理工具。

(一)意義

根據丹哈特的界定，全面品質管理是一種由組織所有的管理者和成員，使用量化方法和員工參與藉不斷地改進組織的過程、產品、與服務，以迎合顧客需求與期待之全面性與整合性的組織途徑。柯漢（S. Cohen）與布蘭德（R. Brand）則認為全面品質管理是一種簡單且富革命性的方法，他們將其分開定義為：

1. 全面：意指每一作業部門均應戮力追求產品品質。
2. 品質：意指迎合甚或超越顧客的期待。
3. 管理：意指發展和持續組織的能力去穩定地改進品質。

(二)興起原因

根據Martin(1993)的看法，全面品質管理興起因素約可整理成下列四項：

1. 為了拯救公共服務的品質危機：重要的問題是，在不滿意政府服務品質的公民會產生「顧客乘數效應」（Customer Multiplier Effect），換言之，如果有10%的顧客表示不滿意，必須要乘以 9 至 10 倍的不滿意度。因此，如何因應民眾對於服務品質的不滿意，解決品質危機乃是全面品質管理運動出現的首要原因。
2. 為了創造忠實的顧客：全面品質管理可以創造忠實的顧客，因為顧客決定產品或服務的品質。對於民主政治體制下的政府機關而言，創造忠實客戶就等於延續執政黨的生命，故忠實客戶意味著「死忠選民」，唯有不斷改善服務，改變中間選民的印象，才可讓死忠選民的人數愈來愈多，成為繼續執政的選票基礎。
3. 基於「品質是免費」的理念：許多研究顯示，凡是實施全面品質管理成功的組織，必然提高生產力，大幅降低生產與服務成本。換言

之，創造高品質服務與產品的成本為零，而創造低品質服務與產品的成本則等於「把事情做對」與「應付不滿意的顧客」成本之總和。著名的品管學者寇斯比 (Crosby) 曾說：就任何一個服務性組織而言，第一次沒有把事情做對的成本等於是總成本的 40%。

4. 期盼品質管理與人類服務價值的結合：服務性組織最受抨擊之處在於其效率不彰，特別是政府組織，因此，很多人認為品質管理僅能應用非服務性的生產組織，無法應用於提供抽象服務的組織；但是全面品質管理挑戰了這種刻板印象，服務性組織如果能澈底實施全面品質管理，則必須提高服務效率，強化服務品質。

⇨ 參考書目：1. 孫本初編著，《新公共管理》，一品文化，2009。
　　　　　　　2. 林淑馨著，《公共管理》，巨流圖書，2012。

二、請說明知識管理的定義。公部門推動知識管理的困境為何？

說明：「知識管理」乃當前熱門的管理議題之一，民國 93 年退役特考三等、102 年普考、105 年地特三等陸續有題目出現，應不難作答。

答：為了將知識轉換為組織可用的資產，組織管理者必須截取組織內散落各處的知識、經驗、專業等，加以形式化，並予以傳播、分享與運用，而知識管理即被視為運用知識以創造競爭利基的入門之鑰。

(一) 定義

知識管理是有系統地去發現知識、瞭解知識、分享知識與使用知識，以創造價值的方法，讓資訊與知識能在適當的時間流向適當的人，使這些人可以工作的更有效率與效能。

(二) 公部門推動知識管理的困境：

1. 公部門知識過於繁雜，難以有系統的蒐集、整理與分享。

2. 機關首長缺乏知識管理的認知，未必支持該項活動。

3. 礙於官僚文化的保守心態，導致員工不願意進行知識分享。

4. 缺乏有效的知識管理制度與教育訓練。

5. 目前資訊系統仍存有穩定性、安全性與方便多方疑慮。

6. 對知識管理概念認知不足，窄化知識管理系統之意義。

7. 過度重視外顯知識的建構與運作。

⇨ 參考書目：林淑馨著，《公共管理》，巨流圖書，2012。

乙、測驗題

( )　1. 下列何者不是建構知識型組織必須採行的重要策略？　(A) 設置知識長　(B) 建置誘因機制　(C) 形塑樂於學習的組織文化　(D) 善用內部知識、忽略外部知識。

( )　2. 下列何者不是政府再造運動的理論基礎？　(A)代理人理論　(B)後設系統理論　(C) 理性選擇理論　(D) 交易成本理論。

( )　3. 政府公關人員在執行公關工作時，有幾項困境尚待克服，下列何者錯誤？　(A) 單一角色的困境　(B) 道德多元的壓力　(C) 力不從心的無奈　(D) 對公共關係存有錯誤認知。

( )　4. 關於公共管理的興起背景，下列何者錯誤？　(A) 各國政府面臨財政危機　(B) 主張小政府的倡議　(C) 新左派理論逐漸興起　(D) 提倡師法企業的公共行政。

( )　5. 下列何者不是在丹哈特夫婦（R.B.Denhardt 和 J. V.Denhardt）《新公共服務》一書中所提出的觀點？　(A) 彌補新公共管理過於重視顧客的缺失　(B) 透過獎酬提升公務員公共服務動機　(C) 避免陷入管理主義的瓶頸　(D) 擴展公務員視野，改變其角色並增加貢獻度。

( )　6. 下列何者不是新公共管理的主要核心概念？　(A)市場競爭　(B)授權賦能　(C) 績效導向　(D) 層級指揮。

( )　7. 對於全面品質管理（Total Quality Management）的特性，下列何者正確？　(A) 事後成果檢視比事先流程預防重要　(B) 重視英雄主義　(C) 強調持續性的改善　(D) 員工感受更勝於顧客導向。

( )　8. 組織有計畫地裁減職位及工作，係屬下列何種措施？　(A) 市場導向　(B) 組織協力　(C) 組織精簡　(D) 標竿學習。

( )　9. 與其他企業比較策略選擇與處置，目的在於蒐集資訊，以改善組織績效，係屬下列何者？　(A) 競爭標竿　(B) 功能標竿　(C) 內部標竿　(D) 策略標竿。

( )　10. 關於恪遵憲法規範、公共利益中心、部分市場解制，與服從政治主權，是公共管理的那個特性？　(A)市場性　(B)效率性　(C)公共性　(D)企業性。

( ) 11. 團隊管理者應該如何進行有效的團隊領導，下列何者正確？ (A) 管理者必須有威嚴才能讓成員聽令行事 (B) 管理者應挑選能力很強的成員 (C) 管理者對整體團隊的激勵遠比個人的激勵更為重要 (D) 真正優秀的管理者應主動攬下所有事情與責任。

( ) 12. 美國九一一恐怖攻擊造成世界貿易中心（World Trade Center）雙子星大樓倒塌的事件，最符合下列那一組危機類型的特徵？ (A) 自然災難危機、傾圮性災難危機、非固定現場危機 (B) 人為災難危機、功能性災難危機、固定現場危機 (C) 人為災難危機、功能性災難危機、非固定現場危機 (D) 人為災難危機、傾圮性災難危機、固定現場危機。

( ) 13. 關於策略規劃所具有的特性，下列何者錯誤？ (A) 是未來取向的 (B) 是主觀分析的過程 (C) 是批判與重建組織目標的過程 (D) 需得到全面性的支持。

( ) 14. 下列何者是績效管理的首要步驟？ (A) 建立績效指標 (B) 建立策略願景 (C) 進行策略規劃 (D) 預擬績效評估。

( ) 15. 下列何者不是在科層制的制約下，許多政府會出現的績效瓶頸？ (A) 結構僵化的惰性 (B) 競爭激烈的結構 (C) 永業保障的依賴 (D) 公私合產的阻力。

( ) 16. 非營利組織的運作也會有失靈的時候，稱之為志願失靈，其原因之一是掌握組織資源者主觀分配，而不是經由組織的評估審議過程決定，在學理上以下列何者稱之？ (A) 慈善的不足性 (B) 慈善的特殊性 (C) 慈善的家長制 (D) 慈善的業餘性。

( ) 17. 美國總統柯林頓於 1993 年成立全國績效評鑑委員會，下列何項不是該委員會所提出的主要工作原則？ (A) 授能員工、追求成效 (B) 顧客至上、民眾優先 (C) 美國第一、安全至上 (D) 撙節成本、提升效能。

( ) 18. 組織間協力關係包括有四種不同形式，即：①整合②夥伴關係③網絡④聯盟。若依連續光譜式的概念，從鬆散關係到高度結構化安排，下列何組排列正確？ (A) ②④③① (B) ①②③④ (C) ③②④① (D) ④③①②。

( ) 19. 下列何者不是危機決策的原則？ (A) 保持溝通 (B) 靈活與恰當 (C) 多元參與管理 (D) 注意合法性。

( )　20. 下列何者不是推動電子化政府的未來重點？　(A) 確保網路資料的安全性，以期行動化服務的普及　(B) 強調機關本位主義，以圖發揮專業精神　(C) 個人身分和能力驗證，以及保護隱私，以建構信任的環境提供個人化服務　(D) 縮小數位落差，促進社群對話。

( )　21. 有關參與式預算的敘述，下列何者錯誤？　(A) 公民意識可透過參與式預算展現　(B) 參與式預算是開放政府思潮的一部分　(C) 參與式預算萌芽於歐盟　(D) 臺北市政府目前透過行政機關模式推動參與式預算。

( )　22. 有關民意的特性，下列何者錯誤？　(A) 多變性：民意會隨著時間空間變化，改變方向及強度　(B) 不普及性：許多人對於類似問題的意見前後不一　(C) 潛在性：存在平時不顯現的民意，特定事件發生才會出現　(D) 複雜性：同一問題贊成、反對、中立皆有，且強度各有不同。

( )　23. 下列何者不是跨域治理發展的驅力？　(A) 國家主義的體制建構　(B) 全球化下的城市變遷　(C) 快速競爭的經濟發展　(D) 資訊傳遞的便利迅捷。

( )　24. 有關政府行銷與企業行銷的差異，下列何者錯誤？　(A) 政府行銷的產品多為抽象、無形；企業行銷的產品多為具體、有形　(B) 政府行銷的標的團體難以確定，行銷效果不易掌握；企業行銷的標的團體較易鎖定，行銷效果較易掌握　(C) 政府行銷目的是公益性質；企業行銷目的是追求私利　(D) 政府行銷僅為爭取人民服從；企業行銷僅為企業利潤。

( )　25. 關於公私協力的敘述，下列何者正確？　(A) 基本假設之一是「1＋1等於2」　(B) 提高事業成果的目的　(C)「民辦公營」是公私協力類型之一　(D) 重視平等互惠。

解答與解析　答案標示為 # 者，表官方曾公告更正該題答案。

1.**(D)**。建構知識型組織必須採行的重要策略：(1) 提供知識分享的途徑；(2) 多重的知識移轉管道；(3) 設置知識長；(4) 建構完善的教育訓練計畫；(5) 形塑樂於學習的組織文化；(6) 建置誘因機制；(7) 協助成員與專家接觸。

2.**(B)**。新公共管理的改革理論根植於新右派的意識型態，新古典經濟學的公共選擇理論，以及新制度經濟學的代理人理論、交易成本理論等，並以此解釋行政的運作。

3.**(A)**。政府公關人員在執行公關工作時，會遭遇到角色衝突的困境，例如若上級要求的是解決問題，但政府公關人員職責做是問題溝通，公關人員將會面對任務、職務的選擇困境。

4.**(C)**。新右派理論逐漸興起。

5.**(B)**。丘昌泰教授針對新公共服務的論點，提出幾項討論，以探悉新公共服務對政府再造之啟示：

　　(1) 彌補新公共管理過度重視顧客缺失：新公共服務可以扭轉公共管理過於重視顧客，過分強調服務提供者與顧客之間之關係，以至於忽略公民作為國家主人的角色。

　　(2) 避免陷入管理主義瓶頸：新公共服務可以彌補新公共管理忽視公民精神與民主內涵兩面項，不致陷入管理主義瓶頸。國家目標通常較多元，且強調公平正義與照顧弱勢族群，但這些目標皆無法透過公共管理實現，而必須運用彰顯國家多元目標之新公共服務始能達成。

　　(3) 拓展公務員視野，改變其角色增加貢獻度：新公共服務眼中的公務員，其責任是以謙虛態度為各種不同利害關係人建構一個公平對話平台，最終目標是培養民主公民精神與社區意識。

6.**(D)**。新公共管理運動以市場取向的公共選擇理論為基礎，發展出一套有別於傳統行政理論的論述內涵，並希望對行政實務進行改造。其主要核心概念包括：市場競爭、授權賦能、法規鬆綁、強調彈性、以客為尊、服務導向、樽節成本、績效掛帥等。

7.**(C)**。(A) 全面品質管理重視事前預防，而非事後檢測。(B) 全面品質管理強調品質不單僅是品管部門的責任，而是需要組織成員及部門全面參與品質的改進與提昇，全員都負有品管的責任。(D) 組織在以顧客為導向的原則下，應持續提供符合顧客需求的服務和產品，也唯有顧客滿意，如此的產品和服務才有品質可言。

8.**(C)**。組織精簡（Downsizing）亦稱為「減肥措施」或「整減」，係指一組由管理階層刻意採行之組織活動，有計畫地裁併職位與工作。

9.**(D)**。(A) 指和製造相同產品或提供相同服務的最佳競爭者，直接從事績效（或結果）間的比較。(B) 指和具有相同的產業與技術領域的非競爭者，從事流程或功能上的比較。(C) 指相同公司或組織，從事部門、單位、附屬公司或國家間比較。

10.**(C)**。公共行政與私人行政相異之處在於公共性，他們定義公共行政是公共利益的執行，不僅須受憲法的完全制約，亦須受市場的部分制約；它被視為一種足以代表主權的公共信任。根據這個定義，我們可以解析公共性的概念如下：恪遵憲法規範、公共利益中心、部分市場制約、服從政治主權。（丘昌泰，《公共管理》，智勝文化）。

11.**(C)**。 團隊管理者應該如何進行有效的團隊領導，有以下幾種對策：(1) 領導者必須組成最佳團隊；(2) 領導者必須激勵整個團隊士氣；(3) 領導者必須解決團隊成員內部問題；(4) 領導者必須提高團隊競爭力；(5) 領導者必須讓團隊持續不斷進步。

12.**(D)**。 危機是一種對組織目標及價值構成嚴重威脅的情境或事件，它一方面破壞了既有的現狀，另一方面亦迫使領導者必須在不確定的情境及有限的時間內做出一連串的決定。危機類型若按照危機不同性質可區分為：(1) 自然與人為災難危機；(2) 傾圮性與功能性災害危機；(3) 固定現場與非固定現場；(4) 國內與國際危機。

13.**(B)**。 策略規劃具有下列幾種特性：(1) 策略規劃是未來取向的；(2) 策略規劃是客觀分析的過程；(3) 策略規劃是批判與重建組織任務與目標的過程；(4) 策略規劃必須得到組織內部全面性的支持。

14.**(B)**。 機關實施績效管理的程序包括六階段：(1) 型塑機關願景；(2) 研擬策略目標；(3) 規劃行動策略；(4) 建立績效指標；(5) 績效標竿學習；(6) 簽訂績效合約。

15.**(B)**。 科層制的制約下政府會出現的績效瓶頸，除上述問題，尚包括：過分強調機械性的正式組織層面而忽略組織動態面；層級削弱上級對下級的跨級性的影響力；升遷按年資使人員忽略服務對象的利益等。

16.**(C)**。 志願失靈的情形包括（Salamon，1995）：(1) 慈善組織能力的不足性（philanthropic insufficiency）；(2) 慈善的特殊性（philanthropic particularism）：偏重特殊的次級人口；(3) 慈善的家長制（philanthropic paternalism）：資源控制者決定服務的對象；(4) 慈善的業餘性（philanthropic amateurism）：長期依賴未受正式專業訓練志工從事服務。

17.**(C)**。 1993 年柯林頓總統，為解決經濟、財政、官僚及合法性危機，成立「全國績效評估委員」（NPR）任命高爾副總統主持，負責統籌聯邦再造工作，並提出 384 項改革建議，一般稱為《高爾報告書》。其中四項原則為：(1) 刪減法規、簡化程序；(2) 顧客至上、民眾優先；(3) 授權員工、追求成效；(4) 撙節成本、提升效能。

18.**(C)**。 Sullivan & Skelcher 藉由參與者相互合作的緊密關係以及協議內容，可以區分不同類型的協力關係，形成一種光譜，從非正式、特殊關係的鬆散網絡到高度正式化，合併成單一的整併，可區分為網絡、夥伴關係、聯盟以及整合等四種類型。

19.**(C)**。 危機決策可分為兩種：

(1) 事前決策：須邀集較多的參與決策的對象，並在時間允許、資訊充分的情況下，致力達成集體決策與評估方案，並擬出最優決策；例如各地方政府

針對各種可能發生人為或天然災害，預先擬訂應變計畫與措施，並整合各建立起相關的資料庫，如大型災害危機管理決策模擬兵棋推演計畫等。

(2) 事中決策：基於危機已發生，必須在有限時間、資訊、設備等情況下做出快速的回應，因此，僅能以「次佳的」和「滿意的」決策作為主要的依據。

20.**(B)**。 電子化政府（Electronic Government， e-Gov）指政府機關運用資訊通信科技（ICT）形成網網相連，並透過不同資訊服務設備，提供顧客在其方便的時間、地點及方式，提供合宜的便利服務。推動電子化政府的主要意義，並不只是新興科技的引進，而是要讓各機關連結成為一個可以立即傳達訊息、溝通意見、分享經驗及知識的數位神經系統，使政府組織轉型、升級成為更精巧、靈活、機動、彈性、效率、透明化的組織運作體系，進而與企業、社會及民眾連網，以快速回應民眾的需求，有效處理瞬息萬變的新事務，強化各種危機處理能力（行政院研考會，2008）。

21.**(C)**。 參與式預算起源於 19 世紀末的拉丁美洲，其中最著名的例子，是 1989 年在巴西愉港（Porto Alegre）的實驗。參與式預算是一種讓民眾透過公民審議及溝通協調方式，將政府公共資源做有效合理分配的決策程序。

22.**(B)**。 不普及性：並非人人均關心政治及瞭解問題。

23.**(A)**。 跨域治理的環境驅力因素：(1) 全球化下的城市變遷；(2) 快速競爭的經濟發展；(3) 訊傳遞的便利迅捷；(4) 生活環境的品質要求；(5) 公共政策的複雜多變；(6) 傳統區域主義；(7) 公共選擇；(8) 新區域主義。

24.**(D)**。 政策行銷是政府機關及人員採取有效的行銷策略與方法，促使內部執行人員與外部服務對象對研議中或已成型的公共政策產生共識或表示贊同的動態性過程。其目的在於增加政策執行成功的機率、提高國家競爭力、達成為公眾謀福利的目標。

25.**(#)**。 依考選部公告，本題一律給分。

109年高考三級

一、公共治理為新近崛起的研究途徑，從全球到社區可以將公共治理分為那三種層次？請論述各層次的內涵，並以「新冠肺炎（COVID-19）」疫情衝擊為例，說明如何應用此三種層次來進行防疫作戰。

說明：治理是近年國考行政類科相當熱門的議題，而公共治理更是新近崛起的研究途徑，早為學界所重視，能被入題一點也不讓人意外。所不同的是本題為應用題型，除理論論述外更須結合時事回答，才能獲取高分。

答：(一) 公共治理的三種層次

公共治理途徑為當前公共行政學界應用頗為廣泛的名詞，學者認為其落實可分為三個層次：

1.國際與國家層次的治理：全球治理

(1) 從國際層次而言：所謂治理，其實就是全球治理的應用，它至少必須包括人類活動的各個層次所出現的規則系統-從家庭、私部門、地方政府、區域性組織到國際組織都應該是全球治理系統的一部分。

(2) 從國家層次而言：治理途徑意味著針對公民社會、國家機關與市場之間的互動關係進行有系統的統理，這種新方向是因為全球化的結果，使得地方必須與全球相互連結，中央政府必須放權，讓地方政府與民間社會從事這種跨國性的互助合作模式。

2.地方政府層次的治理：屬於地方治理，地方治理是一個值得重視的現象，它是將政府角色定位在以地方政府為核心，並與中央政府、私部門、非營利組織與社區間產生結構性的互動關係。

3.社區或村里層次的治理：社區治理

指政府機關、社區組織、企業、居民等基於公共利益和社區認同，協調合作，解決社區需求問題，優化社區秩序的過程與機制。過去的決策機構為以政府機關為中心的「單邊化」決策模式，而社區治理則轉變為以社區為中心的「多邊化」。

(二)以「新冠肺炎（COVID-19）」疫情衝擊為例

　　1.國際與國家層次的治理：

　　　面對新冠肺炎（COVID-19）威脅，我國因及早因應，在政府與人民的努力下，國內疫情得到很好的控制，受到國際的矚目和肯定。並積極加強與各國的防疫合作，在口罩、藥物及技術等三項目，對國際社會提供協助。例如我國與美國、歐盟以及捷克，共商防疫策略，分享目前的研究成果；並與澳洲以及美國，進行防疫物資的合作交換。在邦交國的部分，除了提供口罩，支援友邦醫療前線，我們也將捐贈我國產的熱像體溫顯示儀及額溫槍等。

　　　在國家層次，為因應疫情我國在 109 年 1 月 20 日成立「嚴重特殊傳染性肺炎中央流行疫情指揮中心」全面整合政府資源，強化指揮中心與各縣市政府的協調。並執行下列各項因應策略：加強邊境檢疫管制、強化醫療應變、落實社區防疫、加強防疫儲備物資盤點及調度、提高不實訊息處辦效率、加強對民眾的風險溝通。並推動後續對產業的紓困方案，及觀光、農業等的振興方案。

　　2.地方政府層次的治理：

　　　在地方政府層級，地方政府必須配合中央政府的統籌指揮，彙報地方資訊，採取因應作為，例如：

　　　(1) 加強疑似病例通報，訂定個案處置流程，並因應疫情變化及時調整。

　　　(2) 透過衛生、民政、警政體系合作，依感染風險等級實施居家隔離或居家檢疫，並輔以智慧科技，加強追蹤關懷與管理。

　　　(3) 由地方政府成立關懷服務中心，確保居家檢疫及居家隔離等配合防疫措施民眾能獲得心理關懷、就醫協助、交通安排、生活支持及專線服務等幫助。

　　　(4) 加強校園防疫，教育部公布有停課標準，並統籌整備及配發學校防疫物資，另持續督導學校落實健康監測、環境清消及掌握師生出席與活動紀錄。

　　　(5) 呼籲大眾保持社交距離、加強人口聚集場域管理，已提供應疫情之大眾運輸、公眾集會、大型營業場所、社區管理維護等指引，並制訂企業因應嚴重特殊傳染性肺炎疫情營運持續指引，供各界參考運用。

3. 社區或村里層次的治理：

啟動加強社區監測方案，擴大對疑似病例偵測，及早防堵病毒於社區及醫療院所傳播。其手段包括區域檢疫、加強公眾集會的感染控制或取消公眾集會活動、關閉公共場所等。例如，在疫情流行期間，各營業或公共場所應視需要採行感染控制措施，包括：宣導有呼吸道症狀者及高危險群避免進入，在入口處行體溫量測，流量管制以保持社交距離或要求進場民眾配戴口罩，設置洗手設施，準備適量口罩供需要者使用等。

▶ 參考書目：丘昌泰，《公共管理》，智勝文化，2012。

二、「公民參與」與「顧客導向」皆是近年公共治理改革背後之重要理念。試分析及比較兩者核心價值之差異，及其衍生之改革措施。

說明：「公民參與」與「顧客導向」都是近年熱門的考點，兩者均為公共治理改革背後的重要理念，本題並無標準答案。可就兩者價值觀的差異比較。

答：(一) 兩者意涵

1. 公民參與（citizen participation）指民眾個人或團體基於自利或公益，自動自發或被組織起來，透過個別或集體的抗議或非抗議行動，來表達偏好並要求政府回應其偏好，以爭取訴求實現的行動。

2. 顧客導向（customer orientation）：新公共管理係以市場取向為起點，強調應將人民視為消費者，標榜以「顧客導向」做為政府行動的方針。

(二) 兩者核心價值的差異

江岷欽教授曾比較公民參與和顧客導向兩種服務模式，如下表：

比較層面	公民參與	顧客導向
個人權來源	法定權	購買權
受惠資格類型	全體成員	特定對象
責任類型	公民的政治責任	無特定責任
社會身分基礎	集體身分	個別身分
國家與個人關係	概括涵蓋	排除豁免
國家與個人溝通	言語上意見主張	行動的退出遷移

策略目標	社會福利	個人授能
公共行政管理目標	法律之保障與效率	顧客滿意、市場資源分配

(三) 兩者衍生的改革措施

1. 公民參與衍生的改革措施

  (1) 公民實際獲得權力參與在決策過程中，才可算是具有意義的、實質性的公民參與。

  (2) 在公民參與模式中，居民作為社區主體，有權利提出自己想要什麼，但也有義務要進一步的提出具體方案來實現。

  (3) 公民參與的條件是人民對政府的行動及政策能掌握充分的資訊，且社會上應存在健全的參與管道。

2. 顧客導向衍生的改革措施

  (1) 從制度面著手，真正落實「顧客導向的服務理念」

  (2) 確保民眾對於所需服務具有選擇權，並就由競爭機制來提升服務品質。

  (3) 建立顧客申訴迅速處理機制，並進行民意調查了解服務需求。

  (4) 提供更人性化的使用平台與公開資訊，使顧客更有能力向公部門提出統整性的服務需求。

◯ 參考書目：林淑馨著，《公共管理》，巨流圖書，2012 年。

三、公部門改革常導入不同程度的「績效管理」措施；提升「公共課責性」（public accountability）是另一個常在公共治理改革提及之概念。試討論兩者之間的相互關係。

說明：106 地特三等第 4 題與 107 年高考第 4 題均有討論到績效管理與課責機制的設計，另一個會考概念的是「公共利益」，畢竟績效管理對於公、私部門的意義顯然不盡相同。

答：為提升公共服務品質，政府機關進行績效管理（performance management）已是重要手段，至於績效管理能否奏效，是否具備適當的公共課責機制（Public accountability mechanism）應是關鍵。

(一)兩者定義
　　1.績效管理：學者孫本初認為：「績效管理是一套如何有效執行策略，達成組織目標的過程。」
　　2.公共課責：指稱一個對於公眾擁有責任感者，有必要回應民眾對於他職務上的期待。
(二)兩者之間相互關係
　　績效管理與公共課責機制可以說是一體兩面，最佳的狀況此二者應該要能構成一個緊密相連的系統，成為公共利益達成與公共價值實現的主要手段。進入數位時代，新的公共管理模式興起，如民營化、委託外包、公私合夥、協力治理、網絡治理成為經常模式，私部門參與公共治理之面向日漸廣泛、程度日益深入時，績效管理和公共課責機制的複雜性更高，而且課責在維繫民主政治所需扮演的角色便更顯重要（Drewry， Greve & Tanquerel， 200）。

➡ 參考書目：1. 孫本初編著，《新公共管理》，一品文化，2009。
　　　　　　2. 林淑馨著，《公共管理》，巨流圖書，2012。

四、政府行銷管理是當代政府必須重視的新課題。請舉例並說明政府行銷管理的作用與原則。

說明：政府公關與行銷議題是近年來熱門的考點，如97年地特三等、98年地特四等、102年高考三級、103年普考、104年地特均有相關題型出現。本題屬基本題型如有準備應不難作答。

答：政府行銷是逐漸發展而來的世界潮流，政府行銷管理也是當代政府所必須重視的新課題。
(一)政府行銷管理的作用一般而言，政府行銷管理的作用有以下六點：
　　1.博取民眾更多的好感
　　　現代不少民主政府是靠選舉來執政的，故執政黨政府非常重視民眾滿意度，如果民眾對於政府施政感覺不滿，要重新取得執政權就很困難。因此，政策行銷可以博取民眾更多的好感。
　　2.澄清不必要的誤會
　　　民主政治是言論自由的社會，傳播媒體成為批評政府的公器，但傳播媒體亦經常成為散佈謠言的溫床。為了澄清誤會，必須透過政策行銷，以澄清群眾的疑惑。

3. 獲得社會更多的支持

政府凡百施政，基本目的都為了造福人民；對人民有利的公共服務，如發放消費券，民眾自然願意支持；但若要民眾分攤義務的公共政策，如提高健保費率、開徵奢侈稅等，則民眾可能會覺得不便和麻煩而不願意配合，無論如何，都必須透過政策行銷，才有機會獲得社會更多的支持。

4. 贏取媒體更大的認同

在民主國家中，傳播媒體的影響力不容忽視，號稱是「第四權」。有人說：臺灣社會的民主化表現於傳播媒體的多元性與活躍性。政策行銷必須要透過傳播媒體，贏取媒體更大的支持，才能得到民眾的認同。

5. 建立雙向溝通的管道

過去的政令宣導是權威式的宣傳方式，只要政府公布資訊，就假設民眾一定要瞭解並且接納，沒有妥協餘地；但如今政策行銷則強調行銷是民眾與政府的雙向溝通行為，政府要將明確訊息傳遞給民眾，民眾則需將感受告訴政府，以作為改進參考，雙向溝通才是政策行銷的目的。

6. 構築彼此回饋的橋樑

民眾對於政府的「回饋」是政府服務不斷改進的重要來源，不回饋代表民眾的冷漠，一旦表現在選票上，則執政權也就失去了。因此，政策行銷的目的之一是企圖建構民眾意見回饋的橋樑，政府機關希望其所提供的公共服務，能夠滿足人民的需要，若未能滿足，顯然尚有必須改進空間就必須加以改進。

(二) 政府行銷管理的原則

賴建都（2007）認為政府行銷管理必須掌握五項基本原則：

1. 要影響閱聽人的行為

政府行銷不只是要影響閱聽人的認知或態度，更要藉著傳播的努力讓消費者有所回應，採取正面的行動。

2. 從閱聽人的角度看事情

政府行銷應盡量避免過去宣傳活動採 inside-out（由公共組織告知或宣傳外部的閱讀人）的模式，而要採取 outside-in（傾聽閱聽人的心聲，請到公共組織接受我們的請益）的模式，先瞭解閱聽大眾心理想什麼，然後再制定宣傳方法，進行服務或產品的訴求。

3.運用各種管道接觸閱聽人進行宣傳

由於媒體愈趨多元化，近來傳播新科技也帶來不少新興媒體，為了避免單一選擇固定媒體，多元媒體的運用是非常重要的，如網路行銷、部落格行銷、Facebook、Twitter 等。

4.達到訊息一致性

無論是電視廣告、平面媒體廣告、公關報導或各式行銷活動，都必須要求訊息一致性，說出同一種聲音，如此閱聽人才能累積片斷的訊息，並將訊息深植腦海。

5.與閱聽人建立關係

在政府行銷活動中，公共組織為了長期行銷服務，必須刻意與消費者建立密切的互動關係，以獲取長期支持。

⇒ 參考書目：丘昌泰，《公共管理》，智勝文化，2012。

NOTE

109 年普考

甲、申論題

一、請申論民營化的意涵及民營化實施成功之要件。

說明：民營化議題在《行政學》及《公共管理》教科書中，有很多討論。本題概
　　　念屬民營化的基礎題型，如有詳讀應不難拿分。

答：「民營化」一詞最早出現在 1969 年杜拉克（Peter Drucker）所撰《斷續的
年代》一書，《韋氏英文辭典》第九版，將民營化定義為：公共部門私有
化的動作，係指公營事業之所有權或控制權，由政府部門移轉到私人部門
的一種過程。

(一)民營化的意涵

1.廣義的民營化：係指政府部門降低其對國民經營干預的所有活動，包
括政府將國營事業的經營權或所有權，部分或全部的轉移給民間，透
過市場機能以改善經營體質、提高產質，使企業發揮其最高的效率。

2.狹義的民營化：係指「公營型態的解除」，將公營事業的部分股權
或資產出售給民間，政府將收入回繳國庫或另行運用，使國營事業
的所有權得以順利移轉。

(二)民營化成功的要件：

1.健全的市場環境：政府必須確保市場環境的健全，關於公共服務的
特性、合約商之信譽及其過去的績效、提供服務的方式以及有關成
本等市場訊息應相當的「靈通」，以免受制於廠商。

2.公平的遊戲規則：政府的招標與決標程序應具備公開、公平、公正
的競爭原則，讓真正更誠意、更績效、信譽好的廠商能夠進入公共
服務體系；因此，必須設定公平的遊戲規則。

3.持續的監督組織：政府官員必須建立功能性的監督組織，俾持續地
監督私部門的活動，而且必須援引及發展一套客觀的評估標準及回
饋系統，以隨時改善私部門不當或越軌的服務。

4.精確的成本效益：在決定公共服務民營化時，政府官員必須考慮那
一種方式較符合成本效益；因此，對於成本與效益的預估一定要準
確，為達成此一目標，不妨平時就應該蒐集相關資料，以作為計算
民營化成本效益的參考。

5. 高度的服務品質：從民間的立場而論，他們最關心的是服務品質有沒有提高，如果政府能夠督促民間提高服務品質，民眾支持該項公共服務的可能性就大為增加。

6. 評估相關影響：政府官員必須考慮一項服務之提供是否會對其它服務產生不利之影響，如果有產生影響，應如何克服？例如，民營化是否會造成原有員工的失業？應設法予以協助。

7. 研擬應變措施：政府官員必須要求廠商研擬緊急應變措施，以免發生意外事件時，民間無法解決，反而成為政府的責任。

● 參考書目：1. 孫本初編著，《新公共管理》，一品文化，2009。
　　　　　　2. 丘昌泰，《公共管理》，智勝文化，2012。

二、對政府機關而言，什麼是危機事件？其特質與類型為何？面對危機的公共關係處理原則為何？

說明：臺灣是一個隨時可能發生危機的「風險社會」，為因應危機的突然到來，必須了解風險與風險管理、危機與危機管理的控管。本題屬綜合題型，危機＋公共關係，可應用政府公共關係原則予以說明。

答：俗語云：「天有不測風雲，人有旦夕禍福」。當前面對變動性高而可預測性低的動盪環境時，任何意外、偶而的事件都可能對組織造成莫大影響。

(一) 危機事件

　　對政府機關而言，危機事件是一種會對組織及其成員造成嚴重威脅與損失的特殊其況，具有時間壓力、做決定急迫性與高度風險性，故不得不予以重視。

(二) 危機特質與類型

　　1. 危機特質

　　　(1) 階段性：危機的形成可區分為潛伏期、爆發期、處理與善後四階段，必須辨識危機的產生與存在，才能快速而有效回應。

　　　(2) 不確定性：何時會爆發產生危害，難以預估掌握。危機發生的不確定性可能會有：情況不確定、影響不確定、反應不確定。

　　　(3) 突發性：通常是突發的緊急事件，是不在決策者的預期之中，容易令人措手不及。

　　　(4) 時間有限性：決策者對威脅情境的處理，在決策上只有有限的反應時間，因事出突然。

(5) 威脅性：危機的發生會威脅到組織的基本價值或目標，若未有效處理，會使組織發展受挫。

(6) 雙面效果性：危機就是「危險」，但也有轉機或契機，亦即危機就是轉機。

(7) 反覆性：危機有持續、動態的發展過程，而非個別發生立即結束，經常相互影響、擴大，容易形成連鎖性的災害。

(8) 多樣性：當某一危機需由兩個以上的部門共同行動解決問題時，即符合多樣化。

2.危機類型

(1) 依危機的成因區分

　　A. 自然危機：指危機係經由不可抗力之自然因素而發生，如地震、颱風、洪水或乾旱等災害所引起的危機即屬之。

　　B. 人為危機：指危機係受到人為之故意或過失因素而產生，如駕駛人疏忽而發生的重大車禍、民眾的街頭暴力抗爭等。

(2) 依危機的來源區分

　　A. 物質造成的危機：包含天然災害造成人類生命、財產的威脅；世界人口的激增以及對自然資源的大量需求，所導致的環境問題；科技發展與應用所造成的人類危機。

　　B. 人類趨勢演進形成的危機：人與人之間的對立與惡意，也是危機的主要來源，地球的資源有限，人類的慾望無窮，以致各種激烈的大規模競爭不斷發生。

　　C. 管理疏失造成的危機：上述各種衝突與對立對管理階層造成莫大壓力，發生管理疏失的機率也相對增加。管理階層也可能因為不斷推陳出新的市場需求及金融壓力而作出令人質疑的決定，就像新聞報導中具有爭議性的事件或醜聞，例如非法海外匯款或政治獻金、詐欺、貪污以及其他不道德行為。

(3) 依危機的特性區分：

　　相對於從成因來區分危機類型，另一種在文獻上常見的分類方式係依據危機的特性或屬性（trait）來進行分類。從危機特性進行分類可以有多種分類方式，最簡單的像是只有一種特性，如將危機區分成國內的或國際的危機、不連貫的或連續的危機以及企業的與公共的危機等。

(三)面對危機的公共關係處理原則

　　政府面對危機公共關係的原則如下表：

工作原則	內容說明
內部做起	前提是先求本身的建全，亦即充實內涵。
雙向溝通	組織內的「上情下達；下情上達」及組織與環境的「內外交流」。
誠信為本	公眾關係的基礎建立在「信譽」及「互信」之上。
公開透明	若欲怯除公眾疑慮，增進好感，事事透明化是一項重要原則。
平時發展	應避免「平時不燒香，臨時抱佛腳」，宜「未雨綢繆」才是正途。
不斷創新	「周雖舊邦，其命維新」要在觀念、政策、措施、方法不斷創新設計。
社會責任	不僅是消極方面不損害公眾，同時更要積極的造福社會大眾福祉。
服務大眾	政府的施政，必須以「民意為依歸」，「以民眾福祉為考慮」。
全體動員	公眾關係執行須仰賴各部門支援配合，故人人有責，係全體動員的協力工作。
方略靈活	不論在策略、方法、技巧或媒介，均應視公眾特性、環境情事、公眾關係主體目的及條件不同斟酌制宜，不可一成不變。

參考書目：1. 丘昌泰，《公共管理》，智勝文化，2012。
2. 林淑馨著，《公共管理》，巨流圖書，2012年。
3. 吳定等編著，《行政學下》，國立空中大學，2007年。

乙、測驗題

( ) 1. 平衡計分卡（Balanced Scorecard）的四大衡量構面為： (A)生產力、顧客、效用、學習及成長 (B)財務、人力、內部流程、學習及成長 (C)生產力、人力、內部流程、效用 (D)財務、顧客、內部流程、學習及成長。

( )　2.以公共政策為取向的公共管理研究途徑，下列敘述何者錯誤？　(A)透過管理者的親身經歷或個案研究來發展所需之知識　(B)偏向前瞻性、規範性的理論研究　(C)拒絕傳統的公共行政研究成果　(D)將基層人員的執行成果視為政府的績效關鍵。

( )　3.有關治理的敘述，下列何者正確？　(A)科層與權威即將被完全取代　(B)完全排除非營利組織的涉入　(C)網絡治理是治理機制的一種樣貌　(D)治理機制的轉變僅需要民眾參與。

( )　4.關於公部門與私部門管理的比較，下列敘述何者正確？　(A)公私部門管理者所需要的管理知識、技能及工具是完全不同的　(B)公私部門的權利與責任分配不同，公部門是分散的，私部門是集中的　(C)公私部門管理者皆須同樣面對急迫性問題及受到各方利益的干擾　(D)公私部門的管理都必須攤在陽光下，同受公眾監督。

( )　5.下列敘述何者不是為推動行政革新，所建構之企業型政府的特質？　(A)為解決國家債務危機及政府預算赤字，應重視成本效益關係　(B)為使政府產出極大化、資源利用最適化，應重視績效結果評估　(C)為保證行政人員達成工作目標，應制定一套清晰的績效標準，並加強控制　(D)為滿足民眾對公共服務的需求，應提供民眾多元選擇機會，並強調競爭的手段。

( )　6.強調理想性、價值面的公民精神，符合下列何種理論？　(A)傳統公共行政　(B)交易成本理論　(C)新公共服務　(D)策略管理。

( )　7.有關行政院組織改造方案所涉及之法律，規範行政院機關組織數量，係屬下列何者？　(A)中央行政機關組織基準法　(B)行政院功能業務與組織調整暫行條例　(C)行政法人法　(D)中央政府機關總員額法。

( )　8.下列敘述何者是公部門採行全面品質管理的限制？　(A)提升員工士氣　(B)提高工作品質及降低生產成本　(C)提高顧客滿意度　(D)強調依法行政。

( )　9.標竿學習著重由他人經驗中看清自己，其目的最符合下列何者？　(A)瞭解自己，避免陷入盲目地模仿　(B)熟悉對方，可以加快經驗複製　(C)瞭解自己，避免針鋒相對　(D)熟悉對方，伺機超越。

( )　10.有關顧客導向的特質，下列敘述何者錯誤？　(A)由外而內改造　(B)顧客永遠優先　(C)雙重課責要求　(D)法令規章至上。

( )｜11. 府際管理乃期待透過非層級節制的網絡行政，以協商談判與化解衝突來達成特定政策目標。下列敘述何者錯誤？　(A) 問題焦點與行動導向　(B) 體制變遷與工具導向　(C) 發展網絡與溝通導向　(D) 官僚機制與管制導向。

( )｜12. 下列敘述何者不是危機的「時間有限性」？　(A) 危機突然發生，無法依照標準作業程序處理　(B) 具有時間壓力與資訊不足的情況　(C) 重視組織層級參與決策　(D) 決策者必須立即對於情境做出適當反應。

( )｜13. 下列敘述何者不屬於公部門人力資源管理之特色？　(A) 深受法律規章和規則程序限制　(B) 行政績效容易衡量　(C) 受到政治因素的影響甚深　(D) 行政目標追求大且廣泛的公共利益。

( )｜14. 關於 360 度績效評估的敘述，下列何者正確？　(A) 資料來源方式為由上而下　(B) 各效標之間的區辨大　(C) 過去取向且重視成果　(D) 由管理者單獨完成。

( )｜15. 下列敘述何者可用質化途徑衡量政府的績效？　(A) 生產的單位成本　(B) 設備的使用率　(C) 服務對象的滿意態度　(D) 公文辦理天數。

( )｜16. 政府與非營利組織分享共同的價值目標，以及達成目標的手段，係屬下列那一種互動模式？　(A) 合作模式　(B) 競逐模式　(C) 臣屬模式　(D) 衝突模式。

( )｜17. 就公部門培育知識管理人才而言，下列敘述何者最不適當？　(A) 堅守標準作業程序　(B) 培養跨組織協調溝通能力　(C) 強調資訊系統的運用技巧　(D) 容忍犯錯的學習環境。

( )｜18. 關於 BOT（Build-Operate-Transfer）和 PFI（Private Finance Initiative）的敘述，下列敘述何者正確？　(A)BOT 的收入來源來自政府給付服務的對價　(B) 在 PFI 模式中，政府無法直接監控民間業者的服務收益　(C)BOT 的服務定價由私部門全權決定　(D) 在 PFI 模式中，政府可以直接監控民間業者的服務品質。

( )｜19. 下列敘述何者較屬於形塑具備企業精神的行政環境所應採行的措施？　(A) 重視績效而低度容忍錯誤　(B) 設計新組織結構以加強控制　(C) 高階管理者願意承擔較多風險　(D) 賦予執行者更多課責及較少裁量權。

( )｜20. 資訊科技進入公共管理領域最初是以電子化政府（e-government）的概念出現，後續演變成電子治理（e-governance）概念主要是因為加入那

一個元素？　(A) 電子參與　(B) 客製化服務　(C) 大數據分析　(D) 政府開放資料。

( )　21. 有關民意特性，下列敘述何者錯誤？　(A) 複雜性　(B) 多變性　(C) 不一致性　(D) 絕對性。

( )　22. 政府為減少因「鄰避情結」（NIMBY）而引發自力救濟活動，下列敘述何者錯誤？　(A) 讓標的人口適當參與政策運作過程　(B) 讓政策運作過程參與者適切互動　(C) 政策以達成政府目標為主要考量　(D) 慎選政策方案，使其內容周延可行。

( )　23. 「不同層次或轄區的政府間，在處理相同公共問題時，應採取超越府際藩籬的觀念，納入同一組織網絡當中」之主張，是指跨域治理的何種特質？　(A) 系統層次的意涵　(B) 微觀層次的意涵　(C) 宏觀層次的意涵　(D) 參與者具相依性。

( )　24. 下列敘述何者不是行政機關進行政策溝通時，促使標的團體政策順服的策略？　(A) 教育與說服　(B) 設立獎懲機制　(C) 政策宣傳與督導　(D) 選擇單一媒體管道。

( )　25. 參與式預算是一種民主審議與決策過程，給予公民有關公共資金將如何使用的實質決策權力，下列敘述何者不是其成功的要素？　(A) 政府首長的大力支持　(B) 標準作業流程的設計　(C) 與基層社區資源結合　(D) 所有政府支出預算均採用。

解答與解析　答案標示為 # 者，表官方曾公告更正該題答案。

1.**(D)**。平衡計分卡（Balanced Scorecard, BSC）於 1992 年由哈佛大學名師羅科普朗（Robert S. Kaplan）及諾頓（David Norton）首度提出，其最早的用意在於解決傳統的績效評核制度過於偏重財務構面的問題，但在實際運用後又發現平衡計分卡要與企業的營運策略相互結合，才能發揮企業績效衡量的真正效益與目的，因此平衡計分卡不僅是一個績效衡量系統，更是一個企業營運策略的管理工具。平衡計分卡的內容包括財務、顧客、內部流程、學習及成長四個方面。

2.**(D)**。公共政策取向的公共管理研究途徑，根據凱多看法有如下特徵：

(1) 對傳統式的公共行政及政策執行研究予以拒絕。

(2) 偏向於前瞻性與規範性的理論研究。

(3) 著眼於高階層管理者定之策略的研究。

(4) 透過個案研究來發展所需的知識。

(5) 在政策學派影響下的公共管理研究，乃視公共管理與政策分析為一體。

3.**(C)**。 (A)科層與權威無法被完全取代。

　　(B)不能完全排除非營利組織的涉入。

　　(D)治理機制的轉變需要政府、民眾、參與。

4.**(B)**。 (A)兩者皆使用系統的科學方法，以處理「人」、「財」、「事」、「物」，期能減少浪費並提高效率。

　　(C)公部門會受到各方利益的干擾，政治考量極為重要；私部門經營比較不須考慮政治因素。

　　(D)公部門的管理都必須攤在陽光下，受公眾監督；私部門則不用。

5.**(C)**。 為確保行政人員達成工作目標，應將決策權下授以增加人員的自主權，同時於適當的監督下充分分權。

6.**(C)**。 新公共服務所謂的服務，與新公共管理所說的服務不同，前者強調的是理想性、價值面的公民精神服務，後者則是強調務實的，感受性的服務流程與服務態度，在實質內容上差異很大。

7.**(A)**。 中央行政機關組織基準法立法目的為建立中央行政機關組織共同規範，提升施政效能。

8.**(D)**。 公部門組織應用全面品質管理的限制或缺點有：

　　(1) 法規的限制：公部門必須依法行政，不論是對外服務，或是對內的人員管理皆須循相關的法令規章，無法完全配合全面品質管理的要求。

　　(2) 不確定因素：現代的民主政府必須面對政權更迭、立法機關監督等因素，及社會環境快速變遷，亦使行政機關很難掌握民眾需求。

　　(3) 產品與服務性質：政府機關所提供的是無形的服務，服務品質往往因人而異，比較不容易控管。

　　(4) 顧客界定困難：公共事務繁多，行政機關所涉及業務繁雜，在標的顧客界定上比較模糊。

　　(5) 官僚體制文化：行政機關無法像私人企業在組織設計上擁有比較彈性的調整空間。

9.**(A)**。 「從他人經驗中看清自己」說明透過標竿學習的教育方式，我們可以從別人的經驗中獲得借鏡，而對自己的工作有更深入的了解與認識。透過和仿效對象，吸取他們的經驗，並避免陷入盲目地模仿，從而與自己經驗進行比較與修正，從而獲得新知識。

10.**(D)**。 顧客導向策略的特質：(1) 由外而內改造；(2) 顧客永遠優先；(3) 雙重課責要求；(4) 政府顧客對話；(5) 小眾市場區隔；(6) 多重顧客角色。

11.**(D)**。 府際管理：1930 年代提出的府際關係概念，到了 1970 年代轉而改稱府際管理（Intergovernmental Management,IGM），這似乎反映出府際互動關係已發展成為當代公共管理重要課題之一。有別於聯邦主義強調憲政法制治，也不同於府際關係重視決策者的角色，府際管理特別關注政策執行面的問題解決取向。府際管理乃期待透過非層級節制的網路行政，以協商談判與化解衝突來達成特定政策目標。要之，府際管理具有下列三項特質：問題焦點與行動導向、體制變遷與工具導向、發展網絡與溝通導向。

（資料參考自：https://research.ncnu.edu.tw/proj5/ 名詞解釋與議題分享）

12.**(C)**。 危機的「時間的有限性」：決策者對於威脅情境的處理，在決策上只有有限的反應時間，迫使決策者必須以有限的資訊或資源為基礎作出決策。

13.**(B)**。 行政績效不容易衡量。

14.**(B)**。 (A)傳統評估模式資料來源方式為由上而下，360 度績效評估模式則是全方位的。
(C)未來取向，重視工作過程，著重於行為、技術與能力。
(D)由員工參與，與管理者及專家共同完成。

15.**(C)**。 質化途徑不同於量化途徑，不需要經由數據或統計分析來呈現結果，而是由衡量者主觀、仔細與有深度來選擇研究主題。生產的單位成本、設備的使用率、公文辦理天數均可數量化，屬於量化指標。

16.**(A)**。 政府與非營利組織的互動模式，學者 Gamwell 依據「組織偏好的價值目標」與「達成目標偏好的手段」兩大構面，區分成以下四大模式：
(1)合作模式：指政府與非營利組織分享共同的價值目標以及達成目標的手段。
(2)衝突模式：指政府與非營利組織彼此間有著不同的價值目標以及達成目標的手段。
(3)互補模式：指當政府與非營利組織有著共同的目標，而透過不同的手段來各取所需。如：政府提供法規；非營利組織提供多樣化的服務。
(4)競逐模式：係指政府與非營利組織間雖看似擁有共同的手段，但卻在所欲達成的目標上迥然相異。

17.**(A)**。 公部門培育知識管理人才：知識管理人才的培育除了強調組織人員資訊系統的運用技術外，還需著重跨組織的協調溝通能力，並建立員工不怕犯錯的學習環境，以及活用知識資料庫的習慣。

18.**(D)**。　(A)BOT 的收入是來自使用公共建設的民眾。

　　　　　(B)PFI 模式，政府得直接監控民間業者的服務收益及品質。

　　　　　(C)BOT 的服務定價非由私部門全權決定。

19.**(C)**。　(A)重視績效而高度容忍錯誤。

　　　　　(B)設計新組織結構以減少控制。

　　　　　(D)賦予執行者更多課責及更高的裁量權。

20.**(A)**。　電子化政府（e-government）的概念出現，主要是因為加入電子參與元素，後續演變成電子治理（e-governance）。

21.**(D)**。　一般而言，民意亦具有以下幾項特性：

特性	說明
複雜性	同一個問題可能有不同的意見發生，有人贊成，有人反對亦有人中立，且所表示的強度又各有不同。
多變性	民意會隨著時間及空間變化，而改變其支持的方向及強度。
不普及性	在任何社會中，並非人人均關心政治及及瞭解問題，故許多人無法表示意見。反之，有許多人卻對不知道的事表示知道，並提出意見。
不一致性	在社會上有許多人對於相關問題或類似問題所表示的意見前後並不一致。
不可靠性	有許多人對某些問題的意見並不可靠，因常出現言行不一致的情形。
潛在性	社會中存在某些平時並不表現的潛在民意，只有在某種事件發生後或政府採取某種政策後才表現出來。
容忍性	真正的民意是多元的，亦即可以包容不同意見的表達。

22.**(C)**。　應經常與當地民眾進行不同形態的政策溝通，以瞭解彼此的想法。

23.**(C)**。　跨域治理兼具宏觀與微觀兩種層次的意涵：

　　　　　(1) 組織內部的跨域治理：指將組織內部各功能部門的疆界予以打破，採取一種整合的觀點和作為去解決組織所面對的問題。

　　　　　(2) 組織間的跨域治理：指涉府際關係當中協力合作的概念，亦即由不同層級或不同轄區的政府間，在處理相同或相關公共問題與政策時，應該採取一種超越府際藩籬的觀念，而將不同轄區與層級的政府部門納入同一組織網絡當中。

24.**(D)**。　在政策執行階段如何提高標的人口對政策的順服度：

(1) 採取教育與說服的策略：執行機關藉廣泛的教育與說服活動告訴標的人口有關政策方案的意義及時代背景；說明推行政策的合理性、合法性、必要性及效益性，希望標的人口能夠對政策產生自動的順服行為。

(2) 採取宣導的策略：政策執行機關可應用各種方法說明政策方案與標的人口盛行之價值觀念的一致性。

(3) 執行機關展現貫徹政策的決心與信心：執行機關如果展現將以公權力貫徹政策執行到底的決心與信心，將會影響標的人口的順服性，可以減少標的人口對政策執行的抗拒程度。

(4) 採取積極的激勵措施：如果標的人口對政策採取一定的順服行為，即給予適當的物質與精神上的獎勵誘因，當可強化該標的人口的順服行為。

(5) 採取消極的懲罰措施：對於不順服政策者，執行機關可採取正式的懲罰措施，給予適當的制裁，以改正其不順服的行為。

25.**(D)**。　並非所有政府支出預算均能採用參與式預算，如租稅、預算等。

109 年地特三等

一、公共管理成為一門學科與學派，請界定之並說明其特徵為何？自 1970 年迄今，公共管理的發展趨勢為何？

說明：本題為考古題，屬於基本理論題型，如有準備應不難作答。

答： Bozeman 認為公共管理之所以成為新的研究領域，可追溯至 1970 年代後期及 1980 年代初期之間，係由企業管理及公共政策兩學派所發展出來。

(一) 公共管理的特徵

　　丘昌泰教授歸納出公共管理的幾個特質：

　　1.公共管理是將企業管理手段運用於公部門上，並未改變公部門的主體性。

　　2.公共管理選擇性運用市場機制手段，並非將公共服務完全市場化。

　　3.公共管理既非公共行政，亦非政策執行，惟並未排斥兩者的內涵，只是主張予以吸收修正。

　　4.公共管理重視與外部環境的關係，強調最高管理者的策略設計。

　　5.公共管理不完全等於「政府管理」，它是與私部門、非營利部門、公民社會或個人進行「公私夥伴」的合作模式。

　　6.公共管理與政策分析具有密切關係，不可分離。

(二) 公共管理的發展趨勢

　　1.持續充實公共管理的概念內涵：公共管理此一學科領域的主要工作是為研究政府部門的革新（Reform）、變革（Change）、再造（Reinventing）及創新（Innovation）等。正如學者 L. Metcalfe 與 S.Richards 所說：「政府的改革若欲持久不歇，公共管理的概念內涵務必持續充實。」

　　2.公共管理所採取的研究途徑是兼具實務性與規範性：公共管理的發展趨勢是為建構一個新而成熟的學科領域，因此其所採取的研究途徑必須兼具實務性與規範性，亦即在發展具有實際效用的治理工具的同時，也不忘建立其核心的價值規範。

　　3.公共管理並不排斥私部門所使用的方法：公共管理學者認為，在實際選擇使用時是講究效用主義的，兩者間的關係是互補而非完全替代，亦即無論使用任何方法，凡能達到目的者皆為好的管理方法。

4. 重視虛擬網絡組織對公共部門所造成的影響：近年來，由於資訊及通訊科技的發達，電腦網際網路的出現及普及化，造成許多虛擬網路組織的形成，此一現象勢必對公部門的工作環境造成莫大的衝擊。因此公部門應及早規劃適當的管理方法，例如：電子公文認證、資訊管理或管制及電子化政府的監督規範等問題。

5. 公共管理強調創新與系統思考：依靠過去的慣例或私部門所使用的方法，其變革效用極其有限。公部門的管理者唯有具備創新與系統思考能力，才能多提出正確的變革方向，同時兼具整合者的技術能力，才能夠設計出新的治理系統，以利創新的政策產生實際功效。

6. 公共管理重視人力資源管理：自 1980 年代以來，先進工業化國家為因應全球市場化的競爭壓力及愈來愈嚴格的服務品質要求，紛紛採取策略性的人力資源管理，試圖藉由提昇公共部門的人力素質與工作力來提振國家競爭優勢。

7. 重視服務的品質與績效的評估方法：在「顧客至上」的年代，政府施政必須講求服務品質的持續改善和不斷的超越，而績效是民眾在接受政府所提供的服務時，首先須考慮的重要面向。因此，公共部門管理者必須主動發展客觀且有效的績效評估方法，以利藉由顧客滿意度來檢測政府的績效。

8. 重視政府再造的方法與過程：政府再造（Reinventing Government）已成為一種「時代精神」，但實行的方法或策略並無定律，重點在於必須配合公共部門的特有生態環境，並在過程中必須實事求是。

9. 公共管理強調價值調和與課責：公共管理強調價值的調和，不僅重視效率與效能，同時未來也將重視公平、正義和民主。而且，公共管理在主張行政自主化和彈性化的同時，也須強調課責的重要性。

10. 公共管理重視運用組織發展的干預策略：根據 Robert T. Golembiewski、Hal G. Rainey 等學者的觀察，公共管理將會日漸倚重組織發展的干預策略，包括：人際過程、技術結構、人力資源管理、策略面等四大層次。

參考書目：1. 孫本初編著，《公共管理》，智勝文化，2006 年。
　　　　　2. 丘昌泰編著，《公共管理》，智勝文化，2012 年。

二、何謂風險與風險管理？風險與危機的關係為何？公部門風險管理的策略有那些？

說明：近年來自然與人為災害頻傳，例如嚴重特殊傳染性肺炎（COVID-19）肆虐全球、恐攻事件的發生，都造成嚴重的生命財產損失。因此，「危機與風險管理」議題仍受到高度的關注。本題 100 年曾出過，此次只是該議題的延伸，公部門風險管理的策略也可用密卓夫（Mitroff）的危機管理五大計畫、美國聯邦危機管理局（FEMA）危機管理過程或 Nunamaker 的危機管理建構來回答。

答：我國是一個隨時可能發生危機的「風險社會」，為因應危機的突然到來，必須瞭解風險與風險管理、風險與危機的關係，才能妥適當地做好危機的預防與準備措施，來降低自然或人為災害對生命與財產的威脅。

(一)風險與風險管理

1.風險係指潛在影響組織目標之事件，及其發生之可能性與嚴重程度。換言之，風險成立的要件必須說明下列兩種內涵：發生機率與影響範圍。基此，所謂風險就是發生機率與影響範圍兩者的乘積。

2.風險管理是整合「風險評估」與「風險溝通」兩種功能性的活動。「風險評估」是指風險的認定、估計與評鑑；風險溝通則指政府相關部門依據風險評估結果，研擬降低或避免風險的策略與行動綱領。

(二)風險與危機的關係

「危機」是指對於組織、人員與社會造成生命或財產、生理或心理威脅與損害的特殊緊急情況；「風險」是指測量負面影響的機率與嚴重程度。簡言之，還沒有發生的危險就是風險，一旦發生了的風險就變成危機。若將前述的概念轉變為危機概念，則危機是一個發生機率甚低，甚至低到足以鬆懈大家的危機預防意識，一旦發生則其所造成的後果相當嚴重，難以估計。例如，美國的九一一恐怖攻擊事件。

(三)公部門風險管理的策略

1.建立風險管理執行背景體系，其重點在於建立環境外部要素、建立組織內部要素、建立風險管理架構、發展風險評量標準與定義風險分析對象。

2.進行風險辨識，此步驟的目的是找出需要管理的風險，使用有系統的步驟來進行廣泛的搜尋，在這個階段沒有被發現的風險將被排除

在分析的步驟之外，主要考慮的問題有三：(1) 會發生什麼；(2) 如何、為何、何處與何時發生；(3) 工具和技術。

3. 進行風險分析，此步驟的目的在於確認既有的控制機制、找出發生的機率及事件的影響與分析風險的等級。

4. 進行風險評量，將風險分析中所決定的風險等級與先前訂定的風險標準相比較，如果評量的結果，顯示風險的危險性低或為可接受的程度，則這些風險將接受程度最小的風險處理。

5. 進行風險處理，此階段可再分為四階段：(1) 找出處理風險的可能方法；(2) 評估這些方法；(3) 準備風險對策計畫；(4) 以及執行這些風險對策。

6. 進行監督與檢討，監督風險是為了瞭解周圍不斷改變的環境，是否影響了風險處理的優先順序，因為鮮有風險係靜止不動的。為此，組織必須要監督風險、風險對策的有效性與用來控制執行工作的策略和管理系統。

7. 進行溝通和協商，溝通和協商在風險管理步驟中非常重要，必須把握一個重點，那就是溝通和協商應該是利害關係者之間的雙向對話，所強調的是雙方面的溝通，而非決策者單方面地將訊息傳送給利害關係者。

◎ 參考書目：丘昌泰著，《公共管理》，智勝文化，2012 年。

三、規劃為組織管理中最重要之一環，而公共管理的規劃可分為操作規劃、方案規劃與策略規劃三種，請就此三種規劃的內容與特性析論之。

說明：本題應屬《公共管理》中的「策略規劃與的與管理」範圍，不過命題以規劃的類型方式提問，所以答題可用策略的層次或規劃類型回答都可以。

答：美國公共管理學者 Bozeman & Straussman（1990）曾清楚地指出，要達到成功的公共管理，現代公共組織的行政主管不可避免地必須對於「策略」有更深入的體悟。以組織管理理論的相關發展而言，正式的組織規劃可分為操作規劃（operation planning）、方案規劃（program planning）以及策略規劃（strategic planning）（Denning,1971）。

(一) 操作規劃

乃是以組織現有的環境與資源為前提，針對已確知之外在的需求，對組織現有的作業程序作細部的規劃。多數組織雖然處於多變的環境中，但對多數行政機構而言，組織未來三至五年的工作規劃必然包含大多數現行的經常性業務與活動，因此組織便需要對現存之操作方法與各部門之作業程序作妥適安排與計畫。操作規劃屬於執行層，是較短期性的規畫，比較詳細具體。

(二) 方案規劃

指針對組織決定的重大政策，發展專案執行計畫的過程。主要是行政官僚體系內的產物，不太考慮外在環境的影響，但十分重視組織內部的因素，強調以專業技術研擬政策方案。方案規劃屬於管理層，是中期性規畫，會影響到各部門。

(三) 策略規劃

M.Bryson認為策略規劃係指「一種足以產生公共組織基本決策與行動的紀律性努力，在法定權責規範下，以形成與指引該組織活動的方向與性質」。策略規劃具有下列機種特色：1.涉及組織未來發展方向與特質定位的基本議題；2.它是決策者與管理者對於組織未來發展的重要課題進行合作討論過程；3.它是組織法定權責範圍內，對於組織方向與性質提出創意性的決策。操作規劃與方案規劃皆缺乏對組織整體之長遠未來的思考，策略管理學者因此主張組織應定期地進行策略規劃來「決定組織的本質，並結合可用資源，以達成組織的目標」（Bracker,1980）。只有參與是不夠的，組織的領導階層必須能夠結合在一起，共同承諾、投入組織所定的策略。這種承諾與投入感的結合（unity of commitment）才是策略能否成功執行的保證因素。

🠢 參考書目：1. 丘昌泰編著，《公共管理》，智勝文化，2012 年。
　　　　　　2. 行政院研究發展考核委員會委託研究，《提升行政院各部會策略規劃能力之研究》，中華民國 98 年 6 月。

四、公民參與和社區充能一直是我國公共政策關注的焦點之一，請從此觀點說明：何謂參與式預算？其核心理念為何？試舉一例說明其辦理的原則。

說明：參與式預算（PB）由巴西愉港於 1989 年首先試行，目前全世界已有多個城市、社區和機構採行，我國學界與地方政府均相當關注，當然也是國考熱門的議題。

答：近年來，參與式民主（participatory democracy）的概念受到重視，希望藉由擴大公民參與和討論，共同解決民主社會中的公共問題，參與式預算即是此潮流下的產物。

(一)意涵

參與式預算（participatory budgeting；簡稱PB）是一種透過公民審議及溝通協調方式，以進行公共資源分配的決策過程（Wampler,2007）。它允許公民在政府預算決策過程中扮演直接的角色，有機會參與並決定公共資源應如何配置。

(二)核心理念

公民透過參與式預算的決策過程，針對公共資源的分配進行審議和協商，其主要理念（Sintomer et al .2012,2013），包括：

1.必須處理財政和預算問題。

2.至少必須包括市鎮或區的層面（其中有由人民選舉出的機構，並擁有某種程度的行政權）。

3.必須是重複的、例行化的過程（不能只是一兩次的投票或會議）。

4.必須包含會議或論壇形式的公共審議。

5.必須對結果有某種程度的問責。

(三)辦理原則

2015年台中市政府在台中市中區舉辦參與式預算，促進中區活化再生。其辦理過程，是在財經專家及政府有關單位協助下，由當地民眾提案，經過討論、整合與公開宣導後，讓全體居民選出最終提案，而後將預算投入該項目，以形成政府年度預算支出的分配標準，而此一依據，不僅能調整財政資源的分配，將預算用在民眾真正需要的地方，更可落實公開透明的財政體制，同時，地方居民也可透過參與式預算的過程，學習審議式民主，凝聚共識與社區認同感。根據美國學者溫普勒（Brian Wampler）的歸納，參與式預算理想的制度設計應該包含以下四大原則：

1.發聲原則（Voice）：參與式預算的宗旨是為弱者發聲，希望藉由制度設計讓在傳統政治制度之下弱勢、被邊緣化的聲音能夠有機會透過審議過程的積極聆聽而有被同等重視的機會，進而激發更有活力

的公民參與。實例：是在鄰里社區舉辦住民大會，開放給所有想來的人參加，大家腦力激盪，對於地方需求和建設方案，一起討論，提出想法。

2. 投票原則（Vote）：結合發聲原則，透過比傳統代議政治更寬鬆的投票規定來涵納更多人的聲音。再者，投票也是直接民主的展現，因此也希望藉此達成增加公民權力的關鍵影響。

3. 監督原則（Oversight）：相對於傳統的預算流程，參與式預算將公民帶入預算審議的流程中，使得政府必須更加開放、揭示更多資訊供大眾檢視與監督。

4. 社會正義原則（Social Justice）：公共資源的分配應該以社會正義原則為依歸。從著名的巴西愉港案例來看，經過審議的過程，公民們的確了解也願意把稅收花在最需要的地方，使公共資源有機會重分配，更符合社會正義。

綜觀世界各都市實施參與式預算制度之發展條件為市長的大力支持、公民社會能力、立法部門的包容、財政資源的彈性、預算的透明度、傳播媒體的功能及實施範圍的慎選。

參考書目：1. 徐仁輝著，《公共財務管理》，智勝文化，2006 年。

2. 國立臺灣大學政治學系蘇彩足等人，〈政府實施參與式預算之可行性評估〉，《國家發展委員會委託研究報告》，民國 104 年 7 月。

3. https：//2015cepb.com/ 關於參與式預算 / 認識參與式預算 /

109 年地特四等

甲、申論題

一、公共關係在組織體系可以發揮何種功能？政府推動公共關係又應遵循那些原則？試以我國政府對新冠肺炎（COVID-19）疫情的防疫政策為例，分析論述之。

說明：政府公關與行銷議題從 97 年地特三等，就陸續有相關題型出現，如 98 年地特四等、102 年高考三級、103 年普考、106 年普考。本題屬時事應用題，基本理論加上應用，這也是近年來命題的趨勢。

答：公共關係是個人或組織為強調內外關係溝通之管理功能，藉以承擔社會責任，走入公眾之間，並建立善意關係。

(一)公共關係發揮的功能：

公共關係在組織究竟可以發揮何種功能，根據學者的研究包括：

1.訊息的功能：公共關係首先要發揮蒐集訊息，監測環境的作用，即作為組織的預警系統，透過各種調查研究方法，蒐集訊息、監視環境、回饋輿論、預測趨勢、評估效果，以幫助組織在複雜、多變的公眾環境中保持高敏感性與警覺性，以對組織社會環境的不同動態保持平衡。

2.監測的功能：公共關係希望透過訊息的蒐集、處理和回饋，以達成監測的作用，而得以掌握組織內部和外部的各種變化，合理地制定或調整組織本身的目標。

3.宣傳的功能：宣傳的功能乃在為組織樹立良好的形象，透過傳播媒體將訊息即時、準確、有效地傳播出去，大力宣傳組織做出的成績，從而影響或引導公眾輿論，使之有利於組織本身。

4.決策的功能：公眾是否會接受組織所提出的決策，是當今社會組織決策時應考慮的重要因素，公共關係部門必須就有關組織的環境問題、公眾關係問題向組織決策機構提供諮詢，參與組織決策的整個過程，只有當公共關係成為最高管理層進行決策的一部分時，公共關係才能最有效率。

(二)公共關係的運作原則

公關原則係指在公關活動中處理關係、進行傳播活動時所依循的根本法則和價值標準取向，以下將分述公共關係的原則：

1. 信任：相互信任是良好公共關係的基礎，要他人相信自己，就先要相信他人。在現實社會中，儘管「害人之心不可有，防人之心不可無」比較正確的做法是先肯定他人，而非先否定他人的一切。例如我國政府對新冠肺炎（COVID-19）疫情的防疫政策，為防止於境內擴散在於疫情訊息的高度透明化，建立了民眾對於政府防疫政策的信任，而且願意遵守防疫措施，從而降低疫情進一步擴大的可能性。

2. 誠實：公共關係忌諱的是，組織為了爭取公眾的好感或產品的銷路，竟不惜以虛假偽造的訊息欺瞞公眾，這種欺騙的行為不但會使組織形象毀於一旦，也無法再取信於大眾。誠實原則並不意味著「知無不言或言無不盡」，當真有難言之隱或基於某些原因無法說明情境時，組織應該說明理由，相對的，組織也不應一昧的以業務機密為由，不願對外透漏任何有關訊息。例如新冠肺炎疫情期間，衛福部防疫小組每日下午主動召開記者說明會，向民眾告知確診人數、防疫措施新規定，並接受媒體詢問，提高不實訊息處理效率，誠實公開訊息，以增進民眾對政府的信任。

3. 言行一致：組織的任何作為都看在大眾眼裡，代表一種訊息，因此組織發出的訊息必須前後連貫並保持一致性，才不會讓公眾的認知混淆、無所適從。舉例而言，許多組織想要透過公益活動來加強其本身的社會形象，以大筆經費贊助公益活動，但在服務和對待顧客的態度卻沒有相對應的改善，所以公益活動除了必須與組織的形象產生聯繫外，並應在產品和服務上做相應的配合，如此才能發揮預期的功效。例如新冠肺炎（COVID-19）疫情的防疫在社區防治方面為避免疫情擴大，只要與確診個案有接觸史者、有中港澳旅遊史（含轉機）入境者，即應進行居家隔離或居家檢疫，後續由所在地地方政府衛生局落實社區防疫追蹤，對於失聯、擅離指定住所者，一律從重處罰，政府言出必行絕無寬貸，以防止疫情擴散。

4. 溝通：縮短人際間的距離就是溝通，溝通也是促進互相瞭解的手段，藉著交換意見而更瞭解對方；在溝通的同時，公關人員應牢記對等的理念，因為對等的目的是要獲得大眾的瞭解與接納，唯有讓大眾

接納組織，組織才能夠營造出最有利的環境，也才能夠順利完成公關目標。例如疫情指揮中心視疫情發展，逐步升高各項防疫措施，並隨時因應調整，同時徵用相關頻道，持續於 96 家電視及 170 家電臺播放防疫、謠言澄清及居家隔離（檢疫）相關宣導資訊，也透過記者會及各種可能宣傳管道，每一天都以最即時的方式，向國人報告最新疫情發展與因應措施，以安定民心。

參考書目：1. 林淑馨，《公共管理》，巨流圖書，2012 年。
　　　　　2. 吳定等編著，《行政學下》，國立空中大學，2007 年。

二、委託人－代理人理論（principal-agent theory）是公共管理的重要基礎理論之一，試說明其理論要點，並請舉一實例說明其在公共部門之應用。

說明：新古典經濟學三大理論包括：「公共選擇理論」（Public Choice Theory）、「代理人理論」（Principal-Agent Theory）與「交易成本理論」（Transaction Cost Theory），也是構成公共管理的重要經濟理論基礎。歷居考題中，除 95 年普考、100 高考有考公共選擇理論議題外，很少出現，但仍應注意。

答：「委託人與代理人理論」又稱為「代理理論」（Agent theory），係由詹森與麥克林（Jensen & Mecklin）所提出，用以解釋代理問題，另外在資訊不對稱狀況下，容易導致事前的「逆選擇」（adverse selection）或事後的「道德危險」（moral hazard）問題。

(一)委託人與代理人理論的意涵

　　代理就是一種契約的關係，由一個或多個主理人與委託人，去雇用代理人，根據主理人的理念授予代理人制定決策的職權，使其依照委託者的意念從事指定的服務，並增進委託者的最大利益。

(二)委託人與代理人理論的重點

　　1.主理人與代理人都是其自我利益的極大化者。

　　2.主理人與代理人之間的資訊不均衡。

　　3.主理人知悉最喜歡採取何種行動，其面臨問題是如何誘導該項行動。

　　4.主理人的契約本身是自我執行的，不需任何強制力量。

　　5.契約都有參與上的限制，避免主理人不履行契約內容。

　　該理論認為要達成效率的目標，必須去除不確定性因素，擴大追蹤與控制交易成本的能力，使買賣雙方的交易成本能夠降低。

(三)代理理論公共部門之應用實例

「委託人與代理人」之關係在公共部門的應用，大體可將其分為：人民為委託人，政府為代理人；政府為委託人，行政人員為代理人；政府為委託人，特定人民或業者為代理人等三種「權力分享」型態。而此三者在運作上，仍會有以下的問題產生：

1. 政治學者嘗試以代理理論來探討官僚機構與國會之間的代理關係。不過，在應用上仍會產生許多的困難，因為究竟誰是委託人，誰是代理人，此種關係很難認定。再者，縱使人民是委託人，亦很難設計適當的誘因系統，以控制代議士的自利行為。

2. 委託人與代理人的契約可分為行為與結果取向的契約兩種形式，與組織中的誘因系統及資訊監督系統有關。從績效管理的觀點而言，官僚制度被認為是一個過程導向，過分重視法令、規章及強調組織的運作，但忽略了政策結果及績效評估的重要價值，於是形成「目標錯置」的缺失。某種程度上，層級節制的官僚治理模式將產生不可避免的成本代價問題，進而造成「官僚失靈」的現象。

3. 在公共行政的角度，政府將業務以契約外包的形式分享給民間社會時，就會逐漸建立代理人關係，對政府再造及治理可能產生契約關係的加強、業務的委外、釐清責任歸屬問題、重視信任關係的培養等影響。

◯ 參考書目：吳瓊恩著，《行政學》，三民書局，2008 年。

乙、測驗題

( ) 1. 關於公共管理的敘述，下列何者正確？ (A) 公共管理是行政系絡中的「政治研究」 (B) 公共管理研究應完全排除政策分析方法的應用 (C) 公共管理完全跳脫關於科學管理面向的討論 (D) 公共管理探討公共行政學中理性及技術性的層面。

( ) 2. 1980 年代以來新公共管理所引領的政府再造風潮，是緣自於福利國家所面臨的種種危機，下列何者不是其危機之一？ (A) 因公共財過度供給所引起的官僚危機 (B) 因政黨輪替過於頻繁所引起的政治危機 (C) 因石油能源短缺所引起的經濟危機 (D) 因經濟蕭條、國家收支不均衡所引起的財政危機。

(　)　3.造成政府失靈的原因，下列何者最不適當？　(A)投票困境　(B)官僚尋租　(C)本位主義　(D)自然獨占。

(　)　4.為避免公共組織的結構惰性，形塑具有企業精神的行政環境，下列何者不是其方法之一？　(A)為控制財務成本，應力求避免錯誤　(B)為加強彈性，採用扁平式的組織結構設計　(C)為創新公共服務，建立外在多元的擁護者　(D)藉由媒體，塑造政府受歡迎的正面公共形象。

(　)　5.下列何者不是新公共管理強調的重點？　(A)效率導向　(B)顧客導向　(C)組織精簡　(D)公平正義。

(　)　6.「解除管制」指政府機關不再負有執行部分業務的任務，以節約公共資源，是下列那一項策略？　(A)地方化　(B)去任務化　(C)法人化　(D)委外化。

(　)　7.有關全面品質管理的特性，下列何者錯誤？　(A)全員投入　(B)高階管理人員的支持與承諾　(C)持續性的改善　(D)強調事後的檢視。

(　)　8.下列何者敘述最符合標竿學習的特點？　(A)動態性與權變性　(B)確認並引進最佳典範　(C)促進公部門間競爭與合作　(D)改善公部門營運績效。

(　)　9.關於影響政府提供顧客導向服務之因素，下列何者錯誤？　(A)領導者態度　(B)組織文化　(C)行銷觀念　(D)公民精神。

(　)　10.下列關於團隊的敘述，何者錯誤？　(A)團隊具有共同的目標為成員導航　(B)團隊成員能夠將個人目標與團隊目標相結合　(C)僅是一群人的組合，群體等於個體之和　(D)團隊成員具有專業知識外，並具備信任與合作能力。

(　)　11.在危機管理三階段論中的危機預防階段出現「見樹不見林」情形時，係指下列那一種問題？　(A)主觀化　(B)局部化　(C)操作化　(D)邊緣化。

(　)　12.關於公部門人力資源管理之特色，下列何者錯誤？　(A)決策程序較冗長　(B)受到政治因素影響較深　(C)全盤移植企業的作法　(D)深受法律規章和規則程序限制。

( )　13. 關於策略規劃 SWOT 分析的敘述,下列何者錯誤?　(A) 組織成員的動機是機關可能的優勢來源　(B) 組織文化是機關可能的外在威脅　(C) 經濟環境是機關可能的機會　(D) 公務人力資源是機關可能的弱勢條件。

( )　14. 對於平衡計分卡的敘述,下列何者最正確?　(A)是一套人力管考系統,例如透過打卡制度盤點人員缺勤　(B) 是一套物流檢核制度,例如透過流程稽核平衡責任歸屬　(C) 是一套績效管理制度,例如透過策略連結建置績效體系　(D) 是一套知識管理系統,例如透過數據分析提供決策參考。

( )　15. 「主管可以發現員工所遭遇的瓶頸,進而相互研擬改善之道」。此說法最符合績效管理的那一種功能?　(A) 回應負責對象　(B) 評估績效程度　(C) 進行員工導航　(D) 作為升遷依據。

( )　16. 非營利組織透過大眾媒體與學者對公共政策表示反對,或是透過有影響力的民意代表,在議案審 查的各階段,對法案提出修正意見,藉此從事討價還價的行動,係屬下列那一種策略?　(A) 選區壓力策略　(B) 困窘策略　(C) 遲滯策略　(D) 聯盟策略。

( )　17. 下列那一種策略特徵不屬於創新性學習?　(A)強調相同性　(B)系統化　(C) 變革　(D) 轉化。

( )　18. 公共關係的功能不包括下列何項功能?　(A) 司法功能　(B) 管理功能　(C) 溝通功能　(D) 行銷功能。

( )　19. 我國於 2017-2020 年時,在執行何種電子化政府計畫?　(A)第五階段—數位政府計畫　(B) 第四階段—優質網路政府計畫　(C) 第三階段—數位臺灣計畫　(D) 第二階段—e 化政府計畫。

( )　20. 透過公私協力進行公共服務品質提升與促進產業發展,係屬下列那一項政府數位治理的工作?　(A)G2G 服務　(B) 政府開放資料　(C) 數位身分認證立法　(D) 戶役政系統的建置。

( )　21. 下列何者為民眾向政府機關直接表達意見的管道?　(A)公聽會　(B)政黨　(C) 利益團體　(D) 民間社團

( )　22. 下列何者不是實踐跨域管理的方式?　(A) 由政府指定單一部門全權處理　(B) 委託民間團體或個人　(C) 合營事業　(D) 成立跨域治理事務推動委員會。

( )　23. 下列何項政策議題不具有跨域治理的特質？　(A) 興建縣立國民小學
　　　　(B) 淡水河流域管理　(C) 臺三線交通流量管理　(D) 查緝十大槍擊要
　　　　犯。

( )　24. 有關政策行銷的主要工作，下列何者錯誤？　(A) 政策資源整合　(B) 政
　　　　策專業化　(C) 政策推銷　(D) 政策宣傳。

( )　25. 下列何者不是積極負責的公民意識？　(A) 自主性 (autonomy)　(B) 利
　　　　他精神（altruism）　(C) 去人性化（dehumanization）　(D) 判斷能力
　　　　（judgement）。

解答與解析　答案標示為#者，表官方曾公告更正該題答案。

1.**(D)**。公共管理繼承科學管理的傳統，作為一種應用性的社會科學，它反映出科技
　　　整合的取向，雖向公共政策與企業管理之知識領域獲取養分，但卻未自限於
　　　政策執行的技術性質以及企業管理追求營利之偏狹目標。

2.**(B)**。合法性危機：當一個國家出現了經濟危機，財政負荷過重，以及人民的需求
　　　不斷增加，若政府無法有效因應，不但不能表現施政的效能感，也喪失民眾
　　　的信賴感，如此政府體制勢必喪失其合法正當性。

3.**(D)**。造成政府失靈的原因：
　　(1) 直接民主問題：公民參與的直接民主，係以投票方式決定政策，選舉結果
　　　　可以為特定政策提供明確方向，但是多數決的制度，面臨功能性問題，因
　　　　為沒有一種投票制度可達到公平又能意見一致，也容易因此而產生「多數
　　　　暴政」（投票困境）。
　　(2) 代議政府的問題：民選公職人員，主要任務是制定與執行公共政策，然而
　　　　民選首長及民意代表，可能受到本身利益、時間、財務限制的影響，產生
　　　　競租行為，會制定不合理不必要的政策。
　　(3) 機關提供財貨問題：政府提供公共財的預算，受到民意機關控制，預算支
　　　　用效率不彰，機關本身也無成本觀念，導致無效率。
　　(4) 分權政府問題：分權與制衡是民主政治的基本信念，於是政府不同部門間、
　　　　中央政府與地方政府間，均有分權設計，此一設計是為了防弊，因而導致
　　　　固守法規，造成政府無效率。（本位主義）市場
　　失靈的原因：公共財（搭便車 "free rider" 現象）、外部性（市場經濟與不經
　　濟）、自然獨占（壟斷）、資訊不對稱。

4.**(A)**。 李文（Lewin）和辛格（Sang）形塑具備企業精神的行政環境所應採行的措施：
(1) 容忍錯誤；(2) 高層管理者有創造才能與對承擔風險的支持；(3) 賦予執行
者自由裁量權與達成績效的責任；(4) 重視分析與評估；(5) 藉由新的組織結
構來加強彈性；(6) 獎酬制度能彈性運用；(7) 為創新公共服務，建立外在多
元的擁護者；(8) 藉由媒體，塑造政府受歡迎的正面公共形象。

5.**(D)**。 公平正義與倫理是新公共行政所強調的重點。

6.**(B)**。 我國推動政府再造的「四化運動」包括：
(1) 去任務化：指的是解除管制，透過法律修正使政府不再負有特定業 務，
以節省資源。
(2) 法人化：政府將部分業務交由公共法人，亦即行政法人去辦理。
(3) 地方化：將中央業務交給地方辦理。
(4) 委外化：即開放民間經營，也就是民營化。

7.**(D)**。 全面品質管理（TQM）是「一種由組織所有的管理者和成員，使用量化方法
和員工參與，藉不斷地改進組織的過程、產品、與服務，以迎合顧客需求與
期待的全面性與整合性的組織途徑。」TQM 強調顧客至上、全員投入、持續
改善、高階管理人員的支持與承諾、強調事前的預防、團隊合作、持續改善
等特性。

8.**(B)**。 標竿學習為了進行組織改善，而針對一些被認定為最佳作業典範的組織，以
持續的與系統化流程，評估其產品、服務與工作流程。

9.**(D)**。 影響政府提供顧客導向服務的因素：組織文化、領導者態度、行銷觀念、資
訊科技的應用。

10.**(C)**。 團隊（team）應包含以下關鍵組成要素：
(1) 成員在兩人以上，來自不同部門。
(2) 團隊成員彼信任，並在團隊運作過程中相互協調與合作。
(3) 團隊的主要任務是完成共同的目標。
(4) 團隊成員共同負擔團隊的成敗責任。

11.**(B)**。 組織在執行危機預防時要避免危機預防的兩大障礙「主觀」及「局部化」，
因「主觀」會造成人的自滿，而喪失危機意識；「局部化」意指「見樹不見
林」，危機管理者會往熟悉的狀況去思考，不熟悉的事務幾乎視而不見。

12.**(C)**。 公部門人力資源管理，係將人力資源管理的各種技術與方法，運用於政府部
門中，對政府機關的選才、用才、育才與留才，作有效的管理，以增進政府
服務的效能與效率，實現國家建設目標。具有以下特色：(1) 受到政治因素的
影響甚深；(2) 深受法律規章和規則程序限制；(3) 行政目標追求大且廣泛的

公共利益；(4) 行政績效難以衡量；(5) 決策程序冗長；(6) 較不受市場競爭的影響；(7) 預算有限且常受制；(8) 公務人員身分保障。

13.**(B)**。 組織文化是機關可能的內部優勢或弱勢。

14.**(C)**。 平衡計分卡（balanced scorecard，簡稱 BSC）係由卡普朗（R. Kaplan）與諾頓（D. Norton）於 1992 年所共同發展出來的策略性績效管理工具。是以財務、顧客、內部流程、學習與成長四個構面，平衡地評估組織的績效，並連結目的、評量、目標及行動的系統，轉化成可行方案的一種策略管理的工具。

15.**(C)**。 進型員工導航：組織主管為了確保部屬在推動指派或安排的任務與使命時，是否作了正確的決定，並按照一定的時程加以完成，於是應用績效問責的機制，藉機與部屬進行雙向的溝通，認定是否要再對部屬進行授權灌能的作為，使其擁有足夠的權力面對使命的完成；發現員工在踐履工作之際是否遭遇瓶頸有待突破的問題。

16.**(C)**。 非營利組織對政策制定的影響策略大致可分為六種：
   (1) 聯盟策略：所謂聯盟（Coalitions）是團體間為達成某一公共政策的目標，而存在的明顯工作關係。
   (2) 資訊策略：基於對政府決策資訊認識的不足，或對於決策者專業能力的憂心，公益團體主動提供有效的資訊，協助政府做出更趨理性的可行政策，是為資訊策略。
   (3) 困窘策略：所謂困窘策略，是指揭露政府不良的決策，引發社會輿論的聲討，以刺激政府部門的改革，或利用政府官員對某議題的強烈反應，使原有未受關注的議題擴散開來，再利用說服的技巧，使社會大眾依照非營利組織所希望的方向來型塑民意，以形成政策壓力。
   (4) 遲滯策略：係指非營利組織透過大眾傳播媒體與學者對政策表示反對，或透過具有影響力的民意代表在議案審查的各階段對法案提出修正的意見，藉此從事討價還價行動。
   (5) 訴訟策略：司法政策執行中的一個環節，透過訴訟的提出與裁決，除了能使被主張的公平與正義獲得實現外，法官在釋法過程中往往也因對政策價值給予不同的解釋，而實際影響了公共政策的執行。所以，此方法亦是影響政策之有利途徑之一。
   (6) 選區壓力策略：非營利組織在從事壓力策略時，大多會採取下列幾種方式：
      ① 刊登廣告，以大篇幅的廣告來吸引大眾的興趣，喚起公益團體的支持者。
      ② 利用發行刊物來表明所支持或反對的候選人，或公開其在議會的發言紀錄。

③ 選擇會員中較具有影響力的人士，動員其寫信或打電話給其選區中的議員。

④ 要求團體中的會員寫信或打電信來表達立場。（孫本初，2005：293-294）

17.**(A)**。創新性學習的策略特徵包括：強調多元性、變革、組織為系統化、主動的轉化管理環境等。

18.**(A)**。唐恩（Dunn）指出公共關係具備三項功能：

(1) 管理功能：公共關係具有一種特別的管理功能，為促使組織和公眾之間建立和維持相互的溝通、瞭解、接受及合作等關係。

(2) 溝通功能：公共關係活動主要目的，就是將組織的觀點或概念傳達給特定的公眾，以達告知或說服效果。

(3) 行銷功能：公共關係在行銷活動中，所能達成的目標包括：

① 藉由新聞發佈，使廣告及促銷更有效。

② 敬告消費者有關產品設計及價格的變動。

③ 輔助行銷管理部門，了解消費者對市場情況變動的反應。

④ 使廠商、政府官員、民意代表、股東及消費者代表保持聯繫。

19.**(A)**。委國執行電子化政府的計畫：

第一階段電子化政府計畫（87～89年度）：致力建設政府骨幹網路、發展網路便民及行政應用、加速政府資訊流通、建立電子認證及網路安全機制等子計畫。第二階段電子化政府計畫（90～93年度）及數位臺灣e化政府計畫（92～96年度）：持續深化及擴大政府網路應用，目標為建立暢通及安全可信賴的資訊環境、促進政府機關和公務員全面上網、全面實施公文電子交換、推動1,500項政府申辦服務上網、推動政府資訊交換流通及書證謄本全面減量作業。第三階段電子化政府計畫（97～100年度）：達成「增進公共服務價值，建立社會的信賴與聯結」願景，落實「發展主動服務，創造優質生活」、「普及資訊服務，增進社會關懷」、「強化網路互動，擴大公民參與」三大目標，實現主動、分眾、持續及紮根之服務。第四階段電子化政府計畫（101～105年度）：重點將建構政府服務的DNA核心理念。第五階段電子化政府計畫─數位政府（106年～109年）：其重點內容：以資料驅動、公私協力、以民為本之核心理念，透過巨量資料（Big Data）分析彙集民眾需求，藉由開放資料（Open Data）促進政府透明公開，並善用個人資料（My Data）完備為民服務需求。第六階段服務型智慧政府2.0推動計畫（110年～114年）：賡續支持政府推動數位轉型為主要任務，扣合「智

慧政府行動方案」推動目標持續深化智慧政府各項作為，以擁抱數位、以民為本為願景，展現未來我國推動智慧政府之決心。

20.**(B)**。 數位時代，資料具有高度的戰略價值，智慧政府資料治理以推動政府開放資料（Open Data）與個人資料自主運用（My Data）為兩大主軸，建立公私協力治理模式，完備資料經濟生態系，是加速國家數位轉型、推動智慧政府的重要工作。

21.**(A)**。 民意表達的方式可分為：
(1) 直接表達：透過特殊議題投票、選舉、民調、參加公聽會、向有關機關投書、請願、抗議、示威、遊行、靜坐等方式所做的意見表示。
(2) 間接表達：將本身看法或訴求向大傳媒體、民意代表、政黨、利益團體、候選人等表示，請求其在適當時機場合向社會及政府機關提出。

22.**(A)**。 跨域管理（boundary-spanning management）主要強調組織與外部環境間之互動，同時關注組織管理者對系統邊界的認知與突破，並且強調應該藉由各種行政策略運作，從外部環境汲取或交換組織所需的各項資源。
基本上，跨域管理乃是府際管理概念擴大，其運作主體不再侷限於各級政府，分析單位更縮小至公部門每一個公共組織與公務人員。

23.**(A)**。 跨域治理指針對兩個或兩個以上的不同部門、團體或行政區，因彼此之間業務、功能和疆界相接及重疊而逐漸模糊，導致權責不明、無人管理，藉由地方政府、私人企業、社區團體以及非營利組織的結合，透過協力、社區參與、公私合夥或行政契約等聯合方式，以解決棘手難以處理的問題。

24.**(B)**。 政策行銷的助力包括：應用資訊蒐集、資源整合、推銷、宣傳與評估。

25.**(C)**。 具備社群意識公民特質涵蓋：自主性（autonomy）、利他精神（altruism）、判斷能力（judgement）。

110 年高考三級

一、現今社會問題日益複雜、新穎與多樣化，使得政府難以即時有效處理，而必須依靠公、私與非營利部門集思廣益與協力合作，才能創造可行的作法與措施。因此，許多社會創新（social innovation）的政策與措施便應運而生。試析論社會創新崛起的背景與概念，並以實務案例說明社會創新的發展與運作模式。

說明：行政院為有效解決我國社會及環境相關問題，綜整了跨部會能量，107 年提出「社會創新行動方案」。因此，《公共管理》考科除了傳統非營利組織為重要考點外，近年來「社會創新」與「社會企業」同樣得到關注，不容忽視。

答：社會創新（Social Innovation）這個名詞近來十分熱門，在公共政策、社會工作、非營利組識、及企業管理界中都可見到新的研究與論文不斷地引用。

(一)崛起的背景與概念

現今社會的多樣性與快速變遷，致使社會需求與問題繁多，政府很難即時有效處理，在財政撙節推行後，政府對於公民及社會組織參與公共服務的態度，也從協助執行政府既有服務職能的社會授能，轉向鼓勵社會團體培植自身能力以解決自身問題的社會創新。社會創新受到國際社會重視，如聯合國開發計畫署、教科文組織、拉丁美洲與加勒比海經濟委員會，歐盟的歐洲委員會，都推出相關研究與施行措施。社會創業的概念逐漸普及化，社會創新是「一個解決社會問題的新方案，它比現有的解決方法更有效果、效率及永續性。這個方案不為個人利益，而是為了整體社會創造價值。」

(二)社會創新的發展與運作模式

1.社會創新的發展過程，可以分為六個階段，從小至大、從想法到事業、從個人到社會（Murray et al., 2010: 12-13）：(1) 促成、啟發與診斷（prompts,inspirations and diagnoses）：促成社會創新的發動因素甚多，例如生存危機、刪減公共預算、行政績效低落等，促發人們思考問題的由來與如何創新方法解決之，診斷問題與指出成因，討論正確與可行的解決方法。(2) 提案與理念（proposals and ideas）：這個階段是理念的產生與集結，藉由創造力激盪與設計等方法，擴

大可行選項的清單。(3) 原型與先驅（prototyping and pilots）：理念成形之後需要實踐與驗證，包括形式性的先驅實驗、原型或隨機的組合等，藉由不斷試做、試錯、修正與調整，逐步趨近可行的樣貌，形成一個基礎原型。(4) 持續（sustaining）：當原型能流暢與持久運行，需要有公司或社會企業資源的持續投入，公部門則是確保預算來源與立法程序的完備性。(5) 擴大與擴散（scaling and diffusion）：這是創新朝向成長與擴散的階段，藉由開拓市場等方式，讓組織擴張與成長，除了大規模生產，還有 know-how 知識的擴大，產生更大的影響效果。(6) 系統性改變（systemic change）：社會創新的最終目標是要改變社會，影響的方式有社會運動、商業模式、法律、管制、基礎建設、新的思考與行動。

2. 實務案例說明：消費者保護基金會在 1980 年成立，目的是為了爭取多起因購買不良商品（多氯聯苯污染的米糠油與含甲醇的假酒）而受害的消費者的權益。當時個別的受害消費者非常弱勢，面對財大勢大的廠商無法受到合理的賠償與照顧，而政府又因無適當的法令與行政機構介入管轄，更無從懲罰與求償。於是，一群熱心的社會人士（青商會成員、律師、教授等）在當年的母親節時發起成立消費者保護基金會，用實際行動回應社會的需求。這是一件具體的社會創新事件，在當時得到社會中普遍的迴響。當時消基會的記者會受到各方矚目，消基會的報導全民聆聽，使得消費者保護運動在臺灣如火如荼展開。1982 年提出民間消費者保護法草案，政府有感於各方壓力，行政院遂於 1987 年 1 月公佈「消費者保護方案」。但此方案並未具有嚴格的法律效果，內政部於同年 11 月再度提出「消費者保護法草案」，1994 年 1 月由立法院三讀通過「消費者保護法」，以保護消費者權益、健全消費者損害救濟制度、提升國民消費生活品質。

參考書目：1. 林淑馨著，《非營利組織管理》，三民書局，2008。

2. 王秉鈞，〈社會創新的起源－以臺灣經驗重新溯源社會責任與使命〉，《社區發展季刊 152》，2015

3. 行政院，社會創新行動方案（107-111 年），行政院全球資訊網。

二、「公共服務動機」係近年來在公共管理學理及實務上均備受矚目的主題，也成為提升公共服務品質與產出的重要手段。請申論公共服務動機之意涵、特徵及如何影響組織成員的行為。

說明：「公共服務動機」僅見於黃朝盟、黃東益、郭昱瑩教授合著《行政學》中，至於《公共管理》教科書就很少涉略。不過目前行政類科的內容，都可相互為用；近年來的考試趨勢亦復如此，亦即公共管理會考行政學、公共政策的內容，而行政學也會考公共管理、公共政策的內容，必須融會貫通。

答：公共服務動機（public service motivation, PSM）一詞起源於 1970 年代美國社會對公共服務倫理的討論，主張公務人員具有自利以外之利他性或親社會性的動機，而此一動機對其工作態度、行為及公共組織皆有重大影響。

(一)意涵

裴利（James Perry）等人將公共服務動機定義為「是一種個人傾向或動機，主要在回應一些嚴重或特別的公共制度及組織管理的問題」，強調這種個人行動的誘因，只有公共事務才能滿足。」

(二)特徵

1.公共服務動機深受文化和制度的影響，因為動機是在個人社會化的過程中逐漸形成的。

2.公共服務動機是個人從事公共服務的動機，它是一內建於心中的服務取向，因此一個人並非只有進入公共部門才能從事公共服務。

3.公共服務動機是一種內在的誘因或激勵感，此動機較高的人追求的是內在報酬而非外在的利益誘因。

(三)如何影響組織成員的行為針對公共服務動機對組織成員的影響，學者培利（J. Perry）歸納如下：

1.參與公共政策制定的吸引力熱衷參與政治活動，關注公共政策的制定與政治人物的活動。

2.對公共利益及公民責任的承諾積極投入社區服務，無私地為社會奉獻並提公共服務，履行公民資料，並認為縱使可能損害個人利益，但仍樂見政府執行對社會有益之政策。

3.同情心關心弱勢群體及支持社會福利方案，並試圖改善弱勢者困境。

4.自我犧牲將工作職責至於個人利益之前，將為民服務視為快樂知識，並認為個人應犧牲自身利益來幫助他人。

參考書目：黃朝盟、黃東益、郭昱瑩著，《行政學》，東華書局，2018。

三、臺鐵 3 年之內連續發生普悠瑪號出軌，以及太魯閣號撞車兩件重大傷亡事
　　故，各界紛紛要求臺鐵進行改革，民營化、公司化的議題再度被提起。請
　　問民營化與公司化有何差異？請分析造成臺灣民營化政策延宕的原因。

說明：民營化相關議題，是近年來公共管理考科的熱門考點，而在大清水隧道發
　　　生太魯閣號撞上工程車的意外發生後，「臺鐵民營化」的議題很快又被拿
　　　出來討論。本題如平時有關心時事評論，搭配學理應不難作答。

答：太魯閣出軌事故發生後，雖然此次意外主要是因臺鐵委外工程車滑落邊坡
　　造成悲劇，但臺鐵內部組織又遭檢討，以公司化、民營化方式來改革的可
　　行性再度引起討論。

　(一)民營化與公司化的差異
　　　1.民營化：根據《韋式英文辭典》的定義：「公共部門私有化動作，
　　　　係將公營事業之所有權或控制權，由政府部門移轉至私人部門之一
　　　　種過程。」廣義而言，其涵蓋私人與私人部門提供公共服務，參與
　　　　公共事務，以及擔負公共責任；狹義而言，則僅指公營事業移轉民營。
　　　2.公司化：係指將政府機構轉移為國營事業型式或法人團體以發揮功
　　　　能。公營事業民營化首先會將組織改為股份有限公司，就是完成公
　　　　司化；接著釋出部分股份，若政府擁有的股份高於 50%，則仍為國
　　　　營公司；但若低於 50% 則完成民營化。
　　　一般來說，「企業化」是指組織的管理導入企業思維；「公司化」是
　　　由政府事業機構改制為公司；「民營化」乃公司化之後釋股給民間。

　(二)臺灣民營化政策延宕的原因
　　　1.政策性限制障礙：公營事業移轉民營，首先須修改並制定相關法制。
　　　　以臺鐵為例，如欲民營化須待鐵路法修訂通過後始得進行。但修正
　　　　案何時能通過，仍在未定之天，以致影響臺鐵民營化的推動。
　　　2.以制度內改革進行技術性拖延：公營事業本身有其制度上的限制，
　　　　經營容易受到外界的干預，若僅停留於組織內的改革，公營事業所
　　　　易產生的弊病（如經營缺乏效率、易受政治力的干預等）則難以解
　　　　決。惟有克服行政組織制度所產生的限制，才能澈底解決問題。若
　　　　以臺鐵為例，其在面對民營化議題時，多企圖以多角化經營來增加
　　　　營收，或是透過轉包業務來提昇效率等制度內的改革方式，來減緩
　　　　因績效不彰所帶來的民營化壓力，殊不知卻可能因此造成這些非核
　　　　心業務的虧損，更增添民營化的困難。

3. 欠缺周延的配套措施：雖然民營化政策似乎已成為世界各國的風潮，但若為因應此「風潮」與為減輕政府財政負擔，而急欲將影響國民生計的事業予以民營，而未事先審慎評估，研擬相關配套措施，如債務的清償、安全的監督、服務品質的確保等，則日後恐怕仍會產生問題。若以臺鐵為例，如欲徹底改革，當務之急需先廢除早已不符時宜的鐵路法，制訂新的相關法規，以解除對於鐵路事業經投資過多的限制，並進行多角化經營。。

4. 不確定的改革方向：我國雖然訂有民營化的時程，但若對照推動結果不難發現，多數改革是延後，甚至一延再延，最後不了了之。若以臺鐵為例，自從 1995 年決定採民營化改革方式後，改革方案與時程一再變更與拖延，至今歷經二十多年，仍未見任何改革啟動。雖然民營化政策的推動牽涉內容相當複雜，但無論理由為何，如此結果都充分顯示我國政策的不確定性。研擬規劃多年的改革方案都可以臨時更改，又如何能確保新提案的適用性和可行性？當然也無法顯示出政府推動改革的決心，造成改革一再受挫。

5. 過於重視績效而輕忽公共性：我國在推動民營化的過程中，因過於強調藉由事業移轉民營可提昇營運績效，並期待藉由釋股來紓解國家財政困境，減輕政府財政負擔，反而忽略事業原本的公用特質可能因移轉民營而改變成消失，甚至造成不便等公共性問題。以臺鐵為例，其為大眾運輸工具，具其公共性，即使民營，政府仍有責任藉由補貼、特許或其他方式，來促使國民行的便利與安全不因民營化而受影響。

◯ 參考書目：林淑馨著，《公共管理》，巨流圖書，2012。

四、去年爆發新冠肺炎（COVID-19）疫情，臺灣因為實施口罩實名制的管制政策，成功避免搶購的混亂。以行政介入目的來看，管制行為可分為經濟管制與社會管制。請分別敘述這兩種管制的意義與目的，並各舉一例說明之。

說明：「管制性政策」屬於《公共政策》範疇，往常命題比較少出現在公共管理考科，不過在林淑馨教授所著《公共管理》的 17 章「民營化與解除管制」第四節管制與解除管制中有提到。況且行政類科的內容是互有關聯的，也可相互為用。

答：管制（regulation）是指行政單位在執行管制政策時，經過法定程序之授權，針對特定或一般性對象的事物或活動，制定出一套具有約束性效果的規則，管制機關在其權責範圍內，依據該項規則來控制被管制者有關的活動進行。如以行政介入目的來區分，管制可以分為經濟管制與社會管制。

(一)經濟管制

　　1.意義：對於國民全體或產業全體所消費的公共財貨服務，因具有很強的自然獨占性或資訊不對稱，恐會影響資源分配的效率，阻礙全體國民的經濟發展，而予以事前防範。通常是政府對於產品價格、生產數量、競爭關係與市場進出等經濟決策之規範。

　　2.目的：為了維護國家基本經濟秩序之形成，國家透過法律與適當的手段，對產業生產活動所做的控制與限制。在經濟管制下，價格、產品等皆透過行政程序，而非自由市場力量。

　　3.實例：例如美國的聯邦貿易委員會或我國的公平交易委員會的業務職掌，都是在經濟管制的範圍。

(二)社會管制

　　1.意義：政府對於民眾健康、安全與環境所做的干預，屬於保障特定社會價值或權利所採取管制行為，相較於經濟管制是以事業內容作為管制對象。

　　2.目的：基於民眾或國家社會公共安全等社會正義的考量，為防止外部性、公共財、資訊不對稱等資源分配效率不均，影響社會秩序的維持和社會經濟安全。

　　3.實例：例如我國環境保護部管制污染行為、衛生福利部管制食品與藥物的安全、勞動部管制職業災害等。

➡ 參考書目：1. 林淑馨著，《公共管理》，巨流圖書，2012。
　　　　　　　2. 羅清俊著，《公共政策：現象觀察與實務操作》，揚智出版，2015。

110 年普考

甲、申論題

一、基本的組織設計圍繞著兩種組織型式：一為機械式組織（mechanistic organization 或稱官僚組織），另一為有機式組織（organic organization）。請解釋兩種組織型式的差異，並闡釋影響組織結構選擇的權變因素。

說明：本題在公共管理領域甚少討論，是屬於行政學範疇，也是基本題型，只要對行政學的內容掌握得宜，應不難作答。

答：基本的組織設計圍繞著兩種組織型式：一為機械式組織（mechanistic organization），另一為有機式組織（organic organization）。機械的與有機的組織結構型態代表著一種連續體的兩個極點，前者偏向固定、嚴密與制度化的固定靜態式的組織結構；後者則強調動態，且職位與角色有較大變動性，以適應變遷環境需要的變動彈性化組織結構。

(一)機械式組織與有機式組織的差異

1. 機械的組織結構具高度複雜化、正式化與集權化、僵化的特性，強調規定、管制及例行性工作，重視標準化流程，境適用於穩定環境。
2. 有機的組織結構一種低度專業化、正式化與高度分權的組織，較為鬆散且有彈性的調適型組織。具有彈性能應付變遷環境、高度適應力、集權程度低、知識權力基礎高的特性。

茲將兩者在特徵上的差異比較如下：

有機的組織結構與機械組織結構特徵對照表		
組織特徵	組織結構的類別	
	有機的	機械的
控制幅度	寬	狹
權力層級	少	多
管理人員與生產人員比率	高	低

決策制定的集權程度	低	高
不同單位人員之互動比例間	高	低
正式法令規章之數量	低	高
工作目標的明確性	低	高
必要活動的明確性	低	高
意見溝通的內容	忠告及消息	指令及決定
報酬的差距範圍	狹	寬
技術層面之範圍	狹	寬
知識權力基礎	高	低
地位權力基礎	低	高

資料來源：Kast and Rosenzweig,1974：241.

(二)影響組織結構選擇的權變因素

1.策略因素學者錢德勒（Chandler）主張「結構追隨策略」；而明茲伯格（Mintzberg）則主張「策略追隨結構」，可見策略與組織結構關係匪淺。任何策略的改變，均將影響組織架構設計及作業流程調整。

2.內部因素：(1) 組織規模：組織規模愈大，愈應採行官僚化的正式組織結構。(2) 作業的多樣化：組織所提供產品或服務愈少，則其結構將會趨於簡單。反之，則其結構將趨於複雜。(3) 員工特質：員工經驗、教育程度、能力均會影響組織結構。

3.外部因素 (1) 環境的穩定性：外在環境較穩定，可採機械式結構；而外在環境若較動盪，應採有機性結構。(2) 科技：組織結構會隨技術而調整，因技術與組織是否搭配，關係到組織績效。(3) 外部壓力：面對外部壓力組織應設法調適，而非規避，這些壓力可能來自政府法規及管制、組織資源的供應者、重要顧客、社區、大傳媒體、競爭者等。

◆ 參考書目：張潤書，《行政學》，三民書局，2007 年。

二、請問分別說明「統治」（government）、「治理」（governance）、「跨域治理」（across boundary governance）三者在概念上有何不同？並舉一公共事務為例，說明跨域治理可能面臨的困難。

說明：治理議題近年始終是公共管理相當熱門的議題，本題為考古題於103年地特四等考過，本次唯一不同的是加入「統治、「治理」、「跨域治理」三者概念的比較。

答：治理（governance）一詞，簡單來說就是探討與說明政府與民間社會的互動關係與現象。但治理是一個容易讓人混淆的名詞，有必要對其相關概念加以釐清。

(一)統治、治理、跨域治理三者在概念上的差異

　　1.統治（government）：政府統治的權力運行是由上而下的，它運用政府的政治權威，通過發號施令、制定政策和實施政策，對社會公共事務實行單一向度的管理。統治強調命令的貫徹與服從以及大有為政府的角色。

　　2.治理（governance）：治理為許多公共或私人的個人和機構，在處理他們共同事務諸多方式的總和。它使相互衝突或不同利益得以被調和並採取聯合行動的持續過程。

　　3.跨域治理（across boundary governance）：指跨越轄區、跨越機關組織藩籬的整合性治理作為。更廣義的意涵是指針對兩個或兩個以上的不同部門、團體或行政區，因彼此之間業務、功能和疆界相接及重疊而逐漸模糊，導致權責不明、無人管理，藉由地方政府、私人企業、社區團體以及非營利組織的結合，透過協力、社區參與、公私合夥或行政契約等聯合方式，以解決棘手、難以處理的問題。

(二)我國在推動跨域治理事務時，所遭遇的困難

　　1.地方主義與本位主義地方自治團體在推行政務時，太重視個別地域的政經利益，而忽略整體區域的政經利益。以地方自治而言，各地政府往往以個別行政區域為施政轄區，以致於在業務的推動上常受限於轄區割裂而未能以區域或都會發展為基礎，造成諸多的對立與錯亂現象。

　　2.政黨屬性不同造成黨同伐異之爭歷經多次的中央與地方選舉，形成不同政黨執政的分治政府現象，分屬不同政黨的中央、地方政府或

地方政府間，基於政黨屬性或意識型態的不同，常無法有效合作，甚至迭生齟齬。

3. 法治不備進而影響區域之合作

由於起草地方制度時，似聚焦於如何落實地方自治為前提，以致地方自治法制化後，卻無法由該法治為依循推動跨域合作。簡言之，縱使地方自治團體有心辦理跨域合作事務，卻也受限於目前相關法律的配套措施不夠完備詳盡，而導致實際執行時的困難。

4. 參與對象眾多進而增加協商的成本

在跨域治理的網絡中，參與者除了政府部門之外，還包括私人企業、利益團體、壓力團體、專業性團體、第三部門的非營利組織以及廣大的公民。

當時所面對的問題相當複雜，且牽涉眾多的行動者時，往往需要花費相當的時間進行協商與溝通，加上大量資訊的產生，致使協商成本不斷增加甚至不堪負荷，終將導致治理協商的失敗。

(三) 以 921 大地震救災及重建為例

民國88年9月21日凌晨1時47分，臺灣發生芮氏規模7點3的強烈地震，根據行政院九二一震災災後重建推動委員會統計，此次地震共造成2,455人死亡、50人失蹤，11,305人受傷；房屋全倒38,935戶、半倒45,320戶；經濟損失3,600億元，為臺灣有史以來地震災情最嚴重的一次。

1. 地方主義與本位主義：原先設定的危機防救體系，救災應由地方擔任指揮官，政府高層基於協助支援的立場到場提供所需救災資源。但 921 地震發生後，災害處理中心立即指派高級主管於災區成立前進指揮所，負責調度救災資源及協助救災處理工作，造成權責混淆以及資訊傳遞等多頭馬車的現象。

2. 政黨屬性不同造成黨同伐異之爭：921 大地震當時執政的國民黨，與災區的民進黨執政地方政府之間就出現不一致的救災與重建步調。甚至隔年即發生政黨輪替，有關國土復育條例隨著政黨輪替無疾而終，而國土計畫法，也一拖再拖，國土保護失據。

3. 法治不備進而影響區域之合作：我國災難管理機制在法制配套層面之現況而言，中央與地方目前未確實落實災防法相關規定，且災防法以及各項防救業務或執行計畫，並未有詳細作業流程及實施。

　　4.參與對象眾多進而增加協商的成本：921 震災災後重建參與者除中央及地方政府部門外，尚包括私人企業、壓力團體、專業性團體、非營利組織、社區民眾以及廣大公民。面對這麼多的參與對象，處理事務又相當複雜，曠日廢時的折騰以及大量產生資訊，使協商成本不斷增加，導致管理協商的功能不彰。

➡ 參考書目：1.林淑馨著，《公共管理》，巨流圖書，2012 年。

　　　　　　2.詹中原，〈公共危機管理之知識網路分析：以臺灣九二一地震為例〉，《國政研究報告》，2007 年。

乙、測驗題

( )　1.下列何者不是公共管理的非營利特性？　(A) 排除專家意見而做決策　(B) 具有服務性組織的特質　(C) 欠缺衡量利潤的機制　(D) 有目標設定及策略選擇的限制。

( )　2.美國政府的政府績效與成果法，係以何種標準為基礎的績效評估制度？　(A) 職權導向　(B) 投入導向　(C) 信任導向　(D) 結果導向。

( )　3.若接受公共服務者的身分是委託者與選民，最符合下列何種理論的主張？　(A) 新公共行政　(B) 傳統公共服務　(C) 新公共服務　(D) 傳統公共行政。

( )　4.下列何者最不屬於新公共管理發展的原因？　(A) 新右派的出現　(B) 新古典經濟理論的崛起　(C) 社會貧富差距的影響　(D) 全球化的挑戰。

( )　5.下列何者不屬於政府再造的核心特質？　(A) 生產力　(B) 市場化　(C) 社會化　(D) 分權化。

( )　6.有關新公共管理的哲學基礎，下列敘述何者錯誤？　(A) 基於人類的自利動機，追求個人利益極大化的理性選擇理論　(B) 基於契約過程中人類完全理性的交易成本理論　(C) 基於社會分工及契約關係的代理人理論　(D) 基於造成官僚體系及政府組織規模極大化現象的公共選擇理論。

( )　7.在全面品質管理（Total Quality Management）的管理哲學下，下列何者最符合員工教育訓練的意涵？　(A) 價值與投資　(B) 成本與財產　(C) 代價與機會　(D) 利潤與回饋。

( )　8.關於政府策略管理的特性，下列何者錯誤？　(A) 未來導向　(B) 全方位的思考　(C) 強調市場性　(D) 持續性與循環性的流程。

( )　9.透過比較、分析、瞭解本機關與其他機關在績效、服務品質、運作程序和策略上之差異，藉以獲取新的觀念，主要目的在於提升本組織績效，最符合下列何者？　(A)顧客學習　(B)標竿學習　(C)品質學習　(D)組織學習。

( )　10.管理者本身必須參與比他自己高一層級的部門目標之發展，係屬下列何者？　(A)目標設定　(B)目標管理　(C)目標預測　(D)目標追蹤。

( )　11.關於危機之敘述，下列何者正確？　(A) 人類對於危機具有精準的預測能力　(B) 危機僅會個別發生　(C) 妥善的復原工作可以降低危機的損害程度　(D) 組織文化並不會影響危機的發生。

( )　12.邀請專家或民眾依其專業知識來判斷風險，係屬下列何者？　(A) 客觀風險　(B) 主觀風險　(C) 社會風險　(D) 自然風險。

( )　13.下列何者先於策略資源盤點，並可作為策略排序的依據？　(A) 流程管理　(B) 人流管理　(C) 策略管理　(D) 物流管理。

( )　14.下列何者對效率型指標的敘述最適當？　(A) 投入與產出的比例　(B) 結果與外溢效果程度　(C) 不同投入資源的比較　(D) 達到公平的最佳方法。

( )　15.政府推動績效管理的目的，下列敘述何者錯誤？　(A) 對於民選首長而言，可以強化對文官系統的政治控制力　(B) 對於民代而言，可以確立民主體制的課責機制　(C) 對於文官而言，可以強化指揮命令系統　(D) 對於民眾而言，可以瞭解政府的施政規劃與成效。

( )　16.「非營利且不得分配盈餘」是構成「非營利組織」的特點之一，下列敘述何者最正確？　(A) 非營利組織不能獲取任何利益　(B) 非營利組織可以獲取利益，但必須運用在組織宗旨限定的任務　(C) 非營利組織可以獲取利益，但不能作為員工獎金　(D) 非營利組織可以獲取利益，但必須全數捐出做公益。

( )　17.關於組織推動知識管理的目的，下列敘述何者最正確？　(A) 讓資深員工的外顯知識內化成為組織的默會知識　(B) 拉長員工學習曲線，以利深度學習產生效益　(C) 增加員工重複犯錯機率，俾使「創新」得以發生　(D) 提升組織成員潛能與創意，改善績效及競爭力。

( )　18. 組織學習的基本單位為何？ (A) 個人學習 (B) 團隊學習 (C) 冥想獨處 (D) 個人內心修練。

( )　19. 民間車廠協助政府代驗汽車，係屬下列何種公私協力模式？ (A) 機關內部業務委外 (B) 公共設施服務委託經營 (C) 補助民間機構提供服務 (D) 行政檢查業務委外辦理。

( )　20. 電子化政府作為公共管理的改革工具，下列敘述何者錯誤？ (A) 資訊透明化，便於個人資料流通與應用 (B) 簡化工作流程，促進行政效率 (C) 民眾直接參與政策過程 (D) 增進民眾與政府的互動。

( )　21. 有關公民參與，下列敘述何者錯誤？ (A) 新公共服務（New Public Service）強調民眾回應性以及公民參與的過程 (B) 公民社會是由一群具有社群意識、情感與共同意見的公民所組成 (C) 新公共管理（New Public Management）強調公民精神勝於企業家精神 (D) 參與式預算是一種公民參與的途徑。

( )　22. 政府推動審議式民主，與下列何者最為無關？ (A) 強調利害關係人間彼此對話 (B) 強調個人觀點價值中立 (C) 重視不同利害關係人觀點間的詮釋與協調 (D) 重視分配正義。

( )　23. 下列何者是實施目標管理的首要步驟？ (A) 執行計畫之擬定 (B) 定期評鑑 (C) 自我控制 (D) 目標設定。

( )　24. 有關政府行銷管理，下列敘述何者錯誤？ (A) 政府行銷管理的作用，消極面可以澄清誤會，積極面可以爭取民眾認同 (B) 政府行銷是將明確的訊息傳遞給民眾，僅是一種單向的溝通行為 (C) 政府行銷的價格有金錢性誘因與金錢性懲罰兩種類型 (D) 政府行銷的目的是希望改變民眾的價值觀與態度。

( )　25. 公共建設的設計、興建、營運與資金調度權均委由民間機構完成，同時在建設與營運期間屆滿後，並不將所有權移交給政府。此種公私協力的做法稱為： (A) 民間融資提案（Private Finance Initiative,PFI） (B) 興建 - 移轉 - 營運模式（Build-Transfer-Operate,BTO） (C) 興建 - 營運 - 移轉模式（Build-Operate-Transfer,BOT） (D) 興建 - 擁有 - 營運模式（Build-Own-Operate,BOO）。

解答與解析　**答案標示為#者，表官方曾公告更正該題答案。**

1.**(A)**。非營利特性不排除專家意見來做決策，但並非公共管理的非營利特性。

2.**(D)**。1993 年柯林頓總統推動「國家績效評估」（National Performance Review, NPR），國會亦通過「政府績效成果法」（Government Performance and Result Act,GPRA）強調政府施政以績效與結果為導向。

3.**(D)**。新公共服務（NPS）主張超越此一較狹隘的公民資格傳統公共行政理論，應更重視並補強公共精神的實現，公共利益要高於自我利益或至少協和兼籌；政府視民眾為公民，而非僅是選民或顧客，故而建立信任合作的基礎，並分享決策權力。

4.**(C)**。應是指：行政效能上，資訊化的衝擊。

5.**(C)**。政府再造運動，學者認為大多環繞在下列六項核心特質（Kettl,2000）：生產力、市場化、服務取向、分權化、政策能力、結果責任。

6.**(B)**。交易成本理論的人性假定為「有限理性」，因此並非每個人都能清楚辨識交易環境，而可能有投機主義等不適當選擇的出現。

7.**(A)**。教育與訓練的重視：在全面品質管理的活動中，教育與訓練是激勵組織朝向全面品質管理邁進的重要要素。「教育」的目的在於使員工不斷的成長；「訓練」則是讓員工學習運用持續改善的工具與技術。

8.**(C)**。策略管理具有下列特性
(1) 它是未來導向的：策略管理是「未來學」活動的具體化，是未雨綢繆，為組織未來發展生機的規劃藍圖，付諸實踐，並且追蹤修正策略方案的過程。
(2) 策略管理是獨特的思考與行為模式：策略管理的思考模式是目標與未來導向，一旦設計出目標導向的策略，一定要採取具體行動加以實踐，並且加以檢討修正的獨立活動。
(3) 策略管理是持續性與循環性的流程：策略管理無論包括三個階段或四個階段都是不斷循環，為永無止境的過程。
(4) 策略管理是設定架構，指引其他管理活動的重要功能：策略管理是組織生存發展的途徑，一旦確立發展的策略，其他所有的管理活動，如計畫擬定、預算編列、資源發展、政策行銷與政策評估等活動都必須以該策略為指導綱領。

(5) 策略管理並非容易實現，但是有其必要性：特別是面臨當前公、私部門競
　　爭愈趨激烈、外在環境挑戰日益增加的狀況下，其實現固然有些困難，但
　　仍須進行策略管理，以營造組織未來的發展生機。

9.(B)。　標竿學習是一種過程，一種尋求改善的心態及其改善的流程。藉由一家公司
　　不斷地測量與比較另一家公司的流程，以使組織從比較中獲取認同，並得到
　　協助執行改善方案的資訊。

10.(B)。　目標管理為一種強調「參與管理」的管理哲學，事由機關上下級人員經由會
　　談方式，共同訂定組織目標與各部門目標，而人員於執行目標過程中，需作
　　自我控制，於目標執行完後，尚須作自我考核。

11.(C)。　(A)危機通常是突發的緊急事件，是不在決策者的預期之中。
　　(B)危機有持續、動態的發展過程，而非個別發生立即結束，經常是相互影響，
　　　容易形成連鎖性的災害。
　　(D)組織文化會影響危機的發生。

12.(B)。　(A)可以客觀衡量之風險。
　　(B)不可客觀衡量之風險，僅能以個人主觀意見評斷，但主觀風險在經過長時
　　　間的觀察下，可予以量化為客觀風險。
　　(C)個人或團體在社會上的行為導致的風險。
　　(D)自然因素和物力現象所造成的風險。

13.(C)。　組織必須要先有資源，再在資源上談策略，策略是達成目標的方法。而策略
　　管理先於策略資源盤點，則可作為策略排序的依據。

14.(A)。　建構績效測量指標應包含：經濟、效率、效能、公平等 4E 指標：
　　(1) 經濟（Economy）：指政策資源（人力、預算、財產等）應用於一項公共
　　　事務活動的水準。
　　(2) 效率（Efficiency）：以投入與產出之比例為主，關心的是手段，經常以貨
　　　幣的方式加以表達與比較。
　　(3) 效能（Effectiveness）：指公共服務是否實現標的的程度，亦即公共服務
　　　符合政策目標的程度。
　　(4) 公平（Equity）：接受服務的團體或個人是否受到公平與公正的待遇。

15.(C)。　對行政人員而言：具引導的作用，可更清楚管理的工作要求和個人任務。對
　　公共管理者而言：可有控制行政流程，持續改善生產力和品質。

16.(B)。　「盈餘限制分配原則」是構成「非營利組織」的主要特點，亦即非營利組織
　　並非為組織擁有者獲取利益而存在，非營利組織雖可以獲取利益，但必須將
　　所獲取之利益運用在組織宗旨限定的任務上，而非分配給組織成員，此乃是
　　非營利組織與企業最大不同之處。

17.**(D)**。(A)讓資深員工的默會知識成為組織的外顯知識。
　　　　(B)縮短員工學習曲線，以利深度學習產生效益。
　　　　(C)減少員工重複犯錯機率，俾使「創新」得以發生。

18.**(B)**。在現代組織中，學習的基本單位是團隊而非個人。團隊的學習方能促進組織的學習。當團隊真正在學習時，不僅團隊整體顯現出色的成果，個體成長的速度亦遠較其他的學習方式為快。

19.**(D)**。指政府為實現特定行政目的，針對個別事件，委託民間蒐集、查察、驗證，據以認定一定事實是否符合規定所作之檢查行為。例如，建築物安全檢查、民間車廠協助政府代驗汽車等。

20.**(A)**。擴大政府資訊透明公開，以民眾需求角度，提供其所需之資訊。並且建立公民網路意見多元參與管道，結合網路與實體公民意見，促進政府與全民共同治理。

21.**(C)**。新公共服務（New Public Service）強調公民精神勝於企業家精神。
　　　　新公共管理（New Public Management）強調顧客導向，以市場取向為起點，強調將人民視為消費者。

22.**(B)**。審議式民主（deliberative democracy）係指所有參與者皆有公正、平等的參與機會，定期或不定期於特定的公共場域，在掌握必要的資訊後，於一定規範的進行程序下，以公共利益為考量基礎，理性的以各自觀點及立場公開論理並相互對話，審慎思辯公共事務相關議題，尋求意見的整合，作為政治體系決策的重要參考方案，進而增進公民知能。

23.**(D)**。目標管理的實施步驟：目標設定、部屬參與、執行、成果評估及回饋。

24.**(B)**。政府行銷則強調行銷是政府與民眾的雙向溝通行為，政府亦將明確訊息傳遞給民眾，民眾則將感受告訴政府，以作為改進的參考。

25.**(D)**。(A)指政府與民間以長期契約方式約定，由民間投資興建公共設施，營運期間政府再向民間購買符合約定品質公共服務，並給付相對費用。在 PFI 模式，政府得直接監控民間業者所提供服務收益及品質。
　　　　(B)由民間機構投資新建完成後，政府取得所有權（無償或有償），並由該民間機構營運；營運期間屆滿後，營運權歸還政府。
　　　　(C)由政府提供土地，由民間機構投資興建並營運，營運期滿，再將該建設所有權移轉給政府。
　　　　(D)配合政府政策，由民間機構自行備具私有土地投資新建，擁有所有權，並自為營運或委託第三人營運。

Notes

高普 | 地方 | 各類特考
共同科目

名師精編 · 題題精采 · 上榜高分必備寶典

書號	書名	作者	定價
1A011111	法學知識－法學緒論勝經	敦弘、羅格思、章庠	650元
1A021101	國文--多元型式作文攻略(高普版)	廖筱雯	360元
1A031111	法學緒論頻出題庫	穆儀、羅格思、章庠	近期出版
1A041101	最新國文多元型式作文勝經	楊仁志	490元
1A961101	最新國文－測驗勝經	楊仁志	630元
1A971081	國文－作文完勝秘笈18招	黃淑真、陳麗玲	390元
1A851111	超級犯規！國文測驗高分關鍵的七堂課	李宜藍	近期出版
1A551071	最新國文--橫式公文勝經	楊仁志	450元
1A911111	國文—公文寫作捷徑攻略	張良、方華	490元
1A421111	法學知識與英文 (含中華民國憲法、法學緒論、英文)	龍宜辰、劉似蓉等	650元
1A831101	搶救高普考國文特訓	徐弘縉	590元
1A681111	法學知識－中華民國憲法(含概要)	林志忠	550元
1A801101	中華民國憲法頻出題庫	羅格思	470元
1A811111	超好用大法官釋字工具書+精選題庫	林俐	近期出版
1A051111	捷徑公職英文：沒有基礎也能快速奪高分	德芬	近期出版
1A711101	英文頻出題庫	凱旋	430元

以上定價，以正式出版書籍封底之標價為準

千華數位文化股份有限公司

■新北市中和區中山路三段136巷10弄17號　■千華公職資訊網 http://www.chienhua.com.tw
■TEL: 02-22289070　FAX: 02-22289076　■服務專線：(02)2392-3558・2392-3559

高普｜地方｜原民
各類特考

一般行政、民政、人事行政

1F191091	行政法輕鬆上手	林志忠	600元
1F141111	國考大師教你看圖學會行政學	楊銘	近期出版
1F171111	公共政策精析	陳俊文	近期出版
1F271071	圖解式民法（含概要）焦點速成＋嚴選題庫	程馨	550元
1F281111	國考大師教您輕鬆讀懂民法總則	任穎	490元
1F291111	國考大師教您看圖學會刑法總則	任穎	近期出版
1F331081	人力資源管理（含概要）	陳月娥 周毓敏	490元
1F351101	榜首不傳的政治學秘笈	賴小節	570元
1F591091	政治學（含概要）關鍵口訣＋精選題庫	蔡先容	620元
1F831111	地方政府與政治（含地方自治概要）	朱華聆	630元
1F241101	移民政策與法規	張瀚騰	590元
1E251101	行政法--獨家高分秘方版測驗題攻略	林志忠	590元
1E191091	行政學--獨家高分秘方版測驗題攻略	林志忠	570元
1E291101	原住民族行政及法規（含大意）	盧金德	600元
1E301091	臺灣原住民族史及臺灣原住民族文化（含概要、大意）	邱燁	590元
1E571111	公共管理（含概要）精讀筆記書	陳俊文	610元
1F321111	現行考銓制度（含人事行政學）	林志忠	560元
1N021111	心理學概要（包括諮商與輔導）嚴選題庫	李振濤	近期出版

以上定價，以正式出版書籍封底之標價為準

千華數位文化股份有限公司

- 新北市中和區中山路三段136巷10弄17號 ■千華公職資訊網 http://www.chienhua.com.tw
- TEL: 02-22289070　FAX: 02-22289076 ■服務專線：(02)2392-3558・2392-3559

國家圖書館出版品預行編目(CIP)資料

[高普考]公共管理(含概要)精讀筆記書/陳俊文編著. --
第十九版. -- 新北市 ：千華數位文化股份有限公司,
2021.12
　　面 ；　　公分
ISBN 978-986-520-781-6 (平裝)

1.公共行政　2.行政管理

572.9　　　　　　　　　110019979

[高普考]　　公共管理(含概要)精讀筆記書

編 著 者：陳 俊 文

發 行 人：廖 雪 鳳
登 記 證：行政院新聞局局版台業字第 3388 號
出 版 者：千華數位文化股份有限公司
　　　　　地址／新北市中和區中山路三段 136 巷 10 弄 17 號
　　　　　電話／ (02)2228-9070　　傳真／ (02)2228-9076
　　　　　郵撥／第 19924628 號　千華數位文化公司帳戶
　　　　　千華公職資訊網：http://www.chienhua.com.tw
　　　　　千華網路書店：http://www.chienhua.com.tw/bookstore
　　　　　網路客服信箱：chienhua@chienhua.com.tw

法律顧問：永然聯合法律事務所
編輯經理：甯開遠
主　　編：甯開遠
執行編輯：尤家瑋
校　　對：千華資深編輯群
排版主任：陳春花
排　　版：陳沛絃

出版日期：2021 年 12 月 20 日　　第十九版／第一刷

本書如有勘誤或其他補充資料，
將刊於千華公職資訊網　http://www.chienhua.com.tw
歡迎上網下載。